PONS

SPICK-WÖRTERBUCH
FÜR DIE SCHULE

FRANZÖSISCH

Französisch – Deutsch
Deutsch – Französisch

PONS GmbH
Stuttgart

PONS

Spick-Wörterbuch für die Schule
Französisch

Entwickelt auf der Basis des
PONS Spick-Wörterbuch für die Schule Französisch
ISBN 978-3-12-517667-6

Bearbeitet von: Dr. Christiane Wirth

1. Auflage 2018 (1,01 - 2018)

www.pons.com
E-Mail: kundenservice@pons.de

Projektleitung: Christiane Mackenzie
Gestaltung: Petra Michel, Essen
Sprachdatenverarbeitung: Dr. Wolfgang Schindler, Stuttgart
Umschlaggestaltung: Anne Helbich, Stuttgart
Bildquellen: iStockphoto/pringletta, Peter Boyke, Stuttgart

Logoentwurf: Erwin Poell, Heidelberg
Logoüberarbeitung: Sabine Redlin, Ludwigsburg
Satz: Olaf Mangold Text & Typo, Stuttgart
Druck: L.E.G.O. S.p.A., Lavis
Printed in Italy

ISBN ISBN 978-3-12-516147-4

Inhalt

Vorwort

Liebe Schülerin, lieber Schüler,

du brauchst eine schnelle Hilfe, um in Französisch zu punkten? Im Spick-Wörterbuch findest du alles, was du brauchst, um den Unterricht bestens zu bestreiten:

Bei **über 15.000 Stichwörtern und Wendungen** findest du alle Vokabeln, die im Unterricht vorkommen. Und so schnell kann das Nachschlagen gehen – **jedes Stichwort steht auf einer eigenen Zeile** und ist beim Blättern fix gefunden. Aber das ist nicht alles:

Richtig gut sein heißt auch Fehler vermeiden. Für dich haben wir **praktische Spickzettel** zusammengestellt, die wichtige Themen wie **Verbformen** und **falsche Freunde** abdecken, und sogar nützliche **Formulierungen für Aufsätze** bieten. Einfach ausschneiden, dabei haben und dich über gute Noten freuen!

Egal, ob in der Schule, unterwegs oder zu Hause: Wenn es darauf ankommt, ist das kleine Spick-Wörterbuch der Größte.

Viel Erfolg in Französisch wünscht dir deine

PONS Redaktion

Verwendete Lautschriftzeichen

Die französische Phonetik	
[:]	Längezeichen
[ø]	**Eu**rope
[a]	b**a**c
[ɑ]	cl**a**sse
[ɛ]	c**ai**sse
[ɑ̃]	ch**an**son
[b]	**b**eau
[d]	**d**u
[e]	**é**tat
[ə]	m**e**nace
[ɛ̃]	af**in**
[f]	**f**eu
[g]	**g**ant
[ˊ]	**h**éros (h aspiré)
[i]	dipl**ô**me
[j]	**y**aourt
[ʒ]	**j**our
[k]	**c**œur
[l]	**l**oup
[m]	**m**arché
[n]	**n**ature

Die französische Phonetik	
[ɲ]	di**gn**e
[ŋ]	campi**ng**
[o]	**au**to
[ɔ]	**o**btenir
[œ]	c**œu**r
[ɔ̃]	b**on**b**on**
[œ̃]	auc**un**
[p]	**p**age
[ʀ]	**r**ègle
[s]	**s**el
[ʃ]	**ch**ef
[t]	**t**imbre
[u]	c**ou**p
[v]	**v**apeur
[w]	**w**allon
[y]	nat**u**re
[ɥ]	h**u**ile
[z]	**z**èbre

Zeichen und Abkürzungen

I	zusammengesetztes, trennbares Verb	verbe composé séparable
=	Kontraktion	contraction
≈	entspricht etwa	correspond
®	Warenzeichen	marque déposée
a.	auch	aussi
A	österreichisch	autrichien
Abk, abr	Abkürzung	abréviation
adj	Adjektiv	adjectif
ADMIN	Verwaltung	administration
adv	Adverb	adverbe
AGR	Landwirtschaft	agriculture
akk	Akkusativ	accusatif
ANAT	Anatomie	anatomie
app	Apposition	apposition
ARCHIT	Architektur	architecture
art	Artikel	article
ART	Kunst	beaux-arts
ASTRO	Astrologie, Astronomie	astrologie, astronomie
AUT	Auto, Transport und Verkehr	automobile, moyens de transport
aux	Hilfsverb	auxiliaire
AVIAT	Luftfahrt, Raumfahrt	aviation, espace

BELG	belgisch	belge
BIO	Biologie	biologie
BOT	Botanik, Gartenbau	botanique, horticulture
CAN	kanadisch	canadien
CH	schweizerisch	suisse
CHEMDFER	Eisenbahn	chemin de fer
CHEM, CHIM	Chemie	chimie
CINE	Film, Kino	cinéma
COM	Handel	commerce
comp	Komparativ	comparatif
compl	Ergänzung, Objekt	complément
conj	Konjunktion	conjonction
COUT	Mode	couture
dat	Dativ	datif
def, déf	bestimmt	défini
dem, dém	demonstrativ	démonstratif
dét	Begleiter des Substantivs	déterminant
EISENBAHN	Eisenbahn	chemin de fer
ECON	Wirtschaft	économie
ELEC	Elektrizität	électricité
etw	etwas	quelque chose
f	Femininum	féminin
fam	umgangssprachlich	familier
fig	figurativ, übertragen	figuré
FIN	Finanzen, Börse	finances, bourse

form	förmlicher Sprachgebrauch	langage formel
GASTR	Gastronomie	gastronomie
geh	gehobener Sprachgebrauch	soutenu
gen	Genitiv	génitif
GEO	Geographie, Geologie	géographie, géologie
HIST	Geschichte	histoire
IND	Industrie	industrie
indef, indéf	unbestimmt	indéfini
indic	Indikativ	indicatif
INFORM	Informatik	informatique
interj	Interjektion	interjection
interrog	fragend	interrogatif
inv	unveränderlich	invariable
iron	ironisch, scherzhaft	ironique, humoristique
irr	unregelmäßig	irrégulier
JAGD	Jagd	chasse
jd	jemand	qn (nominatif)
jdm	jemandem	qn (datif)
jdn	jemanden	qn (accusatif)
jds	jemandes	qn (génitif)
JEUX	Spiele	jeux
JUR	Jura, Recht	juridique
KUNST	Kunst	beaux-arts
LING	Linguistik, Grammatik	linguistique, grammaire

m	Maskulinum	masculin
MATH	Mathematik, Geometrie	mathématiques, géométrie
MED	Medizin, Pharmazie	médecine, pharmacie
MEDIA	(audiovisuelle) Medien	médias, audiovisuel
METEO	Meteorologie	météorologie
MIL	Militär	militaire
MINER	Mineralogie	minéralogie
MUS	Musik	musique
NAUT	Seefahrt	navigation
nom	Nominativ	nominatif
nt	Neutrum	neutre
num	Zahlwort	numéral
o	oder	ou
ÖKOL	Ökologie	écologie
ÖKON	Wirtschaft	économie
opp	Gegenteil	opposé, antonyme
OPT	Optik	optique
PECHE	Angeln	pêche
pej, péj	abwertend	péjoratif
pers	persönlich	personnel
Pers, pers.	Person	personne
PHILOS	Philosophie	philosophie
PHOT	Fotografie	photographie
PHYS	Physik	physique
Pl, pl	Plural	pluriel

POL	Politik	politique
poss	possessiv	possessif
POST	Post	poste
PP	Partizip Perfekt	participe passé
präp, prép	Präposition	préposition
PRESSE	Presse	presse
pron	Pronomen	pronom
prov	sprichwörtlich	proverbe
PSYCH	Psychologie	psychologie
qc	etwas	quelque chose
qn	jemand	quelqu'un
RADIO	Rundfunk	radio
refl	reflexiv	réfléchi
reg	regelmäßig	régulier
rel	relativ	relatif
REL	Religion	religion
s.	siehe	voir
S.	Sache	chose
SCI	Naturwissenschaften	sciences naturelles
SCHULE, SCOL	Schulwesen	école
Sing, sing	Singular	singulier
SOZIOL	Soziologie	sociologie
soutenu	gehoben	soutenu
SPIEL	Spiele	jeux
SPORT	Sport	sport
subj	Konjunktiv	subjonctif
subst	Substantiv	substantif

Superl, superl	Superlativ	superlatif
TECH	Technik	technique
TELEC	Nachrichtentechnik	télécommunications
TEXTIL	Textilien	textile
THEAT	Theater	théâtre
TV	Fernsehen	télévision
TYP	Buchdruck	typographie
UNIV	Universität	université
v.	siehe	voir
vi	intransitives Verb	verbe intransitif
vr	reflexives Verb	verbe pronominal
vt	transitives Verb	verbe transitif
vulg	vulgär	vulgaire
ZOOL	Zoologie	zoologie

Aa

à [a] <à + le = au, à la, à + les = aux> *prép* ❶ *(temps)* **~ 8 heures** um acht [Uhr]; **~ Noël** an Weihnachten; **au printemps** im Frühling; **~ demain!** bis morgen! ❷ *(lieu avec déplacement)* in; **aller ~ la mer/à Paris** ans Meer/nach Paris fahren; **aller au Japon** nach Japan fliegen; *(lieu sans déplacement)* in *+dat;* **~ la page 36** auf Seite 36 ❸ **c'est ~ moi** das gehört mir; **~ 2** zu zweit; **c'est ~ mourir de rire** das ist zum Totlachen

abandonner [abɑ̃dɔne] <1> **I.** *vt* verlassen **II.** *vi* aufgeben **III.** *vpr* **s'~ au désespoir** sich der Verzweiflung hingeben

abattre [abatʀ] <irr> **I.** *vt* ❶ abreißen ❷ *animal de boucherie* schlachten **II.** *vpr* **s'~** ❶ umstürzen ❷ *(fondre sur)* sich stürzen auf *+akk*

abattu(e) [abaty] *adj* geschwächt

abbaye [abei] *f* Abtei *f*

abbé [abe] *m* ❶ Priester *m* ❷ *(supérieur d'une abbaye)* Abt *m*

abcès [apsɛ] *m* Abszess *m*

abeille [abɛj] *f* Biene *f*

abîmer [abime] <1> **I.** *vt* beschädigen **II.** *vpr* ❶ **s'~** sich abnutzen ❷ *(détériorer)* **s'~ la santé** seine Gesundheit ruinieren

aboiement [abwamɑ̃] *m* Bellen *nt*

abolir [abɔliʀ] <8> *vt* abschaffen

abominable [abɔminabl] *adj* abscheulich

abondance [abɔ̃dɑ̃s] *f* ❶ Fülle *f* ❷ **en ~** in Hülle und Fülle

abonnement [abɔnmɑ̃] *m* Abonnement *nt; (au téléphone)* Anschluss *m;* **~ hebdomadaire/mensuel** Wochen-/Monatskarte *f*

abonner [abɔne] <1> *vpr* **s'~ à qc** etw abonnieren

abord [abɔʀ] *m* **les ~s d'une ville** die unmittelbare Umgebung einer Stadt; ▸ **au premier ~** auf den ersten Blick;

A

[tout] d'~ zu[aller]erst

aborder [abɔʀde] <1> **I.** *vt* ❶ ansprechen ❷ *sujet* herangehen an +*akk* **II.** *vi* anlegen

aboutir [abutiʀ] <8> *vi* ❶ Erfolg haben ❷ *(se terminer par)* führen zu

aboyer [abwaje] <6> *vi* bellen

abrégé [abʀeʒe] *m* ❶ gekürzte Fassung; **en ~** abgekürzt ❷ *(ouvrage)* Abriss *m*

abréger [abʀeʒe] <2a, 5> *vt* verkürzen

abréviation [abʀevjasjɔ̃] *f* Abkürzung *f*

abri [abʀi] *m* ❶ Schutz *m* ❷ *(lieu aménagé)* Hütte *f* ❸ **être à l'~** *personne* in Sicherheit sein; *vélo* untergestellt sein

abricot [abʀiko] *m* Aprikose *f*, Marille *f* A

abruti(e) [abʀyti] *adj* blöd

absent(e) [apsɑ̃] *adj* ❶ abwesend ❷ *air* [geistes]abwesend

absolu [apsɔly] *m* **l'~** das Absolute

absolu(e) [apsɔly] *adj* absolut

absolument [apsɔlymɑ̃] *adv* ❶ unbedingt; **~ pas** überhaupt nicht ❷ *remarquable* ganz; *vrai* vollkommen ❸ **~!** genau!; **mais ~!** aber sicher!

absorber [apsɔʀbe] <1> *vt* ❶ zu sich nehmen ❷ *(s'imbiber)* aufsaugen

absorption [apsɔʀpsjɔ̃] *f* Einnahme *f*

abstenir [apstəniʀ] <9> *vpr* **s'~ de qc** auf etw *akk* verzichten

abstinence [apstinɑ̃s] *f* Enthaltsamkeit *f*

abstrait(e) [apstʀɛ] *adj* abstrakt

absurde [apsyʀd] *adj* absurd

abuser [abyze] <1> **I.** *vi* ❶ übertreiben; **~ de l'alcool** zu viel trinken ❷ *(faire un usage excessif, violer)* missbrauchen ❸ *(exploiter)* **~ de la confiance de qn** jds Vertrauen ausnutzen **II.** *vpr* **si je ne m'abuse** wenn ich [mich] nicht irre

académie [akademi] *f* ❶ Akademie *f* ❷ SCOL, UNIV Schule *f*

accéder [aksede] <5> *vi* ❶ gelangen zu ❷ *(atteindre)* **~ à un poste** eine Stelle erlangen

accélérateur [akseleʀatœʀ] *m* Gaspedal *nt*

accélérer [akseleʀe] <5> **I.** *vt, vi* beschleunigen **II.** *vpr* **s'~** schneller gehen

accent [aksɑ̃] *m* ❶ **e ~ aigu/grave/circonflexe** e Akut *m*/Gravis *m*/Zirkumflex *m*

❷ *(manière de prononcer)* Akzent *m* ❸ *(accentuation)* Betonung *f*

accentuer [aksɑ̃tɥe] <1> **I.** *vt* betonen **II.** *vpr* **s'~** sich verstärken

acceptation [aksɛptasjɔ̃] *f* Zustimmung *f*

accepter [aksɛpte] <1> **I.** *vt* annehmen **II.** *vi* akzeptieren

accès [aksɛ] *m* ❶ Eingang *m; (véhicules)* Zufahrt *f,* Zugang *m;* **~ interdit** kein Zutritt; **~ sans marche** stufenloser Zugang ❷ INFORM Zugang *m*

accessoire [akseswaʀ] **I.** *adj* nebensächlich **II.** *m* ❶ Zubehörteil *nt* ❷ THEAT, CINE Requisit *nt*

accident [aksidɑ̃] *m* Unfall *m;* **~ de parcours** Missgeschick *nt;* **avoir un ~** verunglücken

accompagner [akɔ̃paɲe] <1> *vt* begleiten

accord [akɔʀ] *m* ❶ Einverständnis *nt;* **donner son ~ à qn** jdm seine Zustimmung geben; **d'~!** einverstanden! ❷ *(convention)* Vereinbarung *f* ❸ JUR **se mettre d'~** sich einigen

accorder [akɔʀde] <1> **I.** *vt* ❶ *crédit* gewähren; *permission* erteilen; *faveur* erweisen ❷ *(attribuer)* **~ de l'importance à qc** einer S. *dat* Gewicht beilegen **II.** *vpr* **s'~ avec qn** sich mit jdm einigen

accouchement [akuʃmɑ̃] *m* Geburt *f*

accoutumé(e) [akutyme] *adj* gewohnt

accro [akʀo] *adj abr de* **accroché** *(fam)* süchtig

accrocher [akʀɔʃe] <1> **I.** *vt* ❶ aufhängen ❷ *(entrer en collision)* streifen **II.** *vpr* ❶ *(se tenir à qc)* **s'~ à qc** sich an etw *dat* festklammern ❷ *(persévérer)* **s'~** durchhalten ❸ *(se disputer)* **s'~ avec qn** sich mit jdm in die Haare kriegen

accueil [akœj] *m* Empfang *m*

accueillir [akœjiʀ] <irr> *vt* empfangen

accusation [akyzasjɔ̃] *f* Anschuldigung *f;* JUR Anklage *f*

accuser [akyze] <1> *vt* beschuldigen; JUR anklagen

acharné(e) [aʃaʀne] *adj* verbissen

achat [aʃa] *m* Kauf *m;* **faire des ~s** einkaufen

acheter [aʃ(ə)te] <4> *vt* kaufen

A

A

acheteur, -euse [aʃtœʀ] *m, f* Käufer(in) *m(f)*
achever [aʃ(ə)ve] <4> *vt œuvre* vollenden
acide [asid] **I.** *adj* sauer **II.** *m* CHIM Säure *f*
acier [asje] *m* ❶ Stahl *m* ❷ *(industrie)* **l'~** die Stahlindustrie
acné [akne] *f* Akne *f*
acoustique [akustik] *f* Akustik *f*
acquérir [akeʀiʀ] <irr> *vt* ❶ erwerben ❷ *expérience* sammeln
acquisition [akizisjɔ̃] *f* ❶ *(action)* Erwerb *m* ❷ *(objet acquis)* Anschaffung *f*
acte [akt] *m* ❶ *(action)* Tat *f* ❷ JUR Urkunde *f* ❸ THEAT Akt *m*
acteur, -trice [aktœʀ] *m, f* Schauspieler(in) *m(f)*
actif, -ive [aktif] *adj* aktiv
action [aksjɔ̃] *f* ❶ Tat *f* ❷ CINE, THEAT Handlung *f* ❸ FIN Aktie *f*
activité [aktivite] *f* ❶ *(fait d'être actif)* Aktivität *f* ❷ *professionnelle* Tätigkeit *f*; **~ économique** Wirtschaft *f*
actualiser [aktɥalize] <1> *vt* aktualisieren
actualité [aktɥalite] *f* ❶ Aktualität *f*; **d'~** aktuell ❷ *pl* TV, RADIO Nachrichten *Pl*
actuel(le) [aktɥɛl] *adj* aktuell
actuellement [aktɥɛlmɑ̃] *adv* zurzeit
adapter [adapte] <1> **I.** *vt* ❶ anbringen; **~ qc à qc** etw mit etw verbinden ❷ CINE, THEAT bearbeiten **II.** *vpr* **s'~** sich anpassen
addition [adisjɔ̃] *f* ❶ Addition *f* ❷ *(facture)* Rechnung *f*
adéquat(e) [adekwa] *adj* passend
adieu [adjø] <x> **I.** *m* **les ~x** Abschied *m* **II.** *interj* lebe wohl!/leben Sie wohl!
adjectif [adʒɛktif] *m* Adjektiv *nt*
admettre [admɛtʀ] <irr> *vt* ❶ dulden ❷ SCOL, UNIV zulassen ❸ *(reconnaître)* zugeben
administratif, -ive [administʀatif] *adj démarche* administrativ; **services ~s** Verwaltung *f*
administration [administʀasjɔ̃] *f* Verwaltung *f*
administrer [administʀe] <1> *vt* ❶ verwalten; *pays* regieren ❷ *médicament* verabreichen
admiration [admiʀasjɔ̃] *f* Bewunderung *f*
admirer [admiʀe] <1> *vt* be-

wundern

admission [admisjɔ̃] *f* ❶ **~ dans un club** Aufnahme *f* in einem Klub; **~ dans une discothèque** Zutritt *m* zu einer Diskothek ❷ SCOL, UNIV Zulassung *f*

adolescent(e) [adɔlesɑ̃] *adj* jugendlich

adopter [adɔpte] <1> *vt* ❶ *enfant* adoptieren ❷ *point de vue* einnehmen

adoptif, -ive [adɔptif] *adj* Adoptiv-

adoption [adɔpsjɔ̃] *f* ❶ JUR Adoption *f* ❷ *(approbation)* Annahme *f*

adorer [adɔʀe] <1> *vt* ❶ sehr mögen; *musique* schwärmen für; **~ faire qc** etw sehr gern tun ❷ REL anbeten

adresse¹ [adʀɛs] *f* a. INFORM Adresse *f*; **changer d'~** umziehen; **~ électronique** E-Mail-Adresse

adresse² [adʀɛs] *f* Geschicklichkeit *f*

adresser [adʀese] <1> **I.** *vt* ❶ schicken ❷ *(parler)* **~ la parole à qn** jdn ansprechen **II.** *vpr* **s'~ à qn** sich an jdn wenden

adulte [adylt] *adj* erwachsen

adverbe [advɛʀb] *m* Adverb *nt*

adversaire [advɛʀsɛʀ] *mf* Gegner(in) *m(f)*

aération [aeʀasjɔ̃] *f* Lüftung *f*

aérer [aeʀe] <5> *vt* [aus]lüften

aéroport [aeʀopɔʀ] *m* Flughafen *m*

affaire [afɛʀ] *f* ❶ Angelegenheit *f*; **c'est mon ~** das ist meine Sache ❷ *pl (commerce)* Geschäfte *Pl* ❸ **avoir ~ à qn/qc** es mit jdm/etw zu tun haben

affamé(e) [afame] *adj* hungrig

affecter [afɛkte] <1> *vt* ❶ vortäuschen ❷ *(émouvoir)* **~ qn** jdm nahegehen

affection [afɛksjɔ̃] *f* ❶ Zuneigung *f* ❷ MED Erkrankung *f*

affectueux, -euse [afɛktyø] *adj* liebevoll

affiche [afiʃ] *f* ❶ Plakat *nt*; ADMIN Aushang *m* ❷ THEAT [Theater]programm *nt*

afficher [afiʃe] <1> **I.** *vt* ❶ *(placarder)* aufhängen; *résultat* aushängen ❷ INFORM, TECH anzeigen ❸ *opinions politiques* bekanntgeben **II.** *vi* **défense d'~!** Plakate ankleben verboten! **III.** *vpr* **s'~** sich zur Schau stellen

affinité [afinite] *f* Gemeinsamkeit *f*

A

affirmer [afiʀme] <1> *vt* behaupten

affreux, -euse [afʀø] *adj* ❶ furchtbar hässlich ❷ *(horrible)* schrecklich

affront [afʀɔ̃] *m (soutenu)* Beleidigung *f*

affronter [afʀɔ̃te] <1> **I.** *vt* ❶ *a.* SPORT ~ **qn** jdm gegenübertreten ❷ *situation difficile* konfrontiert werden mit **II.** *vpr* **s'~** aufeinandertreffen

afin [afɛ̃] *prép* **~ de...** um zu...; **~ que...** + *subj* damit...

africain(e) [afʀikɛ̃] *adj* afrikanisch

Africain(e) [afʀikɛ̃] *m(f)* Afrikaner(in) *m(f)*

Afrique [afʀik] *f* **l'~** Afrika *nt;* **l'~ du Nord/Sud** Nord-/Südafrika; **l'~ noire** Schwarzafrika

âge [ɑʒ] *m* ❶ Alter *nt;* **quel ~ as-tu?** wie alt bist du? ❷ *(ère)* Zeitalter *nt* ❸ **le troisième ~** die Senioren; **~ de la retraite** Pensionsalter *nt*

âgé(e) [ɑʒe] *adj* alt; **un enfant ~ de 10 ans** ein Kind im Alter von 10 Jahren

agence [aʒɑ̃s] *f (bancaire)* [Bank]niederlassung *f; (commerciale)* Geschäftsstelle *f;* **~ de voyages** Reisebüro *nt*

agenda [aʒɛ̃da] *m* [Termin]kalender *m*

agent [aʒɑ̃] *m* ❶ **~ [de police]** Polizist(in) *m(f)* ❷ ECON Vertreter(in) *m(f); immobilier* Makler(in) *m(f)*

agir [aʒiʀ] <8> **I.** *vi* ❶ handeln ❷ MED wirken **II.** *vpr* **il s'agit de qn/qc** es handelt sich um jdn/etw

agitation [aʒitasjɔ̃] *f* ❶ geschäftiges Treiben ❷ *(excitation)* Aufregung *f*

agiter [aʒite] <1> **I.** *vt drapeau* schwenken; *mouchoir* winken mit; *bouteille* schütteln **II.** *vpr* **s'~** *(s'énerver)* unruhig werden

agneau, agnelle [aɲo] <x> *m, f* Lamm *nt*

agréable [agʀeabl] *adj* angenehm

agréer [agʀee] <1> *vt (soutenu)* annehmen; **veuillez ~, Madame/Monsieur, mes salutations distinguées** ≈ mit freundlichen Grüßen

agressif, -ive [agʀesif] *adj* aggressiv

agressivité [agʀesivite] *f* Aggressivität *f*

agricole [agʀikɔl] *adj* landwirtschaftlich

agriculteur, -trice [agʀikyltœʀ] *m, f* Landwirt(in) *m(f)*

A

agriculture [agʀikyltyʀ] *f* Landwirtschaft *f*

ah ['ɑ] *interj* ah; ~ **non** ach nein; ~ **oui** *(confirmation)* doch, doch

aide [ɛd] **I.** *f* Hilfe *f;* **à l'~!** [zu] Hilfe! **II.** *mf* Aushilfe *f*

aider [ede] <1> **I.** *vt* ~ **qn** jdm helfen **II.** *vpr (utiliser)* **s'~ de qc** etw zu Hilfe nehmen

aïe [aj] *interj* ❶ au ❷ *(problème)* oje ❸ ~ ~ ~! *(fam)* auwei[a]!

aigle [ɛgl] *mf* Adler, Adlerweibchen *m, f*

aigre [ɛgʀ] *adj* ❶ sauer ❷ *critique* scharf

aigu(ë) [egy] *adj angle* spitz; *voix* schrill; *douleur* stechend

aiguille [egɥij] *f* Nadel *f; d'une montre* Zeiger *m*

ail [aj] *m* Knoblauch *m*

aile [ɛl] *f* ❶ Flügel *m* ❷ *d'un véhicule* Kotflügel *m; d'un avion* Tragfläche *f* ❸ **voler de ses propres ~s** auf eigenen Füßen stehen

ailleurs [ajœʀ] *adv* ❶ woanders; **nulle part** ~ nirgendwo anders; **partout** ~ überall sonst ❷ **d'~, ...** übrigens; **par** ~ außerdem

aimable [ɛmabl] *adj* freundlich

aimer [eme] <1> **I.** *vi (apprécier)* **tu aimes?** gefällt es dir? **II.** *vt* ❶ *(éprouver de l'amour)* lieben ❷ *(apprécier)* mögen ❸ *(souhaiter)* **j'aimerais ...** ich würde gern ... **III.** *vpr* **s'~** *(d'amour)* sich lieben

aîné(e) [ene] *adj* ❶ *(plus âgé de deux)* ältere(r, s) ❷ *(plus âgé de plusieurs)* älteste(r, s)

ainsi [ɛ̃si] *adv* ❶ *(de cette manière)* so; **et ~ de suite** und so weiter; **pour ~ dire** sozusagen ❷ REL ~ **soit-il!** amen! ❸ ~ **que** *(comparaison)* [so] wie; *(énumération)* und [auch]

air¹ [ɛʀ] *m* Luft *f;* ~ **conditionné** Klimaanlage *f;* **en plein ~** im Freien

air² [ɛʀ] *m* ❶ Aussehen *nt* ❷ *(ressemblance)* Ähnlichkeit *f* ❸ *(expression)* Miene *f* ❹ *(apparence)* **ça a l'~ délicieux** es sieht appetitlich aus

aire [ɛʀ] *f* Platz *m;* ~ **de jeux** Spielplatz *m;* ~ **de repos** Rastplatz *m;* ~ **de service** Rastplatz *m*

aise [ɛz] *f* **se sentir à l'~** sich wohl fühlen; **se mettre à l'~** es sich *dat* bequem machen

Aix-la-Chapelle [ɛkslaʃapɛl] Aachen *nt*

A

ajouter [aʒute] <1> **I.** *vt* ❶ hinzufügen ❷ *(additionner)* dazurechnen **II.** *vpr* **s'~ à qc** zu etw [noch] hinzukommen

alarme [alaʀm] *f* ❶ Alarm *m* ❷ *(dispositif)* Alarmanlage *f*

album [albɔm] *m* ❶ Album *nt* ❷ *(volume illustré)* Bildband

alcool [alkɔl] *m* ❶ CHIM Alkohol *m*; **~ à brûler** [Brenn]spiritus *m*; **sans ~** alkoholfrei ❷ *(spiritueux)* Spirituose *f*

alerte [alɛʀt] **I.** *adj* schwungvoll **II.** *f* Alarm *m*

alerter [alɛʀte] <1> *vt* alarmieren

Algérie [alʒeʀi] *f* **l'~** Algerien *nt*

algue [alg] *f* Alge *f*

aligner [aliɲe] <1> **I.** *vt (rendre conforme)* angleichen **II.** *vpr* **s'~** sich [in einer Reihe] aufstellen

aliment [alimɑ̃] *m* Lebensmittel *nt*

alimentation [alimɑ̃tasjɔ̃] *f* ❶ *d'une personne* Ernährung *f*; *d'un animal* Fütterung *f* ❷ *(produits)* Nahrungsmittel *Pl*; **magasin d'~** Lebensmittelgeschäft *nt*

alimenter [alimɑ̃te] <1> **I.** *vt* ❶ ernähren ❷ *(approvisionner)* **~ qc en eau** etw mit Wasser versorgen **II.** *vpr* **s'~** Nahrung zu sich nehmen

allaiter [alete] <1> *vt, vi* stillen

allée [ale] *f* ❶ Allee *f* ❷ *(passage)* **~ centrale** [Mittel]gang *m*

allégé(e) [aleʒe] *adj* fettarm

alléger [aleʒe] <2a, 5> *vt* ❶ leichter machen ❷ *impôts* senken

Allemagne [almaɲ] *f* **l'~** Deutschland *nt*; **l'~ fédérale** die Bundesrepublik Deutschland; **la réunification des deux ~s** die [Wieder]vereinigung Deutschlands; **aller en ~** nach Deutschland fahren

allemand [almɑ̃] *m* Deutsch *nt*

allemand(e) [almɑ̃] *adj* deutsch

Allemand(e) [almɑ̃] *m(f)* Deutsche(r) *f(m)*

aller[1] [ale] <irr> **I.** *vi* ❶ gehen ❷ *(rouler/voler)* fahren/fliegen ❸ *(faire un voyage)* reisen ❹ *(oser)* **~ jusqu'à faire qc** so weit gehen etw zu tun ❺ *(se porter)* **comment ça va/vas-tu/allez-vous?** wie geht's?/wie geht es dir?/Ihnen? ❻ *(convenir à qn)* **ça peut ~** es geht schon; **ça [te] va?** [bist du damit] einverstan-

A

den? ❼ *(être seyant)* ~ **bien/mal à qn** jdm gut/nicht stehen ❽ *(être coordonné)* ~ **bien avec qc** gut zu etw passen **II.** *aux* ~ **faire qc** gleich etw tun **III.** *vpr* **s'en** ~ ❶ *(partir: à pied)* [weg]gehen; *(en voiture)* [weg]fahren; *(en avion)* [weg]fliegen; **s'en** ~ **en vacances** in Urlaub fahren ❷ *(disparaître)* weggehen **IV.** *interj* ❶ *(fam)* **vas-y/allons-y/allez-y!** los geht's! ❷ *(voyons!)* **un peu de calme, allons!** etwas Ruhe, bitte!

aller[2] [ale] *m* ❶ Hinweg *m* ❷ *(voyage)* Hinreise *f* ❸ *(billet)* ~ **simple** einfache Hinfahrt

allergie [alɛʀʒi] *f* Allergie *f*

allier [alje] <1> *vpr* **s'**~ **à qn** sich mit jdm verbünden

allô [alo] *interj* hallo

allonger [alɔ̃ʒe] <2a> **I.** *vi* länger werden **II.** *vt (rendre plus long)* verlängern **III.** *vpr* **s'**~ *(se coucher)* sich hinlegen

allumer [alyme] <1> **I.** *vt* ❶ anzünden ❷ *lampe* anmachen; *four* einschalten **II.** *vi* [das] Licht [an]machen

allumette [alymɛt] *f* Streichholz *nt*

alors [alɔʀ] **I.** *adv* ❶ *(à ce moment-là)* damals; **jusqu'**~ bis dahin ❷ *(par conséquent)* da ❸ *(dans ce cas)* ~, **je comprends!** ja dann verstehe ich das! ❹ *(fam: impatience)* ~, **tu viens?** also, kommst du jetzt [endlich]? ❺ **ça** ~! na, so was!; **et** ~? na und? *fam; (suspense)* und dann?; ~ **là!** ja, dann! **II.** *conj* ~ **que** ❶ *(pendant que)* während ❷ *(bien que)* obwohl

Alpes [alp] *fpl* **les** ~ die Alpen

alphabet [alfabɛ] *m* Alphabet *nt*

alphabétique [alfabetik] *adj* alphabetisch

Alsace [alzas] *f* **l'**~ das Elsass

alsacien(ne) [alzasjɛ̃] *adj* elsässisch

alternative [altɛʀnativ] *f* Alternative *f*

alterner [altɛʀne] <1> *vi* abwechseln

altitude [altityd] *f* Höhe *f*

amande [amɑ̃d] *f* Mandel *f*

amant [amɑ̃] *m* Liebhaber *m*; **les** ~**s** die Liebenden

amateur [amatœʀ] *m* ❶ Amateur(in) *m(f)* ❷ *(connaisseur)* ~ **d'art** Kunstliebhaber(in) *m(f)*

ambassade [ɑ̃basad] *f* Bot-

A

schaft *f*

ambigu(ë) [ɑ̃bigy] *adj* mehrdeutig

ambitieux, -euse [ɑ̃bisjø] *adj* ehrgeizig

ambition [ɑ̃bisjɔ̃] *f* Ehrgeiz *m*

ambulance [ɑ̃bylɑ̃s] *f* Krankenwagen *m*

âme [ɑm] *f* Seele *f*

améliorer [ameljɔʀe] <1> **I.** *vt* verbessern; *production* steigern **II.** *vpr* **s'~** sich bessern

aménager [amenaʒe] <2a> *vt* ❶ einrichten ❷ *(modifier)* umstellen; *(par des travaux)* umbauen

amener [am(ə)ne] <4> *vt* ❶ *(fam: apporter)* mitbringen ❷ *(mener)* bringen; **qu'est-ce qui t'amène ici?** was führt dich hierher? ❸ *(provoquer)* verursachen ❹ *(entraîner à)* **~ qn à faire qc** jdn dazu bringen etw zu tun

amer, -ère [amɛʀ] *adj* bitter

américain(e) [ameʀikɛ̃] *adj* amerikanisch

Américain(e) [ameʀikɛ̃] *m(f)* Amerikaner(in) *m(f)*

Amérique [ameʀik] *f* **l'~** Amerika *nt;* **l'~ centrale/latine/du Nord/du Sud** Mittel-/Latein-/Nord-/Südamerika

ami(e) [ami] *m(f)* Freund(in) *m(f);* **être ~s** befreundet sein

amical(e) [amikal] <-aux> *adj* ❶ freundschaftlich; *attitude* freundlich ❷ SPORT **match ~** Freundschaftsspiel *nt*

amicalement [amikalmɑ̃] *adv* herzliche Grüße

amitié [amitje] *f* Freundschaft *f;* **~s** *(formule de fin de lettre)* alles Liebe; **faire toutes ses ~s à qn** jdn herzlich grüßen lassen

amour [amuʀ] *m* ❶ Liebe *f;* **faire l'~** miteinander schlafen ❷ *(personne)* Liebe *f;* **mon ~** [mein] Liebling ❸ *(attachement)* **~ du prochain** Nächstenliebe ❹ **pour l'~ de Dieu** um Gottes willen

amoureusement [amuʀøzmɑ̃] *adv* liebevoll

amoureux, -euse [amuʀø] *adj* verliebt; **tomber ~ de qn** sich in jdn verlieben

ample [ɑ̃pl] *adj* ❶ weit ❷ *sujet* umfangreich

amplifier [ɑ̃plifje] <1> **I.** *vt* ❶ verstärken ❷ *(exagérer)* aufblähen **II.** *vpr* **s'~** *bruit* anschwellen; *mouvement* sich ausweiten

ampoule [ɑ̃pul] *f* ❶ ELEC

[Glüh]birne *f* ❷ MED Ampulle *f*

amusant(e) [amyzɑ̃] *adj* ❶ unterhaltsam ❷ *(drôle)* lustig

amuser [amyze] <1> **I.** *vt* ❶ unterhalten ❷ *(faire rire)* amüsieren **II.** *vpr* **s'~** ❶ *(jouer)* spielen ❷ *(se divertir)* **amuse-toi/amusez-vous bien!** viel Spaß!

an [ɑ̃] *m* Jahr *nt;* **avoir cinq ~s** fünf [Jahre alt] sein; **l'~ dernier/prochain** letztes/nächstes Jahr; **par ~** jährlich; **en l'~ 200 avant Jésus-Christ** [im Jahr] 200 vor Christus; **le premier de l'~** Neujahr *nt*

analyse [analiz] *f* Untersuchung *f*

analyser [analize] <1> *vt* ❶ analysieren ❷ MATH, MED untersuchen

ananas [anana(s)] *m* Ananas *f*

ancêtre [ɑ̃sɛtʀ] *mf* ❶ *(aïeul)* Vorfahr(in) *m(f)* ❷ *(précurseur)* Vorläufer(in) *m(f)*

ancien(ne) [ɑ̃sjɛ̃] *adj* ❶ *bâtiment* alt; *objet d'art, culture* antik; *livre* antiquarisch ❷ *(ex-)* ehemalig ❸ *(qui a de l'ancienneté)* **être ~ dans le métier** schon lange im Beruf sein

âne [ɑn] *m* ❶ Esel *m* ❷ **être têtu comme un ~** störrisch wie ein Esel sein

anéantir [aneɑ̃tiʀ] <8> *vt* ❶ zunichtemachen ❷ *(déprimer)* niederdrücken

ange [ɑ̃ʒ] *m* Engel *m;* **~ gardien** Schutzengel

angine [ɑ̃ʒin] *f* Angina *f*

anglais [ɑ̃glɛ] *m* Englisch *nt*

anglais(e) [ɑ̃glɛ] *adj* ❶ englisch ❷ **filer à l'~e** sich [auf] Französisch verabschieden

Anglais(e) [ɑ̃glɛ] *m(f)* Engländer(in) *m(f)*

angle [ɑ̃gl] *m* Ecke *f;* MATH Winkel *m*

Angleterre [ɑ̃glətɛʀ] *f* **l'~** England *nt*

angoisse [ɑ̃gwas] *f* Angst *f*

anguille [ɑ̃gij] *f* Aal *m*

animal [animal] <-aux> *m* Tier *nt;* **~ domestique** Haustier

animal(e) [animal] <-aux> *adj matières* tierisch; *fonctions* animalisch

animateur, -trice [animatœʀ] *m, f* ❶ Betreuer(in) *m(f); d'un club de sport* Leiter(in) *m(f)* ❷ RADIO, TV Moderator(in) *m(f)*

animé(e) [anime] *adj discussion* lebhaft; *rue* belebt; **des-**

sin ~ Zeichentrickfilm *m*

animer [anime] <1> **I.** *vt* ❶ *débat* leiten; *émission* moderieren ❷ *(mouvoir)* bewegen ❸ *(égayer)* beleben **II.** *vpr* **s'~** sich beleben

anneau [ano] <x> *m* Ring *m*

année [ane] *f* Jahr *nt;* **tout au long de l'~** das ganze Jahr [über]; **~ de naissance** Geburtsjahr; **les ~s trente** die dreißiger Jahre; **bonne ~!** ein gutes neues Jahr!; **~ prochaine** nächstes Jahr

anniversaire [anivɛʀsɛʀ] *m d'une personne* Geburtstag *m;* **bon ~!** alles Gute zum Geburtstag!

annonce [anɔ̃s] *f* ❶ Ankündigung *f* ❷ *(information officielle)* Bekanntgabe *f;* MEDIA Meldung *f* ❸ *(texte)* **les petites ~s** die Kleinanzeigen

annoncer [anɔ̃se] <2> *vt, vpr* **[s']~** [sich] ankündigen

annotation [anɔtasjɔ̃] *f* Anmerkung *f*

annuaire [anɥɛʀ] *m* Jahrbuch *nt;* **~ téléphonique** Telefonbuch

annuel(le) [anɥɛl] *adj* jährlich; *congé* Jahres-

annuler [anyle] <1> *vt* ❶ stornieren; *rendez-vous* absagen ❷ INFORM abbrechen

anonyme [anɔnim] *adj* anonym

anorak [anɔʀak] *m* Anorak *m*

anormal(e) [anɔʀmal] <-aux> *adj* ungewöhnlich

antenne [ɑ̃tɛn] *f* ❶ Antenne *f* ❷ RADIO, TV Sender *m* ❸ ZOOL Fühler *m*

antérieur(e) [ɑ̃teʀjœʀ] *adj* ❶ *(précédent)* frühere(r, s); **être ~ à qc** vor etw *dat* liegen ❷ *patte* Vorder-

antibiotique [ɑ̃tibjɔtik] *m* Antibiotikum *nt*

anticiper [ɑ̃tisipe] <1> *vi* vorgreifen

Antilles [ɑ̃tij] *fpl* **les ~** die Antillen

antipathie [ɑ̃tipati] *f* **~ pour qn/qc** Abneigung *f* gegen jdn/etw

août [u(t)] *m* August *m*

apercevoir [apɛʀsəvwaʀ] <12> **I.** *vt* ❶ flüchtig wahrnehmen ❷ *(remarquer)* bemerken **II.** *vpr (se voir)* **s'~** sich sehen

apéritif [apeʀitif] *m* Aperitif *m*

apéro [apeʀo] *m (fam) abr de* **apéritif**

apparaître [apaʀɛtʀ] <irr> *vi* erscheinen

appareil [apaʀɛj] *m* ❶ Gerät *nt;* ~ **photo** Fotoapparat *m;* ~ **[photo] numérique** Digitalkamera *f;* **~s ménagers** Haushaltsgeräte *Pl;* Apparat *m;* ~ **photo digital** Digitalkamera *f;* ~ **photos étanche** Unterwasserkamera *f* ❷ *(dentaire)* Zahnspange *f*

apparemment [apaʀamɑ̃] *adv* anscheinend; *(vraisemblablement)* offensichtlich

apparence [apaʀɑ̃s] *f* [An]schein *m;* ~ **physique** äußeres Erscheinungsbild

apparent(e) [apaʀɑ̃] *adj* sichtbar; *(évident)* offensichtlich

appart [apaʀt] *m (fam) abr de* **appartement**

appartement [apaʀtəmɑ̃] *m* Wohnung *f*

appartenir [apaʀtəniʀ] <9> *vi* ~ **à qn** jdm gehören; ~ **à qc** einer S. *dat* angehören

appel [apɛl] *m* ❶ Ruf *m* ❷ TELEC Anruf *m* ❸ INFORM Aufruf *m* ❹ **faire** ~ Berufung einlegen

appeler [aple] <4> **I.** *vt* ❶ rufen ❷ *(téléphoner à)* anrufen ❸ *(nommer)* nennen; ~ **qn par son prénom** jdn mit seinem Vornamen anreden ❹ INFORM aufrufen **II.** *vpr* **s'~** heißen

appendicite [apɛ̃disit] *f* Blinddarmentzündung *f*

appétit [apeti] *m* Appetit *m*

applaudir [aplodiʀ] <8> **I.** *vi* [Beifall] klatschen **II.** *vt* ~ **qn/qc** jdm/etw applaudieren

appliquer [aplike] <1> **I.** *vt* ❶ auftragen ❷ *(mettre en pratique)* [praktisch] anwenden **II.** *vpr* **s'~ à faire qc** sich *dat* Mühe geben etw zu tun

apporter [apɔʀte] <1> *vt* ❶ bringen ❷ *(avec soi)* mitbringen ❸ *preuve* liefern

appréciation [apʀesjasjɔ̃] *f* Beurteilung *f*

apprécier [apʀesje] <1> *vt* ❶ abschätzen ❷ *(aimer)* schätzen

apprendre [apʀɑ̃dʀ] <13> *vt, vi* lernen

apprentissage [apʀɑ̃tisaʒ] *m* Lehre *f*

approcher [apʀɔʃe] <1> **I.** *vi* näher kommen **II.** *vt* ❶ *(mettre plus près)* ~ **qc de qn** etw an jdn näher heranschieben ❷ *(venir plus près)* ~ **qn** sich jdm nähern **III.** *vpr* **s'~ de qn/qc** sich jdm/einer S. nähern

approprié(e) [apʀɔpʀije] *adj* ~ **à qc** für etw geeignet

appuyer [apɥije] <6> **I.** *vi*

A

❶ drücken ❷ *(insister sur)* **~ sur qc** etw betonen **II.** *vt* ❶ *(poser)* **~ qc contre/sur qc** etw gegen etw lehnen/auf etw *akk* stützen ❷ *(soutenir)* unterstützen **III.** *vpr* **s'~ contre qn/qc** sich an jdn/etw [an]lehnen; **s'~ sur qn/sur qc** *(compter sur)* sich auf jdn/etw verlassen
après [apʀɛ] **I.** *prép* ❶ nach +*dat* ❷ *(derrière)* hinter +*dat* ❸ **d'~ qn/qc** nach jdm/etw **II.** *adv* ❶ *(plus tard, ensuite)* danach; **longtemps/peu ~** viel später/bald darauf ❷ *(plus loin)* dahinter ❸ **d'~** danach; **et ~?** *(fam)* [na] und?; **~ tout** schließlich **III.** *conj* **~ que** nachdem
après-demain [apʀɛdmɛ̃] *adv* übermorgen
après-midi [apʀɛmidi] **I.** *m o f inv* Nachmittag *m;* **cet[te] ~** heute Nachmittag; **[dans] l'~** am Nachmittag **II.** *adv* **mardi ~** [am] Dienstagnachmittag; **demain ~** morgen Nachmittag
aquarium [akwaʀjɔm] *m* Aquarium *nt*
Aquitaine [akitɛn] *f* **l'~** Aquitanien *nt*
arabe [aʀab] **I.** *adj* arabisch **II.** *m* Arabisch *nt*
Arabe [aʀab] *mf* Araber(in) *m(f)*
araignée [aʀeɲe] *f* Spinne *f*
arbitraire [aʀbitʀɛʀ] *adj* willkürlich
arbre [aʀbʀ] *m* ❶ BOT Baum *m* ❷ TECH Welle *f*
arc [aʀk] *m* Bogen *m*
arc-en-ciel [aʀkɑ̃sjɛl] <arcs-en-ciel> *m* Regenbogen *m*
arche [aʀʃ] *f* ❶ Bogen *m* ❷ REL **~ de Noé** Arche *f* Noah
architecte [aʀʃitɛkt] *mf* Architekt(in) *m(f)*
architecture [aʀʃitɛktyʀ] *f* Architektur *f;* INFORM Struktur *f*
archive [aʀʃiv] *f* Archiv *nt*
arène [aʀɛn] *f* Arena *f*
argent [aʀʒɑ̃] *m* ❶ Geld *nt* ❷ *(métal)* Silber *nt*
argot [aʀgo] *m* ❶ Argot *m o nt* ❷ *(langage particulier)* Jargon *m*
argument [aʀgymɑ̃] *m* Argument *nt*
arme [aʀm] *f* Waffe *f;* **~s de destruction massive** Massenvernichtungswaffen *Pl*
armé(e) [aʀme] *adj* bewaffnet
armer [aʀme] <1> **I.** *vt* ❶ bewaffnen ❷ *fusil* laden ❸ *(équiper)* ausrüsten **II.** *vpr* ❶ **s'~** sich bewaffnen ❷ *(fig)*

s'~ de patience sich mit Geduld wappnen

armoire [aʀmwaʀ] *f* Schrank *m*

arobas [aʀɔba(z)] *m* INFORM at *nt*

arôme, arome [aʀom] *m* Aroma *nt; d'un vin* Bouquet *nt*

arracher [aʀaʃe] <1> **I.** *vt* ① herausreißen ② *affiche* abreißen ③ *(prendre)* **~ qc des mains de qn** jdm etw aus den Händen reißen **II.** *vpr* ① *(se disputer)* **s'~ qn/qc** sich um jdn/etw reißen ② **s'~ les cheveux** sich *dat* die Haare ausreißen

arrangement [aʀɑ̃ʒmɑ̃] *m* ① Zusammenstellung *f* ② *(accord)* Einigung *f* ③ MUS Arrangement *nt*

arranger [aʀɑ̃ʒe] <2a> **I.** *vt* ① ordnen ② *(organiser)* organisieren; *rencontre* arrangieren ③ *(régler)* regeln **II.** *vpr* **s'~** ① *(se mettre d'accord)* sich einigen ② *(s'améliorer)* sich regeln

arrêt [aʀɛ] *m* ① Abschalten *nt;* **~ cardiaque** Herzstillstand *m;* **sans ~** unaufhörlich ② AUT Halt *m;* **dix minutes d'~** zehn Minuten Aufenthalt ③ *(station)* Haltestelle *f*

arrêter [aʀete] <1> **I.** *vi* aufhören **II.** *vt* ① *(stopper)* anhalten; *télé* ausmachen ② *(terminer)* aufhören mit ③ *(faire prisonnier)* verhaften **III.** *vpr* **s'~** ① *(s'immobiliser)* stehen bleiben; *véhicule* [an]halten ② *(cesser)* aufhören

arrière [aʀjɛʀ] *m* ① Heck *nt* ② SPORT Verteidiger(in) *m(f)* ③ **se pencher en ~** sich zurückbeugen; **rester en ~** hinten bleiben; **aller en ~** rückwärtsgehen; **à l'~** hinten

arrivée [aʀive] *f* ① Ankunft *f* ② *(endroit)* Ziel *nt* ③ TECH Anschluss *m*

arriver [aʀive] <1> *vi* ① ankommen ② *(aller jusque)* **~ aux genoux** bis an die Knie gehen ③ *(atteindre)* **~ à qc** etw erreichen ④ *(réussir)* **qn arrive à faire qc** es gelingt jdm etw zu tun ⑤ *(se produire)* **qu'est-ce qu'il t'est arrivé?** was ist dir denn passiert?

arrogance [aʀɔgɑ̃s] *f* Arroganz *f*

arrogant(e) [aʀɔgɑ̃] *adj* arrogant

arrondissement [aʀɔ̃dismɑ̃] *m* Arrondissement *nt*

arroser [aʀoze] <1> *vt* gießen

A

art [aʀ] *m* Kunst *f;* **~ graphique** Grafik *f;* **~ nouveau** Jugendstil *m;* **~s décoratifs** Kunstgewerbe *nt*

article [aʀtikl] *m* ❶ *(marchandise)* Artikel *m;* **~s d'hygiène** Drogerieartikel *Pl;* **~s de papeterie** Schreibwaren *Pl;* **~s ménagers** Haushaltswaren *Pl* ❷ JUR Paragraf *m*

artificiel(le) [aʀtifisjɛl] *adj* künstlich

artisan(e) [aʀtizɑ̃] *m(f)* Handwerker(in) *m(f)*

artisanal(e) [aʀtizanal] <-aux> *adj* handwerklich

artiste [aʀtist] *mf* Künstler(in) *m(f)*

artistique [aʀtistik] *adj* künstlerisch

as [ɑs] *m* Ass *nt*

ascenseur [asɑ̃sœʀ] *m* Aufzug *m*

asiatique [azjatik] *adj* asiatisch

Asie [azi] *f* **l'~** Asien *nt;* **l'~ centrale/Mineure** Zentral-/Kleinasien

asile [azil] *m* Asyl *nt*

aspect [aspɛ] *m* ❶ Aussehen *nt* ❷ *(point de vue)* Aspekt *m*

asperge [aspɛʀʒ] *f* Spargel *m*

aspirateur [aspiʀatœʀ] *m* Staubsauger *m;* **passer l'~** staubsaugen

aspirer [aspiʀe] <1> **I.** *vt* einatmen **II.** *vi (désirer)* **~ à qc** sich nach etw sehnen

assaisonnement [asɛzɔnmɑ̃] *m* Dressing *nt*

assaisonner [asɛzɔne] <1> *vt plat* würzen; *salade* anmachen

assassin [asasɛ̃] *m* Mörder(in) *m(f)*

assassiner [asasine] <1> *vt* ermorden

assemblée [asɑ̃ble] *f* Versammlung *f;* **l'Assemblée nationale** die Nationalversammlung

asseoir [aswaʀ] <irr> **I.** *vt* **faire ~ qn** jdn bitten sich zu setzen; **être/rester assis** sitzen/sitzen bleiben **II.** *vpr* **s'~** sich [hin]setzen

assez [ase] *adv* ❶ genug ❷ *(plutôt)* ziemlich ❸ *(quantité suffisante)* **c'est/ce n'est pas ~** das reicht/reicht nicht

assiette [asjɛt] *f* Teller *m*

assis(e) [asi] *adj* sitzend

assister [asiste] <1> **I.** *vi* **~ à qc** bei etw anwesend sein **II.** *vt* **~ qn dans qc** jdm bei etw helfen

association [asɔsjasjɔ̃] *f* ❶ Vereinigung *f* ❷ *(action* *de s'associer)* Zusammenschluss *m* ❸ *(groupement)* Organisation *f; (opp: société)* Verein *m*

associer [asɔsje] <1> **I.** *vt* [miteinander] verbinden **II.** *vpr* ❶ **s'~** sich zusammenschließen ❷ *(participer à)* **s'~ à qc** sich an etw *dat* beteiligen

assoiffé(e) [aswafe] *adj* [sehr] durstig

assorti(e) [asɔʀti] *adj* passend

assurance [asyʀɑ̃s] *f* ❶ Selbstbewusstsein *nt* ❷ *(garantie)* Zusicherung *f* ❸ *(contrat)* Versicherung *f;* **~ au tiers** Teilkasko *nt;* **~ tous risques** Vollkasko *nt*

assurer [asyʀe] <1> **I.** *vt* ❶ versichern ❷ *avenir* sichern **II.** *vpr* **s'~** ❶ sich versichern ❷ *(vérifier)* sich überzeugen

astrologue [astʀɔlɔg] *mf* Astrologe, Astrologin *m, f*

astronaute [astʀonot] *mf* Astronaut(in) *m(f)*

astronomie [astʀɔnɔmi] *f* Astronomie *f*

astucieux, -euse [astysjø] *adj* schlau

atelier [atəlje] *m* Werkstatt *f*

athlète [atlɛt] *mf* Leichtathlet(in) *m(f)*

Atlantique [atlɑ̃tik] *m* **l'~** der Atlantik

atmosphère [atmɔsfɛʀ] *f* Atmosphäre *f*

attacher [ataʃe] <1> **I.** *vt* ❶ festmachen ❷ *lacets* binden; *montre* zumachen ❸ *cheveux* zusammenbinden **II.** *vpr* ❶ *(mettre sa ceinture de sécurité)* **s'~** sich anschnallen ❷ *(se lier d'affection)* **s'~ à qn** jdn/etw lieb gewinnen

attaque [atak] *f* ❶ Angriff *m* ❷ MED Anfall *m*

attaquer [atake] <1> **I.** *vt* ❶ angreifen ❷ *(commencer)* beginnen **II.** *vpr* **s'~ à qc** etw in Angriff nehmen

atteindre [atɛ̃dʀ] <irr> *vt* ❶ erreichen ❷ *personne* treffen

attendre [atɑ̃dʀ] <14> **I.** *vt, vi* warten **II.** *vpr* **s'~ à qc** etw erwarten

attente [atɑ̃t] *f* ❶ Warten *nt* ❷ *(espoir)* **contre toute ~** wider Erwarten

attentif, -ive [atɑ̃tif] *adj* aufmerksam

attention [atɑ̃sjɔ̃] *f* Aufmerksamkeit *f;* **~!** Vorsicht!

attestation [atɛstasjɔ̃] *f* Bescheinigung *f*

A

attester [atɛste] <1> *vt* bestätigen

attirer [atiʀe] <1> *vt, vpr* **[s']~** [sich] anziehen

attitude [atityd] *f* Haltung *f*

attractif, -ive [atʀaktif] *adj* interessant

attraction [atʀaksjɔ̃] *f* ❶ Anziehungskraft *f* ❷ *(divertissement)* Attraktion *f*

attraper [atʀape] <1> **I.** *vt* ❶ fangen; *train* erreichen ❷ *maladie* bekommen **II.** *vpr* **s'~** *maladie* sich übertragen

au [o] = *abr de* **à le** *v.* **à**

auberge [obɛʀʒ] *f* [Land]gasthaus *nt;* **~ de jeunesse** Jugendherberge *f*

aucun(e) [okœ̃] **I.** *adj* **~ ... ne ..., ne ... ~ ...** kein(e); **sans ~** ohne **II.** *pron* **~ ne ..., ne ... ~** keine(r, s)

au-dehors [odəɔʀ] **I.** *adv* ❶ draußen; *(avec mouvement)* nach [dr]außen ❷ *(dans l'apparence extérieure)* äußerlich **II.** *prép* **~ de qc** aus etw [heraus]

au-delà [od(ə)la] **I.** *adv* weiter **II.** *prép* **~ de qc** auf die andere Seite einer S. *gen* **III.** *m* Jenseits *nt*

au-dessous [od(ə)su] **I.** *adv* darunter **II.** *prép* ❶ *(plus bas)* **~ de qn/qc** unter jdm/etw ❷ *(inférieur)* **être ~ de qn** unter jdm stehen

au-dessus [od(ə)sy] **I.** *adv* darüber **II.** *prép* ❶ **~ de qn/qc** über jdn/etw ❷ *(supérieur)* **être ~ de qn/qc** über jdm/etw *dat* stehen

audience [odjɑ̃s] *f* ❶ Audienz *f* ❷ MEDIA Einschaltquote *f*

auditeur, -trice [oditœʀ] *m, f* Zuhörer(in) *m(f)*

augmenter [ɔgmɑ̃te] <1> **I.** *vt* erhöhen; *misère* vergrößern **II.** *vi* steigen

aujourd'hui [oʒuʀdɥi] *adv* heute; **il y a ~ huit jours** heute vor acht Tagen

auparavant [opaʀavɑ̃] *adv* vorher

auprès de [opʀɛ də] *prép* bei

auquel [okɛl] = *abr de* **à lequel** *v.* **lequel**

aussi [osi] **I.** *adv* ❶ *(élément de comparaison)* **~ ... que** so ... wie ❷ *(également)* auch; **bon appétit! — merci, vous ~!** guten Appetit! — danke, gleichfalls! ❸ *(en plus)* auch noch **II.** *conj* daher

aussitôt [osito] **I.** *adv* sofort **II.** *conj* **~ que** sobald

Australie [ostʀali] *f* **l'~** Australien *nt*

australien(ne) [ostʀaljɛ̃] *adj* australisch

autant [otɑ̃] *adv* ❶ so viel ❷ *(relation d'égalité)* **~ que** ebenso [sehr]/ebenso viel... wie; **d'~** ebenso viel ❸ *(dans la mesure où)* **~ que possible** so weit wie möglich ❹ **d'~ plus** umso mehr

auteur, -trice [otœʀ] *m, f* ❶ *(écrivain)* Autor(in) *m(f)* ❷ *(créateur)* Schöpfer(in) *m(f)*

authentique [otɑ̃tik] *adj* echt

autobus [otobys] *m* [Auto]bus *m*

autocollant(e) [otokɔlɑ̃] *adj* selbstklebend

autoécole, auto-école [otoekɔl] <auto-écoles> *f* Fahrschule *f*

automate [otomat] *m* Automat *m*

automatique [otomatik] *adj* automatisch

automne [otɔn] *m* Herbst *m*

autorisation [otoʀizasjɔ̃] *f* Erlaubnis *f*

autoriser [otoʀize] <1> *vt* erlauben

autorité [otoʀite] *f* ❶ Autorität *f* ❷ *(organisme)* Behörde *f*

autoroute [otoʀut] *f* Autobahn *f*

autostop, auto-stop [otostɔp] *m* Trampen *nt;* **faire de l'~** trampen

autour [otuʀ] **I.** *adv* herum; **tout ~** rundherum **II.** *prép* ❶ *(entourant)* **~ de qn/qc** um jdn/etw herum ❷ *(à proximité de)* **~ de...** in der Umgebung von... ❸ *(environ)* **~ des 1.000 euros** um die 1.000 Euro [herum]

autre [otʀ] **I.** *adj* ❶ *(différent)* andere(r, s); **~ chose** etwas anderes; **d'une ~ manière** anders ❷ *(supplémentaire)* weitere(r, s) ❸ *(second des deux)* **l'~ ...** der/die/das andere ... **II.** *pron* ❶ andere(r, s) ❷ *(personne)* weitere(r, s) ❸ **entre ~s** unter anderem

autrefois [otʀəfwa] *adv* früher

autrement [otʀəmɑ̃] *adv* ❶ anders ❷ *(sinon)* sonst ❸ **~ dit** mit anderen Worten

Autriche [otʀiʃ] *f* **l'~** Österreich *nt*

autrichien(ne) [otʀiʃjɛ̃] *adj* österreichisch

Autrichien(ne) [otʀiʃjɛ̃] *m(f)* Österreicher(in) *m(f)*

autrui [otʀɥi] *pron inv* ein an-

A

derer, eine andere; *(les autres)* andere

aux [o] = *abr de* **à les** *v.* **à**

avaler [avale] <1> *vt, vi* schlucken

avancer [avɑ̃se] <2> **I.** *vt* ❶ *montre* vorstellen; *départ* vorverlegen ❷ *chaise* vorrücken; *voiture* vorfahren ❸ *idée* vorbringen ❹ *argent* vorstrecken **II.** *vi* ❶ vorwärtskommen ❷ *(être en avance)* vorgehen ❸ *(progresser)* vorankommen **III.** *vpr* ❶ **s'~ vers qn/qc** auf jdn/etw zugehen ❷ *(prendre de l'avance)* **s'~ dans son travail** mit der Arbeit vorankommen

avant [avɑ̃] **I.** *prép* ❶ vor +*dat* ❷ **~ tout** vor allem **II.** *adv* vorher; **passer ~** vorgehen; **en ~** nach vorne; **plus/trop ~** weiter vor/zu weit vor; **le jour d'~** am Tag[e] davor **III.** *m* Vorderteil *nt o m;* **à l'~** vorn[e]

avantage [avɑ̃taʒ] *m* ❶ *a.* SPORT Vorteil *m* ❷ *(supériorité)* Überlegenheit *f*

avantageux, -euse [avɑ̃taʒø] *adj* günstig

avant-hier [avɑ̃tjɛʀ] *adv* vorgestern

avare [avaʀ] *adj* geizig

avec [avɛk] **I.** *prép* mit +*dat;* **être gentil ~ qn** nett zu jdm sein **II.** *adv (fam)* ❶ damit; **tu viens ~?** BELG kommst du mit? ❷ **faire ~** sich [eben] damit abfinden

avenir [av(ə)niʀ] *m* Zukunft *f*

aventure [avɑ̃tyʀ] *f* Abenteuer *nt*

averse [avɛʀs] *f* [Regen]schauer *m; d'injures* Flut *f*

avertir [avɛʀtiʀ] <8> *vt* ❶ benachrichtigen ❷ *(mettre en garde)* warnen

aveugle [avœgl] *adj* blind

aviation [avjasjɔ̃] *f* ❶ AUT Luftfahrt *f;* **compagnie d'~** Fluggesellschaft *f* ❷ MIL Luftwaffe *f*

avion [avjɔ̃] *m* Flugzeug *nt;* **aller en ~** fliegen; **par ~** POST mit Luftpost

avis [avi] *m* ❶ Ansicht *f* ❷ *(notification)* Mitteilung *f;* **~ de décès/recherche** Todes-/Suchanzeige *f*

avisé(e) [avize] *adj* klug

avocat [avɔka] *m* Avocado *f*

avocat(e) [avɔka] *m(f)* [Rechts]anwalt, -anwältin *m, f,* Advokat(in) *m(f)* A, CH

avoir [avwaʀ] <irr> **I.** *vt* ❶ haben; **~ 15 ans** 15 Jahre alt sein

❹ *vêtement* anhaben ❺ *(obtenir)* bekommen ❻ **en ~ pour deux minutes** zwei Minuten brauchen ❼ **il y a …** es gibt …; **il y a 3 jours** vor 3 Tagen; **il n'y a plus rien à faire** da ist nichts mehr zu machen; **il n'y a pas de quoi!** keine Ursache! **II.** *aux* **il n'a rien dit** er hat nichts gesagt **III.** *m* ❶ Guthaben *nt* ❷ *(bon d'achat)* Gutschein *m*

avouer [avwe] <1> *vt, vi* gestehen

avril [avʀil] *m* ❶ April *m* ❷ **poisson d'~** Aprilscherz *m*

axe [aks] *m* Achse *f*

B

Bb

baby-foot® [babifut] *m inv* Tischfußball *m*

baby-sitting [bebisitiŋ] *m sans pl* Babysitting *nt*

bac¹ [bak] *m* ❶ Behälter *m; d'un évier* [Spül]becken *nt* ❷ *(bateau)* Fähre *f*

bac² [bak] *m abr de* **baccalauréat** *(fam)* ≈ Abi *nt*

baccalauréat [bakalɔʀea] *m* ≈ Abitur *nt*

bachelor [baʃ(ə)lɔʀ] *m* UNIV Bachelor *m*, Bachelorabschluss *m*

bactérie [bakteʀi] *f* Bakterie *f*

bagage [bagaʒ] *m pl* Gepäck *nt*

bague [bag] *f* Ring *m*

baguette [bagɛt] *f* ❶ Baguette *f o nt* ❷ *(bâton)* Stab *m*

baie [bɛ] *f* ❶ GEO Bucht *f* ❷ BOT Beere *f*

baigner [beɲe] <1> *vpr* **se ~** baden

baignoire [bɛɲwaʀ] *f* Badewanne *f*

bâiller [bɑje] <1> *vi* gähnen

bain [bɛ̃] *m* Bad *nt*

baiser¹ [beze] *m* Kuss *m*

baiser² [beze] <1> *vi (fam)* bumsen *vulg*

B

baisser [bese] <1> **I.** *vt* ❶ herunterlassen ❷ *tête* senken ❸ *ton* leiser machen **II.** *vi forces* nachlassen; *niveau* sinken **III.** *vpr* **se ~** sich bücken
bal [bal] <s> *m* Ball *m*
balader [balade] <1> *vpr* **se ~** *(fam)* spazieren gehen
baladeur [baladœʀ] *m* Walkman® *m;* **~ numérique** MP3-Player *m*
balai [balɛ] *m* Besen *m*
balance [balɑ̃s] *f* Waage *f*
balancer [balɑ̃se] <2> *vt* schaukeln
balançoire [balɑ̃swaʀ] *f* Schaukel *f*
balayer [baleje] <7> *vt* ❶ fegen ❷ INFORM scannen
balcon [balkɔ̃] *m* Balkon *m*
balle [bal] *f* ❶ Ball *m* ❷ *(projectile)* Kugel *f*
ballet [balɛ] *m* Ballett *nt*
ballon [balɔ̃] *m* ❶ Ball *m* ❷ *(baudruche)* Luftballon *m*
balustrade [balystʀad] *f* Geländer *nt*
banal(e) [banal] <s> *adj* banal
banane [banan] *f* Banane *f*
banc [bɑ̃] *m* ❶ Bank *f* ❷ *de poissons* Schwarm *m*
bande[1] [bɑ̃d] *f* ❶ Streifen *m; d'un magnétophone* [Ton]band ❷ MED Binde *f;* **~ élastique** elastische Binde *f* ❸ **~ dessinée** Comic[strip] *m*
bande[2] [bɑ̃d] *f* Bande *f;* **~ d'amis** Clique *f*
banlieue [bɑ̃ljø] *f* Vorort *m*
bannir [baniʀ] <8> *vt* verbannen
banque [bɑ̃k] *f* Bank *f;* **Banque centrale européenne** Europäische Zentralbank
banquette [bɑ̃kɛt] *f* [Sitz]bank *f;* **~ arrière** AUT Rücksitz *m*
baptême [batɛm] *m* Taufe *f*
baptiser [batize] <1> *vt* ❶ taufen ❷ *(surnommer)* einen Spitznamen geben
bar[1] [baʀ] *m* Bar *f*
bar[2] [baʀ] *m* ZOOL Seebarsch *m*
barbe [baʀb] *f* ❶ Bart *m* ❷ GASTR **~ à papa** Zuckerwatte *f*
barbecue [baʀbəkju] *m* Grill *m*
barbu(e) [baʀby] *adj* bärtig
baromètre [baʀɔmɛtʀ] *m* Barometer *nt*
baroque [baʀɔk] *adj* barock
barre [baʀ] *f* ❶ Stange *f;* **~ de chocolat** Schokoladenriegel *m* ❷ *(trait)* Strich *m* ❸ SPORT Latte *f* ❹ INFORM Leiste *f;* **~ de défilement/des tâches** Bildlauf-/Taskleiste *f*

barrer [baʀe] <1> *vt* ❶ sperren ❷ *(biffer)* durchstreichen ❸ NAUT steuern

barrière [baʀjɛʀ] *f* ❶ Absperrung *f;* CHEMDFER Schranke *f* ❷ *(clôture)* Zaun *m*

bar-tabac [baʀtaba] <bars-tabac> *m Bistro mit Tabakwarenverkauf*

bas[1] [bɑ] **I.** *m* unterer Teil **II.** *adv* ❶ **en ~** unten; **voir plus ~** siehe unten ❷ *(opp: aigu/haut)* tief ❸ *(doucement)* leise

bas(se)[2] [bɑ] *adj* ❶ niedrig; *stature* klein; **à voix ~se** leise ❷ *(opp: aigu)* tief ❸ *peuple* einfach

basculer [baskyle] <1> *vt, vi (faire pivoter)* [um]kippen

base [bɑz] *f* Basis *f;* **~ de données** Datenbank *f*

baser [bɑze] <1> *vt, vpr* **[se] ~** [sich] stützen

basilic [bazilik] *m* Basilikum *nt*

basket [baskɛt] *m* Turnschuh *m*

basque [bask] **I.** *adj* baskisch; **Pays ~** Baskenland *nt* **II.** *m* Baskisch *nt*

Basque [bask] *mf* Baske, Baskin *m, f*

bassin [basɛ̃] *m* Becken *nt;* **~ pour enfants** Kinderbecken *nt*

bataille [bataj] *f* Schlacht *f*

bateau [bato] <x> *m* Schiff *nt;* **~ à voiles** Segelboot *nt*

bâtiment [bɑtimɑ̃] *m* Gebäude *nt*

bâtir [bɑtiʀ] <8> *vt* bauen

bâton [bɑtɔ̃] *m* ❶ *(canne)* Stock *m* ❷ *(bâtonnet)* Stiel *m*

batterie [batʀi] *f* Batterie *f;* MUS Schlagzeug *nt*

battre [batʀ] <irr> **I.** *vt, vi (cogner)* schlagen **II.** *vpr* **se ~** kämpfen

battu(e) [baty] *adj (vaincu)* geschlagen

baume [bom] *m* Balsam *m*

bavarder [bavaʀde] <1> *vi* plaudern

bavarois(e) [bavaʀwa] *adj* bay[e]risch; *dialecte* bairisch

bazar [bazaʀ] *m* ❶ *(magasin)* Kaufhalle *f* ❷ *(souk)* Basar *m*

beau [bo] <x> *m* ❶ **le ~** das Schöne ❷ METEO **se mettre au ~** schön werden

beau, bel, belle [bo] <x> *adj* ❶ schön ❷ **il fait ~** es ist schön[es Wetter]; **se faire ~** sich feinmachen

beaucoup [boku] *adv* ❶ viel ❷ *(intensément)* sehr ❸ *(beaucoup de personnes)* viele ❹ *(beaucoup de choses)*

B

viel (5) ~ **trop** viel zu viel
beau-fils [bofis] <beaux--fils> *m* (1) *(gendre)* Schwiegersohn *m* (2) *(fils du conjoint)* Stiefsohn *m*
beauté [bote] *f* Schönheit *f*
beaux-arts [bozaʀ] *mpl* **les** ~ die schönen Künste
bébé [bebe] *m* Baby *nt*
bégayer [begeje] <7> **I.** *vi* stottern **II.** *vt* stammeln
beige [bɛʒ] *adj* beige
bel [bɛl] *v.* **beau**
belge [bɛlʒ] *adj* belgisch
Belge [bɛlʒ] *mf* Belgier(in) *m(f)*
Belgique [bɛlʒik] *f* **la** ~ Belgien *nt*
bélier [belje] *m* Widder *m*
belle-fille [bɛlfij] <belles-filles> *f* (1) *(bru)* Schwiegertochter *f* (2) *(fille du conjoint)* Stieftochter *f*
bénéfice [benefis] *m* Gewinn *m*
bénéficier [benefisje] <1> *vi* profitieren
bénévole [benevɔl] *adj* freiwillig; *fonction* ehrenamtlich
bénir [beniʀ] <8> *vt* segnen
béquille [bekij] *f* Krücke *f*
berceau [bɛʀso] <x> *m* Wiege *f*
bercer [bɛʀse] <2> *vt* wiegen
berger [bɛʀʒe] *m* Schäferhund *m*
berger, -ère [bɛʀʒe] *m, f* Hirte, Hirtin *m, f*
besogne [bəzɔɲ] *f* Arbeit *f*
besoin [bəzwɛ̃] *m* (1) Bedarf *m* (2) *(nécessité d'uriner)* Notdurft *f geh* (3) **avoir ~ de qc/de faire qc** etw brauchen/etw machen müssen
bête [bɛt] **I.** *f* (1) Tier *nt;* **les ~s** Vieh *nt* (2) *(vermine)* Ungeziefer *nt* (3) *(animalité)* **la** ~ das Animalische **II.** *adj* (1) dumm (2) **c'est tout** ~ es ist ganz einfach
bêtement [bɛtmɑ̃] *adv* dummerweise
bêtise [betiz] *f* (1) *(a. acte)* Dummheit *f* (2) *(parole)* Unsinn *m*
béton [betɔ̃] *m* Beton *m*
beurre [bœʀ] *m* Butter *f*
biais [bjɛ] *m* (1) Umweg *m* (2) **de** ~ schräg
bible [bibl] *f* Bibel *f*
bibliothèque [biblijɔtɛk] *f* (1) Bibliothek *f;* *(bibliothèque publique)* Bücherei *f;* **~-en-ligne** Onlinebibliothek (2) *(meuble)* Bücherregal *nt*
bicyclette [bisiklɛt] *f* [Fahr]rad *nt;* **faire de la** ~ Rad fahren
bien [bjɛ̃] **I.** *adv* (1) *rire* viel;

manger gut ❷ *(au moins)* mindestens ❸ *(plus)* **c'est ~ mieux** das ist viel besser; **~ assez** mehr als genug ❹ *agir* richtig; **tu ferais ~ de me le dire** du sagst es mir wohl besser ❺ *(vraiment)* sehr; *imaginer* gut; **aimer ~ qn/qc** jdn/etw gernhaben; **je veux ~, merci!** gern, danke! ❻ **ou ~** oder [lieber]; **~ que** + *subj* obwohl **II.** *adj inv* ❶ gut ❷ *(en forme)* **se sentir ~** sich wohl fühlen ❸ *(joli)* schön; *homme* gut aussehend ❹ *(comme il faut)* anständig **III.** *m* ❶ Gut *nt;* **le ~ général** das [All]gemeinwohl ❷ *(capital matériel)* Eigentum *nt*

bientôt [bjɛ̃to] *adv* bald; **à ~!** bis bald!

bienvenu(e) [bjɛ̃v(ə)ny] *adj* willkommen

bière [bjɛʀ] *f* Bier *nt;* **~ blonde/brune** helles/dunkles Bier; **~ [à la] pression** Bier vom Fass; **~ sans alcool** alkoholfreies Bier

bifteck [biftɛk] *m* [Beef]steak *nt*

bijou [biʒu] <x> *m* Schmuckstück *nt;* **des ~x** Schmuck *m;* **~x fantaisie** Modeschmuck *m*

billet [bijɛ] *m* ❶ Eintrittskarte *f* ❷ *d'autobus* Fahrschein *m;* **~ aller/aller-retour** Einzel-/Rückfahrkarte *f;* **~ enfants** Kinderfahrkarte *f;* **~ pour une journée** Tageskarte *f* ❸ *(numéro)* Los *nt* ❹ *(argent)* [Geld]schein *m*

biographie [bjɔgʀafi] *f* Biografie *f*

biologie [bjɔlɔʒi] *f* Biologie *f*

biologique [bjɔlɔʒik] *adj* biologisch

bip [bip] *m* Tonzeichen *nt*

bis [bis] *app* **n° 12 ~** Nr. 12a

bis(e) [bi] *adj* graubraun

biscotte [biskɔt] *f* Zwieback *m*

biscuit [biskɥi] *m* ❶ Keks *m* ❷ *(pâtisserie)* Biskuit *m*

bise[1] [biz] *f* kalter Nordwind

bise[2] [biz] *f (fam)* Küsschen *nt;* **se faire la ~** sich Küsschen geben; **grosses ~s!** viele Grüße und Küsse!

bistro[t] [bistʀo] *m (fam)* Kneipe *f*

bizarre [bizaʀ] *adj* seltsam

blague [blag] *f (fam)* ❶ Witz *m* ❷ **sans ~!** im Ernst!

blaguer [blage] <1> *vi* Witze machen

blâmer [blɑme] <1> *vt* tadeln

blanc [blɑ̃] *m* ❶ Weiß *nt*

❷ TYP, INFORM Leerstelle *f* ❸ *(vin)* Weißwein *m* ❹ GASTR **~ d'œuf** Eiweiß *nt*
blanc(he) [blɑ̃] *adj* ❶ *(de couleur blanche)* weiß ❷ *bulletin de vote* leer; *feuille* unbeschrieben
blanchir [blɑ̃ʃiʀ] <8> **I.** *vt* ❶ weiß machen; *mur* weißen ❷ *argent* waschen **II.** *vi* weiße Haare bekommen
blé [ble] *m* Weizen *m; (grain)* Getreide *nt*
blessé(e) [blese] *adj* verletzt
blesser [blese] <1> *vt, vpr* **[se] ~** [sich] verletzen
blessure [blesyʀ] *f* Verletzung *f*
bleu [blø] *m* ❶ *(couleur)* Blau *nt;* **~ ciel/foncé** Himmel-/Dunkelblau *nt* ❷ *(marque)* blauer Fleck ❸ *pl* SPORT **les ~s** *französische Fußball-Nationalmannschaft*
bleu(e) [blø] *adj* ❶ *(de couleur bleue)* blau ❷ *steak* englisch
bloc [blɔk] *m* Block *m;* **en ~** im Ganzen
blocage [blɔkaʒ] *m* Blockieren *nt*
blog [blɔg] *m* INFORM Blog *nt o m*
bloguer [blɔge] <1> *vi* INFORM bloggen
blond(e) [blɔ̃] *adj* blond; *tabac* hell
bloquer [blɔke] <1> *vt, vpr* **[se] ~** blockieren
blouson [bluzɔ̃] *m* ❶ Blouson *m o nt* ❷ **~ noir** Rocker *m*
bœuf [bœf] *m* ❶ ZOOL Rind *nt* ❷ *(opp: taureau, vache)* Ochse *m* ❸ *(viande)* Rindfleisch *nt*
boire [bwaʀ] <irr> *vt, vi* trinken
bois [bwa] **I.** *m* ❶ [kleiner] Wald ❷ *(matériau)* Holz *nt* **II.** *mpl* MUS Holzblasinstrumente *Pl*
boisson [bwasɔ̃] *f* Getränk *nt*
boîte [bwat] *f* ❶ Schachtel *f;* **~ à outils** Werkzeugkasten *m* ❷ *(conserve)* Dose *f* ❸ *(fam: discothèque)* Disko *f* ❹ INFORM **~ de dialogue** Dialogfeld *nt;* **~ aux lettres [électronique]** Mailbox *f* ❺ *(casier)* **~ aux lettres** Briefkasten *m*
bol [bɔl] *m* ❶ Schale *f* ❷ **en avoir ras le ~** *(fam)* die Nase voll haben
bombe [bɔ̃b] *f* ❶ *(atomiseur)* Spraydose *f* ❷ *(casquette)* Reitkappe *f*
bon [bɔ̃] **I.** *m* ❶ Gutschein *m*

❷ *(ce qui est bon)* Gute(s) *nt* ❸ *(personne)* Gute(r) *f(m)* ❹ **avoir du ~** seine Vorzüge haben **II.** *adv* **sentir ~** duften

bon(ne) [bɔ̃] <meilleur> *adj* ❶ gut ❷ *(valable)* gültig ❸ *soirée* schön ❹ **c'est ~** *(a bon goût)* das schmeckt gut; *(fait du bien)* das tut gut; **à quoi ~?** wozu?

bonbon [bɔ̃bɔ̃] *m* Bonbon *m o nt*

bondir [bɔ̃diʀ] <8> *vi* [hoch]springen

bonheur [bɔnœʀ] *m* Glück *nt;* **par ~** zum Glück; **porter ~ à qn** jdm Glück bringen

bonjour [bɔ̃ʒuʀ] *m* **~!** guten Tag/Morgen!

bonnet [bɔnɛ] *m* Mütze *f;* **~ de bain** Badekappe *f*

bonsoir [bɔ̃swaʀ] *m (en arrivant)* guten Abend; *(avant le coucher)* gute Nacht

bord [bɔʀ] *m* Rand *m; d'une table* Kante *f; d'un lac* Ufer *nt;* **au ~ de [la] mer** am Meer

bordeaux [bɔʀdo] *m* Bordeaux[wein *m*] *m*

bordel [bɔʀdɛl] *m (vulg)* Puff *m fam*

border [bɔʀde] <1> *vt* ❶ [be]säumen *geh* ❷ *enfant* zudecken

bossu(e) [bɔsy] *adj* buck[e]lig

botte [bɔt] *f* ❶ Stiefel *m* ❷ *de légumes* Bund *nt*

bouche [buʃ] *f* ❶ Mund *m* ❷ *pl* GEO **les ~s du Rhône** die Mündung der Rhone

bouché(e) [buʃe] *adj* ❶ verstopft ❷ *(sans avenir)* ohne Zukunft ❸ *(fam) personne* beschränkt

bouchée [buʃe] *f* ❶ Bissen *m* ❷ GASTR Praline *f*

boucherie [buʃʀi] *f* Metzgerei *f*

bouchon [buʃɔ̃] *m* ❶ *d'une bouteille* Korken *m; d'un tube* Verschluss *m* ❷ PECHE Schwimmer *m* ❸ *(embouteillage)* Stau *m*

boucle [bukl] *f* ❶ **~ d'oreille** Ohrring *m* ❷ INFORM, MATH Schleife *f*

bouclé(e) [bukle] *adj* lockig

boue [bu] *f* Schlamm *m*

bouger [buʒe] <2a> *vt, vi, vpr* **[se] ~** [sich] bewegen

bougie [buʒi] *f* Kerze *f;* AUT Zündkerze *f*

bouillir [bujiʀ] <irr> *vt, vi* kochen

bouillon [bujɔ̃] *m* Brühe *f*

boulanger, -ère [bulɑ̃ʒe] *m, f* Bäcker(in) *m(f)*

boulangerie [bulɑ̃ʒʀi] *f* Bäckerei *f*

boule [bul] *f* ❶ Kugel *f;* **~ de neige** Schneeball *m* ❷ **jouer aux ~s** Boule spielen

bouleverser [bulvɛʀse] <1> *vt* ❶ *personne* [zutiefst] erschüttern ❷ *vie* völlig verändern

boum [bum] *f (fam)* Fete *f*

bouquet [bukɛ] *m* Strauß *m; de persil* Bund *nt*

bouquetin [buktɛ̃] *m* Steinbock *m*

bouquin [bukɛ̃] *m (fam)* Schmöker *m*

bourgeois(e) [buʀʒwa] *adj* bürgerlich

bourgogne [buʀgɔɲ] *m* Burgunder[wein *m*] *m*

bourrer [buʀe] <1> **I.** *vt, vpr* **[se] ~** [sich] stopfen **II.** *vi* sättigen

bourse¹ [buʀs] *f* ❶ Geldbeutel *m* ❷ *(allocation)* **~ d'études** Stipendium *nt*

bourse² [buʀs] *f* Börse *f*

bousculade [buskylad] *f* Gedränge *nt*

bousculer [buskyle] <1> *vt, vpr ((se) presser)* **[se] ~** [sich] drängeln

boussole [busɔl] *f* Kompass *m*

bout [bu] *m* ❶ Ende *nt; du nez* Spitze *f;* **~ à ~** aneinander; **jusqu'au ~** bis zum Schluss; **tout au ~** ganz hinten ❷ *(morceau)* Stück[-chen-] *nt* ❸ **à ~ de souffle** außer Atem

bouteille [butɛj] *f* Flasche *f;* **~ consignée/non consignée** Pfand-/Einwegflasche

boutique [butik] *f* Laden *m*

bouton [butɔ̃] *m* ❶ Knopf *m; d'un interrupteur* Schalter *m* ❷ MED **~ d'acné** Aknepickel *m* ❸ BOT Knospe *f*

box [bɔks] <es> *m* Box *f; (dans un garage)* Stellplatz *m*

boyau [bwajo] <x> *m* ANAT Darm *m*

boycotter [bɔjkɔte] <1> *vt* boykottieren

bracelet [bʀaslɛ] *m* Armband *nt*

branche [bʀɑ̃ʃ] *f* ❶ Ast *m* ❷ *(tige)* Bügel *m* ❸ *(famille)* Linie *f* ❹ *(domaine)* Zweig *m; de l'économie* Branche *f*

brancher [bʀɑ̃ʃe] <1> **I.** *vt* anschließen **II.** *vpr* **se ~ sur qc** etw einschalten

branler [bʀɑ̃le] <1> *vi* wackeln

bras [bʀa] *m* ❶ Arm *m;* **~ dessus ~ dessous** untergehakt ❷ **baisser les ~** das Handtuch werfen

brasserie [bʀasʀi] *f* ❶ *Café-Restaurant* ❷ *(entreprise de bière)* Brauerei *f*
brave [bʀav] *adj* ❶ tapfer ❷ *(honnête)* anständig ❸ *(naïf)* gut
bravo [bʀavo] *interj* bravo
bredouille [bʀəduj] *adj* mit leeren Händen
bref [bʀɛf] *adv* **en ~** kurz; **enfin ~** kurz und gut
bref, brève [bʀɛf] *adj* kurz; **soyez ~!** fassen Sie sich kurz!
Brésil [bʀezil] *m* **le ~** Brasilien
Bretagne [bʀətaɲ] *f* **la ~** die Bretagne
breton(ne) [bʀətɔ̃] *adj* bretonisch
Breton(ne) [bʀətɔ̃] *m(f)* Bretone, Bretonin *m, f*
brevet [bʀəvɛ] *m* ❶ Diplom *nt* ❷ *(certificat)* [Abschluss]zeugnis *nt;* **~ d'invention** Patent *nt*
bricoler [bʀikɔle] <1> *vi* basteln
brièvement [bʀijɛvmɑ̃] *adv* kurz
brillant(e) [bʀijɑ̃] *adj* glänzend
briller [bʀije] <1> *vi* scheinen
brin [bʀɛ̃] *m* **~ de paille** Strohhalm *m*
brioche [bʀijɔʃ] *f* Brioche *f*
brique [bʀik] *f* Ziegelstein *m*
briquet [bʀikɛ] *m* Feuerzeug *nt*
brise [bʀiz] *f* Brise *f*
britannique [bʀitanik] *adj* britisch
brocanteur, -euse [bʀɔkɑ̃tœʀ, -øz] *m, f* Trödler(in) *m(f)*
brochure [bʀɔʃyʀ] *f* Broschüre *f*
broder [bʀɔde] <1> **I.** *vt* [be]sticken **II.** *vi (affabuler)* fabulieren
bronchite [bʀɔ̃ʃit] *f* Bronchitis *f*
bronzer [bʀɔ̃ze] <1> *vi* [sich] bräunen
brosse [bʀɔs] *f* Bürste *f;* **~ à dents** Zahnbürste
brosser [bʀɔse] <1> **I.** *vt* ❶ abbürsten ❷ *portrait* zeichnen **II.** *vpr* **se ~ les cheveux** sich *dat* die Haare bürsten
brouillard [bʀujaʀ] *m* Nebel *m*
brouiller [bʀuje] <1> **I.** *vt* ❶ trüben ❷ *cartes* mischen **II.** *vpr* **se ~** sich zerstreiten
bruit [bʀɥi] *m* ❶ Geräusch *nt* ❷ *(vacarme)* Lärm *m* ❸ **faire du ~** Aufsehen erregen
brûlant(e) [bʀylɑ̃] *adj* glühend heiß; *plat* kochend heiß
brûler [bʀyle] <1> **I.** *vi* ❶ brennen ❷ *(être très chaud)* heiß

B

sein ❸ GASTR anbrennen **II.** *vt, vpr* **[se]** ~ [sich] verbrennen

brûlure [bʀylyʀ] *f* Verbrennung *f*

brume [bʀym] *f* Nebel *m*

brun [bʀœ̃] *m* Braun *nt*

brun(e) [bʀœ̃] *adj* braun; *tabac* dunkel

brusque [bʀysk] *adj* plötzlich

brut [bʀyt] *adv* brutto

brut(e) [bʀyt] *adj* Roh-; *champagne* brut

brutal(e) [bʀytal] <-aux> *adj* brutal

brutalement [bʀytalmɑ̃] *adv* heftig

bruyant(e) [bʀyjɑ̃] *adj* laut

buffet [byfɛ] *m* Büfett *nt;* ~ **de petit déjeuner** Frühstücksbüfett *nt;* ~ **de salades** Salatbüfett *nt*

Bulgarie [bylgaʀi] *f* **la** ~ Bulgarien *nt*

bulle [byl] *f* Blase *f*

bulletin [byltɛ̃] *m* ❶ Bericht *m;* ~ **météo[rologique]** Wetterbericht *m* ❷ PRESSE Bulletin *nt;* ~ **d'information** Nachrichten *Pl* ❸ POL ~ **de vote** Stimmzettel *m* ❹ SCOL ~ **scolaire** Schulzeugnis *nt*

bureau [byʀo] <x> *m* ❶ Schreibtisch *m* ❷ *(lieu de travail)* Büro *nt* ❸ *(service)* ~ **de poste** Postamt *nt;* ~ **de tabac** Tabak[waren]laden *m;* ~ **des objets trouvés** Fundbüro *nt;* ~ **de change** Wechselstube *f*

bus [bys] *m abr de* **autobus** Bus *m;* ~ **pour l'aéroport** Flughafenbus *m*

but [by(t)] *m* ❶ Ziel *nt* ❷ SPORT Tor *nt*

Cc

c' <ç'> *pron v.* **ce**

ça [sa] *pron (fam)* ❶ das ❷ **c'est ~** [ganz] genau; **~ va?** wie geht's?

cabane [kaban] *f* Hütte *f*

cabaret [kabaʀɛ] *m* Nachtlokal *nt*

cabine [kabin] *f* Kabine *f*

câble [kɑbl] *m* Kabel *nt;* **~ de démarrage** Starthilfekabel *nt;* **~ réseau** Ladekabel *nt*

cacao [kakao] *m* Kakao *m*

cacher [kaʃe] <1> *vt, vpr* **[se] ~** [sich] verstecken

cachette [kaʃɛt] *f* ❶ Versteck *nt* ❷ **en ~** heimlich

cadavre [kadɑvʀ] *m* Leiche *f*

cadeau [kado] <x> *m* Geschenk *nt*

cadet(te) [kadɛ] *adj* ❶ *(le plus jeune)* jüngste(r, s) ❷ *(plus jeune que qn)* jüngere(r, s)

cadre [kɑdʀ] **I.** *m* ❶ Rahmen *m* ❷ *(environnement)* Umgebung *f* **II.** *mf* leitende(r) Angestellte(r) *f(m)*

café [kafe] *m* ❶ Kaffee *m;* **~ crème/filtre/au lait** Milch-/Filter-/Milchkaffee ❷ *(établissement)* Kneipe *f fam*

cage [kaʒ] *f* Käfig *m*

cahier [kaje] *m* Heft *nt*

caisse [kɛs] *f* ❶ Kiste *f;* **~ à outils** Werkzeugkasten ❷ *(dépôt d'argent)* Kasse *f;* **~ d'épargne** Sparkasse ❸ *(organisme de gestion)* Kasse *f* ❹ **~ d'assurance-maladie** Krankenkasse *f*

calanque [kalɑ̃k] *f* [kleine] Felsbucht

calcul [kalkyl] *m* MED Stein *m;* **~ rénal** Nierenstein *m*

calculer [kalkyle] <1> **I.** *vi* rechnen **II.** *vt* ausrechnen

calculette [kalkylɛt] *f* Taschenrechner *m*

caleçon [kalsɔ̃] *m* Unterhose *f*

calme [kalm] **I.** *adj* ruhig **II.** *m* Ruhe *f*

calmer [kalme] <1> *vt, vpr* **[se] ~** [sich] beruhigen

camarade [kamaʀad] *mf* Kamerad(in) *m(f)*

cambriolage [kɑ̃bʀijɔlaʒ] *m*

Einbruch[sdiebstahl *m*] *m*

cambrioler [kɑ̃bʀijɔle] <1> *vt* ~ **qc** in etw *akk* einbrechen

caméra [kameʀa] *f* Kamera *f*

caméscope [kameskɔp] *m* Camcorder *m*

camion [kamjɔ̃] *m* Lastwagen *m*, Lkw *m*

campagne [kɑ̃paɲ] *f* ❶ Land *nt* ❷ *(paysage)* ländliche Gegend ❸ *(action de communication)* ~ **électorale** Wahlkampagne *f*

camping [kɑ̃piŋ] *m* ❶ Zelten *nt* ❷ *(lieu)* Campingplatz *m*

Canada [kanada] *m* **le** ~ Kanada *nt*

canadien(**ne**) [kanadjɛ̃] *adj* kanadisch

canal [kanal] <-aux> *m* Kanal *m*

canapé [kanape] *m* ❶ Couch *f* ❷ GASTR Häppchen *nt*

canard [kanaʀ] *m* Ente *f*

cancer [kɑ̃sɛʀ] *m* Krebs *m*

Cancer [kɑ̃sɛʀ] *m* ASTRO Krebs *m*

candidat(**e**) [kɑ̃dida] *m(f)* ❶ Kandidat(in) *m(f)* ❷ *(à un poste)* Bewerber(in) *m(f)*

canne [kan] *f* ❶ [Spazier]stock *m*; ~ **d'aveugle** Taststock *m* ❷ *(gaule)* ~ **à pêche** Angelrute *f*

canoë [kanɔe] *m* ❶ Kanu *nt* ❷ *(sport)* Kanufahren *nt*

canon [kanɔ̃] *m* ❶ *(arme)* Kanone *f* ❷ *(tube)* Lauf *m*

cantine [kɑ̃tin] *f* Kantine *f*

capable [kapabl] *adj* fähig

capacité [kapasite] *f* ❶ Fassungsvermögen *nt* ❷ INFORM, IND Kapazität *f*

capitaine [kapitɛn] *m* Kapitän(in) *m(f)*

capital [kapital] <-aux> *m* ❶ Kapital *nt* ❷ *pl* FIN Gelder *Pl*

capital(**e**) [kapital] <-aux> *adj* wesentlich

capitale [kapital] *f* ❶ Hauptstadt *f* ❷ *(lettre)* Großbuchstabe *m*

capituler [kapityle] <1> *vi* kapitulieren

Capricorne [kapʀikɔʀn] *m* Steinbock *m*

captivant(**e**) [kaptivɑ̃] *adj* fesselnd

car[1] [kaʀ] *m* Bus *m*

car[2] [kaʀ] *conj* denn

caractère [kaʀaktɛʀ] *m* ❶ Charakter *m* ❷ *(personne)* [starke] Persönlichkeit ❸ *(symbole)* [Schrift]zeichen *nt*; **en ~s gras/italiques** fett/kursiv

caractériser [kaʀakteʀize] <1> **I.** *vt* kennzeichnen **II.** *vpr* **se ~ par qc** sich durch etw auszeichnen

caractéristique [kaʀakteʀistik] **I.** *adj* **être ~ de qn/qc** charakteristisch für jdn/etw sein **II.** *f* typisches Merkmal

caravane [kaʀavan] *f (véhicule)* Wohnwagen *m*

caresser [kaʀese] <1> *vt* streicheln

caricature [kaʀikatyʀ] *f* Karikatur *f*

carnaval [kaʀnaval] <s> *m* Karneval *m*

carnet [kaʀnɛ] *m* ❶ Heft *nt;* **~ de notes** Zeugnisheft ❷ *(paquet)* **~ de tickets** Fahrscheinheft *nt*

carotte [kaʀɔt] *f* Karotte *f,* Möhre *f*

carré [kaʀe] *m* ❶ MATH Quadrat *nt;* **six au ~** sechs im Quadrat ❷ JEUX **un ~ d'as** vier Asse

carré(e) [kaʀe] *adj* ❶ quadratisch ❷ *(robuste)* breit ❸ MATH **mètre ~** Quadratmeter *m*

carrefour [kaʀfuʀ] *m* Kreuzung *f*

carrière [kaʀjɛʀ] *f* Laufbahn *f*

carte [kaʀt] *f* ❶ Karte *f;* **~ bancaire** Geldkarte *f;* **~ géographique** Landkarte *f;* **~ à puce** Chipkarte *f;* **~ d'embarquement** Bordkarte *f;* **~ de crédit** Kreditkarte *f;* **~ mémoire** Speicherkarte *f;* **~ postale** Postkarte *f* ❷ *(document)* **~ [nationale] d'identité** Personalausweis *f;* **~ grise** Kraftfahrzeugschein

carton [kaʀtɔ̃] *m* ❶ Pappe *f* ❷ *(emballage)* Karton *m*

cas [kɑ] *m* ❶ Fall *m;* **dans ce ~** in diesem Fall; **dans le ~ contraire** andernfalls; **en tout ~** auf jeden Fall ❷ *(hypothèse)* **en ~ d'absence** bei Abwesenheit

casier [kɑzje] *m* Fach *nt*

casino [kazino] *m* [Spiel]kasino *nt*

casque [kask] *m* Helm *m;* **~ de moto** Sturzhelm *m;* **~ de protection** Fahrradhelm *m*

cassé(e) [kɑse] *adj* rau

casser [kɑse] <1> **I.** *vt, vi* zerbrechen **II.** *vpr* ❶ *(être fragile)* **se ~/ne pas se ~** zerbrechlich/unzerbrechlich sein; **se ~** kaputtgehen ❷ *(se briser)* **se ~ un bras** sich *dat* einen Arm brechen

cassette [kasɛt] *f* Kassette *f*

catalogue [katalɔg] *m* Katalog *m*

catastrophe [katastʀɔf] *f* Katastrophe *f*

catégorie [kategɔʀi] *f* ❶ Kategorie *f* ❷ SPORT Klasse *f*

cathédrale [katedʀal] *f* Kathedrale *f*

catholique [katɔlik] *adj* REL katholisch

cauchemar [koʃmaʀ] *m (a. fig)* Alptraum *m*

cause [koz] **I.** *f* ❶ Ursache *f*, Grund *m* ❷ JUR Fall *m* ❸ **pour la bonne ~** für einen guten Zweck **II.** *prép* **à ~ de** wegen +*gen*

causer[1] [koze] <1> *vt* verursachen

causer[2] [koze] <1> *vt, vi* plaudern

cave [kav] *f* Keller *m*

CD [sede] *m abr de* **Compact Disc** CD *f*

CD-ROM [sedeʀɔm] *m abr de* **Compact Disc Read Only Memory** CD-ROM *f*

ce[1] [sə] <c', ç'> *pron* das

ce[2] [sə] *adj* diese(r, s)

ceci [səsi] *pron* dieses [hier]

céder [sede] <5> **I.** *vt* ❶ überlassen ❷ *(vendre)* veräußern **II.** *vi* ❶ nachgeben ❷ *(capituler)* aufgeben

cédille [sedij] *f* Cedille *f*

ceinture [sɛ̃tyʀ] *f* ❶ Gürtel *m* ❷ AUT, AVIAT **~ de sécurité** [Sicherheits]gurt *m*

cela [s(ə)la] *pron* ❶ das; **pour ~** deshalb; **après ~** danach ❷ *(renforcer)* **qui/quand/où ~?** wer/wann/wo [sagst du/sagen Sie]? ❸ **et avec ~?** was darf es sonst noch sein?

célèbre [selɛbʀ] *adj* berühmt

célébrer [selebʀe] <5> *vt* ❶ feiern ❷ *exploit* rühmen

célibataire [selibatɛʀ] *adj* ledig

celle, celui [sɛl] <s> *pron* der[jenige]/die[jenige]/das[jenige]

celle-ci, celui-ci [sɛlsi] <celles-ci> *pron* diese(r, s) [hier]

celle-là, celui-là [sɛlla] <celles-là> *pron* diese(r, s) [da]

celles, ceux [sɛl] *pron pl* die[jenigen]

celles-ci, ceux-ci [sɛlsi] *pron pl* diese [hier]

celles-là, ceux-là [sɛlla] *pron pl* diese [da]

celui, celle [səlɥi] <ceux> *pron* der[jenige]/die[jenige]/das[jenige]

celui-ci, celle-ci [səlɥisi] <ceux-ci> *pron* diese(r, s) [hier]

celui-là, celle-là [səlɥila] <ceux-là> *pron* diese(r, s) [da]

cent[1] [sɑ̃] *num* ① [ein]hundert ② **pour ~** Prozent *nt;* **~ pour ~** hundertprozentig

cent[2] [sɛnt] *m* FIN Cent *m*

centaine [sɑ̃tɛn] *f* ① **une ~ de personnes** etwa hundert Personen ② *(cent unités)* Hunderter *m*

centième [sɑ̃tjɛm] *adj* hundertste(r, s)

centime [sɑ̃tim] *m* **~ [d'euro]** Cent *m*

centimètre [sɑ̃timɛtʀ] *m* Zentimeter *m o nt*

central(e) [sɑ̃tʀal] <-aux> *adj* zentral

centre [sɑ̃tʀ] *m* ① Zentrum *nt;* **~ d'appels** Call-Center *nt* ② *(point essentiel)* Mittelpunkt *m*

centre[-]ville [sɑ̃tʀəvil] <centres-villes> *m* Stadtzentrum *nt*

cependant [s(ə)pɑ̃dɑ̃] *adv* jedoch

cercle [sɛʀkl] *m* ① Kreis *m* ② *(groupe sportif)* Club *m* ③ **~ vicieux** Teufelskreis *m*

céréale [seʀeal] *f* ① AGR Getreide *nt* ② *(petit-déjeuner) Haferflocken, Cornflakes, Müsli etc.*

cerise [s(ə)ʀiz] *f* Kirsche *f*

certain(e) [sɛʀtɛ̃] **I.** *adj* sicher **II.** *adj indéf* ① *pl (quelques)* gewisse *Pl* ② *(bien déterminé)* **un ~ endroit** eine bestimmte Stelle **III.** *pron pl* manche *Pl*

certainement [sɛʀtɛnmɑ̃] *adv* ① sicher[lich] ② *(sans aucun doute)* zweifellos

cerveau [sɛʀvo] <x> *m* Gehirn *nt*

ces [se] *adj* diese

cesser [sese] <1> **I.** *vt* einstellen **II.** *vi* aufhören

c'est-à-dire [sɛtadiʀ] *conj* ① das bedeutet [also] ② *(justification)* eigentlich

cet [sɛt] *adj v.* **ce**

cette [sɛt] *adj* diese(r, s)

ceux, celles [sø] *pron pl* die[jenigen]

ceux-ci, celles-ci [søsi] *pron pl* diese [hier]

chacun(e) [ʃakœ̃] *pron* jede(r, s)

chagrin [ʃagʀɛ̃] *m* Kummer *m*

chaîne [ʃɛn] *f* ① Kette *f* ② IND [Fließ]band *nt* ③ RADIO, TV Sender *m; (programme)* Programm *nt*

chaise [ʃɛz] *f* Stuhl *m*

chaleur [ʃalœʀ] *f* Wärme *f;*

C

(très élevée) Hitze *f*

chambre [ʃɑ̃bʀ] *f* ❶ Schlafzimmer *nt;* ~ **individuelle/double** Einzel-/Doppelzimmer ❷ POL, JUR Kammer *f*

champ [ʃɑ̃] *m* Feld *nt; de pommes de terre* Acker *m*

champignon [ʃɑ̃piɲɔ̃] *m* Pilz *m*

champion(ne) [ʃɑ̃pjɔ̃] *m(f)* Meister(in) *m(f)*

championnat [ʃɑ̃pjɔna] *m* Meisterschaft *f*

chance [ʃɑ̃s] *f* ❶ Glück *nt* ❷ *(probabilité)* Chance *f*

chancelier, -ère [ʃɑ̃səlje] *m, f* ❶ *(garde des Sceaux en France)* ≈ Justizminister(in) *m(f)* ❷ *(Premier ministre en Allemagne/Autriche)* [Bundes]kanzler(in) *m(f)*

changement [ʃɑ̃ʒmɑ̃] *m* Veränderung *f;* ~ **d'adresse** Adressenänderung *f*

changer [ʃɑ̃ʒe] <2a> **I.** *vt* ❶ verändern ❷ *(déplacer)* ~ **qc de place** etw umstellen ❸ *(remplacer)* ~ **les draps** die Betten frisch beziehen ❹ *(échanger)* ~ **pour** [*o* **contre**] **qc** gegen etw [aus]tauschen **II.** *vi* ❶ sich verändern ❷ *temps* sich ändern ❸ *(déménager)* ~ **d'adresse** umziehen ❹ AUT ~ **de vitesse** einen anderen Gang einlegen; ~ **à Paris** in Paris umsteigen; ~ **de file** die [Fahr]spur wechseln **III.** *vpr* **se** ~ sich umziehen

chanson [ʃɑ̃sɔ̃] *f* Lied *nt*

chant [ʃɑ̃] *m* ❶ Gesang *m* ❷ *(chanson)* ~ **populaire** Volkslied ❸ *du coq* Krähen *nt*

chanter [ʃɑ̃te] <1> *vt, vi* singen

chanteur, -euse [ʃɑ̃tœʀ] *m, f* Sänger(in) *m(f)*

chantier [ʃɑ̃tje] *m* Baustelle *f*

chapeau [ʃapo] <x> *m* Hut *m*

chapelle [ʃapɛl] *f* Kapelle *f*

chapitre [ʃapitʀ] *m* Kapitel *nt*

chaque [ʃak] *adj inv* jede(r, s)

charbon [ʃaʀbɔ̃] *m* Kohle *f;* ~ **de bois** Grillkohle *f*

charcuterie [ʃaʀkytʀi] *f* ❶ Metzgerei *f* ❷ Wurst[waren *Pl*] *f*

charge [ʃaʀʒ] *f* ❶ Last *f* ❷ *(responsabilité)* Belastung *f* ❸ *(fonction)* Amt *nt*

charger [ʃaʀʒe] <2a> **I.** *vt* ❶ verladen ❷ *(attribuer une mission)* verantwortlich sein ❸ *(attaquer)* angreifen ❹ INFORM, TECH laden **II.** *vpr* **se** ~ **de qn/qc** sich um jdn/etw kümmern; **se** ~ **de faire qc** es übernehmen etw zu tun

chariot [ʃaʀjo] *m* Wagen *m;*

COM Einkaufswagen *m*

charmant(e) [ʃaʀmɑ̃] *adj* ❶ reizend ❷ *(ravissant)* charmant

charme [ʃaʀm] *m* ❶ Charme *m* ❷ *(beauté)* Reize *Pl*

charrette [ʃaʀɛt] *f* Karren *m*

chasse-neige [ʃasnɛʒ] *m inv* Schneepflug *m*

chasser [ʃase] <1> **I.** *vi* auf die Jagd gehen **II.** *vt* [ver]jagen

chat¹ [ʃa] *m* Katze *f; (mâle)* Kater *m*

chat² [tʃat] *m* INFORM Chat *m*

château [ʃɑto] <x> *m* ❶ Schloss *nt* ❷ *(forteresse)* **~ [fort]** Burg *f*

chaud [ʃo] *m* Wärme *f; (chaleur extrême)* Hitze *f;* **il fait ~** es ist warm/heiß

chaud(e) [ʃo] *adj (opp: froid)* warm; *(très chaud)* heiß

chauffage [ʃofaʒ] *m* Heizung *f;* **~ central** Zentralheizung *f*

chauffeur [ʃofœʀ] *m* Fahrer(in) *m(f);* **~ de taxi** Taxifahrer(in) *m(f)*

chausser [ʃose] <1> **I.** *vi* **~ du 38/42** Schuhgröße 38/42 haben **II.** *vpr* **se ~** [sich *dat*] Schuhe anziehen

chaussette [ʃosɛt] *f* ❶ Socke *f* ❷ *(mi-bas)* Kniestrumpf *m*

chaussure [ʃosyʀ] *f* Schuh *m;* **~ de randonnée** Wanderschuh *m;* **~ de ski** Skistiefel *m*

chauve [ʃov] *adj* kahl[köpfig]

chef [ʃɛf] *m* ❶ Chef(in) *m(f);* **~ d'orchestre** Dirigent(in) *m(f)* ❷ *(meneur)* [An]führer(in) *m(f)* ❸ *(cuisinier)* Chefkoch, -köchin *m, f*

chemin [ʃ(ə)mɛ̃] *m* Weg *m*

chemin de fer [ʃ(ə)mɛ̃dəfɛʀ] <chemins de fer> *m* Eisenbahn *f*

chemise [ʃ(ə)miz] *f* ❶ Hemd *nt* ❷ *(dossier)* [Akten]mappe *f*

chemisier [ʃ(ə)mizje] *m* Bluse *f*

chèque [ʃɛk] *m* Scheck *m*

cher [ʃɛʀ] *adv* teuer

cher, chère [ʃɛʀ] *adj* ❶ teuer; **moins ~** billiger ❷ *(aimé)* lieb ❸ liebe(r, s); **chère Madame X** liebe Frau X

chercher [ʃɛʀʃe] <1> **I.** *vt* ❶ suchen ❷ *(ramener, rapporter)* **aller ~** [ab]holen **II.** *vi* ❶ **~ à faire qc** versuchen etw zu tun ❷ *(fouiller)* **~ dans qc** in etw *dat* herumstöbern

chéri(e) [ʃeʀi] *m(f)* Liebling *m*

cheval [ʃ(ə)val] <-aux> *m* ❶ ZOOL Pferd *nt* ❷ SPORT **faire**

du/monter à ~ reiten ❸ AUT **elle fait combien de chevaux, votre voiture?** wie viel PS hat Ihr Wagen?

cheveu [ʃ(ə)vø] <x> *m* [Kopf]haar *nt;* **avoir les ~x courts/longs** kurze/lange Haare haben

chèvre [ʃɛvʀ] **I.** *f* Ziege *f* **II.** *m (fromage)* Ziegenkäse *m*

chewing-gum [ʃwiŋgɔm] <chewing-gums> *m* Kaugummi *m o nt*

chez [ʃe] *prép* ❶ *(au logis de qn)* **~ nous** bei uns; **je vais/rentre ~ moi** ich gehe nach Hause ❷ *(dans le pays de qn)* **ils rentrent ~ eux, en Italie** sie kehren nach Italien zurück

chiant(e) [ʃjɑ̃] *adj (fam)* stinklangweilig

chic [ʃik] **I.** *adj inv* ❶ schick ❷ *(sélect)* vornehm ❸ *(fam: agréable)* toll **II.** *interj (fam)* klasse

chien [ʃjɛ̃] *m* Hund *m*

chiffre [ʃifʀ] *m* ❶ Ziffer *f,* Zahl *f;* **à/de trois ~s** dreistellig ❷ *(montant)* Summe *f* ❸ *d'un message* Code *m*

chimie [ʃimi] *f* Chemie *f*

Chine [ʃin] *f* **la ~** China *nt*

chips [ʃips] *fpl* [Kartoffel]chips *Pl*

choc [ʃɔk] *m* ❶ Schock *m* ❷ *(coup)* Stoß *m* ❸ *(heurt)* Aufprall *m*

chocolat [ʃɔkɔla] *m* ❶ Schokolade *f;* **barre de ~** Schokoladenriegel *m* ❷ *(boisson)* Kakao *m*

choisir [ʃwaziʀ] <8> *vt, vi* ❶ wählen ❷ *(trancher)* sich entscheiden

choix [ʃwa] *m* ❶ Wahl *f;* **au ~** nach Wahl ❷ *(variété)* Auswahl *f*

choléra [kɔleʀa] *m* Cholera *f*

chômage [ʃomaʒ] *m* Arbeitslosigkeit *f;* **au ~** arbeitslos

chômeur, -euse [ʃomœʀ] *m, f* Arbeitslose(r) *f(m)*

choquer [ʃɔke] <1> **I.** *vi* Aufsehen erregen **II.** *vt* schockieren

chose [ʃoz] **I.** *f* ❶ Sache *f; (objet matériel)* Ding *nt* ❷ *(ce dont il s'agit)* Sache *f* ❸ **pas grand-~** nicht viel **II.** *m (fam: truc)* Dingsda *nt*

choucroute [ʃukʀut] *f* Sauerkraut *nt*

chouette [ʃwɛt] **I.** *adj (fam)* klasse **II.** *f (oiseau)* Eule *f*

chrétien(ne) [kʀetjɛ̃] *adj* christlich; **être ~** Christ sein

chuchoter [ʃyʃɔte] <1> *vt, vi* flüstern

chut [ʃyt] *interj* pst

chute [ʃyt] *f* ❶ Sturz *m* ❷ GEO **~ d'eau** Wasserfall *m* ❸ METEO **~ de neige** Schneefall *m*

ci [si] *adv* **comme ~ comme ça** *(fam)* so lala; **à cette heure-~** zu dieser Zeit

cicatrice [sikatʀis] *f* Narbe *f*

ci-dessous [sid(ə)su] *adv* [weiter] unten

ci-dessus [sid(ə)sy] *adv* [weiter] oben

ciel [sjɛl] <cieux> *m* Himmel *m*

cigare [sigaʀ] *m* Zigarre *f*

cigarette [sigaʀɛt] *f* Zigarette *f*

ci-joint [siʒwɛ̃] anbei

cil [sil] *m* Wimper *f*

ciment [simɑ̃] *m* Zement *m*

cimetière [simtjɛʀ] *m* Friedhof *m*

cinéma [sinema] *m* Kino *nt*; **~ en plein air** Freilichtkino *nt*

cinq [sɛ̃k] *num* ❶ fünf ❷ *(dans l'indication de la date)* **le ~ mars** der fünfte März

cinquantaine [sɛ̃kɑ̃tɛn] *f* ❶ **une ~ de personnes/pages** etwa fünfzig Personen/Seiten ❷ *(âge approximatif)* **avoir la ~** etwa fünfzig [Jahre alt] sein

cinquante [sɛ̃kɑ̃t] *num* ❶ fünfzig ❷ *(dans l'indication des époques)* **les années ~** die fünfziger Jahre

cinquième [sɛ̃kjɛm] **I.** *adj* fünfte(r, s) **II.** *m (fraction)* Fünftel *nt*

circonstance [siʀkɔ̃stɑ̃s] *f* ❶ Umstand *m* ❷ *(occasion)* Gelegenheit *f*

circulation [siʀkylasjɔ̃] *f* ❶ Verkehr *m* ❷ ECON Umlauf *m*

circuler [siʀkyle] <1> *vi* ❶ herumgehen ❷ *(couler)* fließen

cirque [siʀk] *m* Zirkus *m*

cité [site] *f* ❶ Stadt *f* ❷ *(vieux quartier)* Altstadt *f*

citerne [sitɛʀn] *f* ❶ Tank *m* ❷ *(pour l'eau de pluie)* Zisterne *f*

citoyen(ne) [sitwajɛ̃] *m(f)* [Staats]bürger(in) *m(f)*; **~ européen** EU-Bürger(in) *m(f)*

citron [sitʀɔ̃] *m* Zitrone *f*

civil(e) [sivil] *adj* ❶ *(relatif au citoyen)* Zivil-; **guerre ~e** Bürgerkrieg *m* ❷ *(opp: religieux)* **mariage ~** standesamtliche Trauung

civilisation [sivilizasjɔ̃] *f* ❶ Kultur *f* ❷ *(état)* Zivilisation *f*

clair [klɛʀ] **I.** *adv* ❶ klar ❷ *(sans ambiguïté)* deutlich **II.** *m* **~ de lune** Mondschein

C

clair(e) [klɛʀ] *adj* ❶ klar ❷ *(opp: foncé)* hell; *bleu* hell-

claquer [klake] <1> **I.** *vt* knallen **II.** *vi* [zu]schlagen

clarifier [klaʀifje] <1> *vpr* **se ~** sich klären

clarté [klaʀte] *f* ❶ Helligkeit *f* ❷ *(transparence)* Reinheit *f* ❸ *(opp: confusion)* Klarheit *f*

classe [klɑs] *f* ❶ Klasse *f;* **~s moyennes** Mittelstand *m* ❷ AUT **billet de première ~** Fahrschein *m* erster Klasse

classement [klɑsmɑ̃] *m* ❶ Einordnen *nt* ❷ *d'un hôtel* Kategorie *f* ❸ *(place sur une liste)* Rangfolge *f*

classer [klɑse] <1> **I.** *vt* ❶ ordnen ❷ *(ranger selon la performance)* einstufen **II.** *vpr* **se ~ 1er** sich als 1. platzieren

classique [klasik] *adj* ❶ ART klassisch ❷ *(habituel)* typisch

clavier [klavje] *m* Tastatur *f*

clé [kle] *f* Schlüssel *m;* **fermer à ~** *personne* abschließen; **~ de contact** Zündschlüssel; **~ USB** USB-Stick

clic [klik] **I.** *interj* klick **II.** *m* Klick *m;* **~ sur la souris** Mausklick

cliché [kliʃe] *m* ❶ Klischee *nt* ❷ *(photo)* Abzug *m*

client(e) [klijɑ̃] *m(f)* ❶ Kunde, Kundin *m, f* ❷ *d'un restaurant* Gast *m; d'un avocat* Klient(in) *m(f); d'un médecin* Patient(in) *m(f)*

climat [klima] *m* Klima *nt*

clin d'œil [klɛ̃dœj] <clins d'œil> *m* ❶ Augenzwinkern *nt* ❷ **en un ~** im Nu

clinique [klinik] *adj* klinisch

cloche [klɔʃ] *f* Glocke *f*

clôture [klotyʀ] *f* ❶ Zaun *m* ❷ *d'un festival* Ende *nt*

clou [klu] *m* ❶ Nagel *m* ❷ *(attraction)* Höhepunkt *m* ❸ **ne pas valoir un ~** *(fam)* keinen Pfifferling wert sein

club [klœb] *m* ❶ Klub *m* ❷ SPORT Golfschläger *m*

cochon [kɔʃɔ̃] *m* ❶ Schwein *nt* ❷ GASTR Schweinefleisch *nt*

cochon(ne) [kɔʃɔ̃] *adj* *(fam)* schmuddelig

cocotte [kɔkɔt] *f* Topf *m*

code [kɔd] *m* ❶ Kode *m;* **~ postal** Postleitzahl *f* ❷ *(permis)* theoretische Fahrprüfung

cœur [kœʀ] *m* Herz *nt*

coffre [kɔfʀ] *m* ❶ Truhe *f* ❷ AUT Kofferraum *m*

coiffer [kwafe] <1> *vt, vpr* **[se] ~** [sich] frisieren

coiffeur, -euse [kwafœʀ] *m, f* Friseur(in)

coin [kwɛ̃] *m* Ecke *f*
col [kɔl] *m* ❶ Kragen *m* ❷ GEO [Gebirgs]pass *m* ❸ *(goulot)* Hals *m*
colère [kɔlɛʀ] *f* Wut *f*; **être en ~** wütend sein
collaboration [ko(l)labɔʀasjɔ̃] *f* Zusammenarbeit *f*
collaborer [ko(l)labɔʀe] *vi* zusammenarbeiten
collectif, -ive [kɔlɛktif] *adj* gemeinsam; *travail* Gemeinschafts-
collection [kɔlɛksjɔ̃] *f* ❶ Sammlung *f* ❷ *de livres* Reihe *f*
collège [kɔlɛʒ] *m* SCOL **~ [d'enseignement secondaire]** ≈ Realschule *f*
collègue [kɔ(l)lɛg] *mf* Kollege, Kollegin *m, f*
coller [kɔle] <1> *vt* kleben
colline [kɔlin] *f* Hügel *m*
colombe [kɔlɔ̃b] *f* Taube *f*
colonie [kɔlɔni] *f (centre)* **~ de vacances** Ferienlager *nt*
C.O.M. [kɔm] *f pl abr de* **collectivités d'outre-mer** französische Übersee-Gebietskörperschaften *Pl*
combat [kɔ̃ba] *m* Kampf *m*
combattre [kɔ̃batʀ] <irr> **I.** *vt, vi* kämpfen gegen **II.** *vpr* **se ~** sich bekämpfen
combien [kɔ̃bjɛ̃] **I.** *adv (quantité)* wie viel; *(nombre)* wie viele; **~ de temps** wie lange; **~ de fois** wie oft **II.** *mf* **le ~?** der Wievielte?
combinaison [kɔ̃binɛzɔ̃] *f* ❶ Kombination *f* ❷ *(sous-vêtement)* Unterrock *m* ❸ *(vêtement)* **~ de ski** Skianzug *m*
comédie [kɔmedi] *f* Komödie *f*; **~ musicale** Musical *nt*
comédien(ne) [kɔmedjɛ̃] *m(f)* ❶ *(acteur)* Schauspieler(in) *m(f)* ❷ *(hypocrite)* Heuchler(in) *m(f)*
comique [kɔmik] *adj* ❶ komisch ❷ THEAT, CINE, LITTER Komödien-
commande [kɔmɑ̃d] *f* ❶ Bestellung *f* ❷ TECH **~ à distance** Fernbedienung ❸ INFORM Befehl *m* ❹ **sur ~** auf Bestellung
commander [kɔmɑ̃de] <1> *vt, vi* ❶ *(passer commande)* bestellen ❷ *(ordonner)* befehlen
comme [kɔm] **I.** *conj* ❶ *(au moment où)* [gerade] als ❷ *(étant donné que)* da ❸ *(de même que)* wie auch ❹ *(comparaison, tel que)* wie; **~ si** als ob ❺ *(en tant que)* als ❻ *(quel genre de)*

was für...? **II.** *adv* ❶ *(exclamatif)* wie; ~ **c'est gentil!** wie nett! ❷ *(manière)* wie; ~ **ça** so; **c'est ~ ça** so ist es nun mal ❸ **~ ci ~ ça** so lala *fam*

commencer [kɔmɑ̃se] <2> *vt, vi* ❶ anfangen ❷ **pour ~** zunächst

comment [kɔmɑ̃] *adv* ❶ *(de quelle façon)* wie; ~ **ça va?** wie geht's dir?; ~ **est-ce que ça s'appelle en français?** wie heißt es auf Französisch? ❷ *(invitation à répéter)* **~?** wie bitte?

commentaire [kɔmɑ̃tɛʀ] *m* Kommentar *m*

commerçant(e) [kɔmɛʀsɑ̃] *adj* **rue** Geschäfts-

commerce [kɔmɛʀs] *m* ❶ Handel *m* ❷ *(magasin)* Geschäft *nt;* **~ de détail/en gros** Einzel-/Großhandel *m*

commercial(e) [kɔmɛʀsjal] <-aux> *adj* **centre ~** Einkaufszentrum *nt*

commissaire [kɔmisɛʀ] *mf* Kommissar(in) *m(f)*

commissariat [kɔmisaʀja] *m* Revier *nt*

commission [kɔmisjɔ̃] *f* ❶ ADMIN Kommission *f* ❷ *(message)* Nachricht *f* ❸ *pl (courses)* Einkäufe *Pl* ❹ COM Provision *f*

commode[1] [kɔmɔd] *adj* ❶ praktisch ❷ *(facile)* einfach

commode[2] [kɔmɔd] *f* Kommode *f*

commun [kɔmœ̃] *m* **hors du ~** außergewöhnlich

commun(e) [kɔmœ̃] *adj* gemeinsam

communauté [kɔmynote] *f* ❶ Gemeinschaft *f* ❷ REL [Kirchen]gemeinde *f*

commune [kɔmyn] *f* Gemeinde *f*

communicatif, -ive [kɔmynikatif] *adj* ❶ ansteckend ❷ *(expansif)* kommunikativ

communication [kɔmynikasjɔ̃] *f* ❶ Mitteilung *f* ❷ TELEC *(jonction)* Verbindung *f; (conversation)* Gespräch *nt* ❸ *(liaison)* **moyen de ~** Verkehrsmittel *nt*

communiquer [kɔmynike] <1> *vt* ❶ mitteilen ❷ *(transmettre)* **~ un dossier à qn** jdm eine Akte aushändigen

compact(e) [kɔ̃pakt] *adj* kompakt

compagnie [kɔ̃paɲi] *f* ❶ Gesellschaft *f* ❷ MIL Kompanie *f* ❸ **en ~ de qn** in jds Begleitung

comparer [kɔ̃paʀe] <1> *vt, vi,*

vpr **[se] ~** [sich] vergleichen
compartiment [kɔ̃paʀtimɑ̃] *m* ❶ Fach *nt* ❷ *(dans un train)* Abteil *nt;* **~ fumeurs/non-fumeurs** Raucher-/Nichtraucherabteil *nt*
compenser [kɔ̃pɑ̃se] <1> *vt* kompensieren
compétence [kɔ̃petɑ̃s] *f* ❶ Kompetenz *f* ❷ *(responsabilité)* Zuständigkeit *f*
compétent(e) [kɔ̃petɑ̃, ɑ̃t] *adj* fähig, kompetent
compétition [kɔ̃petisjɔ̃] *f* ❶ COM Konkurrenz *f* ❷ SPORT Wettkampf *m*
complet, -ète [kɔ̃plɛ] *adj* ❶ *(entier)* vollständig; *pain* Vollkorn- ❷ *(total)* völlig; **succès ~** voller Erfolg ❸ *hôtel* voll belegt; *parking* besetzt
complètement [kɔ̃plɛtmɑ̃] *adv* ❶ vollständig ❷ *(absolument)* völlig
compléter [kɔ̃plete] <5> *vt, vpr* **[se] ~** [sich] ergänzen
complexe [kɔ̃plɛks] *adj* komplex
compliqué(e) [kɔ̃plike] *adj* kompliziert
comportement [kɔ̃pɔʀtəmɑ̃] *m* Verhalten *nt*
comporter [kɔ̃pɔʀte] <1> **I.** *vt* bestehen aus **II.** *vpr* **se ~** sich verhalten
composer [kɔ̃poze] <1> **I.** *vt* verfassen **II.** *vi* MUS komponieren **III.** *vpr* **se ~ de qc** aus etw bestehen
compositeur, -trice [kɔ̃pozitœʀ] *m, f* Komponist(in) *m(f)*
composition [kɔ̃pozisjɔ̃] *f* ❶ Zusammenstellung *f* ❷ *(œuvre)* Komposition *f*
compréhensible [kɔ̃pʀeɑ̃sibl] *adj* verständlich
compréhension [kɔ̃pʀeɑ̃sjɔ̃] *f* ❶ Verständlichkeit *f* ❷ *(tolérance)* Verständnis *nt*
comprendre [kɔ̃pʀɑ̃dʀ] <13> **I.** *vt, vi* verstehen **II.** *vpr* **se ~** ❶ verständlich sein ❷ *(communiquer)* sich verständigen
comprimé [kɔ̃pʀime] *m* Tablette *f*
compris(e) [kɔ̃pʀi] *adj* inklusive
compromis [kɔ̃pʀɔmi] *m* Kompromiss *m*
compte [kɔ̃t] *m* ❶ Zählung *f;* **~ à rebours** Countdown *m* ❷ *(compte en banque)* Konto *nt* ❸ **se rendre ~ de qc** sich *dat* über etw *akk* im Klaren sein; **à son ~** selbständig
compter [kɔ̃te] <1> *vt, vi* zählen

C

C

compte rendu [kɔ̃tʀɑ̃dy] *m* Bericht *m*
comptoir [kɔ̃twaʀ] *m* Theke *f*
con(ne) [kɔ̃] *adj (fam)* bescheuert
concentrer [kɔ̃sɑ̃tʀe] <1> *vt, vpr* **[se]** ~ [sich] konzentrieren
concernant [kɔ̃sɛʀnɑ̃] *prép* bezüglich +*gen*
concerner [kɔ̃sɛʀne] <1> *vt* betreffen
concert [kɔ̃sɛʀ] *m* Konzert *nt*
conclusion [kɔ̃klyzjɔ̃] *f* ❶ *d'un accord* Abschluss *m* ❷ *(fin)* Ende *nt;* **en** ~ letzten Endes ❸ *d'une thèse* [Schluss]folgerung *f*
concombre [kɔ̃kɔ̃bʀ] *m* Gurke *f*
concours [kɔ̃kuʀ] *m* ❶ Wettbewerb *m;* SPORT Wettkampf *m* ❷ *(jeu)* Preisausschreiben *nt* ❸ *(aide)* Beitrag *m*
concret, -ète [kɔ̃kʀɛ] *adj* konkret
concurrence [kɔ̃kyʀɑ̃s] *f a.* COM Konkurrenz
condamner [kɔ̃dane] <1> *vt* JUR verurteilen
condition [kɔ̃disjɔ̃] *f* ❶ Bedingung *f;* **à ~ que** + *subj* unter der Bedingung, dass ❷ SOCIOL Situation *f* ❸ *(forme)* Kondition *f*
conducteur, -trice [kɔ̃dyktœʀ] **I.** *adj* PHYS leitend **II.** *m, f* Fahrer(in) *m(f)*
conduire [kɔ̃dɥiʀ] <irr> **I.** *vi* ❶ fahren ❷ *(aboutir)* führen **II.** *vt* ❶ AUT steuern ❷ *(emmener)* bringen ❸ *(guider)* führen **III.** *vpr* **se** ~ sich benehmen
conduite [kɔ̃dɥit] *f* ❶ AUT **leçon de** ~ Fahrstunde *f* ❷ *(comportement)* Benehmen *nt*
conférence [kɔ̃feʀɑ̃s] *f* Konferenz *f*
confesser [kɔ̃fese] <1> *vt, vpr* **[se]** ~ beichten
confiance [kɔ̃fjɑ̃s] *f* Vertrauen *nt*
confidentiel(le) [kɔ̃fidɑ̃sjɛl] *adj* vertraulich
confier [kɔ̃fje] <1> *vt, vpr* **[se]** ~ [sich] anvertrauen
confirmation [kɔ̃fiʀmasjɔ̃] *f* ❶ Bestätigung *f* ❷ REL *(catholique)* Firmung *f; (protestante)* Konfirmation *f*
confirmer [kɔ̃fiʀme] <1> **I.** *vt* bestätigen **II.** *vpr* **se** ~ sich bewahrheiten
confiture [kɔ̃fityʀ] *f* Marmelade *f*
conflit [kɔ̃fli] *m* Konflikt *m*

confortable [kɔ̃fɔʀtabl] *adj* bequem

confronter [kɔ̃fʀɔ̃te] <1> *vt* konfrontieren

confus(e) [kɔ̃fy] *adj* ❶ undeutlich ❷ *(embrouillé)* konfus

confusion [kɔ̃fyzjɔ̃] *f* ❶ Verlegenheit *f* ❷ *(erreur)* Verwechslung *f*

congé [kɔ̃ʒe] *m* ❶ Urlaub *m;* **être en ~ de maladie** krankgeschrieben sein ❷ *(salutation)* **prendre ~ de qn/qc** sich von jdm/etw verabschieden

congeler [kɔ̃ʒ(ə)le] <4> *vt* einfrieren

congrès [kɔ̃gʀɛ] *m* Kongress *m*

conjuguer [kɔ̃ʒyge] <1> *vt* ❶ LING konjugieren ❷ *(unir)* vereinigen

connaissance [kɔnɛsɑ̃s] *f* ❶ Kenntnis *f* ❷ *pl (choses apprises)* Kenntnisse *Pl* ❸ *(lucidité)* Bewusstsein *nt;* **sans ~** bewusstlos

connaître [kɔnɛtʀ] <irr> **I.** *vt* ❶ kennen; *nom* wissen ❷ *(comprendre)* verstehen ❸ *(rencontrer)* kennen lernen **II.** *vpr* ❶ **se ~** sich kennen ❷ *(être spécialiste)* **s'y ~** etwas davon verstehen

connecter [kɔnɛkte] <1> **I.** *vt* anschließen **II.** *vpr* **se ~ sur Internet** sich ins Internet einloggen

connu(e) [kɔny] *adj* bekannt

conquérir [kɔ̃keʀiʀ] <irr> *vt* erobern

consacrer [kɔ̃sakʀe] <1> *vt, vpr* **[se] ~** [sich] widmen

conscience [kɔ̃sjɑ̃s] *f* ❶ PSYCH Bewusstsein *nt* ❷ *(sens moral)* **une bonne ~** ein gutes Gewissen

conseil [kɔ̃sɛj] *m* ❶ Rat[-schlag] *m* ❷ *(personne)* Berater(in) *m(f)* ❸ *(assemblée: privée)* Vorstand *m; (publique)* Verwaltungsrat *m*

conseiller [kɔ̃seje] <1> *vt* raten

conséquence [kɔ̃sekɑ̃s] *f* Folge *f;* **en ~** infolgedessen

conséquent(e) [kɔ̃sekɑ̃] *adj* konsequent

conservation [kɔ̃sɛʀvasjɔ̃] *f d'un monument* Instandhaltung *f; d'un aliment* Aufbewahrung *f*

conserve [kɔ̃sɛʀv] *f* Konserve *f*

conserver [kɔ̃sɛʀve] <1> **I.** *vt* ❶ aufbewahren ❷ GASTR konservieren **II.** *vpr* **se ~** sich halten

considérable [kɔ̃sideʀabl] *adj* beachtlich

C

considérer [kɔ̃sideʀe] <5> *vt* bedenken

consigne [kɔ̃siɲ] *f* ❶ AUT Gepäckaufbewahrung *f;* **~ automatique** Schließfach *nt* ❷ COM Pfand *nt*

consister [kɔ̃siste] <1> *vi* ❶ **~ en qc** aus etw bestehen ❷ *(être)* **~ à faire qc** darin bestehen etw zu tun

consolider [kɔ̃sɔlide] <1> *vt* sichern

constater [kɔ̃state] <1> *vt* feststellen

constitution [kɔ̃stitysjɔ̃] *f* ❶ POL Verfassung *f;* **~ européenne** EU-Verfassung ❷ *d'un groupe* Bildung *f*

construire [kɔ̃stʀɥiʀ] <irr> *vt* ❶ bauen ❷ *(fabriquer)* herstellen

consultation [kɔ̃syltasjɔ̃] *f* ❶ *d'un ouvrage* Nachschlagen *nt* in + *dat* ❷ *(séance)* Beratung *f*

contact [kɔ̃takt] *m* ❶ Berührung *f* ❷ *(rapport)* Kontakt *m* ❸ ELEC, AUT **couper/mettre le ~** den Motor abstellen/anlassen

contacter [kɔ̃takte] <1> *vt* sich in Verbindung setzen mit

conte [kɔ̃t] *m* Märchen *nt*

contemporain(e) [kɔ̃tɑ̃pɔʀɛ̃] *adj* zeitgenössisch

content(e) [kɔ̃tɑ̃] *adj* ❶ **~ de qc** erfreut über etw *akk* ❷ *(satisfait)* zufrieden sein

contenu [kɔ̃t(ə)ny] *m* Inhalt *m*

contenu(e) [kɔ̃t(ə)ny] *adj* unterdrückt

contexte [kɔ̃tɛkst] *m* a. LING Zusammenhang *m*

continent [kɔ̃tinɑ̃] *m* Kontinent *m*

continuel(le) [kɔ̃tinɥɛl] *adj* ständig

continuellement [kɔ̃tinɥɛlmɑ̃] *adv* ununterbrochen

continuer [kɔ̃tinɥe] <1> **I.** *vi* ❶ weitergehen ❷ *(poursuivre)* weitermachen **II.** *vt* fortsetzen

contour [kɔ̃tuʀ] *m* Umrisse *Pl*

contourner [kɔ̃tuʀne] <1> *vt* ❶ herumführen ❷ *(éluder)* umgehen

contradiction [kɔ̃tʀadiksjɔ̃] *f* Widerspruch *m*

contraindre [kɔ̃tʀɛ̃dʀ] <irr> *vt* zwingen

contraire [kɔ̃tʀɛʀ] **I.** *adj* ❶ *(opposé)* entgegengesetzt; *preuve* Gegen- ❷ *(défavorable)* ungünstig **II.** *m* Gegenteil *nt*

contrairement [kɔ̃tʀɛʀmɑ̃] *adv* **~ à qn** im Gegensatz zu

jdm
contraste [kɔ̃tʀast] *m* Kontrast *m*
contrat [kɔ̃tʀa] *m* Vertrag *m*
contre [kɔ̃tʀ] **I.** *prép* ❶ an ❷ *(opposition)* gegen ❸ *(proportion)* zu **II.** *adv* dagegen
contribution [kɔ̃tʀibysjɔ̃] *f* ❶ Beitrag *m* ❷ *pl (impôts)* Steuern *Pl*
contrôle [kɔ̃tʀol] *m* ❶ Kontrolle *f*; **~ de sécurité** Sicherheitskontrolle *f*; **~ des passeports** Passkontrolle *f*; **~ technique** ≈ TÜV *m* ❷ Aufsicht *f*
contrôler [kɔ̃tʀole] <1> **I.** *vt* ❶ kontrollieren, [über]prüfen ❷ *prix* überwachen **II.** *vpr* **se ~** sich beherrschen
contrôleur, -euse [kɔ̃tʀolœʀ, øz] *m, f* Schaffner(in) *m(f)*
convaincre [kɔ̃vɛ̃kʀ] <irr> *vt* überzeugen
convenir[1] [kɔ̃vniʀ] <9> *vi* passen; **comme il convient** wie es sich gehört
convenir[2] [kɔ̃vniʀ] <9> *vt, vi* zugeben; **il est convenu que** + *subj* es ist abgemacht, dass; **~ de** vereinbaren; **comme convenu** wie vereinbart
conventionnel(le) [kɔ̃vɑ̃sjɔnɛl] *adj* konventionell
convenu(e) [kɔ̃vny] *adj* vereinbart
conversation [kɔ̃vɛʀsasjɔ̃] *f* Unterhaltung *f*, Gespräch *nt*
conviction [kɔ̃viksjɔ̃] *f* Überzeugung *f*
coopération [kɔɔpeʀasjɔ̃] *f a.* POL Zusammenarbeit *f*
coopérer [kɔɔpeʀe] <5> *vi* zusammenarbeiten
copain, copine [kɔpɛ̃] *m, f (fam)* Freund(in) *m(f)*; **petit ~/petite copine** [fester] Freund/[feste] Freundin
copie [kɔpi] *f* Kopie *f*; **~ de sécurité** INFORM Sicherheitskopie
copier [kɔpje] <1> *vt* ❶ abschreiben ❷ *(photocopier)* [foto]kopieren ❸ *(imiter)* nachmachen
copine [kɔpin] *f v.* **copain**
coq [kɔk] *m a.* GASTR Hahn *m*
coquille [kɔkij] *f* ❶ *de l'escargot* [Schnecken]haus *nt*; *d'un œuf* [Eier]schale ❷ TYP Druckfehler *m*
corde [kɔʀd] *f* ❶ Strick *m*; *d'un bateau* Leine *f* ❷ ANAT **~s vocales** Stimmbänder *Pl*
cordialement [kɔʀdjalmɑ̃] *adv* herzlich
cordon [kɔʀdɔ̃] *m* Schnur *f*
cornichon [kɔʀniʃɔ̃] *m* Gürkchen *nt*

C

corps [kɔʀ] *m* ❶ Körper *m* ❷ CHIM Substanz *f* ❸ *(groupe)* Körperschaft *f*
correct(e) [kɔʀɛkt] *adj* korrekt
correctement [kɔʀɛktəmɑ̃] *adv* richtig
correction [kɔʀɛksjɔ̃] *f* Korrektur *f*, Verbesserung *f*
correspondance [kɔʀɛspɔ̃dɑ̃s] *f* ❶ Briefwechsel *m* ❷ COM Schriftverkehr *m* ❸ AUT Anschluss *m*
correspondant(e) [kɔʀɛspɔ̃dɑ̃] **I.** *adj* entsprechend **II.** *m(f)* ❶ Briefpartner(in) *m(f)* ❷ *(au téléphone)* Gesprächspartner *m*
correspondre [kɔʀɛspɔ̃dʀ] <14> **I.** *vi* ❶ im Briefwechsel stehen ❷ *(aller avec)* **~ à qc** zu etw gehören **II.** *vpr* **se ~** sich entsprechen
corriger [kɔʀiʒe] <2a> **I.** *vt* verbessern **II.** *vpr* **se ~** sich bessern
corse [kɔʀs] **I.** *adj* korsisch **II.** *m* Korsisch *nt*
Corse [kɔʀs] **I.** *f* **la ~** Korsika *nt* **II.** *mf* Korse, Korsin *m, f*
costume [kɔstym] *m* [Herren]anzug *m*
côte [kot] *f* ❶ Küste *f* ❷ *(pente qui monte/descend)* Steigung *f*, [Ab]hang *m* ❸ ANAT Rippe *f* ❹ GASTR Kotelett *nt*
côté [kote] **I.** *m* ❶ Seite *f* ❷ **d'un ~ ..., de l'autre [~]** einerseits ..., andererseits; **de mon ~** ich meinerseits **II.** *adv* ❶ **à ~** nebenan ❷ *(en comparaison)* **à ~** daneben **III.** *prép* *(à proximité de)* **à ~ de qn/qc** neben jdm/jdn/etw
coton [kɔtɔ̃] *m* Baumwolle *f*; **du ~** Watte *f*
cou [ku] *m* Hals *m*
coucher [kuʃe] <1> **I.** *vi* ❶ schlafen; **~ à l'hôtel** im Hotel übernachten ❷ *(fam)* **~ avec qn** mit jdm schlafen **II.** *vt* ❶ ins Bett bringen ❷ legen **III.** *vpr* **se ~** ❶ ins Bett gehen ❷ *soleil* untergehen **IV.** *m* **au ~ du soleil** bei Sonnenuntergang
coucou [kuku] **I.** *m* Kuckuck *m* **II.** *interj* kuckuck
coude [kud] *m* ❶ Ell[en]bogen *m* ❷ *(courbure)* Biegung *f* ❸ **~ à ~** Seite an Seite
coudre [kudʀ] <irr> **I.** *vi* nähen **II.** *vt* zusammennähen; *bouton* annähen
couette [kwɛt] *f* Federbett *nt*
couler [kule] <1> **I.** *vi* ❶ fließen ❷ *robinet* tropfen ❸ *(goutter)* laufen; *œil* tränen

❹ *(sombrer)* untergehen **II.** *vt* ❶ gießen ❷ *(sombrer)* versenken
couleur [kulœʀ] *f* Farbe *f*
couloir [kulwaʀ] *m* ❶ Gang *m,* Flur *m* ❷ GEO Schlucht *f*
coup [ku] *m* ❶ Schlag *m;* **~ de pied** Fußtritt *m* ❷ *(décharge)* **~ [de feu]** Schuss *m* ❸ *(action rapide)* **~ de fil** Anruf *m* ❹ *(manifestation brusque)* **~ de foudre** Liebe *f* auf den ersten Blick ❺ **prendre un ~ de froid** sich erkälten; **donner un ~ de main à qn** jdm zur Hand gehen; **jeter un ~ d'œil sur le feu** ein Auge auf das Feuer *akk* haben; **du premier ~** auf Anhieb; **d'un seul ~** auf ein Mal; **tout à ~** plötzlich
coupable [kupabl] *adj* schuldig
couper [kupe] <1> **I.** *vi* ❶ schneiden; **attention, ça coupe!** Achtung, das ist scharf! ❷ *(prendre un raccourci)* abkürzen ❸ *(interrompre)* unterbrechen ❹ TELEC **ne coupez pas!** bleiben Sie am Apparat! **II.** *vt* ❶ [ab]schneiden; *arbre* fällen ❷ *texte* kürzen ❸ *route* versperren **III.** *vpr* **se ~** sich schneiden
couple [kupl] *m* [Liebes]paar *nt*
couplet [kuplɛ] *m* Strophe *f*
coupon [kupɔ̃] *m* ❶ COUT Stoffrest *m* ❷ *(bon)* Abschnitt *m*
cour [kuʀ] *f* Hof *m*
courage [kuʀaʒ] *m* Mut *m*
courageux, -euse [kuʀaʒø] *adj* mutig; *soldat* tapfer
courant [kuʀɑ̃] *m* ❶ ELEC Strom *m* ❷ *(cours d'eau)* Strömung *f* ❸ **être au ~ de qc** über etw *akk* auf dem Laufenden sein
courant(e) [kuʀɑ̃] *adj* ❶ üblich ❷ *année* laufend
courir [kuʀiʀ] <irr> *vi* ❶ laufen; *(plus vite)* rennen ❷ *(se répandre)* umgehen
courrier [kuʀje] *m* ❶ Post *f* ❷ INFORM **~ électronique** E-Mail *nt*
cours [kuʀ] *m* ❶ Verlauf *m; des saisons* Ablauf ❷ *(leçon)* Unterricht *m* ❸ *d'une monnaie* Kurs *m;* **en ~ de route** unterwegs; **~ de langue** Sprachkurs *m;* **~ de ski** Skikurs *m;* **~ de natation** Schwimmkurs *m;* **~ de change** Wechselkurs *m*
course [kuʀs] *f* ❶ Laufen *nt* ❷ *(épreuve)* Rennen *nt* ❸ *(déplacement)* **~ en taxi**

Taxifahrt *f* ❹ **faire les** [*o* **ses**] **~s** Besorgungen machen

court [kuʀ] *m* **~ de tennis** Tennisplatz *m*

court [kuʀ] *adv* kurz

cousin(**e**) [kuzɛ̃] *m(f)* Cousin, Cousine [*o* Kusine] *m, f*

coussin [kusɛ̃] *m* Kissen *nt*

coût [ku] *m* Kosten *Pl*

couteau [kuto] <x> *m* Messer *nt*

coûter [kute] <1> *vt* kosten; **ça coûte cher** das ist teuer

couture [kutyʀ] *f* Nähen *nt*

couvercle [kuvɛʀkl] *m* Deckel *m*

couvert [kuvɛʀ] *m* ❶ Besteck *nt* ❷ *(place)* Gedeck *nt*

couvert(**e**) [kuvɛʀ] *adj* ❶ *(habillé)* **être trop ~** zu warm angezogen sein ❷ *(protégé)* **être ~** zugedeckt sein ❸ *(assuré)* gedeckt ❹ *(opp: en plein air)* überdacht

couverture [kuvɛʀtyʀ] *f* ❶ *d'un lit* [Bett]decke *f*; **~ de laine** Wolldecke *f* ❷ *d'un cahier* Umschlag *m*

couvrir [kuvʀiʀ] <11> **I.** *vt* ❶ abdecken; *toit* decken ❷ *(recouvrir)* **~ de qc** mit etw bedecken **II.** *vpr* **se ~** ❶ sich anziehen ❷ *(se protéger)* sich absichern ❸ METEO sich bewölken

crabe [kʀɑb] *m* Krabbe *f*

cracher [kʀaʃe] <1> *vt, vi* [aus]spucken

craindre [kʀɛ̃dʀ] <irr> **I.** *vt* ❶ fürchten ❷ *(pressentir)* [be]fürchten **II.** *vi* **~ pour qn/qc** Angst um jdn/etw haben

crâne [kʀɑn] *m* Schädel *m*

crâneur, **-euse** [kʀɑnœʀ] *adj* angeberisch *fam*

crapaud [kʀapo] *m* Kröte *f*

craquer [kʀake] <1> *vi* ❶ krachen ❷ *branche* brechen

cravate [kʀavat] *f* Krawatte *f*

crayon [kʀɛjɔ̃] *m* Bleistift *m*; **~ de couleur** Farbstift *m*

créateur, **-trice** [kʀeatœʀ] *m, f* Schöpfer(in) *m(f)*

créatif, **-ive** [kʀeatif] *adj* schöpferisch

création [kʀeasjɔ̃] *f* ❶ REL **la Création** die Schöpfung ❷ ART Werk *nt; d'un couturier* Kreation *f* ❸ *(invention)* Herstellung *f*

crèche [kʀɛʃ] *f* Krippe *f*

crédit [kʀedi] *m* ❶ *(paiement échelonné)* Ratenzahlung *f* ❷ *(prêt)* Kredit *m*

créer [kʀee] <1> *vt* schaffen

crème [kʀɛm] **I.** *f* ❶ *(produit laitier)* Rahm *m*; **~ chantilly** Schlagsahne *f*; **~ aigre**

saure Sahne ❷ *(entremets)* Creme *f* ❸ *(liqueur)* **~ de cassis** Johannisbeerlikör *m* ❹ *(de soins)* Creme *f;* **~ solaire** Sonnencreme *f* **II.** *m* Milchkaffee *m*

crêpe [kʀɛp] *f* GASTR Crêpe *f,* Pfannkuchen *m*

creuser [kʀøze] <1> **I.** *vt* ❶ ausheben; *sillon* ziehen ❷ *(évider)* graben **II.** *vi* hungrig machen **III.** *vpr* ❶ **se ~** einfallen ❷ **se ~ la tête** sich *dat* den Kopf zerbrechen

crevé(e) [kʀəve] *adj (fam)* kaputt

cri [kʀi] *m* Schrei *m*

crier [kʀije] <1> **I.** *vi* schreien **II.** *vt (à voix forte)* rufen

crime [kʀim] *m* ❶ Mord *m* ❷ JUR Verbrechen *nt*

criminel(le) [kʀiminɛl] *adj* kriminell

crise [kʀiz] *f* ❶ POL, ECON Krise *f* ❷ MED **~ cardiaque** Herzanfall *m*

critique [kʀitik] **I.** *adj* kritisch **II.** *f* Kritik *f*

critiquer [kʀitike] <1> *vt* kritisieren

croire [kʀwaʀ] <irr> *vt* ❶ glauben ❷ *(avoir confiance)* trauen ❸ *(s'imaginer)* sich einbilden ❹ *(supposer)* **il faut ~ que ...** es ist anzunehmen, dass ...

croiser [kʀwaze] <1> **I.** *vt* kreuzen **II.** *vpr* **se ~** sich treffen

croissant [kʀwasɑ̃] *m* GASTR Croissant *nt,* Hörnchen *nt*

croître [kʀwatʀ] <irr> *vi* ❶ wachsen ❷ *(augmenter)* zunehmen

croix [kʀwa] *f* Kreuz *nt*

croquer [kʀɔke] <1> *vt* knabbern

cruel(le) [kʀyɛl] *adj* grausam

cube [kyb] *m* ❶ **mètre ~** Kubikmeter *m* ❷ MATH Würfel *m*

cueillir [kœjiʀ] <irr> *vt* ernten; *fleurs* pflücken

cuiller, cuillère [kɥijɛʀ] *f* Löffel *m;* **~ en bois** Kochlöffel *m;* **petite ~** Teelöffel *m*

cuir [kɥiʀ] *m* ❶ Leder *nt* ❷ **~ chevelu** Kopfhaut *f*

cuire [kɥiʀ] <irr> *vt, vi* kochen; *viande* braten; *gâteau* backen

cuisine [kɥizin] *f* ❶ Küche *f* ❷ *(art culinaire)* Kochkunst *f*

cuisiner [kɥizine] <1> *vt, vi* kochen

cuisinier, -ière [kɥizinje] *m, f* Koch, Köchin *m, f*

cuisinière [kɥizinjɛʀ] *f* Herd *m;* **~ à gaz** Gasherd *m;* **~ électrique** Elektroherd *m*

cuisse [kɥis] *f* ❶ ANAT Schenkel *m* ❷ GASTR Keule *f*

cuit(e) [kɥi] *adj* GASTR gar; **bien ~** durchgebraten

cul [ky] *m (fam)* Hintern *m*

cul-de-sac [kydsak] <culs-de-sac> *m* Sackgasse *f*

culotte [kylɔt] *f* Unterhose *f*

culpabilité [kylpabilite] *f* Schuld *f*

cultiver [kyltive] <1> **I.** *vt* ❶ AGR anbauen ❷ *don* fördern ❸ *(entretenir)* pflegen **II.** *vpr* **se ~** sich bilden

culture [kyltyʀ] *f* ❶ Anbau *m* ❷ *pl (terres cultivées)* Felder *Pl* ❸ *(savoir)* Bildung *f*

culturel(le) [kyltyʀɛl] *adj* Kultur-

cure [kyʀ] *f* Kur *f*

curé [kyʀe] *m* Pfarrer(in) *m(f)*

curieux, -euse [kyʀjø] *adj* neugierig

curiosité [kyʀjozite] *f* ❶ Neugier[de] *f* ❷ *(site)* Sehenswürdigkeit *f*

curriculum [vitae] [kyʀikylɔm(vite)] *m inv* Lebenslauf *m*

CV [seve] *m abr de* **curriculum vitae**

cybercafé [sibɛʀkafe] *m* Internet Café *nt*

cycle [sikl] *m* ❶ BIO, MED Zyklus *m* ❷ SCOL **premier ~** ≈ Unter- und Mittelstufe *f*; **deuxième ~** ≈ Oberstufe *f* ❸ UNIV **premier ~** Grundstudium *nt;* **deuxième ~** Hauptstudium *nt*

cynique [sinik] *adj* zynisch

Dd

d' *v.* **de**
d'abord [dabɔʀ] *v.* **abord**
d'accord [dakɔʀ] *v.* **accord**
dame [dam] *f* Dame *f*, Frau *f*
Danemark [danmaʀk] *m* **le ~** Dänemark *nt*
danger [dɑ̃ʒe] *m* Gefahr *f*
dangereux, -euse [dɑ̃ʒʀø] *adj* gefährlich
danois [danwa] *m* Dänisch *nt*
danois(e) [danwa] *adj* dänisch
Danois(e) [danwa] *m(f)* Däne, Dänin *m, f*
dans [dɑ̃] *prép* ❶ in +*dat* ❷ *(à travers)* durch +*akk* ❸ *(à l'intérieur de)* in +*dat*, innerhalb +*gen*; **porter qn ~ ses bras** jdn auf dem Arm tragen ❹ **~ une heure** in einer Stunde
danse [dɑ̃s] *f* Tanz *m*
danser [dɑ̃se] <1> *vt, vi* tanzen
danseur, -euse [dɑ̃sœʀ, -øz] *m, f* Tänzer(in) *m(f)*
Danube [danyb] *m* **le ~** die Donau
date [dat] *f* Datum *nt*; **~ de naissance** Geburtstag *m*; **à quelle ~?** wann?
dater [date] <1> *vt* datieren
de[1] [də] <d', de la, du, des> *prép* ❶ *(point de départ)* von [... aus]; **~ ... à ...** von ... bis ... ❷ *(origine)* aus ❸ *(appartenance)* des, der, des +*gen* ❹ *(matière)* aus ❺ *(spécificité)* **roue ~ secours** Ersatzrad *nt* ❻ *(contenu)* **combien ~ kilos?** wie viel Kilo? ❼ *(temporel)* **~ nuit** nachts
de[2] [də] <d', de la, du, des> *art* **du vin/~ la bière/des gâteaux** Wein/Bier/Kekse
dé [de] *m (jeu)* Würfel *m*
débarquer [debaʀke] <1> **I.** *vt* an Land setzen **II.** *vi (opp: embarquer)* mit dem Schiff ankommen, von Bord gehen
débat [deba] *m* Diskussion *f*
débile [debil] *adj* ❶ *(fam)* schwachsinnig ❷ *(atteint de débilité)* geistig behindert
debout [d(ə)bu] *adj, adv inv* ❶ stehend ❷ *(levé)* **être/rester ~** auf sein/aufbleiben
débrouiller [debʀuje] <1> *vpr*

D

(fam) **se ~** zurechtkommen

début [deby] *m* Anfang *m*

débutant(e) [debytɑ̃] *m(f)* Anfänger(in) *m(f)*

décembre [desɑ̃bʀ] *m* Dezember *m*

décevoir [des(ə)vwaʀ] <12> *vt* enttäuschen

décharger [deʃaʀʒe] <2a> **I.** *vt* ❶ ausladen ❷ *(soulager)* erleichtern **II.** *vpr* ELEC **se ~** sich entladen

déchets [deʃɛ] *mpl (restes, ordures)* Abfall *m;* **~ nucléaires** Atommüll *m*

déchirer [deʃiʀe] <1> **I.** *vt* zerreißen **II.** *vpr* **se ~** [auf]reißen

décidé(e) [deside] *adj* entschlossen

décider [deside] <1> **I.** *vt* ❶ beschließen ❷ *(persuader)* **~ qn à faire qc** jdn dazu bewegen etw zu tun **II.** *vpr* **se ~** sich entscheiden

décision [desizjɔ̃] *f* Entscheidung *f*

déclaration [deklaʀasjɔ̃] *f* ❶ [öffentliche] Erklärung ❷ *(propos)* Aussage *f*

déclarer [deklaʀe] <1> **I.** *vt* ❶ [öffentlich] erklären ❷ ADMIN [an]melden **II.** *vpr (se prononcer)* **se ~** sich aussprechen

décliner [dekline] <1> *vt* ❶ zurückweisen ❷ LING deklinieren

décollage [dekɔlaʒ] *m* Abflug *m*

décoller [dekɔle] <1> **I.** *vt* ablösen **II.** *vi* AVIAT abfliegen **III.** *vpr* **se ~** sich lösen

décolorer [dekɔlɔʀe] <1> *vt, vpr* **[se]** ~ bleichen

décongeler [dekɔ̃ʒ(ə)le] <4> *vt, vi* auftauen

décontracter [dekɔ̃tʀakte] <1> *vt, vpr* **[se] ~** [sich] entspannen

décor [dekɔʀ] *m* Dekor *m o nt,* Ausstattung *f*

décorer [dekɔʀe] <1> *vt* ❶ dekorieren ❷ *personne* auszeichnen

découper [dekupe] <1> *vt* ❶ aufschneiden; *volaille* tranchieren ❷ *tissu* zuschneiden

découragé(e) [dekuʀaʒe] *adj* entmutigt

découverte [dekuvɛʀt] *f* Entdeckung *f*

découvrir [dekuvʀiʀ] <11> **I.** *vt* entdecken **II.** *vpr* **se ~** *(enlever sa couverture)* sich aufdecken

décrire [dekʀiʀ] <irr> *vt* beschreiben

décrocher [dekʀɔʃe] <1> *vt* ab-

nehmen
dedans [d(ə)dɑ̃] *adv* + *verbe de mouvement* hinein; + *verbe d'état* darin; *(dans un lieu)* innen; **de ~** *venir* von drinnen
défaire [defɛʀ] <irr> **I.** *vt* aufmachen **II.** *vpr* **se ~** aufgehen; *bouton* abgehen
défaite [defɛt] *f* Niederlage *f*
défaut [defo] *m* Fehler *m*
défectueux, -euse [defɛktɥø] *adj* defekt
défendre [defɑ̃dʀ] <14> **I.** *vt* verteidigen **II.** *vpr* sich wehren
défendu(e) [defɑ̃dy] *adj* verboten
défense¹ [defɑ̃s] *f* Verteidigung *f*
défense² [defɑ̃s] *f* Verbot *nt*
défi [defi] *m* Herausforderung *f*
défiler [defile] <1> *vi* ❶ vorbeimarschieren; *voitures* vorbeifahren ❷ INFORM **faire ~ qc vers le haut/bas** etw nach oben/unten blättern
définir [definiʀ] <8> **I.** *vt* ❶ definieren ❷ *sensation* genau beschreiben **II.** *vpr* **se ~ comme qn** sich selbst als jdn beschreiben
définitif, -ive [definitif] *adj* endgültig
définition [definisjɔ̃] *f* ❶ Definition *f* ❷ TV **~ de l'image** Bildauflösung *f*
déformer [defɔʀme] <1> *vt, vpr* **[se] ~** [sich] verformen
dégât [degɑ] *m pl* Schaden *m*
dégonfler [degɔ̃fle] <1> **I.** *vt* zum Abschwellen bringen **II.** *vpr* **se ~** [die] Luft verlieren **III.** *vi* abschwellen
dégoûtant(e) [degutɑ̃] *adj* ❶ widerlich ❷ *(sale)* [ekelhaft] dreckig
degré [dəgʀe] *m* ❶ Grad *m* ❷ *(dans la hiérarchie)* Stufe *f*
dégueulasse [degœlas] *adj* *(fam)* widerlich
déguiser [degize] <1> *vt, vpr* **[se] ~** [sich] verkleiden
dehors [dəɔʀ] *adv* ❶ *(à l'extérieur)* draußen ❷ *(pas chez soi)* außer Haus ❸ **au ~** äußerlich; **en ~ de** außerhalb; **~!** raus!
déjà [deʒa] *adv* schon
déjeuner [deʒœne] <1> **I.** *vi* ❶ *(à midi)* zu Mittag essen ❷ *(le matin)* frühstücken **II.** *m* Mittagessen *nt*
délai [delɛ] *m* ❶ Frist *f* ❷ **sans ~** unverzüglich
délicat(e) [delika] *adj* ❶ fein ❷ *question* heikel

D

délicieux, -euse [delisjø] *adj* köstlich
délit [deli] *m* Straftat *f*
demain [dəmɛ̃] *adv* morgen; **à ~!** bis morgen!
demande [d(ə)mɑ̃d] *f* ❶ Bitte *f* ❷ ADMIN Antrag *m* ❸ ECON Nachfrage *f* ❹ **à la ~** nach Bedarf
demander [d(ə)mɑ̃de] <1> **I.** *vt* ❶ **~ qc** um etw bitten; **~ conseil** um Rat fragen ❷ *efforts* erfordern **II.** *vi, vpr* **[se] ~** [sich] fragen
démaquiller [demakije] <1> *vt, vpr* **[se] ~** [sich] abschminken
déménager [demenaʒe] <2a> *vi* ❶ umziehen ❷ *(quitter un logement)* ausziehen
démentir [demɑ̃tiʀ] <10> *vt* widersprechen
demi [d(ə)mi] *m* ❶ **un ~** ein Halb ❷ *(bière)* Bier *nt*
demi(e) [d(ə)mi] **I.** *m(f)* Hälfte *f* **II.** *adj* **une heure/deux heures et ~e** eineinhalb/zweieinhalb Stunden
demie [d(ə)mi] **I.** *adj v.* **demi** **II.** *f (heure)* **neuf heures et ~** halb zehn
demi-litre [d(ə)militʀ] <demi-litres> *m* halber Liter
demi-pension [d(ə)mipɑ̃sjɔ̃] <demi-pensions> *f* Halbpension *f*; **en ~** mit Halbpension
démocratie [demɔkʀasi] *f* Demokratie *f*
démocratique [demɔkʀatik] *adj* demokratisch
démon [demɔ̃] *m* Teufel *m*
démonstration [demɔ̃stʀasjɔ̃] *f* ❶ Beweis *m* ❷ *(présentation)* Demonstration *f*
démonter [demɔ̃te] <1> **I.** *vt* ❶ zerlegen ❷ *(déconcerter)* aus der Fassung bringen **II.** *vpr* **se ~** sich zerlegen lassen
démontrer [demɔ̃tʀe] <1> *vt* beweisen
dénoncer [denɔ̃se] <2> **I.** *vt* verraten **II.** *vpr* **se ~ à la police** sich der Polizei stellen
dent [dɑ̃] *f* Zahn *m*
dentifrice [dɑ̃tifʀis] *m* Zahnpasta *f*
dentiste [dɑ̃tist] *mf* Zahnarzt, -ärztin *m, f*
dépanneuse [depanøz] *f* Abschleppwagen *m*
départ [depaʀ] *m* ❶ *(action de partir)* Weggehen *nt*, Abflug *m*, Abfahrt *f* ❷ SPORT Start *m* ❸ *(démission)* Rücktritt *m* ❹ **au ~ de Paris** ab Paris; **être sur le ~** im Aufbruch sein

département [depaʀtəmɑ̃] *m* ❶ ADMIN Departement *nt;* **~ d'outre-mer** Überseedepartement ❷ *d'une entreprise* Abteilung *f*

départemental(e) [depaʀtəmɑ̃tal] <-aux> *adj* Departements-; **route ~e** ≈ Landstraße *f*

dépasser [depɑse] <1> *vt, vi* überholen

dépêcher [depeʃe] <1> *vpr* **se ~ de faire qc** sich beeilen etw zu tun

dépendance [depɑ̃dɑ̃s] *f* Abhängigkeit *f*

dépendre [depɑ̃dʀ] <14> *vi* ❶ abhängig sein ❷ *(faire partie de)* **~ de qc** zu etw gehören ❸ **ça dépend** *(fam)* das kommt drauf an

dépenser [depɑ̃se] <1> **I.** *vt* ❶ ausgeben ❷ *énergie* verbrauchen **II.** *vpr* **se ~** sich verausgaben

déplacer [deplase] <2> **I.** *vt* an einen anderen Platz legen/stellen **II.** *vpr* **se ~** sich fortbewegen

dépressif, -ive [depʀesif] *adj* depressiv

dépression [depʀesjɔ̃] *f* ❶ PSYCH Depression *f* ❷ METEO Tief *nt*

depuis [dəpɥi] **I.** *prép* seit; **~ quelle date?** seit wann?; **~ que ...** seit[dem] … **II.** *adv* seither

député(e) [depyte] *m(f)* Abgeordnete(r) *f(m)*

D

déranger [deʀɑ̃ʒe] <2a> **I.** *vt, vi* stören **II.** *vpr* **se ~ pour qn** sich *dat* wegen jdm Umstände machen

dériver [deʀive] <1> **I.** *vt* umleiten **II.** *vi* ❶ LING **~ de qc** aus etw kommen ❷ *barque* abtreiben

dernier, -ière [dɛʀnje] *adj* ❶ *(ultime)* letzte(r, s) ❷ *mode* neueste(r, s); *événement* jüngste(r, s); **ces ~s temps** in letzter Zeit

dernièrement [dɛʀnjɛʀmɑ̃] *adv* neulich

dérouler [deʀule] <1> **I.** *vt* abrollen **II.** *vpr* **se ~** ❶ verlaufen ❷ *cassette* sich abwickeln

derrière [dɛʀjɛʀ] **I.** *prép (sans mouvement)* hinter *+dat; (avec mouvement)* hinter *+akk;* **par ~** von hinten **II.** *adv* hinten; **là ~** da hinten; **courir ~** hinterherlaufen **III.** *m* ❶ Rückseite *f* ❷ *(fam: postérieur)* Hintern *m*

des[1] [de] *art* **les pages ~ livres** die Seiten der Bücher; **je**

mange ~ épinards ich esse Spinat

des² [de] <de> *art* **j'ai acheté ~ pommes et de beaux citrons** ich habe Äpfel und schöne Zitronen gekauft

dès [dɛ] *prép (à partir de)* bereits; **~ lors** *(à partir de ce moment-là)* seitdem; *(par conséquent)* infolgedessen; **~ maintenant** ab sofort; **~ que ...** sobald ...

désaccord [dezakɔʀ] *m* Unstimmigkeit *f*

désagréable [dezagʀeabl] *adj* unangenehm

désastre [dezastʀ] *m* Katastrophe *f*

désastreux, -euse [dezastʀø] *adj* ❶ verheerend ❷ *(nul)* miserabel

désavantage [dezavɑ̃taʒ] *m* Nachteil *m*

descendre [desɑ̃dʀ] <14> **I.** *vi* ❶ hinuntergehen, hinunterfahren ❷ *(quitter)* aussteigen ❸ *(baisser)* zurückgehen **II.** *vt* ❶ hinuntergehen, hinunterkommen ❷ **~ qc à la cave** etw in den Keller bringen ❸ *rideaux* herunterlassen

descente [desɑ̃t] *f* ❶ Abstieg *m; (en voiture)* Abfahrt *f* ❷ AVIAT Landung *f* ❸ *(attaque brusque)* **une ~ de police** eine Polizeikontrolle

description [dɛskʀipsjɔ̃] *f* Beschreibung *f*

déséquilibrer [dezekilibʀe] <1> *vt* aus dem Gleichgewicht bringen

désert [dezɛʀ] *m* Wüste *f*

désert(e) [dezɛʀ] *adj* ❶ unbewohnt ❷ *plage* menschenleer

désespérer [dezɛspeʀe] <5> **I.** *vi* verzweifeln **II.** *vt (affliger)* verzweifeln lassen

désespoir [dezɛspwaʀ] *m* ❶ Hoffnungslosigkeit *f* ❷ *(désespérance)* Verzweiflung *f*

déshabiller [dezabije] <1> *vt, vpr* **[se] ~** [sich] ausziehen

désir [deziʀ] *m* ❶ Wunsch *m* ❷ *(appétit sexuel)* Verlangen *nt*

désirer [deziʀe] <1> *vt* ❶ wünschen; **je désire/désirerais un café** ich möchte [gerne] einen Kaffee [haben] ❷ *(convoiter)* begehren

désolé(e) [dezɔle] *adj* ❶ untröstlich ❷ *(navré)* **je suis vraiment ~** es tut mir wirklich leid ❸ *lieu* trostlos

désormais [dezɔʀmɛ] *adv* von nun an

desquels, desquelles [dekɛl]

pron v. **lequel**
dessécher [deseʃe] <1> *vt* austrocknen
dessert [desɛʀ] *m* Nachtisch *m*
dessin [desɛ̃] *m* ❶ Zeichnung *f;* **~[s] animé[s]** Zeichentrickfilm *m* ❷ *(activité)* Zeichnen *nt*
dessiner [desine] <1> *vt, vi* zeichnen
dessous [d(ə)su] **I.** *adv (sous)* d[a]runter **II.** *prép* ❶ *(sous)* unter etw *dat* ❷ *(plus bas que)* **en ~ de qc** unter einer S. *dat* **III.** *m* ❶ Unterseite *f* ❷ *pl* TEXTIL Dessous *Pl*
dessus [d(ə)sy] **I.** *adv (sur qn/qc)* darauf **II.** *prép* **enlever de ~ qc** von etw herunternehmen **III.** *m* ❶ Oberseite *f* ❷ **avoir le ~** überlegen sein
destin [dɛstɛ̃] *m* Schicksal *nt*
destination [dɛstinasjɔ̃] *f* Ziel *nt; d'une lettre* Bestimmungsort *m*
destiner [dɛstine] <1> **I.** *vt* vorsehen; **être destiné à qn** *remarque* sich an jdn richten **II.** *vpr* **se ~ à la politique** sich der Politik verschreiben
destruction [dɛstʀyksjɔ̃] *f* Zerstörung *f*
détacher¹ [detaʃe] <1> **I.** *vt* ❶ losmachen ❷ *nœud* lösen ❸ *feuille* abreißen **II.** *vpr* **se ~** sich befreien
détacher² [detaʃe] <1> *vt* reinigen
détail [detaj] <s> *m* Einzelheit *f*
détective [detɛktiv] *mf* Detektiv(in) *m(f)*
détendre [detɑ̃dʀ] <14> **I.** *vt* lockern **II.** *vpr* **se ~** *situation* sich entspannen
détermination [detɛʀminasjɔ̃] *f* ❶ Bestimmung *f* ❷ *(décision)* Entschluss *m*
déterminer [detɛʀmine] <1> *vt* bestimmen
détester [detɛste] <1> *vt* hassen
détour [detuʀ] *m* ❶ Biegung *f* ❷ *(trajet plus long)* Umweg *m*
détourner [detuʀne] <1> **I.** *vt* ❶ umleiten; *avion* entführen ❷ *regard* abwenden ❸ *texte* verfremden **II.** *vpr* **se ~** sich abwenden
détruire [detʀɥiʀ] <irr> *vt* zerstören
dette [dɛt] *f* [Geld]schuld *f*
deux [dø] **I.** *num* ❶ zwei; **tous les ~** alle beide; **à ~** zu zweit ❷ *(quelques)* **habiter à ~ pas d'ici** um die Ecke wohnen

II. *m inv (cardinal)* Zwei *f*

deuxième [døzjɛm] *adj* zweite(r, s)

deux-pièces [døpjɛs] *m inv* ❶ *(appartement)* Zweizimmerwohnung *f* ❷ *(maillot de bain)* Bikini *m*

devant [d(ə)vɑ̃] **I.** *prép* vor **II.** *adv* ❶ davor ❷ *(en avant)* vorn[e] **III.** *m* Vorderseite *f*

développement [devlɔpmɑ̃] *m* ❶ Entwicklung *f* ❷ *des connaissances* Erweiterung *f*

développer [dev(ə)lɔpe] <1> *vt, vpr* **[se]** ~ [sich] entwickeln

devenir [dəv(ə)niʀ] <9> *vi* werden

deviner [d(ə)vine] <1> *vt* erraten

devise [d(ə)viz] *f* ❶ Motto *nt* ❷ *(monnaie)* Devisen *Pl*

devoir [d(ə)vwaʀ] <irr> **I.** *vt* ❶ *argent* schulden ❷ *(être redevable de)* ~ **un succès à qn/qc** jdm/einer S. einen Erfolg verdanken **II.** *aux* müssen; *(obligation exprimée par autrui)* sollen **III.** *m* ❶ *(obligation morale)* Pflicht *f* ❷ *(ce que l'on doit faire)* Aufgabe *f*

diable [djɑbl] *m* Teufel *m*

dialecte [djalɛkt] *m* Mundart *f*

dialogue [djalɔg] *m* Gespräch *nt*

dialoguer [djalɔge] <1> *vi* ein Gespräch führen

dicter [dikte] <1> *vt* diktieren

dictionnaire [diksjɔnɛʀ] *m* Wörterbuch *nt*

dieu [djø] <x> *m* ❶ Gott *m* ❷ **Dieu merci!** Gott sei Dank!

différence [difeʀɑ̃s] *f* Unterschied *m*

différent(e) [difeʀɑ̃] *adj* ❶ andere(r, s); ~ **de** anders als ❷ *pl (divers)* verschieden

difficile [difisil] *adj* schwierig

difficilement [difisilmɑ̃] *adv* schwierig; *(péniblement)* schwer

difficulté [difikylte] *f* Schwierigkeit *f*

diffuser [difyze] <1> *vt, vpr* **[se]** ~ [sich] verbreiten

diffusion [difyzjɔ̃] *f* MEDIA Sendung *f*

digestif [diʒɛstif] *m* Verdauungsschnaps *m*

digne [diɲ] *adj* ~ **de ce nom** dieses Namens würdig

dimanche [dimɑ̃ʃ] *m* Sonntag *m*

dimension [dimɑ̃sjɔ̃] *f* ❶ Größe *f* ❷ *pl (mesures)* Dimension[en *Pl*] *f* ❸ *(aspect)* Tragweite *f*

diminuer [diminɥe] <1> **I.** *vi* nachlassen; **faire ~** reduzieren **II.** *vt* ❶ verringern ❷ *autorité* mindern **III.** *vpr* **se ~** sich selbst erniedrigen

dîner [dine] <1> **I.** *vi* zu Abend essen **II.** *m* Abendessen *nt*

dingue [dɛ̃g] *adj (fam)* übergeschnappt

diplôme [diplom] *m* ❶ Diplom *nt;* **~ de fin d'études** Abschlusszeugnis *nt* ❷ *(prix)* Auszeichnung *f*

dire [diʀ] <irr> **I.** *vt* ❶ sagen ❷ *messe* lesen ❸ *(signifier)* **vouloir ~** bedeuten; **ce qui veut ~ que** was heißt, [dass] **II.** *vpr* ❶ *(penser)* **se ~ que ...** sich *dat* sagen, dass ... ❷ *(être traduit)* heißen **III.** *m* Gerede *nt*

direct [diʀɛkt] *m* ❶ MEDIA Livesendung *f* ❷ CHEMDFER Direktverbindung *f*

direct(e) [diʀɛkt] *adj* direkt

directeur, -trice [diʀɛktœʀ] **I.** *adj* Leit-; *roue* Lenk- **II.** *m, f* Direktor(in) *m(f)*

direction [diʀɛksjɔ̃] *f* ❶ Richtung *f* ❷ *(action, fonction)* Leitung *f* ❸ AUT Lenkung *f*

diriger [diʀiʒe] <2a> **I.** *vi* die Leitung haben **II.** *vt* ❶ leiten ❷ *voiture* lenken **III.** *vpr* **se ~ vers qn/qc** sich auf jdn/eine S. zubewegen

discipline [disiplin] *f* Disziplin *f*

discothèque [diskɔtɛk] *f* ❶ Diskothek *f* ❷ *(collection)* Schallplattensammlung *f*

D

discours [diskuʀ] *m* Rede *f*

discret [diskʀɛ] *adj* ❶ diskret ❷ *(sobre)* dezent

discussion [diskysjɔ̃] *f* Gespräch *nt*

discuter [diskyte] <1> **I.** *vt* ❶ diskutieren ❷ *ordre* in Frage stellen **II.** *vi* sich unterhalten

disparaître [dispaʀɛtʀ] <irr> *vi* verschwinden

disponible [dispɔnibl] *adj* verfügbar

disposer [dispoze] <1> **I.** *vt* anordnen; *joueurs* aufstellen **II.** *vi* **~ de qc** über etw *akk* verfügen

disposition [dispozisjɔ̃] *f* ❶ Anordnung *f* ❷ *d'une loi* Bestimmung *f*

dispute [dispyt] *f* Streit *m*

disputer [dispyte] <1> **I.** *vt* ❶ *(fam: gronder)* ausschimpfen ❷ *(contester)* **~ qc à qn** jdm etw streitig machen **II.** *vpr* **se ~** sich streiten

disque [disk] *m* ❶ Scheibe *f*

D

❷ MUS [Schall]platte *f;* ~ **compact** CD *f* ❸ SPORT Diskus *m* ❹ INFORM ~ **dur** Festplatte *f;* ~ **optique compact** CD-ROM *f*

disquette [diskɛt] *f* Diskette *f*

dissimuler [disimyle] <1> *vt, vpr* **[se]** ~ [sich] verbergen

distance [distɑ̃s] *f* Entfernung *f*

distant(e) [distɑ̃] *adj* distanziert

distinct(e) [distɛ̃] *adj* ❶ verschieden ❷ *(net)* deutlich

distinguer [distɛ̃ge] <1> *vt, vpr ((se)différencier)* **[se]** ~ [sich] unterscheiden

distraction [distʀaksjɔ̃] *f* Unachtsamkeit *f*

distribanque® [distʀibɑ̃k] *m* Bankomat® *m,* Geldautomat *m*

distribuer [distʀibɥe] <1> *vt* verteilen

distributeur [distʀibytœʀ] *m* Automat *m;* ~ **automatique** Automat *m;* ~ **de billets** *(de billets de banque)* Geldautomat *m; (de billets de train)* Fahrkartenautomat *m;* ~ **de timbres** Briefmarkenautomat *m*

district [distʀikt] *m* Bezirk *m*

dit(e) [di] *adj* so genannt

divers(e) [divɛʀ] *adj* ❶ verschiedenartig ❷ *mouvements* unterschiedlich ❸ *pl (plusieurs)* mehrere

divertissement [divɛʀtismɑ̃] *m* Unterhaltung *f*

diviser [divize] <1> *vt, vpr* **[se]** ~ [sich] teilen

division [divizjɔ̃] *f* ❶ Gliederung *f* ❷ MATH, MIL Division *f* ❸ SPORT Liga *f*

divorce [divɔʀs] *m* [Ehe]scheidung *f*

divorcé(e) [divɔʀse] *adj* geschieden

dix [dis] *num* ❶ zehn ❷ *(dans l'indication de la date)* **le ~ mars** der zehnte März

dix-huit [dizɥit] *num* ❶ achtzehn ❷ *(dans l'indication de la date)* **le ~ mars** der achtzehnte März

dix-huitième [dizɥitjɛm] <dix-huitièmes> **I.** *adj* achtzehnte(r, s) **II.** *m (fraction)* Achtzehntel *nt*

dixième [dizjɛm] **I.** *adj* zehnte(r, s) **II.** *m (fraction)* Zehntel *nt*

dix-neuf [diznœf] *num* ❶ neunzehn ❷ *(dans l'indication de la date)* **le ~ mars** der neunzehnte März

dix-neuvième [diznœvjɛm]

<dix-neuvièmes> **I.** *adj* neunzehnte(r, s) **II.** *m (fraction)* Neunzehntel *nt*

dix-sept [dissɛt] *num* ❶ siebzehn ❷ *(dans l'indication de la date)* **le ~ mars** der siebzehnte März

dix-septième [dissɛtjɛm] <dix-septièmes> **I.** *adj* siebzehnte(r, s) **II.** *m (fraction)* Siebzehntel *nt*

dizaine [dizɛn] *f* **une ~ de personnes** etwa zehn Personen

D.J. [didʒɛ, didʒi] *m abr de* **disque-jockey** DJ *m*

do [do] *m inv* C *nt*, c *nt*

docteur [dɔktœʀ] *mf (médecin)* Arzt *m*/Ärztin *f*

document [dɔkymɑ̃] *m* Dokument *nt*

doigt [dwa] *m* Finger *m*

domaine [dɔmɛn] *m* ❶ Gebiet *nt*; *(sphère)* Bereich *m* ❷ INFORM Domäne *f*

domicile [dɔmisil] *m* ❶ Wohnung *f* ❷ ADMIN Wohnsitz *m*

dominer [dɔmine] <1> **I.** *vt* ❶ herrschen ❷ *(contrôler)* zügeln **II.** *vi* ❶ vorherrschen ❷ SPORT dominieren

dommage [dɔmaʒ] *m* ❶ Schaden *m* ❷ **quel ~!** wie schade!

donc [dɔ̃k] *conj* also; *(en interrogative)* denn; *(en impérative)* doch

donnée [dɔne] *f* ❶ Angabe *f* ❷ *pl* INFORM, ADMIN Daten *Pl*

donner [dɔne] <1> **I.** *vt* ❶ geben ❷ *(offrir)* schenken ❸ *(communiquer)* **~ le bonjour à qn** jdn grüßen ❹ *(attribuer)* zuschreiben **II.** *vi* **~ sur qc** *porte* zu etw hinführen **III.** *vpr* **se ~ à qn/qc** sich jdm/einer S. widmen

dont [dɔ̃] *pron compl* dessen/deren, wovon/woraus/womit/woran

doré(e) [dɔʀe] *adj* vergoldet

dorer [dɔʀe] <1> **I.** *vt* vergolden **II.** *vpr* **se faire ~** sich bräunen

dormir [dɔʀmiʀ] <irr> *vi* schlafen

dos [do] *m* ❶ Rücken *m* ❷ *(fig) d'une chaise* Lehne *f*; *d'un papier écrit* Rückseite *f*

dose [doz] *f* ❶ BIO Dosis *f* ❷ GASTR Menge *f*

doser [doze] <1> *vt* dosieren

dossier [dosje] *m* ❶ *(appui pour le dos)* [Rücken]lehne *f* ❷ *(classeur)* [Akten]ordner *m*

douane [dwan] *f* Zoll *m*

double [dubl] **I.** *adj, adv* doppelt **II.** *m* ❶ Doppelte(s) *nt* ❷ *(exemplaire identique)* Doppelgänger(in) *m(f)*; **en ~**

doppelt ❸ SPORT Doppel *nt*

doubler [duble] <1> **I.** *vt* ❶ verdoppeln ❷ *vêtement* füttern ❸ *acteur* doubeln ❹ *véhicule* überholen **II.** *vi prix* sich verdoppeln

doucement [dusmɑ̃] *adv* ❶ sacht[e] ❷ *monter* allmählich

douche [duʃ] *f* Dusche *f*

doucher [duʃe] <1> *vpr* **se ~** [sich] duschen

doué(e) [dwe] *adj* begabt

douleur [dulœʀ] *f* Schmerz *m*

doute [dut] *m* ❶ Zweifel *m* ❷ **sans ~** sicherlich

douter [dute] <1> **I.** *vi* ❶ zweifeln ❷ *(se méfier)* misstrauen **II.** *vpr* **se ~ de qc** etw vermuten

doux, douce [du] *adj* ❶ weich ❷ *voix* sanft ❸ *vin* lieblich ❹ *climat* mild

douzaine [duzɛn] *f* ❶ *(douze)* Dutzend *nt;* **à la ~** im Dutzend ❷ *(environ douze)* **une ~ de personnes** etwa zwölf Personen

douze [duz] *num* ❶ zwölf ❷ *(dans l'indication de la date)* **le ~ mars** der zwölfte März

douzième [duzjɛm] **I.** *adj* zwölfte(r, s) **II.** *m (fraction)* Zwölftel *nt*

dragée [dʀaʒe] *f* Dragee *nt*

drame [dʀam] *m* Drama *nt*

drap [dʀa] *m* Bettlaken *nt,* Bettwäsche *f*

drapeau [dʀapo] <x> *m* Fahne *f*

dresser [dʀese] <1> **I.** *vt* ❶ aufstellen; *plan* zeichnen ❷ *barrière* errichten ❸ *tête* heben ❹ *animal* dressieren **II.** *vpr* ❶ sich aufrichten ❷ *statue* sich erheben

drogue [dʀɔg] *f (a. fig)* Droge *f*

droguer [dʀɔge] <1> *vpr* **se ~** Drogen nehmen

droit [dʀwa] **I.** *m* ❶ Recht[sanspruch *m*] *nt* ❷ JUR Recht *nt* ❸ *pl (taxe)* Gebühr *f;* **~s de douane** Zollgebühr *f;* **exempt de ~s de douane** zollfrei; **soumis aux ~s de douane** zollpflichtig **II.** *adv* ❶ aufrecht ❷ *rouler* geradeaus

droit(e) [dʀwa] *adj* ❶ *(opp: gauche)* rechte(r, s) ❷ gerade; **angle ~** rechter Winkel ❸ *personne* aufrichtig

droite [dʀwat] *f* ❶ MATH Gerade *f* ❷ POL Rechte *f* ❸ *(côté droit)* Rechte *f,* rechte Seite; **à ~** [nach] rechts

drôle [dʀol] *adj* lustig

D.R.O.M. [dʀɔm] *mpl abr de* **départements et régions d'outre-mer** französische Übersee-Departements *Pl* und -Regionen

du [dy] = *abr de* **de le** *v.* **de**

dû [dy] <dus> *m* Schuld *f*

dû, due [dy] <dus> *adj* ❶ schuldig ❷ *(imputable)* **être ~ à qc** von etw herrühren ❸ *(mérité)* **être ~ à qn** jdm zustehen

dune [dyn] *f* Düne *f*

duquel, de laquelle [dykɛl] <desquel(le)s> = *abr de* **de lequel** *v.* **lequel**

dur(e) [dyʀ] **I.** *adj* ❶ hart; *viande* zäh ❷ *travail* schwer ❸ *climat* extrem ❹ *regard* ernst **II.** *adv* hart

durée [dyʀe] *f* Dauer *f*

durer [dyʀe] <1> *vi* ❶ dauern ❷ *personne* sich halten; *matériel* haltbar sein

dynamique [dinamik] **I.** *adj* dynamisch **II.** *f* Dynamik *f*

Ee

eau [o] <x> *f* Wasser *nt;* **~ chaude** warmes Wasser; **~ froide** kaltes Wasser; **~ minérale** Mineralwasser *nt;* **~ potable** Trinkwasser *nt*

éblouir [ebluiʀ] <8> *vt* blenden

écart [ekaʀ] *m* ❶ Abstand *m* ❷ *de prix* Unterschied *m*

écarter [ekaʀte] <1> **I.** *vt* zur Seite schieben **II.** *vpr* **s'~** sich teilen

échange [eʃɑ̃ʒ] *m* [Aus]tausch *m*

échanger [eʃɑ̃ʒe] <2a> *vt* austauschen

échapper [eʃape] <1> **I.** *vi* ❶ *(s'enfuir)* entkommen ❷ *(se soustraire à)* sich entziehen **II.** *vpr* **s'~** ausbrechen

écharpe [eʃaʀp] *f* Schal *m*

échauffer [eʃofe] <1> *vpr* **s'~** sich aufwärmen

échec[1] [eʃɛk] *m* Scheitern *nt*

E

échec² [eʃɛk] *m* ❶ *pl* Schach *nt* ❷ **[être] ~ et mat** schachmatt [sein]
échelle [eʃɛl] *f* ❶ Leiter *f* ❷ *(proportion)* Maßstab *m* ❸ *(graduation)* Skala *f*
écho [eko] *m* Echo *nt*
éclair [eklɛʀ] *m* ❶ Blitz *m* ❷ GASTR Eclair *m*
éclairer [ekleʀe] <1> **I.** *vt (a. fig)* erhellen **II.** *vi* leuchten
éclat [ekla] *m* ❶ Splitter *m* ❷ *(scandale)* Eklat *m* ❸ *d'un métal* Glanz *m* ❹ **rire aux ~s** schallend lachen
éclater [eklate] <1> *vi* ❶ explodieren, platzen ❷ *verre* zerspringen
écluse [eklyz] *f* Schleuse *f*
école [ekɔl] *f* Schule *f*; **~ d'équitation** Reitschule *f*; **~ maternelle** Kindergarten *m*
écologie [ekɔlɔʒi] *f* Ökologie *f*
écologique [ekɔlɔʒik] *adj* umweltfreundlich
écologiste [ekɔlɔʒist] **I.** *m* ❶ Umweltschützer(in) *m(f)* ❷ POL Grüne(r) *f(m)* **II.** *adj* umweltbewusst
économie [ekɔnɔmi] *f* Wirtschaft *f*
économique [ekɔnɔmik] *adj* ❶ sparsam [im Verbrauch] ❷ *(qui a rapport à l'économie)* wirtschaftlich
économiser [ekɔnɔmize] <1> *vt, vi* [ein]sparen
écossais(e) [ekɔsɛ] *adj* schottisch; **tissu ~** Schotten *m*
Écossais(e) [ekɔsɛ] *m(f)* Schotte, Schottin *m, f*
Écosse [ekɔs] *f* **l'~** Schottland *nt*
écouter [ekute] <1> *vt, vi* zuhören
écran [ekʀɑ̃] *m* ❶ Schutz *m* ❷ TV Bildschirm *m* ❸ CINE Leinwand *f* ❹ *(moniteur)* Monitor *m*
écraser [ekʀɑze] <1> **I.** *vt* ❶ zerdrücken ❷ *conducteur* überfahren **II.** *vpr* **s'~ contre un arbre** gegen einen Baum prallen
écrire [ekʀiʀ] <irr> *vt, vi* schreiben
écriture [ekʀityʀ] *f* Schrift *f*
écrouler [ekʀule] <1> *vpr* **s'~** einstürzen
édifice [edifis] *m* Bauwerk *nt*
édition [edisjɔ̃] *f* ❶ Veröffentlichung *f* ❷ *(livre)* Auflage *f*
éducation [edykasjɔ̃] *f* ❶ Erziehung *f* ❷ *(culture générale)* Bildung *f*
effacer [efase] <2> **I.** *vt* ❶ [aus]löschen ❷ *tableau noir* abwischen **II.** *vpr* **s'~** ❶ ver-

blassen ❷ *tache* sich entfernen lassen

effet [efɛ] *m* ❶ Wirkung *f* ❷ *(impression)* Eindruck *m* ❸ *(phénomène)* Effekt *m* ❹ **en ~** tatsächlich

efficace [efikas] *adj* wirksam

efforcer [efɔʀse] <2> *vpr* sich bemühen

effort [efɔʀ] *m* Anstrengung *f*

égal(e) [egal] <-aux> *adj* gleich

également [egalmɑ̃] *adv* ❶ gleich[ermaßen] ❷ *(aussi)* ebenfalls

égalité [egalite] *f* Gleichheit *f*; **~ des droits** Gleichberechtigung *f*

église [egliz] *f* Kirche *f*

eh [e] *interj* he !; **~ bien!** *(fam)* nun gut!

élan [elɑ̃] *m* Schwung *m*

élargir [elaʀʒiʀ] <8> *vt, vpr* **[s']~** [sich] erweitern

élastique [elastik] **I.** *adj* elastisch **II.** *m a.* COUT Gummi[band *nt*] *nt*

élection [elɛksjɔ̃] *f* Wahl *f*

électricité [elɛktʀisite] *f* Elektrizität *f*

électrique [elɛktʀik] *adj* elektrisch

électronique [elɛktʀɔnik] **I.** *adj* elektronisch **II.** *f* Elektronik *f*

élégant(e) [elegɑ̃] *adj* elegant

élément [elemɑ̃] **I.** *m* Element *nt* **II.** *mpl* ❶ Grundbegriffe *Pl* ❷ *(forces naturelles)* Naturgewalten *Pl*

élève [elɛv] *mf* Schüler(in) *m(f)*

élever[1] [el(ə)ve] <4> **I.** *vt* errichten **II.** *vpr* **s'~ à 1000 euros** sich auf 1000 Euro *akk* belaufen

élever[2] [el(ə)ve] <4> *vt* aufziehen; *(éduquer)* erziehen

elle [ɛl] *pron* sie/ihr

elle-même [ɛlmɛm] *pron* sie selbst

elles [ɛl] *pron* sie/ihnen

éloigner [elwaɲe] <1> **I.** *vt* fernhalten **II.** *vpr* **s'~** sich entfernen

email, E-mail, e-mail [imel] *m* E-Mail *nt o f*

emballage [ɑ̃balaʒ] *m* Verpackung *f*

emballer [ɑ̃bale] <1> **I.** *vt* einpacken **II.** *vpr* **s'~** *(fam: s'emporter)* sich aufregen

embarrassé(e) [ɑ̃baʀase] *adj* verlegen

embarrasser [ɑ̃baʀase] <1> *vt* ❶ in Verlegenheit bringen ❷ *(gêner)* behindern

embêter [ɑ̃bete] <1> *vt* *(fam)* ❶ nerven ❷ *(casser les* *pieds)* anöden

embouteillage [ɑ̃butɛjaʒ] *m* AUT [Verkehrs]stau *m*

embrasser [ɑ̃bʀase] <1> **I.** *vt* ❶ küssen ❷ *(saluer)* **je t'/vous embrasse** viele Grüße ❸ *(prendre dans les bras)* umarmen **II.** *vpr* **s'~** ❶ *(donner un baiser)* sich küssen ❷ *(prendre dans ses bras)* sich umarmen

émettre [emɛtʀ] <irr> **I.** *vi* MEDIA ausstrahlen **II.** *vt* von sich geben

émigration [emigʀasjɔ̃] *f* Auswanderung *f*

émigrer [emigʀe] <1> *vi* auswandern

émission [emisjɔ̃] *f* ❶ MEDIA **~ radiophonique/télévisée** Radio-/Fernsehsendung *f* ❷ PHYS Emission *f*

emmener [ɑ̃m(ə)ne] <4> *vt* ❶ **~ qn au cinéma** jdn zum Kino bringen ❷ *(prendre avec soi)* mitnehmen

émotion [emosjɔ̃] *f* ❶ Aufregung *f* ❷ *(sentiment)* Emotion *f*

empêcher [ɑ̃peʃe] <1> *vt* ❶ verhindern ❷ **[il] n'empêche que...** trotzdem/dennoch...

empereur [ɑ̃pʀœʀ] *m* Kaiser *m*

emplacement [ɑ̃plasmɑ̃] *m* Stelle *f*

emploi [ɑ̃plwa] *m* ❶ *(poste)* Arbeitsplatz *m* ❷ ECON **être sans ~** arbeitslos sein

employer [ɑ̃plwaje] <6> **I.** *vt* ❶ beschäftigen ❷ *produit* verwenden **II.** *vpr* sich sehr bemühen

emporter [ɑ̃pɔʀte] <1> **I.** *vt* ❶ mitnehmen ❷ *(enlever)* wegbringen **II.** *vpr* **s'~ contre qn/qc** sich über jdn/etw erregen

emprunter [ɑ̃pʀœ̃te] <1> **I.** *vi* FIN ein Darlehen aufnehmen **II.** *vt* leihen; *livre* ausleihen

en [ɑ̃] **I.** *prép* ❶ in +*dat;* **~ mer** auf See ❷ *(direction)* in +*akk;* **aller ~ France** nach Frankreich fahren ❸ *(en tant que)* als ❹ *(simultanéité)* **~ sortant** beim Hinausgehen ❺ *(manière)* **~ chantant** singend ❻ *(moyen de transport)* **~ train** mit dem Zug ❼ **s'~ aller** weggehen/-fahren; **~ arrière** nach hinten/rückwärts; **~ plus, ...** außerdem ...; **~ plus** zusätzlich ❽ *(fait de)* **~ laine/bois** aus Wolle/Holz **II.** *pron* ❶ *(indéfinis)* davon; *savoir* darüber ❷ *subst* **j'~**

connais qui feraient mieux de ... ich kenne welche, die besser daran täten, ... ❸ *(de là)* **j'~ viens** ich komme von dort ❹ *(de cela)* **j'~ ai besoin** ich brauche es
enceinte [ɑ̃sɛ̃t] *adj* schwanger
encercler [ɑ̃sɛʀkle] <1> *vt* einkreisen
enchanté(e) [ɑ̃ʃɑ̃te] *adj* ❶ hocherfreut ❷ *(magique)* verzaubert ❸ **~!** sehr erfreut!
encore [ɑ̃kɔʀ] **I.** *adv* noch; **ne ... pas ~** noch nicht **II.** *conj (fam)* **~ que ...** obwohl ...
encourager [ɑ̃kuʀaʒe] <2a> *vt* ❶ ermuntern ❷ *(soutenir)* unterstützen
encre [ɑ̃kʀ] *f* Tinte *f*
endive [ɑ̃div] *f* Chicorée *m o f*
endormir [ɑ̃dɔʀmiʀ] <irr> **I.** *vt (anesthésier)* betäuben **II.** *vpr* **s'~** einschlafen
endosser [ɑ̃dose] <1> *vt* übernehmen
endroit[1] [ɑ̃dʀwa] *m* Stelle *f*
endroit[2] [ɑ̃dʀwa] *m d'un vêtement* rechte Seite; **être à l'~** richtig herum sein
énergie [enɛʀʒi] *f* Energie *f*
énervant(e) [enɛʀvɑ̃] *adj* nervtötend
énerver [enɛʀve] <1> **I.** *vt* ❶ *(agacer)* **~ qn** jdm auf die Nerven gehen *fam* ❷ *(exciter)* unruhig machen **II.** *vpr* **s'~ après qn/qc** sich über jdn/etw aufregen
enfance [ɑ̃fɑ̃s] *f* Kindheit *f*
enfant [ɑ̃fɑ̃] *mf* Kind *nt*
enfer [ɑ̃fɛʀ] *m* Hölle *f*
enfermer [ɑ̃fɛʀme] <1> *vt, vpr* **[s']~** [sich] einschließen
enfin [ɑ̃fɛ̃] *adv* ❶ endlich ❷ *(fin d'une énumération)* schließlich
enfoncer [ɑ̃fɔ̃se] <2> **I.** *vt* ❶ hineinschlagen; *punaise* hineindrücken ❷ *(mettre)* hineinstecken **II.** *vi, vpr* **[s']~** einsinken
enfuir [ɑ̃fɥiʀ] <irr> *vpr* **s'~** fliehen
engagé(e) [ɑ̃gaʒe] *adj* engagiert
engagement [ɑ̃gaʒmɑ̃] *m* ❶ Verpflichtung *f* ❷ **sans ~** unverbindlich
engager [ɑ̃gaʒe] <2a> **I.** *vt* ❶ bürgen ❷ *(lier)* verpflichten **II.** *vpr* **s'~** ❶ *(pénétrer)* einbiegen ❷ *(se lancer)* sich einlassen
engloutir [ɑ̃glutiʀ] <8> *vt* verschlingen
engourdi(e) [ɑ̃guʀdi] *adj* ❶ klamm ❷ *(de froid)* steif
énigme [enigm] *f* Rätsel *nt*

E

E

enlever [ɑ̃lve] <4> **I.** *vt* ❶ *tache* entfernen ❷ *(ôter)* **~ l'envie** die Lust nehmen **II.** *vpr* **s'~** herausgehen

enneigé(e) [ɑ̃neʒe] *adj* verschneit

ennemi(e) [en(ə)mi] **I.** *adj* feindlich; *frères* verfeindet **II.** *m(f)* Feind(in) *m(f)*

ennui [ɑ̃nɥi] *m* ❶ Lang[e]weile *f* ❷ **l'~, c'est que** das Dumme ist [nur], dass

ennuyer [ɑ̃nɥije] <6> *vt, vpr* **[s']~** [sich] langweilen

ennuyeux, -euse [ɑ̃nɥijø] *adj* langweilig

énorme [enɔʀm] *adj* riesig

énormément [enɔʀmemɑ̃] *adv* sehr

enquête [ɑ̃kɛt] *f* Untersuchung *f*

enregistrement [ɑ̃ʀ(ə)ʒistʀəmɑ̃] *m* ❶ MEDIA Aufnahme *f* ❷ INFORM *(action)* Speicherung *f*; *(document)* Datensatz *m* ❸ TRANSP **~ des bagages** Gepäckabfertigung *f*

enregistrer [ɑ̃ʀ(ə)ʒistʀe] <1> *vt* ❶ aufnehmen ❷ INFORM speichern ❸ *(mémoriser)* registrieren ❹ AUT abfertigen; **faire ~ ses bagages** sein/das Gepäck aufgeben

enrhumer [ɑ̃ʀyme] <1> *vpr* **s'~** [einen] Schnupfen bekommen

enseignant(e) [ɑ̃sɛɲɑ̃] *m(f)* Lehrer(in) *m(f)*

enseignement [ɑ̃sɛɲ(ə)mɑ̃] *m* ❶ Unterricht *m* ❷ *(profession)* Lehrberuf *m*

enseigner [ɑ̃seɲe] <1> *vt* lehren

ensemble [ɑ̃sɑ̃bl] **I.** *adv (opp: seul)* zusammen **II.** *m* ❶ Gesamtheit *f* ❷ *(unité)* [harmonische] Einheit ❸ **dans l'~** im Großen und Ganzen

ensuite [ɑ̃sɥit] *adv* ❶ *(par la suite)* danach ❷ *(derrière en suivant)* dahinter

entamer [ɑ̃tame] <1> *vt* ❶ anbrechen ❷ *(amorcer)* einleiten

entendre [ɑ̃tɑ̃dʀ] <14> **I.** *vt, vi* hören **II.** *vpr* **s'~** ❶ sich verstehen ❷ *(se mettre d'accord)* sich verständigen

entendu(e) [ɑ̃tɑ̃dy] *adj* ❶ abgemacht ❷ **bien ~** selbstverständlich

enterrement [ɑ̃tɛʀmɑ̃] *m* Beerdigung *f*

entier [ɑ̃tje] *m* Ganze(s) *nt*

entier, -ière [ɑ̃tje] *adj* ❶ ganz ❷ *(absolu)* völlig

entourage [ɑ̃tuʀaʒ] *m* Umgebung *f*

entourer [ãture] <1> *vt, vpr* **[s']~** [sich] umgeben
entrain [ãtrɛ̃] *m* Schwung *m*
entraîner [ãtrene] <1> **I.** *vt* ❶ mit sich [fort]reißen ❷ SPORT trainieren **II.** *vpr* **s'~ à qc** sich in etw *dat* üben
entre [ãtr] *prép* ❶ zwischen ❷ *(parmi des personnes)* unter +*dat*, von +*dat*; **~ autres** unter anderem ❸ *(à travers)* durch +*akk* ❹ *(dans)* in +*akk*
entrée [ãtre] *f* ❶ Eintreten *nt*; *d'un train* Einfahrt *f* ❷ *(accès)* Eingang *m* ❸ *(droit d'entrer)* **~ interdite!** kein Zutritt! ❹ GASTR erster Gang
entreprise [ãtrəpriz] *f* Unternehmen *nt*
entrer [ãtre] <1> **I.** *vi* ❶ eintreten; **entrez!** herein! ❷ *(pénétrer dans un lieu)* betreten; **le train entre en gare** der Zug fährt [in den Bahnhof] ein ❸ **~ en contact avec qn** mit jdm Kontakt aufnehmen **II.** *vt* ❶ hineinbringen ❷ INFORM eingeben
entre-temps [ãtrətã] *adv* inzwischen
entretenir [ãtrət(ə)nir] <9> **I.** *vt* ❶ in Stand halten ❷ *relations* unterhalten **II.** *vpr* **s'~** sich unterhalten
entretien [ãtrətjɛ̃] *m* ❶ Instandhaltung *f* ❷ *(discussion en privé)* Gespräch *nt*
énumérer [enymere] <5> *vt* aufzählen
enveloppe [ãvlɔp] *f* ❶ POST [Brief]umschlag *m* ❷ *(protection)* [Schutz]hülle *f*
envelopper [ãvlɔpe] <1> **I.** *vt* einpacken **II.** *vpr* **s'~ dans son manteau** sich in seinen Mantel hüllen
envers [ãvɛr] **I.** *prép* **~ qn/qc** jdm/einer S. gegenüber **II.** *m* ❶ *d'une feuille de papier* Rückseite *f* ❷ **à l'~** *(dans le mauvais sens)* verkehrt herum; *(à rebours)* umgekehrt; *(de bas en haut)* auf dem Kopf; *(à reculons)* rückwärts
envie [ãvi] *f* ❶ Lust *f* ❷ *(convoitise)* Begierde *f* ❸ *(péché capital)* Wollust *f* ❹ *(jalousie)* Neid *m*
envier [ãvje] <1> *vt* beneiden
environ [ãvirɔ̃] **I.** *adv* ungefähr **II.** *mpl* Umgebung *f*
environnement [ãvirɔnmã] *m* Umwelt *f*
envoi [ãvwa] *m* ❶ [Ab]schicken *nt* ❷ *(courrier)* Sendung *f*
envoler [ãvɔle] <1> *vpr* **s'~** *(quitter le sol)* wegfliegen;

avion abfliegen

envoyé(e) [ɑ̃vwaje] *m(f)* ❶ PRESSE Korrespondent(in) *m(f)* ❷ POL, REL Abgesandte(r) *f(m)*

envoyer [ɑ̃vwaje] <irr> *vt* schicken

épais(se) [epɛ] *adj* ❶ dick ❷ *forêt* dicht

épaule [epol] *f* Schulter *f*; **hausser les ~s** mit den Schultern zucken

épée [epe] *f* Schwert *nt*

épice [epis] *f* Gewürz *nt*

épicé(e) [epise] *adj* gewürzt

épicerie [episʀi] *f* Lebensmittelgeschäft *nt*; **~ fine** Feinkostgeschäft *nt (internationale Spezialitäten)*

épinard [epinaʀ] *m* Spinat *m*

épine [epin] *f* Stachel *m*

épingle [epɛ̃gl] *f* [Steck]nadel *f*; **~ à nourrice** Sicherheitsnadel; **~ à cheveux** Haarklammer *f*

éponge [epɔ̃ʒ] *f* Schwamm *m*

époque [epɔk] *f* Zeit *f*, Epoche *f*; **à l'~** damals

épouser [epuze] <1> *vt* heiraten

époux, épouse [epu] *m, f (form)* Gatte, Gattin *m, f*; **les ~** die Eheleute

épreuve [epʀœv] *f* ❶ Prüfung *f* ❷ SPORT Wettkampf *m* ❸ **à toute ~** bewährt

éprouver [epʀuve] <1> *vt envie* verspüren; *sentiment* haben

épuisé(e) [epɥize] *adj* [völlig] erschöpft

épuiser [epɥize] <1> **I.** *vt* ❶ strapazieren ❷ *possibilités* ausschöpfen **II.** *vpr* **s'~** zu Ende gehen

équateur [ekwatœʀ] *m* Äquator *m*

équilibre [ekilibʀ] *m* Gleichgewicht *nt*

équipe [ekip] *f* ❶ SPORT Mannschaft *f* ❷ *(groupe)* Team *nt*

errer [eʀe] <1> *vi* umherirren

erreur [eʀœʀ] *f* ❶ Fehler *m* ❷ *(idée erronée)* Irrtum *m*; **faire ~** sich irren; **par ~** aus Versehen ❸ **l'~ est humaine** *(prov)* Irren ist menschlich *prov*

escalier [ɛskalje] *m* Treppe *f*

escalope [ɛskalɔp] *f* Schnitzel *nt*

escargot [ɛskaʀgo] *m* Schnecke *f*

escroc [ɛskʀo] *m* Schwindler(in) *m(f)*

espace [ɛspas] *m* ❶ Platz *m* ❷ *(cosmos)* Weltraum *m* ❸ *(distance)* Zwischenraum *m* ④ *(durée)* ~ **[de temps]** Zeitraum *m* ⑤ TYP, INFORM Leerstelle *f*

Espagne [ɛspaɲ] *f* **l'~** Spanien *nt*

espagnol [ɛspaɲɔl] *m* Spanisch *nt*

espagnol(e) [ɛspaɲɔl] *adj* spanisch

Espagnol(e) [ɛspaɲɔl] *m(f)* Spanier(in) *m(f)*

espèce [ɛspɛs] *f* ① *(catégorie)* Art *f* ② *pl (argent liquide)* Bargeld *nt*

espérance [ɛspeʀɑ̃s] *f (confiance)* Zuversicht *f*

espérer [ɛspeʀe] <5> *vt, vi* hoffen; **espérons!** hoffentlich!

espion(ne) [ɛspjɔ̃] *m(f)* Spion(in) *m(f)*

espoir [ɛspwaʀ] *m* Hoffnung *f*

esprit [ɛspʀi] *m* ① *(pensée)* Geist *m,* Verstand *m* ② *(tête)* **avoir qn/qc à l'~** jdn/etw im Sinn haben ③ *(humour)* Geist *m,* Witz *m;* **plein d'~** äußerst geistreich ④ *(intention)* Sinn *m;* **l'~ français** die französische Wesensart

essai [esɛ] *m* ① Versuch *m;* **à l'~** auf Probe ② LITTER Essay *m o nt*

essayer [eseje] <7> *vt, vi (tenter)* versuchen

essence [esɑ̃s] *f* Benzin *nt;* **prendre de l'~** tanken

essentiel [esɑ̃sjɛl] *m* ① **l'~** das Wesentliche; **aller à l'~** zur Sache kommen ② *(la plus grande partie)* **l'~ de qc** das Gros einer S. *gen*

essentiel(le) [esɑ̃sjɛl] *adj* ① wesentlich ② *(indispensable)* unentbehrlich

essuyer [esɥije] <6> *vt, vpr* **[s']~** [sich] abtrocknen

est [ɛst] *m* **l'~** der Osten

est-ce que [ɛskə] *adv* **où ~ tu vas?** wohin gehst du?

estimer [ɛstime] <1> **I.** *vt* ① schätzen; *coûts* veranschlagen ② *(considérer)* **~ qc inutile** etw für unnötig halten ③ *(respecter)* **être estimé de tous** von allen hoch geschätzt werden **II.** *vpr* **s'~ heureux d'avoir été sélectionné** sich glücklich schätzen ausgewählt worden zu sein

estomac [ɛstɔma] *m* Magen *m*

et [e] *conj* ① und ② *(dans des indications d'heures)* nach; **à quatre heures ~ demie** um halb fünf ③ *(et qui plus est)* und zwar ④ **~ alors!** na und!

établir [etabliʀ] <8> **I.** *vt* ① aufbauen ② *liste* zusam-

E

menstellen ③ *record* aufstellen **II.** *vpr* **s'~** ① *(s'installer)* sich niederlassen ② *usage* sich einbürgern
étage [etaʒ] *m* Stock[werk] *m;* **à l'~** oben
étagère [etaʒɛʀ] *f* [Regal]brett *nt*
état [eta] *m* ① Zustand *m; des recherches* Stand *m;* **être en ~ de faire qc** in der Lage sein etw zu tun ② *des recettes* Verzeichnis *nt* ③ **~ civil** Personenstand *m; (service)* Standesamt *nt,* ≈ Einwohnermeldeamt *nt*
État [eta] *m* POL Staat *m;* **~ de droit** Rechtsstaat *m;* **~s membres de l'UE** EU-Mitgliedstaaten *Pl*
États-Unis [etazyni] *mpl* **les ~ d'Amérique** die Vereinigten Staaten von Amerika
été [ete] *m* Sommer *m*
éteindre [etɛ̃dʀ] <irr> **I.** *vt* ausmachen **II.** *vi* das Licht ausmachen **III.** *vpr* **s'~** ausgehen
éternel(le) [etɛʀnɛl] *adj* ① ewig ② *(inévitable)* unvermeidlich
éternité [etɛʀnite] *f* Ewigkeit *f*
étoile [etwal] *f* Stern *m*
étonner [etɔne] <1> **I.** *vt* erstaunen **II.** *vpr* **s'~ que** + *subj* sich darüber wundern, dass
étrange [etʀɑ̃ʒ] *adj* seltsam
étranger [etʀɑ̃ʒe] *m* **l'~** das Ausland
étranger, -ère [etʀɑ̃ʒe] **I.** *adj* ① *(d'un autre pays)* ausländisch; *politique* Außen-; *travailleur* Gast-; *langue* Fremd- ② *(d'un autre groupe, non familier)* fremd **II.** *m, f* ① *(d'un autre pays)* Ausländer(in) *m(f)* ② *(d'une autre région)* Fremde(r) *f(m)*
être [ɛtʀ] <irr> **I.** *vi* ① sein ② *(appartenir)* **~ à qn** jdm gehören ③ *(obligation)* **~ à faire** erledigt werden müssen ④ **ça y est** *(c'est fini)* so; *(je comprends)* ach so; **ça y est?** *(alors)* was ist?; **n'est-ce pas?** nicht wahr? **II.** *aux* ① *(comme auxiliaire du passé actif)* **~ venu** gekommen sein; **s'~ rencontrés** sich getroffen haben ② *(comme auxiliaire du passif)* werden **III.** *m* **~ vivant** Lebewesen *nt;* **~ humain** Mensch *m*
étroit(e) [etʀwa] *adj* ① *(opp: large)* schmal ② *(opp: lâche)* eng
étude [etyd] **I.** *f* ① *(apprentissage)* Lernen *nt* ② *de la na-*

ture Erforschung *f* **II.** *fpl* ❶ SCOL Schulbildung *f;* **faire des ~s** eine Schule besuchen ❷ UNIV Studium *nt;* **faire des ~s** studieren

étudiant(e) [etydjɑ̃] *m(f)* Student(in) *m(f)*

étudier [etydje] <1> *vt, vi (à l'université)* studieren

euro [øʀo] *m* Euro *m inv*

euro centime *m* Cent *m*

Europe [øʀɔp] *f* **l'~** Europa *nt*

européen(ne) [øʀɔpeɛ̃] *adj* europäisch; *parlement, élections* Europa-; **l'Union ~ne** die Europäische Union

eux [ø] *pron* sie/ihnen

éveillé(e) [eveje] *adj* ❶ wach ❷ *(alerte)* aufgeweckt

éveiller [eveje] <1> *vt* ❶ *attention* erregen; *soupçons* wecken ❷ *intelligence* fördern

événement, évènement [evɛnmɑ̃] *m* Ereignis *nt*

éventuellement [evɑ̃tɥɛlmɑ̃] *adv* eventuell

évidemment [evidamɑ̃] *adv* ❶ *(en tête de phrase)* natürlich ❷ *(en réponse)* na klar *fam* ❸ *(comme on peut le voir)* offenbar

évident(e) [evidɑ̃] *adj* ❶ *(clair)* klar [erkennbar] ❷ *(visible)* offensichtlich; **il est ~ que ...** es versteht sich von selbst, dass ... ❸ **c'est pas ~!** *(fam)* das ist gar nicht so einfach!

éviter [evite] <1> *vt, vpr* **[s']~** [sich] meiden

évoluer [evɔlɥe] <1> *vi* ❶ sich entwickeln ❷ *(se transformer)* sich verändern ❸ *maladie* fortschreiten

évolution [evɔlysjɔ̃] *f* ❶ Entwicklung *f; des goûts* Veränderung *f* ❷ MED Fortschreiten *nt* ❸ BIO Evolution *f*

exact(e) [ɛgzakt] *adj* ❶ genau; **c'est ~ que ...** es ist richtig, dass ... ❷ *personne* pünktlich

exactement [ɛgzaktəmɑ̃] *adv* genau

exagérer [ɛgzaʒeʀe] <5> *vt, vi* übertreiben

examen [ɛgzamɛ̃] *m* ❶ *des faits* [Über]prüfung *f* ❷ MED, BIO Untersuchung *f* ❸ SCOL Prüfung *f*

examiner [ɛgzamine] <1> *vt* [über]prüfen; *patient* untersuchen

excellent(e) [ɛkselɑ̃] *adj* hervorragend

exception [ɛksɛpsjɔ̃] *f* Ausnahme *f;* **à l'~ de qn/qc** abgesehen von jdm/etw

exceptionnel(le) [ɛksɛpsjɔnɛl]

adj ❶ außergewöhnlich; *occasion* einmalig ❷ *prime* Sonder-; **à titre ~** ausnahmsweise
excité(e) [ɛksite] *adj* aufgeregt
exciter [ɛksite] <1> **I.** *vt* ❶ erregen; *imagination* anregen ❷ *idée* reizen **II.** *vpr* **s'~ sur qc** sich über etw *akk* aufregen
exclamation [ɛksklamasjɔ̃] *f* Ausruf *m*
exclu(e) [ɛkskly] *adj* **il n'est pas ~ que** + *subj* es ist nicht ausgeschlossen, dass
exclusif, -ive [ɛksklyzif] *adj* ausschließlich
excursion [ɛkskyʀsjɔ̃] *f* Ausflug *m;* **~ à terre** Landausflug *m;* **~ pour une journée** Tagesausflug *m*
excuse [ɛkskyz] *f* ❶ Entschuldigung *f* ❷ *(prétexte)* Ausrede *f*
excuser [ɛkskyze] <1> *vt, vpr* **[s']~** [sich] entschuldigen
exemplaire [ɛgzɑ̃plɛʀ] **I.** *adj* ❶ beispielhaft ❷ *punition* exemplarisch **II.** *m* Exemplar *nt*
exemple [ɛgzɑ̃pl] *m* Beispiel *nt;* **par ~** zum Beispiel
exercice [ɛgzɛʀsis] *m* ❶ Übung *f* ❷ *(activité physique)* Bewegung *f*
existence [ɛgzistɑ̃s] *f* Existenz *f*
exister [ɛgziste] <1> *vi* existieren
expéditeur, -trice [ɛkspeditœʀ] *m, f* Absender(in) *m(f)*
expédition [ɛkspedisjɔ̃] *f* ❶ Versand *m* ❷ *(mission)* Expedition *f*
expérience [ɛkspeʀjɑ̃s] *f* ❶ Erfahrung *f* ❷ *(événement)* Erlebnis *nt*
expert(e) [ɛkspɛʀ] *m(f)* Experte, Expertin *m, f*
explication [ɛksplikasjɔ̃] *f* ❶ *(indication)* Erklärung *f* ❷ *(commentaire)* Erläuterung *f*
expliquer [ɛksplike] <1> **I.** *vt* erklären **II.** *vpr* **s'~** ❶ sich ausdrücken ❷ *(avoir une discussion)* sich aussprechen
exploiter [ɛksplwate] <1> *vt* ❶ bewirtschaften; *mine* ausbeuten ❷ *(utiliser)* nutzen ❸ *(abuser)* ausnutzen
explorateur [ɛksplɔʀatœʀ] *m* INFORM Explorer *m;* **~ de réseau** Internet Browser
explorateur, -trice [ɛksplɔʀatœʀ] *m, f* Forscher(in) *m(f)*
explosion [ɛksplozjɔ̃] *f* ❶ Explosion *f* ❷ *(manifestation soudaine)* **~ de colère** Wutausbruch *m*
exporter [ɛkspɔʀte] <1> *vt* ex-

portieren

exposé [ɛkspoze] *m* ❶ Referat *nt* ❷ *(description)* Darstellung *f*

exposition [ɛkspozisjɔ̃] *f* ❶ Ausstellen *nt* ❷ *a.* ART *(foire)* Ausstellung *f* ❸ *(orientation)* Ausrichtung *f*

exprès [ɛkspʀɛ] *adv* ❶ absichtlich ❷ *(spécialement)* **[tout] ~** eigens

expression [ɛkspʀesjɔ̃] *f* ❶ Ausdruck *m* ❷ **veuillez agréer l'~ de mes sentiments distingués** mit freundlichen Grüßen

exprimer [ɛkspʀime] <1> *vt, vpr* **[s']~** [sich] ausdrücken

extension [ɛkstɑ̃sjɔ̃] *f* ❶ *d'un ressort* Dehnen *nt* ❷ *d'une ville* Ausdehnung *f* ❸ INFORM **~ de mémoire** Speichererweiterung *f*

extérieur [ɛksteʀjœʀ] *m* ❶ *(monde extérieur)* Außenwelt *f* ❷ *(dehors)* Außenseite *f*; **à l'~ de** außerhalb *gen*; **de l'~** von außen

extérieur(e) [ɛksteʀjœʀ] *adj* ❶ äußere(r, s) ❷ *(visible)* äußerlich

extra [ɛkstʀa] **I.** *adj inv* ❶ erstklassig ❷ *(fam: formidable)* stark **II.** *m* **un ~** etwas Besonderes

extrait [ɛkstʀɛ] *m* ❶ Auszug *m*; **~ de compte** Kontoauszug ❷ *(concentré)* Extrakt *m o nt*

extraordinaire [ɛkstʀaɔʀdinɛʀ] *adj* ❶ *(opp: ordinaire)* Sonder- ❷ *(insolite)* ungewöhnlich ❸ *(exceptionnel)* außergewöhnlich

extrême [ɛkstʀɛm] **I.** *adj* ❶ äußerste(r, s) ❷ *(excessif)* extrem; **d'~ droite/gauche** rechts-/linksradikal **II.** *m* Extrem *nt*

extrêmement [ɛkstʀɛmmɑ̃] *adv* äußerst

Extrême-Orient [ɛkstʀɛmɔʀjɑ̃] *m* **l'~** der Ferne Osten

extrémité [ɛkstʀemite] *f* ❶ *(bout)* äußerstes Ende ❷ *pl (pieds)* Extremitäten *Pl*

E

Ff

fa [fa] *m inv* F *nt*, f *nt*

fable [fɑbl] *f* Fabel *f*

fabriquer [fabʀike] <1> *vt* herstellen

fabuleux, **-euse** [fabylø] *adj* sagenhaft

face [fas] *f* ❶ Gesicht *nt* ❷ *(côté)* Seite *f*; **pile ou ~?** Kopf oder Zahl? ❸ *(indiquant une orientation)* **de ~** von vorne ❹ **être ~ à ~ avec qn/qc** jdm/einer S. gegenüberstehen; **en ~ de** gegenüber

fâcher [fɑʃe] <1> **I.** *vt* verärgern **II.** *vpr* **se ~** sich ärgern

facile [fasil] *adj* leicht; **c'est plus ~ de faire qc** es ist leichter etw zu tun

facilement [fasilmɑ̃] *adv* ❶ leicht ❷ *(au moins)* mindestens

faciliter [fasilite] <1> *vt* erleichtern

façon [fasɔ̃] *f* ❶ *(manière)* **~ de faire qc** Art [und Weise] *f*, etw zu tun ❷ *pl (comportement)* Benehmen *nt*

facteur, **-trice** [faktœʀ] *m, f* Briefträger(in) *m(f)*

facture [faktyʀ] *f* Rechnung *f*

faible [fɛbl] *adj* ❶ schwach ❷ *(restreint)* gering ❸ *(bête)* **~ d'esprit** geistig Zurückgebliebene(r) *f(m)*

faim [fɛ̃] *f* Hunger *m*; **avoir ~** Hunger haben; **n'avoir plus ~** satt sein

faire [fɛʀ] <irr> **I.** *vt* ❶ machen ❷ *(avoir une activité)* **~ du violon** Geige spielen ❸ *(étudier)* **~ des études** studieren ❹ *numéro de téléphone* wählen; **~ les courses** einkaufen ❺ *(charger de)* **~ faire qc à qn** jdn etw tun lassen **II.** *vi* ❶ *(agir)* **~ vite** sich beeilen; **~ attention à qc** auf etw aufpassen ❷ *(paraître)* **~ vieux** alt aussehen ❸ *(rendre)* **~ bon effet** einen guten Eindruck machen ❹ **~ partie de qc** zu etw gehören; **~ la queue** *(fam)* anstehen; **ne pas s'en ~** *(fam)* sich keine Sorgen machen; **ça ne se fait pas** das gehört sich nicht; **il**

fait chaud es ist warm; **il fait dix degrés** es sind zehn Grad **III.** *vpr* ❶ **se ~ une robe** sich *dat* ein Kleid machen ❷ *(s'habituer à)* **se ~ à qc** sich an etw *akk* gewöhnen ❸ **comment ça se fait?** wie kommt das?; **il se fait tard** es wird spät; **t'en fais pas!** *(fam)* mach dir nichts draus!

fait [fɛ] *m* ❶ Tatsache *f* ❷ *(événement)* Ereignis *nt* ❸ **au ~** übrigens

fait(e) [fɛ] *adj* ❶ *(propre à)* geeignet ❷ *(constitué)* **être bien ~** eine gute Figur haben ❸ *(tout prêt)* **expression toute ~e** feststehender Ausdruck ❹ **c'est bien ~ pour toi/lui** das geschieht dir/ihm recht; **vite ~ bien ~** ganz schnell

falloir [falwaʀ] <irr> *vi* ❶ *(besoin)* **il faut qn/qc pour faire qc** man braucht jdn/etw um etw zu tun ❷ *(devoir)* **il faut faire qc** man muss etw tun; **que faut-il faire?** was sollen wir tun? ❸ **il le faut** es muss sein; **comme il faut** wie es sich gehört

fameux, -euse [famø] *adj* ❶ köstlich ❷ *(célèbre)* berühmt

familier [familje] *m* Stammgast *m*

familier, -ière [familje] *adj* ❶ vertraut ❷ *conduite* ungezwungen ❸ *expression* umgangssprachlich

famille [famij] *f a.* BOT, ZOOL Familie *f*

fan [fan] *mf* Fan *m*

fantastique [fɑ̃tastik] **I.** *adj* fantastisch **II.** *m* Übernatürliche(s) *nt*

fantôme [fɑ̃tom] **I.** *m* ❶ Gespenst *nt* ❷ *(illusion)* Phantom *nt* **II.** *app* **train ~** Geisterbahn *f*

farce[1] [faʀs] *f* Streich *m*

farce[2] [faʀs] *f* GASTR Füllung *f*

fascination [fasinasjɔ̃] *f* ❶ Verzauberung *f* ❷ *(séduction)* Faszination *f*

fascisme [faʃism] *m* Faschismus *m*

fatal(e) [fatal] *adj* ❶ verhängnisvoll ❷ *(mortel)* tödlich

fatigant(e) [fatigɑ̃] *adj* ermüdend

fatigué(e) [fatige] *adj* müde

faute [fot] *f* ❶ *a.* SPORT Fehler *m;* **sans ~** ganz sicher ❷ *(manquement à des lois)* Vergehen *nt* ❸ *(responsabilité)* **c'est [de] ma ~** das ist meine Schuld ❹ **~ de quoi**

F

sonst

fauteuil [fotœj] *m* Sessel *m;* **~ roulant** Rollstuhl *m;* **~ roulant électrique** Elektrorollstuhl *m;* **~ roulant pliant** Faltrollstuhl *m;* **~ transfert** Bordrollstuhl *m*

faux [fo] **I.** *m (falsification)* Fälschung *f* **II.** *adv* falsch

faux, fausse [fo] *adj* falsch

faveur [favœʀ] *f* ❶ Gefallen *m* ❷ *(bienveillance)* Gunst *f*

favorable [favɔʀabl] *adj* günstig

favori(te) [favɔʀi] *m(f)* ❶ Liebling *m* ❷ SPORT Favorit(in) *m(f)*

fax [faks] *m abr de* **téléfax** Fax *nt*

FB *m* HIST *abr de* **franc belge** *abr de* **franc**

fédéralisme [fedeʀalism] *m* Föderalismus *m*

fée [fe] *f* Fee *f*

félicitations [felisitasjɔ̃] *fpl* Glückwünsche *Pl*

féminin(e) [feminɛ̃] *adj* ❶ weiblich ❷ *voix* Frauen-

femme [fam] *f* ❶ *(opp: homme)* Frau *f;* *(épouse)* [Ehe]frau *f;* **vêtements de ~s** Damenbekleidung *f* ❷ *(profession)* **une ~ médecin/politique** eine Ärztin/Politikerin; **~ au foyer** Hausfrau; **~ de ménage** Putzfrau

fenêtre [f(ə)nɛtʀ] *f* Fenster *nt*

fente [fɑ̃t] *f* Spalt *m*

fer [fɛʀ] *m* Eisen *nt;* **~ à repasser** Bügeleisen *nt*

férié(e) [feʀje] *adj* **jour ~** Feiertag *m*

ferme[1] [fɛʀm] **I.** *adj* fest; *peau* straff; *main* ruhig **II.** *adv s'ennuyer* fürchterlich

ferme[2] [fɛʀm] *f* Bauernhof *m*

fermer [fɛʀme] <1> **I.** *vt, vi* schließen **II.** *vpr* **se ~** ❶ *(se refermer)* zufallen ❷ *(passif)* sich schließen lassen

festival [fɛstival] <s> *m* Festspiele *Pl*

fête [fɛt] *f* ❶ *(religieuse)* Fest *nt;* **~ des Mères/Pères** Mutter-/Vatertag ❷ *pl (congé)* Feiertage *Pl* ❸ *(réception)* Feier *f;* **un jour de ~** ein Feiertag/Festtag *m*

fêter [fete] <1> *vt* feiern

feu [fø] <x> *m* ❶ Feuer *nt* ❷ *d'un véhicule* Licht *nt* ❸ AUT **~ de signalisation** Verkehrsampel *f;* *(spectacle)* **~ d'artifice** Feuerwerk *nt*

feuille [fœj] *f* Blatt *nt*

feutre [føtʀ] *m* ❶ Filzstift *m* ❷ *(étoffe)* Filz *m*

février [fevʀije] *m* Februar *m*

fiancé(e) [fjɑ̃se] *adj* verlobt

fichier [fiʃje] *m* ❶ Kartei *f* ❷ INFORM Datei *f*

fichu(e) [fiʃy] *adj (fam)* ❶ mies ❷ *(en mauvais état)* **être ~** hin sein

fiction [fiksjɔ̃] **I.** *f* ❶ Fantasie *f* ❷ *(fait imaginé)* **film de ~** frei erfundener Film **II.** *adj* ❶ *(futuriste)* futuristisch ❷ *(imaginaire)* rein fiktiv

fidèle [fidɛl] **I.** *adj* ❶ treu ❷ *reproduction* originalgetreu **II.** *mpl* REL Gläubige[n] *Pl* **III.** *mf* Anhänger(in) *m(f)*

fidélité [fidelite] *f* ❶ **~ à qn** Treue *f* zu jdm ❷ *d'une copie* Genauigkeit *f*

fier [fje] <1> *vpr* **se ~ à qn** sich auf jdn verlassen

fier, fière [fjɛʀ] *adj* stolz

fierté [fjɛʀte] *f* Stolz *m*

fièvre [fjɛvʀ] *f* ❶ MED Fieber *nt* ❷ *(vive agitation)* Hektik *f*

figure [figyʀ] *f* ❶ Gesicht *nt* ❷ *(personnage)* [große] Persönlichkeit ❸ *(image)* Figur *f*

figuré(e) [figyʀe] *adj sens* übertragen

fil [fil] *m* ❶ Faden *m; de haricot* Faser *f; (corde à linge)* [Wäsche]leine *f* ❷ ELEC Leitung *f* ❸ **au ~ des ans** im Laufe der Jahre

filer [file] <1> **I.** *vi* ❶ *maille* laufen ❷ *personne* rennen; *(en voiture)* rasen **II.** *vt* ❶ *(tisser)* spinnen ❷ *(surveiller)* beschatten ❸ *(fam: donner)* **~ de l'argent à qn** jdm Geld geben

filet [filɛ] *m* ❶ *(réseau de maille)* Netz *nt* ❷ GASTR Filet *nt*

fille [fij] *f* ❶ *(opp: garçon)* Mädchen *nt* ❷ *(opp: fils)* Tochter *f*

filleul(e) [fijœl] *m(f)* Patenkind *nt*

film [film] *m* ❶ Film *m;* **~ d'action** Actionfilm *m;* **~ en noir et blanc** Schwarzweißfilm *m;* **~ policier** Thriller *m;* **~ vidéo** Videofilm *m* ❷ **~ alimentaire** Frischhaltefolie *f*

fils [fis] *m* Sohn *m*

fin [fɛ̃] *f* ❶ Ende *nt* ❷ *(but)* **arriver à ses ~s** sein Ziel erreichen ❸ **en ~ de compte** letztlich

fin(e) [fɛ̃] **I.** *adj* ❶ fein; *jambes* schlank ❷ *personne* klug ❸ ausgezeichnet **II.** *adv* völlig

final(e) [final] <s> *adj* endgültig; *point* Schluss-; *consonne* End-

finale [final] <s> *f* Finale *nt*

finalement [finalmɑ̃] *adv*

schließlich

fini [fini] *m d'un produit* sorgfältige Verarbeitung

fini(e) [fini] *adj* **être ~** zu Ende sein

finir [finiʀ] <8> **I.** *vi* ❶ enden ❷ *(terminer)* aufhören; **avoir fini** fertig sein ❸ SPORT **~ à la quatrième place** auf Platz vier kommen **II.** *vt* ❶ beenden; **~ de manger** fertig essen ❷ *plat* aufessen ❸ *dispute* aufhören mit

Finlande [fɛ̃lɑ̃d] *f* **la ~** Finnland *nt*

fixe [fiks] **I.** *adj* fest; *point* Fix-; *idée* fix **II.** *m* festes Gehalt **III.** *interj* **~!** stillgestanden!

fixer [fikse] <1> **I.** *vt* ❶ befestigen ❷ *(regarder)* starren ❸ *règle* festlegen; *rendez-vous* ausmachen **II.** *vpr* ❶ **se ~ au mur** an der Wand befestigt werden ❷ *(se définir)* **se ~ un but** sich *dat* ein Ziel setzen

flacon [flakɔ̃] *m* Fläschchen *nt*

flamand [flamɑ̃] *m* Flämisch *nt*

flamand(e) [flamɑ̃] *adj* flämisch

Flamand(e) [flamɑ̃] *m(f)* Flame, Flämin *m, f*

flamme [flam] *f* ❶ Flamme *f* ❷ *pl (brasier)* Feuer *nt*

flanc [flɑ̃] *m* Seite *f*

Flandre [flɑ̃dʀ] *f* **la ~/les ~s** Flandern *nt*

flâner [flɑne] <1> *vi* bummeln

flanquer [flɑ̃ke] <1> *vt (fam)* schmeißen; **~ qn dehors** jdn rausschmeißen

flash [flaʃ] <es> *m* PHOT Blitz *m*

flatter [flate] <1> *vt* schmeicheln

flatteur, -euse [flatœʀ] *adj* schmeichelhaft

flèche [flɛʃ] *f* ❶ *a.* MATH Pfeil *m* ❷ *(toit pointu)* [Turm]spitze *f* ❸ **en ~** blitzschnell

fléchir [fleʃiʀ] <8> **I.** *vt* beugen **II.** *vi* sich beugen

fleur [flœʀ] *f* Blume *f*

fleuri(e) [flœʀi] *adj* ❶ blühend ❷ *(avec des motifs floraux)* geblümt ❸ *style* blumenverziert

fleuriste [flœʀist] *mf* Blumenhändler(in) *m(f)*

fleuve [flœv] *m* Fluss *m*

flic [flik] *m (fam)* Bulle *m*

flirter [flœʀte] <1> *vi* flirten

flocon [flɔkɔ̃] *m* Flocke *f*; **~s d'avoine** Haferflocken *Pl*

flotter [flɔte] <1> *vi* ❶ schwimmen ❷ *(onduler)* flattern

fluide [flyid] **I.** *adj* flüssig **II.** *m*

CHIM Flüssigkeit *f*
flûte [flyt] **I.** *f* Flöte *f*; *(pain)* Stangenbrot *nt* **II.** *interj (fam)* verflixt
foi [fwa] *f* ❶ Glaube[n] *m* ❷ *(confiance)* Vertrauen *nt* ❸ **être de bonne/mauvaise ~** aufrichtig/unaufrichtig sein
foie [fwa] *m* Leber *f*
foire [fwaʀ] *f* ❶ Messe *f* ❷ *(fête foraine)* Jahrmarkt *m*; **~ à la brocante** Flohmarkt *m*
fois [fwa] *f* ❶ **une ~** einmal/ein Mal; **cinq ~ plus d'argent** fünfmal so viel Geld ❷ **[tout] à la ~** gleichzeitig; **des ~** *(fam)* ab und zu
folie [fɔli] *f* ❶ Wahnsinn *m* ❷ *(déraison)* Verrücktheit *f*
folklore [fɔlklɔʀ] *m* Folklore *f*
follement [fɔlmɑ̃] *adv* wahnsinnig *fam*
foncé(e) [fɔ̃se] *adj* dunkel
fonction [fɔ̃ksjɔ̃] *f* ❶ Funktion *f*; **faire ~ de qc** als etw dienen ❷ *(activité professionnelle)* Tätigkeit *f*
fonctionnaire [fɔ̃ksjɔnɛʀ] *mf* Beamte(r), Beamtin *m, f*
fonctionner [fɔ̃ksjɔne] <1> *vi* funktionieren
fond [fɔ̃] *m* ❶ *a.* GASTR Boden *m* ❷ *du cœur* Innere(s) *nt* ❸ *(opp: forme)* Inhalt *m* ❹ **à ~** voll und ganz
fondamental(e) [fɔ̃damɑ̃tal] <-aux> *adj* ❶ grundlegend; *loi* Grund- ❷ *(essentiel)* wesentlich
fondateur, -trice [fɔ̃datœʀ] *m, f* Gründer(in) *m(f)*
fondation [fɔ̃dasjɔ̃] *f* Gründung *f*
fonder [fɔ̃de] <1> **I.** *vt* ❶ gründen ❷ *(faire reposer)* begründen **II.** *vpr* **se ~ sur qc** *personne* sich auf etw *akk* berufen
fondre [fɔ̃dʀ] <14> *vt, vi* schmelzen
fondue [fɔ̃dy] *f* Fondue *nt*
fontaine [fɔ̃tɛn] *f* Brunnen *m*
foot[ball] [fut(bol)] *m* Fußball *m*
force [fɔʀs] *f* ❶ *a.* PHYS Kraft *f* ❷ *(pouvoir)* Stärke *f* ❸ **à ~** mit der Zeit; **faire qc de ~** etw unter Zwang tun
forcément [fɔʀsemɑ̃] *adv* zwangsläufig; **pas ~** nicht unbedingt
forcer [fɔʀse] <2> **I.** *vt* ❶ zwingen ❷ *(tordre)* verbiegen ❸ *coffre* aufbrechen ❹ *estime* hervorrufen **II.** *vi* ❶ sich überanstrengen ❷ *(agir avec force)* **~ sur qc** etw mit Ge-

walt tun
forêt [fɔʀɛ] *f* Wald *m*
formalité [fɔʀmalite] *f* ADMIN, JUR Formalität *f*
formation [fɔʀmasjɔ̃] *f* **1** Aufstellung *f* **2** Bildung *f* **3** *(apprentissage professionnel)* Ausbildung *f* **4** *(groupe)* Gruppe *f*
forme [fɔʀm] *f* Form *f*; *(condition)* Zustand *m*
former [fɔʀme] <1> **I.** *vt* formen **II.** *vpr* **se ~** sich bilden
formidable [fɔʀmidabl] *adj* **1** *(fam)* toll **2** **c'est ~!** das ist ja irre!
formulaire [fɔʀmylɛʀ] *m* Formular *nt*
formule [fɔʀmyl] *f* **1** Formulierung *f* **2** *(paroles rituelles)* **~ de politesse** [Höflichkeits]floskel *f* **3** SCI, CHIM Formel *f* **4** SPORT **~ I** Formel I *f*
fort [fɔʀ] *adv* **1** kräftig **2** *(beaucoup)* **j'en doute ~** das möchte ich stark bezweifeln **3** *(fam: bien)* gut **4** **y aller ~** *(fam)* zu weit gehen
fort(e) [fɔʀ] *adj* **1** stark **2** *moutarde* scharf **3** *(doué)* gut **4** **c'est un peu ~!** das gibt's doch nicht!
forteresse [fɔʀtəʀɛs] *f* Festung *f*
fortune [fɔʀtyn] *f* **1** Vermögen *nt* **2** *(chance)* Glück *nt* **3** **de ~** behelfsmäßig
fou, fol, folle [fu] *adj* **1** verrückt **2** **un monde ~** wahnsinnig viele Leute *fam*
foudre [fudʀ] *f* **1** Blitz *m* **2** **un coup de ~** Liebe auf den ersten Blick
fouet [fuɛ] *m* Schneebesen *m*
foulard [fulaʀ] *m* **1** Kopftuch *nt* **2** *(écharpe)* Halstuch *nt*
foule [ful] *f* [Menschen]menge *f*
four [fuʀ] *m* GASTR Backofen *m*; TECH Ofen *m*
fourchette [fuʀʃɛt] *f* **1** Gabel *f* **2** *(marge)* Spanne *f*
fourmi [fuʀmi] *f* Ameise *f*
fourniture [fuʀnityʀ] *f* **1** Lieferung *f* **2** *pl (accessoires)* Ausstattung *f*
foyer [fwaje] *m* **1** Heim *nt*; **fonder un ~** eine Familie gründen **2** THEAT Foyer *nt* **3** *(cheminée)* Kamin *m* **4** *(incendie)* Brand *m*
fragile [fʀaʒil] *adj* **1** zerbrechlich **2** *gloire* vergänglich **3** *bâtiment* baufällig
fraîche [fʀɛʃ] *adj v.* **frais**
frais [fʀɛ] **I.** *mpl* Kosten *Pl* **II.** *m* frische Luft; **mettre qc**

au ~ etw kalt stellen; **à conserver au ~** kühl lagern
frais, fraîche [fʀɛ] *adj* ❶ kühl ❷ *(opp: avarié)* frisch
fraise [fʀɛz] *f* Erdbeere *f*
framboise [fʀɑ̃bwaz] *f* ❶ *(fruit)* Himbeere *f* ❷ *(eau-de-vie)* Himbeergeist *m*
franc [fʀɑ̃] *m* **~ français** französischer Franc
franc, franche [fʀɑ̃] *adj* ❶ aufrichtig ❷ *(véritable)* rein; *succès* klar ❸ *(libre)* frei
français [fʀɑ̃sɛ] *m* Französisch *nt*
français(e) [fʀɑ̃sɛ] *adj* französisch
Français(e) [fʀɑ̃sɛ] *m(f)* Franzose, Französin *m, f*
française [fʀɑ̃sɛz] *f* **à la ~** auf französische Art und Weise
France [fʀɑ̃s] *f* **la ~** Frankreich *nt*
franchement [fʀɑ̃ʃmɑ̃] *adv* ❶ offen ❷ *(clairement)* klar ❸ *(vraiment)* wirklich
franco-allemand(e) [fʀɑ̃ko-almɑ̃] <franco-allemands> *adj* deutsch-französisch
francophone [fʀɑ̃kɔfɔn] *adj* französischsprachig
francophonie [fʀɑ̃kɔfɔni] *f* Frankophonie *f*
frange [fʀɑ̃ʒ] *f* ❶ Rand *m* ❷ *(mèche)* Pony *m*
franglais [fʀɑ̃glɛ] *m mit Anglizismen durchsetztes Französisch*
frapper [fʀape] <1> **I.** *vt* ❶ schlagen ❷ *(saisir)* **~ qn de stupeur** jdn bestürzen ❸ *(affliger)* **~ qn** *maladie* jdn befallen; *mesure* jdn betreffen ❹ *(étonner)* **être frappé de qc** über etw verblüfft sein **II.** *vi* ❶ *(donner des coups)* zuschlagen ❷ *(avant d'entrer)* **~ à la porte** an die Tür klopfen ❸ *(taper)* **~ dans ses mains** in die Hände klatschen
fraternel(le) [fʀatɛʀnɛl] *adj* ❶ *amour (de frère)* brüderlich; *(de sœur)* Schwester- ❷ *(affectueux)* freundschaftlich
fraternité [fʀatɛʀnite] *f* Brüderlichkeit *f*
frein [fʀɛ̃] *m* Bremse *f*
freiner [fʀene] <1> **I.** *vi* bremsen **II.** *vt (ralentir)* behindern
fréquemment [fʀekamɑ̃] *adv* oft
fréquent(e) [fʀekɑ̃] *adj* häufig
fréquentable [fʀekɑ̃tabl] *adj* akzeptabel
fréquenter [fʀekɑ̃te] <1> **I.** *vt* ❶ häufig besuchen ❷ *(avoir*

des relations avec) ~ **qn** mit jdm verkehren **II.** *vpr* **se** ~ *(par amitié)* sich häufig sehen
frère [fʀɛʀ] *m a.* REL Bruder *m*
fret [fʀɛ(t)] *m* NAUT, AVIAT ❶ Frachtkosten *Pl* ❷ *(chargement)* Ladung *f*
frétiller [fʀetije] <1> *vi* zappeln
friandise [fʀijɑ̃diz] *f* Süßigkeit *f*
fric [fʀik] *m (fam)* Knete *f*
fricassée [fʀikase] *f* Frikassee *nt*
friche [fʀiʃ] *f* AGR Brachland *nt*
friction [fʀiksjɔ̃] *f* Abreiben *nt*
frictionner [fʀiksjɔne] <1> *vt, vpr* **[se]** ~ [sich] abreiben
frigidaire® [fʀiʒidɛʀ] *m* Kühlschrank *m*
frigide [fʀiʒid] *adj* frigid[e]
frigo [fʀigo] *m (fam) abr de* **frigidaire**
frileux, -euse [fʀilø] *adj* kälteempfindlich; *personne* verfroren
fringant(e) [fʀɛ̃gɑ̃] *adj* munter
fripe [fʀip] *f* Kleider *Pl* aus zweiter Hand
frire [fʀiʀ] <irr> **I.** *vt* **[faire]** ~ **qc** *(dans une poêle)* etw braten; *(dans une friteuse)* etw frittieren **II.** *vi* [in schwimmendem Fett] braten
frisé(e) [fʀize] *adj* kraus
friser [fʀize] <1> **I.** *vt* ❶ in Locken legen ❷ *(frôler)* ~ **le ridicule** ans Lächerliche grenzen **II.** *vi* sich kräuseln **III.** *vpr* **se faire** ~ sich *dat* Locken machen lassen
frissonner [fʀisɔne] <1> *vi* beben
frit(e) [fʀi, fʀit] *adj* gebacken
frite [fʀit] *f* **des ~s** Pommes frites *Pl*
friterie [fʀitʀi] *f* Pommesbude *fam*
friture [fʀityʀ] *f* frittierte Speise
frivole [fʀivɔl] *adj* leichtfertig
froid [fʀwa] **I.** *m* ❶ Kälte *f*; **qn a ~** jdm ist kalt; **il fait ~** es ist kalt; **attraper ~** sich erkälten ❷ *(brouille)* Verstimmung *f* **II.** *adv* **à ~** kalt; *(sans préparation)* unvorbereitet
froid(e) [fʀwa] *adj* ❶ *(opp: chaud)* kalt ❷ *accueil* kühl
froidement [fʀwadmɑ̃] *adv* ❶ kühl ❷ *(avec insensibilité)* kaltblütig
froissement [fʀwasmɑ̃] *m* Rascheln *nt*
froisser [fʀwase] <1> **I.** *vt* ❶ zerknittern; *tôles* verbiegen ❷ *personne* kränken **II.** *vpr* *(se chiffonner)* **se ~** knittern

frôlement [fʀolmɑ̃] *m* leichte Berührung

frôler [fʀole] <1> **I.** *vt* ❶ streifen ❷ *(passer très près)* **~ le ridicule** sich lächerlich machen **II.** *vpr* **se ~** sich leicht berühren

fromage [fʀɔmaʒ] *m* Käse *m;* **~à pâte molle** Weichkäse *m;* **~ de brebis** Schafskäse *m;* **fromage de chèvre** Ziegenkäse *m;* **~ blanc** Quark *m*

froment [fʀɔmɑ̃] *m* Weizen *m*

froncer [fʀɔ̃se] <2> *vt* ❶ COUT raffen ❷ *sourcils* hochziehen; *nez* rümpfen

fronde [fʀɔ̃d] *f* Schleuder *f*

front [fʀɔ̃] *m* ❶ Front *f* ❷ ANAT Stirn *f*

frontal(e) [fʀɔ̃tal] <-aux> *adj* Frontal-

frontière [fʀɔ̃tjɛʀ] *f* Grenze *f*

frotter [fʀɔte] <1> *vt, vi, vpr* *((se) gratter)* **[se] ~** [sich] reiben

fructueux, -euse [fʀyktɥø] *adj* fruchtbar

frugal(e) [fʀygal] <-aux> *adj* karg

fruit [fʀɥi] *m* ❶ *pl* Obst *nt* ❷ BIO Frucht *f* ❸ *(crustacés)* **~s de mer** Meeresfrüchte *Pl*

fruitier, -ière [fʀɥitje] *adj* **arbre ~** Obstbaum *m*

frustré(e) [fʀystʀe] *adj* frustriert

FS [ɛfɛs] *m abr de* **franc suisse** sFr

fuel [fjul] *m* Heizöl *nt*

fugitif, -ive [fyʒitif] *adj* ❶ *(en fuite)* entflohen ❷ *(éphémère)* flüchtig

fugueur, -euse [fygœʀ] *m, f* Ausreißer(in) *m(f)*

fuir [fɥiʀ] <irr> **I.** *vi* ❶ fliehen ❷ undicht sein **II.** *vt* flüchten vor *+dat*

fuite [fɥit] *f* ❶ Flucht *f* ❷ *(trou)* undichte Stelle ❸ *(perte)* **il y a une ~** da läuft etwas aus

fulgurant(e) [fylgyʀɑ̃] *adj* ❶ rasend ❷ *douleur* stechend

fumant(e) [fymɑ̃] *adj* ❶ qualmend ❷ *(qui dégage de la vapeur)* dampfend

fumé(e) [fyme] *adj* ❶ GASTR geräuchert; *saumon* Räucher- ❷ *verre* rauchfarben

fumée [fyme] *f* ❶ Rauch *m* ❷ Dunst *m*, Dampf *m*

fumer [fyme] <1> *vt, vi* rauchen

fumeur, -euse [fymœʀ] *m, f* Raucher(in) *m(f)*

fumigation [fymigasjɔ̃] *f* MED Inhalation *f*

funérailles [fyneʀaj] *fpl* Be-

F

F

stattung *f geh*
funiculaire [fynikylɛʀ] *m* Seilbahn *f*
fur [fyʀ] **au ~ et à mesure** nach und nach
fureteur [fyʀ(ə)tœʀ] *m* CAN Browser *m*
fureur [fyʀœʀ] *f* ❶ Wut *f*, Zorn *m* ❷ **faire ~** Furore machen
furieux, -euse [fyʀjø] *adj* wütend
furtif, -ive [fyʀtif] *adj* flüchtig
fuseau [fyzo] <x> *m* ❶ Spindel *f* ❷ GEO **~ horaire** Zeitzone *f*
fusée [fyze] *f* Rakete *f*
fuselé(**e**) [fyz(ə)le] *adj* schlank
fusible [fyzibl] *m* Sicherung *f*
fusil [fyzi] *m* Gewehr *nt*
fusiller [fyzije] <1> *vt* erschießen
fusion [fyzjɔ̃] *f* ❶ Schmelzen *nt* ❷ *de sociétés* Fusion *f*
fusionner [fyzjɔne] <1> **I.** *vi* fusionieren; *partis* sich vereinigen **II.** *vt* INFORM vereinigen
fût [fy] *m* Fass *nt*
futé(**e**) [fyte] *m(f)* **petit ~** Schlaumeier *m*
futile [fytil] *adj* belanglos
futur [fytyʀ] *m* Zukunft *f*
futur(**e**) [fytyʀ] *adj* ❶ [zu]künftige(r, s) ❷ [zu]künftige(r, s); **une ~e maman** eine werdende Mutter
futuriste [fytyʀist] *adj* futuristisch
fuyant(**e**) [fɥijɑ̃] *adj* unstet

Gg

gâcher [gɑʃe] <1> *vt* verderben
gaffe [gaf] *f (fam)* **faire ~** aufpassen
gagne-pain [gaɲpɛ̃] *m inv* Broterwerb *m*
gagner [gaɲe] <1> *vt, vi* gewinnen
gai(e) [ge] *adj* fröhlich
gaiement, gaîment [gemɑ̃] *adv* fröhlich
gain [gɛ̃] *m* ❶ Gewinn *m* ❷ *(économie)* Einsparung *f*
galaxie [galaksi] *f* Milchstraßensystem *nt*
galerie [galʀi] *f* ❶ Gang *m* ❷ COM **~ marchande** Einkaufspassage *f* ❸ AUT Dachgepäckträger *m*
gallois [galwa] *m* Walisisch *nt*
gallois(e) [galwa] *adj* walisisch
Gallois(e) [galwa] *m(f)* Waliser(in) *m(f)*
galoper [galɔpe] <1> *vi* galoppieren
gamin(e) [gamɛ̃] *m(f) (fam)* **un ~** ein Kind *nt;* **une ~e** ein Mädchen *nt*
gant [gɑ̃] *m* Handschuh *m;* **~ de toilette** Waschlappen *nt*
garage [gaʀaʒ] *m* ❶ Garage *f* ❷ *(entreprise)* Reparaturwerkstatt *f*
garagiste [gaʀaʒist] *mf* Automechaniker(in) *m(f)*
garantie [gaʀɑ̃ti] *f* ❶ Garantie *f* ❷ *(caution)* Sicherheit *f*
garantir [gaʀɑ̃tiʀ] <8> *vt* ❶ garantieren ❷ *(assurer)* gewährleisten
garçon [gaʀsɔ̃] *m* ❶ Junge *m* ❷ *(fils)* Junge *m fam* ❸ *(serveur)* Kellner *m*
garde[1] [gaʀd] *f* ❶ Bewachung *f* ❷ *d'enfants* Sorgerecht *f*
garde[2] [gaʀd] *m* ❶ Wächter *m;* **~ des Sceaux** Justizminister *m* ❷ *(sentinelle)* Wache *f*
garder [gaʀde] <1> **I.** *vt* ❶ bewachen ❷ *(stocker)* aufbewahren ❸ *(ne pas perdre)* behalten ❹ *place* freihalten **II.** *vpr* **se ~** ❶ *aliment* sich hal-

G

ten ❷ *(s'abstenir)* sich hüten

garde-robe [gaʀdəʀɔb] <gar-de-robes> *f* Garderobe *f*

gardien(ne) [gaʀdjɛ̃] *m(f)* ❶ Wächter(in) *m(f); d'un immeuble* Hausmeister(in) *m(f); d'un zoo* Wärter(in) *m(f)* ❷ *(défenseur)* Hüter(in) *m(f)*

gare [gaʀ] *f* Bahnhof *m;* **~ routière** Busbahnhof *m;* **~ principale** Hauptbahnhof *m*

garer [gaʀe] <1> *vt, vpr* **[se] ~** parken

garni(e) [gaʀni] *adj* GASTR mit Beilage

garnir [gaʀniʀ] <8> *vt* ❶ schmücken ❷ *(équiper)* **~ qc de qc** etw mit etw versehen ❸ *(remplir)* **~ de qc** mit etw füllen

gars [ga] *m (fam)* Kerl *m;* **salut les ~!** hallo, Jungs!

gaspiller [gaspije] <1> *vt* verschwenden

gâteau [gato] <x> *m* Kuchen *m; (individuel)* Gebäck *nt;* **~ sec** Keks *m*

gâter [gate] <1> **I.** *vt* ❶ verwöhnen ❷ **être gâté** Glück haben **II.** *vpr* **se ~** schlecht werden

gauche [goʃ] **I.** *adj* ❶ *(opp: droit)* linke(r, s) ❷ *(maladroit)* ungeschickt **II.** *f* ❶ Linke *f;* **à ~** links ❷ POL **la ~** die Linke

gaucher, -ère [goʃe] *m, f* Linkshänder(in) *m(f)*

gaufre [gofʀ] *f* Waffel *f*

Gaule [gol] *f* **la ~** Gallien *nt*

gaulois(e) [golwa] *adj* gallisch; *humour* derb

Gaulois(e) [golwa] *m(f)* Gallier(in) *m(f)*

gaz [gɑz] *m* ❶ Gas *nt* ❷ *pl* **avoir des ~** Blähungen haben

gazeux, -euse [gɑzø] *adj* ❶ gasförmig ❷ *(qui contient du gaz)* **eau gazeuse** Mineralwasser *nt* mit Kohlensäure

gazole [gazɔl] *m* Diesel *m*

gazon [gɑzɔ̃] *m* Rasen *m*

géant(e) [ʒeɑ̃] *adj* riesig

gel [ʒɛl] *m* ❶ Frost *m* ❷ *(blocage)* Einfrieren *nt* ❸ *(crème)* Gel *nt;* **~ douche** Duschgel *nt*

geler [ʒ(ə)le] <4> **I.** *vt* ❶ METEO gefrieren lassen; *bourgeons* erfrieren lassen ❷ ECON einfrieren **II.** *vi* ❶ METEO gefrieren; *rivière* zufrieren; *fleurs* erfrieren; **il gèle** es friert ❷ *(avoir froid)* frieren

Gémeaux [ʒemo] *mpl* ASTRO Zwillinge *Pl*

gênant(e) [ʒɛnɑ̃] *adj* störend; *question* unangenehm

gencive [ʒɑ̃siv] *f* Zahnfleisch *nt*
gendarme [ʒɑ̃daʀm] *m* Polizist(in) *m(f)*
gendarmerie [ʒɑ̃daʀməʀi] *f* Gendarmerie *f*
gendre [ʒɑ̃dʀ] *m* Schwiegersohn *m*
gène [ʒɛn] *m* Gen *nt*
gêne [ʒɛn] *f* ① Beschwerden *Pl* ② *(trouble)* Befangenheit *f* ③ **être sans ~** keine Hemmungen kennen
gêner [ʒene] <1> *vt* ① stören ② *(mettre mal à l'aise)* verlegen machen
général(e) [ʒeneʀal] <-aux> *adj* ① allgemein; **en règle ~e** in der Regel ② *directeur* General-; *quartier* Haupt- ③ **en ~** im Allgemeinen; **d'une façon ~e** im Allgemeinen
généralement [ʒeneʀalmɑ̃] *adv* ① im Allgemeinen ② *(opp: en détail)* allgemein
généraliser [ʒeneʀalize] <1> **I.** *vt* verallgemeinern **II.** *vpr* **se ~** allgemein eingeführt werden
génération [ʒeneʀasjɔ̃] *f* Generation *f*
généreux, -euse [ʒeneʀø] *adj* großzügig
génétique [ʒenetik] **I.** *adj* genetisch; *recherche* Gen-; **patrimoine ~** Erbgut *nt* **II.** *f* Genetik *f*
génial(e) [ʒenjal] <-aux> *adj* ① genial ② *(fam: formidable)* toll
génital(e) [ʒenital] <-aux> *adj* Geschlechts-
genou [ʒ(ə)nu] <x> *m* Knie *nt*
genre [ʒɑ̃ʀ] *m* ① Art *f* ② ART Gattung *f* ③ *(espèce)* **~ humain** Menschengeschlecht *nt* ④ LING Genus *nt*
gens [ʒɑ̃] *mfpl* Leute *Pl*
gentil(le) [ʒɑ̃ti] *adj* ① nett, freundlich ② *(sage)* brav
géographie [ʒeɔgʀafi] *f* Erdkunde *f*
gérer [ʒeʀe] <5> *vt* ① leiten ② INFORM verwalten
geste [ʒɛst] *m* Geste *f*; **~ de la main** Handbewegung *f*
gigantesque [ʒigɑ̃tɛsk] *adj* riesig
gilet [ʒilɛ] *m* Weste *f*; *(lainage)* Strickjacke *f*; **~ de sauvetage** Schwimmweste
gitan(e) [ʒitɑ̃] *m(f)* *(pej)* Zigeuner(in) *m(f)* *pej*
gîte [ʒit] *m* Unterkunft *f*; **~ rural** Unterkunftsmöglichkeit *f* für Touristen
glace [glas] *f* ① a. GASTR Eis *nt* ② *(miroir)* Spiegel *m* ③ *(vi-*

tre) [Glas]scheibe *f*
glacer [glase] <2> *vt* ❶ *(refroidir)* zu Eis erstarren lassen ❷ *(impressionner)* **~ qn d'effroi** jdn vor Schreck *dat* erstarren lassen
glaçon [glasɔ̃] *m* Eiswürfel *m*
glisser [glise] <1> **I.** *vi* ❶ rutschen ❷ *(se déplacer)* gleiten **II.** *vt* schieben **III.** *vpr* **se ~** schlüpfen
global(e) [glɔbal] <-aux> *adj* global; *somme* Gesamt-
globe [glɔb] *m* Globus *m*
gloire [glwaʀ] *f* ❶ Ruhm *m* ❷ **à la ~ de qn/qc** zu jds Ehre/um etw zu ehren
glorieux, -euse [glɔʀjø] *adj* ruhmreich
gomme [gɔm] *f* Gummi *m o nt*
gonflé(e) [gɔ̃fle] *adj* aufgeblasen; *visage* aufgedunsen
gonfler [gɔ̃fle] <1> **I.** *vt pneus* aufpumpen; *ballon* aufblasen **II.** *vi membre* anschwellen; *pâte* aufgehen **III.** *vpr* **se ~** sich füllen
googler [gugle] <1> *vt, vi (fam)* INFORM googeln®
gorge [gɔʀʒ] *f* ❶ Hals *m* ❷ GEO Schlucht *f*
gorgée [gɔʀʒe] *f* Schluck *m*
gosse [gɔs] *mf (fam)* Kleine(r) *f(m)*; **un ~** ein Bengel *m*; **une ~** eine Göre
gothique [gɔtik] **I.** *adj* gotisch **II.** *m* Gotik *f*
goudron [gudʀɔ̃] *m* Teer *m*, Asphalt *m*
gouffre [gufʀ] *m* Abgrund *m*
goulache [gulaʃ] *m o f* Gulasch *m o nt*
goulet [gulɛ] *m* **~ d'étranglement** Engpass *m*
goulot [gulo] *m* Hals *m*; **boire au ~** aus der Flasche trinken
gourmand(e) [guʀmɑ̃] *adj* **être ~** ein Schlemmer *m* sein; *(de sucreries)* eine Naschkatze sein *fam*
gourmet [guʀmɛ] *m* Gourmet *m*
goût [gu] *m* Geschmack *m*; **avec ~** geschmackvoll
goûter [gute] <1> *vt, vi (essayer)* probieren
goutte [gut] *f* Tropfen *m*
goutter [gute] <1> *vi* tropfen
gouvernail [guvɛʀnaj] *m* Ruder *nt*
gouvernement [guvɛʀnəmɑ̃] *m* Regierung *f*
gouverner [guvɛʀne] <1> *vt, vi* regieren
grâce [gʀɑs] *f* ❶ *(charme)* Anmut *f*; **avec ~** anmutig ❷ JUR Begnadigung *f* ❸ **~ à lui/elle**

dank ihm/ihr; **~ à qc** dank einer S. *dat o gen*

gracier [gʀasje] <1> *vt* begnadigen

gracieusement [gʀasjøzmɑ̃] *adv* unentgeltlich

gracieux, -euse [gʀasjø] *adj* anmutig

gradation [gʀadasjɔ̃] *f* schrittweise Steigerung

graduel(le) [gʀadɥɛl] *adj* allmählich

graduer [gʀadɥe] <1> *vt* graduieren

grain [gʀɛ̃] *m* ❶ Korn *nt;* **~ de beauté** Leberfleck *m* ❷ *(graine)* Körnchen *nt;* **~ de raisin** [Wein]traube *f;* **en ~s** ungemahlen

graisse [gʀɛs] *f* Fett *nt*

grammaire [gʀa(m)mɛʀ] *f* Grammatik *f*

grammatical(e) [gʀamatikal] <-aux> *adj* grammatisch

gramme [gʀam] *m* Gramm *nt*

grand(e) [gʀɑ̃] **I.** *adj* ❶ groß; *arbre* hoch; **~ magasin** Kaufhaus *nt* ❷ *buveur* stark ❸ **prendre de ~s airs** vornehm tun **II.** *adv* **~ ouvert** ganz weit aufgemacht; **voir ~** großzügig planen

grand-chose [gʀɑ̃ʃoz] **pas ~** nicht viel

Grande-Bretagne [gʀɑ̃dbʀətaɲ] *f* **la ~** Großbritannien *nt*

grandeur [gʀɑ̃dœʀ] *f* Größe *f;* **de quelle ~ est ...?** wie groß ist ...?; **de même ~** gleich groß

grandiose [gʀɑ̃djoz] *adj* großartig

grandir [gʀɑ̃diʀ] <8> **I.** *vi* (auf)wachsen **II.** *vt, vpr* **[se] ~** [sich] größer machen

grand-mère [gʀɑ̃mɛʀ] <grand[s]-mères> *f* Großmutter *f*

grands-parents [gʀɑ̃paʀɑ̃] *mpl* Großeltern *Pl*

granuleux, -euse [gʀanylø] *adj* körnig

graphique [gʀafik] **I.** *adj* grafisch **II.** *m* Schaubild *nt*

grappe [gʀap] *f* Traube *f;* **~ de raisin** Weintraube

gras [gʀɑ] **I.** *m a.* GASTR Fett *nt* **II.** *adv* fett

gras(se) [gʀɑ] *adj* ❶ *(formé de graisse)* fett ❷ *(graisseux)* fettig ❸ **en [caractère] ~** fett gedruckt

grassement [gʀɑsmɑ̃] *adv* reichlich

gratifier [gʀatifje] <1> *vt* **~ qn d'une récompense** jdm eine Belohnung zuteilwerden lassen

G

gratiné(e) [gʀatine] *adj* überbacken

gratitude [gʀatityd] *f* Dankbarkeit *f*

gratte-ciel [gʀatsjɛl] *m inv* Wolkenkratzer *m*

gratter [gʀate] <1> **I.** *vi, vpr* **[se] ~** [sich] kratzen **II.** *vt mur* abkratzen

gratuit(e) [gʀatɥi] *adj* ❶ frei; *supplément* Gratis-; **à titre ~** kostenlos ❷ *accusation* grundlos

gratuitement [gʀatɥitmɑ̃] *adv* kostenlos

grave [gʀav] *adj* ❶ ernst; *accident* schwer; *nouvelles* schlimm; **blessé ~** Schwerverletzter *m;* **ce n'est pas ~** das ist nicht schlimm ❷ LING **accent ~** Accent *m* grave ❸ *voix* tief

gravement [gʀavmɑ̃] *adv* schwer

graver [gʀave] <1> *vt* ❶ (ein)gravieren ❷ *(fig)* sich einprägen

graveur [gʀavœʀ] *m* **~ de CD** CD-Brenner *m*

gravillon [gʀavijɔ̃] *m* Splitt *m;* AUT Rollsplitt

gravir [gʀaviʀ] <8> *vt* klettern auf *+akk*

gravité [gʀavite] *f* ❶ Ernst *m; d'une faute* Schwere *f* ❷ PHYS Schwerkraft *f*

gravure [gʀavyʀ] *f* ❶ *(technique)* Gravieren *nt* ❷ *(œuvre)* Gravur *f*

gré [gʀe] **de mon/son plein ~** aus freien Stücken

grec, grecque [gʀɛk] *adj* griechisch

Grec, Grecque [gʀɛk] *m, f* Grieche, Griechin *m, f*

Grèce [gʀɛs] *f* **la ~** Griechenland *nt*

gréco-romain(e) [gʀekoʀɔmɛ̃] <gréco-romains> *adj* griechisch-römisch

greffe [gʀɛf] *f* MED Transplantation *f*

grêler [gʀele] <1> *vi* **il grêle** es hagelt

grelotter [gʀəlɔte] <1> *vi* zittern

grenadine [gʀənadin] *f* Grenadine *f*

grenat [gʀəna] *adj inv* granatfarben

grenier [gʀənje] *m* [Dach]boden *m*

grenouille [gʀənuj] *f* Frosch *m*

grésillement [gʀezijmɑ̃] *m* Rauschen *nt*

grésiller [gʀezije] <1> *vi* brutzeln

grève [gʀɛv] *f* Streik *m*

gribouiller [gʀibuje] <1> *vt, vi* kritzeln

grièvement [gʀijɛvmɑ̃] *adv* schwer

griffé(e) [gʀife] *adj* **vêtements ~s** Markenkleidung *f*

griffonner [gʀifɔne] <1> *vt, vi* kritzeln

griffure [gʀifyʀ] *f* Kratzer *m*

grignoter [gʀiɲɔte] <1> *vt, vi* knabbern

gril [gʀil] *m* Grill *m*

grillade [gʀijad] *f* Gegrillte(s) *nt*

grille [gʀij] *f* ❶ *(clôture)* Drahtzaun *m* ❷ *(porte)* Gittertür *f* ❸ *(treillis)* Gitter *nt; d'un four* Rost *m* ❹ *(tableau)* Tabelle *f;* **~ d'horaires** Stundenplan *m*

grille-pain [gʀijpɛ̃] *m inv* Toaster *m*

griller [gʀije] <1> *vt* ❶ grillen; *café* rösten; *pain* toasten ❷ *feu* verbrennen ❸ ELEC **être grillé** durchgebrannt sein

grillon [gʀijɔ̃] *m* Grille *f*

grimacer [gʀimase] <2> *vi* Grimassen schneiden

grimper [gʀɛ̃pe] <1> **I.** *vi* ❶ klettern ❷ *(monter)* **~ dans la montagne** *route* bergauf führen **II.** *vt* hinaufsteigen

grinçant(e) [gʀɛ̃sɑ̃] *adj* schrill; *humour* beißend

grincer [gʀɛ̃se] <2> *vi* quietschen

grippe [gʀip] *f* Grippe *f;* **~ aviaire** Vogelgrippe

gripper [gʀipe] <1> *vi, vpr* **[se] ~** klemmen

gris(e) [gʀi] *adj a.* METEO grau; *temps* trüb

grisaille [gʀizaj] *f* Eintönigkeit *f*

griser [gʀize] <1> *vt, vi* berauschen

Grisons [gʀizɔ̃] *mpl* **les ~** Graubünden *nt*

grogner [gʀɔɲe] <1> *vi* ❶ *chien* knurren; *cochon* grunzen ❷ *(ronchonner)* murren

grommeler [gʀɔmle] <3> *vi* murren

grondement [gʀɔ̃dmɑ̃] *m* Grollen *nt; d'un moteur* Dröhnen *nt*

gronder [gʀɔ̃de] <1> **I.** *vi* grollen; *chien* knurren **II.** *vt* schimpfen mit

gros [gʀo] **I.** *m* ❶ COM **de/en ~** Groß-; **prix de ~** Großhandelspreis *m* ❷ *(plus grande partie)* **le ~ du travail** der Großteil der Arbeit ❸ **en ~** COM en gros; *(à peu près)* ungefähr

G

II. *adv* ❶ viel ❷ *écrire* groß

gros(se) [gʀo] *adj* ❶ dick ❷ **~ses bises** viele Grüße/Küsse!

groseille [gʀozɛj] *f* Johannisbeere *f*

grossesse [gʀosɛs] *f* Schwangerschaft *f*

G

grosseur [gʀosœʀ] *f* Dicke *f*

grossier, -ière [gʀosje] *adj (imparfait)* grob; *réparation* notdürftig; *manières* ungehobelt

grossièrement [gʀosjɛʀmɑ̃] *adv* ❶ grob; *emballer* notdürftig ❷ *(de façon impolie)* flegelhaft

grossir [gʀosiʀ] <8> **I.** *vi* zunehmen; *fruit* wachsen; *bruit* lauter werden **II.** *vt* ❶ *(rendre plus gros)* dick machen ❷ *foule* anwachsen lassen

grossiste [gʀosist] *mf* Großhändler(in) *m(f)*

grotesque [gʀɔtɛsk] *adj* grotesk

grotte [gʀɔt] *f* Höhle *f*

grouiller [gʀuje] <1> *vi* lebhaft durcheinanderlaufen

groupe [gʀup] *m* ❶ Gruppe *f* ❷ MUS Band *f* ❸ POL **~ parlementaire** ≈ Fraktion *f* ❹ MED **~ sanguin** Blutgruppe *f*

groupement [gʀupmɑ̃] *m* Zusammenschluss *m*

grouper [gʀupe] <1> **I.** *vt* ❶ in Gruppen einteilen ❷ *(classer)* ordnen **II.** *vpr* **se ~ autour de qn** sich um jdn gruppieren

grue [gʀy] *f* TECH Kran *m*

grumeau [gʀymo] <x> *m* Klümpchen *nt*

guêpe [gɛp] *f* Wespe *f*

guère [gɛʀ] *adv* kaum

guérir [geʀiʀ] <8> **I.** *vt* heilen **II.** *vi* wieder gesund werden **III.** *vpr* MED **se ~** sich erfolgreich behandeln lassen; *(tout seul)* sich kurieren

guérisseur, -euse [geʀisœʀ] *m, f* Heilpraktiker(in) *m(f)*

guerre [gɛʀ] *f* ❶ Krieg *m*; **~ civile** Bürgerkrieg ❷ *(fig)* **faire la ~ à qc** etw bekämpfen

gueule [gœl] *f* ❶ Maul *nt* ❷ *(fam)* **[ferme] ta ~!** halt die Klappe! ❸ **casser la ~ à qn** *(fam)* jdm eins in die Fresse hauen *vulg;* **se casser la ~** *(fam)* hinfliegen

gueuler [gœle] <1> *vt, vi (fam)* brüllen

guichet [giʃɛ] *m* Schalter *m*

guide [gid] **I.** *mf* Führer(in) *m(f)* **II.** *m (livre)* **~ touristique** Reiseführer

guidon [gidɔ̃] *m* Lenker *m*

guignol [giɲɔl] *m* Kasper *m*

guillemets [gijmɛ] *mpl* **entre ~** in Anführungszeichen
guirlande [giʀlɑ̃d] *f* Girlande *f*
guitare [gitaʀ] *f* Gitarre *f*
gymnase [ʒimnɑz] *m* Turnhalle *f*
gymnastique [ʒimnastik] *f* Turnen *nt*
gynécologue [ʒinekɔlɔg] *mf* Frauenarzt, -ärztin *m, f*
gyrophare [ʒiʀofaʀ] *m* Blaulicht *nt*

Hh

habile [abil] *adj* geschickt
habillé(e) [abije] *adj* **bien/mal ~** gut/schlecht gekleidet
habiller [abije] <1> *vt, vpr* **[s']~** [sich] anziehen
habitant(e) [abitɑ̃] *m(f)* Einwohner(in) *m(f); d'une île* Bewohner(in) *m(f)*
habiter [abite] <1> *vi* wohnen
habitude [abityd] *f* ❶ Gewohnheit *f; (manie)* Angewohnheit *f;* **d'~** gewöhnlich ❷ *(coutume)* Brauch *m*
habituel(le) [abitɥɛl] *adj* üblich
habituer [abitɥe] <1> *vt, vpr* **[s']~** [sich] gewöhnen
hache ['aʃ] *f* Axt *f*
haché(e) ['aʃe] *adj* Hack-
haie ['ɛ] *f* ❶ Hecke *f* ❷ SPORT Hürde *f*
haine ['ɛn] *f* Hass *m*
haïr ['aiʀ] <irr> *vt* hassen
hall ['ol] *m* Halle *f; (entrée)* Eingangshalle
halle ['al] *f* Markthalle *f*
halte ['alt] **I.** *f* Halt *m; (repos)* Pause *f* **II.** *interj* **~!** halt!
hanche ['ɑ̃ʃ] *f* Hüfte *f*
handball, hand-ball ['ɑ̃dbal] *m* Handball *m*
handicapé(e) ['ɑ̃dikape] **I.** *adj* behindert **II.** *m(f)* **grand(e) ~** Schwerstbehinderte(r) *f(m);* **~ en fauteuil roulant** Rollstuhlfahrer(in) *m(f);* **~ mental**

geistig Behinderte(r) *f(m)*

hangar ['ɑ̃gaʀ] *m* Schuppen

harceler ['aʀsəle] <4> *vt* belästigen

hareng ['aʀɑ̃] *m* Hering *m*

haricot ['aʀiko] *m* Bohne *f*; **~ vert** grüne Bohne

harmoniser [aʀmɔnize] <1> **I.** *vt* ❶ miteinander in Einklang bringen ❷ MUS harmonisieren **II.** *vpr* **s'~** [miteinander] harmonieren

hasard ['azaʀ] *m* ❶ Zufall *m* ❷ **à tout ~** für alle Fälle; **au ~** aufs Geratewohl; **par ~** zufällig

haschich, haschisch ['aʃiʃ] *m* Haschisch *nt o m*

hâter ['ɑte] <1> *vpr* **se ~** sich beeilen

haut ['o] **I.** *m* ❶ Höhe *f*; **du ~ de ...** von ... herunter ❷ *d'un pyjama* Oberteil *nt* ❸ **des ~s et des bas** Höhen und Tiefen **II.** *adv* ❶ hoch ❷ *(ci-dessus)* **voir plus ~** siehe oben ❸ *dire* laut ❹ **d'en ~** von oben

haut(e) ['o] *adj* ❶ hoch; *montagne* Hoch-; **le plus ~ étage** das oberste Stockwerk; **marée ~e** Flut *f*; **à voix ~e** laut ❷ *(supérieur)* obere(r, s); *commandement* Ober- ❸ LING **le ~ allemand** [das] Hochdeutsch

hauteur ['otœʀ] *f* ❶ Höhe *f* ❷ SPORT **saut en ~** Hochsprung *m* ❸ *(colline)* Anhöhe *f*

haut-parleur ['opaʀlœʀ] <haut-parleurs> *m* Lautsprecher *m*

hébergement [ebɛʀʒəmɑ̃] *m* ❶ Unterkunft *f* ❷ INFORM Web-Hosting *nt*

héberger [ebɛʀʒe] <2a> *vt* unterbringen

hébraïque [ebʀaik] *adj* hebräisch

hectare [ɛktaʀ] *m* Hektar *m o nt*

hein ['ɛ̃] *interj (fam)* ❶ *(comment)* hä? ❷ *(marque l'étonnement)* **~? qu'est-ce qui se passe?** nanu? was ist denn da los? ❸ *(renforcement de l'interrogation)* **tu veux bien, ~?** du willst doch, oder? *fam*; **..., ~?** *(fam)* ..., nicht?/ja?/ nicht wahr?

hélas [elɑs] *interj (soutenu)* leider

hélicoptère [elikɔptɛʀ] *m* Hubschrauber *m*

herbe [ɛʀb] *f* ❶ BOT Gras *nt*; **mauvaise ~** Unkraut *nt* ❷ MED, GASTR Kraut *nt*; **les ~s de Provence** die Kräuter der

Provence

héréditaire [eʀeditɛʀ] *adj* ❶ erblich; *maladie* Erb-; *(transmis)* ererbt ❷ *biens* Erb-; *titre* erblich

hérisser ['eʀise] <1> *vt* sträuben

hérisson ['eʀisɔ̃] *m* Igel *m*

héritage [eʀitaʒ] *m (a. fig)* Erbe *nt*

hériter [eʀite] <1> *vt, vi* erben

héroïne [eʀɔin] *f (drogue)* Heroin *nt*

héros, héroïne ['eʀo] *m, f* Held(in) *m(f)*

hésiter [ezite] <1> *vi* zögern

heure [œʀ] *f* ❶ Stunde *f;* **une ~ et demie** anderthalb Stunden; **une demi-~** eine halbe Stunde ❷ *(indication chiffrée)* **à dix ~s du matin** um zehn Uhr morgens ❸ *(point précis du jour)* **il est quelle ~?** *(fam)* wie spät ist es?/wie viel Uhr ist es?; **vous avez l'~, s'il vous plaît?** können Sie mir bitte sagen, wie spät/wie viel Uhr es ist?; **à quelle ~?** um wie viel Uhr? ❹ *(moment de la journée)* **~ de fermeture** Ladenschluss *m;* **avant l'~** vorzeitig ❺ **être/ne pas être à l'~** *personne* pünktlich/unpünktlich sein; *montre* richtig/falsch gehen; **à tout à l'~!** bis gleich! ❻ **~ d'arrivée** Ankunftszeit *f;* **~ de départ** Abfahrtszeit *f;* **~s d'ouverture** Öffnungszeiten *Pl*

heureusement [øʀøzmɑ̃] *adv* glücklicherweise

heureux, -euse [øʀø] *adj* glücklich; **être ~ de** erfreut sein über

heurter ['œʀte] <1> **I.** *vt* **~ qn** *personne* mit jdm zusammenstoßen; *(en voiture)* jdn anfahren **II.** *vpr (buter contre)* **se ~ à qc** auf etw *akk* stoßen

hexagone [ɛgzagon] *m* Sechseck *nt*

hier [jɛʀ] *adv* gestern

hiérarchie [jeʀaʀʃi] *f* Hierarchie *f*

hisser ['ise] <1> *vt* hissen

histoire [istwaʀ] *f* Geschichte *f; (conte)* Märchen *nt; (blague)* Witz *m*

historique [istɔʀik] **I.** *adj* historisch **II.** *m* Geschichte *f*

HIV ['aʃive] *m abr de* **Human Immunodeficiency Virus** HIV *nt*

hiver [ivɛʀ] *m* Winter *m*

hobby ['ɔbi] <hobbies> *m* Hobby *nt*

hockey ['ɔkɛ] *m* Hockey *nt;* **~ sur glace** Eishockey *nt*

H

hold-up ['ɔldœp] *m inv banque* Überfall *m*
hollandais(e) ['ɔllɑ̃dɛ] *adj* holländisch
Hollandais(e) ['ɔllɑ̃dɛ] *m(f)* Holländer(in) *m(f)*
Hollande ['ɔllɑ̃d] *f* **la ~** Holland *nt*
homme [ɔm] *m* ❶ Mann *m* ❷ *(être humain)* Mensch *m*
homosexuel(le) [ɔmɔsɛksɥɛl] *adj* homosexuell
Hongrie ['ɔ̃gʀi] *f* **la ~** Ungarn *nt*
hongrois(e) ['ɔ̃gʀwa] *adj* ungarisch
Hongrois(e) ['ɔ̃gʀwa] *m(f)* Ungar(in) *m(f)*
honnête [ɔnɛt] *adj* ❶ ehrlich ❷ *(franc)* aufrichtig ❸ *prix* angemessen
honneur [ɔnœʀ] *m* Ehre *f*
honte ['ɔ̃t] *f* ❶ Schande *f* ❷ *(sentiment d'humiliation)* Scham *f*
hôpital [ɔpital] <-aux> *m* Krankenhaus *nt*
horaire [ɔʀɛʀ] **I.** *adj* Stunden- **II.** *m* ❶ Zeitplan *m;* **~ mobile** gleitende Arbeitszeit ❷ *des bus* Fahrplan *m; des vols* Flugplan *m; des cours* Stundenplan *m*
horizon [ɔʀizɔ̃] *m* ❶ Horizont *m* ❷ *(étendue)* Aussicht *f*
horizontal(e) [ɔʀizɔ̃tal] <-aux> *adj* waag(e)recht
horizontale [ɔʀizɔ̃tal] *f* MATH Waag[e]rechte *f*
horloge [ɔʀlɔʒ] *f* Uhr *f*
hormone [ɔʀmɔn] *f* Hormon *nt*
horoscope [ɔʀɔskɔp] *m* Horoskop *nt*
horreur [ɔʀœʀ] *f* ❶ Entsetzen *nt,* Horror *m* ❷ *pl* Abscheulichkeiten *Pl* ❸ *(aversion)* **avoir ~ de qn/qc** jdn/etw verabscheuen
horrible [ɔʀibl] *adj* ❶ abscheulich; *spectacle* grauenhaft; *accident* schrecklich ❷ *repas* scheußlich
hors ['ɔʀ] *prép* ❶ außer(halb); **~ de** außerhalb von ❷ *(au-delà de)* **~ de portée** außer Reichweite ❸ **~ de prix** unerschwinglich
hors-d'œuvre ['ɔʀdœvʀ] *m inv* Vorspeise *f*
hospitalier, -ière [ɔspitalje] *adj* ❶ Krankenhaus-; *personnel* Pflege- ❷ *(accueillant)* gastfreundlich
hôte [ot] **I.** *mf* Gast *m* **II.** *m* INFORM Host *m*
hôte, -esse [ot] *m, f (soutenu)*

Gastgeber(in) *m(f)*

hôtel [ɔtɛl] *m* ❶ Hotel *nt* ❷ *(riche demeure)* herrschaftliches Stadthaus ❸ **~ de ville** Rathaus *nt*

hôtesse [otɛs] *f* ❶ *v.* **hôte** ❷ *(profession)* **~ d'accueil** *(dans une exposition)* Hostess *f;* **~ de l'air** Stewardess *f*

hourra ['uʀa] **I.** *interj* hurra **II.** *m* Hurra *nt*

huer ['ɥe] <1> *vt* auspfeifen

huile [ɥil] *f* ❶ *(aliment, extrait)* Öl *nt;* **~ d'olive** Olivenöl *nt;* **~ solaire** Sonnenöl *nt* ❷ *(hydrocarbure)* Motoröl *nt*

huit ['ɥit] *num* ❶ acht ❷ *(dans l'indication de la date)* **le ~ mars** der achte März

huitaine ['ɥitɛn] *f* ❶ **une ~ de pages** etwa acht Seiten ❷ *(semaine)* **dans une ~** in etwa acht Tagen

huitième ['ɥitjɛm] **I.** *adj* achte(r, s) **II.** *m* ❶ *(fraction)* Achtel *nt* ❷ SPORT **~ de finale** Achtelfinale *nt*

huître [ɥitʀ] *f* Auster *f*

humain(e) [ymɛ̃] *adj* menschlich; *vie* Menschenmenschlichkeit *f*

humanité [ymanite] *f* ❶ Menschheit *f* ❷ *(bonté)* Menschlichkeit *f*

humble [œ̃bl] *adj* ❶ unscheinbar ❷ *(pauvre)* einfach

humeur [ymœʀ] *f* Laune *f*

humide [ymid] *adj* feucht; *temps* nass

humidité [ymidite] *f* Feuchtigkeit *f*

humiliant(e) [ymiljɑ̃] *adj* demütigend

humilier [ymilje] <1> **I.** *vt* demütigen **II.** *vpr* **s'~ devant qn** sich vor jdm erniedrigen

humour [ymuʀ] *m* Humor *m*

hurler ['yʀle] <1> *vi animal, vent* heulen; *personne* schreien

hydraulique [idʀolik] **I.** *adj* hydraulisch **II.** *f* Hydraulik *f*

hydrogène [idʀɔʒɛn] *m* Wasserstoff *m*

hygiène [iʒjɛn] *f* Hygiene *f; du bébé* Pflege *f*

hypermarché [ipɛʀmaʀʃe] *m* großer Supermarkt

hypnotiser [ipnɔtize] <1> *vt (a. fig)* hypnotisieren

hypocrite [ipɔkʀit] *adj* heuchlerisch

hypothèse [ipɔtɛz] *f* Hypothese *f*

hystérie [isteʀi] *f* Hysterie *f*

H

I i

ici [isi] *adv* ❶ hier ❷ *(de ce lieu)* **d'~** von hier; **les gens d'~** die Einheimischen; **par ~** hier [in der Gegend]; **près/loin d'~** in der Nähe/weit von hier ❸ *(vers ce lieu)* hierher; **par ~** hier entlang ❹ *(temporel)* **jusqu'~** bis jetzt; **d'~ là** bis dahin

idéal [ideal] <-aux> *m* Ideal *nt*

idéal(e) [ideal] <-aux> *adj* ideal

idée [ide] *f* ❶ Idee *f* ❷ *(opinion)* Meinung *f* ❸ **se faire une ~ de qc** sich *dat* eine Vorstellung von etw machen ❹ *(esprit)* **venir à l'~ de faire qc** in den Sinn kommen etw zu tun

identité [idɑ̃tite] *f* Identität *f*

idiot(e) [idjo] *m(f)* ❶ Idiot(in) *m(f)* ❷ **faire l'~** Blödsinn machen

idole [idɔl] *f* Idol *nt*

ignorer [iɲɔʀe] <1> *vt* ❶ *(opp: savoir)* nicht kennen ❷ *(négliger)* ignorieren

il [il] *pron* er/es

île [il] *f* Insel *f*

illégal(e) [i(l)legal] <-aux> *adj* illegal

illuminer [i(l)lymine] <1> *vt* ~ **qn/qc** *personne* jdn/etw beleuchten; *lustre* jdn/etw erleuchten

illusion [i(l)lyzjɔ̃] *f* Täuschung *f*

illustration [i(l)lystʀasjɔ̃] *f* Illustration *f*

ils [il] *pron* sie

image [imaʒ] *f* ❶ *(dessin)* Bild *nt* ❷ *(reflet)* Spiegelbild *nt* ❸ *(fig)* Vorstellung *f*

imaginaire [imaʒinɛʀ] *adj* unwirklich

imagination [imaʒinasjɔ̃] *f* ❶ Vorstellung *f* ❷ *(invention)* Fantasie *f*

imaginer [imaʒine] <1> *vt* ❶ *(se représenter)* sich *dat* vorstellen ❷ *(croire, supposer)* glauben ❸ *(inventer)* sich *dat* ausdenken

imbécile [ɛ̃besil] **I.** *adj* sehr dumm **II.** *mf* Idiot(in) *m(f)*

imiter [imite] <1> *vt* nachahmen

immédiat(e) [imedja] *adj* unmittelbar; *contact, voisin a.* direkt

immédiatement [imedjatmɑ̃] *adv* sofort

immense [i(m)mɑ̃s] *adj* ❶ *espace, monde* unermesslich groß ❷ *(énorme)* immens

immeuble [imœbl] *m* [Wohn]haus *nt*, Gebäude *nt*

immobile [i(m)mɔbil] *adj* unbeweglich

impact [ɛ̃pakt] *m* ❶ *d'une balle* Einschuss *m* ❷ *(influence)* Einfluss *m*

impair [ɛ̃pɛʀ] *m (opp: pair)* ungerade Zahl

impatient(e) [ɛ̃pasjɑ̃] *adj* ungeduldig

impeccable [ɛ̃pekabl] *adj* tadellos

impératrice [ɛ̃peʀatʀis] *f* Kaiserin *f*

imperméable [ɛ̃pɛʀmeabl] **I.** *adj tissu, toile* wasserdicht **II.** *m* Regenmantel *m*

impitoyable [ɛ̃pitwajabl] *adj* unerbittlich

implanter [ɛ̃plɑ̃te] <1> *vt* ❶ *industrie* ansiedeln ❷ MED implantieren

impliquer [ɛ̃plike] <1> *vt* ❶ *(signifier)* bedeuten ❷ *(mêler)* verwickeln

importance [ɛ̃pɔʀtɑ̃s] *f* Bedeutung *f*; **sans ~** unwichtig

important(e) [ɛ̃pɔʀtɑ̃] *adj* ❶ wichtig; *personnage* einflussreich ❷ *(gros)* beträchtlich

importer¹ [ɛ̃pɔʀte] <1> *vt* importieren

importer² [ɛ̃pɔʀte] <1> *vi* ❶ **ce qui [m']importe, c'est ...** was [für mich] zählt, ist ...; **peu importe [que** + *subj*] es spielt keine Rolle[, ob] ❷ **n'importe comment/quand/...** irgendwie/-wann/...

imposé(e) [ɛ̃poze] *adj* vorgeschrieben

imposer [ɛ̃poze] <1> **I.** *vt* ❶ *décision* erfordern ❷ *(faire accepter de force)* durchsetzen ❸ FIN steuerlich veranlagen **II.** *vpr (se faire reconnaître)* **s'~** sich durchsetzen

impossible [ɛ̃pɔsibl] *adj (a. fig)* unmöglich

impôt [ɛ̃po] *m* Steuer *f*

impression [ɛ̃pʀesjɔ̃] *f* Eindruck *m*

impressionnant(e) [ɛ̃pʀesjɔnɑ̃] *adj (imposant)* beeindruckend

imprévu [ɛ̃pʀevy] *m* **en cas d'~** falls etwas dazwischenkommt

imprévu(**e**) [ɛ̃pʀevy] *adj* unvorhergesehen

imprimante [ɛ̃pʀimɑ̃t] *f* Drucker *m*

imprimer [ɛ̃pʀime] <1> *vt* drucken

imprudent(**e**) [ɛ̃pʀydɑ̃] *adj* unvorsichtig

incapable [ɛ̃kapabl] *adj* unfähig

incendie [ɛ̃sɑ̃di] *m* Brand *m*

incertain(**e**) [ɛ̃sɛʀtɛ̃] *adj* ❶ *(opp: assuré)* unsicher ❷ *(douteux)* ungewiss

incident [ɛ̃sidɑ̃] *m* Zwischenfall *m*

inciter [ɛ̃site] <1> *vt* ermuntern

incliné(**e**) [ɛ̃kline] *adj* ❶ *pente, terrain* abschüssig; *toit* schräg ❷ *(penché)* schief

inclus(**e**) [ɛ̃kly] *adj* einschließlich *+gen*

incomparable [ɛ̃kɔ̃paʀabl] *adj* unvergleichlich

incompatible [ɛ̃kɔ̃patibl] *adj* unvereinbar; *groupes sanguins* unverträglich

incomplet, -ète [ɛ̃kɔ̃plɛ] *adj* unvollständig

incompréhensible [ɛ̃kɔ̃pʀeɑ̃sibl] *adj (déconcertant)* unverständlich; *personne* undurchschaubar

inconnu(**e**) [ɛ̃kɔny] *adj (ignoré)* unbekannt

inconsciemment [ɛ̃kɔ̃sjamɑ̃] *adv* unbewusst

inconscient(**e**) [ɛ̃kɔ̃sjɑ̃] *adj* ❶ *(évanoui)* bewusstlos ❷ *(qui ne se rend pas compte)* leichtsinnig

incontestable [ɛ̃kɔ̃tɛstabl] *adj* unbestreitbar

inconvénient [ɛ̃kɔ̃venjɑ̃] *m* ❶ *(opp: avantage)* Nachteil *m* ❷ *gén pl (conséquence fâcheuse)* unangenehme Folge *f*

incorrect(**e**) [ɛ̃kɔʀɛkt] *adj* ❶ *expression, style* nicht richtig ❷ *(inconvenant)* unpassend; *langage, ton* unangemessen ❸ *(impoli)* ungehörig

incroyable [ɛ̃kʀwajabl] *adj* unglaublich

indécis(**e**) [ɛ̃desi, iz] *adj* unentschlossen

indéfini(**e**) [ɛ̃defini] *adj* ❶ *(indéterminé)* unbestimmt ❷ *espace, nombre* unbegrenzt

indemne [ɛ̃dɛmn] *adj* unversehrt

indemnité [ɛ̃dɛmnite] *f* ❶ *(réparation)* Schaden[s]ersatz *m;*

(payé par l'État) Entschädigung *f* ❷ *(prime)* Zulage *f*

indépendance [ɛ̃depɑ̃dɑ̃s] *f* Unabhängigkeit *f*

indépendant(e) [ɛ̃depɑ̃dɑ̃] *adj* ❶ *(libre)* unabhängig; *(qui se débrouille tout seul)* selb[st]ständig ❷ *(à son compte)* selb[st]ständig; *artiste, architecte* freischaffend

indéterminé(e) [ɛ̃detɛʀmine] *adj* unbestimmt; *date* nicht festgesetzt

index [ɛ̃dɛks] *m* ❶ *(doigt)* Zeigefinger *m* ❷ *(table alphabétique)* Verzeichnis *nt*

indicatif [ɛ̃dikatif] *m* TELEC Vorwahl[nummer *f*] *f*

indicatif, -ive [ɛ̃dikatif] *adj* annähernd

indication [ɛ̃dikasjɔ̃] *f (information)* Hinweis *m;* MED Anwendungsgebiet *nt*

indice [ɛ̃dis] *m* ❶ *(signe)* Anzeichen *nt; (constatation)* Indiz *nt* ❷ *(preuve)* Beweis *m*

indien(ne) [ɛ̃djɛ̃] *adj* ❶ *(d'Inde)* indisch ❷ *(d'Amérique)* indianisch

Indien(ne) [ɛ̃djɛ̃] *m(f)* ❶ *(habitant de l'Inde)* Inder(in) *m(f)* ❷ *(indigène d'Amérique)* Indianer(in) *m(f)*

indifférent(e) [ɛ̃difeʀɑ̃] *adj attitude, personne* gleichgültig

indignation [ɛ̃diɲasjɔ̃] *f* Empörung *f*

indiqué(e) [ɛ̃dike] *adj* ❶ *(conseillé)* ratsam ❷ *(adéquat)* geeignet ❸ *(fixé)* angegeben

indiquer [ɛ̃dike] <1> *vt* ❶ *(désigner)* zeigen; ~ **qc** *horloge* etw anzeigen ❷ *(révéler)* ~ **qc** auf etw *akk* hinweisen ❸ *(marquer)* kennzeichnen

indirectement [ɛ̃diʀɛktəmɑ̃] *adv* indirekt

indiscipliné(e) [ɛ̃disipline] *adj* undiszipliniert

indiscret, -ète [ɛ̃diskʀɛ] *adj* neugierig

indiscrétion [ɛ̃diskʀesjɔ̃] *f* Indiskretion *f*

indispensable [ɛ̃dispɑ̃sabl] **I.** *adj* unbedingt notwendig **II.** *m* **l'~** das Nötigste

individu [ɛ̃dividy] *m* Person *f,* Individuum *nt*

individualiste [ɛ̃dividɥalist] *mf* Individualist(in) *m(f)*

individuel(le) [ɛ̃dividɥɛl] *adj* persönlich; *cas* Einzel-

individuellement [ɛ̃dividɥɛlmɑ̃] *adv* einzeln

industrie [ɛ̃dystʀi] *f* ECON Industrie *f*

industriel(le) [ɛ̃dystʀijɛl] *adj*

industriell; **véhicule ~** Nutzfahrzeug *nt*

inégal(**e**) [inegal] <-aux> *adj* *(différent)* ungleich

inévitable [inevitabl] *adj* ❶ *(certain, fatal)* unvermeidlich ❷ *(nécessaire)* unvermeidbar ❸ *(iron: habituel)* unvermeidlich

inexact(**e**) [inɛgzakt] *adj* ❶ *calcul, résultat* ungenau ❷ *traduction, récit* ungenau ❸ *personne* unpünktlich

I

infatigable [ɛ̃fatigabl] *adj* unermüdlich

infection [ɛ̃fɛksjɔ̃] *f* Entzündung *f*

inférieur(**e**) [ɛ̃feʀjœʀ] *adj* ❶ *(dans l'espace)* untere(r, s) ❷ *(en qualité)* niedriger; **être ~ à qn** jdm unterlegen sein ❸ *(en quantité)* geringer

infidèle [ɛ̃fidɛl] *adj* ❶ *(perfide)* treulos; **être ~ à qn** jdm untreu sein ❷ REL ungläubig

infini(**e**) [ɛ̃fini] *adj* *distance, nombre* unendlich [groß]; *étendue, durée, longueur* endlos

infinitif [ɛ̃finitif] *m* Infinitiv *m*

infirmier, **-ière** [ɛ̃fiʀmje] *m, f* Krankenpfleger, -schwester *m, f*

inflation [ɛ̃flasjɔ̃] *f* Inflation *f*

infliger [ɛ̃fliʒe] <2a> *vt* **~ une amende à qn pour qc** gegen jdn wegen etw eine Geldbuße verhängen

influence [ɛ̃flyɑ̃s] *f* ❶ *(effet)* Einfluss *m; d'un médicament* Wirkung ❷ **avoir de l'~** einflussreich sein

influencer [ɛ̃flyɑ̃se] <2> *vt* beeinflussen

infogroupe [ɛ̃fogʀup] *m* INFORM Newsgroup *f*

information [ɛ̃fɔʀmasjɔ̃] *f* ❶ *(renseignement)* Information *f*, Auskunft *f* ❷ *(nouvelles)* Nachricht *f* ❸ *pl* INFORM, TECH Daten *Pl*

informatique [ɛ̃fɔʀmatik] **I.** *adj* **saisie ~** Datenerfassung *f* **II.** *f* Informatik *f*, EDV *f*

informer [ɛ̃fɔʀme] <1> *vt, vi* informieren

infrastructure [ɛ̃fʀastʀyktyʀ] *f* Infrastruktur *f*

infusion [ɛ̃fyzjɔ̃] *f* Kräutertee *m*

ingénieur [ɛ̃ʒenjœʀ] *mf* Ingenieur(in) *m(f)*

ingrédient [ɛ̃gʀedjɑ̃] *m d'un mélange* Bestandteil *m*

inhumain(**e**) [inymɛ̃] *adj* unmenschlich

initial(**e**) [inisjal] <-aux> *adj*

anfänglich; *cause, état* ursprünglich; *position* Ausgangs-

initiale [inisjal] *f* Anfangsbuchstabe *m*

initiative [inisjativ] *f (idée première)* Einfall *m*

injure [ɛ̃ʒyʀ] *f* Beleidigung *f*

injuste [ɛ̃ʒyst] *adj* ungerecht

innocent(e) [inɔsɑ̃] *adj* ❶ *(opp: coupable)* unschuldig ❷ *(anodin)* harmlos

inondation [inɔ̃dasjɔ̃] *f* Überschwemmung *f*; *d'un fleuve* Hochwasser *nt*

inquiet, -iète [ɛ̃kjɛ, ɛt] *adj* unruhig

inquiétant(e) [ɛ̃kjetɑ̃] *adj* beunruhigend

inquiéter [ɛ̃kjete] <5> **I.** *vt* beunruhigen **II.** *vpr (s'alarmer)* **s'~** sich *dat* Sorgen machen

inscription [ɛ̃skʀipsjɔ̃] *f* ❶ *(texte)* Inschrift *f*; *d'un poteau indicateur* Aufschrift *f* ❷ *(immatriculation)* Anmeldung *f*

inscrire [ɛ̃skʀiʀ] <irr> **I.** *vt* ❶ *(noter)* **~ qc dans un carnet** [sich *dat*] etw in einem Heft aufschreiben ❷ *(immatriculer)* **~ qn à une école** jdn an einer Schule anmelden; **~ qn sur une liste** jdn in eine Liste eintragen **II.** *vpr* ❶ *(s'immatriculer)* **s'~ à une faculté** sich an einer Universität einschreiben ❷ *(s'insérer dans)* **s'~ dans le cadre de qc** *décision, projet* im Rahmen von etw geschehen

insecte [ɛ̃sɛkt] *m* Insekt *nt*

insécurité [ɛ̃sekyʀite] *f* Unsicherheit *f*

inséparable [ɛ̃sepaʀabl] *adj amis* unzertrennlich

insérer [ɛ̃seʀe] <5> **I.** *vt* einfügen **II.** *vpr* **s'~ dans qc** *personne* sich in etw *akk* integrieren

insistant(e) [ɛ̃sistɑ̃] *adj* dringend

insister [ɛ̃siste] <1> *vi* ❶ *(s'obstiner)* nicht nachgeben ❷ *(persévérer)* durchhalten ❸ *(mettre l'accent sur)* **~ sur qc** etw betonen

inspecteur, -trice [ɛ̃spɛktœʀ] *m, f* Inspektor(in) *m(f)*

inspection [ɛ̃spɛksjɔ̃] *f (contrôle)* Kontrolle *f*

inspiration [ɛ̃spiʀasjɔ̃] *f* ❶ *(intuition)* Eingebung *f* ❷ *poétique* Inspiration *f* ❸ *(opp: expiration)* Einatmen *nt*

inspirer [ɛ̃spiʀe] <1> **I.** *vt* ❶ ANAT einatmen ❷ *(susciter)* **~ de la confiance** *personne*

I

Vertrauen einflößen **II.** *vpr* **s'~ de qn/qc** sich von jdm/etw inspirieren lassen

instable [ɛ̃stabl] *adj* ❶ *(inconstant)* wechselhaft ❷ *paix, situation* unsicher

installation [ɛ̃stalasjɔ̃] *f* ❶ Installation *f* ❷ *(équipement)* Anlagen *Pl*

installé(e) [ɛ̃stale] *adj* **être ~** sich etabliert haben

installer [ɛ̃stale] <1> **I.** *vt* ❶ *câbles, tuyaux* installieren; *téléphone* anschließen ❷ *(caser, loger)* hinstellen **II.** *vpr* **s'~** ❶ *(s'asseoir)* sich setzen ❷ *(se loger)* sich einrichten ❸ *(s'établir)* sich niederlassen

instant [ɛ̃stɑ̃] *m* Augenblick *m;* **dans un ~** gleich; **pour l'~** im Moment

instinct [ɛ̃stɛ̃] *m* Instinkt *m; grégaire, sexuel* -trieb *m*

institut [ɛ̃stity] *m* Institut *nt*

instituteur, -trice [ɛ̃stitytœʀ] *m, f* Lehrer(in) *m(f)*

institution [ɛ̃stitysjɔ̃] *f* Einrichtung *f*

instructif, -ive [ɛ̃stʀyktif] *adj* lehrreich

instruction [ɛ̃stʀyksjɔ̃] *f* ❶ **~ civique** Gemeinschaftskunde *f* ❷ ADMIN Verordnung *f* ❸ *(mode d'emploi)* Gebrauchsanweisung *f*

instrument [ɛ̃stʀymɑ̃] *m* ❶ *(outil)* Werkzeug *nt* ❷ MUS **~ [de musique]** [Musik]instrument *nt* ❸ *(moyen)* Instrument *nt*, Mittel *nt*

insuffisant(e) [ɛ̃syfizɑ̃] *adj* ❶ *(en quantité)* ungenügend ❷ *(en qualité)* unzureichend

insulter [ɛ̃sylte] <1> *vt* beleidigen

insupportable [ɛ̃sypɔʀtabl] *adj (intolérable)* unerträglich

intact(e) [ɛ̃takt] *adj* ❶ *objet* unversehrt; *produit* einwandfrei ❷ *honneur, réputation* makellos

intégrer [ɛ̃tegʀe] <5> *vpr* **s'~ à qc** sich in etw *akk* integrieren

intellectuel(le) [ɛ̃telɛktɥɛl] *adj* intellektuell

intelligent(e) [ɛ̃teliʒɑ̃] *adj* intelligent

intense [ɛ̃tɑ̃s] *adj* intensiv; *circulation* dicht

intensif, -ive [ɛ̃tɑ̃sif] *adj* intensiv

intensifier [ɛ̃tɑ̃sifje] <1> *vt* intensivieren; *efforts, production* steigern

intensité [ɛ̃tɑ̃site] *f* Intensität *f*

intention [ɛ̃tɑ̃sjɔ̃] *f* Absicht *f*

interdiction [ɛ̃tɛʀdiksjɔ̃] *f* Verbot *nt;* **~ de stationner/de fumer** Parken *nt*/Rauchen *nt* verboten

interdire [ɛ̃tɛʀdiʀ] <irr> *vt* verbieten

interdit [ɛ̃tɛʀdi] *m* Verbot *nt*

interdit(e) [ɛ̃tɛʀdi] *adj* verboten

intéressant(e) [ɛ̃teʀesɑ̃] *adj* interessant

intéresser [ɛ̃teʀese] **I.** *vpr* **s'~ à** sich interessieren für **II.** *vt* interessieren

intérêt [ɛ̃teʀɛ] *m* ❶ Interesse *nt* ❷ *(importance)* Bedeutung *f* ❸ **par ~** eigennützig

intérieur [ɛ̃teʀjœʀ] *m* ❶ *(opp: extérieur)* Innere(s) *nt;* **à l'~** *(dedans)* innen; **à l'~ de** im Innern von/in ❷ *d'une maison, d'un magasin* Inneneinrichtung *f*

intérieur(e) [ɛ̃teʀjœʀ] *adj* ❶ *(opp: extérieur)* Innen- ❷ *affaires* innere(r, s); *commerce, marché* Binnen-

international(e) [ɛ̃tɛʀnasjɔnal] <-aux> *adj* international; *langue, politique* Welt-

internaute [ɛ̃tɛʀnot] **I.** *adj* Internet- **II.** *mf* Surfer(in) *m(f)*

interne [ɛ̃tɛʀn] **I.** *adj partie* Innen-; *problème, promotion* intern **II.** *mf* SCOL Internatsschüler(in) *m(f)*

Internet [ɛ̃tɛʀnɛt] *m* Internet *nt*

interphone® [ɛ̃tɛʀfɔn] *m* Sprechanlage *f*

interprétation [ɛ̃tɛʀpʀetasjɔ̃] *f (explication)* Interpretation *f*

interprète [ɛ̃tɛʀpʀɛt] *mf* ❶ MUS Interpret(in) *m(f)* ❷ CINE, THEAT Darsteller(in) *m(f)* ❸ *(traducteur)* Dolmetscher(in) *m(f)*

interpréter [ɛ̃tɛʀpʀete] <5> *vt texte* interpretieren; *rêve* deuten

interrogation [ɛ̃teʀɔgasjɔ̃] *f* ❶ *(question)* Frage *f* ❷ SCOL Klassenarbeit *f*

interroger [ɛ̃teʀɔʒe] <2a> **I.** *vt* ❶ *(questionner)* Fragen stellen ❷ *banque de données, répondeur* abfragen **II.** *vpr* **s'~** sich fragen

interrompre [ɛ̃teʀɔ̃pʀ] <irr> **I.** *vt* unterbrechen **II.** *vpr* **s'~** *personne* innehalten

interruption [ɛ̃teʀypsjɔ̃] *f (arrêt définitif)* Abbruch *m*

intervenir [ɛ̃tɛʀvəniʀ] <9> *vi* ❶ *(entrer en action)* eingreifen ❷ *(prendre la parole)* sich einschalten ❸ *accord* zustan-

I

de kommen
interview [ɛ̃tɛʀvju] *f* Interview *nt*
intime [ɛ̃tim] *adj* ❶ intim; **journal ~** Tagebuch *nt* ❷ *atmosphère, lieu* gemütlich ❸ *ami* eng
intimider [ɛ̃timide] <1> *vt* einschüchtern
intoxication [ɛ̃tɔksikasjɔ̃] *f* Vergiftung *f;* **~ alimentaire** Lebensmittelvergiftung *f*
intoxiquer [ɛ̃tɔksike] <1> *vt, vpr* **[s']~** [sich] vergiften
intrigue [ɛ̃tʀig] *f* ❶ CINE, LITTER, THEAT Handlung *f* ❷ *(manœuvre)* Intrige *f*
introduction [ɛ̃tʀɔdyksjɔ̃] *f* ❶ Einleitung *f* ❷ *d'un objet, de nourriture* Einführen *nt*
introduire [ɛ̃tʀɔdɥiʀ] <irr> **I.** *vt* **~ qn dans une pièce** jdn in ein Zimmer führen; **~ qn chez une famille** jdn bei einer Familie einführen **II.** *vpr* ❶ *(se faire admettre)* **s'~ dans un milieu** sich in einem Umfeld einführen ❷ *(s'infiltrer)* **s'~ dans une maison** in ein Haus eindringen
intuition [ɛ̃tɥisjɔ̃] *f* Intuition *f*
inutile [inytil] *adj* nutzlos; *parole, effort* zwecklos
invalide [ɛ̃valid] *mf* Invalide *mf*
invariable [ɛ̃vaʀjabl] *adj (qui ne change pas)* unverändert
inventer [ɛ̃vɑ̃te] <1> *vt* erfinden
invention [ɛ̃vɑ̃sjɔ̃] *f* ❶ Erfindung *f* ❷ *(imagination)* Einfallsreichtum *m*
inverse [ɛ̃vɛʀs] **I.** *adj* entgegengesetzt **II.** *m* Gegenteil *nt;* **à l'~** hingegen
inverser [ɛ̃vɛʀse] <1> **I.** *vt rôles* tauschen **II.** *vpr* **s'~** *mouvement, tendance* sich umkehren
investir [ɛ̃vɛstiʀ] <8> **I.** *vt, vi (a. fig)* investieren **II.** *vpr* **s'~ dans qc** sich bei etw engagieren
investissement [ɛ̃vɛstismɑ̃] *m* Investition *f*
invisible [ɛ̃vizibl] *adj* unsichtbar
invitation [ɛ̃vitasjɔ̃] *f* Einladung *f*
invité(e) [ɛ̃vite] *m(f)* Gast *m*
inviter [ɛ̃vite] <1> *vt* einladen
involontaire [ɛ̃vɔlɔ̃tɛʀ] *adj spectateur, témoin* unfreiwillig
invraisemblable [ɛ̃vʀɛsɑ̃blabl] *adj* unglaubwürdig
irlandais(e) [iʀlɑ̃dɛ] *adj* irisch
Irlandais(e) [iʀlɑ̃dɛ] *m(f)* Ire, Irin *m, f*

Irlande [iʀlɑ̃d] *f* **l'~** Irland *nt;* **l'~ du Nord** Nordirland
ironie [iʀɔni] *f* Ironie *f*
ironique [iʀɔnik] *adj* ironisch
irrationnel(le) [iʀasjɔnɛl] *adj* irrational
irréaliste [iʀealist] *adj* unrealistisch
irrégulier, -ère [iʀegylje] *adj* ❶ unregelmäßig; *écriture, vitesse* ungleichmäßig ❷ *(illégal)* regelwidrig
irréparable [iʀepaʀabl] *adj objet, machine* nicht mehr zu reparieren; *dommage, erreur* nicht wieder gutzumachen
irritation [iʀitasjɔ̃] *f* ❶ *(énervement)* Gereiztheit *f* ❷ MED Reizung *f*
irriter [iʀite] <1> *vt* ❶ *(énerver)* **~ qn** jdm auf die Nerven gehen ❷ MED reizen
islam [islam] *m* **l'~** der Islam
islamique [islamik] *adj* islamisch
Islande [islɑ̃d] *f* **l'~** Island *nt*
isoler [izɔle] <1> **I.** *vt* isolieren **II.** *vpr* **s'~** sich absondern
Israël [isʀaɛl] *m* **l'~** Israel *nt*
issue [isy] *f* ❶ *(sortie, fin)* Ausgang *m;* **~ de secours** Notausgang *m* ❷ *(solution)* Ausweg *m;* **sans ~** *situation* ausweglos
Italie [itali] *f* **l'~** Italien *nt*
italien [italjɛ̃] *m* Italienisch *nt*
italien(ne) [italjɛ̃] *adj* italienisch
Italien(ne) [italjɛ̃] *m(f)* Italiener(in) *m(f)*
italique [italik] *m* Kursivschrift *f;* **en ~** kursiv
itinéraire [itineʀɛʀ] *m* Reiseroute *f*
ivoire [ivwaʀ] *m* Elfenbein *nt*
ivre [ivʀ] *adj* betrunken
ivrogne [ivʀɔɲ] *mf* Säufer(in) *m(f) pej*

Jj

j' [ʒ] *pron v.* **je**
jadis [ʒadis] *adv* früher
jaillir [ʒajiʀ] <8> *vi* ❶ *eau* emporschießen ❷ *personne* plötzlich auftauchen
jalousie [ʒaluzi] *f* Eifersucht *f*; *(envie)* Neid *m*
jaloux, -ouse [ʒalu] *adj* ❶ *(en amour, amitié)* **~ de qn** eifersüchtig auf jdn ❷ *(envieux)* **~ de qn/qc** neidisch auf jdn/etw
jamais [ʒamɛ] *adv (en aucun cas)* nie[mals]; **plus ~** nie wieder
jambe [ʒɑ̃b] *f* Bein *nt*
jambon [ʒɑ̃bɔ̃] *m* Schinken *m*; **~ cru** roher Schinken; **~ cuit** [*o* **blanc**] [*o* **de Paris**] gekochter Schinken
janvier [ʒɑ̃vje] *m* Januar *m*
Japon [ʒapɔ̃] *m* **le ~** Japan *nt*
japonais(e) [ʒapɔnɛ] *adj* japanisch
jardin [ʒaʀdɛ̃] *m* Garten *m*; **~ botanique** Botanischer Garten
jargon [ʒaʀgɔ̃] *m (péj)* ❶ *(charabia)* Kauderwelsch *nt* ❷ *(langue technique)* Jargon *m*
jaune [ʒon] **I.** *adj* gelb **II.** *m* ❶ *(couleur)* Gelb *nt* ❷ *(partie d'un œuf)* Eigelb *nt*
jaunir [ʒoniʀ] <8> **I.** *vi* gelb werden **II.** *vt* **~ qc** *lumière* etw vergilben
je [ʒə] <j'> *pron* ich
jean [dʒin] *m* ❶ *(tissu)* Jeansstoff *m* ❷ *(pantalon)* Jeans *Pl*
jet [ʒɛ] *m* ❶ *d'un tuyau* Düse *f*; **~ d'eau** Fontäne *f* ❷ *(action)* Werfen *nt* ❸ *(résultat)* Wurf *m*
jeter [ʒ(ə)te] <3> **I.** *vt* ❶ *(lancer)* werfen ❷ *(se débarrasser de)* wegwerfen ❸ *(répandre)* **~ le discrédit sur qn** jdn in Verruf bringen ❹ **~ un [coup d']œil à qn** ein Auge auf jdn haben **II.** *vpr (s'élancer)* **se ~** sich stürzen
jeu [ʒø] <x> *m* ❶ Spiel *nt* ❷ *(jeu d'argent)* **~ de hasard** Glücksspiel *nt* ❸ *(série)* **~ de clés** Satz *m* Schlüssel

jeudi [ʒødi] *m* Donnerstag *m;* **~ saint** Gründonnerstag

jeune [ʒœn] **I.** *adj (opp: vieux)* jung; *enfant* klein; **ma ~ sœur** meine kleine Schwester **II.** *mf* Jugendliche(r) *f(m)*

jeunesse [ʒœnɛs] *f* ❶ Jugend *f* ❷ *d'un vin* junges Alter

joie [ʒwa] *f (bonheur)* Freude *f*

joindre [ʒwɛ̃dʀ] <irr> **I.** *vt* ❶ *(faire se toucher)* zusammenfügen; *mains* falten ❷ *(relier)* miteinander verbinden ❸ *personne* erreichen **II.** *vpr* **se ~ à qn/qc** sich jdm/einer S. anschließen

joli(e) [ʒɔli] *adj (agréable)* hübsch; *vêtement, chanson* nett

joue [ʒu] *f* Backe *f*

jouer [ʒwe] <1> **I.** *vt, vi* spielen **II.** *vpr* **se ~** *avenir* sich entscheiden

jouet [ʒwɛ] *m* Spielzeug *nt*

joueur, -euse [ʒwœʀ] *m, f* Spieler(in) *m(f)*

jouir [ʒwiʀ] <8> *vi* ❶ **~ de la vie** das Leben genießen ❷ **~ d'une fortune** vermögend sein ❸ *(sexuellement)* einen Orgasmus haben

jour [ʒuʀ] *m* ❶ Tag *m;* **par ~** täglich; **tous les ~s** jeden Tag ❷ *(opp: obscurité)* Tageslicht *nt;* **il fait ~** es ist hell ❸ **à ce ~** bis heute; **un de ces ~s** demnächst; **de nos ~s** heutzutage; **l'autre ~** *(fam)* neulich

journal [ʒuʀnal] <-aux> *m* ❶ *(quotidien, bureaux)* Zeitung *f* ❷ *(hebdomadaire)* Zeitschrift *f*

journée [ʒuʀne] *f* Tag *m*

joyeux, -euse [ʒwajø] *adj chant* fröhlich; **joyeuse fête!** frohes Fest!; **~ anniversaire!** herzlichen Glückwunsch zum Geburtstag!

juge [ʒyʒ] *mf* Richter(in) *m(f)*

jugement [ʒyʒmɑ̃] *m* ❶ *a.* JUR Urteil *nt* ❷ *(discernement)* Urteilsvermögen *nt*

juger [ʒyʒe] <2a> **I.** *vt* ❶ JUR **~ qn coupable** jdn für schuldig befinden ❷ *(arbitrer)* entscheiden ❸ *livre, situation* beurteilen **II.** *vi* JUR entscheiden **III.** *vpr* **se ~ incapable** sich für unfähig halten

juif, -ive [ʒɥif] *adj* jüdisch

Juif, -ive [ʒɥif] *m, f* Jude, Jüdin *m, f*

juillet [ʒɥijɛ] *m* Juli *m*

juin [ʒɥɛ̃] *m* Juni *m*

jumeau, -elle [ʒymo] <x> *m, f* Zwilling *m; (frère)* Zwillingsbruder *m*

jungle [ʒœ̃gl] *f* Dschungel *m*

jupe [ʒyp] *f* Rock *m*
jurer [ʒyʀe] <1> **I.** *vt* ❶ schwören ❷ **je te** [*o* **vous**] **jure!** *(fam)* also ehrlich! **II.** *vi (pester)* **~ contre qn/qc** über jdn/etw fluchen
juridique [ʒyʀidik] *adj* ❶ *(judiciaire)* gerichtlich ❷ *(qui a rapport au droit)* juristisch
jury [ʒyʀi] *m* ❶ JUR Geschworene(n) *Pl* ❷ *(Preisgericht)* Jury *f*
J
jus [ʒy] *m* ❶ Saft *m*; **~ d'orange** Orangensaft *m* ❷ *(fam: café)* Kaffee *m*
jusque [ʒysk] <jusqu'> *prép* ❶ *(limite de lieu)* bis; **jusqu'ici** bis hierher; **~-là** bis dorthin ❷ *(limite de temps)* bis; **jusqu'à maintenant** bis jetzt; **jusqu'ici** bis heute ❸ *(y compris)* sogar ❹ *(limite)* **~-là** so weit; **jusqu'où** wie weit
juste [ʒyst] **I.** *adj* ❶ *(équitable)* gerecht ❷ *(fondé)* berechtigt ❸ *(à peine suffisant)* knapp ❹ **c'est ~!** das stimmt! **II.** *m* REL Gerechte(r) *f(m)* **III.** *adv* ❶ *(avec exactitude)* richtig; **dire ~** Recht haben ❷ *(exactement)* [ganz] genau ❸ *(seulement)* bloß ❹ **tout ~** gerade noch
justement [ʒystəmɑ̃] *adv* ❶ *(à bon droit)* zu Recht ❷ *(exactement)* genau
justice [ʒystis] *f* ❶ *(principe)* Gerechtigkeit *f* ❷ *(loi)* Gesetz *nt* ❸ *(juridiction)* Justiz *f*
justifier [ʒystifje] <1> *vt, vpr* **[se] ~** [sich] rechtfertigen
juteux, -euse [ʒytø, øz] *adj* saftig

Kk

kilo [kilo] *m abr de* **kilogramme** Kilo *nt*

kilogramme [kilɔgʀam] *m* Kilogramm *nt*

kilomètre [kilɔmɛtʀ] *m* Kilometer *m*, Quadratkilometer *m*

kit[s]ch [kitʃ] *adj inv* kitschig

kiwi [kiwi] *m* Kiwi *f*

klaxonner [klaksɔne] <1> *vi* hupen

K.-O. [kao] *adj inv, (fam) abr de* **knock-out** ❶ *(assommé)* benommen ❷ *(épuisé)* k. o.

K

Ll

l' *art, pron v.* **le, la**

la¹ [la] <l'> **I.** *art* der/die/das **II.** *pron* sie

la² [la] *m inv* MUS A *nt*, a *nt*; **donner le ~** den Kammerton angeben

là [la] *adv* ❶ *(avec déplacement à distance)* dorthin ❷ *(avec déplacement à proximité)* hierher; **passer par ~** da entlanggehen/-fahren ❸ *(sans déplacement à distance)* dort ❹ **[quelque part] par ~** hier irgendwo ❺ *(à ce moment-là)* da; **jusque-~** bis dahin ❻ *(en ce moment)* da ❼ *(alors)* also da ❽ *(dont il est question)* **cette histoire-~** diese Geschichte [da]

là-bas [laba] *adv* ❶ *(avec déplacement)* dorthin ❷ *(avec déplacement)* dort

labo [labo], **laboratoire** [labɔʀatwaʀ] *m (salle)* Labor *nt*

lac [lak] *m* See *m*
lâcher [lɑʃe] <1> **I.** *vt* ❶ *(laisser aller)* loslassen; *bêtise, mot* von sich geben ❷ *(fam: abandonner)* aufgeben **II.** *vi* versagen; *corde* nachgeben
là-dedans [lad(ə)dɑ̃] *adv* ❶ *(lieu)* da drin ❷ *(direction)* da hinein
là-haut [lao] *adv* ❶ *(au-dessus: direction)* dort hinauf ❷ *(dans le ciel)* dort oben
laid(e) [lɛ] *adj* hässlich
laine [lɛn] *f* Wolle *f*
laisser [lese] <1> **I.** *vt* ❶ lassen ❷ *(quitter)* **je te/vous laisse!** ich gehe jetzt! **II.** *aux* ❶ **~ qn faire qc** jdm gestatten etw zu tun ❷ **~ faire** die Dinge laufen lassen *fam;* **se ~ faire** sich *dat* alles gefallen lassen *fam*
lait [lɛ] *m* Milch *f;* **~ écrémé** fettarme Milch
laitue [lety] *f* Kopfsalat *m*
lampe [lɑ̃p] *f* Lampe *f;* **~ de chevet** Nachttischlampe *f*
lampion [lɑ̃pjɔ̃] *m* Lampion *m*
lancer [lɑ̃se] <2> **I.** *vt* ❶ *(projeter)* werfen ❷ *moteur, voiture* anlassen ❸ INFORM starten **II.** *vpr* **se ~** ❶ *(se précipiter)* sich werfen ❷ *(s'engager)* sich stürzen **III.** *m* SPORT Wurf *m; du poids* Stoß *m*

langage [lɑ̃gaʒ] *m* Sprache *f;* **~ parlé** Umgangssprache *f;* **~ de programmation** INFORM Programmiersprache *f*
langue [lɑ̃g] *f* ❶ ANAT Zunge *f* ❷ *(langage)* Sprache *f;* **~ des signes** Zeichensprache *f*
lanterne [lɑ̃tɛʀn] *f* Laterne *f*
lapin [lapɛ̃] *m* Kaninchen *nt*
laquelle [lakɛl] *pron v.* **lequel**
large [laʀʒ] **I.** *adj* ❶ *(opp: étroit)* breit; *cercle, vêtement* weit ❷ *mesure, succès* groß ❸ *acception, sens* weit **II.** *adv calculer, voir* großzügig **III.** *m* ❶ *(haute mer)* offene See ❷ *(largeur)* **de ~** breit
largement [laʀʒəmɑ̃] *adv* ❶ *(opp: étroitement)* weit ❷ *(amplement)* bei weitem
largeur [laʀʒœʀ] *f* Breite *f;* **~ de la porte** Türbreite *f;* **~ du couloir** Flurbreite *f*
larme [laʀm] *f* Träne *f*
latin(e) [latɛ̃] *adj* ❶ GEO, HIST, LING lateinisch; *civilisation, histoire* römisch ❷ *(opp: anglo-saxon)* romanisch; *tempérament* südländisch ❸ REL römisch-katholisch
lavabo [lavabo] *m* Waschbecken *nt,* Waschraum *m*
lavande [lavɑ̃d] *f (a. parfum)* Lavendel *m*

lave [lav] *f* Lava *f*
laver [lave] <1> *vt, vpr ((se) nettoyer)* **[se] ~** [sich] waschen
lave-vaisselle [lavvɛsɛl] *m inv* Geschirrspülmaschine *f*
le [lə] <l'> **I.** *art* der/die/das **II.** *pron* ihn
lécher [leʃe] <5> *vt, vpr* **[se] ~** [sich] ablecken
leçon [l(ə)sɔ̃] *f* ❶ SCOL *(à apprendre)* Lektion *f;* **~s de ski** Skikurs *m* ❷ *(cours)* Stunde *f*
lecteur [lɛktœʀ] *m* MEDIA Lesegerät *nt;* **~ de CD** CD-Player *m;* **~ MP3** MP3-Player *m*
lecture [lɛktyʀ] *f* ❶ *(action de lire)* Lesen *nt* ❷ *(qc qui se lit)* Lektüre *f* ❸ MEDIA, INFORM Lesen *nt*
légal(e) [legal] <-aux> *adj* gesetzlich
légende [leʒɑ̃d] *f* ❶ *(mythe)* Sage *f* ❷ *d'un plan* Legende *f*
léger, -ère [leʒe] *adj (opp: lourd)* leicht; *vêtement* dünn
légitime [leʒitim] *adj* ❶ JUR rechtsgültig; *enfant* ehelich ❷ *(justifié)* berechtigt
légume [legym] *m* Gemüse *nt*
lendemain [lɑ̃dmɛ̃] *m (jour suivant)* **le ~** der/am nächste(n) Tag; **du jour au ~** von heute auf morgen
lent(e) [lɑ̃] *adj* langsam
lentement [lɑ̃tmɑ̃] *adv* langsam
lentille [lɑ̃tij] *f* ❶ BOT, OPT Linse *f* ❷ *pl* GASTR Linsen *Pl*
lequel, laquelle [ləkɛl] <lesquels, lesquelles> **I.** *pron interrog* welcher/welche/welches **II.** *pron rel* der/die/das
les [le] **I.** *art* die **II.** *pron* sie/ihnen
lessive [lesiv] *f* ❶ Waschmittel *nt* ❷ *(lavage)* Wäsche *f;* **faire la ~** waschen
Lettonie [lɛtɔni] *f* **la ~** Lettland *nt*
lettre [lɛtʀ] *f* ❶ *(missive)* Brief *m* ❷ *(signe graphique)* Buchstabe *m*
leur¹ [lœʀ] *pron* sie
leur² [lœʀ] <leurs> *dét* ihr(e)
lever [l(ə)ve] <4> **I.** *vt (soulever)* heben **II.** *vpr* **se ~** ❶ *(se mettre debout)* sich erheben ❷ *(sortir du lit)* aufstehen ❸ *lune, soleil* aufgehen ❹ *temps* aufklaren **III.** *vi pâte* gehen **IV.** *m* **au ~ du soleil** bei Sonnenaufgang
levier [ləvje] *m* Hebel *m*
lèvre [lɛvʀ] *f* ❶ *de la bouche* Lippe *f* ❷ *pl (parties de la vulve)* Schamlippen *Pl*

lexique [lɛksik] *m (dictionnaire bilingue)* Wörterbuch *nt; (dictionnaire technique, spécialisé)* Lexikon *nt*

liaison [ljɛzɔ̃] *f* ❶ TELEC, MIL, AUT Verbindung *f* ❷ *(enchaînement)* Zusammenhang *m* ❸ *(relation amoureuse)* Verhältnis *nt*

libéral(e) [libeʀal] <-aux> *adj* ❶ ECON, POL liberal ❷ *éducation* frei

libération [libeʀasjɔ̃] *f* ❶ *d'un prisonnier politique* Freilassung *f* ❷ *(a. fig: délivrance)* Befreiung *f*

libéré(e) [libeʀe] *adj* emanzipiert

libérer [libeʀe] <5> **I.** *vt* ❶ *(relâcher)* freilassen ❷ *(délivrer, rendre disponible)* befreien ❸ *voie* frei machen **II.** *vpr* **se ~** sich frei machen

liberté [libɛʀte] *f* ❶ *(opp: oppression, emprisonnement)* Freiheit *f* ❷ *(loisir)* freie Zeit ❸ *(droit, indépendance)* Freiheit *f* ❹ *(absence de contrainte)* Ungezwungenheit *f*

libraire [libʀɛʀ] *mf* Buchhändler(in) *m(f)*

librairie [libʀeʀi] *f* Buchhandlung *f*

libre [libʀ] *adj* frei

librement [libʀəmɑ̃] *adv* frei

licenciement [lisɑ̃simɑ̃] *m* Entlassung *f*

licencier [lisɑ̃sje] <1> *vt* entlassen

lien [ljɛ̃] *m* ❶ *(attache)* Band *nt; (chaîne)* Fessel *f* ❷ *(rapport)* Verbindung *f* ❸ INFORM Link *m*

lier [lje] <1> **I.** *vt* ❶ *choses* zusammenbinden ❷ *(mettre en relation)* **être lié à qc** mit etw zusammenhängen **II.** *vpr* **se ~ avec qn** sich mit jdm anfreunden

lieu [ljø] <x> *m* ❶ *(endroit)* Ort *m;* **~ de naissance** Geburtsort *m* ❷ **en premier ~** zuerst; **en dernier ~** zuletzt; **avoir ~** stattfinden; **au ~ de cela** stattdessen

ligne [liɲ] *f* ❶ *a.* MATH Linie *f* ❷ *(suite de mots)* Zeile *f;* **~ de commande** INFORM Befehlszeile ❸ *(silhouette)* Figur *f* ❹ *(direction)* **~ droite** Gerade *f* ❺ ELEC, TELEC Leitung *f* ❻ INFORM **en ~** online; **hors ~** offline

lilas [lila] **I.** *m* Flieder *m* **II.** *adj inv* lila[farben]

limite [limit] **I.** *app* ❶ **âge ~** Altersgrenze *f* ❷ *(presque im-*

possible) fast unmöglich **II.** *f* **1** *d'une étendue* Grenze *f* **2** *(dans le temps)* Frist *f* **3** *(borne)* Grenzen *Pl* **4 à la ~** na ja; **à la ~, je peux ...** im äußersten Fall kann ich ...
limiter [limite] <1> **I.** *vt* **1** *(délimiter)* begrenzen **2** *(restreindre)* einschränken **II.** *vpr* *(se borner)* **se ~ à qc** sich auf etw *akk* beschränken
limonade [limɔnad] *f* Limonade *f*
linge [lɛ̃ʒ] *m* **1** *(vêtements)* Wäsche *f* **2** *(morceau de tissu)* Tuch *nt*
lion [ljɔ̃] *m* Löwe *m*
liquide [likid] **I.** *adj* **1** *(fluide)* flüssig **2** *(disponible)* **argent ~** Bargeld *nt* **II.** *m* **1** *(fluide)* Flüssigkeit *f* **2** *(argent)* Bargeld *nt*
liquider [likide] <1> *vt* **1** *marchandise* ausverkaufen **2** *(fam) dossier* sich *dat* vom Hals schaffen **3** *(fam: tuer)* liquidieren **4** *société, compte* auflösen
lire¹ [liʀ] <irr> *vi* lesen
lire² [liʀ] *f* Lira *f*
liseuse [lizøz] *f* INFORM E-Book-Reader *m*, E-Reader *m*
lisible [lizibl] *adj* gut lesbar
liste [list] *f* Liste *f*
listing [listiŋ] *m* Liste *f*; *(document imprimé)* Ausdruck *m*
lit [li] *m* Bett *nt*
litre [litʀ] *m* **1** Liter *m* **2** *(bouteille)* Literflasche *f*
littéraire [liteʀɛʀ] *adj* **1** literarisch **2** *(opp: scientifique)* geisteswissenschaftlich
littérature [liteʀatyʀ] *f* Literatur *f*
Lituanie [litɥani] *f* **la ~** Litauen *nt*
livraison [livʀɛzɔ̃] *f* Lieferung *f*
livre¹ [livʀ] *m* Buch *nt*; **~ de poche** Taschenbuch *nt*; **~ de cuisine** Kochbuch *nt*
livre² [livʀ] *f* a. GASTR Pfund *nt*
local [lɔkal] <-aux> *m* Raum *m*
local(e) [lɔkal] <-aux> *adj* örtlich; *anesthésie* lokal; **heure ~e** Ortszeit *f*
locataire [lɔkatɛʀ] *mf* Mieter(in) *m(f)*
logement [lɔʒmɑ̃] *m* *(habitation)* Wohnung *f*
loger [lɔʒe] <2a> **I.** *vi* wohnen **II.** *vt* *(héberger)* unterbringen
logique [lɔʒik] **I.** *adj* logisch **II.** *f* Logik *f*
loi [lwa] *f* a. PHYS, MATH Gesetz *nt*
loin [lwɛ̃] *adv* **1** *(distance)* **au ~** in der Ferne; **de ~** von

L

weitem; **plus ~** weiter ❷ *(fig)* weit; **~ de là** [ganz] im Gegenteil ❸ *(dans le temps: passé)* lange her

lointain(e) [lwɛ̃tɛ̃] *adj* ❶ *pays, avenir* fern ❷ *(indirect)* entfernt ❸ *regard* abwesend

loisir [lwaziʀ] *m (temps libre)* Freizeit *f*

long [lɔ̃] *m* **en ~** in der Länge; **de ~ en large** auf und ab; **en ~ et en large** lang und breit

long, longue [lɔ̃] *adj* ❶ *(dans l'espace)* lang; *détour* groß ❷ *(dans le temps)* lang

L

longtemps [lɔ̃tɑ̃] *adv* lange

longue [lɔ̃g] *adj v.* **long**

longuement [lɔ̃gmɑ̃] *adv* lange; *expliquer* lang und breit

longueur [lɔ̃gœʀ] *f* ❶ *(opp: largeur)* Länge *f* ❷ *(durée)* Länge *f*

lors [lɔʀ] *adv* **~ de** bei; **dès ~** seitdem; **dès ~ que ...** sobald ...

lorsque [lɔʀsk(ə)] <lorsqu'> *conj* **~ tu fais/feras qc** wenn du etw machst/machen wirst

lotion [losjɔ̃] *f* Lotion *f*; **~ après-rasage** Rasierwasser *nt*

loucher [luʃe] <1> *vi* schielen

louer¹ [lwe] <1> *vt* loben

louer² [lwe] <1> *vt* ❶ *(donner en location)* vermieten ❷ *(prendre en location)* mieten ❸ *(emprunter)* ausleihen

loup [lu] *m (mammifère)* Wolf *m*

loupe [lup] *f* Lupe *f*

lourd(e) [luʀ] **I.** *adj* ❶ *(de grand poids)* schwer ❷ *chaleur* drückend; **il fait ~** es ist schwül ❸ *impôts, dettes* hoch ❹ *parfum, vin* schwer **II.** *adv peser* schwer

loyer [lwaje] *m* Miete *f*

luge [lyʒ] *f* Schlitten *m*

lui [lɥi] *pron* ihn/sie

lui-même [lɥimɛm] *pron* er selbst

lumière [lymjɛʀ] *f* ❶ Licht *nt* ❷ *pl (connaissances)* Wissen *nt*

lundi [lœ̃di] *m* Montag *m*; **~ de Pâques/Pentecôte** Oster-/Pfingstmontag

lune [lyn] *f* Mond *m*

lunette [lynɛt] *f* ❶ *pl* Brille *f*; **~s de plongée** Taucherbrille *f*; **~s de ski** Skibrille *f* ❷ *(instrument)* Fernrohr *nt* ❸ *des WC* WC-Brille *f*

lutte [lyt] *f* ❶ *(combat)* Kampf *m* ❷ SPORT Ringkampf *m*

lutter [lyte] <1> *vi* kämpfen

luxe [lyks] *m* ❶ *(opp: néces-*

sité) Luxus *m* ❷ *(coûteux)* **de ~** Luxus-

Luxembourg [lyksɑ̃buʀ] *m* ❶ **le ~** Luxemburg *nt* ❷ *(ville)* Luxemburg *nt* ❸ *(à Paris)* **le [palais du] ~** *Sitz des französischen Senats*

luxer [lykse] <1> *vpr* **se ~ l'épaule** sich die Schulter verrenken

lycée [lise] *m Schule für die letzten 3 Jahre vor dem Abitur;* **aller au ~** ein lycée besuchen

Mm

m' *pron v.* **me**

ma [ma] <mes> *dét* mein(e)

macabre [makabʀ] *adj* makaber

mâcher [mɑʃe] <1> *vt* kauen

machine [maʃin] *f* Maschine *f;* **~ à laver** Waschmaschine *f*

macho [matʃo] *m (fam)* Macho *m*

maçon(ne) [masɔ̃] *m(f)* Maurer(in) *m(f)*

madame [madam] <mesdames> *f* Frau *f*

mademoiselle [mad(ə)mwazɛl] <mesdemoiselles> *f* Frau *f*

magasin [magazɛ̃] *m* Geschäft *nt;* **~ de sport** Sportgeschäft *nt;* **~ d'antiquités** Antiquitätengeschäft *nt;* **~ d'électro-ménager** Elektrohandlung *f;* **~ de [vins et] spiritueux** Wein- und Spirituosengeschäft *nt;* **~ de chaussures** Schuhgeschäft *nt;* **~ de disques** Plattenladen *m;* **~ de fruits et légumes** Obst- und Gemüsehändler *m;* **~ d'informatique** Computerfachgeschäft *nt;* **~ de jouets** Spielwarengeschäft *nt;* **~ de musique** Musikgeschäft *nt;* **~ de photos** Fotogeschäft *nt;* **~ de produits diététiques** Reformhaus *nt;* **~ de produits naturels** Bioladen *m;* **~ de**

souvenirs Souvenirladen *m;* **~ de vins** Weinhandlung *f*
magazine [magazin] *m* ❶ PRESSE Zeitschrift *f* ❷ *(émission)* Magazin *nt*
magique [maʒik] *adj* ❶ *(surnaturel)* Zauber- ❷ *(merveilleux)* zauberhaft
magnétique [maɲetik] *adj* magnetisch; *bande* Ton-
magnétoscope [maɲetɔskɔp] *m* Videorecorder *m*
magnifique [maɲifik] *adj* wunderschön
mai [mɛ] *m* Mai *m*
maigre [mɛgʀ] *adj* ❶ *(opp: gros)* mager; *jambe* dünn; *visage* schmal ❷ GASTR mager; *lard* durchwachsen ❸ *(faible)* dürftig
maigrir [megʀiʀ] <8> *vi* abnehmen
maille [mɑj] *f* Masche *f*
main [mɛ̃] *f* ANAT Hand *f;* **serrer la ~ à qn** jdm die Hand schütteln; **fait ~** handgearbeitet; **à deux ~s** mit beiden Händen
maintenant [mɛ̃t(ə)nɑ̃] *adv* ❶ *(en ce moment)* jetzt; **dès ~** ab sofort ❷ *(actuellement)* heute
maintenir [mɛ̃t(ə)niʀ] <9> **I.** *vt* ❶ *ordre, offre* aufrechterhalten; *tradition* beibehalten ❷ *(soutenir)* stützen **II.** *vpr* **se ~** sich halten
maire [mɛʀ] *mf* Bürgermeister(in) *m(f),* Ammann *m* CH
mais [mɛ] **I.** *conj* ❶ *(deux séquences qui ne s'excluent pas)* aber ❷ *(deux séquences qui s'excluent)* sondern **II.** *adv* ❶ *(pourtant)* aber ❷ *(renforcement)* aber doch ❸ *(impatience)* also **III.** *m* Aber *nt*
maison [mɛzɔ̃] *f* ❶ Haus *nt;* **~ de vacances** Ferienhaus *nt* ❷ *(entreprise)* Firma *f*
maître [mɛtʀ] *m* Meister *m;* **~ nageur** Bademeister(in) *m(f)*
maître, -esse [mɛtʀ] **I.** *adj* ❶ **œuvre maîtresse** Hauptwerk *nt* ❷ *(qui peut disposer de)* **être ~ de qc** über etw bestimmen **II.** *m, f* ❶ *(chef)* Herr(in) *m(f)* ❷ SCOL Lehrer(in) *m(f)* ❸ *d'un chien* Herrchen *nt fam*
maîtresse [mɛtʀɛs] *f (liaison)* Geliebte *f*
maîtriser [metʀize] <1> **I.** *vt* ❶ *situation* meistern; *incendie* unter Kontrolle bringen ❷ *forcené* überwältigen **II.** *vpr* **se ~** sich beherrschen

M

majeur [maʒœʀ] *m* Mittelfinger *m*

majeur(e) [maʒœʀ] *adj* ❶ *difficulté, intérêt* sehr groß; *événement* wichtig ❷ **la ~e partie du temps** die meiste Zeit ❸ JUR volljährig

majuscule [maʒyskyl] **I.** *adj* große(r, s) **II.** *f* Großbuchstabe *m*

mal[1] [mal] **I.** *adv* ❶ *(opp: bien)* schlecht; *finir* böse ❷ *(pas de la bonne façon)* **~ s'y prendre** sich ungeschickt anstellen ❸ *comprendre, juger* falsch ❹ *(de manière défavorable)* **être ~ vu** nicht gerngesehen sein ❺ *(souffrance physique)* Schmerzen *Pl;* **avoir ~ à la gorge** Halsschmerzen haben; **maux d'estomac** Magenschmerzen *Pl* **II.** *adj inv* ❶ schlecht ❷ *(pas à l'aise)* **être ~** sich nicht wohl fühlen

mal[2] [mal] <maux> *m* ❶ a. REL **le ~** das Böse ❷ **[se] faire ~** [sich *dat*] wehtun; **faire ~** wehtun; **qn/qc me fait ~ au cœur** jd/etw tut mir leid

malade [malad] *mf* ❶ Kranke(r) *f(m)* ❷ *(patient)* Patient(in) *m(f)*

maladie [maladi] *f* Krankheit *f*

maladroit(e) [maladʀwa] *adj* ❶ *geste, personne* ungeschickt ❷ *parole, remarque* unpassend

malaise [malɛz] *m* ❶ MED Unwohlsein *nt;* **avoir un ~** ohnmächtig werden ❷ *(crise)* Unbehagen *nt*

malchance [malʃɑ̃s] *f* Pech *nt*

mâle [mɑl] **I.** *adj* männlich **II.** *m* ❶ *(homme)* Mann *m* ❷ *(animal)* Männchen *nt*

malgré [malgʀe] *prép* ❶ *(en dépit de)* trotz *+dat o gen;* **~ tout** trotz allem ❷ *(contre le gré de)* **~ moi** gegen meinen Willen

malheur [malœʀ] *m* Unglück *nt*

malheureusement [maløʀøzmɑ̃] *adv* leider

malheureux, -euse [maløʀø] *adj personne, air* unglücklich

malhonnête [malɔnɛt] *adj* unehrlich

malin, maligne [malɛ̃] *adj* ❶ *personne* schlau; *sourire* verschmitzt ❷ *tumeur* bösartig

maltraiter [maltʀete] <1> *vt* misshandeln

maman [mamɑ̃] *f* Mutter *f*

mamie [mami] *f (fam)* Oma *f*

manche[1] [mɑ̃ʃ] *f* ❶ *d'un vêtement* Ärmel *m* ❷ *(aux courses)* Runde *f* ❸ JEUX Spiel *nt* ❹ **faire la ~** betteln
manche[2] [mɑ̃ʃ] *m d'un outil* Griff *m; d'un balai* Stiel *m*
Manche [mɑ̃ʃ] *f* **la ~** der Ärmelkanal
manège [manɛʒ] *m* Karussell *nt; (agissements)* Hin und Her *nt*
manger [mɑ̃ʒe] <2a> *vt, vi* essen
manière [manjɛʀ] *f* ❶ *(façon)* Art *f;* **à la ~ ..., d'une ~ générale** im Allgemeinen; **de toute ~** auf jeden Fall; **de ~ [à ce] que** + *subj* so, dass; **de quelle ~?** wie denn? ❷ *pl (comportement)* Manieren *Pl*
manifestation [manifɛstasjɔ̃] *f* ❶ POL Demonstration *f* ❷ *(événement)* Veranstaltung *f* ❸ *d'un sentiment* Äußerung *f*
manipuler [manipyle] <1> *vt* ❶ *outil* handhaben ❷ *(péj: fausser)* manipulieren; *résultats* fälschen
manque [mɑ̃k] *m* ❶ Mangel *m* ❷ MED **être en ~** Entzugserscheinungen haben
manquer [mɑ̃ke] <1> **I.** *vt cible, but* verfehlen **II.** *vi* ❶ *(être absent)* fehlen ❷ *(regretter de ne pas avoir)* **mes enfants me manquent** ich vermisse die Kinder ❸ *(ne pas respecter)* **~ à sa parole** sein/ihr Wort nicht halten **III.** *vpr* **se ~ de 5 minutes** sich um 5 Minuten verpassen
manteau [mɑ̃to] <x> *m* Mantel *m*
maquillage [makijaʒ] *m (action)* Schminken *nt; (résultat, produits)* Make-up *nt*
maquiller [makije] <1> *vt* ❶ schminken ❷ *(falsifier)* fälschen; *voiture* frisieren
marbre [maʀbʀ] *m* Marmor *m*
marchand(e) [maʀʃɑ̃] *m(f)* Händler(in) *m(f);* **~ de journaux** Zeitungshändler(in) *m(f);* **~ d'objets d'art** Kunsthändler(in) *m(f)*
marchandise [maʀʃɑ̃diz] *f* Ware *f*
marche[1] [maʀʃ] *f* ❶ *(action)* Gehen *nt;* SPORT Lauf *m* ❷ *(allure)* Gang *m* ❸ **mettre qc en ~** etw einschalten ❹ *(mouvement continu)* **~ arrière** Rückwärtsgang *m*
marche[2] [maʀʃ] *f d'un escalier* Stufe *f; d'un véhicule* Trittbrett *nt*
marché [maʀʃe] *m* ❶ Markt

m; **~ aux puces** Flohmarkt *m* ❷ *(contrat)* Vertrag *m* ❸ **bon ~** *inv* billig

marcher [maʀʃe] <1> *vi* ❶ gehen ❷ *(poser le pied)* **~ sur/dans qc** auf/in etw *akk* treten ❸ *(fonctionner)* laufen; **~ à l'électricité** mit Strom betrieben werden ❹ *(fam)* **ça marche!** o.k.!

mardi [maʀdi] *m* Dienstag *m;* **~ gras** Karnevalsdienstag *m*

mari [maʀi] *m* [Ehe]mann *m*

mariage [maʀjaʒ] *m* ❶ *(institution)* Ehe *f; (union)* Heirat *f* ❷ *(cérémonie)* Hochzeit *f*

marié(e) [maʀje] *m(f) (le jour du mariage)* Bräutigam, Braut *m, f;* **les ~s** das Brautpaar

marier [maʀje] <1> **I.** *vt* trauen **II.** *vpr* **se ~ avec qn** jdn heiraten

marin [maʀɛ̃] *m (matelot)* Seemann *m*

marin(e) [maʀɛ̃] *adj* Meeres-

marine [maʀin] **I.** *f* Marine *f* **II.** *adj* marineblau

marque [maʀk] *f* ❶ *(trace)* Spur *f* ❷ *(repère)* Zeichen *nt* ❸ COM Marke *f*

marquer [maʀke] <1> *vt* ❶ *(indiquer)* markieren ❷ *(distinguer par un signe)* kennzeichnen ❸ *(inscrire, noter)* notieren

marraine [maʀɛn] *f* Patin *f*

marron [maʀɔ̃] **I.** *m* Marone *f* **II.** *adj inv* [kastanien]braun

mars [maʀs] *m* ❶ März *m* ❷ ASTRO Mars *m*

marteau [maʀto] <x> *m* Hammer *m*

masculin(e) [maskylɛ̃] *adj* männlich

masque [mask] *m* Maske *f*

masquer [maske] <1> **I.** *vt* verdecken **II.** *vpr* **se ~ le visage** sich *dat* eine Maske aufsetzen

massage [masaʒ] *m* Massage *f*

masse [mas] *f* Masse *f*

massif [masif] *m* ❶ BOT Beet *nt* ❷ GEO Bergmassiv *nt*

massif, -ive [masif] *adj carrure* massig; *bâtiment, meuble* wuchtig

mass media [masmedja] *mpl* Massenmedien *Pl*

master [mastɛʀ] *m* UNIV Master *m,* Masterabschluss *m*

match [matʃ] <[e]s> *m* Spiel *nt;* **~ nul** unentschieden

matelas [matlɑ] *m* Matratze *f;* **~ pneumatique** Luftmatratze *f*

matériel [mateʀjɛl] *m* ❶ *(équipement)* Material *nt*

❷ *(assortiment proposé dans un magasin)* **~ de sport** Sportartikel *m* ❸ INFORM Hardware *f*

matériel(le) [mateʀjɛl] *adj* materiell; *trace, preuve* konkret

maternel(le) [matɛʀnɛl] *adj* ❶ *(de/pour la mère)* Mutter- ❷ *grand-père* mütterlicherseits

maternelle [matɛʀnɛl] *f* Kindergarten *m*

mathématique [matematik] **I.** *adj* mathematisch **II.** *f pl* Mathematik *f*

matière [matjɛʀ] *f* ❶ Material *nt;* **~ première** Rohstoff *m* ❷ PHILOS, PHYS Materie *f* ❸ *(sujet, thème)* Material *nt;* **en ~ de qc** bezüglich einer S. *gen*

matin [matɛ̃] **I.** *m* Morgen *m; (matinée)* Vormittag *m;* **le ~** morgens; **ce ~** heute Morgen; **tous les ~s** jeden Morgen **II.** *adv* **mardi ~** [am] Dienstagmorgen

matinée [matine] *f* ❶ *(matin)* Vormittag *m* ❷ **faire la grasse ~** ausschlafen

maudit(e) [modi] *adj* ❶ *(fichu)* verdammt ❷ *poète, écrivain* verfemt; *lieu a.* unheilvoll

mauvais [movɛ] *adv* **il fait ~** es ist schlechtes Wetter; **sentir ~** stinken

mauvais(e) [movɛ] *adj* ❶ schlecht; **être ~ en qc** in etw *dat* schlecht sein ❷ *intention, regard* böse ❸ *mer* stürmisch

mauve [mov] **I.** *adj* blasslila **II.** *m* Blasslila *nt*

maximum [maksimɔm] <s> **I.** *adj* maximal; **au ~** höchstens **II.** *m* Höchstmaß *nt*

mayonnaise [majɔnɛz] *f* Mayonnaise *f*

me [mə] <m'> *pron* mich/mir

mec [mɛk] *m (fam)* Kerl *m*

mécanicien(ne) [mekanisjɛ̃] *m(f)* Mechaniker(in) *m(f)*

mécanique [mekanik] **I.** *adj* mechanisch; *jouet* zum Aufziehen **II.** *f* Mechanik *f*

méchant(e) [meʃɑ̃] *adj* ❶ *(opp: gentil)* böse; *animal* bösartig ❷ *soleil, mer* gefährlich

mécontent(e) [mekɔ̃tɑ̃] *adj* **~ de qn/qc** unzufrieden mit jdm/etw

médaille [medaj] *f* Medaille *f; (décoration)* Orden *m*

médecin [medsɛ̃] *m* Arzt, Ärztin *m, f*

médecine [medsin] *f (science)*

Medizin *f*

média [medja] *m* **les ~s** die Medien

médicament [medikamɑ̃] *m* Medikament *nt*

médiocre [medjɔkʀ] *adj* ❶ *salaire* dürftig ❷ *(minable)* mittelmäßig ❸ *élève* schwach

Méditerranée [mediteʀane] *f* **la [mer] ~** das Mittelmeer

méfier [mefje] <1> *vpr* **se ~ de qn/qc** jdm/einer S. misstrauen

mégaoctet [megaɔktɛ] *m* INFORM Megabyte *nt*

meilleur [mɛjœʀ] **I.** *adv* **il fait ~** es ist wärmer **II.** *m* **le ~** das Beste

meilleur(e) [mɛjœʀ] *adj* ❶ *comp de* **bon** besser ❷ *superl* **le ~ élève** der beste Schüler

mélancolie [melɑ̃kɔli] *f* Melancholie *f*

mélange [melɑ̃ʒ] *m* Mischung *f*

mélanger [melɑ̃ʒe] <2a> *vt, vpr* **[se] ~** [sich] [ver]mischen

mêler [mele] <1> **I.** *vt* ❶ *(mélanger)* [ver]mischen ❷ *(impliquer)* **~ qn à qc** jdn in etw *akk* verwickeln **II.** *vpr (péj: s'occuper)* **se ~ de qc** sich in etw *akk* einmischen

mélodie [melɔdi] *f* Melodie *f*

melon [m(ə)lõ] *m* Melone *f*

membre [mɑ̃bʀ] **I.** *m* ❶ ANAT Glied *nt;* **les ~s** die Gliedmaßen *Pl* ❷ *d'une association* Mitglied *nt* **II.** *app* **État ~** Mitgliedsstaat *m*

mémé [meme] *f (fam)* Oma *f*

même [mɛm] **I.** *adj* ❶ **habiter le ~ quartier** in demselben Viertel wohnen ❷ *(simultané)* **en ~ temps** zur gleichen Zeit ❸ *(semblable)* gleich **II.** *pron* **le/la ~** der-/die-/dasselbe **III.** *adv* ❶ *(de plus, jusqu'à)* [ja] sogar; **~ pas** nicht einmal; **~ si** selbst wenn ❷ *(précisément)* **ici ~** genau an dieser Stelle ❸ **vous de ~!** *(soutenu)* [danke,] ebenso!; **tout de ~** dennoch

mémoire[1] [memwaʀ] *f* ❶ Gedächtnis *nt* ❷ *(souvenir)* **~ de qn/qc** Erinnerung *f* an jdn/etw ❸ INFORM Speicher *m;* **~ vive** Arbeitsspeicher *m;* **mettre qc en ~** etw [ab]speichern

mémoire[2] [memwaʀ] *mpl (journal)* Memoiren *Pl*

mémoriser [memɔʀize] <1> *vt* INFORM [ab]speichern

menacer [mənase] <2> **I.** *vt (constituer une menace pour)* bedrohen **II.** *vi orage, fa-*

M

mine drohen

ménage [menaʒ] *m* ❶ Haushalt *m;* **faire le ~** sauber machen ❷ *(vie commune)* **être/se mettre en ~ avec qn** mit jdm zusammenleben/-ziehen

ménager [menaʒe] <2a> *vt, vpr* **[se] ~** *personne* [sich] schonen

ménagère [menaʒɛʀ] *f (femme)* Hausfrau *f*

mener [məne] <4> **I.** *vt* ❶ *(amener)* bringen ❷ *(diriger)* leiten; *négociations, affaire* führen **II.** *vi* führen

mensonge [mɑ̃sɔ̃ʒ] *m* Lüge *f*

mensuel(le) [mɑ̃sɥɛl] *adj* monatlich

mental(e) [mɑ̃tal] <-aux> *adj* geistig

menthe [mɑ̃t] *f* Minze *f*

mentionner [mɑ̃sjɔne] <1> *vt* erwähnen

mentir [mɑ̃tiʀ] <10> *vi* lügen

menton [mɑ̃tɔ̃] *m* Kinn *nt*

menu [məny] *m* ❶ *(repas)* Menü *nt* ❷ INFORM Menü *nt*

menu(e) [məny] **I.** *adj* zierlich **II.** *adv* **haché ~** fein gehackt

mer [mɛʀ] *f* Meer *nt;* **~ du Nord** Nordsee *f;* **état de la ~** Seegang *m*

merci [mɛʀsi] **I.** *interj* ❶ *(remercier)* danke; **~ bien** danke schön; *(négatif)* [nein,] vielen Dank ❷ *(indignation, déception)* na danke **II.** *m* Dank *m*

mercredi [mɛʀkʀədi] *m* Mittwoch *m;* **~ des Cendres** Aschermittwoch *m*

merde [mɛʀd] **I.** *f* ❶ *(vulg)* Scheiße *f vulg* ❷ *(fam: saleté, personne, chose sans valeur)* Dreck *m fam* **II.** *interj (fam)* ❶ *(colère)* **~ alors!** [verdammte] Scheiße! *vulg* ❷ *(surprise)* verdammt *fam*

mère [mɛʀ] *f* ❶ *(femme)* Mutter *f;* **~ célibataire** allein erziehende Mutter ❷ *(animal)* Muttertier *nt*

mériter [meʀite] <1> *vt* ❶ *(avoir droit à qc)* verdienen ❷ *(valoir)* wert sein

merveilleux, -euse [mɛʀvɛjø] *adj* ❶ *(exceptionnel)* wunderbar ❷ *monde, lampe* Wunder-

mes [me] *dét v.* **ma, mon**

mesdames [medam] *fpl v.* **madame**

mesdemoiselles [medmwazɛl] *fpl v.* **mademoiselle**

message [mesaʒ] *m* ❶ *(nouvelle)* Nachricht *f* ❷ *(note écrite)* Zettel *m* ❸ INFORM, TELEC Meldung *f;* **~ électronique** E-Mail *f*

messe [mɛs] *f* Messe *f*

messieurs [mesjø] *mpl v.* **monsieur**

mesure [m(ə)zyʀ] *f* ❶ Maß *nt; de la température* Messwert *m* ❷ *(disposition)* Maßnahme *f* ❸ **dans une certaine ~** in gewissem Maße

métal [metal] <-aux> *m* Metall *nt*

météo [meteo] *f* Wetterbericht *m*

méthode [metɔd] *f (technique)* Methode *f*

métier [metje] *m* Beruf *m*

mètre [mɛtʀ] *m* Meter *m o nt;* **~ cube/carré** Kubik-/Quadratmeter

métro [metʀo] *m* ❶ U-Bahn *f* ❷ *(station)* U-Bahn-Station *f*

mettre [mɛtʀ] <irr> **I.** *vt* ❶ *(placer, poser)* tun; *(à plat, couché, horizontalement)* legen; *(debout, verticalement)* stellen; *(assis)* setzen ❷ *vêtement, chaussures* anziehen; *chapeau, lunettes* aufsetzen ❸ *heures, journées* brauchen; **tu as mis le temps!** du hast dir aber Zeit gelassen! ❹ **~ à l'heure** *montre* stellen; **~ à jour** INFORM aktualisieren **II.** *vpr* ❶ **se ~ debout/assis** aufstehen/sich [hin]setzen ❷ *(porter)* **se ~ en pantalon** eine Hose anziehen ❸ *(commencer à)* **se ~ au travail** sich an die Arbeit machen ❹ *(changement d'état)* **se ~ en colère** wütend werden

meuble [mœbl] *m* Möbel *nt*

mi [mi] *m inv* E *nt,* e *nt*

mi-août [miut] *f* **à la ~** Mitte August

microphone [mikʀɔfɔn] *m* Mikrofon *nt*

microscope [mikʀɔskɔp] *m* Mikroskop *nt*

midi [midi] *m* ❶ *inv (heure)* zwölf [Uhr]; **à ~** um zwölf ❷ *(moment du déjeuner)* Mittag *m* ❸ *(sud)* Süden *m*

miel [mjɛl] *m* Honig *m*

mien(ne) [mjɛ̃] *pron* **le ~/la ~ne** der/die/das Meine

mieux [mjø] **I.** *adv comp de* **bien** ❶ besser; **qn va ~** jdm geht es besser; **aimer ~ faire qc** etw lieber tun; **tant ~ pour qn!** umso besser für jdn! ❷ **il vaut ~ que** + *subj* es ist besser, wenn **II.** *adv superl de* **bien: c'est lui qui travaille le ~** er arbeitet am besten; **il travaille de son ~** er arbeitet so gut er kann **III.** *adj comp de* **bien** ❶ *(en meilleure santé)* **il la trouve ~** er findet,

M

sie sieht [wieder] besser aus ❷ *(préférable)* **c'est ~ ainsi** es ist besser so

mignon(ne) [miɲɔ̃] *adj* niedlich; *(gentil)* lieb

milieu [miljø] <x> *m* ❶ Mitte *f* ❷ *(environnement)* Umwelt *f*

militaire [militɛʀ] *mf* Soldat(in) *m(f)*

militer [milite] <1> *vi* ❶ *(être militant)* aktiv sein ❷ *(lutter)* kämpfen

mille [mil] *num* [ein]tausend

millénaire [milenɛʀ] **I.** *adj* tausendjährig **II.** *m* Jahrtausend *nt*

M

milliard [miljaʀ] *m* Milliarde *f;* **des ~s de choses** Milliarden *Pl* von Dingen

millième [miljɛm] **I.** *adj* tausendste(r, s) **II.** *m* *(fraction)* Tausendstel *nt*

millier [milje] *m* **un/deux ~(s) de choses** um die tausend/zweitausend Dinge; **des ~s de** Tausende *Pl* von

millimètre [milimɛtʀ] *m* Millimeter *m o nt*

million [miljɔ̃] *m* Million *f*

mi-long, mi-longue [milɔ̃] <mi-longs> *adj* halb lang

minable [minabl] *adj* erbärmlich

mince [mɛ̃s] **I.** *adj* ❶ *(fin)* dünn ❷ *(élancé)* schlank ❸ *(modeste)* gering **II.** *adv* dünn **III.** *interj* **~ [alors]!** *(fam)* verflixt [noch mal]!

mincir [mɛ̃siʀ] <8> *vi* dünner werden

mine[1] [min] *f* ❶ Miene *f;* **avoir bonne ~** gut aussehen ❷ *(allure)* Aussehen *nt*

mine[2] [min] *f* Mine *f*

mine[3] [min] *f d'un crayon* Mine *f*

minéral [mineʀal] <-aux> *m* Mineral *nt*

mineur(e) [minœʀ] *adj* ❶ JUR minderjährig ❷ *(peu important)* unwichtig

ministre [ministʀ] *mf* POL Minister(in) *m(f);* **Premier ~** Premierminister *m*

minorité [minɔʀite] *f* ❶ Minderheit *f* ❷ JUR Minderjährigkeit *f*

minuit [minɥi] *m* Mitternacht *f*

minuscule [minyskyl] **I.** *adj* ❶ *(très petit)* winzig [klein] ❷ *(en écriture)* klein **II.** *f* Kleinbuchstabe *m*

minute [minyt] *f* Minute *f*

minutieux, -euse [minysjø] *adj* genau; *personne, examen a.* gründlich

miracle [miʀakl] *m* Wunder *nt*
miroir [miʀwaʀ] *m* Spiegel *m*
misérable [mizeʀabl] *adj* ❶ *personne, famille* sehr arm ❷ *(pitoyable)* erbärmlich
misère [mizɛʀ] *f* ❶ *(détresse)* Elend *nt*, Not *f* ❷ *(souffrances)* Leiden *nt*
mission [misjɔ̃] *f* ❶ *(tâche)* Aufgabe *f*; *(culturelle, dangereuse)* Mission *f* ❷ *(délégation)* Delegation *f* ❸ *(vocation)* Mission *f*
mi-temps [mitɑ̃] **I.** *f inv* SPORT Halbzeit *f* **II.** *m inv (travail)* Halbtagsstelle *f*
mixer [mikse] <1> *vt* ❶ GASTR mixen ❷ MEDIA mischen
mixte [mikst] *adj* gemischt
Mlle [madmwazɛl] <s> *f abr de* **Mademoiselle** Frl.
MM. [mesjø] *mpl abr de* **Messieurs** die Herren
Mme [madam] <s> *f abr de* **Madame** Fr.
moche [mɔʃ] *adj (fam)* ❶ *(laid)* hässlich ❷ *(regrettable)* scheußlich
modalité [mɔdalite] *f pl (procédure)* Modalitäten *Pl*
mode¹ [mɔd] **I.** *f* Mode *f* **II.** *app* **à la ~** modern
mode² [mɔd] *m* **~ d'emploi** Gebrauchsanweisung *f*; **~ de paiement** Zahlungsart *f*
modèle [mɔdɛl] **I.** *m* ❶ *(référence)* Vorbild *nt* ❷ TYP Vorlage *f* ❸ COUT, ART Modell *nt* ❹ **~ réduit** Miniaturmodell *nt* **II.** *adj (exemplaire)* vorbildlich
modéré(e) [mɔdeʀe] *adj vent, enthousiasme* mäßig; *opinion, prix* gemäßigt; *personne* maßvoll
moderne [mɔdɛʀn] *adj* modern; *pays* fortschrittlich
modeste [mɔdɛst] *adj* bescheiden
modifier [mɔdifje] <1> *vt* ändern
mœurs [mœʀ(s)] *fpl* ❶ *(coutumes)* Sitten und Bräuche *Pl* ❷ *(règles morales)* Moral *f*
moi [mwa] *pron* mich/mir
moi-même [mwamɛm] *pron* ich selbst
moindre [mwɛ̃dʀ] *adj bruit* geringste(r, s)
moine [mwan] *m* Mönch *m*
moins [mwɛ̃] **I.** *adv* ❶ weniger; **rouler ~ vite** langsamer fahren; **~ beau [que]** nicht so schön [wie]; **~ ... ~ ...** je weniger ..., desto weniger ...; **~ ..., plus ...** je weniger ..., desto mehr ... ❷ *superl* **le ~** am wenigsten ❸ **à ~ que** + *subj*/

M

de faire qc es sei denn, jd tut etw; **au ~** *(au minimum)* mindestens; **[tout] au/du ~** wenigstens; **de ~, en ~** weniger; **de ~ en ~** immer weniger **II.** *prép* ❶ *(soustraction)* minus ❷ *(heure)* vor; **midi ~ le quart** Viertel vor zwölf ❸ *(température)* minus **III.** *m* ❶ *(minimum)* Mindeste(s) *nt* ❷ *(signe)* Minuszeichen *nt*

mois [mwa] *m* Monat *m;* **au ~** monatlich; **au ~ de janvier** im Januar

moitié [mwatje] *f* Hälfte *f;* **à ~** halb; **la ~ du temps** die halbe Zeit; **~ moins** halb so viel

moment [mɔmɑ̃] *m* ❶ Moment *m,* Augenblick *m;* **un [long] ~** eine [ganze] Weile; **à quel ~?** wann?; **au ~ de** als; **dans un ~** gleich; **pour le ~** im Moment; **un ~!** [einen] Moment! ❷ *(occasion)* Gelegenheit *f;* **à un ~ donné** plötzlich; **c'est le ~ ou jamais** jetzt oder nie

mon [mɔ̃] <mes> *dét* mein(e)

monastère [mɔnastɛʀ] *m* Kloster *nt*

monde [mɔ̃d] *m* ❶ *(univers)* Welt *f* ❷ *(groupe social)* Kreise *Pl* ❸ *(foule)* Menschenmenge *f;* **beaucoup de ~** viele Leute

mondial [mɔ̃djal] *m* SPORT Weltmeisterschaft *f*

mondial(e) [mɔ̃djal] <-aux> *adj* weltweit

Monégasque [mɔnegask] *mf* Monegasse *m*

moniteur [mɔnitœʀ] *m* Monitor *m*

moniteur, -trice [mɔnitœʀ] *m, f* Lehrer(in) *m(f);* **~ d'auto-école** Fahrlehrer(in) *m(f);* **~ de ski** Skilehrer(in) *m(f)*

monnaie [mɔnɛ] *f* ❶ ECON, FIN Geld *nt* ❷ *(devise)* Währung *f* ❸ *(petites pièces)* Kleingeld *nt* ❹ *(argent rendu)* Wechselgeld *nt*

monoparental(e) [monopaʀɑ̃tal] <-aux> *adj famille* mit nur einem Elternteil

monsieur [məsjø] <messieurs> *m* Herr *m*

monstre [mɔ̃stʀ] **I.** *m* ❶ *(animal fantastique)* Ungeheuer *nt* ❷ BIO, ZOOL Missgeburt *f* **II.** *adj (fam)* wahnsinnig

mont [mɔ̃] *m* Berg *m*

montagne [mɔ̃taɲ] *f (mont)* Berg *m; (région)* Gebirge *nt*

montant [mɔ̃tɑ̃] *m* ❶ Betrag *m* ❷ *d'un lit, d'une porte*

Pfosten *m*

montant(e) [mɔ̃tɑ̃] *adj chemin* ansteigend; **marée ~e** Flut *f*

monter [mɔ̃te] <1> **I.** *vi* ❶ *(grimper)* hinaufsteigen; *(vu d'en haut)* heraufsteigen ❷ *(chevaucher)* **~ à cheval** reiten ❸ *(prendre place dans)* einsteigen in +*akk* ❹ *avion, flammes* aufsteigen **II.** *vt* ❶ hinaufsteigen; *échelle* steigen auf +*akk; (vu d'en haut)* heraufführen ❷ GASTR schlagen ❸ *prix* anheben **III.** *vpr* **se ~ à 2000 euros** sich auf 2000 Euro *akk* belaufen

montgolfière [mɔ̃gɔlfjɛʀ] *f* Heißluftballon *m*

montre [mɔ̃tʀ] *f* Uhr *f*

montrer [mɔ̃tʀe] <1> *vt, vpr* **[se] ~** [sich] zeigen

monument [mɔnymɑ̃] *m (mémorial)* Denkmal *nt*

moral(e) [mɔʀal] <-aux> *adj* ❶ moralisch ❷ *(relatif à l'esprit)* seelisch

moral [mɔʀal] <-aux> *m* ❶ *(état psychologique)* Stimmung *f* ❷ *(vie psychique)* Geisteszustand *m* ❸ **avoir le ~** zuversichtlich sein

morale [mɔʀal] *f* Moral *f*

morceau [mɔʀso] <x> *m* Stück *nt*

mordre [mɔʀdʀ] <14> *vt, vi, vpr* **[se] ~** [sich] beißen

mort(e) [mɔʀ] *adj* ❶ *personne, arbre* tot; *feuilles* welk ❷ *(fam)* **~ [de fatigue]** todmüde ❸ *(avec un fort sentiment de)* **être ~ de peur** vor Angst sterben ❹ **être ~** *moteur* ausgedient haben

mort [mɔʀ] *f* ❶ Tod *m* ❷ *(destruction)* Untergang *m*

mosquée [mɔske] *f* Moschee *f*

mot [mo] *m* ❶ Wort *nt* ❷ *(message)* Nachricht *f* ❸ **~ de passe** Passwort *nt;* **~s croisés/fléchés** *pl* Kreuzworträtsel *nt;* **en deux ~s** mit wenigen Worten; **~ à ~** wortwörtlich

moteur [mɔtœʀ] *m* ❶ TECH Motor *m* ❷ *(cause)* **être le ~ de qc** *personne* die treibende Kraft für etw sein

motif [mɔtif] *m* ❶ *(raison)* [Beweg]grund *m* ❷ *(ornement)* Motiv *nt*

motivation [mɔtivasjɔ̃] *f* Motivation *f*

motiver [mɔtive] <1> *vt* ❶ *(justifier)* begründen ❷ *(stimuler)* motivieren

moto [moto] *f abr de* **motocyclette** Motorrad *nt*

M

mou, **mol**, **molle** [mu] *adj* ❶ *(opp: dur)* weich ❷ *(flasque, faible)* schlaff
mouche [muʃ] *f* Fliege *f*
mouchoir [muʃwaʀ] *m* Taschentuch *nt;* ~ **en papier** Papiertaschentuch *nt*
moudre [mudʀ] <irr> *vt* mahlen
mouillé(e) [muje] *adj* nass
moulage [mulaʒ] *m* ❶ *(action de mouler)* Gießen *nt* ❷ *(empreinte, objet)* Abguss *m*
moule[1] [mul] *m* Form *f*
moule[2] [mul] *f* Miesmuschel *f*
moulin [mulɛ̃] *m* Mühle *f*

mourir [muʀiʀ] <irr> *vi* sterben
mousse [mus] *f* ❶ *(écume)* Schaum *m;* ~ **à raser** Rasierschaum *m* ❷ BOT Moos *nt* ❸ GASTR Mousse *f* ❹ *(matière)* Schaumstoff *m*
moustache [mustaʃ] *f* Schnurrbart *m*
moustique [mustik] *m* Stechmücke *f; (sous les tropiques)* Moskito *m*
moutarde [mutaʀd] *f* Senf *m*
mouton [mutɔ̃] *m* ❶ *(a. fig)* Schaf *nt* ❷ *(viande)* Hammel *m*
mouvement [muvmɑ̃] *m* ❶ *(action)* Bewegung *f* ❷ *(impulsion)* Regung *f* ❸ MUS Tempo *nt*
moyen [mwajɛ̃] *m* ❶ *(procédé)* Mittel *nt* ❷ *(solution)* Weg *m* ❸ *pl (capacités)* Fähigkeiten *Pl* ❹ *pl (ressources financières)* Mittel *Pl*
moyen(ne) [mwajɛ̃] *adj* ❶ *(intermédiaire)* mittlere(r, s) ❷ *(ni bon, ni mauvais)* mittelmäßig ❸ *(en proportion)* durchschnittlich
moyenne [mwajɛn] *f* ❶ MATH Mittel *nt;* **en** ~ durchschnittlich ❷ *a.* SCOL Durchschnitt *m*
muet(te) [mɥɛ] *adj* stumm
multicolore [myltikɔlɔʀ] *adj* bunt
multiculturel(le) [myltikyltyʀɛl] *adj* multikulturell
multiple [myltipl] **I.** *adj* ❶ *(nombreux)* vielfach ❷ *(aspects, raisons)* vielfältig **II.** *m* **être le ~ de qc** das Vielfache von etw sein
multiplier [myltiplije] <1> **I.** *vt* ❶ MATH multiplizieren ❷ *(augmenter le nombre de)* vervielfachen **II.** *vpr* **se ~** sich vermehren
multitude [myltityd] *f* Vielzahl *f*
munir [myniʀ] <8> *vpr* **se ~ de qc** etw mitnehmen

mur [myʀ] *m* Mauer *f*; *d'une pièce* Wand *f*
mûr(e) [myʀ] *adj* reif
murmurer [myʀmyʀe] <1> **I.** *vi* ❶ *(chuchoter)* murmeln ❷ *(protester)* murren **II.** *vt* **~ qc à qn** jdm etw zuflüstern
muscle [myskl] *m* Muskel *m*
musée [myze] *m* Museum *nt*
musical(e) [myzikal] <-aux> *adj études, film* Musik-; *soirée* musikalisch
musicien(ne) [myzisjɛ̃] *m(f)* Musiker(in) *m(f)*
musique [myzik] *f* Musik *f*; **~ classique** Klassik *f*; **~ en direct** Livemusik *f*; **~ folklorique** Volksmusik *f*; **écouter de la ~** Musik hören
musulman(e) [myzylmɑ̃] *adj monde* moslemisch; **être ~** Moslem sein
mutuel(le) [mytɥɛl] *adj* gegenseitig
mystère [mistɛʀ] *m* ❶ *(secret)* Geheimnis *nt* ❷ *(énigme)* Rätsel *nt*
mythe [mit] *m* Mythos *m*

Nn

n' *v.* **ne**
nage [naʒ] *f* Schwimmen *nt*
nager [naʒe] <2a> *vt, vi (a. fig)* schwimmen
nageur, -euse [naʒœʀ] *m, f* Schwimmer(in) *m(f)*
naïf, naïve [naif] *adj* naiv
naissance [nɛsɑ̃s] *f* ❶ Geburt *f* ❷ *(apparition)* Entstehung *f*
naître [nɛtʀ] <irr> *vi* ❶ geboren werden ❷ *crainte, désir, soupçon* entstehen
nappe [nap] *f (linge)* Tischtuch *nt*
narrateur, -trice [naʀatœʀ] *m, f* Erzähler(in) *m(f)*
narration [naʀasjɔ̃] *f* Erzählung *f*
nasal(e) [nazal] <-aux> *adj* nasal
nation [nasjɔ̃] *f* Nation *f*; **les**

Nations unies die Vereinten Nationen

national(e) [nasjɔnal] <-aux> *adj* ❶ *(de l'État)* national; **fête ~e** Nationalfeiertag *m* ❷ *(opp: local, régional)* national

nationalité [nasjɔnalite] *f* Staatsangehörigkeit *f*

nature [natyʀ] *f* ❶ *(environnement)* Natur *f* ❷ *(caractère)* Wesen *nt* ❸ ART **~ morte** Stillleben *nt*

naturel [natyʀɛl] *m* ❶ *(caractère)* Wesen *nt* ❷ *(spontanéité)* Natürlichkeit *f*

naturel(le) [natyʀɛl] *adj* natürlich; *père* leiblich; *gaz* Erd-

naturellement [natyʀɛlmɑ̃] *adv* ❶ *(bien entendu)* selbstverständlich ❷ *(opp: artificiellement)* auf natürliche Weise ❸ *(de façon innée)* von Natur aus

navette [navɛt] *f* Transferbus *m*

naviguer [navige] <1> *vi* ❶ AVIAT fliegen; NAUT fahren ❷ INFORM surfen

navire [naviʀ] *m* Schiff *nt*

ne [nə] <n'> *adv* **~ ... pas** nicht

né(e) [ne] *adj (de naissance)* geboren

nécessaire [nesesɛʀ] **I.** *adj* nötig; *condition* notwendig; **si ~** falls nötig **II.** *m* **le ~** das Nötige

Néerlandais(e) [neɛʀlɑ̃dɛ] *m(f)* Niederländer(in) *m(f)*

négatif [negatif] *m* Negativ *nt*

négation [negasjɔ̃] *f* Negation *f*

négliger [neglіʒe] <2a> *vt, vpr* **[se] ~** [sich] vernachlässigen

neige [nɛʒ] *f* ❶ METEO Schnee *m*; **~ poudreuse** Pulverschnee *m* ❷ GASTR **battre les blancs en ~** das Eiweiß zu Schnee schlagen

neiger [neʒe] <2a> *vi* **il neige** es schneit

nerf [nɛʀ] *m* ANAT, MED Nerv *m*

nerveux, -euse [nɛʀvø] *adj* ❶ *spasme, troubles* nervös ❷ *animal, personne* unruhig ❸ *(émotif)* empfindlich ❹ *animal, personne* dynamisch

n'est-ce-pas [nɛspa] *adv* ❶ *(invitation à acquiescer)* **~?** oder? ❷ *(renforcement)* nicht [wahr]

net(te) [nɛt] **I.** *adj* ❶ *(propre)* sauber ❷ *(précis)* klar ❸ *contours, image* scharf ❹ *salaire* Netto-; **~ d'impôt** steuerfrei **II.** *adv* ❶ *se casser* glatt; *s'ar-*

rêter abrupt ❷ *dire, refuser* klar und deutlich

nettement [nɛtmɑ̃] *adv* ❶ *(sans ambiguïté)* unmissverständlich ❷ *(distinctement)* deutlich ❸ **~ moins/plus** deutlich weniger/mehr

nettoyage [netwajaʒ] *m* Reinigen *nt;* **~ de fin de séjour** Endreinigung *f; d'une pièce* Putzen *nt*

nettoyer [netwaje] <6> *vt* putzen; *plaie, tapis* reinigen; **~ à sec** chemisch reinigen

neuf, neuve [nœf] *adj* ❶ neu ❷ **quelque chose/rien de ~** etwas/nichts Neues

neuf[1] [nœf] *num* ❶ neun ❷ *(dans l'indication de la date)* **le ~ mars** der neunte März

neuf[2] [nœf] *m* ❶ Neue(s) *nt* ❷ **il y a du ~** es gibt etwas Neues

neutre [nøtʀ] *adj* ❶ *a.* POL, CHIM, ELEC neutral ❷ *(qui ne choque pas)* neutral ❸ LING sächlich

neuvième [nœvjɛm] **I.** *adj* neunte(r, s) **II.** *m (fraction)* Neuntel *nt*

neveu [n(ə)vø] <x> *m* Neffe *m*

nez [ne] *m* Nase *f*

ni [ni] *conj* **il ne sait pas dessiner ~ peindre** er kann weder zeichnen noch malen; **~ l'un ~ l'autre** keiner von beiden

nid [ni] *m* Nest *nt*

nièce [njɛs] *f* Nichte *f*

nier [nje] <1> *vt* leugnen; *(refuser l'idée de)* verleugnen

n'importe [nɛ̃pɔʀt] *v.* **importer**

niveau [nivo] <x> *m* ❶ *(hauteur)* Höhe *f; d'essence, huile* -stand *m* ❷ *(degré)* **~ de vie** Lebensstandard *m* ❸ **au plus haut ~** auf höchster Ebene

noble [nɔbl] *adj* adlig

Noël [nɔɛl] *m* Weihnachten *nt*

noir [nwaʀ] *m (couleur)* Schwarz *nt*

noir(e) [nwaʀ] *adj* ❶ schwarz ❷ *(obscur)* finster ❸ *idées* düster

noisette [nwazɛt] *f (fruit)* Haselnuss *f*

noix [nwa] *f* Nuss *f;* **~ de coco** Kokosnuss *f*

nom [nɔ̃] *m (dénomination)* Name *m;* **~ patronymique** Familienname *m*

nombre [nɔ̃bʀ] *m a.* MATH Zahl *f;* **en grand ~** zahlreich

nombreux, -euse [nɔ̃bʀø] *adj* zahlreich; *foule, famille* groß

nommer [nɔme] <1> *vt* ❶ *per-*

N

sonne nennen; *chose* benennen ❷ *(désigner)* ernennen

non [nɔ̃] **I.** *adv* ❶ *(réponse)* nein; **je pense que ~** ich glaube nicht; **moi ~, mais** ich nicht, aber; **ça ~!** das kommt nicht in Frage! ❷ *(opposition)* nicht; **moi ~ plus** ich auch nicht; **~ seulement ..., mais [encore]** nicht nur ..., sondern [auch] ❸ *(fam: sens interrogatif)* **vous venez, ~?** Sie kommen doch, oder? **II.** *m inv* Nein *nt;* **48% de ~** 48% Neinstimmen

nonante [nɔnɑ̃t] *num* BELG, CH *(quatre-vingt-dix)* neunzig

nord [nɔʀ] **I.** *m* ❶ **le ~** der Norden; **au ~ de** nördlich von ❷ **perdre le ~** den Kopf verlieren **II.** *adj inv* Nord-

Nord [nɔʀ] **I.** *m* **le ~** der Norden **II.** *adj inv* *hémisphère* nördlich; *pôle* Nord-

nord-ouest [nɔʀwɛst] *m inv* Nordwesten *m*

normale [nɔʀmal] *f* Normalfall *m*

normalement [nɔʀmalmɑ̃] *adv* normalerweise

Norvège [nɔʀvɛʒ] *f* **la ~** Norwegen *nt*

norvégien(ne) [nɔʀveʒjɛ̃] *adj* norwegisch

Norvégien(ne) [nɔʀveʒjɛ̃] *m(f)* Norweger(in) *m(f)*

nos [no] *dét v.* **notre**

note [nɔt] *f* ❶ SCOL, MUS Note *f* ❷ *(communication)* Notiz *f* ❸ *(facture)* Rechnung *f* ❹ *(annotation)* Anmerkung *f*

noter [nɔte] <1> *vt* ❶ *(inscrire)* [sich *dat*] aufschreiben ❷ *(remarquer)* feststellen ❸ ADMIN, SCOL benoten

notion [nosjɔ̃] *f* *(idée)* Begriff *m*

notre [nɔtʀ] <nos> *dét* unser(e)

nôtre [notʀ] *pron* **le/la ~** der/die/das Uns[e]re

nourrir [nuʀiʀ] <8> *vt, vpr* **[se] ~** *personne* [sich] ernähren

nourriture [nuʀityʀ] *f* Nahrung *f;* *(pour animaux)* Futter *nt*

nous [nu] *pron* wir/uns

nouveau [nuvo] <x> *m* ❶ **du ~** etwas Neues ❷ **à [o de] ~** erneut

nouveau, nouvel, nouvelle [nuvo] <x> *adj* ❶ neu; **rien de ~** nichts Neues ❷ **les ~x venus** die Neuankömmlinge

nouvelle [nuvɛl] *f (événement)* Neuigkeit *f;* *(information)* Nachricht *f*

novembre [nɔvɑ̃bʀ] *m* November *m*
noyer [nwaje] <6> **I.** *vt* ❶ *(tuer)* ertränken ❷ *(inonder)* überschwemmen **II.** *vpr* **se ~** ertrinken
nu [ny] *m* ART Akt *m*
nu(e) [ny] *adj* nackt; **pieds ~s** barfuß
nuage [nɥaʒ] *m* Wolke *f*
nuageux, -euse [nɥaʒø, -ʒøz] *adj* bewölkt
nuance [nɥɑ̃s] *f* ❶ *(couleur: gamme)* [Farb]schattierung *f*; *(détail)* Feinheit *f* ❷ *(légère différence)* kleiner Unterschied
nucléaire [nykleɛʀ] **I.** *adj* Atom- **II.** *m* Atomenergie *f*
nuire [nɥiʀ] <irr> *vi* schaden
nuit [nɥi] *f* ❶ Nacht *f*; **bonne ~!** gute Nacht! ❷ *(nuitée)* Übernachtung *f* ❸ *(temps d'activité)* **être de ~** Nachtdienst haben
nul(le) [nyl] *adj* ❶ *discours, film* miserabel ❷ SPORT **match ~** Unentschieden *nt*
numéro [nymeʀo] *m* Nummer *f*; **~ de code** Geheimzahl *f*; **~ de téléphone** Telefonnummer *f*

O o

ô [o] *interj* oh
obéir [ɔbeiʀ] <8> *vi* gehorchen
objectif [ɔbʒɛktif] *m* ❶ *(but)* Ziel *nt* ❷ OPT, PHYS, PHOT Objektiv *nt*
objectif, -ive [ɔbʒɛktif] *adj* objektiv
objet [ɔbʒɛ] *m* ❶ *(chose)* Gegenstand *m* ❷ LING Objekt *nt* ❸ **~s trouvés** Fundbüro *nt*
obliger [ɔbliʒe] <2a> *vt* ❶ **~ qn à faire qc** jdn zwingen, etw zu tun ❷ *(contraindre moralement)* verpflichten
obscur(e) [ɔpskyʀ] *adj* ❶ *(sombre)* dunkel ❷ *raison, affaire* undurchsichtig
observer [ɔpsɛʀve] <1> *vt, vpr*

((s')épier) **[s']~** [sich] beobachten
obstacle [ɔpstakl] *m a.* SPORT Hindernis *nt*
obtenir [ɔptəniʀ] <9> *vt* ❶ *(recevoir)* erhalten ❷ *(parvenir à)* erzielen
occasion [ɔkazjɔ̃] *f* ❶ Gelegenheit *f;* **c'est l'~ ou jamais** jetzt oder nie ❷ COM **voiture d'~** Gebrauchtwagen *m* ❸ **à l'~** bei Gelegenheit
occident [ɔksidɑ̃] *m* ❶ POL **l'Occident** der Westen ❷ *(opp: orient)* Abendland *nt*
occidental(e) [ɔksidɑ̃tal] <-aux> *adj* GEO, POL westlich
occupation [ɔkypasjɔ̃] *f* ❶ Beschäftigung *f* ❷ MIL, HIST Besetzung *f*

O

occupé(e) [ɔkype] *adj personne* beschäftigt; *place, toilettes* besetzt
occuper [ɔkype] <1> **I.** *vt* ❶ *place* einnehmen ❷ *appartement* wohnen in *+dat* ❸ *(employer)* **~ qn à qc** jdn mit etw beschäftigen **II.** *vpr* *(prendre en charge)* **s'~ de qn** sich um jdn kümmern
océan [ɔseɑ̃] *m* Ozean *m*
octobre [ɔktɔbʀ] *m* Oktober *m*
odeur [ɔdœʀ] *f* Geruch *m*
œil [œj] <yeux> *m* ❶ ANAT Auge *nt;* **lever/baisser les yeux** den Blick heben/senken ❷ *(regard)* Blick *m* ❸ *(regard rapide)* **jeter un coup d'~ à l'heure** einen kurzen Blick auf die Uhr werfen ❹ **à l'~ nu** mit bloßem Auge
œuf [œf] *m* Ei *nt;* **~ sur le** [o au] **plat** Spiegelei *nt;* **~ de Pâques** Osterei *nt*
œuvre [œvʀ] *f* ❶ ART, LITTER, TECH Werk *nt* ❷ *(organisation caritative)* **~ de bienfaisance** Wohltätigkeitsverein *m*
office [ɔfis] *m* ❶ Amt *nt;* **~ du tourisme** Fremdenverkehrsamt *nt* ❷ REL Gottesdienst *m*
officiel(le) [ɔfisjɛl] *adj* offiziell; *langue, sceau* Amts-; *visite* Staats-
offre [ɔfʀ] *f* Angebot *nt*
offrir [ɔfʀiʀ] <11> **I.** *vt* ❶ *(faire un cadeau)* schenken ❷ *(proposer)* **~ à qn de faire qc** jdm anbieten etw zu tun **II.** *vpr* **s'~ des vacances** sich *dat* Ferien gönnen
oignon [ɔɲɔ̃] *m* Zwiebel *f*
oiseau [wazo] <x> *m* ZOOL Vogel *m*
olive [ɔliv] **I.** *f noire, verte* Olive *f; huile* Oliven- **II.** *adj inv* oliv[grün]
ombre [ɔ̃bʀ] *f* Schatten *m*

omelette [ɔmlɛt] *f* Omelett *nt*
on [ɔ̃] *pron* ❶ man ❷ *(fam: nous)* wir
oncle [ɔ̃kl] *m* Onkel *m*
onde [ɔ̃d] *f* Welle *f*; **passer sur les ~s** im Radio kommen
ongle [ɔ̃gl] *m* Nagel *m*
onze [ɔ̃z] *num* ❶ elf ❷ *(dans l'indication de la date)* **le ~ mars** der elfte März
onzième [ɔ̃zjɛm] **I.** *adj* elfte(r, s) **II.** *m (fraction)* Elftel *nt*
opéra [ɔpeʀa] *m* Oper *f*
opérer [ɔpeʀe] <5> **I.** *vt* ❶ MED operieren ❷ *changement, redressement* bewirken **II.** *vi* ❶ *charme, médicament* wirken ❷ *(procéder)* vorgehen
opinion [ɔpinjɔ̃] *f* Meinung *f*
opposer [ɔpoze] <1> **I.** *vt (comparer)* **~ qn/qc à qn/qc** jdn/etw mit jdm/etw vergleichen **II.** *vpr* ❶ *(faire obstacle)* **s'~ à qn/qc** gegen jdn/etw sein ❷ *(faire contraste)* **s'~** gänzlich verschieden sein
opposition [ɔpozisjɔ̃] *f* ❶ *(résistance)* Widerstand *m* ❷ *des opinions, caractères* Gegensätzlichkeit *f* ❸ POL Opposition *f*
opprimer [ɔpʀime] <1> *vt* unterdrücken
optimiste [ɔptimist] *adj* optimistisch
or[1] [ɔʀ] *m* Gold *nt*
or[2] [ɔʀ] *conj* nun
orage [ɔʀaʒ] *m* Gewitter *nt*
oral(e) [ɔʀal] <-aux> *adj (opp: écrit)* mündlich
orange [ɔʀɑ̃ʒ] **I.** *f* Apfelsine *f* **II.** *adj inv* orange[farben]
orchestre [ɔʀkɛstʀ] *m* MUS Orchester *nt*
ordinaire [ɔʀdinɛʀ] **I.** *adj* ❶ *fait* alltäglich ❷ *produit, vin* einfach **II.** *m* Alltägliche *nt*
ordinateur [ɔʀdinatœʀ] *m* Computer *m*; **~ personnel** PC *m*; **~ portable** Laptop *m*
ordonnance [ɔʀdɔnɑ̃s] *f* MED Rezept *nt*
ordonné(e) [ɔʀdɔne] *adj* ❶ *(méthodique)* methodisch vorgehend ❷ *(qui a de l'ordre)* ordnungsliebend ❸ *vie* geregelt; *maison* ordentlich
ordonner [ɔʀdɔne] <1> *vt* ❶ *a.* MATH ordnen ❷ *(commander)* befehlen; MED verordnen
ordre[1] [ɔʀdʀ] *m* ❶ Ordnung *f*; **mettre en ~** aufräumen ❷ *(classement)* Reihenfolge *f*
ordre[2] [ɔʀdʀ] *m* Befehl *m*
ordure [ɔʀdyʀ] *f* ❶ *pl (détritus)* Müll *m* ❷ *(fam: personne)* Mistvieh *nt*

oreille [ɔʀɛj] *f* ① ANAT Ohr *nt* ② **dur d'~** schwerhörig

oreiller [ɔʀeje] *m* [Kopf]kissen *nt*

organe [ɔʀgan] *m a.* ANAT Organ *nt*

organisation [ɔʀganizasjɔ̃] *f* Organisation *f*

organiser [ɔʀganize] <1> **I.** *vt* organisieren; *voyage, fête* veranstalten **II.** *vpr* **s'~** sich *dat* seine Zeit/Arbeit einteilen

orgue [ɔʀg] *m* Orgel *f*

orgueil [ɔʀgœj] *m (fierté)* Stolz *m*

oriental(e) [ɔʀjɑ̃tal] <-aux> *adj (situé à l'est)* östlich

orientation [ɔʀjɑ̃tasjɔ̃] *f* ① *d'une maison* Ausrichtung *f*; *du soleil* Stand *m* ② *d'un parti politique* Kurs *m*

O

originaire [ɔʀiʒinɛʀ] *adj* **~ de ...** gebürtig aus ..., aus ... stammend

original(e) [ɔʀiʒinal] <-aux> *adj (inédit)* originell; *(personnel)* eigenständig

origine [ɔʀiʒin] *f* ① Ursprung *m* ② *(cause)* Ursache *f* ③ *(ascendance)* Herkunft *f*

orteil [ɔʀtɛj] *m* Zehe *f*

orthographe [ɔʀtɔgʀaf] *f* ① Rechtschreibung *f* ② *(maîtrise de la graphie)* Rechtschreibkenntnisse *Pl*

os [ɔs] <os> *m* Knochen *m*

oser [oze] <1> **I.** *vt* wagen **II.** *vi* es wagen

ôter [ote] <1> *vt* ① *(retirer)* entfernen; *vêtement, gants* ausziehen ② *objet* wegnehmen

ou [u] *conj* ① *(alternative)* oder; **~ ... [bien] ~ ... [bien]** entweder ... oder ... ② *(sinon)* **~ [alors]** oder ③ *(en d'autres termes)* oder [auch]

où [u] **I.** *pron* ① *(spatial sans déplacement)* wo, auf dem/der ② *(spatial avec déplacement)* wohin; **d'~** woher; **jusqu'~** bis wohin; *(jusqu'auquel)* bis zu dem/der; **par ~** durch den/die/das ③ *(temporel)* als *fam; jour, matin, soir* an dem ④ *(abstrait)* **dans l'état ~ tu es** in deinem Zustand **II.** *adv interrog* ① *(sans déplacement)* wo ② *(avec déplacement)* wohin; *(a. fig)* wie weit; **d'~ êtes-vous?** woher sind Sie?; **par ~** wie ③ **~ en étais-je?** wo war ich [stehen geblieben]? **III.** *adv indéf (là où)* wo; *aller* wohin

ouate [wat] *f* Watte *f*

oublier [ublije] <1> *vt, vi* vergessen

ouest [wɛst] *m* **l'~** der Westen

Ouest [wɛst] *m* **l'~** der Westen

oui ['wi] **I.** *adv* ❶ *(opp: non)* ja; **~ ou non?** ja oder nein? ❷ *(intensif)* ja [,wirklich] ❸ *(substitut d'une proposition)* **croire/penser que ~** schon glauben/denken **II.** *m inv* ❶ *(approbation)* Ja *nt;* **~ à qn/qc** Ja zu jdm/etw ❷ *(suffrage)* Jastimme *f*

ours [uʀs] *m* ❶ ZOOL Bär *m;* **~ polaire** Eisbär *m* ❷ *(jouet d'enfant)* **~ en peluche** Plüschbär *m*

outil [uti] *m* ❶ Werkzeug *nt* ❷ INFORM Tool *nt;* **~ de recherche** Suchmaschine *f*

outre-mer [utʀəmɛʀ] *adv* in Übersee

ouvert(e) [uvɛʀ] *adj* ❶ offen; *fenêtre, robinet, valise, magasin* geöffnet; *magasin, boulanger* geöffnet haben ❷ *(commencé)* **être ~** *foire, enquête, pêche* eröffnet sein ❸ *(éveillé)* aufgeschlossen

ouvre-boîte [uvʀəbwat] <ouvre-boîtes> *m* Dosenöffner *m*

ouvrier, -ière [uvʀije] *m, f* Arbeiter(in) *m(f)*

ouvrir [uvʀiʀ] <11> *vt, vpr* **[s']~** [sich] öffnen

ovale [ɔval] **I.** *adj* oval **II.** *m* Oval *nt*

O

Pp

Pacifique [pasifik] *m* **le ~** der Pazifik

page [paʒ] *f* ❶ *(feuillet)* Seite *f*; *(deux côtés)* Blatt *nt*; **~s jaunes** Gelbe Seiten®; **~ de publicité** TV, RADIO Werbespot *m* ❷ INFORM **~ personnelle/d'accueil** Homepage *f*

paiement [pɛmɑ̃] *m* Bezahlung *f*; *d'une dette* Rückzahlung *f*

paille [pɑj] *f* ❶ *(chaume)* Stroh *nt* ❷ *(boire)* Strohhalm *m*

P

pain [pɛ̃] *m* Brot *nt* ❶ **~ blanc** Weißbrot *nt*; **~ complet** Vollkornbrot *nt*; **~ noir** Schwarzbrot *nt*; **petit ~** Brötchen *nt*, Gebäck *nt* ❷ **~ de glace** Kühlelement *nt*

pair(e) [pɛʀ] *adj nombre, côté* gerade

paire [pɛʀ] *f* Paar *nt*; *de claques, gifles* ein paar; **une ~ de ciseaux** eine Schere

paix [pɛ] *f* ❶ *(opp: guerre)* Frieden *m*; *(traité)* Friedensvertrag *m* ❷ *(tranquillité)* Ruhe *f*

palais[1] [palɛ] *m* Palast *m*

palais[2] [palɛ] *m* ANAT Gaumen *m*

pâle [pɑl] *adj* blass

panier [panje] *m a.* SPORT Korb *m*

panique [panik] *f* Panik *f*

panne [pan] *f* Panne *f*; *de moteur* -schaden *m*

panneau [pano] <x> *m* Schild *nt*

pansement [pɑ̃smɑ̃] *m* Verband *m*; **~ adhésif** Heftpflaster *nt*

pantalon [pɑ̃talɔ̃] *m* Hose *f*; **~ de jogging** Jogginghose *f*; **~ de ski** Skihose *f*

papa [papa] *m* Papa *m*

pape [pap] *m* Papst *m*

papier [papje] *m* ❶ *(matière)* Papier *nt*; **~ hygiénique** Toilettenpapier *nt* ❷ *(feuille de métal)* **~ [d']aluminium** Aluminiumfolie *f* ❸ *pl (document)* Unterlagen *Pl*; *(papiers d'identité)* Papiere *Pl*

papillon [papijɔ̃] *m* ❶ Schmet-

terling *m* ❷ SPORT **[nage] ~** Delfinschwimmen *nt*
papilloter [papijɔte] <1> *vi* blinzeln
papy [papi] *m (fam)* Opa *m*
Pâques [pɑk] **I.** *m* Ostern *nt;* **lundi de ~** Ostermontag *m* **II.** *fpl* **joyeuses ~!** frohe Ostern!
paquet [pakɛ] *m a.* INFORM Paket *nt; de café* Päckchen *nt*
par [paʀ] *prép* ❶ *(grâce à l'action de)* von; **tout faire ~ soi-même** alles selbst machen ❷ *(au moyen de)* durch; **~ chèque/carte [bancaire]** mit Scheck/[Kredit]karte ❸ *(cause, motif)* aus ❹ *(à travers, via)* **regarder ~ la fenêtre** aus dem Fenster schauen ❺ *(localisation)* **habiter ~ ici/là** hier/dort in der Gegend wohnen ❻ *(distribution, mesure)* pro ❼ *(durant, pendant)* **~ temps de pluie** bei Regen[wetter] ❽ **~ contre** dagegen
parabole [paʀabɔl] *f* ❶ REL Gleichnis *nt* ❷ MATH Parabel *f*
parachute [paʀaʃyt] *m* Fallschirm *m*
paradis [paʀadi] *m* Paradies *nt*
paragraphe [paʀagʀaf] *m* Absatz *m*
paraître [paʀɛtʀ] <irr> *vi* ❶ *(sembler)* **cela me paraît être une erreur** das scheint mir ein Irrtum zu sein ❷ *journal, livre* erscheinen; **faire ~** veröffentlichen ❸ **il paraît que ...** angeblich ...
parallèle [paʀalɛl] **I.** *adj* parallel **II.** *f* MATH Parallele *f* **III.** *m* ❶ GEO **le 38ᵉ ~** der 38. Breitengrad ❷ *(comparaison)* **faire un ~ avec qc** eine Parallele zu etw ziehen
parapente [paʀapɑ̃t] *m* Gleitschirm *m*
parapluie [paʀaplɥi] *m* Regenschirm *m*
parc [paʀk] *m* Park *m;* **~ animalier** Tierpark *m;* **~ de loisirs** Freizeitpark *m;* **~ national** Nationalpark *m*
parce que [paʀskə] *conj + indic* ❶ *(car)* weil; **~!** darum! ❷ *(fam: sinon)* sonst
par-ci [paʀsi] **~, par-là** hier und da
par-dessus [paʀdəsy] **I.** *prép (avec mouvement)* über *+akk; (sans mouvement)* über *+dat* **II.** *adv* darüber
pardon [paʀdɔ̃] *m* ❶ Verzeihen *nt* ❷ **~?** wie bitte?
pardonner [paʀdɔne] <1> *vt*

P

verzeihen

pareil(le) [paʀɛj] **I.** *adj* ❶ *(identique)* gleich; **~ que** [genau]so wie ❷ *(tel)* solche(r, s) **II.** *m(f)* **sans ~** ohnegleichen **III.** *adv (fam)* gleich

parent [paʀɑ̃] *m* Eltern *Pl;* **un des deux ~s** ein Elternteil *m*

parenthèse [paʀɑ̃tɛz] *f* ❶ TYP Klammer *f* ❷ **soit dit entre ~s** nebenbei bemerkt

paresseux, -euse [paʀesø] *adj personne* faul

parfait [paʀfɛ] *m* ❶ LING Perfekt *nt* ❷ GASTR Parfait *nt*

parfait(e) [paʀfɛ] *adj* perfekt; *condition, exemple* ideal; *discrétion, harmonie* vollkommen

parfois [paʀfwa] *adv* manchmal

parfum [paʀfœ̃] *m* ❶ *(substance)* Parfüm *nt* ❷ *(odeur)* Duft *m* ❸ GASTR Geschmack *m;* **je voudrais une glace - quel ~?** ich möchte ein Eis - welche Sorte?

parfumerie [paʀfymʀi] *f* Parfümerie *f*

parisien(ne) [paʀizjɛ̃] *adj* Pariser; **la vie ~ne** das Leben in Paris

Parisien(ne) [paʀizjɛ̃] *m(f)* Pariser(in) *m(f)*

parking [paʀkiŋ] *m* Parkplatz *m*

parler [paʀle] <1> **I.** *vt, vi* sprechen **II.** *m* ❶ *(manière)* Sprache *f* ❷ *(langue régionale)* Mundart *f*

parmi [paʀmi] *prép* ❶ *(entre)* unter *+dat,* von ❷ *(dans: sans mouvement)* [mitten] unter *+dat; (avec mouvement)* [mitten] durch

parole [paʀɔl] *f* ❶ Wort *nt;* **~ d'honneur** Ehrenwort *nt* ❷ *(faculté de parler)* Sprache *f*

part [paʀ] *f* ❶ Teil *m;* **~ de gâteau** Stück *nt* Kuchen ❷ *(participation)* **~ dans qc** Anteil *m* an etw *dat* ❸ **autre ~** *(fam)* anderswo; **d'une ~..., d'autre ~ ...** einerseits ..., andererseits ...; **d'autre ~** außerdem; **nulle ~** nirgendwo; **à ~ que** *(fam)* abgesehen davon, dass; **pour ma/sa ~** was mich/ihn/sie betrifft

partager [paʀtaʒe] <2a> **I.** *vt* ❶ teilen ❷ *(hésiter)* **être partagé entre qc et qc** zwischen etw und etw *dat* hin- und hergerissen sein **II.** *vpr (se répartir)* **se ~ qc** etw unter sich *dat* aufteilen

partenaire [paʀtənɛʀ] *mf*

Partner(in) *m(f)*
parti [paʀti] *m* Partei *f*
participer [paʀtisipe] <1> *vi* **~ à qc** an etw *dat* teilnehmen
particulier, -ière [paʀtikylje] *adj* ❶ *aspect, exemple* bestimmt; *trait* typisch ❷ *(spécial)* besondere(r, s) ❸ *(privé)* Privat- ❹ **en ~** *(en privé)* unter vier Augen
particulièrement [paʀtikyljɛʀmɑ̃] *adv* besonders
partie [paʀti] *f* ❶ *(part)* Teil *m;* **la majeure ~ du temps** die meiste Zeit; **en ~** teilweise ❷ *pl (fam: parties sexuelles masculines)* Weichteile *Pl* ❸ JEUX, SPORT Spiel *nt*
partir [paʀtiʀ] <10> *vi* ❶ *(s'en aller)* [weg]gehen; *automobiliste, voiture, train* abfahren; *avion* abfliegen; *lettre* hinausgehen ❷ *(après un séjour)* abreisen ❸ *coureur, fusée* starten; *moteur* anspringen ❹ *(disparaître)* weggehen; *odeur, tache* herausgehen ❺ **à ~ de** *(dans l'espace)* von … an; *(dans le temps)* ab; *(sur la base de)* aus
partout [paʀtu] *adv* überall
pas[1] [pa] *m* ❶ *(enjambée)* Schritt *m* ❷ *pl (trace)* Fußstapfen *Pl* ❸ **faux ~** *(a. fig)* Fehltritt *m;* **~ à ~** Schritt für Schritt
pas[2] [pa] *adv* ❶ *(négation)* **ne ~ croire** nicht glauben; **[ne] ~ de …** kein(e) …; **[ne] ~ assez/beaucoup …** nicht genug/viel … ❷ **~ encore** noch nicht; **~ du tout** überhaupt nicht
passage [pasaʒ] *m* ❶ *(venue)* Vorbeikommen *nt;* **~ interdit** Durchfahrt verboten ❷ *(court séjour)* [kurzer] Aufenthalt ❸ *(voie: pour piétons)* Weg *m;* **~ clouté** Zebrastreifen *m* ❹ *(petite rue couverte)* Passage *f* ❺ **céder le ~ à qn/qc** jdm/einer S. die Vorfahrt lassen
passager, -ère [pasaʒe] **I.** *adj* vorübergehend; *bonheur* vergänglich **II.** *m, f d'un navire* Passagier *m; d'une voiture* Insasse *m;* **~ avant** Beifahrer *m*
passe [pas] *f* Pass *m*
passé(e) [pase] *adj* ❶ *siècle* letzte(r, s) ❷ *(révolu)* vergangen ❸ *(plus de)* **il est midi ~** es ist schon Mittag vorbei
passé [pase] *m* Vergangenheit *f;* **~ simple** Passé simple *nt;* **~ composé** Perfekt *nt*
passeport [paspɔʀ] *m* [Reise]pass *m*

passer [pase] <1> **I.** *vi* ❶ *(se déplacer)* vorbeigehen; *véhicule, automobiliste* vorbeifahren; **laisser ~** vorbeilassen; **~ chez qn** bei jdm vorbeikommen ❷ **~ dans une ville** *automobiliste, voiture* durch eine Stadt fahren; **~ par Francfort** *automobiliste* über Frankfurt fahren; **~ par la porte** durch die Tür gehen ❸ *eau, lumière* durchdringen ❹ *(avoir son tour, être présenté)* drankommen; **~ à la radio/télé** im Radio/Fernsehen kommen ❺ *(être accepté)* **~ en sixième** in die 6. Klasse versetzt werden ❻ JEUX passen ❼ *temps* vergehen ❽ *(disparaître)* vergehen; *pluie, orage* nachlassen **II.** *vt* ❶ *(donner)* geben ❷ *(prêter)* leihen ❸ SPORT **~ la balle à qn** an jdn abspielen ❹ *(au téléphone)* **~ qn à qn** jdn mit jdm verbinden ❺ *examen* machen; **~ son bac** das Abitur machen ❻ *(vivre, occuper)* **~ ses vacances à Rome** seine Ferien in Rom verbringen ❼ *rivière, montagne* überqueren; *frontière* passieren **III.** *vpr* ❶ *(avoir lieu)* **se ~** geschehen; **que s'est-il passé?** was ist passiert?; **que se passe-t-il?** was ist denn los? ❷ *(se dérouler)* **se ~** *journée* vergehen; *accident* sich ereignen; **si tout se passe bien** wenn alles gut geht ❸ *(se débrouiller sans)* **se ~ de faire qc** darauf verzichten etw zu tun

passif, -ive [pasif] *adj* ❶ *(apathique)* passiv ❷ *(qui n'agit pas)* untätig ❸ *forme* Passiv-

passion [pasjɔ̃] *f* Leidenschaft *f*

pasteur [pastœʀ] *mf* [evangelischer] Pfarrer/[evangelische] Pfarrerin

patate [patat] *f* *(fam)* Kartoffel *f*

pâte [pɑt] *f* ❶ GASTR Teig *m;* **les ~s** die Nudeln *Pl* ❷ *(substance molle)* Paste *f*

patience [pasjɑ̃s] *f* Geduld *f*

patin [patɛ̃] *m* **faire du ~ à glace/à roulettes** Schlittschuh *m*/Rollschuh *m* laufen

patinoire [patinwaʀ] *f* Eisbahn *f*

pâtisserie [pɑtisʀi] *f* ❶ *(magasin)* Konditorei *f* ❷ *(gâteaux)* Gebäck *nt*

patrie [patʀi] *f* Heimat *f*

patron, -onne [patʀɔ̃] *m, f* ❶ Chef(in) *m(f); d'un restaurant, café, hôtel* Wirt(in) *m(f)*

P

❷ *(le patronat)* **les ~s** die Arbeitgeber ❸ REL Schutzpatron(in) *m(f)*

patte [pat] *f* ❶ *d'un animal* Bein *nt* ❷ *(extrémité)* Pfote *f*

pauvre [povʀ] *adj* ❶ arm; *mobilier, vêtement* ärmlich ❷ *argument, sourire* schwach

pauvreté [povʀəte] *f* Armut *f*

payer [peje] <7> **I.** *vt* ❶ bezahlen; *intérêt, loyer* zahlen ❷ *(offrir)* **~ un coup à qn** *(fam)* jdm einen ausgeben **II.** *vi* ❶ zahlen ❷ *(être rentable)* sich lohnen; *politique, tactique* sich bezahlt machen **III.** *vpr (fam: s'offrir)* **se ~ qc** sich *dat* etw leisten

pays [pei] *m* ❶ Land *nt;* **~ natal** Heimatland *nt;* **~ membres de l'UE** EU-Länder *Pl* ❷ *(région natale)* Heimat *f* ❸ *(patrie)* Vaterland *nt* ❹ *(terre d'élection)* **le ~ du vin** das Land des Weins

paysage [peizaʒ] *m* Landschaft *f*

paysan(ne) [peizɑ̃] *m(f)* Bauer, Bäuerin *m, f*

Pays-Bas [peibɑ] *mpl* **les ~** die Niederlande

péage [peaʒ] *m* ❶ *(lieu)* Gebührenzahlstelle *f;* *(sur autoroutes)* Mautstelle *f* ❷ **à ~** gebührenpflichtig

peau [po] <x> *f* ❶ Haut *f* ❷ *(cuir)* Leder *nt* ❸ *d'une pomme, orange* Schale *f*

pêche[1] [pɛʃ] *f* Pfirsich *m*

pêche[2] [pɛʃ] *f* ❶ *(profession)* Fischerei *f* ❷ *(loisir)* Fischen *nt;* **aller à la ~** angeln gehen ❸ *(période)* Fangzeit *f* ❹ *(prises)* Fang *m*

pêcher [peʃe] <1> **I.** *vi (avec une canne)* angeln **II.** *vt* ❶ *(être pêcheur de)* fischen ❷ *poissons, crustacés* fangen ❸ *(fam) idée, histoire* ausgraben

peigne [pɛɲ] *m* Kamm *m*

peigner [peɲe] <1> *vt, vpr* **[se] ~** [sich] kämmen

peindre [pɛ̃dʀ] <irr> *vt, vi* malen

peine [pɛn] **I.** *f* ❶ *(chagrin, douleur)* Kummer *m;* **avoir de la ~** traurig sein ❷ JUR Strafe *f* ❸ *(effort, difficulté)* Mühe *f;* **sans ~** mühelos **II.** *adv* **à ~** kaum; *(tout au plus)* noch nicht einmal

peintre [pɛ̃tʀ] *mf* Maler(in) *m(f)*

peinture [pɛ̃tyʀ] *f* ❶ *(couleur)* Farbe *f* ❷ ART *(couche)* Anstrich *m*

peler [pəle] <4> **I.** *vi* ❶ *peau,*

P

nez sich schälen ❷ *(fam: avoir froid)* sich *dat* einen abfrieren **II.** *vt (éplucher)* schälen

pelle [pɛl] *f* Schaufel *f*

pelouse [p(ə)luz] *f* Rasen *m*

pencher [pɑ̃ʃe] <1> **I.** *vi* ❶ *(perdre l'équilibre)* sich [zur Seite] neigen ❷ *(ne pas être droit)* **être penché** *mur, tour* schief sein ❸ *(se courber vers)* **être penché sur qn/qc** sich über jdn/etw beugen **II.** *vt bouteille, carafe* schräg halten; *table, chaise* kippen; *tête (en avant, sur qc)* beugen; *(en arrière)* zurücklegen **III.** *vpr (baisser)* **se ~** sich bücken; **se ~ par la fenêtre** sich zum Fenster hinauslehnen

pendant [pɑ̃dɑ̃] **I.** *prép* während +*gen;* **~ ce temps** währenddessen; **~ longtemps** lange Zeit hindurch; **~ la journée** tagsüber **II.** *conj* **~ que ...** *(tandis que)* während ...; *(aussi longtemps que)* solange ...

pénétrer [penetʀe] <5> **I.** *vi personne* hineingehen; *vent, odeur, cambrioleur* eindringen **II.** *vt* durchdringen

pénible [penibl] *adj* ❶ *travail, voyage* anstrengend ❷ *(fam) personne* unerträglich

pensée [pɑ̃se] *f* ❶ *(idée)* Gedanke *m* ❷ *(opinion)* Meinung *f* ❸ PHILOS Denken *nt* ❹ *(esprit)* Geist *m*

penser [pɑ̃se] <1> *vt, vi* denken

pension [pɑ̃sjɔ̃] *f* ❶ *(allocation)* Rente *f* ❷ *(internat)* Internat *nt* ❸ *(hôtel, hébergement)* Pension *f;* **~ complète** Vollpension *f* ❹ **~ [de famille]** [Familien]pension *f*

pente [pɑ̃t] *f d'une route, d'un terrain* Gefälle *nt; d'un toit* Schräge *f*

Pentecôte [pɑ̃tkot] *f* Pfingsten *nt*

perdre [pɛʀdʀ] <14> **I.** *vt, vi* verlieren **II.** *vpr (s'égarer)* **se ~** *(à pied/en voiture)* sich verirren/verfahren

perdu(e) [pɛʀdy] *adj* ❶ verloren ❷ *chien* streunend ❸ *pays, endroit* entlegen

père [pɛʀ] *m* ❶ Vater *m;* **Durand ~** Durand senior ❷ REL Pater *m;* **Notre Père** Vaterunser *nt* ❸ **~ Noël** Weihnachtsmann *m*

perfectionner [pɛʀfɛksjɔne] <1> *vt, vpr* **[se] ~** [sich] verbessern

période [peʀjɔd] *f* ❶ *(époque)* Zeit *f* ❷ *(espace de temps)* Zeit[raum *m*] *f*

permanent(e) [pɛʀmanɑ̃] *adj* ständig; *caractère, phénomène* beständig

permettre [pɛʀmɛtʀ] <irr> *vt* erlauben; **vous permettez?** gestatten Sie?

permis [pɛʀmi] *m* ❶ *(permis de conduire)* Führerschein *m* ❷ *(licence)* **~ de pêche** Angelschein *m* ❸ *(autorisation)* **~ de séjour** Aufenthaltserlaubnis *f*

permission [pɛʀmisjɔ̃] *f* Erlaubnis *f*

persil [pɛʀsi] *m* Petersilie *f*

personnage [pɛʀsɔnaʒ] *m* ❶ ART, LITTER Figur *f*, Person *f* ❷ *(personnalité)* Persönlichkeit *f*

personnalité [pɛʀsɔnalite] *f* Persönlichkeit *f*

personne[1] [pɛʀsɔn] *f* ❶ a. LING Person *f*; **les ~s âgées** die Senioren *Pl* ❷ *(être humain)* Mensch *m*

personne[2] [pɛʀsɔn] *pron* ❶ *(opp: quelqu'un)* niemand ❷ *(quelqu'un)* jemand

personnel(le) [pɛʀsɔnɛl] **I.** *adj* ❶ *(individuel)* persönlich; *objets* des persönlichen Gebrauchs; *biens, fortune* Privat- ❷ LING persönlich **II.** *m(f)* Personal *nt*

perspective [pɛʀspɛktiv] *f* ❶ MATH, ART Perspektive *f* ❷ *(éventualité, horizon)* **~ de qc** Aussicht *f* auf etw *akk* ❸ *(panorama)* Ausblick *m*

persuader [pɛʀsɥade] <1> *vt* überzeugen

perte [pɛʀt] *f* ❶ Verlust *m*; **~ de temps** Zeitverschwendung *f* ❷ *pl (morts)* Verluste *Pl*

peser [pəze] <4> **I.** *vt, vpr (mesurer le poids)* **[se] ~** [sich] wiegen **II.** *vi* ❶ schwer sein ❷ *(exercer une pression)* **~ sur qc** auf etw *akk* drücken

pessimiste [pesimist] *adj* pessimistisch

pétanque [petɑ̃k] *f* Boulespiel *nt*

petit(e) [p(ə)ti] **I.** *adj* ❶ klein; **au ~ jour** bei Tagesanbruch ❷ *heure, kilo, mètre* knapp ❸ *(terme affectueux)* **~ copain** [*o* **ami**] Freund *m* ❹ *vin, année, cru* einfach; *santé* schwach **II.** *adv* ❶ **voir ~** [zu] knapp rechnen ❷ **~ à ~** allmählich

petit-déjeuner [p(ə)tideʒœne] <petits-déjeuners> *m* Frühstück *nt*

petite-fille [p(ə)titfij] <petites-filles> *f* Enkelin *f*

P

petit-fils [p(ə)tifis] <petits-fils> *m* Enkel *m*

petits-enfants [p(ə)tizɑ̃fɑ̃] *mpl* Enkel[kinder] *Pl*

pétrole [petʀɔl] *m* [Erd]öl *nt*

peu [pø] **I.** *adv* ❶ wenig; **~ avant/après** kurz davor/darauf; **depuis ~** seit kurzem; **~ de temps** wenig Zeit ❷ **~ à ~** nach und nach; **à ~ près** ungefähr; **de ~** [nur] knapp **II.** *pron* ❶ *(peu de personnes)* wenige ❷ *(peu de choses)* wenig; **~ importe** das ist nicht so wichtig **III.** *m* **le ~ de personnes/choses** die paar Menschen/Dinge

peuple [pœpl] *m* Volk *nt*

peur [pœʀ] *f* ❶ **~ de qn/qc** Angst *f* vor jdm/etw; **avoir ~ que** Angst haben, dass ❷ **prendre ~** Angst bekommen; **de ~** vor Angst

peut-être [pøtɛtʀ] *adv* *(éventuellement)* vielleicht; **~ que ...** es kann sein, dass …

phare [faʀ] *m* ❶ *(projecteur)* Scheinwerfer *m* ❷ *(tour)* Leuchtturm *m*

pharmacie [faʀmasi] *f* Apotheke *f*

phase [fɑz] *f* Phase *f*

philosophe [filɔzɔf] *mf* Philosoph(in) *m(f)*

photo [fɔto] *f abr de* **photographie** ❶ *(cliché)* Foto *nt;* **~ d'identité** Passfoto *nt* ❷ *(art)* Fotografie *f*

photocopier [fɔtɔkɔpje] <1> *vt* [foto]kopieren

photographe [fɔtɔgʀaf] *mf* Fotograf(in) *m(f)*

photographie [fɔtogʀafi] *f* Fotografie *f*

phrase [fʀɑz] *f* Satz *m*

physicien(ne) [fizisjɛ̃] *m(f)* Physiker(in) *m(f)*

physique [fizik] **I.** *adj* ❶ physisch; *effort, fatigue* körperlich; **éducation ~** Turnen *nt* ❷ PHYS physikalisch; **sciences ~s** [die] Physik und [die] Chemie **II.** *m (aspect extérieur)* Äußere(s) *nt;* **avoir un beau ~** gut aussehen **III.** *f* Physik *f*

piano [pjano] **I.** *m* Klavier *nt;* **jouer du ~** Klavier spielen **II.** *adv* leise

pièce [pjɛs] *f* ❶ Stück *nt; d'un puzzle, appareil* Teil *nt* ❷ *(document)* **~ d'identité** [Personal]ausweis *m* ❸ *(salle)* Zimmer *nt*

pied [pje] *m* ❶ Fuß *m;* **à ~** zu Fuß; **au ~!** bei Fuß! ❷ *(support)* Bein *nt* ❸ **des ~s à la tête** von Kopf bis Fuß

piège [pjɛʒ] *m* Falle *f*
pierre [pjɛʀ] *f* Stein *m*
piétiner [pjetine] <1> **I.** *vi (avancer péniblement)* kaum von der Stelle kommen **II.** *vt fleurs* zertrampeln
piéton(ne) [pjetɔ̃] *m(f)* Fußgänger(in) *m(f)*
pigeon [piʒɔ̃] *m* Taube *f*
pile[1] [pil] *f* ❶ *(tas)* Stapel *m* ❷ ELEC Batterie *f*
pile[2] [pil] *adv (avec précision)* ganz pünktlich; *(au bon moment)* gerade richtig
pile[3] [pil] *f* ~ **ou face?** Kopf oder Zahl?
pilote [pilɔt] **I.** *mf* ❶ AVIAT Pilot(in) *m(f)* ❷ AUT [Renn]fahrer(in) *m(f)* ❸ NAUT Lotse, Lotsin *m, f* **II.** *m* ❶ *(dispositif)* ~ **automatique** Autopilot *m* ❷ INFORM Treiber *m*
piloter [pilɔte] <1> *vt* steuern
pilule [pilyl] *f* Pille *f;* **la** ~ die [Antibaby]pille
piment [pimɑ̃] *m* GASTR Peperoni *f*
pince [pɛ̃s] *f* ❶ TECH Zange *f* ❷ MED Pinzette *f* ❸ *(épingle)* ~ **à linge** Wäscheklammer *f*
pinceau [pɛ̃so] <x> *m* Pinsel *m*
pincer [pɛ̃se] <2> **I.** *vt* ❶ *(faire mal)* ~ **qn** *personne* jdn kneifen ❷ *lèvres* aufeinanderpressen **II.** *vpr (se serrer la peau)* **se** ~ sich zwicken; **se** ~ **le doigt** *(se blesser)* sich *dat* den Finger quetschen
ping-pong [piŋpɔ̃g] *m inv* Tischtennis *nt*
pion [pjɔ̃] *m* JEUX Stein *m*
pipe [pip] *f* Pfeife *f*
piquant [pikɑ̃] *m (épine)* Stachel *m; d'un rosier* Dorn *m*
piquant(e) [pikɑ̃] *adj* ❶ *goût, sauce* pikant ❷ *bise, froid* schneidend
pique-nique [piknik] <pique--niques> *m* Picknick *nt*
piquer [pike] <1> **I.** *vt* ❶ *(faire une piqûre)* ~ **qn** *personne, guêpe* jdn stechen; *serpent, puce* jdn beißen ❷ *(fam) colère, crise* kriegen ❸ *(fam: voler)* klauen **II.** *vi* ❶ *moustique, aiguille* stechen ❷ *(descendre)* ~ **sur qc** auf etw *akk* niederstürzen ❸ *ortie* brennen **III.** *vpr* ❶ *(se blesser)* **se** ~ **avec une aiguille** sich mit einer Nadel stechen ❷ *(se faire une injection)* **se** ~ sich spritzen; *drogué* spritzen *fam*
piquet [pikɛ] *m (pieu)* Pflock *m; de tente* Hering *m*
piqûre [pikyʀ] *f* ❶ *(blessure)* Stich *m* ❷ MED Spritze *f*

pirate [piʀat] **I.** *adj bateau, radio* Piraten- *f* **II.** *m* ❶ NAUT Seeräuber *m* ❷ AVIAT **~ de l'air** Luftpirat(in) *m(f)*

pire [piʀ] **I.** *adj* schlimmer; **rien de ~ que ...** nichts Schlimmeres als ...; **~ que ça** noch schlimmer **II.** *m* **le ~** das Schlimmste; **au ~** schlimmstenfalls

piscine [pisin] *f* Schwimmbad *nt*

piste [pist] *f* ❶ *a.* MEDIA Spur *f*; **brouiller les ~s** die Spuren verwischen ❷ *(indice)* Hinweis *m* ❸ *(voie)* **~ cyclable/cavalière** Rad-/Reitweg *m* ❹ *(dans le désert, au ski)* Piste *f*; **~ de ski de fond** Loipe *f*

P

pistolet [pistɔlɛ] *m (arme)* Pistole *f*

piteux, -euse [pitø] *adj* erbärmlich; *résultat* kläglich

pitié [pitje] *f* Mitleid *nt*

pittoresque [pitɔʀɛsk] *adj paysage, quartier* malerisch

place [plas] *f* ❶ Platz *m*; **à la ~ de qc** an Stelle einer S. *gen*; **~ assise/debout** Sitz-/Stehplatz; **y a-t-il encore une ~ [de] libre?** ist noch ein Platz frei? ❷ *(endroit quelconque)* Stelle *f*; **tenir/prendre de la ~** [viel] Platz einnehmen ❸ *(billet)* Karte *f* ❹ *(emploi)* Stelle *f*

placer [plase] <2> **I.** *vt* ❶ *(mettre)* **~ qc sur qc** *(verticalement/à plat)* etw auf etw *akk* stellen/legen ❷ *sentinelle* aufstellen ❸ *anecdote, remarque* anbringen; **ne pas pouvoir ~ un mot** nicht zu Wort kommen **II.** *vpr* **se ~** *(s'installer)* irgendwo Platz nehmen

plafond [plafɔ̃] *m* Decke *f*

plage [plaʒ] *f* Strand *m*

plaie [plɛ] *f (blessure)* Wunde *f*

plaindre [plɛ̃dʀ] <irr> **I.** *vt personne* bedauern; **je te plains** du tust mir leid **II.** *vpr* ❶ *(se lamenter)* **se ~ de qc** über etw *akk* klagen ❷ *(protester)* **se ~ à qn** sich bei jdm beklagen

plainte [plɛ̃t] *f* ❶ *a.* JUR Klage *f* ❷ *(récrimination)* Beschwerde *f*

plaire [plɛʀ] <irr> *vi* **~ à qn** jdm gefallen; **s'il te/vous plaît** bitte

plaisanter [plɛzɑ̃te] <1> *vi* scherzen

plaisanterie [plɛzɑ̃tʀi] *f* ❶ *(blague)* Scherz *m*; **mauvaise ~** übler Scherz ❷ *(farce)* Streich *m*

plaisir [pleziʀ] *m* ❶ Vergnügen *nt;* **faire ~ à qn** jdm Freude machen ❷ *pl (sentiment agréable)* Lustgefühl *nt* ❸ **avec [grand] ~** mit [größtem] Vergnügen

plan [plɑ̃] *m* ❶ *(projet, représentation graphique)* Plan *m* ❷ *d'un livre* Entwurf *m* ❸ MEDIA Aufnahme *f*

planche [plɑ̃ʃ] *f* ❶ Brett *nt;* **~ à repasser** Bügelbrett *nt;* **~ à découper** Schneidebrett *nt* ❷ **~ à roulettes** Skateboard *nt*

plancher [plɑ̃ʃe] *m* Fußboden *m*

planer [plane] <1> *vi* ❶ *oiseau* schweben; *avion* gleiten ❷ *(fam: rêver)* in höheren Regionen schweben; *(sous l'effet d'une drogue)* high sein

planète [planɛt] *f* Planet *m*

plante [plɑ̃t] *f* Pflanze *f*

planter [plɑ̃te] <1> **I.** *vt* ❶ *arbre, fleurs* pflanzen ❷ *(enfoncer)* einschlagen ❸ *tente* aufschlagen **II.** *vpr (fam)* **se ~** ❶ *(avoir un accident)* einen Unfall bauen *fam* ❷ INFORM abstürzen

plaque [plak] *f* ❶ Platte *f; d'une porte, rue* Schild *nt;* **~ minéralogique** [*o* **d'immatriculation**] Nummernschild *nt;* **~ de nationalité** Nationalitätskennzeichen *nt* ❷ *(couche)* **~ de verglas** vereiste Stelle ❸ MED *(tache)* Fleck *m*

plastique [plastik] **I.** *m* Kunststoff *m;* **sous ~** in Plastik verpackt **II.** *adj inv* **emballage ~** Plastikverpackung *f*

plat [pla] *m* ❶ *(récipient creux)* Schüssel *f; (récipient plat)* Schale *f* ❷ *(mets)* Gericht *nt*

plat(e) [plat] *adj* ❶ flach; *surface, terrain* eben; *mer* glatt ❷ **être à ~** *pneu* platt sein; *batterie* leer sein

plateau [plato] <x> *m* ❶ *(support)* Tablett *nt* ❷ GASTR **~ de fruits de mer** Platte *f* mit Meeresfrüchten ❸ *(partie plate)* **~ d'une balance** Waagschale *f* ❹ GEO [Hoch]plateau *nt*

plâtre [plɑtʀ] *m* Gips *m*

plein [plɛ̃] **I.** *adv* ❶ *(fam: beaucoup)* **~ d'argent** unheimlich viel Geld ❷ *(exactement)* **en ~ devant/sur/dans qc** genau vor/auf/in etw *akk* **II.** *m* Tankfüllung *f;* **le ~, s'il vous plaît!** bitte volltanken!

plein(e) [plɛ̃] *adj* ❶ voll; *journée* ausgefüllt ❷ *(au plus fort*

P

de, au milieu de) mitten in *dat;* **en ~ soleil** in der prallen Sonne

pleurer [plœʀe] <1> *vi* weinen

pleuvoir [pløvwaʀ] <irr> *vi* **il pleut** es regnet

pli [pli] *m* Falte *f*

plier [plije] <1> **I.** *vt* ❶ [zusammen]falten ❷ *bras, jambe* beugen **II.** *vi* ❶ *(se courber)* **~ sous qc** sich unter etw *dat* biegen ❷ *(céder)* nachgeben

plisser [plise] <1> *vt* ❶ *(couvrir de faux plis)* zerknittern ❷ *yeux* zusammenkneifen

plomb [plɔ̃] *m* ❶ *(métal)* Blei *nt* ❷ *(fusible)* Sicherung *f*

plombier [plɔ̃bje] *m* Installateur(in) *m(f)*

plongée [plɔ̃ʒe] *f* Tauchgang *m;* **faire de la ~** tauchen

plonger [plɔ̃ʒe] <2a> **I.** *vi* ❶ *(s'immerger)* tauchen ❷ *(faire un plongeon)* einen Kopfsprung machen **II.** *vpr* **se ~ dans un projet** sich in ein Projekt stürzen

pluie [plɥi] *f* METEO Regen *m*

plume [plym] *f* Feder *f*

plupart [plypaʀ] *f* ❶ **la ~ [des élèves]** die meisten [Schüler]; **la ~ du temps** meistens ❷ **pour la ~** größtenteils

pluriel [plyʀjɛl] *m* Plural *m*

plus[1] [ply] *adv* ❶ *(opp: encore)* **il n'est ~ très jeune** er ist nicht mehr ganz jung; **il ne pleut ~ du tout** es regnet überhaupt nicht mehr; **il ne neige presque ~** es schneit kaum noch; **il n'y a ~ personne** es ist niemand mehr da ❷ *(seulement encore)* **on n'attend ~ que toi** wir warten nur noch auf dich ❸ *(pas plus que)* **moi non ~** ich auch nicht

plus[2] [ply(s)] **I.** *adv* ❶ *(davantage)* **être ~ vieux que lui** älter als er sein; **~ tard/tôt/près/lentement qu'hier** später/früher/näher/langsamer als gestern ❷ *(dans une comparaison)* **je lis ~ que toi** ich lese mehr als du ❸ *(très)* **elle est ~ que contente** sie ist überglücklich ❹ **~ que jamais** mehr denn je; **~ ou moins** mehr oder weniger; **ni ~ ni moins** nicht mehr und nicht weniger **II.** *adv emploi superl* ❶ **le ~ rapide** der schnellste; **le ~ tard possible** so spät wie möglich ❷ **au ~ tôt/vite** möglichst früh/schnell

plus[3] [plys] *adv* ❶ mehr; **pas ~**

mehr nicht; **~ d'une heure** über eine Stunde; **~ de la moitié** mehr als die Hälfte; **~..., ~...** je mehr..., desto mehr...; **~..., [et] moins...** je mehr..., desto weniger... ② **[et] de ~** [und] außerdem; **boire de ~ en ~** immer mehr trinken; **en ~** dazu; **sans ~** mehr nicht

plus⁴ [plys] *conj* ① *(et)* plus; **2 ~ 2 font 4** 2 plus 2 gibt 4 ② *(quantité positive)* **~ quatre degrés** 4 Grad plus

plusieurs [plyzjœʀ] **I.** *adj* **à ~ reprises** mehrmals; **~ fois** mehrere Male **II.** *pron* ① einige ② **à ~** zu mehreren

plutôt [plyto] *adv* ① *(de préférence)* **prendre ~ l'avion que ...** eher das Flugzeug als ... nehmen ② *(au lieu de)* **~ que de ...** anstatt zu ... ③ *(assez)* **être ~ gentil** eigentlich nett sein ④ *(fam: très)* unheimlich ⑤ **ou ~** oder besser gesagt

pneu [pnø] *m* Reifen *m*

pneumatique [pnømatik] *adj matelas* Luft-

poche [pɔʃ] *f* Tasche *f*

podcast [pɔdkast] *m* INFORM Podcast *m*

poêle¹ [pwal] *f* GASTR [Brat]pfanne *f*

poêle² [pwal] *m* Ofen *m*

poème [pɔɛm] *m* Gedicht *nt*

poète [pɔɛt] *m* Dichter(in) *m(f)*

poétique [pɔetik] *adj* poetisch

poids [pwɑ] *m* ① Gewicht *nt* ② *(charge pénible)* Last *f* ③ *(influence)* Einfluss *m* ④ AUT **~ lourd** Lastwagen *m*

poignée [pwaɲe] *f* ① *(manche)* Griff *m; (dans le bus, la baignoire)* Haltegriff *m* ② *(quantité)* **une ~ de riz** eine Hand voll Reis ③ INFORM Joystick *m*

poignet [pwaɲɛ] *m* Handgelenk *nt*

poil [pwal] *m* ① ANAT [Körper]haar *nt;* **les ~s de la barbe** das Barthaar ② ZOOL Fell *nt*

poing [pwɛ̃] *m* Faust *f*

point [pwɛ̃] *m* ① Punkt *m;* **~ d'exclamation/d'interrogation** Ausrufe-/Fragezeichen *nt* ② *(lieu)* **~ de départ** Ausgangspunkt *m* ③ GEO **les quatre ~s cardinaux** die vier Himmelsrichtungen ④ **~ de vue** Aussicht[spunkt *m*] *f; (opinion)* Ansicht *f;* **de ce ~ de vue** so gesehen; **~ noir** *(comédon)* Mitesser *m;* **à ~** *viande* medium

P

pointe [pwɛ̃t] *f* ❶ Spitze *f* ❷ *(clou)* Drahtstift *m* ❸ CAN *(part)* Stück *nt* ❹ **de** [*o* **en**] ~ führend

pointu(e) [pwɛ̃ty] *adj* ❶ *(acéré)* spitz ❷ *(grêle et aigu)* schrill ❸ *analyse* tiefschürfend

pointure [pwɛ̃tyʀ] *f* Größe *f*; **quelle est votre ~?** welche Größe haben Sie?

poire [pwaʀ] *f* Birne *f*

poireau [pwaʀo] <x> *m* Lauch *m*

pois [pwɑ] *m* Erbse *f*; **~ chiche** Kichererbse *f*

poison [pwazɔ̃] *m* Gift *nt*

poisson [pwasɔ̃] *m* ❶ Fisch *m* ❷ **~ d'avril** Aprilscherz *m*

P

poissonnerie [pwasɔnʀi] *f* Fischgeschäft *nt*

Poissons [pwasɔn] *m* Fisch *m*

poitrine [pwatʀin] *f* ❶ Brust *f* ❷ *(seins)* Busen *m*

poivre [pwavʀ] *m* Pfeffer *m*

poivron [pwavʀɔ̃] *m* Paprika[schote *f*] *m*

pôle [pol] *m* Pol *m*; **~ Nord/Sud** Nord-/Südpol

poli(e) [pɔli] *adj* höflich

police [pɔlis] *f* Polizei *f*; **~ secours** Notruf *m*

policier, -ière [pɔlisje] **I.** *adj chien, état* Polizei-; *roman, film* Kriminal- **II.** *m, f* Polizist(in) *m(f)*

politesse [pɔlitɛs] *f* Höflichkeit *f*

politicien(ne) [pɔlitisjɛ̃] *m(f)* Politiker(in) *m(f)*

politique [pɔlitik] **I.** *adj* politisch; *droits* staatsbürgerlich *f* **II.** *f* Politik *f*

polluer [pɔlɥe] <1> **I.** *vt* verschmutzen **II.** *vi* die Umwelt verschmutzen

pollution [pɔlysjɔ̃] *f* Umweltverschmutzung *f*

Pologne [pɔlɔɲ] *f* **la ~** Polen *nt*

polonais(e) [pɔlɔnɛ] *adj* polnisch

P.O.M. [pɔm] *mpl abr de* **pays d'outre-mer** französische Übersee-Provinzen *Pl*

pomme [pɔm] *f* ❶ *(fruit)* Apfel *m* ❷ *(pomme de terre)* **~s dauphines** Kroketten *Pl* ❸ BOT **~ de pin** Tannenzapfen *m* ❹ ANAT **~ d'Adam** Adamsapfel *m*

pomme de terre [pɔmdətɛʀ] <pommes de terre> *f* Kartoffel *f*

pompe [pɔ̃p] *f* ❶ *(machine)* Pumpe *f*; **~ à essence** Zapfsäule *f* ❷ *(fam: chaussure)* Treter *m* ❸ SPORT *(fam)* Liegestütz *m*

pompier [pɔ̃pje] *m* Feuerwehrmann *m*

ponctualité [pɔ̃ktɥalite] *f* Pünktlichkeit *f*

ponctuation [pɔ̃ktɥasjɔ̃] *f* Zeichensetzung *f*

ponctuel(le) [pɔ̃ktɥɛl] *adj* ❶ *(exact)* pünktlich ❷ *(momentané)* punktuell

pont [pɔ̃] *m* ❶ ARCHIT Brücke *f* ❷ *(vacances)* verlängertes Wochenende ❸ NAUT Deck *nt*

populaire [pɔpylɛʀ] *adj* ❶ *république* Volks-; **bal ~** öffentliche Tanzveranstaltung ❷ *quartier* Arbeiter- ❸ *(qui plaît)* populär

population [pɔpylasjɔ̃] *f* Bevölkerung *f; d'une ville* Einwohner *Pl*

porc [pɔʀ] *m* ❶ *(a. péj)* Schwein *nt* ❷ *(viande)* Schweinefleisch *nt*

port[1] [pɔʀ] *m* Hafen *m;* **~ de pêche** Fischereihafen

port[2] [pɔʀ] *m* ❶ *d'un vêtement, casque, objet* Tragen *nt;* **~ obligatoire de la ceinture de sécurité** Anschnallpflicht *f* ❷ *d'une lettre* Porto *nt;* **~ dû/payé** unfrankiert/frankiert

portable [pɔʀtabl] **I.** *adj* tragbar **II.** *m* ❶ TELEC Handy *nt* ❷ INFORM Laptop *m*

portail [pɔʀtaj] <s> *m a.* INFORM Portal *nt*

portant(e) [pɔʀtɑ̃] *adj* **bien ~** gesund

porte [pɔʀt] *f* ❶ *(ouverture, panneau mobile)* Tür *f; (plus grand)* Tor *nt;* **~ de secours** Notausgang *m* ❷ *d'un château, d'une ville* Tor *nt* ❸ **[journée] ~s ouvertes** Tag *m* der offenen Tür; **à la ~!** hinaus!

portefeuille [pɔʀtəfœj] *m* Brieftasche *f*

portemanteau [pɔʀtmɑ̃to] <x> *m* Garderobe *f*

porte-monnaie [pɔʀtmɔnɛ] *m inv* Geldbeutel *m*

porter [pɔʀte] <1> **I.** *vt* ❶ tragen ❷ *(a. fig: apporter)* bringen; *attention* schenken ❸ *(diriger)* **~ sur qn/qc** *regard* auf jdn/etw richten ❹ *nom, titre* führen **II.** *vi* ❶ *(avoir pour objet)* **~ sur qc** *action, effort* sich auf etw *akk* konzentrieren ❷ *conseil, critique* wirken ❸ *(reposer sur)* **~ sur qc** *accent* auf etw *dat* liegen **III.** *vpr* ❶ *(aller)* **qn se porte bien/mal/comme un charme** jdm geht es gut/schlecht/blendend ❷ *(être*

P

porté) **se ~** *vêtements* getragen werden
porteur, -euse [pɔʀtœʀ] *m, f* Gepäckträger(in) *m(f)*
portion [pɔʀsjɔ̃] *f* Portion *f*
portrait [pɔʀtʀɛ] *m* Porträt *nt*
portugais(e) [pɔʀtygɛ] *adj* portugiesisch
Portugais(e) [pɔʀtygɛ] *m(f)* Portugiese, Portugiesin *m, f*
Portugal [pɔʀtygal] *m* **le ~** Portugal *nt*
pose [poz] *f (attitude)* [Körper]haltung *f*
poser [poze] <1> **I.** *vt* ❶ *livre, main* [hin]legen; *échelle, bagages* [hin]stellen; *pieds* [hin]setzen ❷ *équation, principe* aufstellen ❸ *devinette* aufgeben; *question, condition* stellen ❹ *moquette* verlegen; *rideau, serrure* anbringen; *tapisserie* ankleben **II.** *vi* **~ pour qn/qc** jdm/für etw Modell sitzen **III.** *vpr* ❶ *(exister)* **se ~** *question* sich stellen; *difficulté, problème* auftauchen ❷ *(cesser de voler)* **se ~ sur qc** *insecte, oiseau* sich auf etw *akk* setzen ❸ *(se fixer)* **se ~ sur qc** *regard, yeux* sich auf etw *akk* richten
positif, -ive [pozitif] *adj* positiv

P

position [pozisjɔ̃] *f* ❶ Lage *f; d'un objet* Platz *m; d'une personne* Position *f* ❷ *(posture)* Stellung *f*
posséder [pɔsede] <5> *vt* ❶ *(avoir)* besitzen ❷ *expérience, talent* verfügen über +*akk* ❸ *(fam: rouler)* hereinlegen
possession [pɔsesjɔ̃] *f* Besitz *m*
possibilité [pɔsibilite] *f* Möglichkeit *f*
possible [pɔsibl] **I.** *adj* möglich; *projet* durchführbar; **il est ~ que** + *subj* es ist möglich, dass; **autant que ~** soweit das möglich ist **II.** *m* Mögliche(s) *nt*
postal(e) [pɔstal] <-aux> *adj* **carte ~e** Postkarte *f;* **code ~** Postleitzahl *f*
poste[1] [pɔst] *f* Post *f*
poste[2] [pɔst] *m* ❶ Stelle *f* ❷ *(appareil)* Gerät *nt;* **~ de radio/de télévision** Radio-/Fernsehapparat *m*
poster[1] [pɔste] <1> *vt* einwerfen
poster[2] [pɔstɛʀ] *m* Poster *nt*
pot [po] *m* ❶ *(en terre)* Topf *m; (en verre)* Glas *nt; (en métal)* Dose *f; (en plastique)* Becher *m;* **~ de crème** Dose *f*

Creme ❷ **~ d'échappement** Auspuff *m*

potable [pɔtabl] *adj* trinkbar; *eau* Trink-; **eau non ~!** kein Trinkwasser!

potage [pɔtaʒ] *m* Suppe *f*

poteau [pɔto] <x> *m* a. SPORT Pfosten *m;* **~ des buts** [Tor]pfosten *nt;* **~ indicateur** Wegweiser *m*

pou [pu] <x> *m* Laus *f*

poubelle [pubɛl] *f (dans la cuisine)* Mülleimer *m; (devant la porte)* Mülltonne *f*

pouce [pus] *m* ❶ *(doigt)* Daumen *m* ❷ *(mesure)* Zoll *m*

poudre [pudʀ] *f* ❶ *(fines particules)* Pulver *nt* ❷ *(produit cosmétique)* [Gesichts]puder *m*

poule [pul] *f (femelle du coq)* Henne *f*

poulet [pulɛ] *m* ❶ ZOOL Huhn *nt* ❷ GASTR Hähnchen *nt;* **~ rôti** Brathähnchen *nt*

poumon [pumɔ̃] *m* Lunge *f*

poupée [pupe] *f* Puppe *f*

pour [puʀ] **I.** *prép* ❶ für *+akk* ❷ *(contre)* **~ la toux/le rhume** gegen Husten/Schnupfen ❸ **~ le moment** im Augenblick; **~ Noël** zu Weihnachten; **~ le plaisir de qn** zu jds Freude; **avoir ~ effet** zur Folge haben; **~ autant que je sache** soviel ich weiß; **~ faire qc** um etw zu tun **II.** *m* **le ~ et le contre** das Für und [das] Wider

pourboire [puʀbwaʀ] *m* Trinkgeld *nt*

pourquoi [puʀkwa] **I.** *conj* ❶ warum ❷ **c'est ~** deshalb; **c'est ~?** *(fam)* was kann ich für Sie tun? **II.** *adv* warum; **voilà ~** deshalb **III.** *m inv* **le ~ de qc** der Grund einer S. *gen*

pourri(e) [puʀi] *adj* ❶ *fruit, œuf* faul; *poisson, viande* verdorben ❷ *saison, temps* verregnet ❸ *personne, société* korrupt

pourrir [puʀiʀ] <8> *vi œuf* faul werden; *fruit* verfaulen; *viande, poisson* schlecht werden

poursuivre [puʀsɥivʀ] <irr> **I.** *vt* ❶ *personne, but* verfolgen ❷ *(harceler)* **~ qn** *personne* jdn bedrängen ❸ *idéal* streben nach ❹ *(continuer)* fortsetzen **II.** *vi* ❶ *(continuer)* fortfahren ❷ *(persévérer)* weitermachen **III.** *vpr* **se ~** andauern; *enquête, grève* weitergeführt werden

pourtant [puʀtɑ̃] *adv* ❶ *(mar-*

que l'opposition, le regret) dennoch ❷ *(marque l'étonnement)* [aber] doch

pousser [puse] <1> **I.** *vt* ❶ *(déplacer)* schieben ❷ *(ouvrir/fermer)* auf-/zumachen ❸ *(bousculer)* stoßen ❹ *(inciter à)* **~ qn à faire qc** jdn dazu bringen etw zu tun ❺ *cri, soupir* ausstoßen **II.** *vi* ❶ *(croître)* wachsen ❷ *(faire un effort pour accoucher)* pressen ❸ *(exercer une poussée)* drängen ❹ *(fam: exagérer)* übertreiben **III.** *vpr* **se ~** ❶ *(s'écarter)* Platz machen ❷ *(se bousculer)* sich drängen

poussière [pusjɛʀ] *f* Staub *m*

P

pouvoir[1] [puvwaʀ] <irr> **I.** *aux* ❶ *(être autorisé)* dürfen ❷ *(être capable de)* können ❸ *(éventualité)* **quel âge peut-il bien avoir?** wie alt er wohl sein mag? ❹ *(suggestion)* **tu aurais pu nous le dire plus tôt!** das hättest du uns früher sagen können! ❺ **cela peut arriver** das kann vorkommen **II.** *vt* ❶ **ne rien ~ [faire] pour qn** nichts für jdn tun können ❷ **je n'en peux plus!** ich kann nicht mehr!; **qn n'y peut rien** *(ne peut y porter remède)* jd kann nichts dagegen tun; *(n'est pas responsable)* jd kann nichts dafür **III.** *vpr* **il se pourrait que** + *subj* es könnte sein, dass

pouvoir[2] [puvwaʀ] *m* ❶ POL [regierende] Macht ❷ *(autorité)* **~ sur qn** Macht *f* über jdn ❸ *(influence)* Einfluss *m* [auf jdn] ❹ POL, JUR *(organes de décision)* [Staats]gewalt *f*; **~s publics** Staatsorgane *Pl*

praline [pʀalin] *f* **~ grillée** gebrannte Mandel

pratique [pʀatik] **I.** *adj* praktisch **II.** *f* ❶ *(opp: théorie)* Praxis *f* ❷ *(expérience)* [praktische] Erfahrung

pratiquer [pʀatike] <1> **I.** *vt métier* ausüben; *religion, méthode* praktizieren; *sport* betreiben **II.** *vi* MED praktizieren

pré [pʀe] *m* Wiese *f*

précieux, -euse [pʀesjø] *adj* wertvoll; *temps* kostbar

précis(e) [pʀesi] *adj* genau; *diagnostic* exakt; *bruit, contours* deutlich

préciser [pʀesize] <1> **I.** *vt point, fait* genau[er] erklären; **~ que** klarstellen, dass **II.** *vpr* **se ~** sich klarer abzeichnen; *menace* deutlicher werden

précision [pʀesizjɔ̃] *f* ❶ *(jus-*

tesse) Genauigkeit *f;* **avec ~** genau ❷ *des contours, d'un trait* Deutlichkeit *f*

préface [pʀefas] *f* Vorwort *nt*

préféré(e) [pʀefeʀe] *adj ami* beste(r, s); *chanteur* Lieblings-

préférer [pʀefeʀe] <5> *vt (aimer mieux)* bevorzugen; **~ qn à qn** jdn lieber mögen als jdn; **je préfère que** + *subj* mir ist es lieber, wenn; **si tu préfères ...** wenn es dir lieber ist ...

préjugé [pʀeʒyʒe] *m* Vorurteil *nt*

prélever [pʀel(ə)ve] <4> *vt somme, pourcentage* einbehalten; *taxe* abziehen; *sang* abnehmen

premier [pʀəmje] *m* ❶ *(aîné)* erstes Kind ❷ *(jour)* **le ~ du mois/de l'an** am Monatsersten/Neujahrstag

premier, -ière [pʀəmje] *adj* ❶ *(opp: dernier)* erste(r, s); **en ~ lieu** zuerst; **dans les ~s temps** anfangs ❷ *vocation* eigentlich; *objectif, rôle* Haupt-

première [pʀəmjɛʀ] *f* THEAT, CINE Premiere *f*

prendre [pʀɑ̃dʀ] <13> **I.** *vt* ❶ nehmen ❷ *médicament* einnehmen ❸ *(aller chercher)* abholen ❹ *gibier* erlegen; *poisson, mouches* fangen ❺ *décision, précautions* treffen ❻ **~ qn sur le fait** jdn auf frischer Tat ertappen; **~ qn en photo** ein Foto von jdm machen; **~ des nouvelles de qn** sich nach jdm erkundigen; **~ froid** sich erkälten **II.** *vi* ❶ *(réussir)* **avec moi, ça ne prend pas!** *(fam)* das zieht bei mir nicht! ❷ *feu* angehen ❸ *ciment, mayonnaise* fest werden ❹ *(se diriger)* **~ à gauche** *personne* [nach] links abbiegen; *chemin* nach links führen **III.** *vpr* ❶ *(s'accrocher)* **se ~ dans qc** sich in etw *dat* verfangen ❷ *(procéder)* **s'y ~ bien/mal avec qn** gut/schlecht mit jdm umgehen ❸ *(en vouloir)* **s'en ~ à qn/qc** jdn/etw dafür verantwortlich machen ❹ *(s'attaquer)* **s'en ~ à qn/qc** jdn/etw angreifen

prénom [pʀenɔ̃] *m* Vorname *m*

préparation [pʀepaʀasjɔ̃] *f* ❶ Vorbereitung *f; d'un discours, plan* Ausarbeitung *f; d'un repas, poisson* Zubereitung *f* ❷ CHIM, MED Präparat *nt*

préparer [pʀepaʀe] <1> **I.** *vt* ❶ vorbereiten ❷ *thé, café* zubereiten ❸ *affaires, valise*

P

[zusammen]packen; *chambre, voiture* herrichten ❹ *bac, concours* sich vorbereiten auf +*akk* **II.** *vpr* ❶ *(sortir)* **se ~** sich fertig machen ❷ *(apprendre, s'entraîner)* **se ~ à qc** sich auf etw *akk* vorbereiten ❸ *(être sur le point de)* **se ~ à faire qc** sich anschicken etw zu tun *geh* ❹ *(devoir être préparé)* **se ~** *examen, plan, voyage* vorbereitet werden

préposition [pʀepozisjɔ̃] *f* Präposition *f*

près [pʀɛ] **I.** *adv* ❶ *(à une petite distance)* nah[e] ❷ *(dans peu de temps)* nahe; **être ~** *événement, départ* bevorstehen ❸ **à peu [de choses] ~** beinahe; *ressembler* ziemlich; **de ~** *voir, regarder* aus der Nähe; *frôler, approcher* nahe; *se suivre* kurz hintereinander **II.** *prép* ❶ *(à côté de)* **~ de qn/d'un lieu** in jds Nähe /in der Nähe eines Ortes ❷ *(à peu de temps de)* **être ~ du but** nahe am Ziel sein ❸ *(presque)* **~ de** fast

présence [pʀezɑ̃s] *f* Anwesenheit *f*

présent(e) [pʀezɑ̃] *m(f)* ❶ *(opp: passé)* Gegenwart *f* ❷ LING Präsens *nt* ❸ **à ~** jetzt; **à ~ que** jetzt, wo; **jusqu'à ~** bis jetzt

présent(e) [pʀezɑ̃] *adj* ❶ *personne* anwesend; **les personnes ~es** die Anwesenden ❷ *circonstances, état* gegenwärtig

présentateur, -trice [pʀezɑ̃tatœʀ] *m, f du journal télévisé* [Nachrichten]sprecher(in) *m(f); d'un programme* Ansager(in) *m(f)*

présentation [pʀezɑ̃tasjɔ̃] *f* ❶ *d'une collection, de tableaux* Vorführung *f; d'un problème, d'une idée* Präsentation *f* ❷ RADIO, TV Moderation *f* ❸ *(aspect extérieur)* [äußere] Erscheinung

présenter [pʀezɑ̃te] <1> **I.** *vt* ❶ vorstellen ❷ *(décrire)* **~ qn/qc comme qn/qc** jdn/etw als jdn/etw darstellen ❸ *billet, carte d'identité* vorzeigen ❹ *condoléances, félicitations* aussprechen **II.** *vpr* ❶ *(décliner son identité)* **se ~ à qn** sich jdm vorstellen ❷ *(se rendre)* **se ~ chez qn** bei jdm erscheinen ❸ *(être candidat)* **se ~ à un examen** an einer Prüfung teilnehmen ❹ *(avoir un certain aspect)* **se ~ sous forme de cachets** es als Ta-

P

bletten geben
président(e) [pʀezidɑ̃] *m(f)* ❶ *d'une assemblée, d'un tribunal* Präsident(in) *m(f)*; *d'une association, d'un comité* Vorsitzende(r) *f(m)* ❷ *(chef de l'État)* **le Président de la République française** der französische Staatspräsident
presque [pʀɛsk] *adv* fast; **c'est ~ sûr** das ist so gut wie sicher
presse [pʀɛs] *f* Presse *f*
pressé(e)[1] [pʀese] *adj pas* eilig
pressé(e)[2] [pʀese] *adj citron* [frisch] gepresst
presser[1] [pʀese] <1> **I.** *vt pas* beschleunigen **II.** *vi* ❶ *temps* drängen ❷ **ça presse!** *(fam)* das/es ist dringend! **III.** *vpr* **se ~ de faire qc** sich beeilen etw zu tun
presser[2] [pʀese] <1> **I.** *vt* ❶ *fruit* auspressen ❷ *(serrer)* drücken **II.** *vpr (se bousculer)* **se ~ vers la sortie** zum Ausgang drängen
prestige [pʀɛstiʒ] *m* Ansehen *nt*
prêt [pʀɛ] *m (crédit)* Darlehen *nt*
prêt(e) [pʀɛ] *adj* ❶ *(préparé)* fertig; **tout est ~** alles ist vorbereitet ❷ *(disposé)* **~ à faire qc** bereit, etw zu tun
prétendre [pʀetɑ̃dʀ] <14> *vt* behaupten
prêter [pʀete] <1> **I.** *vt* ❶ *livre, voiture* ausleihen; *argent* leihen ❷ *(attribuer)* **~ une intention à qn** jdm eine Absicht unterstellen **II.** *vi (donner matière à)* **~ à rire** lachhaft sein **III.** *vpr (consentir)* **se ~ à un jeu** bei einem Spiel mitmachen
prétexte [pʀetɛkst] *m* Vorwand *m*
prêtre [pʀɛtʀ] *m* REL Priester *m*
preuve [pʀœv] *f* ❶ Beweis *m* ❷ **faire ~ de bonne volonté** guten Willen zeigen
prévenir [pʀev(ə)niʀ] <9> **I.** *vt* ❶ *(aviser)* benachrichtigen ❷ *(avertir)* warnen **II.** *vi* Bescheid sagen
prévoir [pʀevwaʀ] <irr> *vt* ❶ *(anticiper l'avenir)* vorhersehen ❷ *(envisager)* vorsehen
prier [pʀije] <1> **I.** *vt* ❶ REL **~ Dieu** zu Gott beten ❷ *(inviter, solliciter)* **~ qn de faire qc** jdn bitten etw zu tun ❸ **je vous prie d'agréer mes sincères salutations/sentiments les meilleurs** mit freundlichen Grüßen; **je t'en/vous en prie** *(fais/faites donc)* bitte sehr; *(s'il te/vous*

P

plaît) bitte; *(il n'y a pas de quoi)* keine Ursache! **II.** *vi* REL beten

prière [pRijɛR] *f* ❶ REL Gebet *nt;* **faire sa ~** beten ❷ *(demande)* Bitte *f*

prince, -esse [pRɛ̃s] *m, f* Fürst(in) *m(f); (fils/fille ou femme de roi)* Prinz, Prinzessin *m, f*

principal [pRɛ̃sipal] *m (l'important)* **le ~** das Wichtigste

principal(e) [pRɛ̃sipal] <-aux> *adj* wichtigste(r, s); *raison, rôle, proposition* Haupt-

principe [pRɛ̃sip] *m* Prinzip *nt; (règle de conduite a.)* Grundsatz *m*

printemps [pRɛ̃tɑ̃] *m* Frühling *m*

P

priorité [pRijɔRite] *f* ❶ Priorität *f;* **en ~** als Erstes ❷ AUT **avoir la ~** Vorfahrt haben

prison [pRizɔ̃] *f* Gefängnis *nt*

prisonnier, -ière [pRizɔnje] *m, f* Gefangene(r) *f(m)*

privé(e) [pRive] *adj (opp: public)* privat; *école, secteur* Privat-

prix [pRi] *m* ❶ Preis *m;* **à bas/moitié ~** billig/zum halben Preis; **hors de ~** unerschwinglich; **à aucun/tout ~** um keinen/jeden Preis ❷ *(distinction)* Auszeichnung *f*

probable [pRɔbablə] *adj* wahrscheinlich

probablement [pRɔbabləmɑ̃] *adv* wahrscheinlich

problème [pRɔblɛm] *m* ❶ Problem *nt; moral, philosophique* Frage *f* ❷ SCOL Aufgabe *f*

procéder [pRɔsede] <5> *vi (agir)* verfahren

procès [pRɔsɛ] *m* Prozess *m*

prochain(e) [pRɔʃɛ̃] *m(f)* Nächste(r) *f(m)*

prochain(e) [pRɔʃɛ̃] *adj* ❶ nächste(r, s); **la ~e fois** nächstes Mal ❷ *arrivée, départ* baldig

prochaine [pRɔʃɛn] *f (fam)* ❶ *(station)* die nächste Haltestelle ❷ *(fois)* **à la ~!** bis zum nächsten Mal!

proche [pRɔʃ] **I.** *adj* ❶ nah(e); *départ* nah(e) bevorstehend; **la ville la plus ~** die nächste Stadt ❷ *sens* verwandt **II.** *mf* ❶ *(ami intime)* Vertraute(r) *f(m)* ❷ *mpl (parents)* **les ~s de qn** jds Angehörige *Pl*

prodige [pRɔdiʒ] *m (génie)* Genie *nt*

producteur, -trice [pRɔdyktœR] *m, f* ❶ a. CINE, RADIO, TV Produzent(in) *m(f)* ❷ AGR Erzeuger(in) *m(f)*

production [pʀɔdyksjɔ̃] *f* ❶ Produktion *f* ❷ *(fabrication)* Herstellung *f* ❸ AGR Anbau *m* ❹ AGR Erzeugnisse *Pl*

produire [pʀɔdɥiʀ] <irr> **I.** *vt* ❶ *matières premières* produzieren; *électricité* erzeugen ❷ AGR, GEO ~ **qc** *cultivateur* etw erzeugen; *arbre* etw tragen **II.** *vpr* **se** ~ ❶ *(survenir)* sich ereignen ❷ *(se montrer sur scène)* auftreten

produit [pʀɔdɥi] *m* ❶ Produkt *nt* ❷ CHIM, BIO Mittel *nt* ❸ ECON ~ **brut** Bruttoertrag *m*

prof [pʀɔf] *mf (fam) abr de* **professeur**

professeur [pʀɔfesœʀ] *mf* ❶ SCOL Lehrer(in) *m(f)* ❷ UNIV *(avec chaire)* Professor(in) *m(f)*

profession [pʀɔfesjɔ̃] *f* Beruf *m*

professionnel(le) [pʀɔfesjɔnɛl] *adj* ❶ beruflich ❷ *écrivain, journaliste* berufsmäßig; *menteur* ausgemacht ❸ *(compétent)* fachkundig

profil [pʀɔfil] *m* Profil *nt*

profiter [pʀɔfite] <1> *vi* profitieren

profond(e) [pʀɔfɔ̃] **I.** *adj* ❶ tief ❷ *intérêt* stark ❸ *cause* tiefere(r, s); *tendance* unterschwellig **II.** *adv* tief

programme [pʀɔgʀam] *m* ❶ Programm *nt* ❷ SCOL Lehrstoff *m* ❸ **tout un** ~ ein weites Feld

programmer [pʀɔgʀame] <1> *vt* ❶ MEDIA, CINE ins Programm nehmen ❷ *journée, vacances* vorausplanen ❸ *calculatrice* [vor]programmieren

progrès [pʀɔgʀɛ] *m* Fortschritt *m*

proie [pʀwa] *f* ❶ *(opp: prédateur)* Beute *f;* **oiseau de** ~ Raubvogel *m* ❷ *(victime)* Opfer *nt*

projet [pʀɔʒɛ] *m* ❶ *(intention)* Plan *m* ❷ *(ébauche)* Entwurf *m*

prolonger [pʀɔlɔ̃ʒe] <2a> **I.** *vt* verlängern **II.** *vpr* **se** ~ *effet, séance* andauern

promenade [pʀɔm(ə)nad] *f* ❶ *(balade: à pied)* Spaziergang *m; (en bateau/voiture)* Boots-/Spazierfahrt *f* ❷ *(lieu où l'on se promène)* Promenade *f*

promener [pʀɔm(ə)ne] <4> *vpr* **[aller] se** ~ *(à pied)* spazieren gehen

promesse [pʀɔmɛs] *f* Versprechen *nt*

promettre [pʀɔmɛtʀ] <irr> *vt*

P

(s'engager à) versprechen
promotion [pʀɔmosjɔ̃] *f* ❶ *(avancement)* Beförderung *f* ❷ *(produit en réclame)* Sonderangebot *nt*
pronom [pʀɔnɔ̃] *m* Pronomen *nt*
prononcer [pʀɔnɔ̃se] <2> *vt* aussprechen
proportion [pʀɔpɔʀsjɔ̃] *f* ❶ *(rapport)* [Größen]verhältnis *nt*; **être hors de ~ avec qc** in keinem Verhältnis zu etw stehen ❷ *pl d'une recette* Mengenangaben *Pl*
propos [pʀɔpo] *m* ❶ Worte *Pl* ❷ **à ce ~** dazu; **à quel ~?** weswegen?; **à ~** übrigens; **à ~ de qc** etw betreffend
proposer [pʀɔpoze] <1> *vt* ❶ *(soumettre)* vorschlagen ❷ *marchandise, récompense* anbieten
proposition [pʀɔpozisjɔ̃] *f* ❶ *(offre)* Vorschlag *m* ❷ *pl (avances)* Annäherungsversuche *Pl*
propre[1] [pʀɔpʀ] *adj* ❶ sauber ❷ *(non polluant)* umweltfreundlich
propre[2] [pʀɔpʀ] **I.** *adj* ❶ *(à soi)* a. FIN eigen ❷ *sens* eigentlich **II.** *m (particularité)* charakteristisches Kennzeichen
propriétaire [pʀɔpʀijetɛʀ] *mf* ❶ *(possesseur)* Eigentümer(in) *m(f)*, Besitzer(in) *m(f)*; **~ de la maison** Hausbesitzer(in) *m(f)* ❷ *(opp: locataire)* Hauswirt(in) *m(f)*
propriété [pʀɔpʀijete] *f* ❶ *(domaine, immeuble)* [privates] Anwesen ❷ *(chose possédée)* Eigentum *nt* ❸ *(qualité propre)* Eigenschaft *f*
prospectus [pʀɔspɛktys] *m* Prospekt *m*
protection [pʀɔtɛksjɔ̃] *f* ❶ *(défense)* Schutz *m*; **~ des monuments** Denkmalschutz *m*; **~ solaire** Sonnenschutz *m*; **indice de ~** Lichtschutzfaktor *m* ❷ *(élément protecteur)* Schutzvorrichtung *f*
protéger [pʀɔteʒe] <2a, 5> *vt, vpr ((se) défendre)* **[se] ~** [sich] schützen
protéine [pʀɔtein] *f* Eiweiß *nt*
protestant(e) [pʀɔtɛstɑ̃] *adj* protestantisch
protester [pʀɔtɛste] <1> *vi* protestieren
prouver [pʀuve] <1> *vt* beweisen; *reconnaissance* erweisen
provenance [pʀɔv(ə)nɑ̃s] *f*

② Herkunft *f* ③ **être en ~ de ...** aus ... kommen

provençal(e) [pʀɔvɑ̃sal] <-aux> *adj* provenzalisch

Provençal(e) [pʀɔvɑ̃sal] <-aux> *m(f)* Provenzale, Provenzalin *m, f*

province [pʀɔvɛ̃s] *f* ① Provinz *f* ② **la Belle Province** *Bezeichnung für die Provinz Quebec*

provisoire [pʀɔvizwaʀ] *adj* provisorisch; *solution, mesure* vorläufig

provoquer [pʀɔvɔke] <1> *vt* ① *(causer)* verursachen; *changement* bewirken ② *(défier)* herausfordern

prudent(e) [pʀydɑ̃] *adj* vorsichtig

prune [pʀyn] *f* Pflaume *f*

Prusse [pʀys] *f* HIST **la ~** Preußen *nt*

psychique [psiʃik] *adj* seelisch

psychologue [psikɔlɔg] *mf* Psychologe, Psychologin *m, f*

pub[1] [pyb] *f (fam) abr de* **publicité**

pub[2] [pœb] *m (bar)* Pub *m o nt*

public [pyblik] *m* ① *(assistance)* Publikum *nt* ② *(tous)* Allgemeinheit *f*; **en ~** *(devant tout le monde)* in aller Öffentlichkeit

public, -ique [pyblik] *adj* ① öffentlich ② *(de l'État)* staatlich

publicité [pyblisite] *f* ① MEDIA *(dans la presse)* Anzeige *f*; *(à la radio, télé)* Werbespot *m* ② *(réclame, métier)* Werbung *f*

publier [pyblije] <1> *vt* veröffentlichen; *nouvelle* bekanntgeben

puce [pys] *f* ① ZOOL Floh *m*; **le marché aux ~s** der Flohmarkt ② INFORM Chip *m*

puer [pɥe] <1> *vi (péj)* stinken

puis [pɥi] *adv* dann; **et ~ après?** *(fam)* na und?; **et ~** *(en outre)* und dann [noch]

puisque [pɥisk(ə)] <puisqu'> *conj* da [ja]; **puisqu'il le faut!** wenn's denn sein muss!

puissance [pɥisɑ̃s] *f* ① *(force)* Kraft *f*; *d'un moteur* Leistung[sfähigkeit] *f* ② *(État, pouvoir)* Macht *f*

puissant(e) [pɥisɑ̃] *adj* ① stark ② POL, ECON mächtig ③ *(très efficace)* wirksam

puits [pɥi] *m (pour l'eau)* Brunnen *m*

pull [pyl] *m abr de* **pull-over** *(fam)* Pulli *m*

punir [pyniʀ] <8> *vt* bestrafen

punition [pynisjɔ̃] *f (peine)*

P

Strafe *f*
pur(e) [pyʀ] *adj* rein; *air, eau, regard, profil* klar; *jeune fille* unschuldig
purée [pyʀe] *f* Püree *nt*
pureté [pyʀte] *f* Reinheit *f*; *de l'enfance* Unschuld *f*
pyjama [piʒama] *m* Schlafanzug *m*
pyramide [piʀamid] *f* Pyramide *f*
Pyrénées [piʀene] *fpl* **les ~** die Pyrenäen *Pl*

Qq

qu' [k] *v.* **que**
quai [ke] *m* ❶ *d'une gare* Bahnsteig *m* ❷ *(accoster)* Kai *m* ❸ *(voie publique)* Uferstraße *f*
qualité [kalite] *f* Qualität *f*
quand [kɑ̃] **I.** *adv* wann **II.** *conj* ❶ *(temporel: événement unique du passé ou du présent)* als ❷ *(fam: le moment où, le fait que)* wenn ❸ *(exclamatif)* **~ je pense que ...!** wenn ich daran denke, dass ...! ❹ **~ même** *(malgré cela)* trotzdem
quant [kɑ̃t] *prép* **~ à qn/qc** was jdn/etw betrifft
quantité [kɑ̃tite] *f* Menge *f*; **[une] ~ de choses** eine Menge Dinge; **en ~** unzählig
quarantaine [kaʀɑ̃tɛn] *f* ❶ **une ~ de personnes/pages** etwa vierzig Personen/Seiten ❷ *(âge approximatif)* **avoir la ~** etwa vierzig [Jahre alt] sein ❸ MED Quarantäne *f*
quarante [kaʀɑ̃t] *num* ❶ vierzig ❷ *(dans l'indication des époques)* **les années ~** die vierziger Jahre
quart [kaʀ] *m* ❶ Viertel *nt*; **trois ~s** drei Viertel; **~ d'heure/de finale** Viertelstunde *f*/-finale *nt* ❷ *(partie appréciable)* Großteil *m*
quartier [kaʀtje] *m* Viertel *nt*

quasi [kazi] *adv* fast
quatorze [katɔʀz] *num* ❶ vierzehn ❷ *(dans l'indication de la date)* **le ~ mars** der vierzehnte März
quatorzième [katɔʀzjɛm] **I.** *adj* vierzehnte(r, s) **II.** *m (fraction)* Vierzehntel *nt*
quatre [katʀ(ə)] *num* ❶ vier ❷ *(dans l'indication de la date)* **le ~ mars** der vierte März
quatre-vingt-dix [katʀəvɛ̃dis] *num* ❶ neunzig ❷ *(dans l'indication des époques)* **les années ~** die neunziger Jahre
quatre-vingts [katʀəvɛ̃] *num* ❶ achtzig ❷ *(dans l'indication des époques)* **les années ~** die achtziger Jahre
quatrième [katʀijɛm] *adj* vierte(r, s)
que [kə] <qu'> **I.** *conj* dass; **peut-être ~** vielleicht; **qu'est-ce ~ c'est?** was ist das?; **plus/moins/autre ... ~** mehr/weniger/anders ... als; **autant de ... ~** genauso viel(e) ... wie; **tel ~** [genau] so, wie; **ne... ~** nur **II.** *adv (comme)* wie; **[qu'est-ce] ~ c'est beau!** wie schön das ist! **III.** *pron rel* ❶ *(compl direct)* den/die/das ❷ *(après une indication de temps)* **toutes les fois ~ ...** jedes Mal, wenn ... **IV.** *pron interrog* **[qu'est-ce] ~ ...?** was ...?; **ce ~** was
quel(le) [kɛl] **I.** *adj* ❶ *(dans une question)* welche(r, s); **~ temps fait-il?** wie ist das Wetter? ❷ *(exclamation)* was für ein(e); **~ dommage!** wie schade! **II.** *pron* welche(r, s)
quelconque [kɛlkɔ̃k] *adj (n'importe quel)* **un ... ~** irgendein ...
quelque [kɛlk] **I.** *adj* ❶ *pl (plusieurs)* einige ❷ *pl (petit nombre)* **les ~s fois où ...** die wenigen Male, die ... **II.** *adv* **~ peu** ein wenig
quelque chose [kɛlkəʃoz] *pron* ❶ etwas ❷ **~ comme** etwa
quelquefois [kɛlkəfwa] *adv* manchmal
quelque part [kɛlkpaʀ] *adv* **voir/lire ~** irgendwo sehen/lesen
quelques-uns, -unes [kɛlkəzœ̃] *pron* einige
quelqu'un [kɛlkœ̃] *pron* jemand
qu'est-ce que [kɛskə] *pron* was
qu'est-ce qui [kɛski] *pron* was
question [kɛstjɔ̃] *f* Frage *f*

Q

queue [kø] *f* ❶ *(a. fam)* Schwanz *m* ❷ *d'une casserole, poêle a.* BOT Stiel *m;* **~ de billard** Queue *f* ❸ *(file de personnes)* **faire la ~** Schlange *f* stehen

qui [ki] *pron rel* ❶ *(comme sujet)* der/die/das ❷ *(comme compl)* **la dame à ~ c'est arrivé** die Dame, der das passiert ist ❸ *(celui qui)* wer ❹ **~ [est-ce que/qui]...?** wer/wen/wem ...?

quiconque [kikɔ̃k] **I.** *pron rel* jeder, der ... **II.** *pron indéf* **je le sais mieux que ~** ich weiß es selbst am besten

qui est-ce que [kiɛskə] *pron* wen/wem

qui est-ce qui [kiɛski] *pron* wer

Q

quincaillerie [quincaillerie] *f* Eisenwarengeschäft *nt*

quinzaine [kɛ̃zɛn] *f* ❶ *(environ quinze)* **une ~ de personnes/pages** etwa fünfzehn Personen/Seiten ❷ *(deux semaines)* **revenir dans une ~ [de jours]** in zwei Wochen wiederkommen

quinze [kɛ̃z] *num* ❶ fünfzehn; **tous les ~ jours** alle vierzehn Tage ❷ *(dans l'indication de la date)* **le ~ mars** der fünfzehnte März

quinzième [kɛ̃zjɛm] **I.** *adj* fünfzehnte(r, s) **II.** *m (fraction)* Fünfzehntel *nt*

quitter [kite] <1> *vt* ❶ verlassen; **ne quittez pas** TELEC bleiben Sie am Apparat ❷ *programme* beenden

quoi [kwa] **I.** *pron rel* **à/de ~ ...** woran/worüber/womit/ ...; **..., après ~ ... ...,** [und] danach ...; **de ~ faire qc** etwas um etw zu tun; **il n'y a pas de ~!** keine Ursache!; **~ que ce soit** irgendetwas; **~ qu'il en soit** wie dem auch sei; **~ que** ganz gleich, was **II.** *pron interrog* ❶ **à/de ~ ...** woran/wozu/ ... ❷ *(fam: qu'est-ce que)* was **III.** *interj* **~!** was!; **..., ~!** eben ...!

quoique [kwak(ə)] *conj* obwohl

quotidien [kɔtidjɛ̃] *m* ❶ *(journal)* Tageszeitung *f* ❷ *(vie quotidienne)* Alltag *m*

Rr

raccompagner [ʀakɔ̃paɲe] <1> *vt* begleiten

raccourcir [ʀakuʀsiʀ] <8> **I.** *vt* kürzen **II.** *vi* kürzer werden

raccrocher [ʀakʀɔʃe] <1> **I.** *vi* TELEC auflegen **II.** *vpr* **se ~ à qn/qc** sich an jdn/etw klammern

race [ʀas] *f* ❶ Rasse *f* ❷ *(sorte)* Spezies *f*

racine [ʀasin] *f* ❶ BOT Wurzel *f* ❷ *(cause)* Ursache *f*

racisme [ʀasism] *m* Rassismus *m*

raciste [ʀasist] *mf* Rassist(in) *m(f)*

raconter [ʀakɔ̃te] <1> *vt* erzählen

radical(e) [ʀadikal] <-aux> *adj* radikal

radio [ʀadjo] *f* ❶ Radio *nt;* **allumer/éteindre la ~** das Radio ein-/ausschalten ❷ *(radiodiffusion)* **passer à la ~** im Radio kommen

rafraîchir [ʀafʀeʃiʀ] <8> *vpr* **se ~** ❶ *air, temps* abkühlen ❷ *(boire)* sich erfrischen ❸ *(arranger sa toilette)* sich frisch machen

rage [ʀaʒ] *f* ❶ *(colère)* Wut *f* ❷ MED Tollwut *f*

ragoût [ʀagu] *m* Ragout *nt*

raide [ʀɛd] **I.** *adj* ❶ *corps, membre* steif; *cheveux* glatt ❷ *escalier, pente* steil **II.** *adv* *(en pente)* steil

raie [ʀɛ] *f (ligne)* Streifen *m*

rail [ʀɑj] *m* Schiene *f*

raisin [ʀɛzɛ̃] *m* Traube *f;* **~s secs** Rosinen *Pl*

raison [ʀɛzɔ̃] *f* ❶ *(motif)* Grund *m;* **avoir ses ~s** seine Gründe haben ❷ *(sagesse)* Vernunft *f* ❸ *(facultés intellectuelles)* Verstand *m* ❹ **avoir ~** Recht haben; **pour quelle ~** weshalb

raisonnable [ʀɛzɔnabl] *adj* vernünftig

rajouter [ʀaʒute] <1> *vt* ❶ **~ qc à qc** etw zu etw hinzufügen ❷ *sel, sucre* hinzugeben ❸ **en ~** *(fam)* übertreiben

ralentir [ʀalɑ̃tiʀ] <8> *vt, vpr* **[se] ~** [sich] verlangsamen

ramasser [ʀamɑse] <1> *vt* ❶ *champignons, coquillages* sammeln; *ordures, copies* einsammeln ❷ *chose tombée par terre* aufheben
ramener [ʀamne] <4> *vt* ❶ zurückbringen ❷ *(amener avec soi)* mitbringen
randonnée [ʀɑ̃dɔne] *f* ~ **à pied/skis/bicyclette** Wanderung *f*/Ski-/Radtour *f*; ~ **pour la journée** Tagestour *f*
rang [ʀɑ̃] *m* ❶ Reihe *f*; **en ~ par deux** in Zweierreihen ❷ *(dans un classement)* Platz *m*
ranger [ʀɑ̃ʒe] <2a> **I.** *vt* aufräumen **II.** *vpr* **se ~** ❶ *piéton* beiseitegehen ❷ *(se mettre en rang)* sich aufstellen
rapide [ʀapid] **I.** *adj* schnell; *progrès, réponse* rasch **II.** *m* *(train)* Schnellzug *m*

R

rapidement [ʀapidmɑ̃] *adv* schnell; *lire* flüchtig
rappel [ʀapɛl] *m* ❶ *(souvenir)* ~ **de qc** Erinnerung *f* an etw *akk* ❷ *d'un paiement* Mahnung *f* ❸ *(panneau de signalisation)* Wiederholungsschild *nt*
rappeler [ʀap(ə)le] <3> **I.** *vt* ❶ *souvenir* wachrufen; ~ **qn/qc à qn** jdn an jdn/etw erinnern ❷ *a.* TELEC zurückrufen **II.** *vpr* **se ~ qn/qc** sich an jdn/etw erinnern
rapport [ʀapɔʀ] *m* ❶ *(lien)* Zusammenhang *m*; ~ **qualité-prix** Preis-Leistungs-Verhältnis *nt* ❷ *(relations)* Beziehungen *Pl* ❸ *pl (relations sexuelles)* Geschlechtsverkehr *m* ❹ *(compte rendu)* Bericht *m* ❺ **par ~ à qn/qc** im Vergleich zu jdm/etw
rapporter [ʀapɔʀte] <1> **I.** *vt* ❶ *(rendre)* zurückbringen ❷ *(être profitable)* einbringen ❸ *(péj: répéter)* petzen **II.** *vpr* **se ~ à qc** sich auf etw *akk* beziehen
rapprocher [ʀapʀɔʃe] <1> **I.** *vt* ❶ *objets* [näher] zusammenrücken ❷ *idées, thèses* annähern **II.** *vpr* ❶ *(approcher)* **se ~ de qn/qc** sich jdm/einer S. nähern ❷ *(sympathiser)* **se ~** sich näherkommen
rare [ʀɑʀ] *adj* ❶ selten ❷ *(exceptionnel)* außergewöhnlich
raser [ʀɑze] <1> *vt, vpr ((se) tondre)* **[se] ~** [sich] rasieren
rasoir [ʀɑzwaʀ] *m* Rasierapparat *m*
rassembler [ʀasɑ̃ble] <1> **I.** *vt* *documents, objets épars* zusammentragen; ~ **des per-**

sonnes *personne* um sich versammeln **II.** *vpr* **se ~** *participants* sich versammeln
rassurer [ʀasyʀe] <1> *vt, vpr* **[se] ~** [sich] beruhigen
rat [ʀa] *m* Ratte *f*
rater [ʀate] <1> **I.** *vt* ❶ *occasion, train* verpassen ❷ *examen* nicht schaffen; **être raté(e)** missglückt sein ❸ **ne pas ~ qn** sich *dat* jdn vorknöpfen **II.** *vi affaire, projet* misslingen
rattraper [ʀatʀape] <1> **I.** *vt* ❶ *(rejoindre)* einholen ❷ *temps perdu, retard* wettmachen; *sommeil* nachholen ❸ *(retenir)* auffangen; **~ qn par le bras** jdn am Arm fest halten **II.** *vpr* ❶ *(se raccrocher)* **se ~ à qc** sich an etw *dat* fest halten ❷ *(compenser)* **se ~** das Versäumte nachholen
ravi(e) [ʀavi] *adj* **être ~ de faire qc** erfreut sein etw zu tun
ravissant(e) [ʀavisɑ̃] *adj* bezaubernd
rayon [ʀɛjɔ̃] *m* ❶ *(faisceau)* Strahl *m* ❷ *(distance)* Umkreis *m* ❸ **~ de soleil** Sonnenschein *m*
ré [ʀe] *m inv* D *nt*, d *nt*
réaction [ʀeaksjɔ̃] *f* **~ à qc** Reaktion *f* auf etw *akk*
réagir [ʀeaʒiʀ] <8> *vi* ❶ *(répondre spontanément)* **~ à qc** auf etw *akk* reagieren ❷ *(s'opposer à)* **~ contre qc** sich gegen etw *akk* wehren
réaliser [ʀealize] <1> **I.** *vt* ❶ *projet, rêve* verwirklichen; *désir* erfüllen ❷ *travail* ausführen ❸ *(se rendre compte de)* sich über etw *akk* bewusst werden **II.** *vpr* **se ~** *vœu* in Erfüllung gehen
réalité [ʀealite] *f* ❶ *(réel)* Wirklichkeit *f* ❷ *(chose réelle)* Tatsache *f* ❸ **en ~** in Wirklichkeit *f*
récemment [ʀesamɑ̃] *adv* vor kurzem
réception [ʀesɛpsjɔ̃] *f* Empfang *m*; *d'une entreprise* Empfangsbüro *nt*
recette [ʀ(ə)sɛt] *f* ❶ GASTR Rezept *nt* ❷ *(secret, truc)* Patentrezept *nt*
recevoir [ʀəs(ə)vwaʀ] <12> **I.** *vt* ❶ erhalten ❷ *(obtenir, percevoir)* bekommen ❸ *éducation* genießen ❹ *a.* RADIO, TV empfangen; **~ qn à dîner** jdn zum Abendessen zu Gast haben ❺ *avis, conseil* annehmen; **être bien/mal reçu**

R

gut/schlecht aufgenommen werden **II.** *vi* SPORT *(jouer sur son terrain)* Gastgeber sein

recharger [ʀ(ə)ʃaʀʒe] <2a> *vt briquet* nachfüllen

recherche [ʀ(ə)ʃɛʀʃ] *f* ❶ Suche *f* ❷ *(enquête)* Nachforschung *f* ❸ MED, UNIV Forschung *f*

rechercher [ʀ(ə)ʃɛʀʃe] <1> *vt* suchen nach

récipient [ʀesipjɑ̃] *m* Behälter *m*, Gefäß *nt*

réciproque [ʀesipʀɔk] **I.** *adj* wechselseitig **II.** *f* Gleiche(s) *nt*

récit [ʀesi] *m* Bericht *m*

réciter [ʀesite] <1> *vt leçon, poème* aufsagen

réclamation [ʀeklamasjɔ̃] *f* ❶ *(plainte)* Beschwerde *f*, Beanstandung *f* ❷ *(service)* **les ~s** für Reklamationen zuständige Stelle

récolte [ʀekɔlt] *f* Ernte *f*

recommander [ʀ(ə)kɔmɑ̃de] <1> *vt* ❶ *(conseiller)* empfehlen ❷ *lettre, paquet* per Einschreiben schicken

recommencer [ʀ(ə)kɔmɑ̃se] <2> *vt, vi (reprendre)* wieder anfangen

récompense [ʀekɔ̃pɑ̃s] *f* Belohnung *f*

récompenser [ʀekɔ̃pɑ̃se] <1> *vt personne* belohnen

reconnaissance [ʀ(ə)kɔnɛsɑ̃s] *f* ❶ *(gratitude)* Dankbarkeit *f* ❷ *d'un pays, terrain* Erkundung *f* ❸ INFORM **~ optique de caractères** automatische Schriftenerkennung; **~ vocale** Spracherkennung *f*

reconnaissant(e) [ʀ(ə)kɔnɛsɑ̃] *adj* dankbar

reconnaître [ʀ(ə)kɔnɛtʀ] <irr> **I.** *vt* ❶ *(identifier)* erkennen ❷ *innocence, qualité, droit* anerkennen; *erreur, faute* eingestehen **II.** *vpr* ❶ *(se retrouver)* **se ~ dans qn/qc** sich in jdm/etw wiedererkennen ❷ *(être reconnaissable)* **se ~ à qc** an etw *dat* zu erkennen sein

record [ʀ(ə)kɔʀ] *m* Rekord *m*

recouvrir [ʀ(ə)kuvʀiʀ] <11> *vt* ❶ *fauteuil* beziehen; **~ qc** *neige, givre* etw bedecken ❷ *(couvrir à nouveau)* **~ un enfant de qc** *personne* ein Kind mit etw wieder zudecken

récréation [ʀekʀeasjɔ̃] *f* SCOL Pause *f*

rectangle [ʀɛktɑ̃gl] **I.** *m* Rechteck *nt* **II.** *adj triangle* rechtwinklig

rectifier [ʀɛktifje] <1> *vt (corriger)* berichtigen

recueillir [ʀ(ə)kœjiʀ] <irr> **I.** *vt* ❶ *documents, signatures* sammeln ❷ *(accueillir)* aufnehmen **II.** *vpr* **se ~ sur la tombe d'un ami** eines Freundes an dessen Grab gedenken

reculer [ʀ(ə)kyle] <1> **I.** *vi* ❶ *véhicule* rückwärtsfahren ❷ *(renoncer)* klein beigeben; **faire ~ qn** jdn abschrecken **II.** *vt meuble* zurückschieben; *mur* versetzen; *véhicule* zurückfahren; *décision, échéance* aufschieben **III.** *vpr* **se ~** zurücktreten; **recule-toi!** geh aus dem Weg!

récupérer [ʀekypeʀe] <5> **I.** *vi* sich erholen **II.** *vt* ❶ *argent, biens* wiederbekommen ❷ *(fam) personne* abholen

recycler [ʀ(ə)sikle] <1> **I.** *vt déchets, verre* recyceln; **papier recyclé** Umweltschutzpapier *nt* **II.** *vpr (se reconvertir)* **se ~ dans qc** auf etw *akk* umschulen

redescendre [ʀ(ə)desɑ̃dʀ] <14> **I.** *vt* ❶ *(vu d'en haut)* wieder hinuntergehen; *(vu d'en bas)* wieder herunterkommen ❷ *(porter vers le bas)* [wieder] herunterholen **II.** *vi baromètre, fièvre* wieder fallen; *marée* zurückgehen

redistribuer [ʀ(ə)distʀibɥe] <1> *vt* **~ qc à qn** etw an jdn verteilen

redoubler [ʀ(ə)duble] <1> **I.** *vt* ❶ SCOL wiederholen ❷ *effort* verdoppeln **II.** *vi* sitzen bleiben *fam*

redresser [ʀ(ə)dʀese] <1> **I.** *vt* ❶ *buste, corps* strecken; *tête* heben ❷ *voiture* geradeaus lenken **II.** *vpr* **se ~** *(se tenir très droit)* sich aufrichten

réduction [ʀedyksjɔ̃] *f* ❶ Verringerung *f* ❷ *(rabais)* **~s jeunes** Ermäßigungen *Pl* für Jugendliche; **~ pour enfant** Kinderermäßigung *f*

réduire [ʀedɥiʀ] <irr> **I.** *vt* ❶ *(diminuer)* reduzieren ❷ *(transformer)* **~ qc en bouillie** aus etw Brei machen ❸ GASTR einkochen **II.** *vpr* **se ~ à qc** sich auf etw *akk* beschränken

réel [ʀeɛl] *m* Realität *f*

réel(le) [ʀeɛl] *adj (véritable)* real; *besoin* tatsächlich

réellement [ʀeɛlmɑ̃] *adv* wirklich

refaire [ʀ(ə)fɛʀ] <irr> *vt* ❶ *plat, fautes* wieder machen; *lit* machen ❷ **si c'était à ~**

R

wenn ich noch einmal von vorn anfangen könnte ❸ *chambre* renovieren

référence [ʀefeʀɑ̃s] *f (renvoi)* Bezug *m; d'un texte* Verweis *m*

réfléchir [ʀefleʃiʀ] <8> *vi (penser)* nachdenken; **tout bien réfléchi** bei genauerer Überlegung

réflexion [ʀeflɛksjɔ̃] *f* ❶ *(analyse)* Betrachtung *f* ❷ *(remarque désobligeante)* [spitze] Bemerkung ❸ **~ faite** *(tout bien considéré)* eigentlich

réforme [ʀefɔʀm] *f* Reform *f*

refrain [ʀ(ə)fʀɛ̃] *m* ❶ MUS Refrain *m* ❷ *(rengaine)* Lied *nt*

réfrigérateur [ʀefʀiʒeʀatœʀ] *m* Kühlschrank *m*

refuge [ʀ(ə)fyʒ] *m* Zuflucht *f*

réfugier [ʀefyʒje] <1> *vpr* **se ~ chez qn** sich zu jdm flüchten

R

refus [ʀ(ə)fy] *m (résistance)* Weigerung *f*

refuser [ʀ(ə)fyze] <1> **I.** *vt, vi* ablehnen **II.** *vpr (se priver de)* **ne rien se ~** *(iron)* sich was gönnen

régaler [ʀegale] <1> *vpr* ❶ *(savourer)* **qn se régale de qc** etw schmeckt einem ❷ *(éprouver un grand plaisir)* **se ~ en faisant qc** es genießen etw zu tun

regard [ʀ(ə)gaʀ] *m* Blick *m*

regarder [ʀ(ə)gaʀde] <1> **I.** *vt* ❶ ansehen ❷ *(observer)* beobachten; *mécanisme, film* sich *dat* ansehen ❸ **~ sa montre** auf die Uhr sehen; **ça ne te regarde pas** das geht dich nichts an **II.** *vi (s'appliquer à voir)* zusehen; **bien ~** gut hinsehen **III.** *vpr* ❶ *(se contempler)* **se ~ dans qc** sich in etw *dat* betrachten ❷ *(se mesurer du regard)* **se ~** *personnes* sich ansehen

régime [ʀeʒim] *m* ❶ POL System *nt* ❷ MED Diät *f*

région [ʀeʒjɔ̃] *f* ❶ *(contrée)* Gegend *f* ❷ ADMIN Region *f*

régional(e) [ʀeʒjɔnal] <-aux> *adj* regional

règle [ʀɛgl] *f* ❶ *a.* JEUX Regel *f*; **en ~ générale** in der Regel ❷ *(instrument)* Lineal *nt* ❸ *pl* ANAT Regel *f*

règlement [ʀɛgləmɑ̃] *m* ❶ *(discipline)* Vorschriften *Pl* ❷ *(différend)* **~ de compte[s]** Abrechnung *f* ❸ *(paiement)* Zahlung *f*

régler [ʀegle] <5> **I.** *vt* ❶ *(résoudre)* regeln; *conflit, différend* beilegen; **c'est une affaire réglée** die Sache ist erledigt ❷ *(payer)* bezahlen ❸ *circulation* regeln; *montre* stellen **II.** *vi* zahlen **III.** *vpr (se résoudre)* **se ~** *affaire, question* sich regeln lassen

régner [ʀeɲe] <5> *vi* regieren

regretter [ʀ(ə)gʀete] <1> *vt, vi* bedauern

régulier, **-ière** [ʀegylje] *adj* ❶ *a.* LING regelmäßig; *vie, habitudes* geregelt ❷ *résultats, vitesse* gleich bleibend ❸ *avion, train, ligne* [fahr]planmäßig; **vol ~** Linienflug *m* ❹ *(légal)* vorschriftsmäßig

rein [ʀɛ̃] *m* Niere *f*

reine [ʀɛn] *f* ❶ Königin *f* ❷ JEUX Dame *f*

réintégrer [ʀeɛ̃tegʀe] <5> *vt (rétablir)* **~ qn dans la société** jdn wieder in die Gesellschaft eingliedern

rejeter [ʀəʒ(ə)te] <3> *vt* ❶ zurückweisen; *personne* verstoßen ❷ *nourriture* wieder ausspucken ❸ *(se décharger de)* **~ sur qn** *responsabilité* auf jdn abwälzen ❹ *tête* zurückwerfen

rejoindre [ʀ(ə)ʒwɛ̃dʀ] <irr> **I.** *vt* treffen **II.** *vpr* **se ~** ❶ *idées, points de vue* übereinstimmen ❷ *personnes* sich treffen

réjouir [ʀeʒwiʀ] <8> *vpr* sich freuen; **se ~ à l'avance de** sich freuen auf

relais [ʀ(ə)lɛ] *m* ❶ Staffel *f* ❷ **prendre le ~ de qn/qc** jdn/etw ablösen

relatif, **-ive** [ʀ(ə)latif] *adj* ❶ *(opp: absolu)* relativ ❷ *(en liaison avec)* **être ~ à qn/qc** sich auf jdn/etw beziehen

relation [ʀ(ə)lasjɔ̃] *f* ❶ *(rapport)* Beziehung *f*, Verhältnis *nt* ❷ *(lien logique)* Zusammenhang *m* ❸ *(personne de connaissance)* Bekannte(r) *f(m)* ❹ **en ~** in Verbindung

relever [ʀəl(ə)ve] <4> **I.** *vt* ❶ *blessé, objet tombé* aufheben; **~ qn** jdm hochhelfen ❷ *siège* höher stellen; *cheveux* hochstecken ❸ *adresse, renseignement* notieren **II.** *vi (dépendre de)* **~ de la compétence de qn** in jds Zuständigkeit fallen **III.** *vpr* **se ~** *(se remettre debout)* [wieder] aufstehen

relief [ʀəljɛf] *m* ❶ Relief *nt*; **en ~** *carte* Relief- ❷ **mettre qc en ~** etw hervorheben

relier [ʀəlje] <1> *vt* ❶ *personnes, choses* [miteinander] verbinden ❷ *livre* binden

R

religieux [ʀ(ə)liʒjø] *m* Ordensgeistliche(r) *m*

religieux, -euse [ʀ(ə)liʒjø] *adj* religiös; *cérémonie, mariage* kirchlich; *ordre* geistlich

religion [ʀ(ə)liʒjɔ̃] *f* ❶ *(ensemble de croyances)* Religion *f* ❷ *(culte)* Glaube *m*

relire [ʀ(ə)liʀ] <irr> *vt* noch einmal lesen

remarque [ʀ(ə)maʀk] *f* Bemerkung *f*

remarquer [ʀ(ə)maʀke] <1> **I.** *vt* bemerken **II.** *vpr* **se ~** auffallen

remboursement [ʀɑ̃buʀsəmɑ̃] *m* Rückzahlung *f;* **contre ~** gegen Nachnahme

rembourser [ʀɑ̃buʀse] <1> *vt* [zurück]erstatten

remède [ʀ(ə)mɛd] *m* [Heil]mittel *nt*

R

remerciement [ʀ(ə)mɛʀsimɑ̃] *m* Dank *m;* **avec tous mes/nos remerciements** mit bestem Dank *form*

remercier [ʀ(ə)mɛʀsje] <1> *vt* *(dire merci à)* **~ qn de qc** jdm für etw danken

remettre [ʀ(ə)mɛtʀ] <irr> **I.** *vt* ❶ *(replacer)* wieder zurückstellen; **~ debout** wieder hinstellen ❷ *(rétablir)* **~ à l'heure** *montre* [richtig] stellen; **~ qn en liberté** jdn freilassen ❸ *(donner)* [über]geben ❹ *(ajourner)* **~ à plus tard** aufschieben, auf später verschieben **II.** *vpr* ❶ *(recouvrer la santé)* **se ~** sich erholen ❷ *(recommencer)* **se ~ à faire qc** wieder anfangen etw zu tun ❸ *(se réconcilier)* **ils se sont remis ensemble** sie sind wieder zusammen

remonter [ʀ(ə)mɔ̃te] <1> **I.** *vi* ❶ *(monter à nouveau)* **~ dans une chambre** wieder in ein Zimmer hinaufgehen ❷ *(reprendre place)* **~ à bicyclette** wieder Fahrrad fahren; **~ en voiture** wieder ins Auto steigen ❸ *(s'élever de nouveau)* [wieder] ansteigen **II.** *vt* ❶ *(parcourir: à pieds)* wieder hinaufgehen; *(dans un véhicule)* hinauffahren ❷ *col* hochschlagen; *bas du pantalon, manches* hochkrempeln ❸ *(rapporter du bas)* **~ une bouteille de la cave** aus dem Keller eine Flasche heraufbringen ❹ **être remonté contre qn** *(fâché)* wütend auf jdn sein

remords [ʀ(ə)mɔʀ] *m* Schuldgefühl *nt*

remorque [R(ə)mɔRk] *f (d'un véhicule)* Anhänger *m*

remplacer [Rɑ̃plase] <2> *vt* ❶ ersetzen ❷ *personne* vertreten

remplir [Rɑ̃pliR] <8> **I.** *vt* ❶ *(rendre plein)* **~ de qc** mit etw füllen ❷ *journée, formulaire, chèque* ausfüllen ❸ *page* vollschreiben ❹ *mission, contrat* erfüllen **II.** *vpr* **se ~ de personnes** sich mit Menschen füllen

remporter [Rɑ̃pɔRte] <1> *vt* ❶ *(reprendre)* wieder mitnehmen ❷ *championnat, prix* gewinnen

remuer [Rəmɥe] <1> **I.** *vi* sich bewegen **II.** *vt* ❶ bewegen; **~ la queue** mit dem Schwanz wedeln ❷ *café* umrühren ❸ *(émouvoir)* ergreifen **III.** *vpr* **se ~** *(faire des efforts)* sich bemühen

renaissance [R(ə)nɛsɑ̃s] *f* ❶ Wiedergeburt *f* ❷ HIST, ART **la Renaissance** die Renaissance

renard [R(ə)naR] *m* Fuchs *m*

rencontre [Rɑ̃kɔ̃tR] *f* ❶ *(fait de se rencontrer)* Begegnung *f* ❷ *(entrevue)* Zusammenkunft *f*; *(réunion)* Treffen *nt* ❸ SPORT Spiel *nt*

rencontrer [Rɑ̃kɔ̃tRe] <1> *vt, vpr ((se) croiser)* **[se] ~** [sich] begegnen

rendez-vous [Rɑ̃devu] *m inv* ❶ *(rencontre officielle)* **avoir ~** einen Termin haben; **donner ~ à qn/prendre ~ avec qn** mit jdm einen Termin ausmachen ❷ *(rencontre avec un ami)* Verabredung *f*; **~ à 8 heures** wir treffen uns um 8 Uhr ❸ *(rencontre entre amoureux)* Rendezvous *nt* ❹ *(lieu de rencontre)* Treffpunkt *m*

rendre [Rɑ̃dR] <14> **I.** *vt* ❶ zurückgeben ❷ *devoir* abgeben; **~ la monnaie sur 50 euros** auf 50 Euro herausgeben ❸ *liberté* wiederschenken ❹ *(faire devenir)* **~ plus facile** leichter machen; **~ public** veröffentlichen **II.** *vi (vomir)* sich übergeben **III.** *vpr* ❶ *(capituler)* **se ~** sich ergeben ❷ *(aller)* **se ~ chez qn/à son travail** zu jdm/zur Arbeit gehen

renfermer [Rɑ̃fɛRme] <1> **I.** *vt* enthalten **II.** *vpr* **se ~ sur soi-même** sich in sich *akk* zurückziehen

renommée [R(ə)nɔme] *f* ❶ *(célébrité)* Renommee *nt* ❷ *(réputation)* Ruf *m*

R

renoncer [ʀ(ə)nɔ̃se] <2> *vi* ~ **à qc** auf etw *akk* verzichten

renouveler [ʀ(ə)nuv(ə)le] <3> **I.** *vt* ❶ erneuern ❷ *bail, passeport* verlängern **II.** *vpr* **se** ~ ❶ *(être remplacé)* ausgewechselt werden; *peau, cellule* sich erneuern ❷ *(se reproduire)* sich wiederholen

rénover [ʀenɔve] <1> *vt* renovieren

renseignement [ʀɑ̃sɛɲmɑ̃] *m* ❶ Auskunft *f;* **les ~s** TELEC die Auskunft ❷ MIL Geheimdienst *m*

renseigner [ʀɑ̃seɲe] <1> *vt, vpr* **[se]** ~ [sich] informieren

rentrée [ʀɑ̃tʀe] *f* ❶ SCOL Schuljahresbeginn *m* ❷ UNIV Semesterbeginn *m* ❸ *(après les vacances d'été)* **à la** ~ nach der Sommerpause

rentrer [ʀɑ̃tʀe] <1> **I.** *vi* ❶ *(retourner chez soi)* nach Hause gehen ❷ *(revenir chez soi)* nach Hause kommen ❸ *(entrer à nouveau)* zurückgehen ❹ *(s'insérer)* ~ **dans une valise** in einen Koffer hineinpassen; ~ **les uns dans les autres** *tubes* sich ineinanderstecken lassen ❺ *(percuter)* ~ **dans qc** *conducteur* gegen etw fahren **II.** *vt* ❶ *(ramener à l'intérieur)* hineinbringen; *foin* einbringen ❷ *(enfoncer)* ~ **la clé dans la serrure** den Schlüssel in das Schloss stecken **III.** *vpr* **se** ~ **dedans** zusammenstoßen

renverser [ʀɑ̃vɛʀse] <1> *vt* ❶ *(faire tomber)* ~ **qn/qc** jdn/etw umstoßen; *voiture, vélo* jdn/etw umfahren ❷ *(répandre)* verschütten

renvoyer [ʀɑ̃vwaje] <6> *vt* ❶ *(envoyer à nouveau)* noch einmal schicken ❷ SPORT zurückspielen ❸ *ascenseur* zurückschicken ❹ *(ajourner)* ~ **à plus tard** auf später vertagen

répandre [ʀepɑ̃dʀ] <14> **I.** *vt* ❶ *liquide* schütten ❷ *odeur, nouvelle* verbreiten **II.** *vpr* **se** ~ ❶ *(s'écouler)* sich ergießen ❷ *(se disperser)* sich verteilen ❸ *épidémie* sich ausbreiten

réparation [ʀepaʀasjɔ̃] *f* ❶ *(remise en état)* Reparatur *f* ❷ *(dédommagement)* Entschädigung *f*

réparer [ʀepaʀe] <1> *vt* ❶ *(remettre en état)* reparieren; *maison* instand setzen ❷ *(rattraper)* wiedergutmachen

repartir [ʀ(ə)paʀtiʀ] <10> *vi*

❸ *voyageur* wieder aufbrechen; *véhicule* weiterfahren ❹ *(s'en retourner)* wieder zurückkehren ❺ *moteur* wieder anspringen

répartition [ʀepaʀtisjɔ̃] *f* ❶ *(partage)* Verteilung *f* ❷ *d'une crème, lotion* Auftragen *nt* ❸ *de pièces, salles* Anordnung *f*

repas [ʀ(ə)pɑ] *m* ❶ Essen *nt* ❷ *(fait de manger)* Mahlzeit *f*

repasser[1] [ʀ(ə)pɑse] <1> *vt, vi* bügeln

repasser[2] [ʀ(ə)pɑse] <1> **I.** *vi* ❶ *(revenir)* noch einmal vorbeikommen ❷ *film* noch einmal laufen **II.** *vt* ❶ *(franchir de nouveau)* von neuem überqueren ❷ *examen* wiederholen

répertoire [ʀepɛʀtwaʀ] *m* ❶ *a.* INFORM Verzeichnis *nt* ❷ *(carnet)* Register *nt*

répéter [ʀepete] <5> *vt, vi, vpr* **[se]** ~ [sich] wiederholen

répétition [ʀepetisjɔ̃] *f* ❶ Wiederholung *f* ❷ THEAT, MUS Probe *f*

replacer [ʀ(ə)plase] <2> *vt (remettre à sa place)* zurückstellen/-legen

replier [ʀ(ə)plije] <1> **I.** *vt* ❶ *journal, carte* wieder zusammenfalten ❷ *jambes, pattes* anwinkeln; *ailes* wieder anlegen **II.** *vpr* ❶ *(faire retraite)* **se ~** sich zurückziehen ❷ *(se renfermer)* **se ~ sur soi-même** sich abkapseln

réplique [ʀeplik] *f* ❶ *a.* THEAT Antwort *f* ❷ *(objection)* **~ à qc** Einwand *m* gegen etw ❸ ART Nachbildung *f*

répondeur [ʀepɔ̃dœʀ] *m* Anrufbeantworter *m*

répondre [ʀepɔ̃dʀ] <14> *vt, vi* antworten

réponse [ʀepɔ̃s] *f* **~ à qc** Antwort *f* auf etw *akk*

reportage [ʀ(ə)pɔʀtaʒ] *m* Reportage *f*

reporter [ʀ(ə)pɔʀte] <1> **I.** *vt date* verschieben **II.** *vpr* **se ~ à qc** sich auf etw *akk* beziehen

repos [ʀ(ə)po] *m* ❶ *(détente)* Ruhe *f* ❷ *(congé)* **prendre un jour de ~** einen Tag frei nehmen

reposer[1] [ʀ(ə)poze] <1> **I.** *vt (poser à nouveau)* zurückstellen **II.** *vi (être fondé sur)* **~ sur qc** sich auf etw *akk* stützen

reposer[2] [ʀ(ə)poze] <1> **I.** *vt (délasser)* entspannen **II.** *vpr (se délasser)* **se ~** sich ausruhen

repousser[1] [ʀ(ə)puse] <1> *vt*

R

❶ *attaque, agresseur* abwehren ❷ *demande* abschlagen ❸ *meuble* wieder zurückschieben

repousser[2] [ʀ(ə)puse] *vi (croître de nouveau)* nachwachsen

reprendre [ʀ(ə)pʀɑ̃dʀ] <13> **I.** *vt* ❶ *employé* wieder einstellen; *objet prêté* zurücknehmen ❷ *contact, habitudes, travail* wieder aufnehmen ❸ *(recommencer)* **~ le récit de qc** etw noch einmal berichten ❹ **on ne m'y reprendra plus** das passiert mir nicht noch einmal **II.** *vi* ❶ *affaires* wieder besser gehen; *vie* wieder seinen Gang gehen ❷ *douleurs, pluie* wieder einsetzen; *conversation* wieder aufgenommen werden ❸ *(enchaîner)* fortfahren ❹ *(répéter)* **je reprends: ...** ich wiederhole: ... **III.** *vpr (se ressaisir)* **se ~** sich *akk* wieder fangen

représentant(e) [ʀ(ə)pʀezɑ̃tɑ̃] *m(f)* Vertreter(in) *m(f)*

représenter [ʀ(ə)pʀezɑ̃te] <1> **I.** *vt* ❶ *(décrire)* darstellen ❷ *autorité* verkörpern ❸ JUR, POL, COM vertreten **II.** *vpr* ❶ *(s'imaginer)* **se ~** sich *dat* vorstellen ❷ *(survenir à nouveau)* **se ~ à qn** *occasion, possibilité* sich jdm noch einmal bieten

reproche [ʀ(ə)pʀɔʃ] *m* Vorwurf *m*

reprocher [ʀ(ə)pʀɔʃe] <1> **I.** *vt (faire grief de)* vorwerfen **II.** *vpr* **se ~ qc** sich *dat* Vorwürfe wegen etw machen

république [ʀepyblik] *f* Republik *f*

réputation [ʀepytasjɔ̃] *f* Ruf *m*

réseau [ʀezo] <x> *m a.* INFORM Netz *nt*; **le ~ Internet** das Internet

réservation [ʀezɛʀvasjɔ̃] *f* Reservierung *f*

réserve [ʀezɛʀv] *f* ❶ *(provision)* Vorrat *m* ❷ *(lieu protégé)* **~ naturelle** Naturschutzgebiet *nt*

R

réserver [ʀezɛʀve] <1> **I.** *vt* ❶ *place* freihalten ❷ *(retenir)* reservieren **II.** *vpr (se ménager)* **se ~ pour le dessert** sich *dat* seinen Appetit für den Nachtisch aufheben

résidence [ʀezidɑ̃s] *f* ❶ *(domicile)* Wohnsitz *m* ❷ *(pour les vacances: appartement)* Ferienwohnung *f* ❸ *(immeuble)* Wohnanlage *f*

résider [ʀezide] <1> *vi (habiter)* wohnen
résistance [ʀezistɑ̃s] *f (opposition)* Widerstand *m;* **la Résistance** HIST die Resistance
résistant(e) [ʀezistɑ̃] *adj couleur, matériau* haltbar
résister [ʀeziste] <1> *vi* ❶ *(s'opposer)* ~ **à qn** sich gegen jdn wehren; ~ **à un désir** einem Verlangen widerstehen ❷ *(supporter)* **qc résiste à qc** etw hält einer S. *dat* stand
résolu(e) [ʀezɔly] *adj air, personne* entschlossen; *ton* bestimmt
résolution [ʀezɔlysjɔ̃] *f* ❶ *(décision)* Beschluss *m* ❷ INFORM Auflösung *f*
résoudre [ʀezudʀ] <irr> *vt conflit, problème* lösen
respect [ʀɛspɛ] *m* ~ **de qn/qc** Respekt *m* vor jdm/etw; **par ~ pour qn/qc** aus Achtung vor jdm/etw
respecter [ʀɛspɛkte] <1> *vt* ❶ *(avoir des égards pour)* achten; **se faire ~** sich *dat* Respekt verschaffen ❷ *forme, tradition* wahren
respectivement [ʀɛspɛktivmɑ̃] *adv* jeweils
respirer [ʀɛspiʀe] <1> *vi (inspirer)* atmen; **respirez fort!** tief einatmen!
responsabilité [ʀɛspɔ̃sabilite] *f* ❶ *(culpabilité)* Verantwortung *f* ❷ JUR Haftung *f; (assurance)* Haftpflichtversicherung *f* ❸ *(charge de responsable)* **avoir des ~s** Verantwortung tragen
responsable [ʀɛspɔ̃sabl] *adj* ❶ *(coupable, chargé de)* **être ~ de qc** für etw verantwortlich sein ❷ *civilement, pénalement* haftbar ❸ *personne* verantwortungsbewusst
ressemblance [ʀ(ə)sɑ̃blɑ̃s] *f* Ähnlichkeit *f*
ressembler [ʀ(ə)sɑ̃ble] <1> **I.** *vi (a. fam)* ~ **à qn** jdm ähnlich sehen **II.** *vpr (être semblables physiquement)* **se ~** sich ähnlich sehen
ressource [ʀ(ə)suʀs] *f pl (moyens)* Mittel *Pl;* **~s naturelles** Bodenschätze *Pl*
restaurant [ʀɛstɔʀɑ̃] *m* Restaurant *nt;* **aller au ~** essen gehen
restauration [ʀɛstɔʀasjɔ̃] *f* ❶ ARCHIT, ART Restaurierung *f* ❷ *(hôtellerie)* Gastronomie *f* ❸ INFORM Wiederherstellung *f*
reste [ʀɛst] *m* ❶ Rest *m* ❷ **du ~** im Übrigen; **pour le ~** im Übrigen

R

rester [ʀɛste] <1> *vi* ❶ bleiben; ~ **sans parler/manger** nicht sprechen/nicht essen; ~ **immobile** stillhalten ❷ *(ne pas se libérer de)* ~ **sur un échec** sich von einem Misserfolg lähmen lassen ❸ **en ~ là** es dabei [bewenden] lassen; **il reste du vin** es ist noch Wein übrig; **il n'est rien resté** es ist nichts übrig [geblieben]; **je sais ce qu'il me reste à faire** ich weiß, was ich zu tun habe

résultat [ʀezylta] *m* ❶ Ergebnis *nt;* **n'obtenir aucun ~** nichts erreichen ❷ **sans ~** ohne Erfolg

résumé [ʀezyme] *m* ❶ Zusammenfassung *f* ❷ **en ~** *(en bref)* zusammenfassend

résumer [ʀezyme] <1> *vt* zusammenfassen

R

rétablir [ʀetabliʀ] <8> **I.** *vt a.* MED wiederherstellen; *contact, liaison* wieder aufnehmen **II.** *vpr* **se ~** ❶ *(guérir)* sich erholen ❷ *calme, silence* wieder einkehren

retard [ʀ(ə)taʀ] *m* ❶ *(arrivée tardive)* Verspätung *f;* **arriver en ~** zu spät kommen ❷ *(réalisation tardive)* **avoir du ~ dans un travail** mit einer Arbeit im Rückstand im Verzug sein ❸ *(développement plus lent)* Rückständigkeit *f*

retarder [ʀ(ə)taʀde] <1> **I.** *vt* aufhalten; ~ **l'arrivée de qn** jds Ankunft hinauszögern **II.** *vi (être en retard)* ~ **d'une heure** *montre, horloge* eine Stunde nachgehen

retenir [ʀ(ə)təniʀ] <9> **I.** *vt* ❶ [fest] halten; *foule, personne* zurückhalten ❷ *(réserver: place, chambre* reservieren ❸ *(garder)* **je ne te retiens pas plus longtemps** ich will dich nicht länger aufhalten ❹ *(requérir)* ~ **l'attention** Aufmerksamkeit erfordern ❺ *(se souvenir de)* [im Gedächtnis] behalten **II.** *vpr* **se ~** sich beherrschen

retirer [ʀ(ə)tiʀe] <1> **I.** *vt* ❶ *vêtement, montre* ablegen; *lunettes* absetzen ❷ *(faire sortir)* herausnehmen; ~ **la clé de la serrure** den Schlüssel abziehen ❸ *argent* holen **II.** *vpr (partir)* **se ~** sich zurückziehen

retomber [ʀ(ə)tɔ̃be] <1> *vi* ❶ *(tomber à nouveau)* wieder hinfallen ❷ *(redevenir)* ~ **amoureux** sich wieder verlieben ❸ *(revenir, rencontrer)* ~ **au même endroit** [zufällig] wieder an denselben Ort geraten

retoucher [ʀ(ə)tuʃe] <1> **I.** *vt* ❶ *vêtement* [ab]ändern ❷ *(être remboursé)* ~ **mille euros** tausend Euro zurückbekommen **II.** *vi (toucher de nouveau)* ~ **à qc** etw noch einmal anfassen

retour [ʀ(ə)tuʀ] *m* ❶ *(opp: départ)* Rückkehr *f;* **être de** ~ [wieder] zurück sein; *(chemin)* Rückweg *m; (à la maison)* Heimweg *m; (voyage)* Rückreise *f;* **au** ~ auf dem Rückweg; *(à l'arrivée)* bei der Rückkehr ❷ **par** ~ **du courrier** postwendend; ~ **à l'expéditeur!** zurück an Absender!

retourner [ʀ(ə)tuʀne] <1> **I.** *vt* ❶ *(mettre dans l'autre sens)* umdrehen; *vêtement* [auf] links drehen; *matelas, viande* wenden ❷ *situation* umkehren ❸ *lettre* zurückschicken; ~ **un compliment à qn** jdm ein Kompliment zurückgeben ❹ *(fam) maison, pièce* auf den Kopf stellen **II.** *vi* ❶ *(revenir)* zurückkehren; ~ **sur ses pas** kehrtmachen; ~ **chez soi** nach Hause gehen ❷ *(aller de nouveau)* ~ **à la montagne/chez qn** wieder ins Gebirge/zu jdm gehen ❸ *(se remettre à)* ~ **à son travail** wieder an die Arbeit gehen **III.** *vpr* **se** ~ ❶ *personne* sich umdrehen; *voiture* sich überschlagen ❷ *(tourner la tête)* sich umschauen

retraite [ʀ(ə)tʀɛt] *f* ❶ *(cessation du travail)* [Eintritt in den] Ruhestand *m* ❷ *(pension)* Altersruhegeld *nt form;* ~ **complémentaire** *(assurance)* Zusatzrentenversicherung *f*

rétro [ʀetʀo] *abr de* **rétrograde I.** *adj inv (démodé)* nostalgisch **II.** *adv* nostalgisch *(kann im Stil der 20er bis 70er Jahre sein)*

rétroprojecteur [ʀetʀopʀɔʒɛktœʀ] *m* Overheadprojektor *m*

retrousser [ʀ(ə)tʀuse] <1> *vt manche, bas de pantalon* umkrempeln

retrouver [ʀ(ə)tʀuve] <1> **I.** *vt* ❶ wiederfinden ❷ *fonction* wiedererhalten; *place* wiederbekommen; *travail* finden ❸ *(rejoindre)* ~ **qn** jdn treffen ❹ *(recouvrer)* ~ **la santé** wieder zu Kräften kommen **II.** *vpr* ❶ *(se réunir)* **se** ~ *personnes* sich [wieder] treffen

R

❷ *(se présenter de nouveau)* **se ~** *occasion* sich wieder bieten ❸ **se ~ seul** wieder allein dastehen; **s'y ~** sich zurechtfinden; **comme on se retrouve!** so sieht man sich wieder!

réunification [ʀeynifikasjɔ̃] *f* POL Wiedervereinigung *f*

réunion [ʀeynjɔ̃] *f (séance)* Zusammenkunft *f; (conférence)* Besprechung *f;* SCOL Konferenz; *(rassemblement politique/public)* Versammlung *f*

Réunion [ʀeynjɔ̃] *f* **[l'île de] la ~** die Insel Réunion

réunir [ʀeyniʀ] <8> **I.** *vt* ❶ *(mettre ensemble)* sammeln ❷ *(cumuler)* **~ toutes les conditions exigées** alle erforderlichen Bedingungen erfüllen **II.** *vpr* **se ~** *personnes* sich treffen

R

réussi(e) [ʀeysi] *adj* gelungen; *examen* bestanden

réussir [ʀeysiʀ] <8> **I.** *vi* ❶ *chose* gelingen ❷ *(parvenir au succès)* **~ dans la vie** im Leben erfolgreich sein; **~ à l'examen** die Prüfung bestehen ❸ *(être capable de)* **il réussit à faire qc** es gelingt ihm etw zu tun **II.** *vt* ❶ *(bien exécuter)* **il réussit qc** ihm gelingt etw ❷ *épreuve, examen* bestehen

réussite [ʀeysit] *f* Erfolg *m*

revanche [ʀ(ə)vɑ̃ʃ] *f* ❶ Revanche *f* ❷ **en ~** *(par contre)* dagegen

rêve [ʀɛv] *m* Traum *m;* **mauvais ~** Alptraum *m*

réveil [ʀevɛj] *m* ❶ Wecker *m* ❷ *(retour à la réalité)* Erwachen *nt*

réveiller [ʀeveje] <1> **I.** *vt* ❶ *(sortir du sommeil)* [auf]wecken; **être réveillé** wach sein ❷ *(ramener à la réalité)* wachrütteln **II.** *vpr* **se ~** ❶ *(sortir du sommeil)* aufwachen ❷ *(se raviver)* wieder kommen

réveillon [ʀevɛjɔ̃] *m (nuit de Noël/du nouvel an)* Heiligabend *m*/Silvester[nacht *f*] *nt o m*

révéler [ʀevele] <5> *vt (divulguer)* aufdecken; **~ qc** *enquête, journal* etw ans Licht bringen

revenir [ʀ(ə)vəniʀ] <9> *vi* ❶ zurückkommen; **~ dans un instant** gleich wieder da sein ❷ *personne, printemps* wiederkommen ❸ *(reprendre)* **~ à/sur qc** auf etw *akk* zurückkommen ❹ *(se présenter* *à nouveau à l'esprit)* ~ **à qn** jdm wieder einfallen ❺ ~ **cher** teuer kommen; **cela revient au même** das läuft aufs Gleiche hinaus; **faire** ~ *lard* anbraten; **n'en pas** ~ **de qc** *(fam)* etw gar nicht fassen können; ~ **de loin** noch einmal davongekommen sein

revenu [ʀ(ə)vəny] *m* Einkommen *nt*

rêver [ʀeve] <1> *vi* träumen

revoir [ʀ(ə)vwaʀ] <irr> *vt, vpr ((se) voir à nouveau)* **[se]** ~ [sich] wiedersehen; **au** ~ auf Wiedersehen

révolte [ʀevɔlt] *f* Revolte *f*

révolter [ʀevɔlte] <1> **I.** *vt* ~ **qn** *individu* jdn aufbringen; *crime, injustice* jdn empören **II.** *vpr* **se** ~ **contre qn/qc** *(s'insurger)* sich gegen jdn/etw auflehnen

révolution [ʀevɔlysjɔ̃] *f (changement)* Revolution *f*

révolutionnaire [ʀevɔlysjɔnɛʀ] *adj* revolutionär

revolver [ʀevɔlvɛʀ] *m* Revolver *m*

revue [ʀ(ə)vy] *f (magazine)* Zeitschrift *f*

rez-de-chaussée [ʀed(ə)ʃose] *m inv* Erdgeschoss *nt*

RFA [ɛʀɛfa] *f abr de* **République fédérale d'Allemagne** BRD *f*

rhabiller [ʀabije] <1> *vpr* **se** ~ sich wieder anziehen

rhum [ʀɔm] *m* Rum *m*

rhume [ʀym] *m* ❶ *(coup de froid)* Erkältung *f*; **attraper un** ~ sich erkälten ❷ *(rhinite)* Schnupfen *m*; ~ **des foins** Heuschnupfen *m*

riche [ʀiʃ] *adj* reich

richesse [ʀiʃɛs] *f* ❶ *(fortune)* Reichtum *m* ❷ *pl (ressources)* Reichtümer *Pl*

rideau [ʀido] <x> *m* Vorhang *m*

ridicule [ʀidikyl] **I.** *adj* lächerlich **II.** *m* Lächerlichkeit *f*; **couvrir qn/se couvrir de** ~ jdn/sich lächerlich machen

rien [ʀjɛ̃] **I.** *pron* ❶ *(aucune chose)* nichts ❷ *(seulement)* ~ **que la chambre coûte 400€** das Zimmer allein kostet schon 400€ ❸ *(quelque chose)* etwas ❹ **ce n'est** ~ es ist nicht schlimm; **de** ~**!** keine Ursache!; ~ **du tout** überhaupt nichts **II.** *m* ❶ *(très peu de chose)* Kleinigkeit *f* ❷ *(un petit peu)* ein wenig

rigoler [ʀigɔle] <1> *vi (fam)* ❶ *(rire)* lachen; **faire** ~ **qn**

R

jdn zum Lachen bringen ② **pour ~** zum Spaß ③ **tu me fais ~!** *(iron)* du machst mir vielleicht Spaß!
rigolo(te) [ʀigɔlo] *adj (fam)* lustig
rime [ʀim] *f* Reim *m*
rimer [ʀime] <1> *vi* ① sich reimen ② **ne ~ à rien** keinen Sinn machen
rincer [ʀɛ̃se] <2> **I.** *vt* abspülen **II.** *vpr* **se ~ la bouche** sich *dat* den Mund ausspülen
rire [ʀiʀ] <irr> **I.** *vi* ① lachen ② *(s'amuser)* Spaß haben ③ *(plaisanter)* Spaß machen ④ **sans ~?** echt? *fam* **II.** *m* ① *(action de rire)* Lachen *nt* ② *(hilarité)* Gelächter *nt*
risque [ʀisk] *m* ① Risiko *nt;* **courir un ~** ein Risiko eingehen ② **à mes/ses ~s et périls** auf eigenes Risiko
R
risquer [ʀiske] <1> *vt* ① *(mettre en danger)* aufs Spiel setzen ② *(s'exposer à)* **~ la prison** Gefahr laufen, ins Gefängnis zu kommen ③ *(tenter, hasarder)* riskieren ④ **ça ne risque pas de m'arriver** das kann mir nicht passieren
rivage [ʀivaʒ] *m* Küste *f*
rival(e) [ʀival] <-aux> *m(f)* ① *(concurrent)* Rivale, Rivalin *m, f* ② *(autre prétendant)* Nebenbuhler(in) *m(f)*
rive [ʀiv] *f* Ufer *nt*
rivière [ʀivjɛʀ] *f* Fluss *m*
riz [ʀi] *m* Reis *m*
robe [ʀɔb] *f (vêtement)* Kleid *nt*
robinet [ʀɔbinɛ] *m* Hahn *m*
robot [ʀɔbo] *m* ① Roboter *m* ② *(appareil ménager)* Küchenmaschine *f*
rocher [ʀɔʃe] *m* Felsen *m*
roi [ʀwa] *m* König *m*
rôle [ʀol] *m* Rolle *f*
roller [ʀɔlœʀ] *m* ① *pl* **~s** Inlineskates *Pl* ② *(sport)* **faire du ~** inlineskaten
romain(e) [ʀɔmɛ̃] *adj a.* TYP römisch
roman [ʀɔmɑ̃] *m* ① LITTER Roman *m;* **~ épistolaire/policier** Brief-/Kriminalroman *m* ② ARCHIT, ART Romanik *f*
roman(e) [ʀɔmɑ̃] *adj* ARCHIT, ART romanisch
romancier, -ière [ʀɔmɑ̃sje] *m, f* Romanschriftsteller(in) *m(f)*
romantique [ʀɔmɑ̃tik] *adj* romantisch
romarin [ʀɔmaʀɛ̃] *m* Rosmarin *m*
rompre [ʀɔ̃pʀ] <irr> **I.** *vt fiançailles* lösen **II.** *vi (se séparer)*

Schluss machen *fam*

rond [ʀɔ̃] **I.** *m* ❶ *(cercle)* Kreis *m* ❷ *(trace ronde)* Ring *m* **II.** *adv (fam)* **ne pas tourner ~** *personne* spinnen

rond(e) [ʀɔ̃] *adj* ❶ rund ❷ *personne* rundlich ❸ *(fam: ivre)* blau

rond-point [ʀɔ̃pwɛ̃] <ronds-points> *m* Kreisverkehr *m*

ronfler [ʀɔ̃fle] <1> *vi personne* schnarchen

ronger [ʀɔ̃ʒe] <2a> **I.** *vt (grignoter)* nagen an +*dat* **II.** *vpr* **se ~ les ongles** an den Nägeln kauen

rose[1] [ʀoz] *f* Rose *f*

rose[2] [ʀoz] **I.** *adj* ❶ rosa; *joue, teint* rosig ❷ **téléphone ~** Telefonsex *m* **II.** *m* ❶ Rosa *nt* ❷ **voir la vie en ~** das Leben durch die rosarote Brille sehen

rôti [ʀoti] *m* Braten *m*

rôtir [ʀotiʀ] <8> GASTR **I.** *vt* braten **II.** *vi* garen

roue [ʀu] *f* Rad *nt;* **~ de secours** AUT Reserverad

rouge [ʀuʒ] **I.** *adj* rot; *poisson* Gold-; *vin* Rot- **II.** *m* ❶ *(couleur)* Rot *nt;* **le feu est au ~** die Ampel ist rot ❷ *(fam: vin)* Rote(r) *m* ❸ **~ à lèvres** Lippenstift *m* **III.** *adv* **voir ~** rot sehen

rougir [ʀuʒiʀ] <8> *vi* ❶ rot werden ❷ *(avoir honte)* **~ de qn** sich für jdn schämen

rouler [ʀule] <1> **I.** *vt* ❶ *(faire avancer)* rollen ❷ *(enrouler)* aufrollen, zusammenrollen **II.** *vi* ❶ *véhicule, objet* fahren ❷ *(tourner sur soi)* rollen **III.** *vpr (se vautrer)* **se ~** sich rollen

route [ʀut] *f* ❶ *(voie)* Straße *f;* **~ nationale** ≈ Bundesstraße ❷ *(voyage)* Fahrt *f;* **trois heures de ~** drei Stunden Fahrzeit ❸ *(itinéraire, chemin)* Weg *m*

routier, -ière [ʀutje] *m, f (camionneur)* Fernfahrer(in) *m(f)*

routine [ʀutin] *f* Routine *f*

roux [ʀu] *m (couleur)* Rot *nt*

roux, rousse [ʀu] *adj* rot; *personne* rothaarig; *pelage* rotbraun

royaume [ʀwajom] *m* Königreich *nt*

Royaume-Uni [ʀwajomyni] *m* **le ~** das Vereinigte Königreich

rude [ʀyd] *adj* ❶ *montée* steil ❷ *peau, surface, personne, climat* rau; *étoffe, manières* derb ❸ *gaillard* handfest

rue [ʀy] *f* Straße *f;* **~ à sens unique** Einbahnstraße *f;* **~ principale** Hauptstraße *f*
ruine [ʀɥin] *f* ❶ *pl (décombres)* Trümmer *Pl* ❷ *(édifice délabré)* Ruine *f*
ruiner [ʀɥine] <1> *vt* ruinieren
ruisseau [ʀɥiso] <x> *m* Bach *m*
rumeur [ʀymœʀ] *f (bruit qui court)* Gerücht *nt*
russe [ʀys] **I.** *adj* russisch **II.** *m* Russisch *nt*
Russe [ʀys] *mf* Russe, Russin *m, f*
Russie [ʀysi] *f* **la ~** Russland *nt*
rythme [ʀitm] *m* ❶ Rhythmus *m* ❷ *(allure, cadence)* Tempo *nt*

Ss

S

sa [sa] <ses> *dét* sein(e)/ihr(e)
sable [sɑbl] *m* Sand *m*
sac [sak] *m* ❶ *(contenant)* Sack *m; (en plastique, papier)* Tüte *f;* **~ en plastique** Plastikbeutel *m* ❷ *(bagage)* Tasche *f;* **~ à main** Handtasche *f;* **~ à dos** Rucksack *m*
sachet [saʃɛ] *m* Tüte *f;* **~ de thé** Teebeutel *m*
sacré(e) [sakʀe] *adj* ❶ heilig; *art, édifice* sakral ❷ *(fam: satané)* verdammt; *farceur, gaillard* irrsinnig
sacrifice [sakʀifis] *m* ❶ *(privation)* Opfer *nt* ❷ *(renoncement)* Aufgabe *f* ❸ REL *(immolation)* Opferung *f*
sacrifier [sakʀifje] <1> **I.** *vt* opfern **II.** *vpr* **se ~ pour qn** sich für jdn aufopfern
sage [saʒ] **I.** *adj* ❶ *conseil, personne* weise ❷ *écolier, enfant* brav **II.** *m* Weise(r) *f(m)*
sagesse [saʒɛs] *f* Weisheit *f*
Sagittaire [saʒitɛʀ] *m* Schütze *m*
saigner [seɲe] <1> **I.** *vi* bluten **II.** *vt animal* abstechen
sain(e) [sɛ̃] *adj* ❶ gesund

❷ *fruit, viande* einwandfrei ❸ *lectures, idées* vernünftig
saint(e) [sɛ̃] *adj* heilig; **la Sainte Vierge** die Heilige Jungfrau
saisir [seziʀ] <8> **I.** *vt* ❶ *(prendre)* packen ❷ *chance* wahrnehmen; *occasion* ergreifen ❸ *(comprendre)* begreifen ❹ *viande* anbraten ❺ INFORM erfassen **II.** *vi (fam)* durchblicken **III.** *vpr* **se ~ de qc** zu etw greifen
saison [sɛzɔ̃] *f* ❶ *(division de l'année)* Jahreszeit *f* ❷ SPORT, TOUR Saison *f*
salade [salad] *f* ❶ Salat *m* ❷ *pl (fam: mensonges)* Geschichten *Pl*
salaire [salɛʀ] *m* Gehalt *nt*
salaud [salo] **I.** *adj (fam)* hundsgemein **II.** *m (fam)* Dreckskerl *m*
sale [sal] *adj* ❶ *(opp: propre)* schmutzig ❷ *(fam: vilain, louche)* übel; *type, temps* mies
saler [sale] <1> **I.** *vi* GASTR salzen **II.** *vt route* streuen
salir [saliʀ] <8> *vt, vpr* **[se] ~** [sich] schmutzig machen
salle [sal] *f* ❶ *(pièce)* Saal *m;* **~ à manger/de bains/de classe** Ess-/Bade-/Klassenzimmer *nt;* **~ d'attente** Wartezimmer *nt;* **~ de séjour** Wohnzimmer *nt* ❷ *(cinéma)* Kino *nt* ❸ *(spectateurs)* Publikum *nt*
salon [salɔ̃] *m* ❶ *(salle de séjour)* Wohnzimmer *nt* ❷ *(mobilier)* **~ de jardin** Gartenmöbel *Pl* ❸ *(exposition)* Messe *f* ❹ *(commerce)* **~ de coiffure** Friseursalon *m*
saluer [salɥe] <1> **I.** *vt* ❶ *(dire bonjour)* grüßen ❷ *(dire au revoir)* **~ qn** sich von jdm verabschieden ❸ *(rendre hommage)* würdigen **II.** *vi* ❶ THEAT sich verbeugen ❷ MIL salutieren
salut[1] [saly] **I.** *m (salutation)* Gruß *m;* **faire un ~ de la main** winken **II.** *interj* ❶ *(fam: bonjour)* **~!** hallo! ❷ *(fam: au revoir)* **~!** tschüs!
salut[2] [saly] *m (sauvegarde)* Rettung *f*
salutations [salytasjɔ̃] *fpl (form)* Grüße *Pl*
samedi [samdi] *m* Samstag *m*
SAMU [samy] *m abr de* **Service d'aide médicale d'urgence** ärztlicher Bereitschaftsdienst; *(médecin)* Notarzt, -ärztin *m, f*
sanction [sɑ̃ksjɔ̃] *f* Strafe *f*
sandwich [sɑ̃dwitʃ] <[e]s> *m*

Sandwich *nt*
sang [sɑ̃] *m* Blut *nt*
sangloter [sɑ̃glɔte] <1> *vi* schluchzen
sanguin(e) [sɑ̃gɛ̃] *adj* ❶ ANAT **plasma ~** Blutplasma *nt* ❷ *(coloré)* rot; *orange* Blut-
sans [sɑ̃] **I.** *prép* ❶ ohne; **~ scrupules/manches** skrupel-/ärmellos; **~ arrêt** ununterbrochen ❷ **~ plus** das ist aber auch alles; **~ quoi** sonst **II.** *adv (fam)* ohne
sans-abri [sɑ̃zabʀi] *m inv* Obdachlose(r) *f(m)*
santé [sɑ̃te] *f* ❶ *(opp: malade)* Gesundheit *f* ❷ **à la ~ de qn** auf jds Wohl *akk;* **à ta ~!** auf dein Wohl!
sapin [sapɛ̃] *m* Tanne *f;* **~ de Noël** Weihnachtsbaum *m*
sarcastique [saʀkastik] *adj* sarkastisch
sardine [saʀdin] *f* Sardine *f*
satellite [satelit] *m* ❶ AVIAT Satellit *m* ❷ ASTRO Trabant *m*
satin [satɛ̃] *m* Satin *m*
satisfaction [satisfaksjɔ̃] *f* ❶ *(raison d'être satisfait)* Befriedigung *f* ❷ *(joie)* Zufriedenheit *f*
sauce [sos] *f* Soße *f*
saucisse [sosis] *f* GASTR Würstchen *nt*
saucisson [sosisɔ̃] *m luftgetrocknete Salami;* **~ sec** Hartwurst *f*
sauf [sof] *prép* ❶ *(à l'exception de)* bis auf *+akk;* **~ quand/si** außer wenn; **~ que ...** abgesehen davon, dass ... ❷ *(à moins de)* abgesehen von
saumon [somɔ̃] **I.** *m* Lachs *m* **II.** *adj inv* lachsfarben
sauna [sona] *m* Sauna *f*
saut [so] *m* ❶ *a.* INFORM Sprung *m* ❷ SPORT **~ à l'élastique** Bungeejumping *nt* ❸ **faire le ~** den Schritt wagen
sauter [sote] <1> **I.** *vi* ❶ springen; *(sautiller)* [herum]hüpfen; *(sauter vers le haut)* hochspringen ❷ *bouchon* knallen; *bouton, chaîne* abspringen ❸ *(exploser)* in die Luft fliegen *fam; bombe* hochgehen *fam* ❹ GASTR **faire ~ qc** etw braten **II.** *vt* ❶ *(franchir)* **~ qc** über etw *akk* springen ❷ *(omettre)* überspringen
sauvage [sovaʒ] *adj* ❶ wild ❷ *lieu, pays* unberührt
sauvegarder [sovgaʀde] <1> *vt* ❶ *indépendance, liberté* sich *dat* bewahren; *droits* wahren ❷ INFORM si-

chern
sauver [sove] <1> **I.** *vt, vi* retten **II.** *vpr* **se ~** *(s'enfuir)* flüchten
savant(e) [savɑ̃] *m(f)* ❶ *(lettré)* Gelehrte(r) *f(m)* ❷ *(scientifique)* Wissenschaftler(in) *m(f)*
savoir [savwaʀ] <irr> **I.** *vt* ❶ wissen ❷ *leçon, rôle* können; *détails* kennen ❸ *(être capable de)* **~ dire non** nein sagen können ❹ **n'en rien ~** keine Ahnung haben **II.** *vi* ❶ wissen ❷ **pas que je sache** nicht, dass ich wüsste **III.** *vpr* ❶ *(être connu)* **se ~** bekannt sein ❷ *(avoir conscience)* **se ~ malade** wissen, dass man krank ist **IV.** *m* Wissen *nt*
savon [savɔ̃] *m (savonnette)* Seife *f*
scandale [skɑ̃dal] *m* ❶ *(éclat)* Skandal *m* ❷ *(indignation)* Empörung *f*
scandaleux, -euse [skɑ̃dalø] *adj (honteux)* skandalös; *prix, propos* unverschämt
scanner [skanɛʀ] *m* Scanner *m*
sceau [so] <x> *m* Siegel *nt*
scénario [senaʀjo] <s> *m* CINE Drehbuch *nt*
scène [sɛn] *f* ❶ *a.* THEAT Szene *f* ❷ THEAT *(estrade)* Bühne *f*
sceptique [sɛptik] *adj* skeptisch
schéma [ʃema] *m* Schema *nt*
scie [si] *f* Säge *f*
science [sjɑ̃s] *f* ❶ Wissenschaft *f* ❷ SCOL **les ~s** die Naturwissenschaften *Pl*
scientifique [sjɑ̃tifik] *adj* wissenschaftlich
scolaire [skɔlɛʀ] *adj* Schul-; *résultats* schulisch; **année ~** Schuljahr *nt*
scooter [skutœʀ] *m* Motorroller *m*
score [skɔʀ] *m* SPORT Spielergebnis *nt; (en cours de partie)* Spielstand *m*
Scorpion [skɔʀpjɔ̃] *m* Skorpion *m*
scotch® [skɔtʃ] *m (adhésif)* Tesafilm® *m*
scout(e) [skut] *m(f)* Pfadfinder(in) *m(f)*
scrupule [skʀypyl] *m (hésitation)* Skrupel *m*
sculpture [skyltyʀ] *f* ❶ *(statue)* Skulptur *f* ❷ *(art)* Bildhauerei *f;* **~ sur bois** Schnitzerei *f*
se [sə] <s'> *pron* sich
séance [seɑ̃s] *f* ❶ CINE Vorstellung *f* ❷ *(période, réunion)* Sitzung *f*

seau [so] <x> *m* Eimer *m*
sec [sɛk] **I.** *adv démarrer* ruckartig **II.** *m* **être à ~** ausgetrocknet sein; *(sans argent)* blank sein *fam*
sec, sèche [sɛk] *adj* ❶ trocken; **légumes ~s** Hülsenfrüchte *Pl* ❷ *coup* rasch
sèche-cheveux [sɛʃʃəvø] *m inv* Föhn *m*
sécher [seʃe] <5> **I.** *vt, vi* trocknen **II.** *vpr* **se ~** sich abtrocknen
sécheresse [sɛʃʀɛs] *f* Trockenheit *f*
second(e) [s(ə)gɔ̃] *adj* zweite(r, s)
seconde [s(ə)gɔ̃d] *f* ❶ *a.* MATH, MUS Sekunde *f* ❷ *(temps très court)* Augenblick *m* ❸ SCOL ≈ zehnte Klasse
secouer [s(ə)kwe] <1> **I.** *vt* ❶ schütteln ❷ *personne* wachrütteln ❸ *(traumatiser)* erschüttern **II.** *vpr (fam)* **se ~** *(réagir)* sich aufraffen
secourisme [s(ə)kuʀism] *m* erste Hilfe
secours [s(ə)kuʀ] *m* ❶ *(sauvetage)* **premiers ~** erste Hilfe; *(organisme)* Rettungsdienst *m; (en montagne)* Bergwacht *f* ❷ *(aide)* Hilfe *f;* **au ~!** [zu] Hilfe!; **sortie de ~** Notausgang *m*
secret [səkʀɛ] *m* ❶ Geheimnis *nt* ❷ *(confidentialité)* Verschwiegenheit *f* ❸ **en ~** im Geheimen
secret, -ète [səkʀɛ] *adj agent, service, code* Geheim-; **garder qc ~** etw geheim halten
secrétaire [s(ə)kʀetɛʀ] **I.** *mf* Sekretär(in) *m(f)*; **~ médical** Sprechstundenhilfe *f* **II.** *m* Sekretär *m*
secte [sɛkt] *f* Sekte *f*
secteur [sɛktœʀ] *m* ❶ *(domaine)* Bereich *m* ❷ *(quartier)* Bezirk *m; (coin)* Gegend *f* ❸ ELEC Netz *nt*
section [sɛksjɔ̃] *f* ❶ ADMIN, POL Abschnitt *m* ❷ *(branche) a.* JUR Abteilung *f* ❸ *(groupe)* Gruppe *f* ❹ MED Durchtrennung *f*
sécurité [sekyʀite] *f* ❶ Sicherheit *f;* **conseils de ~** Sicherheitshinweise *Pl* ❷ POL, ECON **Sécurité sociale** *staatliche Sozial- und Krankenversicherung*
séduisant(e) [sedɥizɑ̃] *adj* verführerisch; *personne* anziehend
sein [sɛ̃] *m* ANAT Brust *f*
seize [sɛz] *num* ❶ sechzehn

❷ *(dans l'indication de la date)* **le ~ mars** der sechzehnte März
seizième [sɛzjɛm] **I.** *adj* sechzehnte(r, s) **II.** *m (fraction)* Sechzehntel *nt*
séjour [seʒuʀ] *m* ❶ Aufenthalt *m* ❷ *(salon)* Esszimmer *nt*
sel [sɛl] *m* ❶ Salz *nt* ❷ *d'une histoire* Witz *m*
sélection [selɛksjɔ̃] *f* ❶ *(fait de choisir)* Auswahl *f* ❷ **critères de ~** Auswahlkriterien *Pl*
sélectionner [selɛksjɔne] <1> *vt* ❶ auswählen; *joueur* aufstellen ❷ INFORM anklicken
self-service [sɛlfsɛʀvis] <self--services> *m* Selbstbedienung *f*
selle [sɛl] *f* ❶ *(siège)* Sattel *m* ❷ GASTR Rücken *m* ❸ *(matières fécales)* **~s** Stuhl[gang *m*] *m*
selon [s(ə)lɔ̃] *prép* ❶ *(conformément à)* gemäß +*dat* ❷ *(en fonction de)* je nach ❸ *(d'après)* **~ qc** etw *dat* zufolge
semaine [s(ə)mɛn] *f* ❶ Woche *f*; **en ~** unter der Woche ❷ REL **~ sainte** Karwoche *f*
semblable [sɑ̃blabl] *adj* ❶ *(pareil)* solche(r, s); *objets, personnes* gleich ❷ *(ressemblant)* ähnlich
sembler [sɑ̃ble] <1> *vi* **~ préoccupé** besorgt zu sein scheinen; **il semble que** + *indic o subj* es sieht ganz so aus, als; **[à ce qu']il me semble** [wie] mir scheint
semelle [s(ə)mɛl] *f* Sohle *f*; *(intérieure)* Einlage *f*
semoule [s(ə)mul] **I.** *f* Grieß *m* **II.** *app sucre* Streu-
sénat [sena] *m* Senat *m*
sens¹ [sɑ̃s] *m (signification)* Sinn *m*
sens² [sɑ̃s] *m* ❶ *(direction)* Richtung *f*; **dans le ~ contraire** andersherum; **dans le ~ des aiguilles d'une montre** im Uhrzeigersinn; **en ~ inverse** umgekehrt ❷ *(idée)* Sinn *m;* **aller dans le même ~** dasselbe Ziel verfolgen ❸ AUT **~ giratoire** Kreisverkehr *m;* **~ interdit** Einbahnstraße *f*; *(panneau)* Durchfahrtsverbot *nt* ❹ **en ce ~ que ...** insofern als …; **en un [certain] ~** in gewissem Sinn
sens³ [sɑ̃s] *m* ❶ Sinn *m* ❷ **à mon ~** meines Erachtens
sensation [sɑ̃sasjɔ̃] *f* Empfindung *f*
sensationnel(le) [sɑ̃sasjɔnɛl]

adj ❶ *(extraordinaire)* sensationell ❷ *(fam: super)* sagenhaft
sensibilité [sɑ̃sibilite] *f* Empfindlichkeit *f;* PHOT Filmempfindlichkeit *f*
sensible [sɑ̃sibl] *adj* ❶ *(émotif)* sensibel ❷ *(fragile)* empfindlich ❸ *(perceptible)* spürbar; *goût, odeur* deutlich
sentier [sɑ̃tje] *m* [Fuß]weg *m*
sentiment [sɑ̃timɑ̃] *m* ❶ Gefühl *nt* ❷ *pl (formule de politesse)* **veuillez agréer l'assurance de mes ~s distingués** mit freundlichen Grüßen
sentimental(e) [sɑ̃timɑ̃tal] <-aux> *adj* ❶ *nature, personne* gefühlsbetont ❷ *problème, vie* Liebes- ❸ *réaction, valeur* gefühlsmäßig
sentir [sɑ̃tiʀ] <10> **I.** *vt* ❶ riechen ❷ *(ressentir, pressentir)* spüren ❸ **faire ~ à qn que ...** jdn merken lassen, dass ...; **ne pas pouvoir ~ qn** jdn nicht ausstehen können **II.** *vi* ❶ *(avoir une odeur)* riechen ❷ *(puer)* stinken **III.** *vpr* ❶ *(se trouver)* **se ~ fatigué** sich müde fühlen ❷ *(être perceptible)* **se faire ~** *conséquences* seine Wirkung zeigen
séparation [sepaʀasjɔ̃] *f* Trennung *f*
séparer [sepaʀe] <1> *vt, vpr* **[se] ~** [sich] trennen
sept [sɛt] *num* ❶ sieben ❷ *(dans l'indication de la date)* **le ~ mars** der siebte März
septembre [sɛptɑ̃bʀ] *m* September *m*
septième [sɛtjɛm] **I.** *adj* sieb[en]te(r, s) **II.** *m (fraction)* Sieb[en]tel *nt*
séquence [sekɑ̃s] *f* CINE, TV, LING Sequenz *f;* INFORM Folge *f*
sérénité [seʀenite] *f* Heiterkeit *f;* **en toute ~** mit aller Ruhe
série [seʀi] *f* ❶ *a.* CINE, TV Serie; *de casseroles* Satz *m* ❷ **en ~** serienweise
sérieusement [seʀjøzmɑ̃] *adv* ❶ *croire, penser* im Ernst ❷ *agir, travailler* ernsthaft ❸ *(gravement)* ernstlich
sérieux [seʀjø] *m* ❶ Ernst *m* ❷ *(conscience)* Gewissenhaftigkeit *f*
sérieux, -euse [seʀjø] *adj* ❶ ernst ❷ *(digne de confiance)* seriös; *employé* zuverlässig; *promesse* ernst gemeint ❸ *problème* ernst zu nehmend
seringue [s(ə)ʀɛ̃g] *f* Spritze *f*

S

serment [sɛʀmɑ̃] *m* Schwur *m*
serpent [sɛʀpɑ̃] *m* Schlange *f*
serré(e) [seʀe] *adj* ❶ *café, alcool* stark ❷ *forêt, foule* dicht ❸ *débat, discussion* heiß; *combat* hart
serrer [seʀe] <1> **I.** *vt* ❶ *(tenir en exerçant une pression)* umklammern; **~ la main de qn** jdm die Hand schütteln ❷ *dents, mâchoires* zusammenbeißen **II.** *vi* **~ à droite/à gauche** sich rechts/links halten **III.** *vpr* **se ~** *personnes* enger zusammenrücken
serrure [seʀyʀ] *f* Schloss *nt*
serveur [sɛʀvœʀ] *m* Server *m*
serveur, -euse [sɛʀvœʀ] *m, f* *(employé)* Bedienung *f*
service [sɛʀvis] *m* ❶ *(au restaurant, bar)* Bedienung *f*; *(à l'hôtel, dans un magasin)* Service *m* ❷ *(organisme officiel)* **~ d'ordre** Ordnungsdienst *m*; **le ~ public** der öffentliche Dienst ❸ *(département)* a. MED Abteilung *f*; **~ après-vente/[de] dépannage** Kunden-/Reparaturdienst *m* ❹ *militaire, civil* -dienst *m* ❺ *(faveur)* Gefallen *m*; **rendre ~ à qn** jdm behilflich sein ❻ REL **~ [religieux]** Gottesdienst *m* ❼ **à ton/votre ~!** gern geschehen!; **hors ~** außer Betrieb
serviette [sɛʀvjɛt] *f* ❶ *(pour la toilette)* Handtuch *nt*; **~ en papier** Papierserviette *f*; **~ hygiénique** [Damen]binde *f* ❷ *(serviette de table)* Serviette *f* ❸ *(attaché-case)* Aktentasche *f*
servir [sɛʀviʀ] <irr> **I.** *vt* ❶ *boisson, repas* servieren ❷ *client* bedienen **II.** *vi* ❶ *voiture, outil* von Nutzen sein; **~ à qn à la réparation** jdm zur Reparatur dienen ❷ *(tenir lieu de)* **~ de guide à qn** für jdn den Fremdenführer machen ❸ *(au tennis)* aufschlagen **III.** *vpr* ❶ *(utiliser)* **se ~ de qn** jdn benutzen ❷ *(prendre soi-même qc)* **se ~** sich bedienen ❸ *(être servi)* **ce vin se sert frais** dieser Wein wird kühl serviert
ses [se] *dét v.* **sa, son**
seuil [sœj] *m* ❶ *(pas de la porte)* [Tür]schwelle *f* ❷ *(limite)* Grenze *f*
seul(e) [sœl] *adj* ❶ *(sans compagnie)* allein; **~ à ~** unter vier Augen; **parler tout ~** Selbstgespräche führen ❷ *(unique)* einzig ❸ *(uniquement)* nur
seulement [sœlmɑ̃] *adv*

S

❶ *(pas davantage)* nur ❷ *(opp: déjà)* erst ❸ **non ~ ..., mais [encore]** ... nicht nur ..., sondern auch [noch]; **si ~** wenn nur

sévère [sevɛʀ] *adj* ❶ *(rigoureux)* streng; *critique, jugement* hart ❷ *pertes* schwer; *échec* schlimm

sexe [sɛks] *m* ❶ *(catégorie)* Geschlecht *nt* ❷ *(fam: sexualité)* Sex *m* ❸ *(organe)* Geschlechtsorgan *nt*

sexualité [sɛksɥalite] *f a.* BIO Sexualität *f*

sexuel(le) [sɛksɥɛl] *adj* ❶ *(relatif à la sexualité)* sexuell; *éducation* Sexual-; *tourisme* Sex- *fam* ❷ *(relatif au sexe)* Geschlechts-

shampo[o]ing [ʃɑ̃pwɛ̃] *m* Shampoo *nt*

short [ʃɔʀt] *m* Shorts *Pl*

si¹ [si] <s'> *conj* ❶ *(condition, hypothèse)* wenn; **~ j'étais riche, ...** wenn ich reich wäre ... ❷ *(opposition)* auch wenn ..., so ... [doch]; **~ toi tu es mécontent, moi, je ne le suis pas!** auch wenn du unzufrieden bist, ich bin es nicht! ❸ *(désir, regret)* wenn ... nur ❹ **~ ce n'est ...** wenn nicht [sogar] ...; **~ ce n'est qn/qc** außer jdm/etw; **~ c'est ça** *(fam)* ja dann

si² [si] *adv* ❶ *(dénégation)* doch ❷ *(tellement)* so ❸ *(aussi)* **~ ... que** so ... wie ❹ **~ bien que** so ..., dass; **[oh] que ~!** [o] doch!

si³ [si] *adv (interrogation indirecte)* ob

sida [sida] *m* **le ~** Aids *nt*

siècle [sjɛkl] *m* ❶ *(période de cent ans)* Jahrhundert *nt* ❷ *(période remarquable)* **le Siècle des Lumières** das Zeitalter der Aufklärung

siège [sjɛʒ] *m* ❶ *a.* POL Sitz *m;* **~ pour enfant** AUT Kindersitz ❷ *(action d'assiéger)* Belagerung *f*

siéger [sjeʒe] <2a, 5> *vi* ❶ *députés, procureur* sitzen ❷ *(tenir séance)* tagen

sien(ne) [sjɛ̃] *pron* **le ~/la ~ne** der/die/das Seine/Ihre

sieste [sjɛst] *f* Mittagsschlaf *m*

siffler [sifle] <1> *vt, vi* pfeifen

sigle [sigl] *m* Abkürzung *f*

signal [siɲal] <-aux> *m* ❶ Signal *nt; (signe convenu)* Zeichen *nt;* CHEMDFER **~ d'alarme** Notbremse *f* ❷ INFORM Signal *nt*

signaler [siɲale] <1> *vt* ❶ *fait nouveau, perte, vol* melden

❷ *direction* weisen ❸ **rien à ~** keine besonderen Vorkommnisse; MED ohne Befund

signalisation [siɲalizasjɔ̃] *f (par lumière)* Befeuerung *f; (par panneaux)* Beschilderung *f*

signature [siɲatyʀ] *f d'une personne* Unterschrift *f*

signe [siɲ] *m* ❶ *(geste, symbole)* Zeichen *nt;* **~ de la main** [Hand]zeichen *nt* ❷ *(indice)* Anzeichen *nt;* MED Symptom *nt* ❸ *(trait distinctif)* Merkmal *nt* ❹ ASTRO Sternzeichen *nt*

signer [siɲe] <1> *vt* ❶ unterschreiben; *tableau* signieren ❷ *œuvre, pièce* verfassen

signification [siɲifikasjɔ̃] *f (sense)* Bedeutung *f*

signifier [siɲifje] <1> *vt (avoir pour sens)* bedeuten

silence [silɑ̃s] *m* ❶ *(absence de bruit)* Stille *f;* **travailler en ~** arbeiten, ohne Lärm zu machen ❷ *(absence de paroles, d'information)* Schweigen *nt*

silencieux, -euse [silɑ̃sjø] *adj* ❶ still ❷ *(opp: bruyant)* leise; **rester ~** schweigen

silhouette [silwɛt] *f* ❶ *d'une personne* Silhouette *f* ❷ *(figure indistincte)* Umriss *m*

similaire [similɛʀ] *adj* vergleichbar; *goûts* sehr ähnlich

simple [sɛ̃pl] **I.** *adj* ❶ einfach ❷ *personne, revenus* bescheiden ❸ **~ formalité** reine Formalität; **c'est [bien] ~** *(fam)* das ist ganz einfach **II.** *m* ❶ SPORT Einzel *nt* ❷ *(personne naïve)* **~ d'esprit** geistig Behinderte(r) *f(m)*

simplement [sɛ̃pləmɑ̃] *adv* ❶ *s'exprimer* einfach; *recevoir* ungezwungen ❷ *(seulement)* [einfach] nur

simplifier [sɛ̃plifje] <1> **I.** *vt* vereinfachen **II.** *vpr* **se ~ la vie** sich *dat* das Leben erleichtern

simulation [simylasjɔ̃] *f* ❶ TECH Simulation *f* ❷ *(action de simuler un sentiment)* Heuchelei *f*

simuler [simyle] <1> *vt* ❶ *(feindre)* vortäuschen ❷ TECH simulieren

simultané(e) [simyltane] *adj* gleichzeitig

sincère [sɛ̃sɛʀ] *adj* aufrichtig; *aveu* offen; *explication, réponse* ehrlich

sincérité [sɛ̃seʀite] *f d'une personne, d'un sentiment* Aufrichtigkeit *f;* **en toute ~** ehrlich gesagt

singe [sɛ̃ʒ] *m* ZOOL Affe *m*

singulier [sɛ̃gylje] *m* Singular *m*

singulier, -ière [sɛ̃gylje] *adj* *(bizarre)* sonderbar

sinistre [sinistʀ] **I.** *adj* ❶ *(lugubre)* trostlos ❷ *(inquiétant)* unheilvoll **II.** *m (catastrophe)* Katastrophe *f*

sinistré(e) [sinistʀe] *m(f)* [Katastrophen]opfer *nt*

sinon [sinɔ̃] *conj* ❶ *(dans le cas contraire)* sonst ❷ *(si ce n'est)* **que faire ~ attendre?** was können wir anderes tun als warten?

sirop [siʀo] *m* ❶ *(solution sucrée concentrée)* Sirup *m* ❷ *(boisson diluée)* Saft *m* *(mit Wasser verdünnter Sirup)* ❸ MED Sirup *m;* **~ contre la toux** Hustensaft *m*

site [sit] *m* ❶ *(paysage)* Landschaft *f;* **~ touristique** Sehenswürdigkeit *f* ❷ *(lieu d'activité)* Standort *m* ❸ INFORM **~ Web** Web-Site *f;* **~ de rencontre** Partnerbörse *f*

sitôt [sito] **I.** *adv* **pas de ~** so bald nicht **II.** *conj* **~ entré, ...** sobald er eingetreten war, ...

situation [sitɥasjɔ̃] *f* ❶ Lage *f;* **~ de famille** Familienstand *m* ❷ *(emploi)* [An]stellung *f*

situé(e) [sitɥe] *adj* gelegen

situer [sitɥe] <1> **I.** *vt* ❶ *(dans l'espace, le temps)* **~ qc en l'an ...** etw um ... ansiedeln ❷ *(fam)* *personne* einordnen **II.** *vpr* ❶ *(dans l'espace, à un certain niveau)* liegen ❷ *(dans le temps)* **se ~ en l'an ...** im Jahr ... stattfinden

six [sis] *num* ❶ sechs ❷ *(dans l'indication de la date)* **le ~ mars** der sechste März

sixième [sizjɛm] **I.** *adj* sechste(r, s) **II.** *m (fraction)* Sechstel *nt*

skate [skɛt] *m (fam)*, **skate-board** [skɛtbɔʀd] <skate-boards> *m* Skateboard *nt;* **faire du ~** Skateboard fahren

ski [ski] *m* ❶ *(objet)* Ski *m* ❷ *(sport)* Skilauf[en *nt*] *m,* Skifahren *nt;* **~ de fond** [Ski]langlauf *m;* **faire du ~** Ski fahren; **~ nautique** Wasserski *nt*

skier [skje] <1> *vi* Ski laufen

slave [slav] *adj* slawisch

slip [slip] *m* Unterhose *f,* Slip *m*

SMS [ɛsɛmɛs] *m abr de* **Short Message Service** SMS *f;* **envoyer un ~ à qn** jdm eine SMS schicken, jdm simsen

social [sɔsjal] *m (questions sociales)* sozialer Bereich

social(e) [sɔsjal] <-aux> *adj* sozial; *vie, convention* gesellschaftlich

société [sɔsjete] *f* ❶ *a.* ECON *(communauté)* Gesellschaft *f* ❷ *(ensemble de personnes)* Gruppe *f*

sœur [sœʀ] *f* Schwester *f*

soi [swa] *pron* sich

soi-disant [swadizɑ̃] **I.** *adj inv* sogenannt **II.** *adv* angeblich

soie [swa] *f* ❶ *(tissu)* Seide *f* ❷ *(poils)* Borste *f*

soif [swaf] *f* ❶ *(besoin de boire)* Durst *m;* **avoir ~** Durst haben ❷ **mourir de ~** verdursten

soigner [swaɲe] <1> **I.** *vt* ❶ *rhume* auskurieren; **~ qn** *médecin* jdn behandeln; *infirmier* jdn pflegen ❷ *personne* sich kümmern um **II.** *vpr* ❶ **se ~ tout seul** sich selbst kurieren ❷ *(iron: avoir soin de soi)* **se ~** es sich *dat* gut gehen lassen ❸ *(pouvoir être soigné)* **se ~** *maladie* behandelt werden können

soi-même [swamɛm] *pron* selbst

soin [swɛ̃] *m* ❶ *(application)* Sorgfalt *f* ❷ *pl* MED Behandlung *f* ❸ *pl (hygiène)* **~s du corps** Körperpflege *f* ❹ *pl (attention)* Zuwendung *f*

soir [swaʀ] **I.** *m* Abend *m;* **le ~** abends; **un [beau] ~** eines [schönen] Abends; **l'autre ~** neulich Abend **II.** *adv* abends; **hier ~** gestern Abend; **mardi ~** [am] Dienstagabend

soirée [swaʀe] *f* ❶ *(fin du jour)* Abend *m;* **en ~** abends; **dans la ~** im Laufe des Abends ❷ *(fête)* [Abend]gesellschaft *f* ❸ THEAT, CINE Abendvorstellung *f*

soit [swat o swa] **I.** *adv (d'accord)* einverstanden; **eh bien ~!** also gut! **II.** *conj* ❶ *(alternative)* **~ ..., ~ ...** [entweder] ... oder ... ❷ *(c'est-à-dire)* das heißt

soixantaine [swasɑ̃tɛn] *f* ❶ **une ~ de pages** etwa sechzig Seiten ❷ *(âge approximatif)* **avoir la ~** etwa sechzig [Jahre alt] sein

soixante [swasɑ̃t] *num* ❶ sechzig ❷ *(dans l'indication des époques)* **les années ~** die sechziger Jahre

soixante-dix [swasɑ̃tdis] *num* ❶ siebzig ❷ *(dans l'indication des époques)* **les années ~** die siebziger Jahre

soixantième [swasɑ̃tjɛm] **I.** *adj* sechzigste(r, s) **II.** *m (fraction)* Sechzigstel *nt*
sol [sɔl] *m* Boden *m*
solaire [sɔlɛʀ] *adj système, huile* Sonnen-
soldat [sɔlda] *m* MIL Soldat *m*
solde¹ [sɔld] *m* **1** *pl (marchandises)* Sonderangebot[e *Pl*] *nt* **2** FIN *(reliquat)* Restbetrag *m*
solde² [sɔld] *f d'un soldat* Sold *m; d'un matelot* Heuer *f*
soleil [sɔlɛj] *m* Sonne *f;* **~ couchant/levant** Sonnenuntergang/-aufgang *m*
solide [sɔlid] **I.** *adj* **1** *(opp: liquide)* fest **2** *construction, outil* stabil **3** *connaissances* fundiert; *position* gesichert **4** *(fam) fortune, coup de poing* ordentlich **II.** *m* MATH, PHYS [geometrischer] Körper
solitude [sɔlityd] *f (isolement)* Einsamkeit *f*
S
solution [sɔlysjɔ̃] *f* a. CHIM, MED Lösung *f;* **~ de réhydratation** Elektrolytlösung *f;* **~ à un problème** Lösung *f* für ein Problem
sombre [sɔ̃bʀ] *adj* **1** dunkel **2** *avenir, tableau, roman* düster; *caractère, personne* trübsinnig **3** *(fam) histoire* finster; *(bizarre)* konfus
sommaire [sɔmɛʀ] **I.** *adj analyse, réponse* kurz[gefasst] **II.** *m (table des matières)* Inhaltsverzeichnis *nt*
somme [sɔm] *f* **1** Summe *f* **2** **en ~, ~ toute** alles in allem
sommeil [sɔmɛj] *m* Schlaf *m;* **avoir ~** müde sein
sommet [sɔmɛ] *m* **1** *d'une montagne* Gipfel *m; d'une tour, hiérarchie* Spitze *f* **2** *(apogée)* Höhepunkt *m*
somptueux, -euse [sɔ̃ptɥø] *adj vêtement* luxuriös; *résidence* prunkvoll
son¹ [sɔ̃] *m* Ton *m; d'une voix, d'un instrument, appareil* Klang *m; (bruit)* Lautstärke *f*
son² [sɔ̃] <ses> *dét* sein(e)/ihr(e)
sondage [sɔ̃daʒ] *m (enquête)* **~ [d'opinion]** [Meinungs]umfrage *f*
songer [sɔ̃ʒe] <2a> *vi (penser)* denken
sonner [sɔne] <1> *vt, vi cloche* läuten, klingeln
sonnerie [sɔnʀi] *f* **1** *(appel sonore)* Läuten *nt; (für Handy)* Klingelton *m* **2** *(mécanisme)* Läutwerk *nt*
sonnette [sɔnɛt] *f* **1** *d'une porte d'entrée* Klingel *f* **2** **tirer la ~ d'alarme** Alarm schla-

gen
sonore [sɔnɔʀ] *adj* ❶ *voix* klangvoll; *baiser* schmatzend ❷ *(relatif au son)* **bande ~** Tonband *nt*
sophistiqué(e) [sɔfistike] *adj* ❶ *(perfectionné)* hochentwickelt; *(fonctionnel)* durchdacht ❷ *beauté* künstlich
sorcier, -ière [sɔʀsje] *m, f* Hexe *f; (homme)* Hexer *m*
sort [sɔʀ] *m* ❶ *(destinée)* Schicksal *nt* ❷ *(hasard)* Zufall *m*
sorte [sɔʀt] *f* Art *f,* Sorte *f*
sortie [sɔʀti] *f* ❶ *(action de sortir)* Herauskommen *nt; (action de quitter)* Hinausgehen *nt* ❷ *(promenade)* Spaziergang *m* ❸ *d'un bâtiment* Ausgang *m; d'une autoroute, d'un garage* Ausfahrt *f*
sortir [sɔʀtiʀ] <10> **I.** *vi* ❶ *(partir)* hinausgehen; *(venir)* herauskommen ❷ *(quitter)* **~ du magasin** aus dem Geschäft gehen; **en sortant du théâtre** beim Verlassen des Theaters ❸ *(quitter son domicile)* weggehen; **~ de chez soi** aus dem Haus gehen ❹ *(se divertir)* ausgehen ❺ *(fam: avoir une relation amoureuse avec)* **~ avec qn** mit jdm gehen **II.** *vt* ❶ *(mener dehors)* ausführen; *(porter dehors)* hinausbringen ❷ *(retirer d'un lieu)* herausholen ❸ *marchandises* ausführen; *(en fraude)* schmuggeln **III.** *vpr (se tirer)* **se ~ d'une situation** aus einer Situation herauskommen
souci [susi] *m* ❶ *(inquiétude)* Sorge; **se faire du ~ pour** sich sorgen um *f* ❷ *(préoccupation)* Anliegen *nt*
soucieux, -euse [susjø] *adj personne, air, ton* besorgt
soucoupe [sukup] *f* Untertasse *f*
soudain(e) [sudɛ̃] **I.** *adj événement, geste* unerwartet; *sentiment* jäh **II.** *adv* plötzlich
souffle [sufl] *m* ❶ *(expiration)* Atemzug *m; (respiration)* Atmen *nt* ❷ *(déplacement d'air)* **~ du vent** Wind[hauch *m*] *m*
souffler [sufle] <1> **I.** *vi* ❶ *vent* wehen; **ça souffle** es ist windig ❷ *(insuffler de l'air)* **~ sur/dans qc** auf/in etw *akk* blasen ❸ *(haleter)* keuchen ❹ *(se reposer)* verschnaufen **II.** *vt* ❶ *(éteindre)* ausblasen ❷ *(détruire)* zerstören ❸ *(dire discrètement)*

S

~ qc à l'oreille de qn jdm etw ins Ohr flüstern

souffrir [sufʀiʀ] <11> *vi* ❶ leiden; **faire ~ qn** jdm wehtun; *(rendre malheureux)* jdn unglücklich machen ❷ *(avoir mal quelque part)* **~ de l'estomac** Magenschmerzen haben ❸ *(avoir mal à cause de)* **~ du froid** unter der Kälte leiden

souhaiter [swete] <1> *vt* ❶ *(désirer)* **~ qc** sich *dat* etw wünschen; **~ que** + *subj* hoffen, dass ❷ *(espérer pour quelqu'un)* **~ bonne nuit/beaucoup de bonheur** jdm gute Nacht/viel Glück wünschen

soûl(e) [su] *adj (fam: ivre)* blau

soulager [sulaʒe] <2a> **I.** *vt* **~ qn** ❶ *(a. fig)* jdn entlasten ❷ *(calmer la douleur)* jds Schmerzen lindern **II.** *vpr (fam: satisfaire un besoin naturel)* **se ~** sich erleichtern

soulever [sul(ə)ve] <4> *vt* ❶ *poids* [hoch]heben ❷ *problème, question* aufwerfen

souligner [suliɲe] <1> *vt phrase, importance* unterstreichen

soupçon [supsɔ̃] *m* ❶ *(suspicion)* Verdacht *m* ❷ *(très petite quantité)* **un ~ de sel/poivre** eine Spur Salz/Pfeffer

soupçonner [supsɔne] <1> *vt* verdächtigen

soupe [sup] *f (potage)* Suppe *f*

soupirer [supiʀe] <1> *vi* seufzen

souple [supl] *adj* ❶ *(opp: rigide)* biegsam; *lentilles de contact* weich ❷ *personne* gelenkig ❸ *(adaptable)* flexibel

source [suʀs] *f* ❶ a. PHYS Quelle *f* ❷ *(naissance d'un cours d'eau)* Quelle *f* ❸ *(origine de l'information)* **de ~ sûre** aus sicherer Quelle

sourd(e) [suʀ] *adj* ❶ *(qui n'entend pas)* taub; *(qui n'entend pas bien)* schwerhörig ❷ *bruit* dumpf

sourire [suʀiʀ] **I.** *m* Lächeln *nt* **II.** *vi* <irr> lächeln

souris [suʀi] *f* a. INFORM Maus *f*

sous [su] *prép* ❶ *(spatial: avec direction)* unter ❷ *(temporel)* **~ peu** binnen kurzem

soustraire [sustʀɛʀ] <irr> *vi* subtrahieren

soutenir [sut(ə)niʀ] <9> *vt* ❶ *(porter)* halten; **~ qc** *colonne, poutre* etw tragen ❷ *(étayer, maintenir droit)* abstützen ❸ *(maintenir debout, en bonne position)* stützen ❹ *(aider financièrement, moralement)* unterstützen ❺ *(prendre parti pour)* ~ **qn** zu jdm halten ❻ *(affirmer)* ~ **que ...** behaupten, dass ...

soutenu(e) [sut(ə)ny] *adj* ❶ *attention, effort* beständig ❷ *style, langue* gehoben

souterrain(e) [suteʀɛ̃] *adj* unterirdisch

soutien [sutjɛ̃] *m (aide)* Unterstützung *f*

soutien-gorge [sutjɛ̃gɔʀʒ] <soutiens-gorge[s]> *m* Büstenhalter *m*, BH *m*

souvenir[1] [suv(ə)niʀ] <9> *vpr* **se ~ de qn/qc** sich an jdn/etw erinnern

souvenir[2] [suv(ə)niʀ] *m* ❶ **le ~ de qn/qc** die Erinnerung an jdn/etw ❷ *(objet touristique)* Andenken *nt*

souvent [suvɑ̃] *adv* oft; **le plus ~** meistens

spatial(e) [spasjal] <-aux> *adj* räumlich

spécial(e) [spesjal] <-aux> *adj* ❶ *(opp: général)* spezielle(r, s); **rien de ~** nichts Besonderes ❷ *(bizarre)* eigenartig

spécialiser [spesjalize] <1> *vpr* **se ~ dans** [*o* **en**] **qc** sich *akk* auf etw *akk* spezialisieren

spécialiste [spesjalist] *mf* ❶ *(expert)* Spezialist(in) *m(f)* ❷ MED Facharzt, -ärztin *m, f*

spécialité [spesjalite] *f* Spezialität *f*

spectacle [spɛktakl] *m* ❶ *(ce qui s'offre au regard)* Anblick *m* ❷ THEAT, MEDIA Vorstellung *f*

spectateur, -trice [spɛktatœʀ] *m, f* ❶ THEAT, SPORT Zuschauer(in) *m(f)* ❷ *(observateur)* Beobachter(in) *m(f)*

sphère [sfɛʀ] *f* ❶ SCI Kugel *f* ❷ *(domaine)* Bereich *m*

sport [spɔʀ] **I.** *adj inv coupe* sportlich **II.** *m* ❶ *(activité sportive)* Sport *m* ❷ *(forme d'activité sportive)* Sportart *f*

sportif, -ive [spɔʀtif] *m, f* Sportler(in) *m(f)*

spray [spʀɛ] *m (pulvérisation)* Spray *m o nt*

square [skwaʀ] *m* [kleine] Grünanlage *(inmitten eines Platzes)*

stabiliser [stabilize] <1> *vt, vpr* **[se] ~** [sich] stabilisieren

stable [stabl] *adj* ❶ stabil ❷ *(durable)* dauerhaft ❸ *temps* beständig

stage [staʒ] *m (en entreprise)* Praktikum *nt*

S

standard[1] [stɑ̃daʀ] *m* TELEC [Telefon]zentrale *f*

standard[2] [stɑ̃daʀ] *adj inv* ❶ *(normalisé)* genormt ❷ *(dépourvu d'originalité)* [allgemein] üblich ❸ LING **langue ~** Hochsprache *f*

station [stasjɔ̃] *f* ❶ AUT Station *f*, Haltestelle *f* ❷ MEDIA *(émetteur)* Sender *m*

stationnement [stasjɔnmɑ̃] *m* Parken *nt;* **ticket de ~** Parkschein *m*

station-service [stasjɔ̃sɛʀvis] <sations-service[s]> *f* Tankstelle *f*

statue [staty] *f* Statue *f*

statut [staty] *m a.* ADMIN Status *m*

stimuler [stimyle] <1> *vt (activer, augmenter)* anregen

stock [stɔk] *m* ❶ COM Lager *nt* ❷ *(réserve)* Vorrat *m*

stop [stɔp] **I.** *interj (halte)* stopp **II.** *m* ❶ *(panneau)* Stoppschild *nt* ❷ *(auto-stop)* **faire du ~** *(fam)* trampen

stratégie [stʀateʒi] *f* Strategie *f*

stressant(e) [stʀesɑ̃] *adj* stressig *fam*

strict(e) [stʀikt] *adj* ❶ streng; **au sens ~** im engeren Sinne ❷ *minimum* absolut ❸ *vêtement, tenue* streng geschnitten

structure [stʀyktyʀ] *f* ❶ *(organisation)* Struktur *f* ❷ *(lieu, service social)* **~ d'accueil** soziale Einrichtung

studio [studjo] *m* Studio *nt*, Apartment *nt*

stupide [stypid] *adj* dumm

style [stil] *m* ❶ Stil *m* ❷ LING *(discours)* Rede *f* ❸ *(genre)* Art *f*

stylo [stilo] *m* Füller *m;* **~ [à] bille** Kugelschreiber *m*

subir [sybiʀ] <8> *vt* ❶ *(être victime de)* erleiden ❷ *(endurer)* erdulden

substituer [sypstitɥe] <1> **I.** *vt* **~ qc à qc** *(volontairement)* etw durch etw ersetzen **II.** *vpr* **se ~ à qn** sich an jds Stelle *f akk* setzen

succéder [syksede] <5> **I.** *vi* **~ à qc** auf etw *akk* folgen **II.** *vpr* **se ~** einander folgen

succès [syksɛ] *m* ❶ Erfolg *m;* **à ~** Erfolgs- ❷ SPORT, MIL Sieg *m*

succession [syksesjɔ̃] *f* ❶ *(transmission du pouvoir)* Nachfolge *f* ❷ *(héritage)* Erbschaft *f*, Verlassenschaft *f* A

sucer [syse] <2> *vt* ❶ *sang, citron* aussaugen ❷ *bonbon* lutschen

sucette [sysɛt] *f* ~ **[de caoutchouc]** Schnuller *m*

sucre [sykʀ] *m* Zucker *m;* ~ **en morceaux** Würfelzucker *m*

sucré(e) [sykʀe] *adj* süß

sucrer [sykʀe] <1> **I.** *vt (mettre du sucre)* zuckern **II.** *vi (rendre sucré)* süßen

sud [syd] *m* **le** ~ der Süden

Sud [syd] **I.** *m* **le** ~ der Süden **II.** *adj inv hémisphère* südlich; *pôle* Süd-

Suède [sɥɛd] *f* **la** ~ Schweden *nt*

suédois(e) [sɥedwa] *adj* schwedisch

suer [sɥe] <1> *vi* schwitzen

sueur [sɥœʀ] *f* Schweiß *m*

suffire [syfiʀ] <irr> *vi* genügen; ~ **aux besoins** für die Bedürfnisse aufkommen; **ça suffit [comme ça]!** *(fam)* jetzt reicht's!

suffisamment [syfizamɑ̃] *adv* ~ **grand** groß genug

suffisant(e) [syfizɑ̃] *adj nombre, techniques* ausreichend

suffrage [syfʀaʒ] *m* ❶ *(voix)* [Wahl]stimme *f* ❷ *pl (approbation)* Zustimmung *f*

suggestion [sygʒɛstjɔ̃] *f* Vorschlag *m*

suicide [sɥisid] *m* Selbstmord *m*

suisse [sɥis] **I.** *adj* Schweizer; *peuple* schweizerisch; ~ **romand** welsch[schweizerisch] **II.** *m* ❶ *(garde)* Schweizer Gardist *m* ❷ **petit** ~ GASTR *Rahmquark in kleinen Portionen*

Suisse [sɥis] **I.** *f* **la** ~ die Schweiz **II.** *mf* Schweizer(in) *m(f)*

suite [sɥit] *f* ❶ *d'une lettre, d'un roman* Rest *m* ❷ *d'événements, de nombres* [Ab]folge *f; d'objets, de personnes* Reihe *f* ❸ *(conséquence)* Folge *f* ❹ *(nouvel épisode)* Fortsetzung *f* ❺ *(appartement)* Suite *f* ❻ INFORM ~ **bureautique** Office-Paket *nt* ❼ **tout de** ~ sofort; **et ainsi de** ~ und so weiter; **par la** ~ später

suivant [sɥivɑ̃] *prép* ❶ *(conformément à)* gemäß +*dat* ❷ *(le long de)* entlang +*dat*

suivant(e) [sɥivɑ̃] **I.** *adj (qui vient ensuite)* nächste(r, s) **II.** *m(f)* **au ~!** der Nächste!

suivre [sɥivʀ] <irr> **I.** *vt* ❶ ~ **qn/qc** jdm/etw folgen ❷ *(venir ensuite)* **l'hiver suit l'automne** auf den Herbst folgt der Winter ❸ *classe,*

S

cours besuchen ❹ *élève, malade* beobachten ❺ **à ~** Fortsetzung folgt **II.** *vi* ❶ folgen ❷ *(réexpédier)* **faire ~ qc** etw nachsenden lassen **III.** *vpr* **se ~** *(se succéder)* aufeinanderfolgen
sujet [syʒɛ] *m* ❶ *(thème)* Thema *nt* ❷ *(cause)* Grund *m*
super [sypɛʀ] *m abr de* **supercarburant** Super *nt;* **~ sans plomb** Super bleifrei
superbe [sypɛʀb] *adj corps, paysage* wunderschön; *temps* herrlich
superficie [sypɛʀfisi] *f* Fläche *f*
superficiel(le) [sypɛʀfisjɛl] *adj* oberflächlich
superflu(e) [sypɛʀfly] *adj* überflüssig
supérieur(e) [sypeʀjœʀ] **I.** *adj* ❶ *(plus haut dans l'espace)* obere(r, s); *lèvre, mâchoire* Ober- ❷ *(plus élevé dans la hiérarchie)* höhere(r, s); *cadre* leitend ❸ *(de grande qualité)* hervorragend ❹ *(qui dépasse)* **être ~ à la moyenne** über dem Durchschnitt liegen **II.** *m(f)* Vorgesetzte(r) *f(m)*
supermarché [sypɛʀmaʀʃe] *m* Supermarkt *m*
superstitieux, -euse [sypɛʀstisjø] *adj* abergläubisch
supplément [syplemɑ̃] *m* ❶ *(surplus)* zusätzliche Menge ❷ *(somme d'argent à payer)* Aufpreis *m*
supplémentaire [syplemɑ̃tɛʀ] *adj* zusätzlich
support [sypɔʀ] *m* ❶ *(soutien)* Stütze *f* ❷ INFORM **~ d'information** Datenträger *m*
supportable [sypɔʀtabl] *adj* erträglich
supporter [sypɔʀte] <1> **I.** *vt* ❶ *(psychiquement)* ertragen; *malheur* hinnehmen; **ne pas ~ que** + *subj* es nicht ausstehen können, wenn ❷ *alcool, chaleur* vertragen ❸ SPORT *(encourager)* anfeuern **II.** *vpr* **se ~** miteinander auskommen
supposer [sypoze] <1> *vt* ❶ *(imaginer)* annehmen ❷ *(impliquer)* voraussetzen
supprimer [sypʀime] <1> *vt* ❶ *avantage* streichen; *permis* entziehen ❷ *(tuer)* beseitigen
sur [syʀ] *prép* ❶ *(spatial)* **~ qn/qc** *(vers)* auf jdn/etw; *(au-dessus de)* über jdn/etw ❷ *(temporel)* **~ le coup** *(immédiatement)* auf der Stelle ❸ **~ mesure** nach Maß; **neuf fois ~ dix** neun von zehn Mal
sûr(e) [syʀ] *adj* ❶ sicher ❷ *(di-*

S

gne de confiance) zuverlässig ❸ **bien** ~ sicherlich

sûrement [syʀmɑ̃] *adv* bestimmt, sicher

sûreté [syʀte] *f* Sicherheit *f*

surf [sœʀf] *m* ❶ *a.* INFORM Surfen *nt;* **faire du** ~ surfen ❷ *(planche: pour l'eau)* Surfbrett *nt; (pour la neige)* Snowboard *nt*

surface [syʀfas] *f* ❶ *(aire)* Fläche *f; d'un appartement* [Wohn]fläche ❷ *(couche superficielle, apparence)* Oberfläche *f* ❸ **grande** ~ Supermarkt *m*

surfer [sœʀfe] <1> *vi a.* INFORM surfen; ~ **sur le Web** im Web surfen

surgelé(e) [syʀʒəle] *m(f)pl* Tiefkühlkost *f*

surgir [syʀʒiʀ] <8> *vi* auftauchen

surligner [syʀliɲe] <1> *vt* INFORM markieren

surmonter [syʀmɔ̃te] <1> *vt* überwinden

surprendre [syʀpʀɑ̃dʀ] <13> **I.** *vt* ❶ *(étonner)* überraschen ❷ *conversation* mitanhören **II.** *vpr* **se** ~ **à faire qc** sich dabei ertappen, wie man etw tut

surprise [syʀpʀiz] *f* Überraschung *f;* **avec/par** ~ überrascht/überraschend

sursauter [syʀsote] <1> *vi* zusammenzucken

surtout [syʀtu] *adv* ❶ *(avant tout)* vor allem ❷ ~ **pas** auf keinen Fall

surveiller [syʀveje] <1> *vt* ❶ *enfant, élève* beaufsichtigen ❷ *(suivre l'évolution)* überwachen ❸ *(garder)* aufpassen auf +*akk*

survivre [syʀvivʀ] <irr> *vi* überleben

survoler [syʀvɔle] <1> *vt (a. fig)* überfliegen

suspect(e) [syspɛ] *adj* verdächtig

suspense [syspɛns] *m* Spannung *f*

syllabe [sil(l)ab] *f* Silbe *f*

symbole [sɛ̃bɔl] *m* Symbol *nt*

symétrie [simetʀi] *f* Symmetrie *f*

sympa [sɛ̃pa] *adj personne* nett; *location* gemütlich

sympathique [sɛ̃patik] *adj* ❶ *personne* sympathisch ❷ *(fam: charmant)* freundlich

syndicat [sɛ̃dika] *m* ❶ *(syndicat de salariés)* Gewerkschaft *f* ❷ *(pour les touristes)* ~ **d'initiative** Fremdenverkehrsamt *nt*

système [sistɛm] *m* ❶ System *nt* ❸ *de fermeture* Vorrichtung *f* ❹ *(fam: combine)* Taktik *f* ❺ INFORM **~ informatique/d'exploitation** Betriebssystem *nt* ❻ AUT **~ de guidage** Navigationssystem *nt*

Tt

ta [ta] <tes> *dét* dein(e)

tabac [taba] *m* ❶ Tabak *m* ❷ *(fam: magasin)* Laden *m* für Tabakwaren

table [tabl] *f* ❶ *(meuble)* Tisch *m;* **à ~!** zu Tisch! ❷ *(tablée)* Tafel *f* ❸ *(nourriture)* Essen *nt* ❹ *(tableau)* **~ des matières** Inhaltsverzeichnis *nt*

tableau [tablo] <x> *m* ❶ Bild *nt* ❷ SCOL [Schul]tafel *f* ❸ *(panneau)* schwarzes Brett ❹ *(présentation graphique)* *a.* INFORM Tabelle *f*

tablette [tablɛt] *f* ❶ *(planchette)* [Ablage]platte *f* ❷ INFORM Tablet-PC *m*

tache [taʃ] *f* Fleck *m*

tâche [tɑʃ] *f* ❶ *(besogne)* Arbeit *f* ❷ *(mission)* Aufgabe *f*

taille[1] [tɑj] *f* ❶ Größe *f* ❷ *(partie du corps, d'un vêtement)* Taille *f* ❸ **ne pas être à sa ~** *vêtement* nicht seine/ihre Größe sein

taille[2] [tɑj] *f* ❶ *d'un diamant* Schleifen *nt; d'une pierre* Behauen *nt* ❷ BOT [Be]schneiden *nt*

tailler [tɑje] <1> **I.** *vt* ❶ *arbre* zurückschneiden; *crayon* [an]spitzen ❷ *robe* [zu]schneiden **II.** *vpr (se couper)* **se ~ la barbe** sich *dat* den Bart stutzen

tailleur [tɑjœʀ] *m* ❶ *(couturier)* Schneider *m* ❷ *(tenue)* Kostüm *nt*

taire [tɛʀ] <irr> **I.** *vpr* **se ~** schweigen **II.** *vt* verschweigen

talent [talɑ̃] *m* Talent *nt*

T

talon [talɔ̃] *m* ❶ ANAT Ferse *f* ❷ *de chaussure* Absatz *m* ❸ *(bout)* Ende *nt*

tampon [tɑ̃pɔ̃] *m* ❶ *(en coton)* Bausch *m* ❷ *(périodique)* Tampon *m*

tandis que [tɑ̃dikə] *conj + indic* während [hingegen]

tant [tɑ̃] *adv* ❶ *aimer, vouloir* so sehr; *manger, travailler* so viel ❷ *(une telle quantité)* ~ **de choses** so viele Dinge; ~ **de fois** so oft ❸ *(autant)* ~ **qu'il peut** so viel er kann; ~ **que** solange; **en ~ que** [in der Eigenschaft] als

tante [tɑ̃t] *f* ❶ *(parente)* Tante *f* ❷ *(vulg: homosexuel)* Tunte *f*

tantôt [tɑ̃to] *adv* ❶ *(en alternance)* ~... ~... mal..., mal... ❷ BELG *(tout à l'heure)* später

taper [tape] <1> **I.** *vi (donner des coups)* klopfen; ~ **sur qn** jdn schlagen **II.** *vt* ❶ *tapis* klopfen ❷ *(cogner)* ~ **le pied contre qc** den Fuß gegen etw schlagen ❸ INFORM eingeben

tapis [tapi] *m* ❶ Teppich *m* ❷ JEUX Tuch *nt*

tapisserie [tapisʀi] *f* ❶ *(revêtement)* Tapete *f* ❷ ART *(activité)* Teppichweben *nt*

tard [taʀ] **I.** *adv* spät; **au plus ~** spätestens **II.** *m* **sur le ~** spät

tarder [taʀde] <1> *vi* ❶ *(traîner)* ~ **à faire qc** zögern etw zu tun; **sans ~** umgehend ❷ *(se faire attendre)* auf sich warten lassen

tarif [taʀif] *m (barème)* Tarif *m*

tarte [taʀt] **I.** *f* GASTR Kuchen *m* **II.** *adj (fam)* doof

tartine [taʀtin] *f* GASTR ~ **[beurrée]** [Butter]brot *nt*

tartuf[f]e [taʀtyf] **I.** *m* Heuchler(in) *m(f)* **II.** *adj* scheinheilig

tas [tɑ] *m* Haufen *m;* **un ~ de choses** *(fam)* eine Menge Dinge

tasse [tɑs] *f* Tasse *f*

tâter [tɑte] <1> **I.** *vt* ❶ *pouls* fühlen ❷ *terrain* sondieren *geh* **II.** *vi (faire l'expérience)* ~ **de qc** die Erfahrung einer S. *gen* machen **III.** *vpr* **se ~** *(fam: hésiter)* noch überlegen

Taureau [tɔʀo] <x> *m* Stier *m*

taux [to] *m* ❶ *(pourcentage administrativement fixé)* Satz *m* ❷ *(mesure statistique)* Quote *f;* ~ **de change** Wechselkurs *m*

taxe [taks] *f (impôt)* Steuer *f;* **hors ~s** Steuer nicht inbegriffen; *(sans T.V.A.)* ohne Mehr-

wertsteuer
taxi [taksi] *m* Taxi *nt*
tchèque [tʃɛk] **I.** *adj* tschechisch **II.** *m* Tschechisch *nt*
te [tə] <t'> *pron* dich/dir
technique [tɛknik] **I.** *adj* technisch *f* **II.** *m* SCOL Fachschulwesen *nt* **III.** *f* Technik *f*
teint [tɛ̃] *m* Teint *m*
teinte [tɛ̃t] *f (couleur)* Farbe *f*
teinture [tɛ̃tyʀ] *f* ❶ *(colorant)* Färbemittel *nt* ❷ MED **~ d'iode** Jodtinktur *f*
tel(le) [tɛl] *adj* ❶ *(semblable, si fort/grand)* **un ~/une ~le ...** solch ein(e) ...; **de ~(s) ...** solche ... ❷ *(ainsi)* **~ père, ~ fils** wie der Vater, so der Sohn ❸ *(comme)* **~ que qn/qc** wie jd/etw ❹ **il n'y a rien de ~** es gibt nichts Besseres
télé [tele] *f (fam) abr de* **télévision**
télécommande [telekɔmɑ̃d] *f d'une télé, d'un magnétoscope* Fernbedienung *f*

T

télécopie [telekɔpi] *f* Fax *nt*
télécopieur [telekɔpjœʀ] *m* Faxgerät *nt*
téléguider [telegide] <1> *vt (diriger à distance)* durch Fernlenkung steuern
téléphone [telefɔn] *m* Telefon *nt*
téléphoner [telefɔne] <1> *vi* telefonieren; **~ à qn** jdn anrufen
télésiège [telesjɛʒ] *m* Sessellift *m*
téléski [teleski] *m* Schlepplift *m;* **point d'arrivée du ~** Bergstation *f;* **point de départ du ~** Talstation *f*
télévision [televizjɔ̃] *f* ❶ Fernsehen *nt;* **regarder la ~** fernsehen ❷ *(récepteur)* Fernseher *m*
tellement [tɛlmɑ̃] *adv* ❶ *(si)* so; **ce serait ~ mieux** das wäre weitaus besser ❷ *(tant)* [so] sehr ❸ *(beaucoup)* **pas/plus ~** *(fam) venir* nicht oft/nicht mehr oft ❹ *(fam: tant de)* **avoir ~ d'amis** so viele Freunde haben
témoigner [temwaɲe] <1> *vi* ❶ *(déposer)* aussagen ❷ *(attester, jurer)* **~ de qc** etw bezeugen
témoin [temwɛ̃] *m* Zeuge, Zeugin *m, f*
tempe [tɑ̃p] *f* Schläfe *f*
tempérament [tɑ̃peʀamɑ̃] *m* ❶ *(caractère)* Natur *f* ❷ *(forte personnalité)* Temperament *nt*
température [tɑ̃peʀatyʀ] *f* ❶ Temperatur *f* ❷ *(fièvre)*

Fieber *nt*
tempête [tɑ̃pɛt] *f* METEO Unwetter *nt*, Sturm *m*
temple [tɑ̃pl] *m* ❶ ART, HIST Tempel *m* ❷ *protestant* Kirche *f*
temps[1] [tɑ̃] *m* ❶ Zeit *f*; **~ libre** Freizeit *f* ❷ *(moment)* Zeitpunkt *m* ❸ **tout le ~** ständig; **à ~** rechtzeitig; **de ~ en ~** von Zeit zu Zeit; **depuis ce ~-là** seitdem; **en même ~** gleichzeitig; **en peu de ~** in kurzer Zeit
temps[2] [tɑ̃] *m* Wetter *nt*; **il fait beau/mauvais ~** das Wetter ist schön/schlecht; **quel ~ fait-il?** wie ist das Wetter?
tendance [tɑ̃dɑ̃s] *f* ❶ PSYCH Neigung *f* ❷ *(propension)* **~ à la rêverie** Hang *m* zur Träumerei
tendre[1] [tɑ̃dʀ] <14> **I.** *vt* ❶ *(raidir)* spannen ❷ *bras* ausstrecken; *cou* recken; *main* entgegenstrecken **II.** *vpr* **se ~** *(se raidir)* sich spannen **III.** *vi* *(aboutir à)* **~ à faire qc** letztlich etw tun
tendre[2] [tɑ̃dʀ] *adj* ❶ zart ❷ *(opp: dur)* weich
tendresse [tɑ̃dʀɛs] *f* *(affection)* [zärtliche] Liebe
tenir [t(ə)niʀ] <9> **I.** *vt* ❶ halten ❷ *article, magasin, maison* führen **II.** *vi* ❶ *(être attaché)* **~ à qn** an jdm hängen ❷ *(vouloir absolument)* **~ à faire qc/à ce que** + *subj* Wert darauf legen etw zu tun/, dass ❸ *(être fixé)* halten ❹ *(durer)* [sich] halten ❺ *(ressembler à)* **~ de qn/qc** jdm/einer S. ähneln ❻ **ça tient à qn/qc** das hängt von jdm/etw ab **III.** *vpr* ❶ *(se prendre)* **se ~ par la main** Hand in Hand gehen ❷ *(rester, demeurer)* **se ~ debout/assis/couché** stehen/sitzen/liegen ❸ *(se comporter)* **se ~** sich benehmen ❹ *(respecter)* **se ~ à qc** sich an etw *akk* halten
tennis [tenis] **I.** *m* Tennis *nt* **II.** *f pl* Turnschuhe *Pl*
tension [tɑ̃sjɔ̃] *f* ❶ Spannung *f* ❷ MED Blutdruck *m*
tentation [tɑ̃tasjɔ̃] *f* Versuchung *f*
tentative [tɑ̃tativ] *f* Versuch *m*
tente [tɑ̃t] *f* Zelt *nt*
tenter [tɑ̃te] <1> *vt* ❶ *(allécher)* reizen ❷ *(essayer)* versuchen
tenue [t(ə)ny] *f* ❶ *(comportement)* Verhalten *nt* ❷ *(vêtements)* Kleidung *f*
terme[1] [tɛʀm] *m* ❶ *(fin)* En-

T

de *nt; d'un travail* Abschluss *m* ❷ *(date limite)* Frist *f;* **à court ~** kurzfristig

terme² [tɛʀm] *m* ❶ *(mot)* Ausdruck *m* ❷ *pl d'un contrat, d'une loi* Wortlaut *m*

terminaison [tɛʀminɛzɔ̃] *f* Endung *f*

terminal [tɛʀminal] <-aux> *m* Terminal *nt*

terminer [tɛʀmine] <1> **I.** *vt* beenden; *devoirs, travail* erledigen **II.** *vi* **~ de lire qc** etw zu Ende lesen; **pour ~, ...** zum Abschluss ... **III.** *vpr* **se ~** *année, vacances* zu Ende gehen; **se ~ bien/mal** *histoire* gut/schlecht ausgehen

terminus [tɛʀminys] *m* Endstation *f*

terrain [teʀɛ̃] *m* ❶ *(parcelle)* Grundstück *nt* ❷ *(sol)* **~ plat** ebenes Gelände ❸ *(domaine)* Gebiet *nt*

terrasse [teʀas] *f* Terrasse *f*

T

terre [tɛʀ] *f* ❶ Erde *f* ❷ *(sol)* Boden *m;* **par ~** *(avec mouvement)* auf den Boden; *(sans mouvement)* auf dem Boden ❸ *(continent, contrée, pays)* Land *nt* ❹ **~ cuite** Terrakotta *f*

terreur [teʀœʀ] *f* ❶ *(peur violente)* Entsetzen *nt* ❷ *(terrorisme)* Terror *m*

terrible [teʀibl] **I.** *adj* ❶ schrecklich ❷ *(fam: super)* toll **II.** *adv (fam)* echt stark

territoire [teʀitwaʀ] *m d'un animal* Revier *nt; d'un pays, d'une nation* Territorium *nt;* **~ d'outre-mer** überseeisches Gebiet

terroriser [teʀɔʀize] <1> *vt* ❶ *(faire très peur)* **~ qn** jdm große Angst machen ❷ *(opprimer)* terrorisieren

tertiaire [tɛʀsjɛʀ] **I.** *adj emploi* im Dienstleistungsgewerbe **II.** *m* **le ~** der Dienstleistungssektor

tes [te] *dét v.* **ta, ton**

test [tɛst] *m* Test *m*

tester [tɛste] <1> *vt* testen

tête [tɛt] *f* ❶ Kopf *m* ❷ *(première place)* Spitze *f* ❸ **se casser la ~** sich *dat* den Kopf zerbrechen

tétine [tetin] *f* Sauger *m*

texte [tɛkst] *m* Text *m*

texto [tɛksto] *m* SMS *f*

thé [te] *m* Tee *m*

théâtre [teɑtʀ] *m* ❶ Theater *nt* ❷ *(œuvres)* Dramen *Pl* ❸ *des combats* Schauplatz *m*

thème [tɛm] *m a.* MUS Thema *nt*

théorie [teɔʀi] *f* Theorie *f*

thérapie [teʀapi] *f (traitement)* Therapie *f*

thermomètre [tɛʀmɔmɛtʀ] *m* Thermometer *nt*

thèse [tɛz] *f* ❶ These *f* ❷ UNIV **~ de troisième cycle** Doktorarbeit *f*

thon [tɔ̃] *m* Thunfisch *m*

thym [tɛ̃] *m* Thymian *m*

tibia [tibja] *m* Schienbein *nt*

ticket [tikɛ] *m (de bus, métro)* Fahrkarte *f; (de match, manège)* [Eintritts]karte *f;* **~ de caisse** Kassenzettel *m*

tiède [tjɛd] *adj* ❶ lauwarm; *lit, gâteau* [noch] warm ❷ *soutien* lau

tien(ne) [tjɛ̃] *pron* **le ~/la ~ne** der/die/das deine

tiers [tjɛʀ] *m* ❶ *(fraction)* Drittel *nt* ❷ *(tierce personne)* Dritter *m*

tiers, tierce [tjɛʀ] *adj* dritte(r, s)

tiers-monde [tjɛʀmɔ̃d] *m* **le ~** die Dritte Welt

tige [tiʒ] *f* ❶ *d'une fleur, feuille* Stiel *m,* Stängel *m* ❷ *(de métal)* Stange *f*

tigre [tigʀ] *m* Tiger *m; (fig)* Bestie *f*

tilleul [tijœl] *m* Linde *f; (infusion)* Lindenblütentee *m*

timbre¹ [tɛ̃bʀ] *m* ❶ POST Briefmarke *f* ❷ *(cachet, instrument)* Stempel *m* ❸ MED Pflaster *nt*

timbre² [tɛ̃bʀ] *m (qualité du son)* Klang *m*

timide [timid] *adj* schüchtern; *réponse, critique* zaghaft

tir [tiʀ] *m (projectile tiré)* a. SPORT Schuss *m*

tirage [tiʀaʒ] *m* ❶ *de la loterie, du loto* Ziehung *f* ❷ *d'un livre, ouvrage* Druck *m* ❸ PHOT Abziehen *nt*

tire-bouchon [tiʀbuʃɔ̃] <tire-bouchons> *m* Korkenzieher *m*

tirer [tiʀe] <1> **I.** *vt* ❶ ziehen; *(vers le bas/haut)* herunter/hochziehen ❷ *balle* abfeuern ❸ *film, négatif, photo* abziehen **II.** *vi* ❶ *(exercer une traction)* **~ sur les rênes de son cheval** seinem Pferd die Zügel anziehen ❷ *(aspirer)* **~ sur sa cigarette** an seiner Zigarette ziehen ❸ *peau, cicatrice* spannen ❹ SPORT schießen **III.** *vpr* ❶ *(fam: s'en aller)* **se ~** sich verdrücken ❷ *(se sortir)* **se ~ d'affaire** sich aus der Affäre ziehen

tiret [tiʀɛ] *m* Gedankenstrich *m; (division)* Trennungsstrich

T

tisane [tizan] *f* [Kräuter]tee *m*

tisser [tise] <1> *vt* ❶ *tapis* weben ❷ *araignée* spinnen

tissu [tisy] *m* TEXTIL Stoff *m*

titre [titʀ] *m* ❶ Titel *m* ❷ *d'un chapitre, article de journal* Überschrift *f* ❸ *(justificatif)* Bescheinigung *f*

toast [tost] *m* ❶ *(pain grillé)* Toast *m* ❷ *(allocution)* Trinkspruch *m*

toi [twa] *pron* dich/dir

toile [twal] *f* ❶ *(tissu)* Stoff *m* ❷ ART Gemälde *nt*

toilette [twalɛt] *f* ❶ *(soins corporels)* Waschen *nt* ❷ *(vêtements)* Kleidung *f* ❸ *pl (W.-C.)* Toilette *f*

toi-même [twamɛm] *pron* du selbst

toit [twa] *m* Dach *nt*

tolérer [tɔleʀe] <5> *vt* ertragen; *douleur* aushalten

tomate [tɔmat] *f* Tomate *f*

tombe [tɔ̃b] *f* Grab *nt*

tombeau [tɔ̃bo] <x> *m* Grabmal *nt*

tomber [tɔ̃be] <1> *vi* ❶ fallen ❷ *(être affaibli)* **~ de fatigue** vor Erschöpfung *dat* umfallen ❸ *nouvelle* eintreffen ❹ *nuit, soir* hereinbrechen ❺ **bien/mal ~** gelegen/ungelegen kommen

tome [tɔm] *m* Band *m*

ton¹ [tɔ̃] *m* ❶ *a.* MUS Ton *m* ❷ *(couleur)* Farbton *m*

ton² [tɔ̃] <tes> *dét* dein(e)

tonne [tɔn] *f* Tonne *f*

tonneau [tɔno] <x> *m (récipient)* Fass *nt*

tonnerre [tɔnɛʀ] *m* METEO Donner *m*

torche [tɔʀʃ] *f* ❶ *(flambeau)* Fackel *f* ❷ *(lampe électrique)* Taschenlampe *f*

torchon [tɔʀʃɔ̃] *m* ❶ *(tissu)* Tuch *nt* ❷ *(fam: journal)* Käseblatt *nt*

tordre [tɔʀdʀ] <14> **I.** *vt* ❶ *linge* [aus]wringen ❷ *(plier)* verbiegen **II.** *vpr* ❶ *(faire des contorsions)* **se ~ de douleur** sich vor Schmerz *dat* verziehen ❷ *(se luxer)* **se ~ un membre** sich *dat* ein Glied verrenken

tort [tɔʀ] *m* ❶ *(erreur)* Fehler *m* ❷ *(préjudice)* Nachteil *m*; **avoir ~ de faire qc** etw zu Unrecht tun

torture [tɔʀtyʀ] *f* ❶ *(supplice)* Folter *f* ❷ *(souffrance)* Qual *f*

tôt [to] *adv* ❶ früh; **le plus ~ possible** so bald wie möglich ❷ **~ ou tard** früher oder später

total [tɔtal] <-aux> *m* ❶ Gesamtbetrag *m* ❷ **au ~** *(en tout)* insgesamt

total(e) [tɔtal] <-aux> *adj* total; *désespoir, ruine* völlig

touche [tuʃ] *f* ❶ INFORM, MUS Taste *f* ❷ PECHE Anbiss *m* ❸ *(en escrime)* Treffer *m* ❹ *(au football, rugby)* Seitenlinie *f*; *(sortie du ballon)* Aus *nt*

toucher [tuʃe] <1> **I.** *vt* ❶ berühren ❷ *(frapper, atteindre)* treffen ❸ *(concerner)* **~ qn** jdn betreffen ❹ *argent* bekommen **II.** *vi* ❶ *(porter la main sur)* **~ à qn/qc** jdn anrühren/etw anfassen ❷ *(modifier)* **~ au règlement** die Regeln antasten ❸ *(être proche de)* **~ à sa fin** dem Ende zugehen **III.** *vpr* **se ~** *personnes* sich berühren **IV.** *m* *(sens)* Tastsinn

toujours [tuʒuʀ] *adv* ❶ immer ❷ *(encore)* immer noch ❸ *(malgré tout)* dennoch

tour¹ [tuʀ] *f* ❶ Turm *m* ❷ *(immeuble)* Hochhaus *nt*

tour² [tuʀ] *m* ❶ *(circonférence)* Umfang *m* ❷ *(brève excursion)* Tour *f*; **~ de l'île** Inselrundfahrt *f* ❸ *(succession alternée)* **c'est au ~ de qn de faire qc** jd ist an der Reihe etw zu tun ❹ *(rotation)* Umdrehung *f* ❺ MED **~ de reins** Hexenschuss *m*

tourisme [tuʀism] *m* Tourismus *m*

touriste [tuʀist] *mf* Tourist(in) *m(f)*

touristique [tuʀistik] *adj* touristisch

tourmenter [tuʀmɑ̃te] <1> **I.** *vt* **~ qn** jdn quälen; *remords, scrupules* jdn plagen **II.** *vpr* **se ~** sich *dat* Sorgen machen

tournant [tuʀnɑ̃] *m* ❶ *(virage)* Kurve *f* ❷ *d'une carrière, vie* Wendepunkt *m*

tournée [tuʀne] *f* ❶ *(circuit)* Tour *f* ❷ *(fam: au café)* Runde *f*

tourner [tuʀne] <1> **I.** *vt* ❶ drehen ❷ *clé* herumdrehen ❸ *(remuer)* umrühren ❹ *tête* wegdrehen; *dos* zuwenden **II.** *vi* ❶ sich drehen; **~ en rond** im Kreis herumlaufen ❷ *(fonctionner)* laufen ❸ *(bifurquer)* abbiegen ❹ *(s'inverser)* umschlagen **III.** *vpr* **se ~ vers qn/qc** sich jdm/etw zuwenden

tous [tu] *v.* **tout**

tousser [tuse] <1> *vi* husten

tout(e)¹ [tu] <tous, toutes> *adj* **~ le temps/l'argent** die

T

ganze Zeit/das ganze Geld; **~ le monde** jeder[mann]; **à ~ prix** um jeden Preis; **de ~e manière** auf jeden Fall; **tous les jours** jeden Tag; **tous les deux jours** jeden zweiten Tag; **de ~es sortes** aller Art

tout(e)[2] [tu] <tous, toutes> *pron* alle(s)

tout [tu] **I.** *adv* ❶ ganz; **~ près de** ganz nahe bei ❷ *inv (en même temps)* **~ en faisant qc** während jd etw tut; *(quoique)* obwohl jd etw tut ❸ **~ à/d'un coup** plötzlich; **~ à fait** ganz; **~ de suite** sofort; **~ de même** trotz alledem **II.** *m* ❶ *(totalité)* Gesamtheit *f* ❷ *(ensemble)* **le ~** das Ganze ❸ **[pas] du ~!** [ganz und] gar nicht!

toutefois [tutfwa] *adv* jedoch

toux [tu] *f* Husten *m*

toxique [tɔksik] *adj* giftig

trace [tʀas] *f* ❶ Spur *f; d'un animal* Fährte *f* ❷ *(cicatrice)* Narbe *f*

tracer [tʀase] <2> *vt* ❶ *(dessiner)* zeichnen; *ligne* ziehen ❷ *piste* bahnen

tradition [tʀadisjɔ̃] *f (coutume)* Tradition *f*

traducteur, -trice [tʀadyktœʀ] *m, f* Übersetzer(in) *m(f)*

traduction [tʀadyksjɔ̃] *f* Übersetzung *f*

traduire [tʀadɥiʀ] <irr> **I.** *vt* übersetzen **II.** *vpr (s'exprimer)* **se ~ par qc** sich in etw *dat* ausdrücken

trafic [tʀafik] *m* ❶ *(circulation)* Verkehr *m* ❷ *(péj: commerce)* Schwarzhandel *m*

tragédie [tʀaʒedi] *f* Tragödie *f*

tragique [tʀaʒik] **I.** *adj* tragisch **II.** *m (gravité)* Tragik *f*

trahir [tʀaiʀ] <8> *vt, vpr* **[se] ~** [sich] verraten

train [tʀɛ̃] *m* ❶ CHEMDFER Zug *m* ❷ *(allure)* Tempo *nt* ❸ **être en ~ de faire qc** gerade etw tun

traîner [tʀene] <1> **I.** *vt* ❶ schleppen ❷ *jambe* nachziehen **II.** *vi (lambiner)* trödeln; *maladie, procès* sich [hin]ziehen **III.** *vpr (se déplacer difficilement)* **se ~** sich dahinschleppen

trait [tʀɛ] *m* ❶ *(ligne)* Strich *m* ❷ *(caractéristique)* Grundzug *m; dominant* Merkmal *nt* ❸ *(lignes du visage)* Züge *Pl* ❹ LING **~ d'union** Bindestrich *m*

traité [tʀete] *m* ❶ POL Vertrag *m* ❷ *(ouvrage)* Abhandlung *f*

traité(e) [tʀɛte] *adj oranges etc* gespritzt

traitement [tʀɛtmɑ̃] *m* ❶ *a.* MED Behandlung *f; du chômage, d'un problème* Handhabung *f* ❷ INFORM **~ de texte** Textverarbeitung *f*

traiter [tʀete] <1> **I.** *vt* ❶ *a.* MED behandeln ❷ *affaire, question* erledigen ❸ *déchets, eaux* [wieder]aufbereiten ❹ *(qualifier)* **~ qn de fou** jdn einen Spinner nennen ❺ INFORM verarbeiten **II.** *vi* ❶ *(avoir pour sujet)* **~ de qc** sich mit etw befassen ❷ *(négocier)* verhandeln

tram [tʀam] *m* Straßenbahn *f*

tranquille [tʀɑ̃kil] *adj* ❶ ruhig; *eau* still; **laisser ~** in Ruhe lassen ❷ *(rassuré)* beruhigt

tranquillisant [tʀɑ̃kilizɑ̃] *m* Beruhigungsmittel *nt*

transfert [tʀɑ̃sfɛʀ] *m* ❶ *(déplacement)* Verlegung *f* ❷ SPORT Transfer *m* ❸ PSYCH, INFORM Übertragung *f*

transformer [tʀɑ̃sfɔʀme] <1> **I.** *vt* ❶ *(modifier)* verwandeln ❷ MATH umformen **II.** *vpr* **se ~** sich verändern

transmettre [tʀɑ̃smɛtʀ] <irr> **I.** *vt* ❶ *(léguer)* weitergeben ❷ *message* übermitteln ❸ BIO, MED anstecken ❹ TELEC übertragen **II.** *vpr* **se ~** *maladie* übertragen werden

transparent(e) [tʀɑ̃spaʀɑ̃] *adj* ❶ *(opp: opaque)* durchsichtig; *air, eau* klar ❷ *(évident)* offensichtlich

transpirer [tʀɑ̃spiʀe] <1> *vi* schwitzen

transport [tʀɑ̃spɔʀ] *m* ❶ *(acheminement)* Transport *m; de bagages, voyageurs* Beförderung *f* ❷ **moyens de ~** Verkehrsmittel *Pl*

transporter [tʀɑ̃spɔʀte] <1> *vt* transportieren; *voyageur* befördern

travail [tʀavaj] <-aux> *m* ❶ Arbeit *f* ❷ *pl (ensemble de tâches)* **~aux ménagers** Hausarbeit *f* ❸ *(résultat)* Werk *nt*

travailler [tʀavaje] <1> **I.** *vi* arbeiten **II.** *vt* bearbeiten

travailleur, -euse [tʀavajœʀ] *m, f* ❶ **~ (-euse) immigré(e)** Gastarbeiter, -in *m, f* ❷ *(personne laborieuse)* fleißiger Mensch

travers [tʀavɛʀ] *m* ❶ Schwäche *f* ❷ **à ~ qc, au ~ de qc** *(en traversant)* durch etw hindurch; **à ~ le monde** überall in der Welt

T

traverser [tʀavɛʀse] <1> *vt* ❶ *(franchir)* überqueren ❷ *(se manifester dans)* ~ **l'esprit** durch den Kopf schießen

treize [tʀɛz] *num* ❶ dreizehn ❷ *(dans l'indication de la date)* **le ~ mars** der dreizehnte März

treizième [tʀɛzjɛm] **I.** *adj* dreizehnte(r, s) **II.** *m (fraction)* Dreizehntel *nt*

tremblement [tʀɑ̃bləmɑ̃] *m* **~ de terre** Erdbeben *nt*

trembler [tʀɑ̃ble] <1> *vi* ❶ zittern; *terre* beben; *flamme* flackern; **~ de colère** vor Wut beben ❷ *(avoir peur)* erschauern

trempé(e) [tʀɑ̃pe] *adj* ❶ *(mouillé)* durchnässt ❷ *acier* gehärtet

tremper [tʀɑ̃pe] <1> *vt (mouiller)* durchnässen

trentaine [tʀɑ̃tɛn] *f* ❶ **une ~ de personnes/pages** etwa dreißig Personen/Seiten ❷ *(âge approximatif)* **avoir la ~** etwa dreißig [Jahre alt] sein

trente [tʀɑ̃t] *num* ❶ dreißig ❷ *(dans l'indication des époques)* **les années ~** die dreißiger Jahre

trentième [tʀɑ̃tjɛm] **I.** *adj* dreißigste(r, s) **II.** *m (fraction)* Dreißigstel *nt*

très [tʀɛ] *adv* sehr

trésor [tʀezɔʀ] *m* ❶ *(richesse enfouie)* Schatz *m* ❷ *pl (richesses)* Schätze *Pl* ❸ ADMIN, FIN **Trésor [public]** *(l'État)* öffentliche Hand

tri [tʀi] *m* ❶ *(choix)* [Aus]sortieren *nt;* **~ des déchets** Mülltrennung *f* ❷ POST Sortieren *nt* ❸ INFORM **effectuer un ~ croissant/décroissant** aufsteigend/absteigend sortieren

triangle [tʀijɑ̃gl] *m* ❶ MATH Dreieck *nt* ❷ AUT **~ de présignalisation** Warndreieck *nt*

tribunal [tʀibynal] <-aux> *m* Gericht *nt*

tribune [tʀibyn] *f* ❶ Tribüne *f* ❷ *(dans un journal)* Kolumne *f*

tricher [tʀiʃe] <1> *vi (frauder)* betrügen

tricolore [tʀikɔlɔʀ] **I.** *adj* ❶ *(bleu, blanc, rouge)* blau-weißrot ❷ *(de trois couleurs)* dreifarbig **II.** *mpl* SPORT **les ~s** die französische Nationalmannschaft

tricoter [tʀikɔte] <1> *vt, vi* stricken

trier [tʀije] <1> *vt* ❶ *(sélectionner)* auswählen; *fruits, ha-*

bits aussortieren ❷ *(classer)* sortieren

triomphe [tʀijɔ̃f] *m* Triumph *m*

triple [tʀipl] **I.** *adj* dreifach **II.** *m* **le ~** das Dreifache

triste [tʀist] *adj* ❶ traurig ❷ *pensée* trübselig ❸ *événements, destin* tragisch

tristesse [tʀistɛs] *f* Traurigkeit *f*

trivial(e) [tʀivjal] <-aux> *adj* *(vulgaire)* ordinär

trois [tʀwɑ] *num* ❶ drei ❷ *(dans l'indication de la date)* **le ~ mars** der dritte März

troisième [tʀwazjɛm] *adj* dritte(r, s); **le ~ âge** die Senioren

tromper [tʀɔ̃pe] <1> **I.** *vt* ❶ betrügen ❷ *faim, soif* lindern **II.** *vi* tauschen **III.** *vpr* **se ~** sich irren

trône [tʀon] *m* Thron *m*

trop [tʀo] *adv* ❶ *grand, cher* zu; *manger, faire* zu viel; *insister, négliger* zu sehr ❷ *(en quantité excessive)* **~ de temps** zu viel Zeit *f* ❸ *(pas tellement)* **ne pas ~ aimer** nicht besonders mögen ❹ **c'est ~!** *(il ne fallait pas)* das wäre doch nicht nötig gewesen!

trottoir [tʀɔtwaʀ] *m* Bürgersteig *m*

trou [tʀu] *m* ❶ Loch *nt; d'une aiguille* Öhr *nt* ❷ *(moment de libre)* freier Augenblick

troublant(e) [tʀublɑ̃] *adj* ❶ *(déconcertant)* irritierend ❷ *(excitant)* aufregend

trouble[1] [tʀubl] **I.** *adj* ❶ *image, vue* verschwommen ❷ *période* zwiespältig **II.** *adv* *voir* unscharf

trouble[2] [tʀubl] *m* ❶ *pl* MED Beschwerden *Pl;* **~s cardiaques** Herzbeschwerden *Pl;* **~s de la circulation** Kreislaufstörungen *Pl;* **~s digestifs** Verdauungsstörungen *Pl;* **~s respiratoires** Atembeschwerden *Pl* ❷ *pl politiques, sociaux* Unruhen *Pl*

troubler [tʀuble] <1> **I.** *vt* ❶ stören ❷ *(perturber)* beunruhigen ❸ *digestion, facultés mentales* beeinträchtigen **II.** *vpr* **se ~** *(devenir trouble)* sich trüben

trousse [tʀus] *f* Beutel *m;* **~ de secours** Verbandskasten *m*

trouver [tʀuve] <1> **I.** *vt* finden **II.** *vpr* *(être situé)* **se ~** sich befinden

truc [tʀyk] *m* ❶ *(fam: chose)* Ding *nt* ❷ *(fam: combine)*

T

Trick *m* ③ **c'est mon ~** *(fam)* das ist meine Sache

truite [tʀɥit] *f* Forelle *f*

tu [ty] <t'> *pron* du

tube [tyb] *m* ① *(tuyau)* Rohr *nt* ② ELEC Röhre *f* ③ *(emballage à presser)* Tube *f* ④ ANAT **~ digestif** Verdauungstrakt *m*

tuer [tɥe] <1> **I.** *vt, vi* töten **II.** *vpr* **se ~** umkommen; *(se donner la mort)* sich umbringen

tumeur [tymœʀ] *f* Tumor *m*

tumulte [tymylt] *m d'une foule* Tumult *m; de la rue* Treiben *nt*

tunnel [tynɛl] *m* ① *(galerie)* Tunnel *m* ② *(période difficile)* Durststrecke *f*

turc, turque [tyʀk] *adj* türkisch

Turc, Turque [tyʀk] *m, f* Türke, Türkin *m, f*

Turquie [tyʀki] *f* **la ~** Türkei *f*

turquoise [tyʀkwaz] *adj inv* türkis[farben]

tutoyer [tytwaje] <6> *vt, vpr* **[se] ~** [sich] duzen

tuyau [tɥijo] *m* ① Schlauch *m,* Rohr *nt;* **~ d'échappement** Auspuff *m* ② *(conseil)* Tipp *m*

type [tip] **I.** *m* ① *(a. fam)* Typ *m* ② *(genre)* Art *f* **II.** *app inv* typisch

typique [tipik] *adj* **~ de qn/qc** typisch für jdn/etw

T

Uu

ultraviolet [yltʀavjɔlɛ] *m* **les ~s** ultraviolette Strahlen
un, une [œ̃] *art, pron, num* ein(e)
une [yn] **I.** *v.* **un II.** *f* PRESSE **la ~** die Titelseite
uni(e) [yni] *adj* ❶ *(unicolore)* einfarbig ❷ *(en union)* vereint
unification [ynifikasjɔ̃] *f* Vereinigung *f*
union [ynjɔ̃] *f* ❶ *(alliance)* Vereinigung *f* ❷ *(association)* Verband *m*
Union européenne [ynjɔ̃ øʀɔpeɛn] *f* Europäische Union
unique [ynik] *adj (seul)* einzig; *monnaie* einheitlich; **sens ~** Einbahnstraße *f*
unir [yniʀ] <8> *vt, vpr ((s')associer)* **[s']~** [sich] vereinigen
unité [ynite] *f* ❶ Einheit *f* ❷ INFORM, TECH **~ de stockage** Speicher[einheit *f*] *m*; **~ de bande magnétique/disque** Band-/Diskettenlaufwerk *nt*; **~ de sortie** Ausgabegerät *nt*
universel(le) [ynivɛʀsɛl] *adj* ❶ *(mondial)* weltweit ❷ *(opp: particulier)* allgemein
université [ynivɛʀsite] *f* Universität *f*
urgence [yʀʒɑ̃s] *f* ❶ *(caractère urgent)* Dringlichkeit *f*; **d'~** unverzüglich ❷ MED Notfall *m*
urgent(e) [yʀʒɑ̃] *adj cas* dringend; *affaire* dringlich; **~!** eilt!
usage [yzaʒ] *m* ❶ *(utilisation)* Gebrauch *m*; **hors d'~** außer Betrieb ❷ *(consommation)* Verbrauch *m* ❸ *(faculté)* **l'~ de la parole** die Sprache ❹ *(coutume)* Brauch *m*
usager, -ère [yzaʒe] *m, f* Benutzer(in) *m(f)*
user [yze] <1> *vt, vpr ((se) détériorer)* **[s']~** [sich] abnutzen
usine [yzin] *f* Fabrik *f*
ustensile [ystɑ̃sil] *m* Gerät *nt*
utile [ytil] *adj* nützlich
utiliser [ytilize] <1> *vt* ❶ benutzen ❷ *personne* ausnutzen

U

V v

vacances [vakɑ̃s] *f pl* SCOL, UNIV Ferien *Pl*

vache [vaʃ] **I.** *f* ❶ ZOOL Kuh *f* ❷ **la ~!** *(fam)* Donnerwetter! **II.** *adj (fam: méchant)* gemein

vachement [vaʃmɑ̃] *adv (fam)* echt

vagin [vaʒɛ̃] *m* Scheide *f*

vague[1] [vag] **I.** *adj* ❶ *(indistinct)* undeutlich ❷ *(lointain)* entfernt **II.** *m* **dans le ~** im Unklaren

vague[2] [vag] *f* Welle *f*; **~ de chaleur/de froid** Hitze-/Kältewelle *f*

vain(e) [vɛ̃] *adj* **en ~** vergeblich

vaisseau [vɛso] <x> *m* ANAT Gefäß *nt*

vaisselle [vɛsɛl] *f* Geschirr *nt*; **faire la ~** das Geschirr spülen

valable [valabl] *adj* gültig

valeur [valœʀ] *f* ❶ Wert *m*; **de ~** wertvoll; **sans ~** wertlos ❷ *(importance)* Bedeutung *f*

valise [valiz] *f* [Reise]koffer *m*

vallée [vale] *f* Tal *nt*

valoir [valwaʀ] <irr> **I.** *vi* ❶ *(coûter)* kosten ❷ *(mettre en avant)* **faire ~ un argument** ein Argument geltend machen **II.** *vt* ❶ *(avoir de la valeur)* taugen ❷ JEUX zählen ❸ *(mériter)* lohnen **III.** *vpr* **se ~** COM gleich viel kosten

vapeur [vapœʀ] *f* **~ d'eau** Wasserdampf *m*

variable [vaʀjabl] *adj* ❶ variabel ❷ METEO veränderlich

variante [vaʀjɑ̃t] *f* Variante *f*

variation [vaʀjasjɔ̃] *f* Veränderung *f*

varié(e) [vaʀje] *adj* abwechslungsreich

varier [vaʀje] <1> *vi* ❶ *(évoluer)* sich [ver]ändern ❷ *(être différent)* unterschiedlich sein

variété [vaʀjete] *f* ❶ *(diversité)* Vielfalt *f* ❷ *(changement)* Abwechslung *f*

vase[1] [vɑz] *m (récipient)* Vase *f*

vase[2] [vɑz] *f* Schlamm *m*

vaste [vast] *adj (immense)* weit

veau [vo] <x> *m* ❶ ZOOL Kalb *nt* ❷ GASTR Kalbfleisch *nt*

vedette [vədɛt] *f* ❶ *(rôle*

principal) Hauptdarsteller(in) *m(f)* ❷ *(personnage connu)* Star *m*

véhicule [veikyl] *m* AUT Fahrzeug *nt*

veille [vɛj] *f* ❶ *(jour précédent)* Vortag *m;* ~ **de Noël** Heiliger Abend ❷ *(fait de ne pas dormir)* Wachsein *nt*

veiller [veje] <1> *vi* ❶ *(faire attention à)* ~ **à qc** auf etw *akk* achten ❷ *(surveiller)* Wache halten

vélo [velo] *m* ❶ *(bicyclette)* [Fahr]rad *nt* ❷ *(activité)* Rad fahren *nt*

vendeur, -euse [vɑ̃dœʀ] *m, f* Verkäufer(in) *m(f)*

vendre [vɑ̃dʀ] <14> *vt, vi, vpr* **[se]** ~ [sich] verkaufen

vendredi [vɑ̃dʀədi] *m* Freitag *m;* **Vendredi saint** Karfreitag *m*

vengeance [vɑ̃ʒɑ̃s] *f* Rache *f*

venger [vɑ̃ʒe] <2a> *vt* rächen

venir [v(ə)niʀ] <9> **I.** *vi* ❶ kommen; **faire ~ qn** jdn rufen ❷ *(parvenir)* ~ **jusqu'à qn/qc** bis zu jdm/etw dringen ❸ *(s'étendre)* ~ **jusqu'à qc** bis an etw *akk* reichen ❹ **à ~** folgend; **où veut-il en ~?** worauf will er hinaus? **II.** *aux* ❶ *(se déplacer)* kommen ❷ *(avoir juste fini)* **je viens [juste/à peine] d'avoir fini** ich habe gerade aufgehört

vent [vɑ̃] *m* ❶ Wind *m;* **il y a du ~** es ist windig ❷ [Darm]wind *m*

vente [vɑ̃t] *f* Verkauf *m*

ventre [vɑ̃tʀ] *m* Bauch *m*

venu(e) [v(ə)ny] **I.** *adj* **bien/mal ~** angebracht/unangebracht **II.** *m(f)* **nouveau ~** Neuankömmling *m*

ver [vɛʀ] *m* Wurm *m;* ~ **à soie** Seidenraupe *f*

verbal(e) [vɛʀbal] <-aux> *adj* mündlich

verbe [vɛʀb] *m* LING Verb *nt*

verglas [vɛʀgla] *m* Glatteis *nt*

vérifier [veʀifje] <1> **I.** *vt* überprüfen **II.** *vpr* **se ~** *soupçon* sich bestätigen

véritable [veʀitabl] *adj* ❶ *(réel)* wirklich ❷ *(vrai)* richtig

vérité [veʀite] *f* Wahrheit *f*

vernis [vɛʀni] *m* ❶ *(façade)* Fassade *f a. fig* ❷ ~ **à ongles** Nagellack *m*

verre [vɛʀ] *m* Glas *nt;* ~ **à eau** Wasserglas *nt;* ~ **à vin** Weinglas *nt*

vers[1] [vɛʀ] *prép* ❶ *(en direction de)* ~ **qn/qc** auf jdn/etw zu; ~ **le bas** abwärts; ~ **le**

V

haut nach oben ② *(aux environs de: lieu)* bei; *(temps)* gegen; ~ **midi** gegen Mittag

vers² [vɛʀ] *m* Vers *m*

Verseau [vɛʀso] <x> *m* Wassermann *m*

verser [vɛʀse] <1> *vt* ① *(faire couler)* ~ **de l'eau à qn** jdm Wasser eingießen ② *somme* [ein]zahlen

version [vɛʀsjɔ̃] *f* Version *f*

vert [vɛʀ] *m* Grün *nt*

vert(e) [vɛʀ] **I.** *adj* ① grün ② *légumes* frisch **II.** *m(f)* *(écologiste)* Grüne(r) *f(m)*

vertical(e) [vɛʀtikal] <-aux> *adj* senkrecht

vertige [vɛʀtiʒ] *m* ① *(peur du vide)* Schwindel[gefühl *nt*] *m* ② *(malaise)* Schwindelanfall *m;* **qn est pris(e) de ~** jdm ist schwindlig

vertu [vɛʀty] *f* ① *(qualité)* Tugend *f* ② *(effet bénéfique)* [positive] Wirkung

veste [vɛst] *f* ① Jacke *f* ② *(gilet)* Strickjacke *f*

veston [vɛstɔ̃] *m* Sakko *m o nt*

vêtement [vɛtmɑ̃] *m* Kleidungsstück *nt*

vêtir [vetiʀ] <irr> *vpr (soutenu)* **se ~** sich ankleiden

veuf, veuve [vœf] *m, f* Witwer, Witwe *m, f*

viande [vjɑ̃d] *f* Fleisch *nt*

vibrer [vibʀe] <1> *vi moteur* vibrieren

vicieux, -euse [visjø] *adj* ① *(obsédé sexuel)* lüstern *geh* ② *cheval* heimtückisch

victime [viktim] *f* Opfer *nt;* *(mort)* [Todes]opfer *nt*

victoire [viktwaʀ] *f* Sieg *m*

vide [vid] **I.** *adj* ① *(opp: plein)* leer ② **~ de qc** ohne etw **II.** *m* ① *(abîme)* Abgrund *m* ② PHYS luftleerer Raum ③ *(espace vide)* Lücke *f*

vide-ordures [vidɔʀdyʀ] *m inv* Müllschlucker *m*

vider [vide] <1> **I.** *vt* ① leeren ② *substance liquide* ausgießen ③ *appartement* ausräumen *fam* **II.** *vpr* **se ~** *bouteille* auslaufen; *ville* sich leeren

vie [vi] *f* ① *(existence)* Leben *nt* ② *(façon de vivre)* Lebensweise *f;* **c'est la ~!** so ist das Leben! ③ *(biographie)* Lebensgeschichte *f* ④ **à ~** auf Lebenszeit

vieillir [vjɛjiʀ] <8> *vi* ① *personne* alt werden; *fromage, vin* reifen ② *(se démoder)* an Aktualität verlieren

vierge [vjɛʀʒ] *adj* ① *(non déflorée)* unschuldig; *fille* unberührt ② *disquette, page* leer

❸ *(inexploré)* **la forêt ~** der Urwald
Vierge [vjɛʀʒ] *f* ❶ REL **la ~ Marie** die Jungfrau Maria ❷ ASTRO Jungfrau *f*
vieux [vjø] *adv* alt
vieux, vieil, vieille [vjø] *adj* alt; **être ~ d'un mois** einen Monat sein
vif [vif] *m* **le ~ du sujet** der Kern der Sache
vif, vive [vif] *adj* ❶ *personne* lebhaft ❷ *(rapide)* schnell; **avoir l'esprit ~** aufgeweckt sein ❸ *douleur* heftig; *couleur* kräftig ❹ *(vivant)* lebend
vigne [viɲ] *f* ❶ BOT Wein *m;* **pied de ~** Rebstock *m* ❷ *(vignoble)* Weinberg *m*
vignette [viɲɛt] *f* Kontrollmarke *f; d'une automobile* Kfz-Steuermarke *f*
vignoble [viɲɔbl] *m* ❶ *(terrain)* Weinberg *m* ❷ *(ensemble de vignobles)* Weinbaugebiet *nt*
vigueur [vigœʀ] *f* ❶ *d'une personne* Vitalität *f* ❷ **en ~** in Kraft
vilain(e) [vilɛ̃] *adj* ❶ *(laid)* hässlich ❷ *mot* unanständig
village [vilaʒ] *m* Dorf *nt;* **~ de montagne** Bergdorf *nt;* **~ de pêcheurs** Fischerort *m;* **~ de vacances** Ferienanlage *f*
ville [vil] *f* ❶ Stadt *f;* **vieille ~** Altstadt *f* ❷ **en ~** in der/die Stadt
vin [vɛ̃] *m* Wein *m;* **~ de pays** Landwein; **~ blanc** Weißwein *m;* **(~) rosé** Rosé *m;* **(~) rouge** Rotwein *m*
vinaigre [vinɛgʀ] *m* Essig *m*
vingt [vɛ̃] *num* ❶ zwanzig ❷ *(dans l'indication des époques)* **les années ~** die zwanziger Jahre
vingtaine [vɛ̃tɛn] *f* ❶ **une ~ de personnes/pages** etwa zwanzig Personen/Seiten ❷ *(âge approximatif)* **avoir la ~** etwa zwanzig [Jahre alt] sein
vingtième [vɛ̃tjɛm] **I.** *adj* zwanzigste(r, s) **II.** *m (fraction)* Zwanzigstel *nt*
violence [vjɔlɑ̃s] *f* ❶ *(brutalité)* Gewalt *f* ❷ *(virulence)* Heftigkeit *f*
violent(e) [vjɔlɑ̃] *adj* ❶ *mort* gewaltsam ❷ *(intense)* heftig
violet(te) [vjɔlɛ] *adj* violett
violette [vjɔlɛt] *f* BOT Veilchen *nt*
virage [viʀaʒ] *m (tournant)* Kurve *f*
virement [viʀmɑ̃] *m* Überweisung *f*

V

virer [viʀe] <1> **I.** *vi véhicule* abbiegen **II.** *vt* ❶ *somme* überweisen ❷ *(fam: renvoyer)* feuern

virgule [viʀgyl] *f* Komma *nt*

virus [viʀys] *m* Virus *m o nt*

visa [viza] *m* Visum *nt;* **~ d'entrée** Einreisevisum *nt*

visage [vizaʒ] *m* ❶ *(figure)* Gesicht *nt* ❷ *(mine)* Miene *f*

vis-à-vis [vizavi] **I.** *prép* ❶ *(en face de)* **~ de l'église** gegenüber der Kirche ❷ *(envers)* **~ de qn/qc** jdm/einer S. gegenüber **II.** *adv* **être/se trouver ~** einander gegenüber stehen **III.** *m inv (personne, immeuble)* Gegenüber *nt*

vision [vizjɔ̃] *f* ❶ *(faculté)* Sehvermögen *nt* ❷ *(conception)* [An]sicht *f;* **~ du monde** Weltanschauung *f*

visite [vizit] *f (action de visiter)* Besuch *m; d'un musée* Besichtigung *f*

visiter [vizite] <1> *vt* ❶ *(explorer)* besichtigen ❷ COM, MED, REL **~ qn** bei jdm einen Hausbesuch machen ❸ INFORM laden

visiteur, -euse [vizitœʀ] *m, f* Besucher(in) *m(f)*

visuel [vizɥɛl] *m* INFORM Display *nt*

visuel(le) [vizɥɛl] *adj mémoire* visuell

vital(e) [vital] <-aux> *adj fonction* lebenswichtig

vitamine [vitamin] *f* Vitamin *nt*

vite [vit] *adv* schnell

vitesse [vitɛs] *f* ❶ *(rapidité)* Geschwindigkeit *f* ❷ *(promptitude)* Schnelligkeit *f* ❸ AUT Gang *m*

vitre [vitʀ] *f (carreau)* [Fenster]scheibe *f*

vitrine [vitʀin] *f* ❶ *(étalage)* Schaufenster *nt* ❷ *(armoire vitrée)* Vitrine *f*

vivant(e) [vivɑ̃] *adj* ❶ *(en vie)* lebend ❷ *(expressif)* lebendig ❸ *(en usage)* gebräuchlich

vive [viv] *interj* **~ la liberté!** es lebe Freiheit!

vivement [vivmɑ̃] *adv* ❶ *regretter* zutiefst ❷ *parler* barsch

vivre [vivʀ] <irr> **I.** *vi* leben; **~ bien** ein gutes Leben führen **II.** *vt moment, événement* erleben **III.** *mpl* ❶ Verpflegung *f* ❷ **couper les ~s à qn** jdm den Unterhalt streichen

vocabulaire [vɔkabylɛʀ] *m* ❶ *(terminologie)* Vokabular *nt* ❷ *d'une langue* Wortschatz *m*

vocal(e) [vɔkal] <-aux> *adj corde, technique* Stimm-; *musique* Vokal-

vocation [vɔkasjɔ̃] *f* Berufung *f*

vœu [vø] <x> *m* ❶ *(désir)* Wunsch *m* ❷ *pl (souhaits)* [Glück]wunsch *m*

vogue [vɔg] *f* Beliebtheit *f*

voici [vwasi] **I.** *adv* hier **II.** *interj (soutenu)* ❶ *(réponse)* hier! ❷ *(présentation)* bitte [sehr]!

voie [vwa] *f* ❶ Weg *m* ❷ *d'une route* [Fahr]spur *f*; **~ sans issue** Sackgasse *f*; **~ rapide** Schnellstraße *f* ❸ CHEMDFER **~ [ferrée]** [Bahn]gleis *nt* ❹ ASTRO **~ lactée** Milchstraße *f*

voilà [vwala] **I.** *adv* ❶ *(opp: voici)* da ❷ *(désigner)* **~ mes amis** das sind meine Freunde; **~ pourquoi/où ...** deshalb also/dort[hin] also ...; **et ~ tout** und das ist alles ❸ **en ~ assez!** jetzt aber genug!; **en veux-tu, en ~** *(fam)* mehr als genug; **nous y ~** das ist es also **II.** *interj* ❶ *(réponse)* hier! ❷ *(présentation)* bitte [sehr]! ❸ *(naturellement)* **et ~!** natürlich!

voile¹ [vwal] *m* ❶ *a.* PHOT Schleier *m* ❷ *(tissu fin, pour cacher)* Tuch *nt* ❸ MED Schatten *m*

voile² [vwal] *f* ❶ NAUT Segel *nt* ❷ SPORT **la ~** [das] Segeln; **faire de la ~** segeln

voiler¹ [vwale] <1> **I.** *vpr* **se ~** ❶ *(se dissimuler)* sich verschleiern ❷ *ciel* sich bedecken **II.** *vt (cacher)* verhüllen

voiler² [vwale] <1> *vpr* **se ~** *roue* sich verbiegen

voilier [vwalje] *m* Segelboot *nt*

voir [vwaʀ] <irr> **I.** *vt* ❶ sehen ❷ *personne* zusammenkommen mit; **aller/venir ~ qn** jdn besuchen ❸ **je voudrais bien t'y/vous y ~** *(fam)* du hast/Sie haben gut reden; **~ venir** abwarten **II.** *vi* ❶ sehen ❷ *(prévoir)* **~ grand/petit** großzügig/knapp kalkulieren ❸ *(veiller)* **il faut ~ à ce que** + *subj* man sollte darauf achten, dass ❹ **pour ~** zum Ausprobieren; **vois-tu** weißt du **III.** *vpr* ❶ *(être visible)* **se ~ bien** deutlich zu sehen sein ❷ *(se rencontrer)* **se ~** sich sehen ❸ *(se produire)* **se ~** *phénomène* sich ereignen ❹ *(se trouver)* **se ~ contraint de faire qc** sich gezwungen sehen etw zu tun ❺ *(s'imagi-*

ner) **se ~ faire qc** sich *dat* vorstellen können etw zu tun

voire [vwaʀ] *adv* **~ [même]** ja sogar

voisin(e) [vwazɛ̃] *adj* ❶ *maison* Nachbar-; *rue* benachbart; **être ~ de qc** an etw *akk* angrenzen ❷ *sens* ähnlich

voiture [vwatyʀ] *f* Auto *nt; a.* CHEMDFER Wagen *m;* **~ d'occasion** Gebrauchtwagen; **~ de police** Polizeiwagen *m*

voix [vwa] *f* ❶ *a.* MUS Stimme *f;* **à deux ~** zweistimmig ❷ *(suffrage)* [Wähler]stimme *f* ❸ LING Form *f*

vol¹ [vɔl] *m* ❶ Flug *m;* **~ à bas prix** Billigflug *m;* **~ intérieur/international** Inlands-/Auslandsflug *m* ❷ ZOOL **à ~ d'oiseau** in der Luftlinie

vol² [vɔl] *m (larcin)* Diebstahl *m*

volaille [vɔlaj] *f* Geflügel[fleisch *nt*] *nt*

volant [vɔlɑ̃] *m* ❶ AUT Lenkrad *nt;* **être au ~** am Steuer sitzen; **~ mobile** Lenkraddrehknopf *m* ❷ *d'un rideau* Volant *m* ❸ SPORT Federball *m*

volant(e) [vɔlɑ̃] *adj* ❶ *soucoupe* fliegend ❷ *feuille* lose; **douane ~e** Zollstreife *f*

volcan [vɔlkɑ̃] *m* Vulkan *m*

volée [vɔle] *f* ❶ *(groupe)* **une ~ de moineaux** ein Schwarm *m* Spatzen ❷ *(raclée)* Schläge *Pl*

voler¹ [vɔle] <1> *vi* ❶ *(se mouvoir dans l'air)* fliegen ❷ *(courir)* eilen

voler² [vɔle] <1> *vt, vi (dérober)* stehlen

voleur, -euse [vɔlœʀ] *m, f* ❶ Dieb(in) *m(f);* **~ (-euse) à la tire** Taschendieb(in) *m(f)* ❷ **au ~!** haltet den Dieb!

volontaire [vɔlɔ̃tɛʀ] *adj* ❶ *(voulu)* beabsichtigt; **incendie ~** Brandstiftung *f* ❷ *(non contraint)* freiwillig

volontairement [vɔlɔ̃tɛʀmɑ̃] *adv* ❶ *(exprès)* absichtlich ❷ *(de son plein gré)* freiwillig

volonté [vɔlɔ̃te] *f* ❶ *(détermination)* Wille *m* ❷ **à ~** nach Belieben

volontiers [vɔlɔ̃tje] *adv* ❶ *(avec plaisir)* gern[e] ❷ *(souvent)* gern

volume [vɔlym] *m* ❶ *a.* SCI Volumen *nt* ❷ COM [Gesamt]menge *f* ❸ *(tome)* Band *m*

vomir [vɔmiʀ] <8> **I.** *vt (régurgiter)* [er]brechen **II.** *vi* sich übergeben

vos [vo] *dét v.* **votre**

vote [vɔt] *m (suffrage)* Abstimmung *f;* POL Wahl *f*

voter [vɔte] <1> **I.** *vi* wählen; **~ contre/pour qn/qc** gegen/für jdn/etw stimmen **II.** *vt crédits* bewilligen

votre [vɔtʀ] <vos> *dét (à une/plusieurs personne(s) vouvoyée(s))* Ihr(e); *(à plusieurs personnes tutoyées)* eurer/eu[e]re

vôtre [votʀ] *pron* **le/la ~** *(à une/plusieurs personne(s) vouvoyée(s))* der/die/das Ihre/ihre; *(à plusieurs personnes tutoyées)* der/die/das Eu[e]re/eu[e]re

vouloir [vulwaʀ] <irr> **I.** *vt* ① *(exiger)* wollen; **~ qc de qn** etw von jdm verlangen ② **bien ~ que** + *subj* einverstanden sein, dass **II.** *vi* ① wollen ② *(avoir des griefs envers)* **en ~ à un qn de qc** jdm wegen etw böse sein ③ **[moi,] je veux bien** *(volontiers)* [oh ja,] gerne **III.** *vpr* **s'en ~ de qc** sich Vorwürfe wegen etw machen

voulu(e) [vuly] *adj* ① *effet* gewünscht; **en temps ~** rechtzeitig ② *(délibéré)* absichtlich

vous [vu] **I.** *pron pers, 2. pers. pl* ihr/euch **II.** *pron pers, forme de politesse* Sie/Ihnen

vous-même [vumɛm] <vous-mêmes> **I.** *pron pers, 2. pers. pl* ihr selbst **II.** *pron pers, forme de politesse* Sie selbst

voûte [vut] *f* Gewölbe *nt*

voyage [vwajaʒ] *m (le fait de voyager)* Reise *f*

voyager [vwajaʒe] <2a> *vi (aller en voyage)* reisen

voyageur, -euse [vwajaʒœʀ] *m, f* ① *(personne qui voyage)* Reisende(r) *f(m)* ② *(dans un avion)* Fluggast *m*

voyelle [vwajɛl] *f* Vokal *m*

vrai [vʀɛ] **I.** *m* ① **le ~** das Wahre ② **à ~ dire** offen gestanden **II.** *adv* **dire ~** die Wahrheit sagen; **à ~ dire** eigentlich, offengestanden

vrai(e) [vʀɛ] *adj* ① *(véridique)* wahr; **c'est ~** das stimmt ② *(authentique, digne de ce nom)* echt ③ **pas ~?** *(fam)* oder?; **~!/?** wirklich!/?

vraiment [vʀɛmɑ̃] *adv* wirklich

vraisemblable [vʀɛsɑ̃blabl] *adj (plausible)* einleuchtend

VTT [vetete] *m abr de* **vélo tout-terrain** ① *(vélo)* M.T.B. *nt* ② *(sport)* Mountainbike-Fahren *nt*

vu [vy] **I.** *prép* in Anbetracht *+gen* **II.** *conj* **~ que...** da... **III.** *adv* **ni ~ ni connu** ohne, dass jd etw bemerkt **IV.** *adj* *(compris)* alles klar

vu(e) [vy] *adj (apprécié)* **être bien/mal ~ de qn** von jdm gerngesehen/nicht gerngesehen sein

vue [vy] *f* ❶ *(sens)* Sehvermögen *nt* ❷ *(regard)* Blick *m;* **perdre qn/qc de ~** jdn/etw aus den Augen verlieren ❸ *(panorama)* Aussicht *f* ❹ **~ d'ensemble** Überblick *m;* **garder à ~** unter Aufsicht stellen

vulgaire [vylgɛʀ] *adj* ❶ *(grossier)* vulgär ❷ *(quelconque)* gewöhnlich

vulve [vylv] *f* **la ~** die äußeren Geschlechtsorgane *Pl* [der Frau]

Ww

wagon [vagɔ̃] *m* CHEMDFER Wagen *m,* Waggon *m;* **~ aménagé pour handicapés** rollstuhlgängiger Wagen; **~ sans compartiments** Großraumwagen *m*

wagon-lit [vagɔ̃li] <wagons-lits> *m* Schlafwagen *m*

wallon(ne) [walɔ̃] *adj* wallonisch

Wallon(ne) [walɔ̃] *m(f)* Wallone, Wallonin *m, f*

Wallonie [walɔni] *f* **la ~** Wallonien *nt*

Web [vɛb] *m* **le ~** das Web

week-end [wikɛnd] <week-ends> *m* Wochenende *nt;* **ce ~** am Wochenende

western [wɛstɛʀn] *m* Western *m*

X x

xénophobe [gzenɔfɔb] *adj* ausländerfeindlich

Y y

y [i] **I.** *adv* dort **II.** *pron (à/sur cela)* **s'~ entendre** sich damit auskennen

yaourt [jaurt] *m* Joghurt *m o nt*

yeux [jø] *mpl v.* **œil**

yougoslave [jugɔslav] *adj* HIST jugoslawisch

Yougoslave [jugɔslav] *m* HIST Jugoslawe *m*

Yougoslavie [jugɔslavi] *f* HIST **République fédérale de ~** Bundesrepublik *f* Jugoslawien

Zz

zapper [zape] <1> *vi* zappen
zèle [zɛl] *m* Eifer *m*
zéro [zeʀo] **I.** *num* ❶ *(aucun)* null ❷ *(fam: nul)* **qn/qc est ~** jd/etw ist eine Null **II.** *m* ❶ *inv (nombre)* Null *f* ❷ *(rien)* Nichts *nt;* **compter pour ~** *(fam)* nicht[s] zählen
zip® [zip] *m* Reißverschluss *m*
zone [zon] *f* ❶ Zone *f;* **~ piétonne** Fußgängerzone *f* ❷ FIN **~ monétaire** Geldwirtschaftszone *f* ❸ ECON **~ euro** Euro-Währungsgebiet *nt* ❹ INFORM **~ de dialogue** Dialogbox *f*
zoo [z(o)o] *m* Zoo *m*
zut [zyt] *interj (fam)* verdammt

Aa

Aal *m* anguille *f*

ab **I.** *präp* à partir de **II.** *adv* ❶ **Berlin ~ 14.15 Uhr** départ de Berlin [à] 14 h 15 ❷ **~ und zu** de temps en temps

ab|biegen *vi* **nach links/rechts ~** tourner à gauche/à droite

Abbildung *f* illustration *f*

ab|brechen **I.** *vt* ❶ *Ast* casser; **ein Stück von etw ~** couper un morceau de qc ❷ *Lager* lever ❸ *Beziehungen* rompre ❹ INFORM annuler **II.** *vi* ❶ *(kaputtgehen)* se casser ❷ *Verhandlungen* s'interrompre

ab|drehen **I.** *vt* ❶ *Gas* fermer; *Licht* éteindre ❷ CINE tourner **II.** *vi Schiff, Flugzeug* changer de cap

Abend *m (Tageszeit)* soir *m*; **am ~** *(heute Abend)* ce soir; *(jeden Abend)* le soir; **heute/gestern/morgen ~** ce/hier/demain soir; **es wird ~** le soir tombe; **guten ~!** bonsoir!

abends *adv (heute Abend)* ce soir; *(jeden Abend)* le soir

Abenteuer *nt (a. fig)* aventure *f*

aber *konj* ❶ *(jedoch)* mais; **~ dennoch, ...** et pourtant ... ❷ *(wirklich)* **das ist ~ nett von Ihnen** ça, c'est sympa [de votre part]

ab|fahren **I.** *vi* ❶ partir ❷ SPORT descendre [à skis] **II.** *vt Strecke, Land* parcourir [de long en large]

Abfahrt *f* ❶ *eines Zugs* départ *m* ❷ *(Autobahnabfahrt)* sortie *f* ❸ SPORT descente *f*

Abfall *m* déchets *mpl*

ab|fliegen *vi irr Passagier* partir; *Flugzeug* décoller

Abgas *nt* gaz *mpl* d'échappement

ab|geben *vt* ❶ *(verschenken)* donner; *(verkaufen)* céder ❷ *(hinterlegen)* déposer ❸ *Meinung* donner ❹ *(einreichen)* rendre

Abgeordnete(r) *f(m)* député(e) *m(f)*

ab|halten *vt* ❶ *Kälte* protéger de ❷ *(hindern)* **jdn davon ~**

A

etw zu tun empêcher qn de faire qc

Abhang *m* versant *m*

ab|hängen[1] *vi* dépendre

ab|hängen[2] *vt (abkuppeln)* décrocher

abhängig *adj* ❶ **von etw ~ sein** dépendre de qc ❷ *(euph: süchtig)* dépendant(e)

ab|heben *irr* **I.** *vi* ❶ **von etw ~** *Flugzeug* décoller de qc ❷ *Hörer* décrocher **II.** *vt* ❶ *Geld* retirer ❷ *Karte* tirer

ab|holen *vt (hingehen und mitnehmen)* aller chercher; *(kommen und mitnehmen)* venir chercher

Abitur *nt* ≈ baccalauréat *m*

ab|kürzen I. *vt* ❶ *Wort* abréger ❷ *(verkürzen)* **etw um etw ~** écourter qc de qc **II.** *vi (einen kürzeren Weg nehmen)* prendre un raccourci

Abkürzung *f eines Worts* abréviation *f*; *eines Wegs* raccourci *m*

ab|laden *vt Passagiere, Schutt* déposer; *Anhänger* décharger

ab|lehnen *vt, vi* refuser

ab|lenken I. *vt* distraire **II.** *vi* ❶ *(ausweichen)* dévier ❷ *(der Zerstreuung dienen)* changer les idées **III.** *vr* **sich mit Sport ~** se changer les idées en faisant du sport

ab|lösen I. *vt Kollegen* relayer; *Wachposten* relever; *Politiker* remplacer; *Etikett* décoller; *Lack* enlever **II.** *vr* **sich ~** *Etikett* s'enlever; *Lack* s'écailler

ab|machen *vt* ❶ convenir de ❷ *(fam: entfernen)* enlever

Abmachung *f* accord *m*

ab|melden I. *vt Schüler* retirer; *Telefon* demander la résiliation de **II.** *vr (seinen Umzug anzeigen)* **sich ~** faire une déclaration de changement de domicile

ab|nehmen I. *vi* ❶ perdre du poids; **an den Hüften ~** maigrir des hanches ❷ *Anzahl, Interesse* baisser ❸ TELEC décrocher **II.** *vt* ❶ *Wäsche, Bild, Hörer* décrocher; *Ware* prendre livraison de ❷ *(wegnehmen)* **jdm etw ~** retirer qc à qn ❸ *(tragen helfen)* **jdm die Tasche ~** débarrasser qn de son sac

Abneigung *f* aversion *f*

ab|nutzen *vt, vr* **[sich] ~** [s']user

abonnieren *vt* s'abonner à

ab|räumen *vt Tisch* débarrasser

ab|rechnen *vi* ❶ *(das Gehalt berechnen)* faire les comptes

❷ *(die Zeche berechnen)* encaisser ❸ *(zur Rechenschaft ziehen)* **mit jdm ~** régler ses comptes avec qn
Abreise *f* départ *m*
ab|sagen I. *vt Teilnahme* décommander; *Spiel* annuler **II.** *vi* **jdm ~** se décommander auprès de qn
Absatz *m* ❶ *(Schuhabsatz)* talon *m* ❷ *(Abschnitt)* paragraphe *m*
ab|schaffen *vt Zoll, Strafe* supprimer; *Gesetz* abroger; *Privileg* abolir
Abschied *m* adieu *m*
ab|schleppen *vt* ❶ *Fahrzeug* remorquer ❷ *(fam: mitnehmen)* embarquer
ab|schließen I. *vt* ❶ *(zuschließen)* **etw ~** fermer qc à clé ❷ *Schule* achever ❸ *Geschäft* conclure; *Vertrag* passer; *Versicherung* souscrire ❹ *Rede* conclure; *Konferenz* clôturer **II.** *vi* ❶ *(zuschließen)* fermer à clé ❷ *(Vertrag schließen)* faire affaire
ab|schneiden *vt* couper
Abschnitt *m* ❶ *eines Textes* paragraphe *m; eines Formulars* partie *f* ❷ *(Zeitabschnitt)* période *f*
Absender(in) *m(f)* expéditeur, -trice *m, f*
Absicht *f* ❶ intention *f* ❷ *(Mutwillen)* **etw mit ~ tun** faire qc exprès
absichtlich *adj* intentionnel(le)
Abstand *m* ❶ écart *m* ❷ *(zeitliche Distanz)* intervalle *m* ❸ *(innere Distanz)* recul *m* ❹ **mit ~** de loin
ab|stellen *vt* ❶ *(hinstellen)* **etw bei jdm ~** déposer qc chez qn ❷ *Wagen* garer ❸ *Computer* débrancher; *Motor* arrêter; *Gas* couper
ab|stimmen I. *vi* voter **II.** *vt Termine* coordonner
abstrakt *adj* abstrait(e)
Absturz *m* chute *f*
ab|stürzen *vi* ❶ *Flugzeug* s'écraser; *Bergsteiger* dévisser ❷ *Computer* se bloquer
Abteil *nt* compartiment *m*
Abteilung *f einer Firma, eines Krankenhauses* service *m; eines Geschäfts* rayon *m*
ab|treiben I. *vt* ❶ MED **ein Kind ~ lassen** se faire avorter d'un enfant ❷ *Ballon* déporter; *Schwimmer* entraîner **II.** *vi* ❶ MED **~ [lassen]** [se faire] avorter ❷ *Boot, Ballon* dériver
Abtreibung *f* avortement *m*

A

ab|trocknen *vt, vi, vr* **[sich] ~** [s']essuyer
ab|warten *vt, vi Ergebnis* attendre
abwärts *adv* en bas
ab|waschen I. *vt* laver **II.** *vi* faire la vaisselle
ab|wechseln *vr* **sich mit jdm ~** alterner avec qn; **sich beim Kochen ~** se relayer pour faire la cuisine
abwechselnd *adv (einer nach dem anderen)* à tour de rôle; *(eins nach dem anderen)* tour à tour
ab|weisen *vt* ❶ *(wegschicken)* renvoyer ❷ *Bitte* rejeter; *Bewerber* refuser
Abwesenheit *f* absence *f*
ab|wischen *vt* essuyer
ach *interj* ❶ *(Ausruf der Verärgerung)* ah ❷ *(Ausruf der Überraschung)* ah; **~ so!** *(aha)* ah bon!
Achsel *f* ❶ *(Achselhöhle)* aisselle *f* ❷ *(Schulter)* épaule *f*
acht[1] *num* huit
acht[2] *adv* **zu ~ sein** être huit
Acht[1] *f* huit *m*
Acht[2] *f* **sich vor jdm/etw in ~ nehmen** se méfier de qn/qc
achte(r, s) *adj* ❶ huitième ❷ *(bei Datumsangaben)* **der ~ März** le huit mars
achten I. *vt* ❶ *(wertschätzen)* estimer ❷ *Gesetze* respecter **II.** *vi* ❶ *(aufpassen)* **auf jdn/etw ~** surveiller qn/qc ❷ *(beachten)* **auf jdn/etw ~** faire attention à qn/qc ❸ *(sehen auf)* **darauf ~ etw zu tun** veiller à faire qc
Achtung *f* ❶ *(Wertschätzung)* respect *m* ❷ *(Vorsicht)* **~!** attention!
achtzehn *num* dix-huit
achtzig *num* quatre-vingts, huitante CH, octante BELG
Acker *m* champ *m*
addieren *vt Zahlen* additionner
Adel *m* noblesse *f*
Ader *f* ANAT veine *f*
Adler *m* aigle *m*
adoptieren *vt* adopter
Adoption *f* adoption *f*
Adresse *f a.* INFORM adresse *f*
Affe *m* singe *m*
Afrika *nt* l'Afrique *f*
Agentur *f* COM, MEDIA agence *f*
aha *interj* ❶ *(ach so)* ha [ha] ❷ *(sieh da)* tiens [tiens]
ähnlich I. *adj* semblable; **jdm ~ sehen** ressembler à qn **II.** *adv* de la même façon **III.** *präp* comme
Ahnung *f* ❶ *(Vorgefühl)* pressentiment *m* ❷ *(Vermutung)* **er hatte keine ~, dass** il ne

s'est pas douté que +*subj;* **keine ~!** *(fam)* aucune idée! ❸ *(fam: Wissen)* **~/keine ~ von EDV haben** s'y connaître/n'y rien connaître en informatique

Ahorn *m* érable *m*

Akkordeon *nt* accordéon *m*

Aktie *f* action *f*

aktiv *adj* actif, -ive

aktuell *adj* actuel(le)

akzeptieren *vt, vi* accepter

Alarm *m* ❶ *(Warnsignal)* alarme *f* ❷ MIL alerte *f*

albern I. *adj* un peu niais(e) **II.** *adv sich benehmen* de façon puérile

Album *nt* album *m*

Alge *f* algue *f*

Alkohol *m* alcool *m*

alkoholfrei *adj* sans alcool

All *nt* cosmos *m*

alle(r, s) *pron* tous/toutes

allein I. *adj* ❶ seul(e); **~ stehend** célibataire; **~ erziehend sein** être parent unique ❷ *(isoliert, ohne Hilfe)* [tout(e)] seul(e) **II.** *adv* ❶ *(bereits)* rien que ❷ *(ausschließlich)* uniquement ❸ *(selbständig)* **etw von ~ tun** faire qc de soi-même

allerdings *adv (jedoch)* toutefois; *(in der Tat)* en effet; *(gewiss)* **~!** et comment!

Allergie *f* allergie *f*

allergisch *adj* allergique; **gegen jdn/etw ~ sein** être allergique à qn/qc

allgemein I. *adj* ❶ général(e); **im Allgemeinen** en général ❷ *Wahlrecht* universel(le); *Wehrpflicht* obligatoire **II.** *adv* ❶ *formulieren* de façon générale ❷ *gültig* généralement; *verbreitet* communément; **es ist ~ bekannt, dass ...** tout le monde sait que … ❸ *(für alle)* **~ zugänglich** *Informationen* accessible au public; **~ verständlich** accessible à tous; *darstellen, sich ausdrücken* de manière intelligible

allmählich I. *adj* progressif, -ive **II.** *adv* **es wird ~ Zeit, dass** il sera bientôt temps que +*subj*

Alltag *m* quotidien *m*

allzu *adv* bien trop

Alpen *Pl* **die ~** les Alpes *fpl*

Alphabet *nt* alphabet *m*

Alptraum *m* cauchemar *m*

als *konj* ❶ *(zeitlich)* quand; *(zu der Zeit, da)* alors que; **damals, ~ ...** à l'époque où …; **gerade, ~ ...** au moment précis où … ❷ *(vergleichend)* **größer ~ ...** plus grand(e)

A

que … ❸ *(gleichsam)* **er sah aus, ~ ob er schliefe** il avait l'air de dormir; **es sieht aus, ~ würde es bald schneien** on dirait qu'il va bientôt neiger ❹ *(zur Bezeichnung einer Eigenschaft)* **~ Lehrer** en tant que professeur; **schon ~ Kind hatte er …** déjà enfant, il avait …

also **I.** *adv* ❶ *(tatsächlich)* donc ❷ *(nun ja)* eh bien **II.** *interj* [ainsi] donc; **~ gut** bon d'accord

alt *adj* ❶ **zwanzig Jahre ~ sein** avoir vingt ans; **wie ~ bist du?** quel âge as-tu?; **mein älterer Bruder** mon frère aîné ❷ *(betagt)* vieux(vieille); **ein ~er Mann** un vieil homme; **~ werden** vieillir ❸ *Gegenstand* vieux(vieille); **~es Brot** du pain rassis ❹ *(ehemalig)* **mein ~er Kollege** mon ancien collègue

Alter *nt* ❶ *(Lebensalter)* âge *m*; **im ~ von fünfzig Jahren** à l'âge de cinquante ans; **sie ist in meinem ~** elle a mon âge ❷ *(Bejahrtheit)* vieillesse *f*

Altersheim *nt* maison *f* de retraite

am = *Abk von* **an dem** ❶ **~ schnellsten rennen** courir le plus vite; **das ist ~ besten** c'est ce qu'il y a de mieux ❷ *(fam: beim)* **~ Arbeiten sein** être en train de travailler

Ameise *f* fourmi *f*

Amerika *nt* l'Amérique *f*

Amerikaner *m* Américain *m*

amerikanisch *adj* américain(e)

Ampel *f* feu *m*

Amsel *f* merle *m*

Amt *nt* ❶ *(Behörde)* administration *f* ❷ *(Abteilung einer Behörde)* service *m* [administratif] ❸ *(Stellung)* fonction *f* ❹ *(offizielle Aufgabe)* charge *f*

amüsieren **I.** *vr* **sich mit jdm ~** s'amuser avec qn; **sich über jdn/etw ~** trouver qn/qc amusant **II.** *vt* amuser

an **I.** *präp* ❶ à; **~ der Tür** près de la porte; **~ der Wand** contre le mur; **am Fluss** sur le fleuve; **am Computer arbeiten** travailler sur ordinateur ❷ *(zur Zeit von)* **am Morgen** le matin **II.** *adv* ❶ *(ungefähr)* **~ die zwanzig Personen** dans les vingt personnes ❷ *(fam: eingeschaltet)* **~ sein** *Elektrogerät* être allumé; *Strom* être ouvert

Ananas *f* ananas *m*
an|bieten *vt, vr* **[sich] ~** [se] proposer
Andenken *nt* souvenir *m*
andere(r, s) *pron* autre(s)
ändern *vt, vr* **[sich] ~** changer
anders *adj, adv* ❶ *(verschieden)* différemment; **~ schmecken** avoir un autre goût; **[ganz] ~ aussehen** avoir une [tout] autre allure; **es sich ~ überlegen** changer d'avis ❷ *(sonst)* sinon; **jemand ~** quelqu'un d'autre ❸ **nicht ~ können** *(fam)* ne pas pouvoir faire autrement
andersherum *adv* dans l'autre sens
Änderung *f* modification *f*
aneinander *adv* l'un à l'autre
an|fahren *vi* démarrer
Anfall *m* crise *f*
Anfang *m* début *m*, commencement *m*; **am ~** au début; **von ~ an** dès le départ; **~ September** début septembre; **~ des Jahres** au début de l'année; **~ vierzig sein** avoir la quarantaine
an|fangen **I.** *vt* ❶ *Arbeit* commencer; **~ mit** commencer par ❷ *(fam) Packung* entamer **II.** *vi* commencer
Anfänger(in) *m(f)* débutant(e) *m(f)*
anfangs **I.** *adv* au début **II.** *präp +gen* CH au début de
an|fassen **I.** *vt* ❶ *(berühren)* toucher ❷ *(ergreifen)* prendre **II.** *vi (berühren)* toucher
Anfrage *f* a. INFORM demande *f*
Anführer(in) *m(f) einer Truppe* commandant *m; einer Bande* chef *mf*
Angabe *f* ❶ *(Aussage)* indication *f; (Information)* renseignements *mpl* ❷ SPORT service *m*
an|geben **I.** *vt Grund, Namen* donner; *Preis* indiquer **II.** *vi* ❶ *(prahlen)* frimer *fam* ❷ SPORT servir
Angebot *nt* ❶ offre *f; (Warenangebot)* choix *m* ❷ *(Sonderangebot)* promotion *f*
an|gehen *irr* **I.** *vi Licht* s'allumer; *Elektrogerät* se mettre en route; *Feuer* prendre **II.** *vt* ❶ *Problem* s'attaquer à; *Verhandlungen* entamer ❷ *Hindernis* aborder ❸ *(attackieren)* attaquer ❹ *(betreffen)* concerner
Angehörige(r) *f(m)* ❶ *(Familienangehöriger)* [proche] parent(e) *m(f)* ❷ *(Mitglied)* membre *m*
Angeklagte(r) *f(m)* accu-

A

sé(e) *m(f)*

Angel *f* canne *f* à pêche

Angelegenheit *f* affaire *f*

angeln *vi, vt* pêcher

angemessen I. *adj Preis* raisonnable; *Honorar* adapté(e); *Kleidung* approprié(e); *Verhalten* convenable **II.** *adv würdigen* à sa/leur juste valeur; *bezahlen* en conséquence; *sich verhalten* convenablement

angenehm I. *adj* agréable; **[sehr] ~!** enchanté! **II.** *adv* agréablement

Angestellte(r) *f(m)* employé(e) *m(f)*

Angewohnheit *f* habitude *f*

an|greifen I. *vt* ❶ *Person* attaquer ❷ *(beeinträchtigen)* nuire à **II.** *vi* attaquer

Angriff *m* ❶ MIL, SPORT offensive *f* ❷ *(Kritik)* attaque *f*

Angst *f* ❶ peur *f;* **vor jdm/etw ~ haben** avoir peur de qn/qc; **um jdn/etw ~ haben** avoir peur pour qn/qc; **~ bekommen** prendre peur ❷ PSYCH angoisse *f*

ängstlich *adj Person, Blick* craintif, -ive

an|haben *vt irr* ❶ *(fam: angezogen haben)* porter ❷ *(fam)* **den Fernseher ~** avoir la télé allumée

an|halten I. *vi* ❶ s'arrêter ❷ *Wetter* continuer **II.** *vt Person, Fahrzeug* stopper; *Luft* retenir

Anhänger *m* ❶ *(Wagen)* remorque *f* ❷ *(Schmuckstück)* pendentif *m*

Anhänger(in) *m(f)* ❶ SPORT supporter *mf* ❷ *(Gefolgsmann)* partisan(e) *m(f)*

Anker *m* ancre *f*

Anklage *f* accusation *f*

an|klagen I. *vt* ❶ JUR inculper ❷ *(beschuldigen)* accuser **II.** *vi Person* accuser; *Rede* être une accusation

an|kommen *vi* arriver; **es kommt darauf an, dass** il importe que +*subj*

an|kündigen *vt, vr* **[sich] ~** [s']annoncer

Ankunft *f* arrivée *f*

Anlage *f* ❶ *(Produktionsgebäude)* complexe *m* ❷ *eines Stausees* construction *f; eines Parks* aménagement *m* ❸ *(Einrichtung)* **sanitäre ~n** installations sanitaires ❹ *(Briefbeilage)* annexe *f*

Anlass *m* ❶ *(Grund)* raison *f* ❷ *(Gelegenheit)* occasion *f*

an|legen I. *vt* ❶ *Garten* aménager; *Vorratslager* constituer

② *Akte* constituer; *Liste* établir ③ FIN placer ④ *(ausgeben)* mettre **II.** *vi* **im Hafen ~** faire escale dans le port **III.** *vr* **sich mit jdm ~** entrer en conflit avec qn

an|lehnen I. *vt* **etw an etw** *akk* **~** poser qc contre qc; **das Fenster ~** laisser la fenêtre entrouverte **II.** *vr* **sich an jdn/etw ~** s'appuyer contre qn/qc

an|lügen *vt* mentir à

an|machen *vt* ① *(anstellen)* allumer ② *Salat* assaisonner ③ *(fam: flirten)* draguer

an|melden I. *vt* ① *Gast* annoncer ② *(vormerken lassen)* inscrire ③ *Wohnsitz, Auto* déclarer ④ *Anspruch* faire valoir; *Bedenken* exprimer **II.** *vr* ① *(ankündigen)* **sich ~** annoncer sa venue ② *(sich eintragen lassen)* **sich zu einem Kurs ~** s'inscrire à un cours ③ *(sich polizeilich melden)* **sich in Stuttgart ~** déclarer son domicile à Stuttgart

Anmeldung *f* ① *eines Besuchs* annonce *f* ② *(Terminvereinbarung)* rendez-vous *m* ③ *(Einschreibung)* inscription *f* ④ *eines Einwohners* enregistrement *m; eines Radiogeräts* déclaration *f*

an|nehmen *vt* ① *Angebot, Anmeldung* accepter; *Herausforderung* relever; *Gesetz, Staatsangehörigkeit* adopter; *Angewohnheit, Aussehen* prendre ② *(meinen)* supposer

an|passen I. *vt* ① *(passend machen)* **etw einer S.** *dat* **~** adapter qc à qc ② *(anmessen, anprobieren)* **jdm etw ~** essayer qc à qn **II.** *vr* **sich jdm ~** s'adapter à qn

an|probieren *vt, vi* essayer

Anruf *m* coup *m* de téléphone

Anrufbeantworter *m* répondeur *m* [téléphonique]

an|rufen I. *vt* TELEC téléphoner à **II.** *vi* appeler

an|schaffen *vt (kaufen)* **[sich** *dat***] etw ~** [s']acheter qc

an|schauen *vt* regarder

anscheinend *adv* apparemment

Anschlag *m* ① *(Attentat)* attentat *m* ② *(Bekanntmachung)* avis *m*

an|schließen I. *vt* ① *Elektrogerät* brancher ② *Fahrrad* attacher **II.** *vr* ① *(mitgehen)* **sich jdm ~** se joindre à qn ② *(beipflichten)* **sich jdm/einer Theorie ~** se rallier à qn/une théorie

Anschluss *m* ① TELEC branche-

A

ment *m* [téléphonique]; **kein ~ unter dieser Nummer!** le numéro que vous avez demandé n'est plus en service actuellement! ❷ *eines Computers* connexion *f* ❸ *(Anschlusszug)* correspondance *f*

an|schnallen *vt* attacher; **sich ~** attacher sa ceinture [de sécurité]

Anschrift *f* adresse *f*

an|sehen *vt* ❶ regarder; **sich** *dat* **etw ~** *(Zuschauer sein)* voir qc; *(Fernsehzuschauer sein)* regarder qc ❷ *(halten für)* **jdn als seinen Freund ~** considérer qn comme son ami

Ansicht *f* ❶ *(Meinung)* avis *m;* **meiner/seiner ~ nach** à mon/son avis ❷ *(Abbildung)* vue *f*

Ansichtskarte *f* carte *f* postale

an|sprechen **I.** *vt* ❶ adresser la parole à; **wie soll ich Sie ~?** comment dois-je vous appeler? ❷ *Thema* aborder ❸ *Person* plaire à **II.** *vi* ❶ **auf etw** *akk* **~** *Patient* réagir à qc ❷ *Bremse* répondre

anspruchsvoll *adj* ❶ *Person* exigeant(e) ❷ *(niveauvoll)* ambitieux, -euse

anständig **I.** *adj* ❶ *Person, Verhalten* décent(e) ❷ *(fam: akzeptabel)* bon(ne) **II.** *adv (fam) bezahlen, essen* correctement

an|starren *vt* regarder fixement

anstatt **I.** *präp* **~ der Eltern** à la place des parents; **~ eines Briefs** au lieu d'une lettre **II.** *konj* **~ zu antworten** au lieu de répondre

an|stecken **I.** *vt* ❶ *Orden* épingler ❷ *Papier* faire brûler; *Gebäude* incendier ❸ *(infizieren)* contaminer **II.** *vr* **sich bei jdm ~** être contaminé par qn

ansteckend *adj* contagieux, -euse

anstelle *präp* à la place de

an|stoßen **I.** *vi* ❶ se cogner ❷ *(prosten)* **auf jdn/etw ~** trinquer à la santé de qn/à qc **II.** *vt* ❶ *(berühren)* **jdn mit dem Fuß ~** pousser qn du pied ❷ *Kugel* frapper ❸ *(in Gang setzen)* déclencher

an|strengen **I.** *vr* **sich ~** se donner de la peine **II.** *vt* fatiguer

anstrengend *adj* fatigant(e)

Anteil *m* **~ an etw** *dat* part *f* de qc

Antenne *f* antenne *f*

antik *adj* antique; *(als Antiquität anzusehen)* ancien(ne)
Antike *f* Antiquité *f*
Antiquität *f* antiquité *f*
Antrag *m* demande *f*
Antwort *f* réponse *f*
antworten *vi, vt* répondre
an|vertrauen *vt, vr* **[sich] ~** [se] confier
Anwalt, Anwältin *m, f* avocat(e) *m(f)*
Anweisung *f* instruction *f*
anwesend *adj* présent(e)
Anwesenheit *f* présence *f*
an|widern *vt* dégoûter
Anzahl *f* nombre *m*
Anzeige *f* ❶ JUR plainte *f*; **~ erstatten** porter plainte ❷ *(Inserat)* annonce *f*
an|zeigen *vt* ❶ *Straftat* signaler ❷ *Messwert* indiquer
an|ziehen I. *vt* ❶ *Kleid* mettre ❷ *Schlinge* tirer ❸ *Handbremse* serrer ❹ *Besucher* attirer **II.** *vr* **sich ~** s'habiller
Anzug *m* costume *m*
an|zünden *vt* ❶ allumer ❷ *Gebäude* incendier
Apfel *m* pomme *f*
Apfelbaum *m* pommier *m*
Apfelsine *f* orange *f*
Apotheke *f* pharmacie *f*
Apparat *m* appareil *m*; *(Fernsehapparat)* poste *m*; **bleiben Sie am ~!** ne quittez pas!
Appetit *m* appétit *m*; **~ auf etw** *akk* **haben** avoir envie de qc
Applaus *m* applaudissements *mpl*
Aprikose *f* abricot *m*
April *m* avril *m*
Araber(in) *m(f)* Arabe *mf*
arabisch I. *adj* arabe; *Klima, Wüste* d'Arabie **II.** *adv* en arabe
Arbeit *f* ❶ travail *m* ❷ *(Werk)* ouvrage *m*
arbeiten *vi* travailler
Arbeiter(in) *m(f)* ouvrier, -ière *m, f*
Arbeitgeber(in) *m(f)* employeur, -euse *m, f*
Arbeitnehmer(in) *m(f)* salarié(e) *m(f)*
arbeitslos *adj* au chômage
Arbeitslose(r) *f(m)* chômeur, -euse *m, f*
Archäologie *f* archéologie *f*
Architektur *f* architecture *f*
Ärger *m* ❶ *(Unmut)* colère *f* ❷ *(Unannehmlichkeiten)* ennuis *mpl*; **mit jdm ~ haben** avoir des ennuis avec qn
ärgerlich *adj Blick* irrité(e); *Angelegenheit* ennuyeux, -euse
ärgern I. *vt* énerver; **es ärgert mich, dass** cela m'énerve que

A

+*subj* **II.** *vr* **sich über jdn/etw ~** se mettre en colère contre qn/à cause de qc
arm *adj* pauvre
Arm *m* bras *m*
Armband *nt* bracelet *m*
Armee *f* MIL armée *f*
Ärmel *m* manche *f*
Armut *f* pauvreté *f*
Art *f* ❶ *(Spezies)* espèce *f*; *(Sorte)* genre *m* ❷ *(Weise)* façon *f*; **auf diese ~ und Weise** de cette façon ❸ *(Benehmen)* manières *f pl*
Artikel *m* article *m*
Artischocke *f* artichaut *m*
Artist(in) *m(f)* artiste *mf*
Arzt, Ärztin *m, f* médecin *mf*
Asche *f* cendre *f*
Aschenbecher *m* cendrier *m*
asiatisch *adj* asiatique
Asien *nt* l'Asie *f*
Ass *nt* as *m*
Assistent(in) *m(f)* assistant(e) *m(f)*
Ast *m* branche *f*
Asthma *nt* asthme *m*
Astrologie *f* astrologie *f*
Asyl *nt* asile *m*
Atem *m* ❶ *(Atemluft)* souffle *m* ❷ *(Atemgeruch)* haleine *f*
Athlet(in) *m(f)* athlète *mf*
Atlantik *m* **der ~** l'Atlantique *m*
Atlas *m* atlas *m*
atmen *vt, vi* respirer
Atombombe *f* bombe *f* atomique
Attentat *nt* attentat *m*
Aubergine *f* aubergine *f*
auch *adv* ❶ *(ebenfalls)* aussi ❷ *(sogar)* même; **~ wenn** même si ❸ *(verstärkend)* effectivement
auf **I.** *präp* ❶ sur; **~ dem Boden** par terre; **~ der Straße** dans la rue; **~ dem Land** à la campagne; **~ Korsika** en Corse ❷ *(in, bei)* à ❸ *(während)* pendant **II.** *präp* ❶ sur; **~ den Boden** par terre; **~ die Straße gehen** sortir dans la rue; **~s Land fahren** aller à la campagne ❷ *(zu, bei Maß- und Mengenangaben)* à **III.** *adv* ❶ *(los)* **~ geht's!** on y va! ❷ *(fam: offen)* **~ sein** être ouvert ❸ *(fam: aufgestanden)* **~ sein** être debout
auf|bauen *vt* ❶ *Regal* monter; *Stereoanlage* installer ❷ *(errichten)* **wieder ~** *Land* reconstruire
auf|blasen *vt, vr* **[sich] ~** [se] gonfler
aufeinander *adv* ❶ *(räumlich)* l'un(e) sur l'autre/les

un(e)s sur les autres ❷ *(gegenseitig)* ~ **angewiesen sein** *Personen* être tributaires l'un de l'autre/les uns des autres

aufeinander|folgen *vi* se succéder

Aufenthalt *m* ❶ séjour *m* ❷ EISENBAHN arrêt *m*

auffällig I. *adj Farbe* voyant(e) **II.** *adv nervös* visiblement; *sich verhalten* étrangement

auf|fordern *vt* ❶ prier ❷ *(zum Tanz bitten)* **jdn** ~ inviter qn [à danser]

Aufgabe *f* ❶ tâche *f* ❷ *(Pflicht)* devoir *m* ❸ *(Auftrag)* mission *f* ❹ SCHULE exercice *m* ❺ *eines Gerätes* fonction *f*

auf|geben I. *vt* ❶ *Studium* abandonner; *Freunde, Wohnort* quitter ❷ *(auftragen)* **jdm Hausaufgaben** ~ donner des devoirs à qn ❸ *(zu lösen geben)* **jdm ein Rätsel** ~ poser une énigme à qn ❹ *Gepäck* faire enregistrer; *Paket* poster; *Annonce* [faire] passer **II.** *vi* abandonner

auf|gehen *vi* ❶ *Sonne* se lever ❷ *Tür* s'ouvrir ❸ *Knoten* se défaire ❹ *Rechnung* tomber juste; *Planung* se réaliser

aufgeregt *adj Person* excité(e); *(nervös)* énervé(e)

auf|halten I. *vt* ❶ *(a. fig) Person* retenir; *Fahrzeug* arrêter ❷ *(fam) Hand* tendre **II.** *vr* séjourner; **sich im Garten** ~ se trouver dans le jardin

auf|hängen *vt, vr* **[sich]** ~ [se] pendre

auf|heben *vt* ❶ ramasser ❷ *(aufbewahren)* garder

auf|hören *vi* arrêter

auf|klären I. *vt* ❶ **ein Verbrechen** ~ tirer un crime au clair ❷ *Missverständnis* expliquer ❸ *(informieren)* **jdn** ~ mettre qn au courant **II.** *vr* **sich** ~ *Rätsel, Himmel* s'éclaircir; *Missverständnis* s'expliquer

Aufkleber *m* autocollant *m*

auf|lösen I. *vt* ❶ dissoudre ❷ MATH, MUS résoudre **II.** *vr* **sich** ~ se décomposer; *Pulver, Tablette* se dissoudre; *Nebel* se dissiper

auf|machen I. *vt* ❶ *(fam)* ouvrir; *Mantel, Schnürsenkel* défaire ❷ *Firma* monter **II.** *vi* ouvrir

aufmerksam *adj* ❶ attentif, -ive; ~ **machen** faire remarquer ❷ *(zuvorkommend)* attentionné(e)

Aufmerksamkeit *f* attention *f*

Aufnahme *f* ❶ *(Empfang)* accueil *m* ❷ PHOT photo[graphie] *f* ❸ *(Videoaufnahme)* enregistrement *m*

auf|nehmen *vt* ❶ accueillir ❷ *(beherbergen)* héberger ❸ *(auf Video festhalten, geistig verarbeiten)* enregistrer

auf|passen *vi* ❶ faire attention ❷ *(beaufsichtigen)* surveiller

Aufprall *m* choc *m*

auf|pumpen *vt* gonfler

auf|räumen *vt, vi* ranger

auf|regen *vt, vr* **[sich] ~** [s']énerver

aufregend *adj* passionnant(e)

auf|schreiben *vt* noter

Aufschwung *m* ❶ élan *m* ❷ ÖKON essor *m*

Aufstand *m* insurrection *f*

auf|stehen *vi* se lever

Auftrag *m* ❶ *(Bestellung von Produkten)* commande *f*; *(Bestellung von Leistungen)* contrat *m* ❷ *(geh: Mission)* mission *f*

auf|wachen *vi* se réveiller

auf|wachsen *vi* grandir

aufwärts *adv* ❶ *(nach oben)* vers le haut ❷ *(ab)* à partir

auf|wecken *vt* réveiller

Aufzug *m* ascenseur *m*

Auge *nt* ❶ *a.* BOT œil *m*; **grüne ~n haben** avoir les yeux verts ❷ *(Punkt beim Würfeln)* point *m*

Augenarzt, -ärztin *m, f* oculiste *mf*

Augenblick *m* instant *m*

Augenbraue *f* sourcil *m*

August *m* août *m*

aus I. *präp* ❶ de ❷ *(Ursache)* par ❸ *(Beschaffenheit)* en **II.** *adv (fam)* ❶ *(beendet)* fini(e) ❷ *(nicht an)* éteint(e); *Motor* arrêté(e) ❸ SPORT hors jeu ❹ *(ausgegangen)* **~ sein** être sorti

Ausbildung *f* formation *f*

aus|brechen *vi* ❶ **aus dem Gefängnis ~** s'évader de prison ❷ *Vulkan* entrer en éruption ❸ *Krieg* éclater; *Hass* se déchaîner; *Seuche* se déclarer ❹ *(verfallen in)* **in Tränen ~** fondre en larmes

aus|breiten I. *vt* ❶ *(hinlegen)* étaler ❷ *Flügel* déployer; *Arme* ouvrir ❸ *(darlegen)* exposer **II.** *vr* **sich ~** ❶ *(sich erstrecken)* s'étendre ❷ *Feuer* se propager

Ausbruch *m* ❶ *(das Ausbrechen)* évasion *f* ❷ *(Beginn)* déclenchement *m* ❸ *(Eruption)* éruption *f*

Ausdruck[1] *m* expression *f*
Ausdruck[2] *m* imprimé *m*
aus|drucken *vt* INFORM imprimer
aus|drücken **I.** *vt* ❶ *(bekunden, formulieren)* exprimer ❷ *Orange* presser; *Pickel* percer ❸ *Zigarette* écraser **II.** *vr* **sich ~** s'exprimer
auseinander *adv* ❶ *(zeitlich entfernt)* **drei Jahre ~ sein** *Personen* avoir trois ans de différence ❷ *(fam: getrennt)* **~ sein** être séparé(e)s
Ausfahrt *f* sortie *f*
Ausflug *m* excursion *f*
aus|führen *vt* ❶ *Befehl* exécuter; *Auftrag* remplir; *Plan* réaliser; *Operation* faire ❷ *(exportieren)* exporter ❸ *(erläutern)* exposer ❹ *(spazieren führen)* sortir
aus|füllen *vt Antrag* remplir
Ausgabe *f* ❶ *von Fahrkarten* délivrance *f* ❷ *(Edition)* édition *f* ❸ *Pl (Kosten)* dépenses *f pl*
Ausgang *m* ❶ sortie *f* ❷ AVIAT porte *f* ❸ *(Ergebnis)* issue *f*
aus|geben **I.** *vt* ❶ distribuer ❷ *Ausweise* délivrer ❸ *Geld* dépenser **II.** *vr* **sich als Arzt ~** se faire passer pour un médecin
ausgebucht *adj* complet, -ète
aus|gehen *vi* ❶ *(aus dem Haus gehen)* sortir ❷ **davon ~, dass ...** partir du principe que ... ❸ *(enden)* **gut/schlecht ~** bien/mal se terminer ❹ *Vorräte* s'épuiser
ausgeschlossen *adj* **~!** c'est hors de question!
ausgezeichnet *adj* excellent(e)
aus|halten **I.** *vt* supporter **II.** *vi* tenir
Aushilfe *f* ❶ *(Hilfe)* intérim *m* ❷ *(Hilfskraft)* intérimaire *mf*
aus|kennen *vr* **sich ~** s'y connaître; **sich in Paris ~** bien connaître Paris
Auskunft *f* ❶ *(Information)* renseignement *m* ❷ *(Auskunftsschalter)* information *f* ❸ *(Telefonauskunft)* renseignements *m pl*
Ausland *nt* étranger *m*
Ausländer(in) *m(f)* étranger, -ère *m, f*
ausländisch *adj* étranger, -ère
aus|leihen *vt* prêter; **sich** *dat* **etw bei/von jdm ~** emprunter qc à qn
aus|machen *vt* ❶ *(fam)* éteindre ❷ *Termin* fixer; **etw mit jdm ~** convenir de qc avec qn ❸ *(stören)* **jdm etwas ~** dé-

ranger qn

Ausnahme *f* exception *f*

ausnahmsweise *adv* exceptionnellement

aus|nutzen *vt* ❶ exploiter ❷ *(sich zunutze machen)* profiter de

aus|packen *vt Koffer* défaire; *Geschenk* ouvrir; *Ware* déballer

aus|probieren *vt* essayer

Auspuff *m* pot *m* d'échappement

aus|rauben *vt* dévaliser

aus|rechnen *vt* calculer

Ausrede *f* prétexte *m*

aus|reichen *vi* suffire

ausreichend *adj* suffisant(e)

aus|reißen *vt* arracher

aus|ruhen I. *vi, vr* **[sich] ~** se reposer **II.** *vt Füße* reposer

Ausrüstung *f* équipement *m*; *einer Armee* armement *m*

aus|rutschen *vi* glisser

aus|schalten *vt* éteindre; *Strom* couper

Ausschlag *m* MED éruption *f* [cutanée]

aus|schließen *vt irr* exclure

aus|schneiden *vt* découper

Ausschnitt *m* ❶ *(Zeitungsausschnitt)* coupure *f* [de presse] ❷ *(Dekolleté)* décolleté *m* ❸ *(kleiner Auszug)* détail *m*

aus|schütten *vt* vider

aus|sehen *vi* ❶ **gut/schlecht ~** avoir bonne/mauvaise mine; **wie sieht ein Leguan aus?** à quoi ressemble un iguane? ❷ *(den Anschein haben)* **sie sieht [ganz so] aus, als ...** on dirait qu'elle ...

außen *adv* à l'extérieur

außer I. *präp* ❶ sauf ❷ *(außerhalb)* **~ Sicht sein** être hors de vue ❸ **~ sich** *dat* **sein** être hors de soi **II.** *konj* **~ dass ...** si ce n'est que ...; **~ [wenn]** sauf si

außerdem *adv* en plus

äußere(r, s) *adj* ❶ externe ❷ *Anlass* apparent(e)

Äußere(s) *nt* apparence *f*

außergewöhnlich I. *adj* exceptionnel(le) **II.** *adv* particulièrement

außerhalb I. *adv* à l'extérieur **II.** *präp* en dehors de

äußerst *adv* extrêmement

Aussicht *f* ❶ *(Blick)* vue *f* ❷ *(Chance)* chance *f*

aus|sprechen *irr* **I.** *vt* ❶ JUR, LING prononcer ❷ *Satz* dire; *Bedauern, Meinung* exprimer **II.** *vr* **sich ~** ❶ *(offen sprechen)* s'expliquer ❷ *(Stellung beziehen)* se prononcer

aus|steigen *vi* descendre

aus|stellen *vt, vi* exposer
Ausstellung *f* exposition *f*
aus|suchen *vt* choisir
aus|tauschen I. *vt* échanger; *Spieler* remplacer **II.** *vr* **sich über jdn/etw ~** parler de qn/qc
ausverkauft *adj Artikel* épuisé(e); *Konzert* complet, -ète
aus|wählen *vt, vi* choisir
aus|wandern *vi* émigrer
auswärts *adv* à l'extérieur
Ausweg *m* issue *f*
aus|weichen *vi* éviter
Ausweis *m* carte *f*; *(Personalausweis)* carte *f* d'identité
aus|ziehen I. *vt* ❶ *Person* déshabiller ❷ *Kleidungsstück* enlever ❸ *Tisch* [r]allonger; *Antenne* [é]tirer **II.** *vi* déménager **III.** *vr* **sich ~** se déshabiller
Auszubildende(r) *f(m)* apprenti(e) *m(f)*
Auto *nt* voiture *f*
Autobahn *f* autoroute *f*
Autofahrer(in) *m(f)* automobiliste *mf*
Automat *m* distributeur *m* [automatique]; *(Spielautomat)* machine *f* à sous
automatisch *adj* automatique
Autor, Autorin *m, f* auteur, -trice *m, f*
Axt *f* hache *f*

B

Bb

Baby *nt* bébé *m*
Bach *m* ruisseau *m*
backen I. *vt Kuchen* faire **II.** *vi* cuire
Bäcker *m* boulanger *m*
Bäckerei *f* boulangerie *f*
Backofen *m* four *m*
Bad *nt* ❶ bain *m* ❷ *(das Schwimmen)* baignade *f* ❸ *(Badezimmer)* salle *f* de bains
baden I. *vi* ❶ prendre un bain ❷ *(schwimmen)* se baigner **II.** *vt Kind* donner un bain à
Badewanne *f* baignoire *f*
Bahn *f* ❶ *(Eisenbahn)* train *m*

B

❷ *(Verkehrsnetz, Verwaltung der Eisenbahn)* chemins *mpl* de fer ❸ SPORT piste *f* ❹ *(Fahrbahn)* voie *f*
Bahnhof *m* gare *f*
Bahnsteig *m* quai *m* de gare
bald *adv* ❶ *(in Kürze)* bientôt; **so ~ wie möglich** le plus tôt possible; **bis ~!** à bientôt! ❷ *(schnell)* vite
Balkon *m* balcon *m*
Ball *m* ❶ balle *f*; *(in der Größe eines Fußballs)* ballon *m* ❷ *(Tanzfest)* bal *m*
Banane *f* banane *f*
Band¹ *nt* ❶ ruban *m* ❷ *(Tonband)* bande *f* [magnétique] ❸ *(Fließband)* chaîne *f*
Band² *m* volume *m*
Band³ *f* groupe *m*
Bank¹ *f* ❶ banc *m* ❷ *(Werkbank)* établi *m*
Bank² *f* banque *f*
bar I. *adj* en liquide; **in ~** en espèces **II.** *adv* **~ zahlen** payer en espèces
Bar *f* bar *m*
Bär *m* ours *m*
barfuß *adj* pieds nus
Bart *m* *(Vollbart)* barbe *f*; *(Schnurrbart)* moustache *f*
Batterie *f* ❶ pile *f*; *(Autobatterie)* batterie *f* ❷ *(Mischbatterie)* mélangeur *m*
Bau *m* ❶ *(das Bauen)* construction *f* ❷ *(Gebäude)* bâtiment *m*
Bauch *m* ventre *m*
bauen I. *vt* ❶ *Gebäude, Maschine* construire; *Möbel* fabriquer ❷ *(fam) Unfall* provoquer **II.** *vi* ❶ *(ein Haus bauen)* [faire] construire ❷ *(vertrauen)* **auf jdn/etw ~** compter sur qn/qc
Bauer *m* paysan *m*
Bauernhof *m* ferme *f*
Baum *m* arbre *m*
Baumwolle *f* coton *m*
Baustelle *f* chantier *m*
beachten *vt* ❶ *Ratschlag* suivre; *Vorfahrt* respecter ❷ *(berücksichtigen)* tenir compte de ❸ *(mit Aufmerksamkeit bedenken)* faire attention à
Beamte(r) *m*, **Beamtin** *f* fonctionnaire *mf*
beantragen *vt* demander
beantworten *vt* répondre à
Becher *m* gobelet *m*
Becken *nt* ❶ bassin *m* ❷ *(Spülbecken)* bac *m* [à évier]; *(Waschbecken)* lavabo *m*
bedanken *vr* **sich ~** dire merci; **sich bei jdm für etw ~** remercier qn de qc
Bedarf *m* besoins *mpl*

bedauern *vt* ❶ regretter ❷ *(bemitleiden)* plaindre
bedeuten *vt* ❶ *(ausdrücken)* signifier; *(meinen)* vouloir dire ❷ *(gelten)* **Geld bedeutet mir viel** j'attache beaucoup d'importance à l'argent
Bedeutung *f* ❶ *(Sinn)* sens *m* ❷ *(Wichtigkeit)* importance *f*
bedienen I. *vt* ❶ servir; **werden Sie schon bedient?** on s'occupe de vous? ❷ *Telefon* se servir de; *Computer* faire fonctionner; *Maschine* faire marcher **II.** *vi* servir **III.** *vr* **sich ~** se servir
Bedienung *f* ❶ utilisation *f; einer Schaltzentrale* fonctionnement *m* ❷ *eines Kunden* service *m* ❸ *(Kellner)* garçon *m; (Kellnerin)* serveuse *f;* **~!** garçon/Mademoiselle!
Bedingung *f* condition *f*
beeilen *vr* **sich ~** se dépêcher
beeindrucken *vt* impressionner
beeinflussen *vt* influencer
beenden *vt Gespräch* mettre fin à; *Studium* terminer; *Krieg* cesser; *Programm* quitter
Beerdigung *f* enterrement *m*
Beere *f* baie *f*
Beet *nt* plate-bande *f*
Befehl *m* ❶ ordre *m* ❷ *(Befehlsgewalt)* commandement *m*
befehlen *vt* **~, dass** ordonner que +*subj*
befestigen *vt* ❶ fixer ❷ MIL fortifier
befinden *vr (sich aufhalten)* être
befreien I. *vt* ❶ libérer ❷ *(freistellen)* dispenser ❸ *(entlasten)* soulager ❹ *(reinigen)* débarrasser **II.** *vr* **sich ~** ❶ *(entkommen)* s'évader ❷ *Volk* se libérer
befürchten *vt* craindre
begabt *adj* doué(e); **hoch ~** surdoué
begegnen *vi, vr* **sich ~** [se] rencontrer
Begeisterung *f* enthousiasme *m*
Beginn *m (zeitlich)* commencement *m; (räumlich)* début
beginnen *vi, vt* commencer
begleiten *vt* accompagner
begreifen *vt, vi* comprendre
Begriff *m (Wort)* terme *m; (Inhalt)* notion *f*
begründen *vt* ❶ justifier ❷ *Geschäft* fonder
Begründung *f* justification *f*
begrüßen *vt* saluer
behalten *vt* ❶ garder ❷ *(nicht vergessen)* retenir

B

behandeln *vt (a. fig)* traiter; **jdn/etw schlecht ~** maltraiter qn/qc

behaupten I. *vt* ❶ prétendre ❷ *Vorsprung* maintenir **II.** *vr* **sich gegen jdn/etw ~** s'imposer face à qn/qc

Behauptung *f* ❶ *(Äußerung)* affirmation *f* ❷ *(Verteidigung)* maintien *m*

beherrschen I. *vt* ❶ *(können)* maîtriser ❷ *(herrschen über)* dominer **II.** *vr* **sich ~** se dominer

behindern *vt* **jdn ~** *Person, Kleid* gêner qn; *Verletzung* handicaper qn

Behinderte(r) *f(m)* handicapé(e) *m(f)*

Behörde *f* service *m* [administratif]

bei *präp* ❶ chez, à; *(in der Nähe von jdm)* auprès de ❷ *(mit)* **etw ~ sich haben** avoir qc sur soi ❸ *(während)* **~ der Vorführung** pendant la présentation ❹ *(Umstände)* **~ Kerzenlicht** aux chandelles; **~ einer Flasche Wein** en buvant une bouteille de vin

bei|bringen *vt (lehren)* apprendre; *(zu verstehen geben)* faire comprendre

beichten I. *vt (a. fig, iron fam)* confesser **II.** *vi* se confesser

beide *pron, adj* ❶ **die ~n Frauen** les deux femmes; **euch ~n** vous deux ❷ *(zwei Dinge)* **~s** les deux [choses] ❸ SPORT **fünfzehn ~** quinze partout

beige *adj* beige

Beil *nt* hache *f*

Beileid *nt* condoléances *fpl*

beim = *Abk von* **bei dem** *s.* **bei**

Bein *nt* ❶ *einer Person* jambe *f*; *eines Tiers* patte *f* ❷ *(Tisch-, Stuhlbein)* pied *m* ❸ *(Hosenbein)* jambe *f*

Beispiel *nt* exemple *m*

beißen *vt, vi* mordre

Beitrag *m* ❶ *(Mitgliedsbeitrag)* cotisation *f* ❷ *(Radiobeitrag)* sujet *m* ❸ *(Mitwirkung)* **einen ~ zu etw leisten** apporter sa contribution à qc

bekämpfen I. *vt* ❶ combattre ❷ *Krankheit* lutter contre **II.** *vr* **sich [gegenseitig] ~** se combattre [mutuellement]

bekannt *adj* ❶ *(berühmt)* célèbre ❷ *(nicht unbekannt)* connu(e) ❸ *(nicht fremd)* **jdm ~ sein** être connu à qn; **jdn mit jdm ~ machen** présenter qn à qn ❹ *(öffentlich)*

~ geben *Wahlergebnis* proclamer; **~ machen** *Information* révéler
Bekannte(r) *f(m)* connaissance *f*; *(Freund)* ami(e) *m(f)*
beklagen I. *vt* déplorer **II.** *vr* **sich ~** se plaindre
bekommen *vt* ❶ recevoir; *Anschluss* obtenir; **was ~ Sie für die Fahrt?** combien vous dois-je pour la course? ❷ *Ärger, Angst, Kind* avoir ❸ *Krankheit* attraper
beladen I. *vt* charger **II.** *vr* **sich mit etw ~** transporter qc
belästigen *vt* **jdn ~** *Person* incommoder qn; *Lärm* gêner qn; **jdn sexuell ~** harceler qn sexuellement
beleidigen *vt* offenser
Beleidigung *f* injure *f*
beliebt *adj* apprécié(e)
bellen *vi* aboyer
Belohnung *f* récompense *f*
belügen *vt* mentir à
bemerken *vt* remarquer
Bemerkung *f* remarque *f*
bemühen *vr* ❶ *(sich Mühe geben)* **sich ~** faire des efforts ❷ *(sich kümmern)* **sich um jdn ~** être aux petits soins avec qn
benachrichtigen *vt* informer
benehmen *vr* **sich ~** se tenir
beneiden *vt* **jdn um etw ~** envier qc à qn
benutzen *vt* ❶ utiliser; *Literatur* consulter ❷ *Bus* prendre ❸ *Person* se servir de
Benzin *nt* essence *f*
beobachten *vt* observer
bequem *adj* ❶ confortable; **es sich** *dat* **~ machen** se mettre à l'aise ❷ *(mühelos)* commode
beraten I. *vt* ❶ *(informieren)* conseiller ❷ *(besprechen)* délibérer sur **II.** *vr* **sich über jdn/etw ~** débattre de qn/qc
berechnen *vt* ❶ calculer ❷ *(in Rechnung stellen)* facturer ❸ *(veranschlagen)* prévoir
berechtigt *adj* légitime
Bereich *m* ❶ *(Gebiet)* zone *f* ❷ *(Verantwortungsbereich)* domaine *m*
bereit *adj* ❶ prêt(e) ❷ *(willens)* disposé(e)
bereuen *vt* se repentir de
Berg *m* montagne *f*
Bergwerk *nt* mine *f*
Bericht *m* rapport *m*
berichten I. *vi* ❶ **[aus aller Welt] ~** *Journalist* envoyer des reportages [du monde entier] ❷ *(mitteilen)* informer **II.** *vt* raconter
berücksichtigen *vt* tenir

B

B

compte de
Beruf *m* profession *f*
Berufsausbildung *f* formation *f* professionnelle
berufstätig *adj* actif, -ive
beruhigen I. *vt* ❶ **jdn ~** *Medikament* calmer qn; *Nachricht* rassurer qn ❷ *(Bedenken zerstreuen)* rassurer; *(trösten)* calmer, réduire **II.** *vr* **sich ~** se calmer
berühmt *adj* célèbre
berühren I. *vt* ❶ toucher ❷ *(kurz erwähnen)* évoquer **II.** *vr* **sich ~** se toucher
beschädigen *vt* endommager
beschäftigen I. *vr* **sich mit jdm ~** s'occuper de qn; **sich mit etw ~** s'intéresser à qc **II.** *vt* ❶ **jdn mit etw ~** occuper qn à qc ❷ *(interessieren)* **jdn ~** *Frage* préoccuper qn ❸ *(an-, einstellen)* employer
Bescheid *m* ❶ ADMIN réponse *f* ❷ *(Nachricht)* **jdm ~ geben** informer qn
bescheiden I. *adj* modeste **II.** *adv* modestement
Bescheinigung *f* certificat *m*
beschimpfen *vt* insulter
beschleunigen *vt, vi, vr* **[sich] ~** [s']accélérer
beschließen *vt* décider
Beschluss *m* décision *f*
beschränkt *adj* limité(e)
beschreiben *vt* décrire
Beschreibung *f* description *f*
beschuldigen *vt* accuser de
beschützen *vt* protéger
beschweren *vr* **sich über jdn/etw ~** se plaindre de qn/qc
Besen *m* balai *m*
besetzt *adj* occupé(e); *Saal* comble
besichtigen *vt* visiter
Besitz *m* ❶ *(Eigentum)* biens *mpl*; *(Grundbesitz)* propriété *f* ❷ *(das Besitzen)* possession *f*
besitzen *vt* posséder
Besitzer(in) *m(f)* propriétaire *mf*
besondere(r, s) *adj* ❶ particulier, -ière; *Freude* tout(e) particulier, -ière; *Schönheit* exceptionnel(le) ❷ *Raum* à part
besonders *adv* ❶ particulièrement; **nicht ~ viel** pas vraiment beaucoup ❷ *(vor allem)* surtout
besorgen *vt* procurer
besorgt *adj* inquiet, -ète
Besprechung *f* ❶ *(Konferenz)* réunion *f*; *(Unterredung)* entretien *m* ❷ *(das Besprechen)* discussion *f*
besser I. *adj* ❶ *(von höherer Qualität)* meilleur(e); **das**

Wetter wird ~ le temps s'améliore ❷ *(von höherer Qualifikation)* **~ sein** *(höher befähigt)* être meilleur; *(besser geeignet)* être mieux ❸ *(vernünftiger)* **es ist ~, wenn** il vaut mieux que *+subj* ❹ *Kreise* supérieur(e) **II.** *adv* ❶ *schwimmen* mieux; **dieser Käse schmeckt ~ als der andere** ce fromage est meilleur que l'autre ❷ **jdm/etw geht es ~** qn/qc va mieux; **immer alles ~ wissen [wollen]** se croire plus malin(-igne) que tout le monde; **um so ~!** *(fam)* tant mieux!

Besserung *f* ❶ amélioration *f* ❷ *(Gesundung)* **gute ~!** bon rétablissement!

bestätigen *vt* confirmer

beste(r, s) I. *adj* ❶ meilleur(e) ❷ *(am besten qualifiziert)* **der/die Beste** le meilleur/la meilleure ❸ **der/die/das erste Beste** le premier venu/la première venue; **zu seinem/ihrem Besten** pour son bien **II.** *adv* **er/sie singt am ~n** c'est lui/elle qui chante le mieux; **es wäre [wohl] am ~n, wenn** le mieux serait que *+subj*

bestechen *vt* soudoyer

Besteck *nt* couverts *mpl*

bestehen I. *vt* ❶ *Prüfung* réussir ❷ *(durchstehen)* surmonter **II.** *vi* ❶ **es besteht die Möglichkeit, dass** il se peut que *+subj* ❷ *Brauch* exister; **~ bleiben** demeurer ❸ *(insistieren)* **auf etw** *dat* **~** tenir à qc

bestellen *vt* ❶ *(kaufen wollen)* commander ❷ *Hotelzimmer* réserver ❸ *Taxi* appeler

bestimmen I. *vt* ❶ *Preis, Ort* fixer; *Grenze, Alter* déterminer ❷ *(entscheiden)* décider **II.** *vi* ❶ *(befehlen)* décider ❷ *(verfügen)* **über jdn/etw ~** disposer de qn/qc

bestimmt I. *adj* ❶ *Buch* précis(e) ❷ *Summe* fixé(e); **am ~en Tag/Ort** au jour/lieu dit; **zur ~en Stunde** à l'heure dite ❸ LING défini(e) ❹ *Person* décidé(e); *Ton* ferme **II.** *adv* ❶ *(sicher)* certainement; **~ wissen, dass** être sûr que ❷ *(entschieden)* catégoriquement

bestrafen *vt* ❶ punir ❷ JUR condamner

Besuch *m* ❶ visite *f*; **einen ~ bei jdm machen** aller voir qn ❷ *(Besucher)* visiteur *m*; *(Gast)* invité(e) *m(f)*

B

besuchen *vt* ❶ aller voir ❷ *Patienten* visiter ❸ *Theater* aller à; *Kurs* suivre

beteiligen *vr* **sich** ~ *dat* participer

beten *vi* prier

Beton *m* béton *m*

betonen *vt* ❶ LING accentuer ❷ *(zur Geltung bringen)* souligner ❸ *(nachdrücklich erwähnen)* insister sur

betrachten **I.** *vt* ❶ regarder ❷ *(untersuchen)* **genau betrachtet** tout bien considéré ❸ *(halten für)* **jdn als Freund** ~ considérer qn comme un ami **II.** *vr* ❶ *(sich anschauen)* **sich** ~ se contempler ❷ *(sich halten für)* **sich als jds Freund** ~ se considérer comme l'ami de qn

Betrag *m* montant *m*

betreffen *vt* concerner

betreten *vt* *Gebäude* entrer dans

Betrieb *m* ❶ *(Industriebetrieb)* entreprise *f* ❷ *(Betriebsamkeit)* activité *f* ❸ *(Ablauf)* activité *f*; **etw in** ~ **setzen** mettre qc en marche; **in/außer** ~ en/hors service

Betriebsrat, -rätin *m, f* délégué(e) *m(f)* du personnel

betrinken *vr* **sich mit etw** ~ se soûler à qc

Betrug *m* escroquerie *f*

betrügen *vt irr* ❶ *(finanziell hintergehen)* frauder ❷ *(beschwindeln)* duper ❸ *(untreu sein)* tromper

Betrüger(in) *m(f)* fraudeur, -euse *m, f*; *(beim Spielen)* tricheur, -euse *m, f*

betrunken *adj* ivre

Bett *nt* lit *m*

Bettbezug *m* housse *f* de couette

betteln *vi* mendier

Bettler(in) *m(f)* mendiant(e) *m(f)*

Betttuch *nt* drap *m*

Beule *f* bosse *f*

beunruhigen *vt, vr* **[sich]** ~ [s']inquiéter

Beute *f* ❶ *eines Jägers* prise *f*; *eines Tiers* proie *f* ❷ *(Diebesbeute)* butin *m*

Beutel *m* ❶ sac *m* ❷ ZOOL poche *f*

Bevölkerung *f* population *f*

bevor *konj* ❶ *(ehe)* avant que +*subj*; ~ **ich abreise, möchte ich gerne ...** avant de partir en voyage, je voudrais ... ❷ *(solange)* ~ **du nicht aufräumst, darfst du nicht gehen** tu ne partiras pas tant que tu n'auras pas rangé

B

bevorzugen *vt* ❶ *(begünstigen)* favoriser ❷ *(lieber mögen)* préférer
bewachen *vt* surveiller
bewegen **I.** *vt* ❶ déplacer ❷ *(beschäftigen)* **jdn ~** *Vorstellung* occuper l'esprit de qn; *Erlebnis* remuer qn ❸ *(bewirken)* **viel/wenig ~** faire bouger beaucoup/peu de choses **II.** *vr* **sich ~** bouger
Bewegung *f* ❶ a. POL, KUNST mouvement *m* ❷ *(körperliche Betätigung)* exercice *m* ❸ *(Ergriffenheit)* émotion *f* ❹ *(Änderung)* changement *m*
Beweis *m* preuve *f*
beweisen *vt* prouver
bewerben *vr* **sich ~** poser sa candidature
Bewerbung *f* candidature *f*
bewerten *vt* ❶ *(benoten)* évaluer ❷ *(schätzen)* estimer
Bewohner(in) *m(f)* habitant(e) *m(f)*
bewölkt *adj* nuageux, -euse
bewundern *vt* admirer
bewusst **I.** *adj* ❶ *(vorsätzlich)* délibéré(e) ❷ PSYCH conscient(e) **II.** *adv* ❶ *leben* de façon équilibrée ❷ *(vorsätzlich)* délibérément
bewusstlos *adj* inconscient(e)
bezahlen *vt, vi* payer
Bezahlung *f* paiement *m*
beziehen *irr* **I.** *vt* ❶ *Polster* recouvrir; **die Betten frisch ~** changer les draps ❷ *Wohnung* emménager dans ❸ *(in Beziehung setzen)* **etw auf jdn/etw ~** rapporter qc à qn/qc **II.** *vr* **sich auf jdn/etw ~** ❶ *(betreffen)* *Bemerkung* se rapporter à qn/qc ❷ *(sich berufen)* se référer à qn/qc
Beziehung *f* relation *f*
beziehungsweise *konj* *(oder auch)* ou bien; *(oder vielmehr)* ou plutôt
Bezug *m* *(Bettbezug)* housse *f*; *(Kissenbezug)* taie *f*
Bibel *f* bible *f*
Bibliothek *f* bibliothèque *f*
biegen **I.** *vt* ❶ tordre; *Zweig* plier; **auseinander ~** écarter ❷ A *Adjektiv, Substantiv* décliner; *Verb* conjuguer **II.** *vi* **nach rechts/links ~** tourner à droite/gauche **III.** *vr* ❶ **sich nach vorne/rechts ~** se pencher en avant/à droite ❷ *(sich verziehen)* **sich ~** se tordre
Biene *f* abeille *f*
Bier *nt* bière *f*
bieten *irr* **I.** *vt* offrir **II.** *vi* ❶ SPIEL annoncer ❷ *(ein An-*

B

gebot machen) enchérir **III.** *vr* ❶ **sich ~** *Chance* se présenter ❷ *(sich darbieten)* **sich jdm ~** *Anblick* s'offrir à qn

Bikini *m* deux-pièces *m*

Bild *nt* ❶ *(Gemälde)* tableau *m*; *(Zeichnung)* dessin *m* ❷ *(Foto)* photo *f* ❸ TV, CINE image *f*

bilden I. *vt* ❶ former ❷ *Höhepunkt* constituer ❸ KUNST modeler **II.** *vr* **sich ~** ❶ *(entstehen)* se former ❷ *(sich Bildung verschaffen)* se cultiver **III.** *vi* former

Bildschirm *m* écran *m*

Bildung *f* ❶ culture *f*; *(Erziehung)* formation *f* ❷ *a.* BOT *(das Hervorbringen)* formation *f*

Billard *nt* billard *m*

billig *adj* bon marché

binden I. *vt* ❶ *(zusammenbinden: durch Bündeln)* lier; *(durch Knoten)* nouer ❷ *(verpflichten)* **jdn ~** lier qn ❸ *Buch* relier **II.** *vi* lier **III.** *vr* ❶ *(eine Beziehung eingehen)* **sich an jdn ~** se lier avec qn ❷ *(sich verpflichten)* **sich ~** s'engager

Biologie *f* biologie *f*

Birke *f* bouleau *m*

Birne *f* ❶ *(Frucht)* poire *f* ❷ *(Glühbirne)* ampoule *f*

bis I. *präp* jusqu'à **II.** *adv* **~ zum Herbst** d'ici l'automne; **~ gegen acht Uhr** jusque vers huit heures; **~ zum 17. Lebensjahr** jusqu'à l'âge de 17 ans **III.** *konj* ❶ *(ungefähr)* **zwei ~ drei Stunden** entre deux et trois heures ❷ *(so lange, bis)* jusqu'à ce que +*subj*

Bischof, Bischöfin *m, f* évêque *m*

bisher *adv* jusqu'à présent

Biss *m* ❶ *(das Beißen)* **mit einem ~** d'un coup de dent ❷ *(Bisswunde)* morsure *f*

bisschen I. *pron* **ein ~ Milch** un peu de lait; **kein ~ Geduld haben** n'avoir pas du tout de patience; **ein ~ wenig** pas assez **II.** *nt* peu *m*

bitte *adv* ❶ s'il vous plaît; *(wenn man den Gesprächspartner duzt)* s'il te plaît ❷ *(Höflichkeitsformel in Antworten)* **~ [schön]!** je vous en prie!/je t'en prie! ❸ *(Höflichkeitsformel in Nachfragen)* **[wie] ~?** pardon?

Bitte *f* demande *f*

bitten I. *vt* **jdn um etw ~** demander qc à qn; **jdn ~ etw zu**

tun prier qn de faire qc **II.** *vi* ❶ **darf ich –?** *(beim Tanzen)* puis-je me permettre? ❷ *(flehen)* supplier ❸ **wenn ich – darf!** *(auffordernd)* si possible!; *(befehlend)* je vous prie!

bitter I. *adj* amer, -ère **II.** *adv* ❶ **– schmecken** avoir un goût amer ❷ *lachen* avec amertume ❸ *bereuen* amèrement

blamieren *vt, vr* **[sich] –** [se] ridiculiser

Blase *f* ❶ ANAT vessie *f* ❷ MED ampoule *f*; *(Brandblase)* cloque *f* ❸ *(Luft-, Sprechblase)* bulle *f*

blasen *vi* souffler

blass *adj* ❶ pâle ❷ *Erinnerung* vague

Blatt *nt* ❶ *a.* BOT feuille *f* ❷ *(Zeitung)* journal *m*

blau *adj* bleu(e)

Blech *nt* tôle *f*

Blei *nt* plomb *m*

bleiben *vi* rester; **stehen –** *Person* s'arrêter

bleich *adj* pâle

Bleistift *m* crayon *m* [à papier]

blenden I. *vt* ❶ éblouir ❷ *(blind machen)* aveugler **II.** *vi* ❶ *Sonne* éblouir ❷ *(hinters Licht führen)* chercher à impressionner

Blick *m* ❶ *(das Schauen)* regard *m*; *(flüchtig)* coup *m* d'œil ❷ *(Augenausdruck)* regard *m* ❸ *(Ausblick)* vue *f*

blind I. *adj* aveugle **II.** *adv* ❶ *(wahllos)* au hasard ❷ *(unkritisch)* aveuglément

Blinker *m* AUT clignotant *m*

Blitz *m* ❶ éclair *m*; *(Blitzschlag)* foudre *f* ❷ PHOT flash *m*

Block[1] *m* bloc *m*

Block[2] *m a.* POL bloc *m*

blond *adj* blond(e)

bloß I. *adj* ❶ nu(e) ❷ *(alleinig)* pur(e) **II.** *adv* *(fam)* seulement; **was hat sie –?** qu'est-ce qui lui prend?; **hör – auf damit!** arrête donc!

blühen *vi* fleurir

Blume *f* ❶ fleur *f* ❷ *des Weins* bouquet *m*

Blumenkohl *m* chou-fleur *m*

Bluse *f* *(mit Kragen)* chemisier *m*; *(Hemdbluse)* chemise *f*

Blut *nt* sang *m*

bluten *vi* saigner

Blutgruppe *f* groupe *m* sanguin

Bock *m* ❶ *(Schafbock)* bélier *m*; *(Ziegenbock)* bouc *m*; *(Rehbock)* chevreuil *m* ❷ *(Untergestell)* tréteau *m*

B

B

❸ *(Sportgerät)* cheval *m* d'arçons ❹ *(fam)* **~/keinen ~ haben etw zu tun** avoir/ne pas avoir envie de faire qc
Boden *m* ❶ sol *m;* **zu ~ fallen/sinken** *Person* s'effondrer ❷ *(Erdreich)* terre *f* ❸ *(Grund und Boden)* terrain *m* ❹ *eines Behälters* fond *m; einer Flasche* cul *m*
Bogen *m* ❶ arc *m* ❷ *(Papierbogen)* feuille *f* ❸ *(Schusswaffe)* arc *m* ❹ *(Brückenbogen)* arche *f*
Bohne *f* ❶ haricot *m* ❷ *(Kaffeebohne)* grain *m* [de café]
bohren I. *vt* ❶ creuser ❷ TECH percer **II.** *vi* ❶ **in der Nase ~** se mettre les doigts dans le nez ❷ *Zahnarzt* passer la roulette ❸ MIN creuser
Bombe *f* MIL bombe *f*
Bonbon *nt o m* bonbon *m*
Boot *nt* bateau *m;* **~ fahren** faire du bateau
Bord *m* ❶ **an ~ gehen/kommen** monter à bord ❷ **etw über ~ werfen** jeter qc par-dessus bord
Börse *f* Bourse *f*
bösartig *adj* ❶ méchant(e) ❷ MED malin, -igne
böse I. *adj Person* méchant(e); *Absicht* mauvais(e); **sei [mir] nicht ~, aber ...** ne m'en veux pas, mais ... **II.** *adv* méchamment; **ich habe es nicht ~ gemeint!** je n'ai pas pensé à mal!
Botschaft *f* ❶ *(Gesandtschaft)* ambassade *f* ❷ *(Aussage)* message *m*
braten I. *vt* faire cuire **II.** *vi (gar werden)* cuire
Braten *m* rôti *m*
Bratwurst *f* saucisse *f* grillée
Brauch *m* coutume *f*
brauchen I. *vt* ❶ *(nötig haben)* avoir besoin de ❷ *(aufwenden müssen)* **eine Stunde ~ um etw zu tun** mettre une heure pour faire qc **II.** *aux* **du brauchst nur anzurufen** tu dois juste téléphoner
braun *adj* ❶ *Haar* brun(e); *Augen, Pullover* marron ❷ *Hautfarbe* mat(te) ❸ *(sonnengebräunt)* bronzé(e)
Braut *f* mariée *f*
Bräutigam *m* marié *m*
brav *adj* sage
brechen I. *vt* ❶ *Knochen* casser ❷ *Eis* briser ❸ *(herausbrechen)* arracher ❹ *Rekord* battre **II.** *vi* ❶ *Achse, Ast* [se] casser; **auseinander ~** *Möbelstück, Familie* se disloquer ❷ *(den Kontakt, die Gewohn-*

heit beenden) **mit jdm/etw ~** rompre avec qn/qc

Brei *m (Speise)* bouillie *f; (Püree)* purée *f*

breit I. *adj* ❶ *(opp: schmal)* large ❷ *Publikum* vaste **II.** *adv* ❶ *(kräftig)* **~ gebaut sein** être carré d'épaules ❷ **sich ~ machen** *Person* prendre beaucoup de place

Breite *f* ❶ largeur *f* ❷ *(Ausgedehntheit)* étendue *f* ❸ GEO latitude *f*

Bremse *f* ❶ AUT frein *m* ❷ ZOOL taon *m*

bremsen *vi* freiner

brennen I. *vi* brûler; **es brennt!** au feu! **II.** *vt* ❶ *Mandeln* griller; *Kaffee* torréfier ❷ *Schnaps* distiller ❸ *Ton* cuire **III.** *vr* **sich an etw** *dat* **~** se brûler à qc

Brett *nt* planche *f*

Brief *m* lettre *f*

Briefkasten *m* boîte *f* aux lettres

Briefmarke *f* timbre[-poste] *m*

Brieftasche *f* portefeuille *m*

Brille *f* lunettes *f pl*

bringen *vt* ❶ apporter ❷ *(servieren)* servir ❸ *(befördern)* amener ❹ *(begleiten)* **jdn nach Hause ~** ramener qn à la maison; **jdn zur Tür ~** [r]accompagner qn à la porte ❺ *Geld* rapporter ❻ *(bewegen)* **jdn dazu ~ etw zu tun** amener qn à faire qc ❼ *(zur Folge haben)* **etw mit sich ~** avoir qc pour conséquence ❽ **das bringt nichts** *(fam)* c'est pas la peine

Brombeere *f* ❶ *(Frucht)* mûre *f* ❷ *(Strauch)* ronce *f*

Broschüre *f* brochure *f*

Brot *nt* pain *m;* **belegtes ~** sandwich *m*

Brötchen *nt* petit pain *m*

Bruch *m* ❶ rupture *f* ❷ *(Knochenbruch)* fracture *f*

Brücke *f (a. fig)* pont *m*

Bruder *m* frère *m*

Brühe *f* bouillon *m*

brüllen *vi* ❶ *Person* crier ❷ *Raubtier* rugir; *Vieh* mugir

Brunnen *m* ❶ *(Ziehbrunnen)* puits *m* ❷ *(Zierbrunnen)* fontaine *f*

Brust *f* poitrine *f*

brutal *adj* brutal(e)

Buch *nt* livre *m*

buchen *vt (vorbestellen)* réserver; *Reise* s'inscrire à

Bücherei *f* bibliothèque *f*

Büchse *f* boîte *f*

Buchstabe *m* lettre *f*

Bucht *f* baie *f*

bücken *vr* **sich ~** se pencher

B

bügeln *vt, vi* repasser
Bühne *f* ❶ scène *f* ❷ *(Tribüne)* estrade *f*
Bulle *m* ❶ *(Rind)* taureau *m* ❷ *(männliches Tier)* mâle *m*
Bundeskanzler(in) *m(f)* chancelier *m* fédéral/chancelière *f* fédérale; CH chancelier, -ère *m, f* de la Confédération
Bundesland *nt* Land *m*
Bundesminister(in) *m(f)* ministre *mf* fédéral(e)
Bundespräsident(in) *m(f)* président(e) *m(f)* de la République fédérale; CH président(e) *m(f)* de la Confédération
Bundesregierung *f* gouvernement *m* fédéral
Bundesrepublik *f* **die ~ [Deutschland]** la République fédérale [d'Allemagne]
Bundesstraße *f* ≈ route *f* nationale
Bundestag *m* Bundestag *m*
bunt *adj, adv* ❶ de toutes les couleurs ❷ *Auswahl* varié(e)
Burg *f* château *m* fort
Bürger(in) *m(f)* citoyen(ne) *m(f)*
Bürgermeister(in) *m(f)* maire *mf*
Bürgersteig *m* trottoir *m*
Büro *nt* bureau *m*
Bürste *f* brosse *f*
bürsten *vt* brosser
Bus *m* bus *m; (Reisebus)* car *m*
Busch *m* ❶ buisson *m* ❷ *(Buschwald)* brousse *f*
Busen *m* poitrine *f*
Busfahrer(in) *m(f)* conducteur *m*/conductrice *f* de bus
Bußgeld *nt* amende *f*
Butter *f* beurre *m*

Cc

Café *nt* ≈ salon *m* de thé
Camping *nt* camping *m*
Campingplatz *m* terrain *m* de camping
CD *f Abk von* **Compact Disc** C.D. *m*, compact *m*
CD-ROM *f* CD-ROM *m*
Champagner *m* champagne *m*
Champignon *m* champignon *m* de Paris
Chance *f* chance *f*
Chaos *nt* chaos *m*
chaotisch *adj* chaotique
Charakter *m* caractère *m*
charmant *adj* charmant(e)
Charterflug *m* [vol *m*] charter *m*
Chauffeur(in) *m(f)* chauffeur *m*
Chef *m* patron *m*
Chemie *f* chimie *f*
chemisch *adj* chimique; *Labor* de chimie
China *nt* la Chine
Chinese, Chinesin *m, f* Chinois(e) *m(f)*
chinesisch **I.** *adj* chinois(e) **II.** *adv* en chinois
Chip *m* ❶ INFORM puce *f* ❷ *(Kartoffelchip)* chips *f* ❸ *(runde Spielmarke)* jeton *m*
Chirurg(in) *m(f)* chirurgien(ne) *m(f)*
chirurgisch *adj* chirurgical(e)
Chor *m* chorale *f*
Christ(in) *m(f)* chrétien(ne) *m(f)*
christlich **I.** *adj* chrétien(ne) **II.** *adv* dans la foi chrétienne
chronisch *adj, adv* chronique
circa *adv* environ
Clown(in) *m(f)* clown *m*
Club *m* club *m*
Computer *m* ordinateur *m*
Couch *f o* CH *m* canapé *m*
Cousin *m* cousin *m*
Creme *f* crème *f*

Dd

D

da **I.** *adv* ❶ là ❷ *(dort)* voilà; **~ drüben** là-bas; **dieses Haus ~** cette maison-là ❸ *(hier)* tiens/tenez ❹ *(gekommen)* **war der Postbote schon ~?** le facteur est passé? ❺ *(in diesem augenblick)* [juste] à ce moment ❻ **~ und dort** ici et là **II.** *konj* ❶ *(weil)* comme ❷ *(geh: als, wenn)* où

dabei *adv* ❶ *(daneben)* avec; *(in der Nähe)* à côté ❷ *(währenddessen)* en même temps; *(bei dieser Gelegenheit)* à cette occasion ❸ *(im Begriff)* **[gerade] ~ sein etw zu tun** être en train de faire qc ❹ *(in diesem Zusammenhang)* **ich habe ~ nicht viel gelernt** je n'y ai pas appris grand-chose ❺ *(bei einer Unternehmung)* **~ sein** participer; **ich war ~** j'y étais; **ich bin [mit] ~** je suis partant ❻ *(obgleich)* et pourtant ❼ *(wie es vereinbart ist)* **es bleibt ~, dass ihr morgen alle mitkommt** c'est toujours d'accord, vous venez tous demain

dabei|bleiben *vi irr* rester

da|bleiben *vi* rester

Dach *nt* toit *m*

dadurch *adv* ❶ *(da hindurch)* par-là ❷ *(aus diesem Grund)* de ce fait; *(auf diese Weise)* de cette façon; **~, dass ...** du fait que ...

dafür *adv* ❶ *(für das)* pour cela; **was wohl der Grund ~ sein mag?** quelle peut bien en être la raison? ❷ *(deswegen)* pour ça; **ich bezahle Sie nicht ~, dass** je ne vous paie pas pour que *+subj* ❸ *(als Gegenleistung)* en échange ❹ *(andererseits)* en revanche ❺ *(für das)* **ich kann nichts ~, dass ...** je n'y peux rien, moi, si ... ❻ *(befürwortend)* **~ sein** être pour; **ich bin ~, dass** je suis d'avis que *+subj*

dagegen **I.** *adv* ❶ *(örtlich)* là contre ❷ *(gegen das, gegen dieses)* contre cela; **~ sein, dass** être contre le fait que *+subj;* **haben Sie etwas ~,**

wenn ich rauche? ça vous dérange si je fume?; **ich kann nichts ~ machen** je n'y peux rien ❸ *(im Vergleich dazu)* en comparaison **II.** *konj* en revanche

daher *adv* ❶ *(von dort)* de là; **ich komme gerade ~** j'en viens ❷ *(aus diesem Grund)* c'est pourquoi

dahin *adv* ❶ *(an diesen Ort)* y; **ich will nicht ~** je ne veux pas y aller ❷ **bis ~** *(solange)* d'ici là

dahinten *adv* là-bas

dahinter *adv* ❶ *(räumlich)* [là] derrière ❷ *(zeitlich)* après

damals *adv* à l'époque; **von ~** de l'époque

Dame *f* dame *f;* **meine sehr verehrten ~n und Herren!** *(form)* Mesdames et Messieurs!

damit **I.** *adv* ❶ *(mit diesem Gegenstand)* avec; **was soll ich ~?** que veux-tu/voulez-vous que j'en fasse? ❷ *(mit dieser angelegenheit)* **nichts ~ zu tun haben** n'avoir rien à voir là-dedans; **~ fing alles an** c'est ainsi que tout a commencé ❸ *(mit diesem Verhalten)* **~ hatte ich nicht gerechnet** je ne m'y attendais pas; **was willst du ~ sagen?** qu'entends-tu par là?; **sind Sie ~ einverstanden?** vous êtes d'accord? ❹ *(in Befehlen)* **weg ~!** enlève-moi ça!; **Schluss ~!** ça suffit! ❺ *(somit)* ainsi **II.** *konj* pour que *+subj;* **halt dich fest, ~ du nicht fällst!** tiens-toi bien pour ne pas tomber!

Dämmerung *f* ❶ *(Abenddämmerung)* crépuscule *m* ❷ *(Morgendämmerung)* aube *f*

Dampf *m* vapeur *f*

danach *adv* ❶ *(zeitlich, örtlich)* après ❷ *(zielgerichtet)* **das Kind sah den Ball und wollte ~ greifen** l'enfant a aperçu le ballon et a voulu l'attraper ❸ *(hiernach)* **ich sehne mich so ~** j'en aurais tellement envie

daneben *adv* ❶ à côté ❷ *(außerdem)* et en plus

Dank *m* remerciement *m;* **vielen ~** merci beaucoup

dankbar **I.** *adj* reconnaissant(e) **II.** *adv* avec gratitude

danke *adv* merci; **~ schön** merci bien

danken **I.** *vi* **jdm für seine Hilfe/sein Geschenk ~** remercier qn de son aide/pour son

D

cadeau; **nichts zu ~!** de rien! **II.** *vt* **jdm etw ~** dire merci à qn pour qc

dann *adv* ❶ *(danach)* ensuite ❷ *(irgendwann später)* un peu plus tard ❸ *(unter diesen Umständen)* alors; **ich fahre nur ~, wenn du mitkommst** je ne partirai qu'à condition que tu m'accompagnes ❹ *(sonst)* **wenn nicht du, wer ~?** si ce n'est pas toi, qui est-ce?

daran *adv* ❶ *befestigen* y; *vorbeigehen* à côté ❷ *(zeitlich)* ensuite ❸ *(an dieser Sache)* **erinnerst du dich noch ~?** tu t'en souviens?; **~ denken** y penser; **bist du ~ interessiert?** ça t'intéresse?

darauf *adv* ❶ *(örtlich)* dessus ❷ *(danach)* puis; **bald ~** peu après; **~ folgend** suivant; **einen Monat ~** un mois après ❸ *(als Reaktion)* là-dessus

daraus *adv* ❶ *(aus diesem Material)* en ❷ *(aus diesem Gefäß)* **~ kann man essen** on peut manger dedans ❸ *(aus dieser Sache)* **~ ergibt sich ...** il en résulte ...

darin *adv* ❶ *(in dem/der)* à l'intérieur ❷ *(in dieser Hinsicht)* **sie stimmen ~ überein, dass ...** ils/elles sont d'accord sur le fait que ...

Darstellung *f* représentation *f*

darüber *adv* ❶ *legen, gehen* dessus; *liegen* par-dessus ❷ *(höher, weiter oben)* au-dessus ❸ *(mehr)* **50 Jahre alt und ~** 50 ans et plus ❹ *(währenddessen)* pendant ce temps ❺ *(über diese/dieser angelegenheit)* à ce sujet

darum *adv* ❶ *(deshalb)* c'est pourquoi; **warum? — ~!** pourquoi? — Parce que! ❷ *(örtlich)* **~ [herum]** tout autour ❸ *(um diese angelegenheit)* **jdn ~ bitten etw zu tun** demander à qn de faire qc

darunter *adv* ❶ *(unter diesem/diesen Gegenstand)* en dessous; **~ hervorsehen** *Person* apparaître; *Gegenstand* dépasser ❷ *(unter dieser Etage)* en dessous ❸ *(unter dieser/diese Grenze)* **~ liegen** *Werte* être inférieur ❹ *(mitten unter diesen)* parmi eux/elles

das¹ *art* le/la

das² *pron* ce/cette, que, qui

dass *konj* ❶ que +*indic o subj;* **schade, ~ du schon gehen musst** dommage que tu sois obligé de partir; **ich bin dagegen, ~** je ne suis pas d'accord que +*subj* ❷ *(Folge)* que; **er hupte so laut, ~ alle wach wurden** il a klaxonné si fort que tous se sont réveillés ❸ *(als Einleitung einer Aufforderung)* **und ~ du pünktlich zurückkommst!** et tâche de rentrer à l'heure!

dasselbe *pron* le/la même

Datei *f* fichier *m*

Daten *Pl* données *fpl*

Datum *nt* date *f*; **was für ein ~ haben wir heute?** quel jour sommes-nous aujourd'hui?

Dauer *f* ❶ durée *f* ❷ **auf die ~** à la longue

dauern *vi* durer

dauernd I. *adj Ausstellung* permanent(e) *Wohnsitz* fixe; *Ärger* continuel(le) **II.** *adv* ❶ *(für immer)* définitivement ❷ *(immer wieder)* sans arrêt

Daumen *m* pouce *m*

davon *adv* ❶ **nicht weit ~** un peu plus loin ❷ *(von diesem)* **~ essen** en manger ❸ *(dadurch)* **~ wird man dick** ça fait grossir ❹ *(mittels dieser Sache)* **ich lebe doch ~!** j'en vis!

davor *adv* ❶ *(räumlich)* devant; **dort ist das Rathaus, und ~ befindet sich ...** la mairie est là-bas, et juste devant se trouve ... ❷ *(zeitlich)* avant; **ich muss zur Post gehen und ~ noch zum Bäcker** il faut que j'aille à la poste et avant chez le boulanger ❸ *(in Bezug auf eine Sache)* **jdn ~ warnen etw zu tun** avertir qn de ne pas faire qc

D

dazu[1] *adv* ❶ *(gleichzeitig)* **sie singt, und ~ spielt sie Harfe** elle chante tout en jouant de la harpe ❷ *(außerdem)* par-dessus le marché ❸ *(zu dem Gegenstand)* **... dies sind die Servietten ~ ...** voici les serviettes qui vont avec

dazu[2] *adv* ❶ *(zu dieser Sache)* **wozu gehört dieses Teil? — Dazu!** avec quoi va cette pièce? — avec ça! ❷ *(zu dieser Konsequenz)* **wie konnte es nur ~ kommen?** comment a-t-on pu en arriver là? ❸ *(dafür)* pour ça

dazu|gehören *vi Freund* être à sa place; *Zubehör* aller avec

dazwischen *adv* ❶ *(zwischen zwei Dingen)* entre les deux; *(zwischen mehreren Dingen)* y ❷ *(in der Zwischenzeit)* entre-temps

Deck *nt (Schiffsdeck)* pont *m*

Decke *f* ❶ *(Zimmerdecke)* plafond *m* ❷ *(Wolldecke)* cou-

D

verture *f* ❸ *(Bettdecke)* couette *f*
Deckel *m* couvercle *m*
dehnen *vt Gummizug* détendre; *Glieder* étirer
Deich *m* digue *f*
dein *pron* ton/ta/tes
Dekoration *f* décoration *f*
Delphin *m* dauphin *m*
dem[1] **I.** *art Maskulin* ❶ **von ~ Nachbarn sprechen** parler du voisin; **er gab ~ Großvater den Brief** il donna la lettre à son grand-père ❷ *(fam: in Verbindung mit Eigennamen)* **ich werde es ~ Frank sagen** je le dirai à Frank **II.** *art Neutrum* **von ~ Kind sprechen** parler de l'enfant; **an ~ Fenster klopfen** frapper à la fenêtre
dem[2] *pron* ce/cette, à qui
Demokratie *f* démocratie *f*
demokratisch *adj* démocratique
Demonstration *f* ❶ manifestation *f* ❷ *(Veranschaulichung)* démonstration *f*
demonstrieren **I.** *vi* manifester **II.** *vt* ❶ *(bekunden)* manifester ❷ *(veranschaulichen)* démontrer
Demütigung *f* humiliation *f*
denken **I.** *vi* penser **II.** *vt* ❶ **nur das Schlechteste von jdm ~** penser tout le mal possible de qn ❷ *(ahnen)* **das habe ich mir fast gedacht** j'en étais à peu près sûr ❸ *(sich vorstellen)* **sich** *dat* **etw ~** s'imaginer qc; **ich habe mir das so gedacht: ...** je vois les choses comme ça: ...
Denkmal *nt* monument *m*
denn **I.** *konj* ❶ car ❷ *(vorausgesetzt)* **es sei ~,** à moins que *+subj* **II.** *adv* donc; **he, was soll das ~?** holà, qu'est-ce qui se passe?
Deo, **Deodorant** *nt* déodorant *m*
der[1] **I.** *art Maskulin, nom Sing* le/la **II.** *art Feminin, gen Sing von* **die**[1] de la/du **III.** *art Feminin, dat Sing von* **die**[1] à la/au **IV.** *art gen Pl von* **die**[1] des
der[2] *pron* ce/cette, qui
derselbe *pron* le/la même
deshalb *adv* **~ ist das nicht möglich** c'est la raison pour laquelle cela n'est pas possible
desinfizieren *vt* désinfecter
dessen *pron* dont; **mein Onkel und ~ Haus** mon oncle et la maison de ce dernier
desto *konj* **je eher du dich daranmachst, ~ schneller bist du fertig** plus vite tu t'y

mettras, plus vite tu auras terminé
deswegen *s.* **deshalb**
deutlich **I.** *adj* ❶ *Konturen* net(te); *Aussprache* distinct(e); *Skizze* clair(e); *Schrift* lisible ❷ *(eindeutig)* clair(e) **II.** *adv* ❶ distinctement; *schreiben* lisiblement ❷ *sagen* clairement; *merken* sans le moindre doute
deutsch **I.** *adj* allemand(e) **II.** *adv* en allemand
Deutsche(r) *f(m)* allemand(e) *m(f)*
Deutschland *nt* l'allemagne *f*; **in ~** en allemagne
Dezember *m* décembre *m*
Dia *nt* diapo *f fam*
Dialekt *m* dialecte *m*
Diamant *m* diamant *m*
Diät *f* régime *m* alimentaire
dich *pron* te/t'; **ohne ~** sans toi; **du hast ~ verändert** tu as changé; **du darfst ~ nicht wundern, wenn ...** ne t'étonne pas si ...
dicht **I.** *adj* ❶ épais(se); *Verkehr* dense ❷ *Fenster* hermétique **II.** *adv* ❶ **~ beieinanderstehen** être près les uns des autres ❷ *(stark)* **~ bewölkt sein** être très nuageux
Dichter(in) *m(f)* poète *m*/poétesse *f*
dick **I.** *adj* ❶ gros(se) ❷ *(stark)* **ein zwei Zentimeter ~es Brett** une planche de deux centimètres d'épaisseur ❸ *Nebel* épais(se); *Milch* caillé(e) **II.** *adv* *unterstreichen* en gros
die[1] *art* le/la/les
die[2] *pron* ce/cette/ces, qui, que
Dieb(in) *m(f)* voleur, -euse *m, f*
dienen *vi* servir
Dienst *m* ❶ service *m*; **öffentlicher ~** fonction *f* publique ❷ *(Unterstützung, Gefallen)* services *mpl*
Dienstag *m* mardi *m*
diese(r, s) *pron* ❶ ce/cette/ces ❷ **~s und jenes** différentes choses *f pl*
dieselbe *pron* le/la même
dieser, dieses *s.* **diese(r, s)**
diesmal *adv* cette fois-ci
Diktator, Diktatorin *m, f* *(pej)* dictateur, -trice *m, f*
Ding *nt* ❶ *(Sache)* machin *m* ❷ *Pl (angelegenheit)* **so, wie die ~e liegen** au point où en sont les choses
Dinosaurier *m* dinosaure *m*
Diplom *nt* diplôme *m*
dir *pron* te/à toi; **stell ~ vor, es klappt!** figure-toi, ça marche!
direkt **I.** *adj* direct(e) **II.** *adv* di-

D

D

rectement

Direktor, **Direktorin** *m, f* directeur, -trice *m, f*

Diskothek *f* discothèque *f*

Diskussion *f* débat *m*

diskutieren *vi* **über etw** *akk* ~ discuter de qc

dividieren *vt, vi* diviser; **eine Zahl durch drei** ~ diviser un nombre par trois

doch I. *konj* mais **II.** *adv* ❶ *(dennoch)* quand même ❷ *(wirklich)* tout de même ❸ *(Widerspruch ausdrückend)* si ❹ *(zweifellos)* **du weißt ~, wie das ist** tu sais bien comment c'est

Doktor, **Doktorin** *m, f* docteur *mf*

Dolmetscher(in) *m(f)* interprète *mf*

Dom *m* cathédrale *f*

Donau *f* **die** ~ le Danube

Donner *m* tonnerre *m*

Donnerstag *m* jeudi *m*

doof *adj (fam)* débile

doppelt I. *adj* **das ~e Gehalt** le double salaire; **die ~e Menge** deux fois la quantité **II.** *adv* ❶ **~ so groß wie ...** deux fois plus grand que ... ❷ *zählen* doublement

Doppelzimmer *nt* chambre *f* double

Dorf *nt* village *m*

Dorn *m* épine *f*

dort *adv* là-bas; **~ oben** là-haut; **~ unten** là en bas; **von ~** de là; **ich komme gerade von ~** j'en reviens juste

Dose *f* boîte *f*

Dosenöffner *m* ouvre-boîte *m*

Drachen *m* ❶ *(Spielzeug)* cerf-volant *m* ❷ *(Flugdrachen)* deltaplane® *m*

Drama *nt* drame *m*

dran *adv (fam)* **früh/spät ~ sein** être en avance/en retard; **er ist ~** c'est à lui

drängeln I. *vi Wartende* pousser **II.** *vt* harceler **III.** *vr* **sich an der Kasse ~** jouer des coudes à la caisse

drängen I. *vi* ❶ **zum Ausgang ~** pousser vers la sortie; **in den Bus ~** se bousculer pour entrer dans le bus ❷ *(fordern)* **auf eine Antwort ~** insister pour obtenir une réponse ❸ *(eilig sein)* **die Zeit drängt** le temps presse **II.** *vt* ❶ **jdn zur Seite ~** pousser qn sur le côté ❷ *(auffordern)* **jdn ~ etw zu tun** presser qn de faire qc **III.** *vr* **sich zum Eingang ~** se bousculer vers l'entrée

draußen *adv* dehors; **von ~** de

dehors
dreckig *adj* sale
drehen I. *vt* ❶ *Hand* bouger; *Schlüssel* tourner ❷ *Zigarette* rouler ❸ CINE tourner ❹ *(stellen)* **die Musik leiser ~** baisser le son **II.** *vi* ❶ **an einem Knopf ~** tourner un bouton ❷ *(umdrehen) Fahrer* faire demi-tour; *Wind* tourner ❸ *(Filmaufnahmen machen)* tourner **III.** *vr* ❶ *(rotieren)* **sich ~** tourner ❷ *(sich umdrehen)* **sich nach rechts/links ~** se tourner à droite/gauche
drei *num* trois
Dreieck *nt* triangle *m*
dreifach I. *adj* triple **II.** *adv falten* trois fois
dreißig *num* trente
drin *adv (fam)* **in der Vase ist noch Wasser ~** il y a encore de l'eau dans le vase
dringend I. *adj Anruf* urgent(e); *Operation* d'urgence; *Warnung* pressant(e) **II.** *adv benötigen* de toute urgence; *operieren* d'urgence; *warnen, bitten* avec insistance; *erforderlich* absolument
drinnen *adv* à l'intérieur
drittens *adv* troisièmement
Droge *f* drogue *f*
drogenabhängig *adj* toxicomane
Drogerie *f* droguerie *f*
drohen *vi* menacer
Drohung *f* menace *f*
Druck *m* ❶ pression *f* ❷ *(in der Brust)* oppression *f*; *(im Magen)* lourdeur *f* ❸ *(das Drücken)* **mit einem ~ auf diese Taste** par simple pression sur cette touche ❹ **unter ~ stehen** être sous pression; *(in Zeitnot sein)* être pressé par le temps
drucken *vt, vi* imprimer
drücken I. *vt* ❶ *Knopf* appuyer sur ❷ *(pressen)* **jdn an sich** *akk* **~** étreindre qn ❸ *(schieben)* **etw nach vorne ~** pousser qc en avant ❹ *(schmerzen)* **jdn ~** *Schuhe* serrer qn **II.** *vi* ❶ *Brille* serrer; **im Magen ~** peser sur l'estomac ❷ *(pressen)* **auf einen Knopf ~** appuyer sur un bouton; **[bitte] ~!** Poussez [S.V.P.]! ❸ *Verantwortung* être oppressant **III.** *vr* **sich an die Wand ~** se plaquer contre le mur
Drucker *m* TECH imprimante *f*
Druckerei *f* imprimerie *f*
Dschungel *m* jungle *f*
du *pron* tu/toi

D

D

Duft *m von Blumen* parfum *m; eines Essens, Parfüms* arôme *m*
duften *vi* sentir bon; **nach Harz ~** sentir la résine; **es duftet nach Veilchen** ça sent la violette
dumm I. *adj* bête; **~es Zeug reden** dire des bêtises **II.** *adv* **sich ~ anstellen** faire l'idiot
Düne *f* dune *f*
Dünger *m* engrais *m*
dunkel *adj* ❶ sombre; **im Dunkeln** dans l'obscurité ❷ *Haare* foncé(e) ❸ *Klang* grave ❹ *Erinnerung* confus(e); *Verdacht* vague
dünn *adj* ❶ mince; *(mager)* maigre; **~er werden** maigrir ❷ *Brei* liquide; *Kaffee* léger, -ère ❸ *Stoff* fin(e)
durch I. *präp* ❶ par; **quer ~ das Tal gehen** traverser la vallée ❷ *(aufgrund)* **~ Fragen** à force de demander ❸ *(dank)* **~ jdn** grâce à qn **II.** *adv (fam: gar)* bien cuit(e)
durcheinander I. *adj (fam)* ❶ *(unordentlich)* en pagaille ❷ *(verwirrt)* tourneboulé(e) **II.** *adv* **viel ~ essen** manger beaucoup et n'importe comment
Durchfahrt *f* passage *m*
durchqueren *vt* traverser
Durchsage *f* communiqué *m*
Durchschnitt *m* moyenne *f*
durch|setzen *vt, vr* **[sich] ~** [s']imposer
durchsichtig *adj* ❶ transparent(e) ❷ *(offensichtlich)* évident(e)
durch|streichen *vt* rayer
durchsuchen *vt* fouiller
dürfen¹ *aux* ❶ pouvoir; *(Erlaubnis haben)* avoir le droit de ❷ *(sollen, müssen)* **wir ~ den Bus nicht verpassen** il ne faut pas que nous rations notre bus; **das hätte er nicht tun ~** il n'aurait pas dû faire ça; **es darf nicht sein, dass** il est inadmissible que *+subj* ❸ **was darf es denn sein?** vous désirez? ❹ **es dürfte genügen, wenn ...** cela devrait suffire si ...
dürfen² **I.** *vi* pouvoir; *(Erlaubnis haben)* avoir la permission; **darf ich? — Ja, du darfst** je peux? — Oui, tu peux **II.** *vt* **er darf alles** il peut faire tout ce qu'il veut; **darf sie das wirklich?** elle a vraiment la permission?
Durst *m* soif *f*
durstig *adj* assoiffé(e)
Dusche *f* douche *f*

duschen I. *vi, vr* **[sich] ~** se doucher **II.** *vt* doucher

düster *adj* sombre

Ee

Ebbe *f* marée *f* basse

eben[1] *adj* plat(e)

eben[2] *adv* ❶ *(gerade)* **was hast du ~ gesagt?** qu'est-ce que tu viens de dire?; **dein Bruder war ~ noch hier/da** ton frère était encore ici/là à l'instant ❷ *(nämlich)* justement ❸ *(nun einmal)* tout simplement ❹ *(gerade noch: mengenmäßig)* [tout] juste; *(zeitlich)* de justesse

Ebene *f* ❶ plaine *f* ❷ *(Stufe)* niveau *m*

ebenfalls *adv* aussi; **ich ~** moi aussi; **ich war ~ nicht eingeladen** moi non plus, je n'étais pas invité

ebenso *adv* ❶ **~ gern/gut** tout aussi bien; **~ sehr/viel** tout autant ❷ *(desgleichen)* également

Echo *nt* écho *m*

echt I. *adj* véritable; *Haar* naturel(le); *Unterschrift* authentique **II.** *adv* ❶ *(rein)* **~ Gold/Silber** de l'or/l'argent véritable ❷ *(fam: wirklich)* vraiment

Ecke *f* coin *m;* MATH angle *m*

eckig *adj Tisch* carré(e); *Skulptur* anguleux, -euse

Efeu *m* lierre *m*

Effekt *m* effet *m*

effektiv *adj* ❶ *Maßnahme* efficace ❷ *Zinsen* réel(le)

egal I. *adj (fam)* **jdm ~ sein** n'avoir pas d'importance pour qn; **~, was** quoi que +*subj;* **~, wie/wo/warum ...** peu importe comment/où/pourquoi ...; **das ist mir ~** ça m'est égal **II.** *adv (fam: gleich)* pareillement

egoistisch *adj* égoïste

Ehe *f* mariage *m*

E

Ehefrau *f* femme *f*
ehemalig *adj* ancien(ne)
Ehemann *m* mari *m*
Ehering *m* alliance *f*
Ehre *f* honneur *m*
ehren *vt* honorer
Ehrgeiz *m* ambition *f*
ehrgeizig *adj* ambitieux, -euse
ehrlich **I.** *adj* ❶ sincère; *Absicht* honnête ❷ *Mitarbeiter* honnête **II.** *adv* ❶ honnêtement ❷ *(aufrichtig)* – **gesagt, ...** franchement ...
Ehrlichkeit *f* sincérité *f*
Ei *nt* œuf *m*
Eiche *f* chêne *m*
Eichhörnchen *nt* écureuil *m*
Eid *m* JUR serment *m*
Eidechse *f* lézard *m*
Eifersucht *f* jalousie *f*
eifersüchtig *adj* jaloux, -ouse
Eigelb *nt* jaune *m* d'œuf
eigen *adj* ❶ propre ❷ *Meinung* personnel(le) ❸ *Eingang* particulier, -ière
eigenartig **I.** *adj* particulier, -ière **II.** *adv sich benehmen* bizarrement
Eigenschaft *f* trait *m* de caractère
eigensinnig *adj* obstiné(e)
eigentlich **I.** *adj* ❶ véritable; *Wert* réel(le) ❷ *(ursprünglich)* d'origine **II.** *adv* ❶ en principe ❷ *(überhaupt)* au juste ❸ *(wirklich)* en fait
Eigentum *nt* propriété *f*; *(Besitzgüter)* biens *mpl*
Eigentümer(in) *m(f)* propriétaire *mf*
Eile *f* hâte *f*
eilig **I.** *adj* urgent(e) **II.** *adv* rapidement
Eimer *m* seau *m*
ein *adv* **auf „~" drücken** appuyer sur "marche"
ein, eine, ein **I.** *num* ❶ un/une; **es ist ~ Uhr** il est une heure; **~ Pfund/Kilo wiegen** peser une livre/un kilo ❷ **~ und derselbe/dieselbe** une seule et même personne **II.** *art* un(e)
einander *pron (geh)* se/nous/vous
ein|atmen **I.** *vt* respirer; *Gas* inhaler **II.** *vi* inspirer
Einbahnstraße *f* [rue *f* à] sens *m* unique
ein|biegen *vi* **in eine Straße ~** tourner dans une rue
ein|bilden *vr* ❶ *(phantasieren)* s'imaginer ❷ *(stolz sein)* être fier
ein|brechen **I.** *vi* cambrioler **II.** *vt Tür* enfoncer
Einbrecher(in) *m(f)* cambrioleur, -euse *m, f*

Einbruch *m* ❶ cambriolage *m* ❷ *des Winters* irruption *f*
ein|checken I. *vi* se faire enregistrer **II.** *vt Fluggast* enregistrer
ein|cremen *vt, vr* [se] mettre de la crème
eindeutig I. *adj* clair(e) **II.** *adv* manifestement
Eindruck *m* impression *f*
einerseits *adv* **~ ... andererseits ...** d'un côté ..., de l'autre [côté] ...
einfach I. *adj* ❶ facile ❷ *Faden* simple ❸ *(nicht hin und zurück)* **eine ~e Fahrkarte** un aller simple **II.** *adv* simplement
Einfahrt *f* ❶ *des Zuges* entrée *f* en gare; *des Schiffes* arrivée *f* au port ❷ *(Zufahrt)* voie *f* d'accès; **~ freihalten!** sortie de véhicules!
ein|fallen *vi* ❶ **jdm ~** venir à l'esprit de qn; **sich** *dat* **etwas ~ lassen** trouver quelque chose ❷ *(in Erinnerung kommen)* retrouver
einfarbig I. *adj* d'une seule couleur; *Stoff* uni(e) **II.** *adv* d'une seule couleur
Einfluss *m* influence *f*
Eingang *m* entrée *f*
eingebildet *adj* ❶ *(pej: hochmütig)* prétentieux, -euse ❷ *(imaginär)* imaginaire
ein|greifen *vi* intervenir
ein|halten *vt* ❶ *Abmachung* respecter; *Diät* suivre ❷ *Geschwindigkeit* maintenir
einheimisch *adj* ❶ local(e); *(in der Gegend ansässig)* indigène ❷ *(opp: ausländisch)* national(e); *Mannschaft* local(e)
einheitlich *adj* ❶ uniforme ❷ *Werk* homogène
einig *adj* ❶ *(geeint)* uni(e) ❷ *(einer Meinung)* **sich** *dat* **über etw** *akk* **~ sein/werden** être/se mettre d'accord sur qc; **sich** *dat* **[darüber] ~ sein, dass** être d'accord pour que +*subj*
einige(r, s) *pron* ❶ *(ziemlich viel/groß)* **~s Geld** pas mal d'argent; **in ~r Entfernung** à une certaine distance ❷ *(mehrere)* plusieurs, quelques, quelques-un(e)s
einigen *vr* **sich auf/über etw** *akk* **~** se mettre d'accord sur qc
einigermaßen *adv* relativement
Einigung *f* ❶ *von Staaten* unification *f* ❷ *(Übereinstimmung)* accord *m*

E

E

ein|kaufen I. *vt* acheter **II.** *vi* **~ gehen** aller faire des/les courses
Einkommen *nt* revenu *m*
ein|laden[1] *vt* inviter
ein|laden[2] *vt* charger
Einladung *f* invitation *f*
ein|lassen I. *vt* 1 faire entrer 2 A *Boden* cirer **II.** *vr* **sich auf eine Diskussion ~** s'embarquer dans une discussion
ein|legen *vt* 1 *Kassette* introduire 2 GASTR faire mariner
einmal *adv* 1 *(ein einziges Mal)* une fois 2 *(mal)* un jour; **nicht ~** [ne] ... même pas 3 *(irgendwann in der Vergangenheit)* autrefois; **es war ~** il était une fois 4 **auf ~** tout d'un coup
einmalig I. *adj* unique **II.** *adv* extraordinairement
ein|ordnen I. *vt* classer **II.** *vr* *(Fahrspur wählen)* **sich [richtig] ~** se mettre dans la bonne file
ein|packen I. *vt* emballer **II.** *vi* faire sa valise
ein|reden *vt* faire croire
ein|richten I. *vt* *Wohnung* aménager **II.** *vr* **sich neu ~** se meubler de neuf
eins *num* un
einsam I. *adj* 1 *Person* seul(e); *Leben* solitaire 2 *Strand* isolé(e) **II.** *adv* à l'écart
ein|sammeln *vt* *Schulhefte* ramasser; *Spenden* collecter
ein|schalten *vt* allumer
ein|schätzen *vt* **jdn/etw falsch ~** se tromper sur qn/qc
ein|schenken *vt* verser
ein|schlafen *vi* 1 s'endormir 2 *(gefühllos werden)* s'engourdir
ein|schließen *vt* enfermer
einschließlich *präp* y compris
ein|schränken *vt, vr* **[sich] ~** [se] restreindre
Einschreiben *nt* envoi *m* recommandé
ein|schüchtern *vt* intimider
ein|sehen *vt* reconnaître; **das sehe ich nicht ein!** je ne suis pas d'accord!
ein|setzen I. *vt* 1 *Ersatzteil* poser 2 *Waffen* avoir recours à; *Sonderzug* mettre en service 3 *Mittel* mettre en œuvre; *Leben* mettre en jeu **II.** *vi* commencer; *Sturm* se mettre à souffler; *Regen* se mettre à tomber **III.** *vr* 1 **sich ~** s'investir 2 *(sich verwenden für)* **sich für jdn/etw ~** intervenir en faveur de qn/œuvrer pour qc
Einspruch *m* objection *f*

einspurig *adj* à une voie
ein|steigen *vi* monter
ein|stellen I. *vt* ❶ embaucher ❷ *(beenden)* cesser ❸ *(regulieren)* régler **II.** *vi Firma* embaucher
eintönig *adj* monotone
Eintopf *m* potée *f*
Eintritt *m* entrée *f*
einverstanden *adj* **mit jdm/etw ~ sein** être d'accord avec qn/sur qc
Einwanderer, Einwanderin *m, f* immigrant(e) *m(f)*
ein|weisen *vt* ❶ MED **[in ein Krankenhaus] ~** hospitaliser ❷ *(unterweisen)* mettre au courant
Einwohner(in) *m(f)* habitant(e) *m(f)*
ein|zahlen *vt* verser
Einzelkind *nt* enfant *m* unique
einzeln I. *adj* ❶ seul(e) ❷ *(abgesondert)* isolé(e) ❸ **im Einzelnen** en détail **II.** *adv* séparément
Einzelzimmer *nt* chambre *f* individuelle
ein|ziehen I. *vt* rentrer **II.** *vi* ❶ *(in eine Wohnung ziehen)* emménager ❷ *(aufgesogen werden)* pénétrer
einzig I. *adj* ❶ *(alleinig)* seul(e); **etw als Einziger/Einzige tun** être le seul/la seule à faire qc; **kein [*o* nicht ein] ~er Schüler** pas le moindre/la moindre élève ❷ *(einziges Kind)* **unser Einziger/unsere Einzige** notre fils/fille unique **II.** *adv* **die ~ mögliche Lösung** la seule et unique solution possible
einzigartig I. *adj* unique en son genre **II.** *adv* extraordinairement
Eis *nt* glace *f*
Eisen *nt a.* MED fer *m*
Eisenbahn *f* train *m*
Eiskaffee *m café froid avec une boule de glace à la vanille et de la chantilly*
eitel *(pej) adj* vaniteux, -euse
Eiter *m* pus *m*
eitern *vi* suppurer
Eiweiß *nt* ❶ protéine *f* ❷ GASTR blanc *m* d'œuf
Ekel *m (Abscheu)* dégoût *m*
ekelhaft *adj* répugnant(e)
ekeln I. *vt* dégoûter; **mich ekelt es vor jdm/etw** je suis dégoûté par qn/qc **II.** *vr* **sich vor jdm/etw ~** éprouver de la répulsion pour qn/qc
elastisch *adj* élastique
Elefant *m* éléphant *m*
elegant I. *adj* élégant(e) **II.** *adv*

E

E

avec élégance
Elektriker(in) *m(f)* électricien(ne) *m(f)*
elektrisch *adj* électrique
Elektrizität *f* électricité *f*
elektronisch *adj* électronique
Element *nt* élément *m*
elend *adj* misérable
elf *num* onze
Elfenbein *nt* ivoire *m*
Elfmeter *m* penalty *m*
elfte(r, s) *adj* ❶ onzième ❷ *(bei Datumsangaben)* **der ~ März** le onze mars
Ellbogen *m* coude *m*
Elster *f* pie *f*
Eltern *Pl* parents *mpl*
E-Mail *f o nt* courrier *m* électronique
emotional *adj* émotif, -ive
Empfang *m* ❶ réception *f* ❷ *(Begrüßung)* accueil *m*
empfangen *vt* ❶ *(geh: erhalten)* recevoir ❷ TV, RADIO capter
Empfänger(in)[1] *m(f)* destinataire *mf*
Empfänger[2] *m (Empfangsgerät)* récepteur *m*
empfehlen *vt* recommander
Empfehlung *f* recommandation *f*
empfinden *vt* ❶ *Gefühl* éprouver ❷ *(auffassen)* ressentir
empfindlich *adj* ❶ *(leicht reizbar)* susceptible ❷ *(leicht zu beschädigen)* fragile ❸ *Messgerät* sensible
empörend *adj* révoltant(e)
empört I. *adj* indigné(e) **II.** *adv* avec indignation
Ende *nt* ❶ fin *f*; **etw zu ~ bringen** mener qc à son terme ❷ *(räumlicher Abschluss)* bout *m*
enden *vi* ❶ *Urlaub* se terminer ❷ *Weg* s'arrêter
endgültig *adj* définitif, -ive
endlich *adv* enfin
endlos I. *adj* ❶ *Ärger* sans fin ❷ *(sehr lang)* interminable; *Weite* infini(e) **II.** *adv* indéfiniment
Energie *f* énergie *f*
energisch *adj* énergique
eng I. *adj* ❶ étroit(e) **II.** *adv* ❶ **einen Rock ~er machen** ajuster une jupe ❷ *(dicht)* **~ nebeneinandersitzen/-stehen** être serrés l'un contre l'autre
Engel *m* ange *m*
England *nt* l'Angleterre *f*
Engländer(in) *m(f)* Anglais(e) *m(f)*
englisch I. *adj* anglais(e) **II.** *adv* en anglais
Enkel(in) *m(f)* petit-fils *m*/peti-

te-fille *f;* **die ~** les petits-enfants *mpl*
Entbindung *f* MED accouchement *m*
entdecken *vt* découvrir
Entdeckung *f* découverte *f*
Ente *f* canard *m*
entfernen **I.** *vt* enlever **II.** *vr* **sich von/aus etw ~** s'éloigner de qc
entfernt *adj* ❶ **von etw ~ sein** être loin de qc ❷ *Verwandtschaft* éloigné(e)
Entfernung *f* ❶ distance *f* ❷ *eines Flecks* élimination *f*
entführen *vt Geisel* enlever; *Flugzeug* détourner
entgegen **I.** *adv* **dem Ziel ~** au devant du but; **dem Sommer ~** vers l'été **II.** *präp +dat (zuwider)* contrairement à
entgegengesetzt *adj* opposé(e)
entgegen|kommen *vi irr* ❶ venir à la rencontre de qn; *(fahrend)* arriver en sens inverse de qn ❷ *(entsprechen)* **jds Interessen** *dat* **~** aller dans le sens des intérêts de qc
entgehen *vi* échapper
enthalten *irr* **I.** *vt* contenir **II.** *vr* **sich ~** s'abstenir
entkommen *vi* **jdm ~** échapper à qn
entlang **I.** *präp* le long de **II.** *adv* **hier ~** par ici
entlassen *vt* ❶ *Mitarbeiter* licencier ❷ *Patienten* laisser sortir; *Häftling* libérer
entmutigen *vt* décourager
entscheiden *vt, vi, vr* **[sich] ~** [se] décider
entscheidend *adj* décisif, -ive
Entscheidung *f* décision *f*
entschließen *vr irr* **sich ~** se décider
Entschluss *m* décision *f*
entschuldigen *vt, vr* **[sich] ~** [s']excuser
Entschuldigung *f* ❶ excuses *fpl;* **~!** pardon!; **~, wie spät ist es bitte?** excusez-moi, vous avez l'heure s'il vous plaît? ❷ *(Rechtfertigung)* excuse *f* ❸ *(Entschuldigungsschreiben)* mot *m* d'excuse
entspannen *vt, vr* **[sich] ~** [se] détendre
entstehen *vi* ❶ *(zu existieren beginnen)* se constituer ❷ *Unruhe* se déclencher ❸ CHEM se former
enttäuschen *vt* décevoir
Enttäuschung *f* déception *f*
entweder *konj* **~ ..., oder ...** ou [bien] ..., ou [bien] ...
entwickeln *vt* développer

E

E

Entwicklung *f* ❶ développement *m* ❷ *(das Entwerfen)* élaboration *f* ❸ *(das Vorankommen)* évolution *f*
Entwicklungsland *nt* pays *m* en voie de développement
Entwurf *m* ❶ projet *m* ❷ *(Konzept)* ébauche *f*
entzückend *adj* ravissant(e)
Entzündung *f* inflammation *f*
Epidemie *f* MED épidémie *f*
er *pron* il/lui
Erbe *nt* JUR *(a. fig)* héritage *m*
Erbe, Erbin *m, f* héritier, -ière *m, f*
erben *vt, vi* hériter
erbrechen *vt, vi* vomir
Erbse *f* pois *m*
Erdbeben *nt* tremblement *m* de terre
Erde *f* terre *f*; *(Planet)* Terre *f*
Erdgeschoss *nt* rez-de-chaussée *m*
Erdkunde *f* géographie *f*
Erdteil *m* continent *m*
ereignen *vr* **sich ~** se produire
Ereignis *nt* événement *m*
erfahren[1] *vt* *Neuigkeit* apprendre
erfahren[2] *adj* expérimenté(e)
Erfahrung *f* expérience *f*
erfinden *vt* inventer
Erfinder(in) *m(f)* inventeur, -trice *m, f*
Erfolg *m* succès *m*
erforderlich *adj* **es ist ~, dass** il est nécessaire que +*subj*
erfreuen *vt* faire plaisir à
erfrieren *vi* *(sterben)* mourir de froid
erfrischend *adj* rafraîchissant(e)
erfüllen I. *vt* *Forderung* satisfaire; *Aufgabe* accomplir; **sich** *dat* **einen Wunsch ~** se faire [un petit] plaisir **II.** *vr* **sich ~** *Wunsch* se réaliser
Ergebnis *nt* résultat *m*
ergreifend *adj* bouleversant(e)
erhalten I. *vt* recevoir **II.** *vr* **sich ~** se maintenir
erhältlich *adj* disponible
erhitzen *vt* faire chauffer
erhöhen I. *vt* ❶ rehausser ❷ *Zahl* accroître ❸ *Wirkung* intensifier **II.** *vr* FIN **sich um drei Prozent ~** augmenter de trois pour cent
erholen *vr* ❶ **sich von einer Krankheit ~** se remettre d'une maladie ❷ *(ausspannen)* **sich ~** se reposer
erholsam *adj* reposant(e)
erinnern I. *vt* **jdn an etw** *akk* **~** rappeler qc à qn **II.** *vr* **sich an jdn/etw ~** se souvenir de qn/

qc **III.** *vi* **an jdn/etw ~** faire penser à qn/qc
Erinnerung *f* souvenir *m*
erkälten *vr* **sich ~** prendre froid
Erkältung *f* rhume *m*
erkennen *vt* reconnaître
erklären *vt* expliquer
Erklärung *f* ❶ explication *f* ❷ *(öffentliche Stellungnahme)* déclaration *f*
erkranken *vi* tomber malade
erkundigen *vr* **sich bei jdm nach jdm/etw ~** se renseigner auprès de qn sur qn/qc
erlauben *vt* permettre; **~ Sie/erlaubst du, dass** vous permettez/tu permets que *+subj*
Erlaubnis *f* ❶ permission *f* ❷ *(Schriftstück)* autorisation *f*
erleben *vt* ❶ *Ereignis* vivre ❷ *Schlimmes* endurer; *Enttäuschung* connaître
Erlebnis *nt* expérience *f* [vécue]
erledigen I. *vt Aufgabe* accomplir; *Besorgung* effectuer **II.** *vr* **sich von selbst ~** s'arranger tout seul
ermüdend *adj* fatigant(e)
ermutigen *vt* encourager
ernähren *vt, vr* **[sich] ~** [se] nourrir
Ernährung *f* alimentation *f*
erniedrigen *vt* humilier
ernst *adj* ❶ *Lage, Anlass* grave ❷ *Person* sérieux, -euse
Ernte *f* ❶ *(Ertrag)* récolte *f* ❷ *(Getreideernte)* moisson *f*
ernten *vt* récolter; *Getreide* moissonner; *Obst* cueillir
erobern *vt* MIL *(a. fig)* conquérir
eröffnen *vt Geschäft* ouvrir; *Ausstellung* inaugurer
Eröffnung *f* ouverture *f*; *einer Ausstellung* inauguration *f*
Erosion *f* érosion *f*
Erotik *f* érotisme *m*
erpressen *vt* ❶ faire chanter ❷ *(abpressen)* **Geld von jdm ~** extorquer de l'argent à qn
erregen *vt* ❶ *(aufregen)* irriter ❷ *(hervorrufen)* **Aufsehen/Anstoß ~** faire sensation/scandale
erreichen *vt* ❶ *(reichen an)* attraper ❷ *(antreffen)* **jdn ~** *Person* joindre qn; *Nachricht* parvenir à qn ❸ *(eintreffen)* **sein Ziel ~** arriver à destination
Ersatz *m (Mensch)* remplaçant(e) *m(f)*; *(Gerät)* appareil *m* de remplacement
Ersatzteil *nt* pièce *f* de re-

E

E

change
erscheinen *vi* ❶ *(sichtbar werden)* apparaître ❷ *(veröffentlicht werden)* sortir ❸ *(scheinen)* paraître
erschießen I. *vt* abattre **II.** *vr* **sich ~** se tuer
erschrecken[1] *vt* faire peur à
erschrecken[2] *vi* **vor jdm/etw ~** avoir peur de qn/qc
erschüttern *vt* secouer
ersetzen *vt* ❶ *Unkosten* rembourser ❷ *(austauschen)* **etw durch etw ~** remplacer qc par qc
erst *adv* ❶ *(zuerst)* d'abord ❷ *(nicht früher, jünger als)* **~ jetzt** seulement maintenant; **~ als ich dich sah** ce n'est que lorsque je t'ai vu
erstaunen *vt* étonner
erste(r, s) *adj* ❶ premier, -ière ❷ *(bei Datumsangaben)* **am ~n September** le premier septembre ❸ **als Erstes** pour commencer
ersticken *vt* étouffer
erstmals *adv* pour la première fois
ertragen *vt* supporter
erträglich *adj* supportable
ertrinken *vi* se noyer
erwachen *vi (geh)* se réveiller
erwachsen *adj Person* adulte
Erwachsene(r) *f(m)* adulte *mf*
erwähnen *vt* ❶ *Angebot* mentionner ❷ *(bemerken)* évoquer
erwarten *vt* attendre
Erz *nt* minerai *m*
erzählen *vt, vi* raconter
Erzählung *f* ❶ *(Prosawerk)* conte *m* ❷ *(das Erzählen)* récit *m*
erziehen *vt irr* élever
Erziehung *f* éducation *f*
es *pron* il/elle, le/la; **~ ist ...** c'est ...; **~ regnet** il pleut; **~ geht ihnen gut** ils vont bien
Esel *m* âne *m*
essen *vt, vi* manger
Essen *nt* repas *m*
Essig *m* vinaigre *m*
Esszimmer *nt* salle *f* à manger
Etikett *nt* étiquette *f*
Etui *nt* étui *m*
etwa *adv* ❶ **[in] ~** à peu près ❷ *(zum Beispiel)* par exemple
etwas *pron* ❶ quelque chose ❷ *(ein wenig)* un peu
euch *pron* vous
euer *pron* votre/vos
Eule *f* chouette *f*
Euro *m* euro *m*
Europa *nt* l'Europe *f*
Europäer(in) *m(f)* Européen(ne) *m(f)*
europäisch *adj* européen(ne)

Europameister(in) *m(f)* champion(ne) *m(f)* d'Europe
evangelisch *adj* protestant(e)
eventuell *adj* éventuel(le)
ewig *adj* éternel(le)
Ewigkeit *f* éternité *f*
Exemplar *nt* exemplaire *m*
Existenz *f* existence *f*
existieren *vi* exister
Expedition *f* expédition *f*
Experiment *nt* expérience *f*
Explosion *f* explosion *f*
Export *m* exportation *f*
extra *adv* ❶ *(besonders)* extra[-] ❷ *(zusätzlich)* en plus ❸ *(gesondert)* à part
extrem *adj* extrême
Extremist(in) *m(f)* extrémiste *mf*

Ff

Fabrik *f* usine *f*
Fach *nt* ❶ *einer Tasche* compartiment *m* ❷ *(Schubfach)* tiroir *m* ❸ *(Schulfach)* matière *f*
Faden *m* fil *m*
Fähigkeit *f* faculté *f*
Fahne *f* drapeau *m*
fahren **I.** *vi* ❶ **nach Frankreich** ~ aller en France ❷ *Fahrzeug* rouler; **nach oben/unten** ~ *Fahrstuhl* monter/descendre **II.** *vt* ❶ *Auto* conduire; *Fahrrad* rouler sur ❷ *Personen* conduire; *Sachen* transporter
Fahrer(in) *m(f)* conducteur, -trice *m, f*
Fahrkarte *f* ticket *m; (für den Zug)* billet *m*
Fahrplan *m* [indicateur *m*] horaire *m*
Fahrrad *nt* vélo *m*
Fahrschein *m* ticket *m; (für den Zug)* billet *m*
Fahrt *f* ❶ trajet *m* ❷ *(Reise)* voyage *m*
fair **I.** *adj Spiel* correct(e) **II.** *adv spielen* avec fair-play
Fall *m* cas *m*
Falle *f* piège *m*

fallen *vi* tomber
falls *konj* au cas où +*cond*
falsch **I.** *adj* faux(fausse) **II.** *adv* mal; *singen* faux
Falte *f* ❶ *eines Kleidungsstücks* pli *m* ❷ *(Hautfalte)* ride *f*
Familie *f* famille *f*
F
Familienname *m* nom *m* de famille
fanatisch *adj* fanatique
fangen **I.** *vt* attraper **II.** *vr* **sich wieder** ~ se ressaisir
Fantasie *f* imagination *f*
fantastisch *adj (fam)* formidable
Farbe *f* couleur *f*
färben *vt* teindre
farbig **I.** *adj* ❶ coloré(e) ❷ *Foto* en couleur **II.** *adv* en couleur
Farbige(r) *f(m)* homme *m*/femme *f* de couleur
Faschist(in) *m(f)* fasciste *mf*
Fass *nt (Holzfass)* tonneau *m*
fassen **I.** *vt* ❶ saisir; **jdn an der Hand** ~ prendre qn par la main ❷ *(festnehmen)* arrêter **II.** *vr* **sich wieder** ~ se ressaisir
fast *adv* presque
faul *adj* ❶ paresseux, -euse ❷ *Lebensmittel* avarié(e); *Obst* pourri(e)
Faust *f* poing *m*
Fax *nt* fax *m*
Februar *m* février *m*
Feder *f* ❶ plume *f* ❷ TECH ressort *m*
fegen *vt, vi* balayer
fehlen *vi* ❶ manquer ❷ *(abwesend sein)* **im Unterricht** ~ être absent du cours
Fehler *m* ❶ faute *f* ❷ *(Mangel)* défaut *m*
Feier *f* fête *f*; *(Festakt)* cérémonie *f*
Feierabend *m (Arbeitsschluss)* fin *f* de la journée de travail; *(Geschäftsschluss)* heure *f* de fermeture
feiern **I.** *vt* fêter **II.** *vi* faire la fête
Feiertag *m* jour *m* férié
Feige *f* figue *f*
Feigling *m* lâche *mf*
Feile *f* lime *f*
fein *adj* ❶ fin(e) ❷ *(fam) Charakter* sympathique ❸ *(vornehm)* distingué(e)
Feind(in) *m(f)* ennemi(e) *m(f)*
Feld *nt* ❶ *(Acker)* champ *m* ❷ *eines Spielbretts* case *f* ❸ SPORT terrain *m*
Feldsalat *m* mâche *f*
Fell *nt* pelage *m*
Felsen *m* rocher *m*
Fenster *nt* fenêtre *f*
Ferien *Pl* vacances *fpl*
Ferienhaus *nt* maison *f* de va-

cances
fern **I.** *adj* ❶ *(räumlich)* lointain(e) ❷ *(zeitlich)* loin **II.** *adv* loin
Fernbedienung *f* télécommande *f*
fern|sehen *vi* regarder la télévision
Fernsehen *nt* télévision *f*
Fernseher *m (fam)* télé *f*
Ferse *f* talon *m*
fertig **I.** *adj* ❶ *Arbeit* terminé(e); **~ werden** finir ❷ *Speise* prêt(e) **II.** *adv* ❶ **etw ~ bringen** arriver à faire qc; **etw ~ stellen** finir qc ❷ *(bereit)* **sich für etw ~ machen** se préparer pour qc
fesseln *vt* **jdn mit etw an etw ~** attacher qn avec qc à qc
fest **I.** *adj* ❶ solide ❷ *Händedruck* ferme; *Knoten* serré(e) ❸ *Anstellung* définitif, -ive; *Wohnsitz* permanent(e); *Einkommen* fixe **II.** *adv* ❶ fort ❷ *zudrehen* à fond ❸ *zusagen* formellement; *glauben* fermement ❹ *(dauernd)* **~ angestellt** sous contrat à durée indéterminée
Fest *nt* fête *f*
fest|halten *irr* **I.** *vt* retenir **II.** *vi* **an jdm/etw ~** être fidèle à qn/qc **III.** *vr* **sich an jdm/etw ~** s'accrocher à qn/qc
Festland *nt* continent *m*
fest|legen *vt* fixer
festlich *adj* de fête
fest|nehmen *vt* arrêter
fest|stellen *vt* constater
Festung *f* forteresse *f*
fett *adj* gras(se)
Fett *nt* graisse *f*
fettarm **I.** *adj* allégé(e) **II.** *adv* *kochen* léger
fettig *adj* gras(se)
feucht *adj* humide
Feuer *nt* feu *m*
Feuerwehr *f* [sapeurs-]pompiers *mpl*
Feuerzeug *nt* briquet *m*
Fieber *nt* fièvre *f*
Figur *f* ❶ silhouette *f* ❷ *(Schachfigur)* pièce *f* ❸ LITER personnage *m*
Film *m* film *m*
filmen **I.** *vt* filmer **II.** *vi* tourner
Finale *nt* finale *f*
Finanzamt *nt* fisc *m*
finanziell *adj* financier, -ière
finanzieren *vt* financer
finden *vt, vi* trouver
Finger *m* doigt *m*
Fingerabdruck *m* empreinte *f* digitale
Fingernagel *m* ongle *m*
Firma *f* entreprise *f*
Fisch *m* ❶ poisson *m* ❷ ASTRO

F

er ist ~ il est Poissons
fischen *vt, vi* pêcher
Fischer(in) *m(f)* pêcheur, -euse *m, f*
fit *adj* en forme
flach I. *adj* plat(e) **II.** *adv* à plat
Fläche *f (Ebene)* surface *f*
Flagge *f* drapeau *m*
Flamme *f* flamme *f*
Flasche *f* ❶ bouteille *f* ❷ *(Säuglingsflasche)* biberon *m*
Flaschenöffner *m* ouvre-bouteille[s] *m*
Fleck *m* tache *f*
fleckig *adj Kleidungsstück* taché(e); *Haut* tacheté(e)
Fledermaus *f* chauve-souris *f*
Fleisch *nt* viande *f*
fleißig I. *adj Mitarbeiter* travailleur, -euse; *Schüler* appliqué(e) **II.** *adv* avec application
flexibel *adj* flexible
Fliege *f* ❶ ZOOL mouche *f* ❷ COUT nœud *m* papillon
fliegen I. *vi* voler **II.** *vt* ❶ *Flugzeug* piloter ❷ *Passagiere* transporter par avion
fließen *vi* ❶ couler ❷ *elektrischer Strom* passer
fließend *adv sprechen* couramment
flirten *vi* flirter
Flitterwochen *Pl* lune *f* de miel
Floh *m* puce *f*
Flohmarkt *m* marché *m* aux puces
Flöte *f* flûte *f*
Flotte *f* MIL flotte *f*
fluchen *vi* jurer
Flucht *f* fuite *f*; *(aus dem Gefängnis)* évasion *f*
flüchten I. *vi* [s'en]fuir **II.** *vr* **sich in den Alkohol ~** se réfugier dans l'alcool
Flüchtling *m* réfugié(e) *m(f)*
Flug *m* vol *m*
Flügel *m* ❶ aile *f* ❷ MUS piano *m* à queue
Fluggesellschaft *f* compagnie *f* aérienne
Flughafen *m* aéroport *m*
Flugzeug *nt* avion *m*
Flur *m* couloir *m*
Fluss *m* fleuve *m*; *(Nebenfluss)* rivière *f*
flüssig *adj* ❶ liquide ❷ *Verkehr, Stil* fluide
Flüssigkeit *f* liquide *m*
flüstern *vi, vt* chuchoter
Flut *f* *(opp: Ebbe)* marée *f* montante/haute
Fohlen *nt* poulain *m*
Föhn *m* ❶ METEO fœhn *m* ❷ *(Haartrockner)* sèche-cheveux *m*
föhnen *vt* **sich** *dat* **die Haare ~**

se sécher les cheveux au sèchoir
Folge *f* ❶ *(Auswirkung)* conséquence *f* ❷ *von Eindrücken, Zahlen* série *f* ❸ RADIO, TV épisode *m*
folgen *vi* ❶ **jdm/einer S. ~** suivre qn/qc ❷ *(als Nächstes kommen)* venir ensuite ❸ *(gehorchen)* **jdm ~** obéir à qn ❹ *(resultieren)* **aus etw ~** résulter de qc
folgend *adj Seite* suivant(e)
fordern *vt* exiger
fördern *vt* ❶ *Personen* aider; *Projekt, Talent* encourager ❷ *(finanzieren)* financer
Forderung *f* exigence *f*
Forelle *f* truite *f*
Form *f* ❶ forme *f* ❷ *(Backform)* moule *m*
formal *adj* formel(le)
Formalität *f* formalité *f*
Format *nt* ❶ *(Größe)* format *m* ❷ *einer Person* carrure *f*
formell *adj* officiel(le)
Formular *nt* formulaire *m*
formulieren *vt* formuler
forschen *vi* faire de la recherche
Forscher(in) *m(f)* chercheur, -euse *m, f*
Forschung *f* recherche *f* scientifique
Förster(in) *m(f)* garde *m* forestier
fort *adv* **~ sein** *Schlüssel* avoir disparu; *Person* être parti
fort|bewegen *vt, vr* **[sich] ~** [se] déplacer
Fortbildung *f* formation *f* continue
fort|fahren **I.** *vi* ❶ partir ❷ *(weitermachen)* poursuivre **II.** *vt Person* emmener; *Gegenstand* emporter
fortgeschritten *adj* avancé(e)
Fortschritt *m* progrès *m*
fort|setzen *vt, vr* **[sich] ~** [se] poursuivre
Fortsetzung *f* suite *f*
Foto *nt* photo[graphie] *f*
Fotoapparat *m* appareil *m* photo[graphique]
Fotograf(in) *m(f)* photographe *mf*
fotografieren *vi* prendre des photos
Frage *f* question *f*
fragen **I.** *vi* ❶ poser des questions/une question ❷ *(verlangen)* **nach jdm ~** demander [à parler à] qn; **nach etw ~** demander qc **II.** *vr* **sich ~, ob ...** se demander si ... **III.** *vt* **jdn etw ~** demander qc à qn
Fragezeichen *nt* point *m* d'in-

terrogation
Franken[1] *nt* GEO Franconie *f*
Franken[2] *m* franc *m* suisse
frankieren *vt* affranchir
Frankreich *nt* la France
Franzose, **Französin** *m, f* Français(e) *m(f)*
F
französisch **I.** *adj* français(e) **II.** *adv* en français
Frau *f* ❶ femme *f* ❷ *(in der Anrede)* ~ **Müller** madame Müller
Frauenarzt, **-ärztin** *m, f* gynécologue *mf*
frech *adj Person* effronté(e)
frei **I.** *adj* ❶ libre; *Mitarbeiter* indépendant(e) ❷ *Stelle* vacant(e) ❸ *Natur* plein(e) **II.** *adv* ❶ librement, en liberté ❷ *(ungezwungen)* de manière décontractée
Freibad *nt* piscine *f* en plein air
freiberuflich **I.** *adj* indépendant(e) **II.** *adv* à son compte
Freiheit *f* liberté *f*
freilassen *vt Verhafteten* relaxer; *Geisel* relâcher
Freitag *m* vendredi *m*
freiwillig **I.** *adj* bénévole **II.** *adv* de son plein gré
Freizeit *f* loisirs *mpl*
fremd *adj* étranger, -ère
Fremde(r) *f(m)* *(Unbekannter)* inconnu(e) *m(f)*; *(Ausländer)* étranger, -ère *m, f*
Fremdsprache *f* langue *f* étrangère
fressen *vt, vi Tier* manger
Freude *f* joie *f*; **jdm eine ~ machen** faire plaisir à qn
freuen **I.** *vr* **sich über jdn/etw ~** être content de qn/qc; **sich auf jdn/etw ~** se réjouir [d'avance] de qn/qc **II.** *vt* réjouir
Freund(in) *m(f)* ami(e) *m(f)*
freundlich **I.** *adj* ❶ aimable ❷ *Wetter* agréable; *Zimmer* accueillant(e) **II.** *adv* de façon amicale
Freundschaft *f* amitié *f*
Frieden *m* paix *f*
Friedhof *m* cimetière *m*
friedlich **I.** *adj* pacifique **II.** *adv sterben* en paix
frieren *vi* ❶ **an den Händen ~** avoir froid aux mains ❷ *(gefrieren)* geler
frisch *adj* frais(fraîche)
Friseur(in) *m(f)* coiffeur, -euse *m, f*
Frist *f* délai *m*
Frisur *f* coiffure *f*
frittieren *vt* faire frire
froh *adj* ❶ *(glücklich)* joyeux, -euse ❷ *(fam: zufrieden)* **über etw** *akk* **~ sein** être

content de qc
fröhlich **I.** *adj* joyeux, -euse **II.** *adv* allègrement
fromm *adj* pieux, -euse
frontal **I.** *adj* frontal(e) **II.** *adv* de front
Frosch *m* grenouille *f*
Frost *m* gel *m*
Frucht *f* fruit *m*
fruchtbar *adj* fécond(e); *Erde* fertile
Fruchtsaft *m* jus *m* de fruit
früh **I.** *adj* **es ist [noch] ~** il est [encore] tôt **II.** *adv aufbrechen* de bonne heure
früher **I.** *adj* ❶ *(vergangen)* passé(e) ❷ *(ehemalig)* ancien(ne) **II.** *adv* autrefois
frühestens *adv* au plus tôt
Frühling *m* printemps *m*
Frühstück *nt* petit-déjeuner *m*
frühstücken *vi* prendre son petit-déjeuner
Frust *m (fam)* frustration *f*
Fuchs *m* renard *m*
fühlen **I.** *vt* ❶ sentir, ressentir ❷ *(ertasten)* toucher **II.** *vr* **wie ~ Sie sich?** comment vous sentez-vous?
führen **I.** *vt* ❶ guider; *(hinführen)* conduire ❷ *Betrieb* diriger **II.** *vi* ❶ *(in Führung liegen)* mener ❷ *(als Ergebnis haben)* **zu etw ~** conduire à qc
Führer(in) *m(f)* ❶ *(Leiter)* dirigeant(e) *m(f)* ❷ *(Reiseführer)* guide *mf*
Führerschein *m* permis *m* [de conduire]
Führung *f* ❶ *(Besichtigung)* visite *f* guidée ❷ *(leitende Gruppe)* direction *f*
füllen **I.** *vt* ❶ *Gefäß* remplir ❷ GASTR farcir ❸ *(einfüllen)* verser **II.** *vr* **sich ~** se remplir
Füllung *f* GASTR farce *f*
Fundbüro *nt* bureau *m* des objets perdus
fünf *num* cinq
fünfmal *adv* cinq fois
fünfzig *num* cinquante
Funktion *f* fonction *f*
funktionieren *vi* fonctionner
für *präp* ❶ pour ❷ *(wiederholend)* **Tag ~ Tag** jour après jour ❸ **was ~ ...** quel(le)s ...; **was ~ ein ...** quelle sorte de ...
Furcht *f* peur *f*
furchtbar *adj* terrible
fürchten *vt* ❶ redouter ❷ *(befürchten)* craindre
Fuß *m* pied *m*
Fußball *m* ❶ football *m* ❷ *(Ball)* ballon *m* [de football]
Fußboden *m* sol *m*
Fußgänger(in) *m(f)* piéton(ne) *m(f)*

F

Fußgängerzone *f* zone *f* piétonne
Fußgelenk *nt* cheville *f*
Futter *nt* ❶ nourriture *f* ❷ *eines Mantels* doublure *f*
füttern *vt* nourrir

Gg

Gabel *f* fourchette *f*
gähnen *vi* bâiller
Galerie *f* ❶ *(Kunstgalerie)* galerie *f* [d'art] ❷ A, CH *(Tunnel)* tunnel *m*
Gang *m* ❶ démarche *f* ❷ GASTR plat *m* ❸ TECH vitesse *f* ❹ *(Korridor)* couloir *m*
Gans *f* oie *f*
ganz **I.** *adj* ❶ complet, -ète; **die ~e Nachbarschaft** tous les voisins; **den ~en Tag [über]** toute la journée ❷ *(fam: all der/die/das ...)* **dieses ~e Gerede** tous ces discours ❸ *(fam: unbeschädigt)* intact(e) **II.** *adv* ❶ *kalt* très; *allein* tout; *vorne* tout [à fait]; *überarbeiten* complètement ❷ *(fam: ziemlich)* assez
gar[1] *adv* **~ nichts** absolument rien; **~ nicht teuer** pas cher(chère) du tout
gar[2] *adj* bien cuit
Garage *f* garage *m*
Garantie *f* garantie *f*
Garderobe *f* ❶ *(Aufbewahrungsraum)* vestiaire *m* ❷ *(geh: Kleidung)* garderobe *f*
Gardine *f* rideau *m*
Garnele *f* crevette *f* [rose]
Garten *m* jardin *m*
Gärtner(in) *m(f)* jardinier, -ière *m, f*
Gas *nt* gaz *m*
Gasflasche *f* bouteille *f* de gaz
Gast *m* ❶ invité(e) *m(f)* ❷ *(Hotelgast)* pensionnaire *mf* ❸ *(Besucher)* hôte *m*
gastfreundlich *adj* hospitalier, -ière
Gaststätte *f* café-restaurant *m*

Gaumen *m* palais *m*
Gebäck *nt* ❶ pâtisseries *fpl* ❷ A *(Brötchen)* [petit] pain *m*
Gebäude *nt* bâtiment *m*
geben *vt, vi* donner; **es gibt ...** il y a ...; **was gibt's?** qu'est-ce qu'il y a?
Gebet *nt* prière *f*
Gebiet *nt* ❶ *(Region)* région *f* ❷ *(Sachgebiet)* domaine *m*
gebildet *adj* cultivé(e)
Gebirge *nt* montagnes *fpl*
gebirgig *adj* montagneux, -euse
geboren *adj* **Anne Lauer, ~e Klein** Anne Lauer, née Klein
Gebrauchsanweisung *f* mode *m* d'emploi
gebraucht *adj, adv* d'occasion
Gebühr *f* taxe *f*
Geburt *f* ❶ naissance *f* ❷ *(Entbindung)* accouchement *m*
Geburtsdatum *nt* date *f* de naissance
Geburtsname *m* nom *m* de jeune fille
Geburtstag *m* ❶ anniversaire *m* ❷ *(Geburtsdatum)* date *f* de naissance
Gebüsch *nt* buissons *mpl*
Gedächtnis *nt* mémoire *f*
Gedanke *m* ❶ pensée *f* ❷ *(Vorstellung)* idée *f*
Gedicht *nt* poème *m*
Geduld *f* patience *f*
geduldig **I.** *adj* patient(e) **II.** *adv* patiemment
geeignet *adj* approprié(e)
Gefahr *f* danger *m*
gefährlich *adj* dangereux, -euse
gefallen *vi* plaire à
Gefallen[1] *nt (geh)* plaisir *m*
Gefallen[2] *m* service *m*
Gefangene(r) *f(m)* détenu(e) *m(f)*
Gefängnis *nt* prison *f*
Geflügel *nt* volaille *f*
gefrieren *vi* geler
Gefrierfach *nt* freezer *m*
Gefühl *nt* ❶ sensation *f* ❷ *(seelische Empfindung)* sentiment *m*
gefühllos *adj* insensible
gefühlvoll **I.** *adj* sensible **II.** *adv* avec beaucoup de sensibilité
gefüllt *adj* farci(e); *Gebäck* fourré(e)
gegen *präp* ❶ contre ❷ *(ungefähr)* **~ acht Uhr** vers huit heures
Gegend *f* ❶ région *f* ❷ *(nähere Umgebung)* alentours *mpl* ❸ *(Wohngegend)* quartier *m*
Gegensatz *m* ❶ *(Gegenteil)*

G

contraire *m* ❷ *pl* *(Unterschiedlichkeit)* différences *fpl*

Gegenstand *m* ❶ objet *m* ❷ *(Thema)* sujet *m*

Gegenteil *nt* contraire *m*

gegenüber **I.** *präp* +*dat* en face de **II.** *adv* en face

G

Gegenwart *f* ❶ présent *m* ❷ *(heutige Zeit)* époque *f* actuelle ❸ *(Anwesenheit)* présence *f*

Gegner(in) *m(f)* ❶ MIL ennemi(e) *m(f)* ❷ SPORT adversaire *mf*

Gehalt *nt o* A *m* salaire *m*

gehbehindert *adj* ~ **sein** avoir du mal à se déplacer

geheim *adj* secret, -ète

Geheimnis *nt* secret *m*

geheimnisvoll *adj* mystérieux, -euse

gehen *vi* ❶ aller; **über die Straße** ~ traverser la rue ❷ *(zu Fuß gehen)* marcher ❸ *(weggehen)* partir ❹ *Uhr, Geschäft* marcher ❺ *(fam: verlaufen)* **gut** ~ bien se passer ❻ *(sich entwickeln)* **auseinander** ~ *Beziehung* se briser; *Ansichten* diverger ❼ *(sich unterbringen lassen)* **durch die Tür** ~ *Schrank* passer par la porte ❽ *(möglich sein)* **ja, das geht** oui, c'est possible ❾ **ihm/ihr geht es gut** il/elle va bien; **mir geht es genauso** pour moi, c'est la même chose; **geht es, oder soll ich dir tragen helfen?** ça va, ou faut-il que je t'aide à porter?; **es geht um viel Geld** beaucoup d'argent est en jeu

Gehirn *nt* cerveau *m*

Gehör *nt* ouïe *f*

gehorchen *vi* obéir à

gehören *vi* ❶ appartenir à ❷ *(dazugehören)* faire partie de

gehorsam **I.** *adj* obéissant(e) **II.** *adv* docilement

Geige *f* violon *m*

Geist *m* esprit *m*

geistig **I.** *adj* ❶ intellectuel(le) ❷ *(spirituell)* spirituel(le) **II.** *adv* MED ~ **behindert** handicapé(e) mental(e)

geizig *adj* avare

gelähmt *adj* paralysé(e)

Geländewagen *m* véhicule *m* tout-terrain

gelassen *adj* placide

gelaunt *adj* **gut/schlecht** ~ **sein** être de bonne/mauvaise humeur

gelb *adj* jaune

Geld *nt* argent *m*

Gelee *m o nt* gelée *f*

Gelegenheit *f* occasion *f*
Gelenk *nt* articulation *f*
gelenkig *adj* souple
Geliebte(r) *f(m)* amant *m*/ maîtresse *f*
gelingen *vi* réussir
gelten *vi irr* être valable
Gemälde *nt* tableau *m*
gemein *adj* ❶ infâme ❷ *(gemeinsam)* **etw mit jdm/etw ~ haben** avoir qc en commun avec qn/qc
Gemeinde *f* ❶ commune *f* ❷ *(Pfarrgemeinde)* paroisse *f*
gemeinsam **I.** *adj* ❶ commun(e) ❷ *(verbindend)* **sie haben vieles ~** ils/elles ont beaucoup de choses en commun **II.** *adv* ensemble
Gemeinschaft *f* communauté *f*; **die Europäische ~** la Communauté européenne
Gemüse *nt* légumes *mpl*
gemütlich **I.** *adj* ❶ *Wohnung* douillet(te); **es sich ~ machen** se mettre à son aise ❷ *Abend* agréable **II.** *adv* ❶ *(gemächlich)* tranquillement ❷ *(behaglich)* confortablement
genau **I.** *adj* précis(e) **II.** *adv* ❶ exactement; *passen* juste; **auf die Sekunde ~** à la seconde près ❷ *(gerade)* justement
genauso *adv* de même
Generation *f* génération *f*
genial *adj* génial(e)
Genick *nt* nuque *f*
Genie *nt* génie *m*
genieren *vr* **sich vor jdm ~** être gêné devant qn
genießen *vt* ❶ *Leben, Urlaub* profiter de ❷ *Speise* savourer
Genießer(in) *m(f)* bon vivant *m*
genug *adv* assez
genügen *vi* suffire
Genuss *m* régal *m*
geografisch **I.** *adj* géographique **II.** *adv* géographiquement
Geometrie *f* géométrie *f*
Gepäck *nt* bagages *mpl*
Gepäckabfertigung *f*, **Gepäckannahme** *f* guichet *m* d'enregistrement des bagages
gepflegt *adj Person* soigné(e)
gerade **I.** *adj* ❶ droit(e) ❷ *Zahl* pair(e) ❸ *(aufrichtig)* franc(franche) **II.** *adv* ❶ **~ stehen** se tenir droit(e) ❷ *(im Augenblick)* justement; **~ arbeiten** *Person* être en train de travailler
Gerät *nt* ❶ *(Haushaltsgerät)* ustensile *m* ❷ *(Gartengerät)* outil *m* [de jardin] ❸ *(Elektrogerät)* appareil *m*

G

G

geräumig *adj* spacieux, -euse
Geräusch *nt* bruit *m*
gerecht **I.** *adj* juste; *Zorn* justifié(e) **II.** *adv* équitablement
Gerechtigkeit *f* justice *f*
gereizt **I.** *adj* agacé(e) **II.** *adv* avec irritation
Gericht *nt* ❶ GASTR plat *m* ❷ *(Institution)* tribunal *m*
gering *adj* ❶ faible; *Menge* petit(e); *Temperatur* bas(se) ❷ **nicht im Geringsten** pas le moins du monde
gern[e] *adv* ❶ **etw ~ tun** aimer bien faire qc ❷ *(ohne weiteres)* sans problème ❸ *(oft)* volontiers
Gerste *f* orge *f*
Geruch *m* odeur *f*
geruchlos *adj* inodore
Gerücht *nt* rumeur *f*
Gerüst *nt* échafaudage *m*
gesamt *adj* **die ~e Familie** toute la famille
Gesäß *nt* derrière *m*
Geschäft *nt* ❶ magasin *m* ❷ *(Unternehmen)* affaire *f*
geschehen *vi* ❶ se passer; *Unfall* arriver ❷ *(getan werden)* **es muss etwas ~!** il faut faire quelque chose!
Geschenk *nt* cadeau *m*
Geschichte *f* histoire *f*
geschickt *adj* adroit(e)
geschieden *adj* divorcé(e)
Geschirr *nt* vaisselle *f*
Geschlecht *nt* ❶ sexe *m* ❷ LING genre *m*
Geschmack *m* goût *m*
geschmacklos *adj Bemerkung* de mauvais goût
Geschrei *nt* cris *mpl*
Geschwindigkeit *f* vitesse *f*
Geschwister *Pl* frères *mpl* et sœurs
Gesellschaft *f* ❶ SOZIOL, ÖKON société *f* ❷ *(Begleitung)* compagnie *f*
gesellschaftlich *adj* social(e)
Gesetz *nt* loi *f*
gesetzlich **I.** *adj* légal(e) **II.** *adv* par la loi
Gesicht *nt* visage *m*
gespannt **I.** *adj Zuschauer* captivé(e); *Lage* tendu(e) **II.** *adv* attentivement
Gespenst *nt* fantôme *m*
Gespräch *nt* ❶ conversation *f* ❷ *(förmliche Unterredung)* entretien *m* ❸ *(Telefongespräch)* communication *f* [téléphonique]
gesprächig *adj* loquace
Gestank *m* puanteur *f*
Geste *f* geste *m*
gestehen *vt* avouer
gestern *adv* hier
gestreift *adj* rayé(e)

gesund I. *adj Person* en bonne santé; *Wirtschaft, Lebensweise, Ernährung* sain(e) **II.** *adv* sainement
Gesundheit *f* santé *f*
Getränk *nt* boisson *f*
Getreide *nt* céréales *fpl*
getrennt I. *adj* séparé(e) **II.** *adv leben* séparément; *schreiben* en deux mots
Gewalt *f* ❶ pouvoir *m* ❷ *(gewaltsames Vorgehen)* violence *f*
gewaltig I. *adj* ❶ *(heftig)* violent(e) ❷ *Bauwerk* énorme; *Anblick* impressionnant(e) **II.** *adv (fam)* drôlement
Gewässer *nt* eaux *fpl*
Gewebe *nt* tissu *m*
Gewehr *nt* fusil *m*
Gewerkschaft *f* syndicat *m*
Gewicht *nt* poids *m*
Gewinn *m* ❶ bénéfice *m* ❷ *(Preis)* gain *m* ❸ *(Vorteil)* enrichissement *m*
gewinnen *vt, vi* gagner
Gewinner(in) *m(f)* gagnant(e) *m(f);* MIL vainqueur *mf*
Gewissen *nt* conscience *f*
gewissenhaft *adj* consciencieux, -euse
gewissenlos *adj, adv* sans scrupule
gewissermaßen *adv* en quelque sorte
Gewissheit *f* certitude *f*
Gewitter *nt* orage *m*
gewöhnen I. *vt* **an jdn/etw gewöhnt sein** être habitué à qn/qc **II.** *vr* **sich an jdn/etw ~** s'habituer à qn/qc
Gewohnheit *f* habitude *f*
gewöhnlich I. *adj* ❶ habituel(le) ❷ *Arbeitstag* ordinaire ❸ *(pej: ordinär)* vulgaire **II.** *adv* **wie ~** comme d'habitude
gewohnt *adj Zeit* habituel(le); **etw ~ sein** être habitué à qc
Gewürz *nt* épice *f*
gezielt *adj* ciblé(e)
Gier *f* ❶ avidité *f* ❷ *(Geldgier)* cupidité *f*
gierig I. *adj* avide **II.** *adv* avec avidité
gießen *vt* ❶ arroser ❷ *(schütten)* verser ❸ *(formen)* couler
Gießkanne *f* arrosoir *m*
Gift *nt* poison *m; einer Schlange* venin *m*
giftig *adj Schlange, Person, Bemerkung* venimeux, -euse; *Pflanze* vénéneux, -euse; *Stoff* toxique
gigantisch *adj* gigantesque
Gipfel *m* sommet *m*
Gips *m* plâtre *m*

Girlande *f* guirlande *f*

Gitarre *f* guitare *f*

Gitter *nt* grille *f*

Glanz *m* ❶ *von Haaren, Augen* brillant *m; einer Fläche* éclat *m* ❷ *(Pracht)* magnificence *f*

glänzen *vi* briller

glänzend *adj* brillant(e)

Glas *nt* ❶ verre *m* ❷ *(Konservenglas)* bocal *m*

glatt *adj* ❶ *Fläche* plan(e) ❷ *Haut, Stoff* lisse ❸ *Haare* raide ❹ *Fußboden* glissant(e)

Glatteis *nt* verglas *m*

Glatze *f* calvitie *f*

Glaube *m* ❶ REL croyance *f* ❷ *(Überzeugung)* foi *f*

glauben *vt, vi* croire

gläubig *adj* REL croyant(e)

glaubwürdig *adj* crédible

gleich I. *adj* ❶ même ❷ MATH **zwei mal zwei ~ vier** deux fois deux [égalent] quatre ❸ *(gleichgültig)* égal **II.** *adv* ❶ *behandeln* de la même façon; **~ groß sein** être de même taille ❷ *(unmittelbar)* **~ neben der Kirche** juste à côté de l'église ❸ *(in Kürze)* tout de suite; **es ist ~ sechs Uhr** il est bientôt six heures

Gleichberechtigung *f* égalité *f* des droits

gleichen *vi* ressembler à

gleichfalls *adv* également

Gleichgewicht *nt* équilibre *m*

gleichgültig *adj* indifférent(e)

gleichmäßig I. *adj* régulier, -ière **II.** *adv* régulièrement

gleichzeitig I. *adj* simultané(e) **II.** *adv* en même temps

Gleis *nt* voie *f*

Gletscher *m* glacier *m*

glitzern *vi* scintiller

global I. *adj* général(e) **II.** *adv* universellement

Glocke *f* ❶ *(Kirchenglocke)* cloche *f* ❷ *(Läutwerk)* sonnerie *f*

Glück *nt* ❶ chance *f* ❷ *(Freude, Zufriedenheit)* bonheur *m*

glücklich *adj* heureux, -euse

glücklicherweise *adv* par chance

Glückwunsch *m* félicitation *f*

Glühbirne *f* ampoule *f*

Glühwein *m* vin *m* chaud

Glut *f* braise *f*

gnadenlos *adj* impitoyable

Gold *nt* or *m*

Golf[1] *m* GEO golfe *m*

Golf[2] *nt* golf *m*

Golfplatz *m* terrain *m* de golf

gönnen *vt* ❶ *(neidlos zugestehen)* **jdm etw ~** se réjouir pour qn de qc ❷ *(gewähren)* **sich** *dat* **etw ~** s'offrir qc

Gott, **Göttin** *m, f* ❶ dieu *m*/ déesse *f* ❷ *(Gott der Christen)* Dieu *m;* **grüß –!** A, SDEUTSCH bonjour!
Gottesdienst *m* office *m* [religieux]
Grab *nt* tombe *f*
graben *vt, vi* creuser
Graben *m* ❶ fossé *m* ❷ *(Schützengraben)* tranchée *f*
Grad *m* ❶ degré *m* ❷ *(Rang)* grade *m*
Graf, **Gräfin** *m, f* comte *m*/ comtesse *f*
Gramm *nt* gramme *m*
Grammatik *f* grammaire *f*
Gras *nt* herbe *f*
Gräte *f* arête *f*
gratis *adj* gratuit(e)
gratulieren *vi* féliciter
grau *adj* gris(e)
grauenhaft, **grauenvoll** *adj* horrible
grauhaarig *adj* aux cheveux gris
grausam *adj* cruel(le)
Grausamkeit *f* ❶ *(Verhalten)* cruauté *f* ❷ *(Tat)* atrocité *f*
greifen I. *vt* attraper **II.** *vi* **nach etw –** saisir qc
Grenze *f* ❶ frontière *f* ❷ *(Abgrenzung)* limite *f*
Griff *m* ❶ poignée *f; eines Schirms* manche *m* ❷ *(Handgriff)* geste *m* ❸ a. SPORT prise *f*
Grill *m* barbecue *m*
Grille *f* grillon *m*
grillen I. *vi* faire un barbecue **II.** *vt* **etw –** faire griller qc [au barbecue]
Grippe *f* grippe *f*
grob I. *adj* ❶ grossier, -ière ❷ *(ungefähr)* sommaire **II.** *adv* grossièrement
groß I. *adj* ❶ grand(e); *Erfolg* gros(se); *Pause* long(ue) ❷ *(älter)* grand(e) ❸ *Buchstabe* majuscule ❹ *(als Namenszusatz)* **der Große** le Grand; **Karl der Große** Charlemagne **II.** *adv feiern* en grande pompe
großartig I. *adj Person* génial(e) *fam; Bauwerk* grandiose **II.** *adv* magnifiquement
Großbuchstabe *m* majuscule *f*
Größe *f* ❶ *einer Fläche* superficie *f* ❷ *(Körpergröße, Kleidergröße, Höhe, Länge)* taille *f;* *(Schuhgröße)* pointure *f* ❸ MATH, PHYS grandeur *f*
Großeltern *Pl* grands-parents *mpl*
Großfamilie *f* grande famille *f*
Großmutter *f* grand-mère *f*
Großstadt *f* grande ville *f*

G

G

Großvater *m* grand-père *m*
großzügig *adj* généreux, -euse
grübeln *vi* ruminer
grün *adj* vert(e); *Politik* écologiste
Grünanlage *f* espace *m* vert
Grund *m* ❶ raison *f* ❷ *(Ursache)* cause *f* ❸ *(Erdboden)* sol *m* ❹ *eines Gewässers* fond *m*
gründen **I.** *vt* fonder **II.** *vi, vr* **[sich] auf etw** *akk* **~** [se] baser sur qc
Grundfläche *f* superficie *f*
gründlich **I.** *adj* rigoureux, -euse **II.** *adv* rigoureusement
Gründung *f* fondation *f*
Gruppe *f* groupe *m*
Gruß *m* ❶ *(Begrüßung)* salut *m* ❷ *(übermittelter Gruß)* salutations *fpl;* **einen [schönen] ~ an die Kinder** bien le bonjour aux enfants ❸ *(schriftliche Grußformel)* **mit freundlichen Grüßen** reçois/recevez mes sincères salutations
grüßen *vt* ❶ *(begrüßen)* saluer ❷ *(Grüße übermitteln)* **jdn von jdm ~** saluer qn de la part de qn
gucken *vi (fam: sehen)* regarder
gültig *adj* ❶ valable; *Pass* valide ❷ *Gesetz* en vigueur ❸ *Zahlungsmittel* légal(e)
günstig **I.** *adj* ❶ *Zeit* favorable; *Zugverbindung* commode ❷ *(preisgünstig)* avantageux, -euse **II.** *adv kaufen* à un prix avantageux
Gurke *f (Salatgurke)* concombre *m; (eingelegt)* cornichon *m*
Gürtel *m* ceinture *f*
gut **I.** *adj* ❶ bon(ne) ❷ **alles wird [wieder] ~** tout va s'arranger **II.** *adv* bien; **~ gelaunt sein** être de bonne humeur; *(angenehm)* **~ riechen/schmecken** sentir/être bon
gutgläubig *adj* crédule
Guthaben *nt* avoir *m*
gutmütig *adj* d'un bon naturel
Gutschein *m* bon *m*
Gymnasium *nt établissement scolaire comprenant les classes entre l'école primaire et le baccalauréat*
Gymnastik *f* gymnastique *f*

Hh

Haar *nt* ❶ *(einzelnes Kopfhaar)* cheveu *m; (gesamtes Kopfhaar)* cheveux *mpl* ❷ *(Körper-, Tierhaar)* poil *m*

haben I. *vt* avoir **II.** *vi* **du hast zu gehorchen** tu dois obéir **III.** *aux* **er hat/hatte den Brief geschrieben** il a/avait écrit la lettre; **ihr habt euch getäuscht** vous vous êtes trompé(e)s

hacken *vt* hacher

Hackfleisch *nt* viande *f* hachée

Hafen *m* port *m*

Hafer *m* avoine *f*

Haferflocken *Pl* flocons *mpl* d'avoine

Haftpflichtversicherung *f* assurance *f* responsabilité civile

Hagel *m* grêle *f*

hageln *vi* grêler

Hahn *m* ❶ coq *m* ❷ *(Wasserhahn)* robinet *m*

Hähnchen *nt* poulet *m*

häkeln *vt* **etw ~** faire qc au crochet

Haken *m* ❶ crochet *m* ❷ *(Angelhaken)* hameçon *m* ❸ *(Zeichen)* coche *f* ❹ *(fam: Schwierigkeit)* hic *m*

halb I. *adj* ❶ **ein ~er Meter** un demi mètre ❷ *(Uhrzeit)* **~ sieben** six heures et demie ❸ *(fam: ein Großteil von)* **~ Frankreich** presque toute la France **II.** *adv (zur Hälfte)* à moitié; **~ so viel** moitié moins

halbieren *vt* ❶ partager en deux; *(schneiden)* couper en deux ❷ *(vermindern)* réduire de moitié

Halbinsel *f* presqu'île *f; (groß)* péninsule *f*

Halbpension *f* demi-pension *f*

halbtags *adv* à mi-temps

Hälfte *f* moitié *f*

Halle *f* ❶ hall *m* ❷ *(großer Saal)* [grande] salle *f*

hallen *vi* résonner

Hallenbad *nt* piscine *f* couverte

hallo *interj* ❶ salut ❷ *(Gruß am Telefon)* allo ❸ *(Anrede)* **~[, Sie]!** hé[, vous]!

H

Hals *m* ❶ cou *m* ❷ *(Rachen)* gorge *f* ❸ *(Flaschenhals)* col *m*
Halskette *f* chaîne *f* [de cou]; *(mit Steinen besetzt)* collier *m*
halt *interj* halte[-là]
Halt *m* ❶ *(Stütze)* appui *m* ❷ *(inneres Gleichgewicht)* équilibre *m* [moral/psychologique] ❸ *(Stopp)* arrêt *m*; **~ machen** s'arrêter
haltbar *adj Lebensmittel* [de] longue conservation
Haltbarkeitsdatum *nt* date *f* limite [de consommation]
halten I. *vt* ❶ tenir ❷ *(tragen)* maintenir ❸ *Brücke* soutenir ❹ *Ball* arrêter ❺ *(handhaben)* **auseinander ~** distinguer ❻ *Rede* prononcer; *Vortrag* faire ❼ *(ansehen als)* **für etw/jdn ~** prendre pour qn/qc **II.** *vi* ❶ *(festhalten)* tenir ❷ *Lebensmittel* se conserver ❸ *Fahrzeug* s'arrêter ❹ *(stehen zu)* **zu jdm ~** prendre le parti de qn **III.** *vr* ❶ *(sich festhalten)* **sich an etw** *dat* **~** se tenir à qc ❷ *(nicht verderben)* **sich ~** se garder ❸ METEO **sich ~** se maintenir ❹ *(sich richten nach)* **sich an die Regeln ~** respecter les règles
Haltestelle *f* station *f*; *von Bussen* arrêt *m*
Haltung *f* attitude *f*
Hammel *m* mouton *m*
Hammelfleisch *nt* [viande *f* de] mouton *m*
Hammer *m* marteau *m*
Hamster *m* hamster *m*
Hand *f* ❶ main *f* ❷ **eine ~ voll** une poignée
Handarbeit *f* ❶ *(Arbeit mit den Händen)* travail *m* manuel ❷ *(Gegenstand)* ouvrage *m* fait à la main
Handel *m* ❶ commerce *m* ❷ *(Abmachung, Geschäft)* marché *m*
handeln I. *vi* ❶ **mit etw ~** faire le commerce de qc ❷ *(feilschen)* marchander ❸ *(tätig sein)* agir **II.** *vr* **es handelt sich um ...** il s'agit de ...
Händler(in) *m(f)* commerçant(e) *m(f)*
Handlung *f* ❶ acte *m* ❷ *eines Buchs, Films* action *f*
Handtasche *f* sac *m* à main
Handtuch *nt* serviette *f* [de toilette]
Handwerker(in) *m(f)* artisan(e) *m(f)*
Handy *nt* portable *m*
Hang *m* ❶ versant *m*; *eines Weinbergs* coteau *m* ❷ *(Vor-*

liebe) penchant *m*
hängen[1] *vi* ❶ être accroché ❷ *(sich verbunden fühlen)* tenir à ❸ *(sich neigen)* pencher
hängen[2] *vt* pendre
harmlos *adj* ❶ *Person, Tier* inoffensif, -ive; *Krankheit* bénin, -igne ❷ *(arglos)* anodin(e)
harmonisch **I.** *adj* harmonieux, -euse **II.** *adv* harmonieusement; *verlaufen* dans l'harmonie
hart **I.** *adj* ❶ dur(e); *Matratze* ferme; *Kontaktlinsen* rigide ❷ *(heftig)* brutal(e) ❸ *Währung* fort(e) **II.** *adv* ❶ **~ durchgreifen** sévir ❷ *(streng)* durement ❸ *arbeiten* dur
Hase *m* lièvre *m*
Haselnuss *f* noisette *f*
Hass *m* haine *f*
hassen *vt* **jdn/etw ~** haïr qn/détester qc
hässlich **I.** *adj* laid(e); *Wort* méchant(e) **II.** *adv* mal
hastig *adv* précipitamment
hauen[1] *vt, vi* cogner
hauen[2] **I.** *vt* ❶ enfoncer ❷ *(herstellen)* tailler **II.** *vi* *(fam)* **mit dem Kopf gegen etw ~** se cogner la tête contre qc **III.** *vr (fam)* **sich ~** se tabasser
Haufen *m* ❶ tas *m* ❷ *(fam: Gruppe)* bande *f*
häufig **I.** *adj* fréquent(e) **II.** *adv* souvent
Hauptbahnhof *m* gare *f* centrale
Hauptsache *f* **die ~** le principal
Hauptstadt *f* capitale *f*
Haus *nt* ❶ maison *f*; **nach ~e gehen/kommen** rentrer [à la maison] ❷ *(Dynastie)* **das ~ Habsburg** la maison des Habsbourg
Hausarbeit *f* ❶ *(Arbeit im Haushalt)* travaux *mpl* ménagers ❷ UNIV dissertation *f*
Hausfrau *f* femme *f* au foyer
Haushalt *m* ❶ foyer *m* ❷ *(Etat)* budget *m*
Hausmeister(in) *m(f)* concierge *mf*
Haut *f* peau *f*
Haxe *f* SDEUTSCH *eines Kalbs* jarret *m; eines Schweins* jambonneau *m*
heben **I.** *vt* ❶ *Arm, Kopf* lever ❷ *(hochheben)* soulever ❸ *Niveau* relever **II.** *vr* **sich ~** se lever
Hecht *m* brochet *m*
Hecke *f* haie *f*
Heer *nt* armée *f*
Hefe *f* levure *f*

Heft *nt* ❶ *(Schreibheft)* cahier *m* ❷ *(Zeitschrift)* revue *f*; *(einzelne Ausgabe)* numéro *m*

Heidelbeere *f* myrtille *f*

heilen *vi, vt* guérir

heilig *adj* ❶ *Stätte, Pflicht* sacré(e); *Sakrament* saint(e) ❷ *(unantastbar)* **jdm ~ sein** être sacré pour qn

H

Heiligabend *m* *(Abend des 24. Dezembers)* soir *m* de Noël; *(Feier)* réveillon *m* de Noël

Heilige(r) *f(m)* saint(e) *m(f)*

Heim *nt* ❶ *(Zuhause)* domicile *m* ❷ *(Seniorenheim)* foyer *m* de personnes âgées ❸ *(Erziehungsheim)* foyer *m* [éducatif] ❹ *(Erholungsheim)* maison *f* de repos

Heimat *f* ❶ pays *m* [natal] ❷ *eines Tiers, einer Pflanze* pays *m* d'origine

heimatlos *adj* apatride

heimisch *adj* local(e); *Bevölkerung* autochtone

heim|kehren *vi* rentrer

heimlich **I.** *adj* ❶ secret, -ète ❷ *Blick* furtif, -ive **II.** *adv* ❶ en cachette; *zusagen* en secret ❷ *ansehen* furtivement

Heimreise *f* [trajet *m* du] retour *m*

Heimweg *m* [trajet *m* du] retour *m*

Heimweh *nt* mal *m* du pays

heiraten **I.** *vt* épouser **II.** *vi* se marier

Heiratsantrag *m* demande *f* en mariage

heiß **I.** *adj* ❶ *(sehr warm)* [très] chaud(e); *(zu warm)* brûlant(e); *Flüssigkeit* bouillant(e); *Klima* torride ❷ *(fam)* *Tipp* bon(ne); *Spur* très sérieux, -euse **II.** *adv* *essen, duschen* très chaud

heißen *vi* ❶ **ich heiße Karin** je m'appelle Karin ❷ *(bedeuten)* **das heißt, dass ...** cela veut dire que ... ❸ *(lauten)* **„ja" heißt auf Japanisch „hai"** “oui” se dit “hai” en japonais ❹ **das heißt** *(in anderen Worten)* c'est-à-dire; *(beziehungsweise)* ou plutôt; **es heißt, dass ...** on dit que ...

heizen *vi, vt* chauffer

Heizung *f* ❶ chauffage *m* ❷ *(fam: Heizkörper)* radiateur *m*

Hektik *f* agitation *f*

hektisch **I.** *adj* agité(e) **II.** *adv* *essen* avec précipitation; *reagieren* nerveusement

Held(in) *m(f)* héros *m*/héroïne *f*

helfen *vi* **jdm ~** aider qn; *(nützen)* rendre service à qn

hell *adj* ❶ clair(e); *Licht* vif(vive); **es wird ~** il commence à faire jour ❷ *(aufgeweckt)* futé(e) *fam*

hellblau *adj* bleu clair

Helm *m* casque *m*

Hemd *nt* chemise *f*

Hengst *m* étalon *m*

Henne *f* ❶ *(Haushuhn)* [poule *f*] pondeuse *f* ❷ *(weiblicher Hühnervogel)* poule *f*

her *adv* ❶ *(fam)* **~ damit!** file/filez-moi ça! ❷ *(zeitlich)* **das ist schon lange ~** ça fait déjà longtemps ❸ *(räumlich)* **hinter jdm/etw ~ sein** être à la poursuite de qn/qc; *(fig)* courir après qn/chercher qc

herab|sehen *vi (abschätzig betrachten)* **auf jdn/etw ~** regarder qn/qc de haut

heraus **I.** *adj* ❶ **~ sein** *Blinddarm, Splitter* être retiré ❷ *(entwachsen)* **aus dem Alter ~ sein...** avoir passé l'âge de... **II.** *adv* **~!** dehors!

heraus|bekommen *vt* ❶ *Fleck* réussir à enlever ❷ *(herausfinden)* réussir à trouver ❸ *(ausgezahlt bekommen)* **Sie bekommen noch drei Euro heraus** je dois vous rendre trois euros

Herausforderung *f* ❶ SPORT challenge *m* ❷ *(Provokation)* provocation *f* ❸ *(Bewährungsprobe)* défi *m*

heraus|geben **I.** *vt* ❶ *Wechselgeld* rendre ❷ *(veröffentlichen)* publier; *(edieren)* éditer **II.** *vi* rendre la monnaie

Herausgeber(in) *m(f) (Verleger)* éditeur, -trice *m, f*

heraus|gehen *vi* ❶ **aus dem Haus ~** sortir de la maison ❷ *(sich entfernen lassen)* **aus etw ~** *Fleck* partir de qc

heraus|kommen *vi irr* ❶ **aus etw ~** *(zum Vorschein kommen)* sortir de qc; *(verlassen können)* quitter qc ❷ *(fam: sich ergeben)* **das kommt aufs Gleiche heraus** c'est du pareil au même ❸ *Buch* sortir [sur le marché]

herb *adj* amer, -ère

Herbst *m* automne *m*

herbstlich *adj* d'automne

Herd *m* *(Küchenherd)* cuisinière *f*; *(Backofen)* four *m*

Herde *f* troupeau *m*

herein *adv* **hier/dort ~** par ici/là; **[nur] ~!** entrez!

Hering *m* ❶ hareng *m* ❷ *(Zeltpflock)* sardine *f*

her|kommen *vi irr* **wo**

H

kommst du her? tu viens d'où?
Herkunft *f* origine *f*
Heroin *nt* héroïne *f*
Herr *m* ❶ monsieur *m* ❷ *(form: als Anrede ohne Namen)* **mein ~/meine ~en** Monsieur/Messieurs; **sehr geehrte ~en, ...** *(briefliche Anrede)* Messieurs, ... ❸ *(Mann)* homme *m* ❹ *(Hundehalter)* maître *m*
herrlich I. *adj* ❶ *(prächtig)* magnifique ❷ *Essen, Witz* excellent(e) **II.** *adv sich amüsieren* drôlement [bien]
herrschen *vi* régner
Herrscher(in) *m(f)* souverain(e) *m(f)*
her|stellen *vt* fabriquer; *Beziehung, Kontakt* établir
Hersteller(in) *m(f)* fabricant(e) *m(f)*
Herstellung *f* fabrication *f*
herum *adv* **um jdn/etw ~** autour de qn/qc
herum|drehen *vt* retourner; *Schlüssel* tourner
herunter I. *adv* ❶ **bis auf die Erde ~** jusqu'au sol ❷ *(fam: heruntergeklettert)* **von etw ~ sein** être descendu de qc ❸ *(fam: heruntergelassen)* **~ sein** *Rollladen* être baissé
II. *präp* **den Berg ~ ...** pour descendre de la montagne, ...
hervor|heben *vt* ❶ *(betonen)* souligner ❷ *(kennzeichnen)* faire ressortir
hervorragend I. *adj* excellent(e) **II.** *adv* à la perfection
Herz *nt* cœur *m*
Herzanfall *m* crise *f* cardiaque
herzhaft I. *adj* ❶ *Frühstück* copieux, -euse ❷ *Eintopf* relevé(e) **II.** *adv* ❶ **~ schmecken** avoir un goût épicé ❷ *lachen* de bon cœur
Herzinfarkt *m* infarctus *m* [du myocarde]
herzlich *adj Begrüßung, Worte* chaleureux, -euse
Herzog(in) *m(f)* duc *m*/ duchesse *f*
hetzen *vi* ❶ *(eilen)* **zum Bahnhof ~** courir à la gare ❷ *(pej: Hass schüren)* **gegen jdn/etw ~** s'acharner sur qn/qc
Heu *nt* foin *m*
Heuchler(in) *m(f)* hypocrite *mf*
Heuschnupfen *m* rhume *m* des foins
Heuschrecke *f* sauterelle *f*
heute *adv* ❶ aujourd'hui; **~ Abend** ce soir ❷ *(heutzutage)* de nos jours

heutig *adj Zeitung* d'aujourd'hui
heutzutage *adv* de nos jours
Hexe *f (a. pej)* sorcière *f*
hier *adv* ❶ ici; **~ drinnen/unten** dedans/en bas; **Martin Lang! — Hier!** Martin Lang! — Présent! ❷ *(da)* voilà; **~, nimm das!** tiens, prends ça!
Hilfe *f* ❶ aide *f* ❷ **erste ~** les premiers soins *mpl*
hilflos *adj* sans défense
hilfreich *adj* utile
Himbeere *f* framboise *f*
Himmel *m* ciel *m*
hin **I.** *adv* ❶ **bis zum Garten ~** jusqu'au jardin; **zur Straße ~ liegen** donner sur la rue ❷ *(den Hinweg betreffend)* **~ und zurück** aller et retour ❸ **das Hin und Her** *(das Kommen und Gehen)* le va-et-vient; **~ und wieder** de temps en temps **II.** *adj* **~ sein** être fichu *fam*
hinauf **I.** *adv* vers le haut; **immer weiter ~** toujours plus haut **II.** *präp* **den Berg ~...** pour monter au sommet de la montagne...
hinaus *adv* ❶ **~ sein** être sorti ❷ *(weiter als)* **über dieses Alter bin ich ~** j'ai passé l'âge
hindern *vt* ❶ empêcher ❷ *(stören)* gêner
Hindernis *nt* obstacle *m*
hindurch *adv* ❶ **hier ~** par ici; **durch die Wand ~** à travers le mur ❷ *(zeitlich)* **die ganze Nacht ~** toute la nuit
hinein *adv* **dort/hier ~!** il faut entrer là-bas/ici!
hinein|gehen *vi* entrer
hin|fahren **I.** *vi* y aller **II.** *vt* **jdn ~** y conduire qn; **etw ~** y apporter qc [en voiture]
Hinfahrt *f* trajet *m* [pour y aller]
hin|fallen *vi* tomber
Hinflug *m* vol *m* [pour y aller]
hinken *vi* boiter
hin|legen **I.** *vt* ❶ *Buch* déposer ❷ *Person* allonger **II.** *vr* **sich ~** s'allonger
hin|setzen *vr* **sich ~** s'asseoir
Hinsicht *f* point *m* de vue; **in mancher ~** à maints égards
hin|stellen **I.** *vt* ❶ **etw da/dort ~** mettre qc là ❷ *Fahrrad* déposer; *Auto* garer ❸ *(charakterisieren)* **jdn als Angeber ~** faire passer qn pour un frimeur **II.** *vr* **sich ~** se mettre debout
hinten *adv* derrière; **von ~ anfangen** commencer par la fin
hinter **I.** *präp* *(nach)* après **II.** *präp* **sich ~ jdn/etw stel-**

len se mettre derrière qn/qc
hintereinander *adv* ❶ l'un(e) derrière l'autre; ~ **hergehen** marcher en file indienne ❷ *(zeitlich)* **etw ~ tun** *(an einem Stück)* faire qc d'affilée
Hintergrund *m* ❶ *einer Bühne, eines Gemäldes* fond *m* ❷ *(Umstände)* toile *f* de fond
H
hinterhältig *adj* hypocrite
hinterher *adv* ❶ après; *(im Nachhinein)* après coup ❷ *(räumlich)* derrière
Hintern *m (fam)* postérieur *m*
Hintertür *f* porte *f* de derrière
hinunter *adv* **die Treppe ~ ...** descendre l'escalier ...
Hinweis *m* remarque *f*
hin|weisen I. *vt* **jdn auf etw** *akk* ~ attirer l'attention de qn sur qc **II.** *vi* **darauf ~, dass ...** attirer l'attention sur le fait que ...
Hirn *nt* ❶ cerveau *m* ❷ GASTR cervelle *f*
Hirsch *m* cerf *m*
historisch I. *adj* historique **II.** *adv korrekt* historiquement; *betrachtet* d'un point de vue historique
Hit *m (fam)* ❶ tube *m* ❷ *(modisches Muss)* must *m*
Hitze *f* chaleur *f*
H-Milch *f* lait *m* U.H.T.
Hobby *nt* passe-temps *m*
hoch I. *adj* ❶ haut(e); *Schneedecke* épais(se) ❷ *Stimme, Ton* aigu(ë) ❸ *Temperatur, Ansprüche* élevé(e); *Strafe* sévère **II.** *adv* haut; **das Wasser steht drei Zentimeter ~** il y a trois centimètres d'eau; **wie ~ kannst du den Ball werfen?** à quelle hauteur peux-tu lancer le ballon?
Hochhaus *nt* tour *f*
hoch|heben *vt Kind* soulever; *Hand* lever
Hochland *nt* haut plateau *m*
hochnäsig *adj (pej) Art, Person* hautain(e)
Hochsaison *f* haute saison *f*
Hochschule *f* ❶ *(Universität)* université *f* ❷ *(Fachhochschule)* école *f* supérieure spécialisée
Hochsprung *m* saut *m* en hauteur
höchste(r, s) *adj* ❶ *Berg, Summe* le plus haut(la plus haute); *Schaden* le plus important(la plus importante); *Strafe* le(la) plus sévère; **das Höchste, was** *(die äußerste Summe)* le maximum que +*subj* ❷ *Nervosität* extrême; **es ist ~e Zeit!** il est grand temps!

höchstens *adv* au maximum
Höchstgeschwindigkeit *f* vitesse *f* maximale
Hochwasser *nt* inondation *f*
hochwertig *adj* de grande qualité
Hochzeit *f* mariage *m*
hoch|ziehen **I.** *vt Socke* remonter **II.** *vr (sich nach oben ziehen)* **sich an etw** *dat* **~** se relever en se tenant à qc
Hocker *m* tabouret *m*
Hof *m* 1 cour *f*; **auf den/dem ~** dans la cour 2 *(Bauernhof)* ferme *f* 3 **jdm den ~ machen** faire la cour à qn
hoffen *vi* 1 espérer 2 *(bauen auf)* **auf etw/jdn ~** compter sur qc/qn
hoffentlich *adv* espérons que ...; **~!** j'espère/nous espérons bien!
Hoffnung *f* espoir *m*
hoffnungslos *adj* désespéré(e)
höflich *adj* poli(e)
Höhe *f* 1 *eines Baums, Gebäudes* hauteur *f*; *eines Bergs* altitude *f* 2 *(Entfernung über dem Boden)* **aus der ~** d'en haut; **in der ~** dans les airs; **auf halber ~** à mi-hauteur 3 *(Flughöhe)* altitude *f* 4 *eines Gehalts* montant *m*; *von Kosten* niveau *m*; *von Schäden* ampleur *f*
Höhepunkt *m* 1 *(wichtigstes Ereignis)* grand moment *m* 2 *einer Krise* paroxysme *m*; *der Macht* apogée *m*
höher *adj, adv* plus haut(e)
hohl *adj* creux, -euse
Höhle *f* 1 *(im Felsen)* grotte *f*; *(im Baum)* creux *m* 2 *(Bärenhöhle)* tanière *f*
holen **I.** *vt* aller chercher **II.** *vr (fam)* 1 *(sich nehmen)* prendre 2 *(sich ungewollt zuziehen)* attraper
Hölle *f* enfer *m*
Holz *nt* bois *m*
homosexuell *adj* homosexuel(le)
Honig *m* miel *m*
Honorar *nt* honoraires *mpl*
Hopfen *m* houblon *m*
hoppla *interj* 1 *(Vorsicht)* ouh, là [là] 2 *(Moment mal)* attends/attendez voir!
hörbar *adj* audible
horchen *vi (lauschen)* écouter
hören **I.** *vt* 1 *(wahrnehmen, vernehmen)* entendre 2 *Sendung, Konzert* écouter 3 *(erfahren)* **etw über jdn/etw ~** entendre dire qc de qn/qc; **etwas von sich ~ lassen** donner de ses nouvelles; **nichts [davon] ~ wollen** ne pas vou-

H

loir le savoir; **wie man hört/ wie ich höre, ...** à ce qu'on dit ... **II.** *vi* ❶ *(zuhören)* écouter; **hör mal/~ Sie mal!** *(fam)* écoute/écoutez! ❷ *(vernehmen)* entendre ❸ *(erfahren)* **von jdm/etw gehört haben** avoir entendu parler de qn/qc ❹ *(fam: sich richten nach)* **auf jdn/etw ~** écouter qn/qc

H

Hörer *m* ❶ *(Zuhörer)* auditeur *m* ❷ *(Telefonhörer)* combiné *m*

Horizont *m* horizon *m*

horizontal *adj* horizontal(e)

Hörnchen *nt (Croissant)* croissant *m*

Horoskop *nt* horoscope *m*

Hose *f* pantalon *m;* **eine kurze ~** un short

Hotel *nt* hôtel *m*

hübsch I. *adj* ❶ joli(e) ❷ *(fam) Sümmchen* coquet(te) **II.** *adv sich kleiden* bien

Hubschrauber *m* hélicoptère *m*

Huf *m* sabot *m*

Hufeisen *nt* fer *m* à cheval

Hüfte *f* hanche *f*

Hügel *m* colline *f*

Huhn *nt* ❶ poule *f* ❷ GASTR poulet *m*

Hühnchen *nt* poulet *m*

Hülle *f* ❶ *(Schutzhülle)* housse *f* ❷ *(Buchhülle)* couverture *f* ❸ *(Plattenhülle)* pochette *f* ❹ *(Ausweishülle)* étui *m*

Hülsenfrucht *f* légume *m* sec

Hummel *f* bourdon *m*

Hummer *m* homard *m*

Humor *m* humour *m*

humorlos *adj* dépourvu(e) d'humour

humorvoll *adj* plein(e) d'humour

humpeln *vi* boitiller

Hund *m* chien *m;* **Vorsicht, bissiger ~!** [attention,] chien méchant!

hundert *num* cent

Hundert[1] *f* cent *m*

Hundert[2] *nt* centaine *f;* **~e von Fliegen** des centaines de mouches

hundertste(r, s) *adj* centième

Hunger *m* faim *f;* **~ bekommen** commencer à avoir faim; **~ auf etw** *akk* **haben** avoir faim de qc

Hungerstreik *m* grève *f* de la faim

hungrig *adj* affamé(e)

Hupe *f* klaxon® *m*

hupen *vi* klaxonner

hüpfen *vi Person* sauter; *Vogel* sautiller

Hure *f (pej)* putain *f vulg*
husten *vi* tousser
Husten *m* toux *f*
Hut *m* chapeau *m*
Hütte *f* cabane *f*
hygienisch *adj* hygiénique

I i

ich *pron* je/moi
ideal *adj* idéal(e)
Idee *f* idée *f*; **jdn auf eine ~ bringen** donner une idée à qn; **wie kommst du denn auf die ~?** où vas-tu chercher une idée pareille?
Idiot(in) *m(f) (pej fam)* idiot(e) *m(f)*
idiotisch *adj (pej fam)* débile
Igel *m* hérisson *m*
ignorieren *vt* ignorer
ihm *pron* lui/le/la
ihn *pron* le/la/lui
ihnen *pron* eux/elles, leur/les
Ihnen *pron* vous
ihr *pron* vous, elle/lui/la, son/sa/ses, leur(s)
Ihr *pron* votre/vos
illegal *adj* illégal(e)
Illusion *f* illusion *f*
Illustrierte *f* illustré *m*
im = *Abk von* **in dem** ❶ *(bei Ortsangaben)* **~ Bett/Büro** au lit/bureau; **~ Keller/ersten Stock** à la cave/au premier étage; **~ Gebirge leben** vivre en montagne ❷ *(bei Zeitangaben)* **~ Mai** en mai; **~ Frühling/Sommer** au printemps/en été; **~ letzten Augenblick** au dernier moment; **~ Krieg** pendant la guerre ❸ *(bei Umstandsangaben)* **~ Regen** sous la pluie; **~ Badeanzug** en maillot de bain
Imbiss *m* ❶ *(Häppchen)* collation *f* ❷ *(Imbissstand)* friterie *f*
Imbissstube *f* snack[-bar] *m*
immer *adv* ❶ toujours; **~ wieder** sans cesse; **~ noch** toujours [et encore] ❷ *(zunehmend)* **~ mehr** de plus en

plus; ~ **größer** de plus en plus grand(e) ❸ *(jedes Mal)* **~, wenn ich lese** chaque fois que je lis ❹ *(auch)* **wann ~ das sein wird** peu importe quand ce sera; **wo ~ er sein mag** où qu'il soit

Import *m (Einfuhr)* importation *f*

importieren *vt* importer

impulsiv *adj* impulsif, -ive

I

in[1] **I.** *präp* ❶ *(bei Ortsangaben)* dans; **~ der Stadt** en ville; **~ Frankreich/Portugal** en France/au Portugal; **~ den Alpen leben** vivre dans les Alpes ❷ *(bei Zeitangaben)* **~ fünf Minuten** *(innerhalb von)* en cinq minutes; *(nach Ablauf von)* dans cinq minutes; **~ diesem Jahr** cette année ❸ *(bei Umstandsangaben)* **~ der Sonne/Kälte** au soleil/dans le froid ❹ *(in Bezug auf)* **~ Physik** en physique; **~ dieser Sprache** dans cette langue **II.** *präp (bei Richtungsangaben)* **~ den Garten/die Stadt gehen** aller au jardin/en ville; **~ die Schweiz/den Libanon fahren** aller en Suisse/au Liban; **~s Gebirge/~ die Alpen fahren** aller à la montagne/dans les Alpes; **~ den Süden fahren** aller dans le sud; **~ die Schule gehen** aller à l'école

in[2] *adj (fam)* **~ sein** être in

indem *konj* ❶ *(dadurch, dass)* **etw bewirken, ~ man etw tut** obtenir qc en faisant qc ❷ *(während: bei identischen Subjekten)* [tout] en; *(bei unterschiedlichen Subjekten)* tandis que

Indianer(in) *m(f)* Indien(ne) *m(f) (d'Amérique)*

indirekt *adj* indirect(e)

individuell *adj* personnel(le)

Industrie *f* industrie *f*

Industriegebiet *nt* zone *f* industrielle

industriell *adj* industriel(le)

Inflation *f* inflation *f*

Informatiker(in) *m(f)* informaticien(ne) *m(f)*

Information *f* information *f*

informieren I. *vt* **jdn über etw** *akk* **~** informer qn de qc **II.** *vr* **sich über etw** *akk* **~** s'informer sur qc

Ingenieur(in) *m(f)* ingénieur *mf*

Inhalt *m* ❶ *einer Tasche* contenu *m* ❷ *eines Romans* fond *m*

Inhaltsverzeichnis *nt* table *f*

des matières
Initiative *f (Anstoß)* initiative *f*
innen *adv* à l'intérieur; **von ~** de l'intérieur
Innereien *Pl* entrailles *fpl; von Geflügel* abats *mpl*
innerhalb I. *adv* à l'intérieur **II.** *präp +gen* ❶ **~ Berlins/Deutschlands** dans Berlin/en Allemagne ❷ *(binnen)* **~ einer Stunde** en [l'espace d']une heure; **~ dieser Woche** dans le courant de cette semaine
inoffiziell *adj Treffen* non officiel(le); *Information* officieux, -euse
Insekt *nt* insecte *m*
Insel *f* île *f*
Inserat *nt* [petite] annonce *f*
insgesamt *adv* ❶ *(alles zusammen)* en tout ❷ *(im Großen und Ganzen)* dans l'ensemble
Instinkt *m* instinct *m*
instinktiv *adj* instinctif, -ive
Institut *nt* institut *m*
Instrument *nt (Musikinstrument)* instrument *m*
intellektuell *adj* intellectuel(le)
intelligent *adj* intelligent(e)
Intelligenz *f* intelligence *f*
interessant *adj* intéressant(e)
Interesse *nt* ❶ *(Aufmerksamkeit)* intérêt *m* ❷ *Pl (Neigungen)* centres *mpl* d'intérêts
interessieren I. *vt* intéresser **II.** *vr* **sich für jdn/etw ~** s'intéresser à qn/qc
intern *adj Angelegenheit* interne; *Schwierigkeiten* intérieur(e)
international *adj* international(e)
Internet *nt* Internet *m;* **im ~ surfen** naviguer sur Internet
Interview *nt* interview *f*
intim *adj* intime
Invalide, Invalidin *m, f* invalide *mf*
investieren *vt* investir
inzwischen *adv* entre-temps
irgendein *pron* ❶ quelconque, un(e) de; **~ anderer** quelqu'un d'autre ❷ *(beliebig)* **das ist nicht ~ Film** ce n'est pas n'importe quel film
irgendetwas *pron* quelque chose
irgendwann *adv* un jour [ou l'autre]
irgendwas *pron (fam)* s. **irgendetwas**
irgendwie *adv* ❶ d'une certaine manière ❷ *(egal wie)*

I

n'importe comment ❸ *(wie auch immer)* d'une façon ou d'une autre
irgendwo *adv* ❶ quelque part *fam* ❷ *(beliebig)* n'importe où
irgendwohin *adv* ❶ quelque part ❷ *(egal wohin)* n'importe où
Ironie *f* ironie *f*
ironisch *adj* ironique
irren **I.** *vi (sich fortbewegen)* errer **II.** *vr* **sich ~** se tromper
Irrtum *m* erreur *f*
Islam *m* islam *m*
Isomatte *f* tapis *m* de sol

J

ja *adv* oui
Jacht *f* yacht *m*
Jacke *f* veste *f*
Jagd *f* chasse *f*
jagen *vt* chasser
Jäger(in) *m(f)* chasseur, -euse *m, f*
Jahr *nt* ❶ an *m; (in seinem Verlauf gesehen)* année *f;* **im ~[e] 2014** en 2014; **vor [vielen] ~en** il y a [bien] longtemps ❷ *(Lebensjahr)* an *m;* **zwölf ~e alt sein** avoir douze ans
Jahreszeit *f* saison *f*
Jahrgang *m* ❶ classe *f;* UNIV promotion *f* ❷ *eines Weins, einer Zeitschrift* année *f*
Jahrhundert *nt* siècle *m*
jährlich *adj* annuel(le)
jammern *vi* se lamenter
Januar *m* janvier *m*
Jazz *m* jazz *m*
je **I.** *adv* ❶ *(jemals)* jamais ❷ *(jeweils)* chacun(e) **II.** *konj* ❶ **~ ..., desto ...** plus ..., mieux ... ❷ *(entsprechend)* **~ nachdem** ça dépend
Jeans *f* jean *m*
jede(r, s) *pron* chaque
jedenfalls *adv* en tout cas
jedoch *konj, adv* pourtant
jemals *adv* jamais
jemand *pron* quelqu'un

jene(r, s) *pron dem (maskulin)* celui-là; *(feminin)* celle-là; *(maskulin, Pl)* ceux-là; *(feminin, Pl)* celles-là
jetzt *adv* maintenant
jeweils *adv* ❶ *(jedes Mal)* chaque fois ❷ *(je)* ~ **drei Kinder gehen zusammen** les enfants vont par groupes de trois
Job *m (fam)* job *m*
joggen *vi* faire du jogging
Johannisbeere *f (Frucht)* **[rote]** ~ groseille *f* [rouge]; **schwarze** ~ cassis *m*
Journalist(in) *m(f)* journaliste *mf*
jubeln *vi* jubiler
Jubiläum *nt* [fête *f*] anniversaire *m;* **sein 50-jähriges** ~ son jubilé
jucken *vt, vi* démanger
Jude, Jüdin *m, f* juif *m*/juive *f*
jüdisch *adj* juif(juive)
Jugend *f* jeunesse *f*
Jugendliche(r) *f(m)* jeune *mf*
Juli *m* juillet *m*
jung *adj, adv* jeune
Junge *m (junger Mann)* garçon *m*
jünger *adj* plus jeune; *Mitarbeiter* plutôt jeune
Junggeselle, -gesellin *m, f* célibataire *mf*
Juni *m* juin *m*
Jura[1] *m* ❶ *(Gebirge)* Jura *m* ❷ *(Kanton)* canton *m* du Jura
Jura[2] *(Rechtswissenschaft)* droit *m*

J

Kk

Kabel *nt* câble *m*
Kabine *f* cabine *f*
Kaffee *m* café *m*
Kai *m* quai *m*
Kaiser(in) *m(f)* empereur *m*/ impératrice *f*
Kakao *m* cacao *m*
K **Kalb** *nt* veau *m*
Kalender *m* *(Wandkalender)* calendrier *m*
kalt I. *adj (a. fig)* froid(e); **ihr ist ~** elle a froid **II.** *adv* **etw ~ stellen** mettre qc au frais
Kälte *f* froid *m*; *des Windes* fraîcheur *f*
Kamera *f (Filmkamera)* caméra *f*
Kamin *m o* CH *nt* cheminée *f*
Kamm *m* peigne *m*
kämmen *vt, vr* **[sich] ~** [se] coiffer
Kampf *m* combat *m*
kämpfen *vi (fig)* lutter
Kanalisation *f* égouts *mpl*
Kaninchen *nt* lapin *m*
Kanne *f* ❶ *(Kaffeekanne)* cafetière *f*; *(Teekanne)* théière *f* ❷ *(Gießkanne)* arrosoir *m*
Kante *f (Ecke)* bord *m*
Kantine *f* cantine *f*
Kanzler(in) *m(f)* chancelier, -ère *m, f*
Kapelle *f (Kirche)* chapelle *f*
Kapitalist(in) *m(f)* capitaliste *mf*
Kapitän *m* capitaine *m*
Kapitel *nt* chapitre *m*
kaputt *adj (fam)* ❶ *(defekt)* fichu(e) ❷ *(beschädigt)* cassé(e) ❸ *(erschöpft)* crevé(e)
kaputt|gehen *vi irr (fam) Gerät* ne plus marcher
Karfreitag *m* Vendredi *m* saint
kariert *adj* à carreaux
Karies *f* carie *f*
Karneval *m* carnaval *m*
Karotte *f* carotte *f*
Karriere *f* carrière *f*
Karte *f* carte *f*
Kartoffel *f* pomme *f* de terre
Karton *m* carton *m*
Karussell *nt* manège *m*
Käse *m* fromage *m*
Kasse *f* caisse *f*
Kassenbon *m* ticket *m* de

caisse
Kassette *f* ❶ *(Video-, Musikkassette)* cassette *f* ❷ *(Kästchen)* coffret *m*
kassieren *vi* **bei jdm ~** *Kellner* encaisser l'addition de qn
Kassierer(in) *m(f)* caissier, -ière *m, f*
Kastanie *f (Rosskastanie)* marron *m* [d'Inde]; *(Esskastanie)* châtaigne *f*
Katalog *m* ❶ *(Versandhauskatalog)* catalogue *m* ❷ *(Verzeichnis)* fichier *m*
Kathedrale *f* cathédrale *f*
katholisch *adj* catholique
Katze *f* chat *m*
kauen *vt* mâcher
kaufen *vt* acheter
Käufer(in) *m(f)* acheteur, -euse *m, f*
Kaufhaus *nt* grand magasin *m*
Kaugummi *m* chewing-gum *m*
kaum *adv* ❶ *(wahrscheinlich nicht)* difficilement ❷ *(fast nicht)* à peine
Kavalier *m* gentleman *m*
kein I. *pron indef, adjektivisch* ❶ **~ Wort sagen** ne pas dire un mot; **~e Lust/Zeit haben** ne pas avoir envie/le temps; **~ Auto haben** ne pas avoir de voiture ❷ *(nicht einmal)* **~e drei Stunden dauern** ne même pas durer trois heures **II.** *pron indef, substantivisch* ❶ *(auf eine Person bezogen)* **das weiß ~er** personne ne le sait ❷ *(auf Dinge bezogen)* **von den Pullovern gefiel mir ~er** aucun des pullovers ne m'a plu
Keks *m* gâteau *m* sec
Keller *m* cave *f*
Kellner(in) *m(f)* serveur, -euse *m, f*
kennen I. *vt* connaître; **jdn ~ lernen** faire la connaissance de qn **II.** *vr* **sich ~** se connaître
Kenntnis *f* connaissance *f*
Keramik *f* céramique *f*
Kern *m* ❶ noyau *m*; *(Apfel-, Birnenkern)* pépin *m* ❷ *einer Stadt* cœur *m*
Kerze *f* ❶ bougie *f* ❷ *(Gymnastikübung)* chandelle *f*
Kette *f* ❶ chaîne *f* ❷ *von Ereignissen* série *f*
Kiefer[1] *f* pin *m*
Kiefer[2] *m* mâchoire *f*
Kies *m (kleine Steine)* gravier *m*
Kind *nt* enfant *m*
Kindergarten *m* ≈ école *f* maternelle
Kindheit *f* enfance *f*
kindisch *adj (pej)* puéril(e)

K

Kinn *nt* menton *m*
Kino *nt* cinéma *m*
Kiosk *m* kiosque *m*
Kirche *f* église *f*
Kirschbaum *m* *(Baum, Holz)* cerisier *m*
Kirsche *f* cerise *f*
Kissen *nt* *(Sofakissen)* coussin *m*
Kiste *f* caisse *f*; *(klein)* boîte *f*
kitzeln *vt, vi* chatouiller
Kiwi *f* kiwi *m*
Klage *f* plainte *f*
K **klagen I.** *vi* ❶ *(jammern)* se lamenter ❷ *(sich beklagen)* se plaindre **II.** *vt* ❶ se plaindre de ❷ ▲ *s.* **verklagen**
Klang *m* *(Ton)* son *m*
klappen I. *vt* rabattre **II.** *vi* *(fam: funktionieren)* marcher
Klaps *m* tape *f*
klar I. *adj* ❶ clair(e); *Ergebnis* évident(e) ❷ *(fam: verständlich)* **alles ~?/!** c'est clair?/!; **na ~!** mais bien sûr! **II.** *adv erkennen* clairement
Kläranlage *f* station *f* d'épuration
klären I. *vt* *Problem* élucider; *Abwasser* épurer **II.** *vr* **sich ~** *Problem* se résoudre
klasse *adj* *(fam)* super
Klasse *f* classe *f*; **erster/zweiter ~ fahren/fliegen** voyager en première/ seconde [classe]
Klassenarbeit *f* devoir *m* sur table
Klassik *f* ❶ *(Epoche)* classicisme *m* ❷ *(Altertum)* Antiquité *f* ❸ *(fam: klassische Musik)* classique *m*
klassisch *adj* classique
klatschen *vi* applaudir; **in die Hände ~** taper dans les mains
Klavier *nt* piano *m*
kleben I. *vi* coller **II.** *vt* *(reparieren)* recoller
klebrig *adj* collant(e)
Klebstoff *m* colle *f*
kleckern *vt* **Soße auf etw** *akk* **~** faire des taches de sauce sur qc
Kleid *nt* ❶ robe *f* ❷ *Pl (Kleidungsstück)* vêtements *mpl*
Kleiderbügel *m* cintre *m*
Kleidung *f* vêtements *mpl*
klein *adj* ❶ petit(e) ❷ *(kleingeschrieben)* **ein ~es a** un a minuscule ❸ *(gering, geringfügig)* **ein ~[es] bisschen** un [tout] petit peu
kleinlich *adj* *(pej)* ❶ *(geizig)* pingre ❷ *(engstirnig)* mesquin(e)
klettern *vi* faire de l'escalade; **auf einen Berg ~** escalader une montagne; **auf einen Baum ~** grimper sur un arbre

klicken *vi* ❶ cliqueter ❷ INFORM cliquer
Klima *nt* climat *m*
Klimaanlage *f* climatisation *f*
Klinge *f* lame *f*
Klingel *f* sonnette *f*
klingeln *vi* sonner
klingen *vi* ❶ sonner ❷ *(sich anhören)* **gut ~** avoir l'air bien
Klinik *f* hôpital *m; (Privatklinik)* clinique *f*
Klippe *f* écueil *m*
Klo *nt (fam)* chiottes *fpl*
Klopapier *nt (fam)* P.Q. *m*
klopfen *vi* ❶ **an die Tür ~** frapper à la porte ❷ *(schlagen)* **jdm auf die Schulter ~** taper qn sur l'épaule ❸ *Herz* battre ❹ **es klopft an der Tür** on frappe à la porte
Kloster *nt (Mönchskloster)* monastère *m; (Nonnenkloster)* couvent *m*
Klub *m* club *m*
klug I. *adj Person, Handlungsweise* avisé(e); *Antwort* habile **II.** *adv handeln* intelligemment
knabbern *vt, vi* grignoter
knallen I. *vi* ❶ *Tür, Peitsche* claquer; *Korken* sauter; *Schuss* retentir ❷ *(fam: prallen)* **gegen die Wand ~** cogner contre le mur; **auf den Boden ~** tomber par terre ❸ **es knallt** *(ein Unfall passiert)* ça cartonne *fam; (ein Schuss fällt)* il y a une détonation **II.** *vt Tür* claquer
knapp I. *adj* ❶ **~ sein** être juste; *Stellen* être rare ❷ *Sieg* serré(e); *Mehrheit, Meter* petit(e) ❸ *Antwort* concis(e) **II.** *adv verlieren* de justesse
kneifen *vt* pincer
Kneipe *f (fam)* bistro[t] *m*
kneten *vt* ❶ *Teig* pétrir ❷ *(formen)* modeler
Knie *nt* genou *m*
Knoblauch *m* ail *m*
Knöchel *m (Fußknöchel)* cheville *f*
Knochen *m* os *m*
Knochenbruch *m* fracture *f*
Knödel *m boule à base de pomme de terre ou de pain trempé dans du lait, cuite à l'eau et servie en accompagnement*
Knopf *m* bouton *m*
Knospe *f* bourgeon *m; (Blütenknospe)* bouton *m*
Knoten *m* ❶ nœud *m* ❷ *(Haarknoten)* chignon *m*
knurren *vi, vt* grogner
knutschen *vt (fam)* bécoter
Koch, Köchin *m, f* cuisinier,

K

-ière *m, f*
Kochbuch *nt* livre *m* de cuisine
kochen **I.** *vi* ❶ bouillir; **etw zum Kochen bringen** porter qc à ébullition; **-d** bouillant(e) ❷ *(Speisen zubereiten)* faire la cuisine **II.** *vt (zubereiten)* **das Essen ~** préparer le repas; *Gemüse* bien cuit(e)
Koffein *nt* caféine *f*
koffeinfrei *adj* décaféiné(e)
Koffer *m (Reisekoffer)* valise *f*

K

Kofferraum *m* coffre *m*
Kohl *m* chou *m*
Kohle *f (Brennstoff)* charbon *m*
Kohlensäure *f* acide *m* carbonique; *(Kohlendioxid)* gaz *m* carbonique; **Mineralwasser mit/ohne ~** eau *f* [minérale] gazeuse/non gazeuse
Kokosnuss *f* noix *f* de coco
Kollege, Kollegin *m, f* collègue *mf*
Kombination *f* combinaison *f*
kombinieren *vt Kleidungsstücke* assortir; *Farben* associer
Komfort *m* confort *m*
komfortabel *adj* confortable
Komiker(in) *m(f)* comique *mf*
komisch **I.** *adj* ❶ *(lustig)* comique ❷ *(sonderbar)* bizarre; **~ riechen/schmecken** avoir une drôle d'odeur/un drôle de goût ❸ *(fam: unwohl)* drôle **II.** *adv (lustig)* bizarrement
Komma *nt* virgule *f*
kommen *vi* ❶ venir; **nach unten/oben ~** descendre/monter; **nach draußen ~** sortir; **wie komme ich bitte zur Post?** pour aller à la poste, s'il vous plaît? ❷ *(stammen)* **von weit her ~** venir de loin ❸ *(gezeigt werden)* **im Fernsehen ~** passer à la télévision
Kommentar *m* commentaire *m*
kommerziell *adj* commercial(e)
Kommunikation *f* communication *f*
Kommunist(in) *m(f)* communiste *mf*
Komödie *f (a. fig)* comédie *f*
Kompass *m* boussole *f*
kompetent *adj* compétent(e)
Kompliment *nt* compliment *m*
kompliziert *adj* compliqué(e)
Komponist(in) *m(f)* compositeur, -trice *m, f*
Kompromiss *m* compromis *m*
Konditorei *f* pâtisserie *f* [confiserie]

Kondom *m o nt* préservatif *m*
Konferenz *f* ❶ conférence *f* ❷ *(Lehrerkonferenz)* conseil *m* de classe
Konflikt *m* conflit *m*
konfrontieren *vt* confronter
König *m* roi *m*
Königin *f* reine *f*
Königreich *nt* royaume *m*
konkret *adj Vorstellung* concret, -ète
Konkurrenz *f* concurrence *f*
Konkurs *m (Zahlungsunfähigkeit)* faillite *f*
können **I.** *vt* ❶ **[et]was/nichts für etw ~** être/ne pas être responsable de qc **II.** *vi* pouvoir; **nicht mehr ~** *(fam: erschöpft sein)* n'en pouvoir plus **III.** *aux* ❶ *(vermögen, dürfen)* **~ Sie mir sagen, wo/wie ...?** pourriez-vous me dire où/comment ...?; **kann ich Ihnen weiterhelfen?** puis-je vous aider? ❷ *(eine Fertigkeit haben)* **laufen/lesen ~** savoir courir/lire
Konsequenz *f* conséquence *f*
Konsulat *nt* consulat *m*
Kontakt *m* contact *m*
kontaktfreudig *adj* sociable
Kontinent *m* continent *m*
Konto *nt* compte *m*
Kontoauszug *m* extrait *m* de compte
Kontrolle *f* contrôle *m*
kontrollieren *vt* contrôler
konzentrieren *vr* **sich auf etw** *akk* **~** se concentrer sur qc
Konzert *nt* ❶ *(Komposition)* concerto *m* ❷ *(Aufführung)* concert *m*
Kopf *m* tête *f*
Kopie *f* copie *f*
kopieren *vt* ❶ faire une copie de ❷ *(fotokopieren)* [photo]copier
Kopiergerät *nt* photocopieuse *f*
Korb *m a.* SPORT panier *m*
Korken *m* bouchon *m*
Korkenzieher *m* tire-bouchon *m*
Korn *nt* ❶ *(Samenkorn)* graine *f* ❷ *(Getreide)* céréales *fpl*
Körper *m* corps *m*
körperlich **I.** *adj Anstrengung* physique; *Gebrechen* corporel(le) **II.** *adv* physiquement
korrekt *adj* correct(e)
korrigieren *vt* corriger
korrupt *adj (pej)* corrompu(e)
kosten *vt* coûter
Kosten *Pl* coût *m*
kostenlos *adj* gratuit(e)
köstlich *adj* délicieux, -euse
Kostüm *nt* ❶ *(Damenkostüm)*

tailleur *m* ❷ *(Tracht, Verkleidung)* costume *m*
Kot *m* excréments *mpl*
Kotelett *nt* côtelette *f*
Krabbe *f* crabe *m; (Garnele)* crevette *f*
Kraft *f* force *f*
kräftig **I.** *adj Person* fort(e) **II.** *adv drücken* vigoureusement
kraftlos *adj Person* sans force; *Händedruck* mou(molle)
Kraftwerk *nt* centrale *f* [électrique]

K

Kragen *m* col *m*
Krähe *f* corneille *f*
Kralle *f einer Katze* griffe *f; eines Raubvogels* serre *f*
Kran *m* grue *f*
krank *adj (a. fig)* malade
Kranke(r) *f(m)* malade *mf*
Krankenhaus *nt* hôpital *m*
Krankenkasse *f* caisse *f* d'assurance-maladie
Krankenschein *m* feuille *f* de maladie [*o* de soins]
Krankenschwester *f* infirmière *f*
Krankenwagen *m* ambulance *f*
Krankheit *f* maladie *f*
kratzen **I.** *vt* ❶ **jdn am Rücken ~** gratter le dos à qn ❷ *Katze* griffer **II.** *vr* **sich ~** se gratter
Krawatte *f* cravate *f*
kreativ *adj* créatif, -ive
Krebs *m* ❶ ZOOL crustacé *m; (Flusskrebs)* écrevisse *f* ❷ GASTR crabe *m* ❸ ASTRO Cancer *m* ❹ MED cancer *m*
Kredit *m* crédit *m*
Kreditkarte *f* carte *f* de crédit
Kreis *m* ❶ cercle *m* ❷ *Pl (gesellschaftliche Schicht)* milieux *mpl*
Kreuz *nt* ❶ croix *f* ❷ *(Rücken)* reins *mpl* ❸ SPIEL trèfle *m*
Kreuzfahrt *f* croisière *f*
Kreuzung *f* ❶ *(Straßenkreuzung)* carrefour *m* ❷ *(das Kreuzen)* croisement *m*
Kreuzworträtsel *nt* mots *mpl* croisés
Krieg *m* guerre *f*
kriegen *vt (fam)* ❶ *(bekommen)* recevoir ❷ *Bus, Zug* attraper; **jdn ~** mettre la main sur qn ❸ *Strafzettel* récolter ❹ *Kind* aller avoir
kriminell *adj* criminel(le); **~ sein** être délinquant
Krise *f* crise *f*
Kritik *f* critique *f*
kritisch *adj* critique
kritisieren *vt, vi* critiquer
Krokette *f* croquette *f*

Krone *f* couronne *f*
Kröte *f* ZOOL crapaud *m*
Krümel *m (Brösel)* miette *f*
Küche *f* cuisine *f*
Kuchen *m* gâteau *m*
Kuckuck *m* coucou *m*
Kugel *f* ❶ *(runder Gegenstand)* boule *f* ❷ *(Geschoss)* balle *f*
Kugelschreiber *m* stylo *m* [à] bille
Kuh *f* vache *f*
kühl I. *adj* ❶ *(kalt)* frais(fraîche) ❷ *(reserviert)* froid(e) **II.** *adv* ❶ *lagern* au frais; *servieren* frais(fraîche) ❷ *(reserviert)* avec froideur; *empfangen* fraîchement
kühlen *vt, vi* rafraîchir; **gekühlt** *Getränke* frais(fraîche)
Kühlschrank *m* réfrigérateur *m*
Küken *nt* poussin *m*
Kultur *f* ❶ *(Zivilisationsform)* civilisation *f* ❷ BOT plantation *f*
Kümmel *m* cumin *m*
Kummer *m (Betrübtheit)* chagrin *m*
kümmern I. *vt* concerner; **was kümmert ihn das?** en quoi ça le regarde? **II.** *vr* **sich um jdn/etw ~** s'occuper de qn/qc
Kunde, Kundin *m, f* client(e) *m(f)*
Kundendienst *m* service *m* après-vente
kündigen I. *vt Job* démissionner de; *Mitarbeiter* licencier; *Vertrag* résilier **II.** *vi Arbeitnehmer* démissionner; **jdm ~** *Arbeitgeber* licencier qn; *Vermieter* donner congé à qn
Kunst *f* ❶ art *m* ❷ *(Schulfach)* arts *mpl* plastiques
Künstler(in) *m(f)* artiste *mf*
künstlich I. *adj Beleuchtung, See* artificiel(le); *Diamant* faux(fausse) **II.** *adv* artificiellement; *herstellen* industriellement
Kunststoff *m* plastique *m*
Kupfer *nt* cuivre *m*
Kur *f* cure *f*
Kürbis *m* potiron *m*
Kurort *m* station *f* thermale
Kurs *m* ❶ cours *m; (Wechselkurs)* taux *m* de change ❷ *(Fahrtrichtung)* cap *m*
Kurve *f* ❶ virage *m* ❷ MATH courbe *f*
kurz I. *adj* court(e); *Blick, Antwort* bref(brève); **in ~er Zeit** en peu de temps **II.** *adv* ❶ court; **kürzer machen** *Kleid* raccourcir ❷ **~ gesagt, ...** bref, ...

kürzlich *adv* récemment
Kuss *m* baiser *m*
küssen *vt, vi, vr* **[sich] ~** [s']embrasser
Küste *f (Meeresufer)* côte *f*
Kutsche *f (geschlossen)* carrosse *m; (offen)* calèche *f*
Kuvert *nt* enveloppe *f*

L

L
Labor *nt* laboratoire *m*
lächeln *vi* sourire
lachen *vi* **über jdn/etw ~** rire de qn/qc
lächerlich *adj* ridicule
Lachs *m* saumon *m*
lackieren *vt Holz* laquer; **sich** *dat* **die Fingernägel ~** se vernir les ongles
Laden *m* ❶ *(Geschäft)* magasin *m; (klein)* boutique *f* ❷ *(fam: Betrieb)* boîte *f*
Lage *f* ❶ *eines Orts* site *m* ❷ *(Situation)* situation *f* ❸ *(fig)* **in der ~ sein ...** être en mesure de ...
Lager *nt* ❶ dépôt *m* ❷ *(Unterkunft)* camp *m*
Laib *m* SDEUTSCH **ein ~ Brot** une miche de pain
Laie, Laiin *m, f* ❶ *(Nichtfachmann)* profane *mf* ❷ REL laïc *m,* laïque *mf*
Lamm *nt* agneau *m*
Lampe *f* lampe *f*
Land *nt* ❶ *(Staat)* pays *m* ❷ *(Festland)* terre *f* ❸ *(Bundesland)* Land *m;* **die 16 Länder** les 16 Länder ❹ *(Acker)* terrain *m* ❺ *(ländliche Gegend)* campagne *f*
Landebahn *f* piste *f* d'atterrissage
landen *vi Flugzeug* atterrir; *Schiff* aborder
ländlich *adj Brauch* paysan(ne); *Stille* de la campagne
Landschaft *f* paysage *m*
Landstraße *f* ≈ [route *f*] départementale *f; (untergeordnete Straße)* route *f* secondaire

Landung *f* ❶ *eines Flugzeugs* atterrissage *m* ❷ MIL *von Truppen* largage *m; (per Schiff)* débarquement *m*
Landwirtschaft *f (Erwerbstätigkeit)* agriculture *f*
lang **I.** *adj* long(longue); **zwei Meter ~ sein** avoir deux mètres de long; **seit ~em** depuis longtemps **II.** *adv* ❶ longtemps; **~ aufbleiben** veiller tard; **viele Jahre ~** pendant de nombreuses années; **schon ~[e]** depuis longtemps ❷ **~ und breit** en long et en large
lange *s.* **lang**
Länge *f* ❶ longueur *f;* **der ~ nach** en long ❷ *(Dauer)* durée *f* ❸ GEO longitude *f*
Langeweile *f* ennui *m*
langsam **I.** *adj* lent(e) **II.** *adv* lentement
Languste *f* langouste *f*
langweilen *vt, vr* **[sich] ~** [s']ennuyer
langweilig *adj* ennuyeux, -euse
Lappen *m* chiffon *m*
Lärm *m* ❶ bruit *m* ❷ **viel ~ um nichts machen** faire beaucoup de bruit pour rien
lassen **I.** *vt* ❶ *(unterlassen)* arrêter; **lass das!** arrête! ❷ *(zurücklassen)* laisser ❸ *(nicht anrühren)* **stehen ~** *Essen* ne pas toucher à; *Wagen* ne pas prendre **II.** *aux* ❶ *(dulden, zulassen)* permettre ❷ *(veranlassen)* **jdn warten ~** faire attendre qn; **sich scheiden ~** divorcer ❸ *(Möglichkeit)* **das Fenster lässt sich öffnen** on peut ouvrir la fenêtre; **das lässt sich machen** c'est faisable ❹ *(Aufforderung)* **lass uns/lasst uns gehen!** allons-nous en! **III.** *vi* **von jdm/etw ~** renoncer à qn/qc; **lass/lasst mal!** laisse/laissez donc!
Last *f* charge *f*
lästern *vi* **über jdn/etw ~** dénigrer qn/qc
lästig *adj* pénible
Lastkraftwagen, **Lastwagen** *m* camion *m*
Latein *nt* latin *m*
Lateinamerika *nt* l'Amérique *f* latine
Lauch *m* poireau *m*
Lauf *m* ❶ *(das Laufen)* course *f* ❷ *(Flusslauf)* cours *m;* **im ~e der Jahre** au fil des ans
laufen **I.** *vi* ❶ *(rennen)* courir; *(zu Fuß gehen)* marcher ❷ *(fließen)* couler ❸ *(funktio-*

L

nieren) *Motor* tourner; *Gerät* marcher ❹ *(gezeigt werden)* passer **II.** *vt* *hundert Meter* courir; **Schlittschuh/Ski ~** faire du patin à glace/du ski

Laune *f* ❶ *(Stimmung)* humeur *f*; **gute/schlechte ~ haben** être de bonne/de mauvaise humeur ❷ *(abwegige Idee)* lubie *f*

launisch *adj* *Person* lunatique; *Wetter* instable

Laus *f* *(Kopflaus)* pou *m*

laut[1] *adj* fort(e); *Straße* [très] bruyant(e); **~ werden** *Person* hausser le ton

L

laut[2] *präp* selon

läuten *vi* sonner; **es läutet** on sonne

Lautsprecher *m* haut-parleur *m*; *(Lautsprecheranlage)* enceintes *f pl*

lauwarm *adj* tiède

Lavendel *m* lavande *f*

Lawine *f* avalanche *f*

leben *vi* ❶ vivre ❷ **leb[e] wohl!** adieu!

Leben *nt* ❶ vie *f* ❷ **nie im ~** jamais de la vie

lebendig *adj* vivant(e)

Lebensgefahr *f* **~!** danger de mort!

Lebensmittel *nt* denrées *f pl* alimentaires

Leber *f* foie *m*

Lebewesen *nt* être *m* vivant

lebhaft *adj* *(angeregt)* vif(vive); *Person* plein(e) de vie

lecker *adj* délicieux, -euse

Leder *nt* *(Tierhaut)* cuir *m*

ledig *adj* *(unverheiratet)* célibataire

leer **I.** *adj* vide; *Seite* blanc (blanche) **II.** *adv* **~ stehend** *Wohnung* inoccupé(e)

leeren *vt* *(leer machen)* vider

legal *adj* légal(e)

legen **I.** *vt* ❶ *(hinlegen)* **etw auf den Tisch ~** [dé]poser qc sur la table ❷ *(betten)* **jdn ins Bett ~** allonger qn dans le lit **II.** *vr* ❶ *(hinlegen)* **sich ins Bett ~** se mettre au lit ❷ *(sich senken auf)* **sich auf etw** *akk* **~** *Staub* se déposer sur qc ❸ *(nachlassen)* **sich ~** *Sturm* s'apaiser; *Wind* tomber; *Wut* retomber

Legende *f* légende *f*

Lehre *f* ❶ *(Theorie)* théorie *f* ❷ *(Ausbildung)* apprentissage *m*

Lehrer(in) *m(f)* ❶ enseignant(e) *m(f)*; *(Grundschullehrer)* instituteur, -trice *m, f*; *(Fach-, Gymnasiallehrer)* professeur *mf* ❷ *(Reit-, Tennis-*

lehrer) moniteur, -trice *m, f*
Lehrling *m* apprenti(e) *m(f)*
Leiche *f* cadavre *m*
leicht I. *adj* léger, -ère; *Frage* facile; *Operation* petit(e) **II.** *adv* ❶ *bekleidet, würzen* légèrement ❷ *(einfach)* facilement; **~ zu erklären sein** être facile à expliquer
Leid *nt* souffrance *f*
leiden *vi* souffrir
Leidenschaft *f* passion *f*
leidenschaftlich I. *adj* passionné(e) **II.** *adv* passionnément; **etw ~ gern tun** adorer faire qc
leider *adv* malheureusement; **~ ja/nein** hélas oui/non
leid|tun *vi* ❶ *(als Ausdruck des Bedauerns)* **es tut jdm leid, dass** qn regrette que +*subj*; **tut mir leid!** *(fam)* désolé(e)! ❷ *(als Ausdruck des Mitleids)* **jdm ~** faire pitié à qn
leihen *vt* prêter; **sich** *dat* **etw von jdm ~** emprunter qc à qn
leise I. *adj Stimme* bas(se); *Musik* doux(douce); *Geräusch, Zweifel* léger, -ère; **~r stellen** *Fernseher* baisser le son de **II.** *adv* doucement
leisten *vr (fam)* **sich** *dat* **etw ~** *(gönnen)* s'accorder qc; *(sich anschaffen)* s'offrir qc; *(erlauben)* se permettre qc
Leistung *f* ❶ rendement *m;* *eines Schülers* résultat *m* ❷ *einer Batterie* capacité *f; eines Motors* puissance *f* mécanique
leiten *vt* diriger
Leiter(in) *m(f) einer Firma, Schule* directeur, -trice *m, f; einer Arbeitsgruppe* chef *mf*
Leitung *f* ❶ direction *f; einer Diskussion* conduite *f* ❷ *(Rohrleitung)* conduite *f* ❸ *(Strom-, Telefonleitung)* ligne *f*
Leitungswasser *nt* eau *f* du robinet
Lektion *f* leçon *f*
Lenkrad *nt* volant *m*
lernen I. *vt* ❶ apprendre; **Mathe/lesen ~** apprendre les maths/à lire ❷ **der wird es nie ~** il ne le saura jamais **II.** *vi* étudier; **für die Prüfung ~** travailler pour l'examen
lesbisch *adj* lesbien(ne)
lesen *vt, vi* lire
letzte(r, s) *adj* ❶ dernier, -ière; **sein ~s Geld** l'argent qui lui reste; **beim ~n Mal** la dernière fois; **als Letzter/Letzte ankommen** arriver le dernier/la dernière ❷ *(vorige)* **~s**

L

Jahr l'an dernier
leuchten *vi Lampe* éclairer; *Licht, Stern* briller; *Zeiger* être lumineux
Leuchtturm *m* phare *m*
leugnen *vt, vi* nier
Leute *Pl* ❶ *(Mehrzahl von Person)* **hundert –** cent personnes *f pl;* **es waren kaum – da** il n'y avait presque personne ❷ *(Mitmenschen)* gens *mpl;* **alle –** tout le monde
Lexikon *nt* encyclopédie *f*
Libelle *f* libellule *f*
liberal *adj* libéral(e)

L

Licht *nt* lumière *f*
lieb I. *adj* ❶ **– zu jdm sein** être gentil avec qn ❷ *(brav)* sage ❸ *(in Briefen)* **~er Paul/~e Paula** cher Paul/chère Paula **II.** *adv* ❶ *(liebenswürdig)* gentiment ❷ *(artig)* sagement ❸ *(gern)* **jdn/etw – haben** aimer bien qn/qc; **jdn/etw am ~sten mögen** préférer qn/qc
Liebe *f* ❶ amour *m* ❷ **die – auf den ersten Blick** le coup de foudre
lieben I. *vt* aimer **II.** *vr* **sich –** s'aimer; *(sexuell)* faire l'amour
liebenswert *adj* sympathique
lieber I. *adj* **ihr wäre es –, wenn du gehst** elle préférerait que tu partes **II.** *adv* ❶ **– schwimmen als joggen** préférer nager que de faire du footing; **nichts – als das!** je ne demande que ça! ❷ *(besser)* **ich schweige –** il vaut mieux que je me taise
liebevoll *adj* affectueux, -euse
Liebhaber(in) *m(f)* ❶ amant *m*/maîtresse *f* ❷ *(Anhänger)* amateur, -trice *m, f*
Liebling *m* ❶ chéri(e) *m(f)* ❷ *(Favorit)* préféré(e) *m(f)*
Lied *nt* chanson *f*
Lieferant(in) *m(f)* fournisseur, -euse *m, f*
liefern *vi, vt* livrer
Lieferung *f* livraison *f*
liegen *vi* ❶ *Person* être couché; **auf dem Bett –** être allongé sur le lit; **im Bett –** être au lit ❷ *(herumliegen)* **auf dem Tisch liegt ein Buch** il y a un livre sur la table; **ganz hinten –** être placé loin derrière ❸ *(sich befinden)* **zur Straße –** *Zimmer* donner sur la rue; **in Frankreich –** être situé en France ❹ *(zurückgehen auf)* **das liegt daran, dass ...** cela tient au fait que ...
Liegestuhl *m* chaise *f* longue
Lift *m* ❶ *(Aufzug)* ascenseur *m*

❷ *(Skilift)* téléski *m*
Liga *f* ❶ ligue *f* ❷ SPORT division *f*
Likör *m* liqueur *f*
lila *adj* [couleur] lilas
Limonade *f* limonade *f*
Lineal *nt* règle *f*
Linie *f* ligne *f*
linke(**r**, **s**) *adj* gauche; *Straßenseite* de gauche; **die ~ Seite** *eines Kleidungsstücks* l'envers *m*
links *adv (auf der linken Seite)* à gauche; **~ oben** en haut à gauche; **~ von dir/hinter mir** à ta gauche/à gauche derrière moi; **von ~ nach rechts** de gauche à droite
Linkshänder(**in**) *m(f)* gaucher, -ère *m, f*
Linse *f* lentille *f*
Lippe *f* lèvre *f*
Lippenstift *m* rouge *m* à lèvres
Liste *f* liste *f*
Liter *m o nt* litre *m*
Literatur *f* littérature *f*
Lkw, LKW *m Abk von* **Lastkraftwagen** poids *m* lourd
Lob *nt* félicitations *fpl*
loben *vt* féliciter
Loch *nt* trou *m*
Locke *f* boucle *f* [de cheveux]
lockig *adj* bouclé(e)
Löffel *m* cuillère *f*; **ein ~ Mehl** une cuillérée de farine
logisch *adj* logique
Lohn *m* ❶ *(Arbeitslohn)* salaire *m* ❷ *(Belohnung)* récompense *f*
lohnen *vr* **sich für jdn ~ etw zu tun** valoir la peine pour qn de faire qc
Lokal *nt (Kneipe)* bistro[t] *m; (Speiselokal)* restaurant *m*
Lokomotive *f* locomotive *f*
los I. *adj* ❶ *(abgetrennt)* défait(e) ❷ *(fam: befreit)* **jdn/etw ~ sein** être débarrassé de qn/qc ❸ *(im Gange)* **dort ist viel ~** [il] y a la grosse ambiance là-bas; **was ist ~?** qu'est-ce qu'il y a? **II.** *adv* **~!** partez!
löschen *vt* effacer
lösen I. *vt* ❶ *Knoten* défaire; *Handbremse* desserrer ❷ *Husten* calmer ❸ *Aufgabe* résoudre ❹ *(aufheben)* annuler **II.** *vr* ❶ **sich von etw ~** *Schicht* s'enlever de qc; *Stein* se détacher de qc ❷ *(sich aufklären)* **sich ~** se résoudre ❸ *(sich befreien)* **sich von jdm ~** se détacher de qn; **sich von etw ~** se dégager de qc
los|fahren *vi irr* partir
los|gehen *vi irr* ❶ s'en aller

L

❷ *(fam: beginnen)* commencer ❸ *(angreifen)* **auf jdn ~** se jeter sur qn

los|lassen *vt irr* lâcher

Lösung *f* ❶ solution *f* ❷ *(das Lösen)* résolution *f*

Lotto *nt* loto *m*

Löwe *m* ❶ lion *m* ❷ ASTRO Lion *m*

Lücke *f* ❶ *(Zwischenraum)* trou *m* ❷ *(Unvollständigkeit)* lacune *f*

Luft *f* ❶ air *m;* **an die [frische] ~ gehen** aller prendre l'air ❷ *(Atem)* **die ~ anhalten** retenir son souffle; **keine ~ mehr bekommen** étouffer; **~ holen** inspirer ❸ **von ~ und Liebe leben** *(iron fam)* vivre d'amour et d'eau fraîche

Luftballon *m* ballon *m* [de baudruche]

Luftmatratze *f* matelas *m* pneumatique

Luftpost *f* ▶ **mit** [*o* **per**] **~** par avion

Lüftung *f* *(Lüftungssystem)* ventilation *f*

Lüge *f* mensonge *m*

lügen *vi* mentir

Lügner(in) *m(f)* *(pej)* menteur, -euse *m, f*

Lunge *f* poumons *mpl*

Lust *f* ❶ *(Freude)* plaisir *m;* *(Neigung)* envie *f* ❷ *(sexuelle Begierde)* désir *m*

lustig *adj* ❶ *(fröhlich)* gai(e); **sich über jdn/etw ~ machen** se moquer de qn/qc ❷ *(spaßig)* drôle

lustlos **I.** *adj* morose **II.** *adv* sans entrain

Lutscher *m* sucette *f*

Luxus *m* luxe *m*

L

Mm

machen I. *vt* ❶ faire; **gut gemacht!** bien joué!; **ich mache das schon!** *(ich erledige das)* je m'en charge!; *(ich bringe das in Ordnung)* je vais arranger ça! ❷ *Mut, Durst* donner; **jdm Probleme ~** poser des problèmes à qn ❸ *Führerschein* passer; *Kurs* suivre ❹ *(werden lassen)* **jdn glücklich/wütend ~** rendre qn heureux(-euse)/mettre qn en colère; **jdn schlank ~** *Kleidung* amincir qn ❺ **es macht mich traurig, dass ...** ça me rend triste que ... + *subj* **II.** *vi* ❶ *dumm* rendre; **dick ~** *Hose* grossir ❷ *(fam)* **schnell ~** se grouiller **III.** *vr* ❶ *(sich begeben)* **sich an die Arbeit ~** se mettre au travail ❷ *(bereiten)* **~ Sie sich wegen mir keine Umstände!** ne vous dérangez pas pour moi!

Macht *f* ❶ pouvoir *m* ❷ *(mächtiger Staat)* puissance *f*

mächtig I. *adj* puissant(e) **II.** *adv (fam) sich ärgern* drôlement

machtlos *adj* ❶ impuissant(e) ❷ *(hilflos)* **gegen etw ~ sein** être désarmé devant qc

Mädchen *nt* fille *f*

Mädchenname *m* ❶ *(weiblicher Vorname)* prénom *m* féminin ❷ *(Geburtsname)* nom *m* de jeune fille

Magen *m* estomac *m*

mager *adj* maigre

magisch I. *adj* magique **II.** *adv* comme par magie

Magnet *m* aimant *m*

Mahlzeit *f* repas *m*

Mai *m* mai *m*

Mais *m* maïs *m*

Makler(in) *m(f)* courtier, -ière *m, f*; *(Immobilienmakler)* agent *m* immobilier

mal *adv* ❶ *(fam: einmal)* **wieder ~** une fois de plus; **das ist nun ~ so** c'est comme ça; **warst du schon ~ in Kanada?** tu as déjà été au Canada? ❷ *(fam: eben)* **komm ~ her!** viens ici! ❸ MATH **drei ~ vier**

M

ist zwölf trois fois quatre [font] douze
Mal *nt* fois *f*
malen *vt Gemälde* peindre; *Baum* dessiner
Maler(in) *m(f)* peintre *m*
Malerei *f* peinture *f*
Mama *f*, **Mami** *f (fam)* maman *f*
man *pron* on
manchmal *adv* quelquefois
Mandel *f* ❶ amande *f* ❷ ANAT amygdale *f*
Mangel *m* ❶ manque *m* ❷ *(Fehler)* défaut *m*
Mann *m* ❶ *(männliche Person)* homme *m* ❷ *(Ehemann)* mari *m*
männlich *adj* masculin(e); *Kind* du sexe masculin; *Tier, Hormon* mâle
Mannschaft *f* équipe *f*
Mantel *m* manteau *m*
manuell *adj* manuel(le)
Märchen *nt* conte *m*
Margarine *f* margarine *f*
Marille *f* A abricot *m*
Marke *f* marque *f*
Markt *m* marché *m*
Marmelade *f* confiture *f*
Marmor *m* marbre *m*
März *m* mars *m*
Marzipan *nt o m* pâte *f* d'amandes
Maschine *f* ❶ machine *f* ❷ *(Flugzeug)* appareil *m* ❸ *(fam: Motorrad)* bécane *f*
Masern *Pl* rougeole *f*
Maß¹ *nt* ❶ *(Maßeinheit)* mesure *f* ❷ *(Bandmaß)* mètre *m*
Maß² *f* A, SDEUTSCH chope *f* *(d'un litre)*
Masse *f* ❶ masse *f* ❷ *(Teigmasse)* mélange *m*
massieren *vt* masser
mäßig I. *adj* ❶ *(maßvoll)* modéré(e) ❷ *Qualität* médiocre **II.** *adv essen* modérément
massiv *adj* massif, -ive
maßlos I. *adj* démesuré(e) **II.** *adv* excessivement
Maßnahme *f* mesure *f*
Material *nt* ❶ *(Rohstoff)* matériau *m* ❷ *(Ausrüstung)* matériel *m*
Mathematik *f* mathématiques *fpl*
Matratze *f* matelas *m*
Matrose *m* matelot *m*
Matsch *m (Schlamm)* gadoue *f*
matschig *adj (fam)* ❶ *(schlammig)* boueux, -euse ❷ *Frucht* écrabouillé(e)
Mauer *f* mur *m*
Maul *nt* gueule *f*; **halt's ~!** [ferme] ta gueule!
Maulwurf *m* taupe *f*

Maurer(in) *m(f)* maçon(ne) *m(f)*
Maus *f* ❶ souris *f* ❷ *Pl (fam: Geld)* pèze *m*
Maut *f* péage *m*
maximal **I.** *adj* maximal(e) **II.** *adv* au maximum
Mechaniker(in) *m(f)* mécanicien(ne) *m(f)*
mechanisch *adj* mécanique
Medaille *f* médaille *f*
Medien *Pl (Informationsmittel)* média *mpl*
Medikament *nt* médicament *m*
Medizin *f (Heilkunde)* médecine *f*
Meer *nt* mer *f*; **am ~** au bord de la mer
Meeresfrüchte *Pl* fruits *mpl* de mer
Meeresspiegel *m* niveau *m* de la mer
Mehl *nt* farine *f*
mehr **I.** *pron* plus; **~ Brot** plus de pain **II.** *adv* ❶ *(in größerem Maße)* davantage; **sich noch ~ ärgern** se fâcher encore plus ❷ *(in Verbindung mit Verneinungen)* **nicht ~** ne plus; **nichts ~** ne plus rien; **nie ~** ne plus jamais; **niemand/keiner ~** ne plus personne; **kein Geld/keine Zeit ~ haben** ne plus avoir d'argent/le temps
mehrere *pron* plusieurs; **~s** plusieurs choses *fpl*
Mehrheit *f* majorité *f*
mehrmals *adv* plusieurs fois
mein *pron* mon/ma/mes
meinen **I.** *vt* ❶ *(denken)* penser ❷ *(sagen)* dire; **was meinst du damit?** qu'est-ce que tu veux dire par là? ❸ *(im Sinn haben)* **meinst du sie?** tu parles d'elle? **II.** *vi* **~ Sie?** vous croyez?; **wenn Sie ~!** si vous voulez!
meinetwegen *adv* ❶ *(wegen mir)* à cause de moi ❷ *(mir zuliebe)* pour moi ❸ *(wenn es nach mir ginge)* s'il n'en tient qu'à moi
Meinung *f* avis *m*; **der ~ sein, dass ...** être d'avis que ...; **seine ~ ändern** changer d'avis
Meise *f* mésange *f*
meist *s.* **meistens**
meiste *pron* ❶ *(der überwiegende Teil)* **die ~n Leute** la plupart des gens; **die ~ Zeit** la majeure partie de son/mon/... temps; **das ~** la plus grande partie ❷ *(die größte Gesamtmenge)* **das ~** le plus
meistens *adv* le plus souvent

M

Meister(in) *m(f)* ❶ *(Handwerksmeister)* contremaître, -esse *m, f;* *(Chef)* patron(ne) *m(f)* ❷ KUNST, MUS maître *m*
melden I. *vt* ❶ *Vorfall* signaler; *Todesfall* faire la déclaration de ❷ MEDIA rapporter ❸ *(denunzieren)* **jdn bei jdm ~** dénoncer qn à qn **II.** *vr* ❶ *(die Hand heben)* **sich ~** lever le doigt ❷ *(sich zur Verfügung stellen)* **sich zu etw ~** se porter volontaire pour qc ❸ *(am Telefon)* **sich ~** répondre ❹ *(von sich hören lassen)* **sich bei jdm ~** se manifester auprès de qn
melken I. *vt* traire **II.** *vi* faire la traite
Melodie *f* mélodie *f*
Menge *f* ❶ quantité *f;* **eine ~ Arbeit** *(fam)* un tas de travail ❷ *(Menschenmenge)* foule *f*
Mensch *m* ❶ *(Person)* personne *f* ❷ *(Gattung)* homme *m*
menschlich I. *adj* humain(e) **II.** *adv* humainement
Mentalität *f* mentalité *f*
Menü *nt* menu *m*
merken *vt* ❶ *(erkennen)* voir; **jdn etw nicht ~ lassen** ne pas montrer qc à qn ❷ *(im Gedächtnis behalten)* **sich** *dat* **etw ~** retenir qc
Merkmal *nt* caractéristique *f;* **besondere ~e** signes *mpl* particuliers
merkwürdig I. *adj* étrange **II.** *adv* étrangement
Messe *f* ❶ *(Gottesdienst)* messe *f* ❷ *(Ausstellung)* foire [-exposition] *f*
messen *vt* mesurer; **Fieber ~** prendre la température
Messer *nt* couteau *m*
Metall *nt* métal *m*
Meter *m o nt* mètre *m*
Methode *f* méthode *f*
Metzgerei *f* boucherie *f*
mich *pron* me/moi; **ich wasche ~** je me lave; **ich schäme ~** j'ai honte
Miesmuschel *f* moule *f*
Miete *f* *(Wohnungsmiete)* loyer *m*
mieten *vt* louer
Mieter(in) *m(f)* locataire *mf*
Migräne *f* migraine *f*
Milch *f* lait *m*
Milchkaffee *m* café *m* au lait
Milliarde *f* milliard *m*
Million *f* million *m*
Millionär(in) *m(f)* millionnaire *mf*
Minderheit *f* minorité *f*
mindestens *adv* au moins
Mine *f* mine *f*

M

Mineralwasser *nt* eau *f* minérale
minimal *adj* minime
Minimum *nt (geh)* [strict] minimum *m*
Minirock *m* minijupe *f*
Minister(in) *m(f)* ministre *mf*
Ministerium *nt* ministère *m*
minus *präp, konj, adv* moins
Minute *f* minute *f*
Minze *f* menthe *f*
mir *pron* me/moi; **von ~ aus!** *(fam)* j'ai rien contre!; **ich wasche ~ die Haare** je me lave les cheveux; **ich werde ~ einen Pulli anziehen** je vais mettre un pull
mischen *vt, vr* **[sich] ~** [se] mélanger
miserabel *adj Zustand, Film* lamentable; *Wetter, Essen* exécrable
Misserfolg *m* échec *m*
misshandeln *vt* maltraiter
Misstrauen *nt* méfiance *f*
misstrauisch *adj* méfiant(e)
Missverständnis *nt* malentendu *m*
missverstehen *vt irr* mal comprendre
Mist *m (Dung)* fumier *m*
mit *präp* ❶ *(Art und Weise)* avec; **~ großen Schritten** à grands pas ❷ *(per)* **~ dem Fahrrad** à vélo; **~ dem Auto/Flugzeug** en voiture/avion; **~ der Post/Bahn** par la poste/le train ❸ *(Zeitpunkt)* **~ 18 [Jahren]** à 18 ans
Mitarbeit *f* ❶ *(Mitwirkung)* collaboration *f* ❷ SCHULE, UNIV participation *f*
Mitarbeiter(in) *m(f)* collaborateur *m*/collaboratrice *f*
mit|bringen *vt Sachen* apporter; *Personen* amener
Mitbürger(in) *m(f)* concitoyen(ne) *m(f)*
miteinander *adv* ❶ *(gemeinsam)* ensemble ❷ *(untereinander)* **gut ~ auskommen** s'entendre bien
mit|fahren *vi irr* **mit jdm ~** faire le voyage avec qn
Mitglied *nt* membre *m*
mit|helfen *vi irr* aider
Mitleid *nt* pitié *f*; **~ mit jdm haben** avoir pitié de qn
mit|machen I. *vi* ❶ **bei etw ~** participer à qc ❷ *Wetter* être de la partie **II.** *vt (fam)* **viel mitgemacht haben** en avoir vu des vertes et des pas mûres
mit|nehmen *vt* ❶ *(mit sich nehmen)* prendre ❷ *(körperlich erschöpfen)* épuiser ❸ *(psychisch belasten)* bouleverser

M

Mittag *m (Mittagszeit)* midi *m;* **zu ~ essen** déjeuner
Mittagessen *nt* déjeuner *m,* dîner *m* BELG, CH
mittags *adv* à midi
Mitte *f* milieu *m; (Mittelpunkt) a.* POL centre *m;* **~ des Jahres** au milieu de l'année; **~ Januar** à la mi-janvier; **~ zwanzig sein** avoir environ vingt-cinq ans
mit|teilen *vt* annoncer
Mittel *nt* ❶ *(Medikament)* médicament *m* ❷ *(Methode)* moyen *m* ❸ *Pl (Geldmittel)* moyens *mpl*
M **Mittelalter** *nt* **das ~** le Moyen Âge
Mittelpunkt *m* ❶ centre *m; einer Geraden* milieu *m* ❷ *(Hauptperson)* personnage *m* central
mitten *adv* au milieu de
Mitternacht *f* minuit *f*
mittlere(r, s) *adj* ❶ moyen(ne) ❷ *Balkon* du milieu ❸ *Bruder* deuxième; **-n Alters** d'un certain âge
mittlerweile *adv (währenddessen)* entre-temps; *(im Gegensatz zu früher)* maintenant
Mittwoch *m* mercredi *m*
mixen *vt* mixer
Mixer *m* mixe[u]r *m*
Möbel *nt* meuble *m*
möblieren *vt* meubler
Mode *f* mode *f*
Modell *nt* ❶ *(verkleinerte Ausgabe)* modèle *m* réduit ❷ *(Kleidungsstück)* création *f*
Moderator, **Moderatorin** *m, f* présentateur, -trice *m, f; einer Spielshow* animateur, -trice *m, f*
modern[1] *vi* moisir
modern[2] *adj* moderne; *Person* de son temps
modisch *adj* à la mode
mögen[1] *vt* ❶ *(gernhaben)* aimer ❷ *(haben wollen)* **was möchten Sie, bitte?** vous désirez?; **ich möchte [gern] ...** je voudrais ... ❸ *(erwarten)* **sie möchte, dass** elle voudrait que *+subj*
mögen[2] *vi (wollen)* vouloir [bien]; **sie möchte nach Hause** *(fam)* elle voudrait rentrer
mögen[3] *aux (wollen)* **sie möchte hier bleiben** elle voudrait rester ici
möglich *adj* ❶ *(durchführbar)* possible ❷ *(denkbar)* **alle ~en Länder** tous les pays possibles; **alles Mögliche** toutes sortes de choses
Möglichkeit *f* possibilité *f*

möglichst *adv* **~ groß** le plus grand possible
Möhre *f* carotte *f*
Molkerei *f* laiterie *f*
Moment *m (Augenblick)* moment *m; (kurze Zeitspanne)* instant *m;* **im ~** pour le moment
momentan *adj* ❶ *(derzeitig)* actuel(le) ❷ *(vorübergehend)* momentané(e)
Monat *m* mois *m;* **diesen ~** ce mois-ci; **im nächsten ~** le mois prochain
monatlich *adj* mensuel(le)
Mönch *m* moine *m*
Mond *m (Erdsatellit)* lune *f*
Monster *nt* monstre *m*
Montag *m* lundi *m*
Moor *nt* marais *m*
Moos *nt* mousse *f*
moralisch *adj* moral(e)
Mord *m* meurtre *m*
Mörder(in) *m(f)* meurtrier, -ière *m, f*
morgen *adv* demain; **~ früh** demain matin
Morgen[1] *nt* demain *m*
Morgen[2] *m* matin *m; (in seinem Verlauf)* matinée *f;* **heute/Montag ~** ce/lundi matin; **am nächsten ~** le lendemain matin; **[guten] ~!** bonjour!
morgens *adv* le matin; **von ~ bis abends** du matin au soir
Moschee *f* mosquée *f*
Moslem, Moslime *m, f* musulman(e) *m(f)*
Motiv *nt* motif *m*
motivieren *vt* motiver
Motor *m* moteur *m*
Motorhaube *f* capot *m*
Motorrad *nt* moto *f*
Motorradfahrer(in) *m(f)* motocycliste *mf*
Motte *f* mite *f*
Motto *nt* devise *f*
Möwe *f* mouette *f*
MP3-Player *m* lecteur *m* MP3; *(tragbares Gerät)* baladeur *m* MP3
Mücke *f* moustique *m*
müde *adj* fatigué(e); *(gelangweilt)* lassé(e)
Mühe *f* peine *f;* **sich** *dat* **~ geben** se donner du mal
mühelos I. *adj* facile **II.** *adv* sans peine
Mühle *f* moulin *m*
Müll *m* déchets *mpl*
Mülleimer *m* poubelle *f*
multiplizieren *vt* **etw mit etw ~** multiplier qc par qc
Mumps *m* oreillons *mpl*
Mund *m* bouche *f*
mündlich *adj Prüfung* oral(e)
Münze *f* pièce *f* de monnaie
murmeln I. *vi* marmonner

II. *vt* murmurer
mürrisch *adj* *Person* grincheux, -euse; *Gesicht* renfrogné(e)
Muschel *f* coquillage *m*
Museum *nt* musée *m*
Musik *f* musique *f*
Musiker(in) *m(f)* musicien(ne) *m(f)*
Muskel *m* muscle *m*
Muskelkater *m* courbatures *f pl*
muskulös *adj* musclé(e)
Müsli *nt* mu[e]sli *m*
müssen *vt* ❶ **er muss arbeiten** il doit travailler; **lachen ~** ne pas pouvoir s'empêcher de rire; **man müsste ...** il faudrait ... ❷ *(brauchen)* **du musst mir nicht helfen** tu n'as pas besoin de m'aider; **das muss nicht heißen, dass ...** cela ne veut pas forcément dire que ... ❸ *(Ausdruck der Wahrscheinlichkeit)* **er muss krank sein** il doit être malade
Muster *nt* ❶ *von Stoffen* motif *m* ❷ *(Vorlage)* modèle *m*
Mut *m* courage *m*
mutig *adj* courageux, -euse
Mutter *f* mère *f*
mütterlich *adj* maternel(le)
Mütze *f* bonnet

N

Nn

na *interj* *(fam)* ❶ *(Ausdruck des Zweifels)* ben ❷ *(Ausruf der Entrüstung)* hé ❸ **~ gut** bon, allez; **~ also!** tu vois/vous voyez!; **~ und?** et [puis] alors?
nach **I.** *präp* ❶ *(räumlich)* **~ Nizza fahren** aller à Nice; **~ Frankreich/Dänemark** en France/au Danemark; **der Zug ~ Bordeaux** le train pour Bordeaux ❷ *(zeitlich)* après; **fünf [Minuten] ~ drei** trois heures cinq [minutes]; **~ drei Tagen** trois jours plus tard ❸ **meiner Meinung ~** à mon

avis **II.** *adv* **~ und ~** peu à peu; **~ wie vor** toujours
Nachbar(in) *m(f)* voisin(e) *m(f)*
nachdem *konj (zeitlich)* **kurz ~ wir zurückgekommen waren** peu après notre retour; **~ er umgezogen war, ...** après avoir déménagé, ...
nach|denken *vi* réfléchir
nachdenklich *adj* pensif, -ive
nacheinander *adv* **~ den Raum verlassen** quitter la salle l'un(e) après l'autre; **etw zweimal ~ tun** faire qc deux fois de suite
Nachfolger(in) *m(f)* successeur *m*
Nachfrage *f* demande *f*
nach|geben *vi* ❶ céder ❷ FIN, ÖKON reculer
nachher, nachher *adv* ❶ *(danach)* après ❷ *(gleich)* tout à l'heure
nach|holen *vt* rattraper
Nachmittag *m* après-midi *m o f;* **am ~** l'après-midi; **heute ~** cet après-midi; **am frühen ~** tôt dans l'après-midi
nachmittags *adv* l'après-midi
Nachname *m* nom *m* [de famille]
Nachricht *f* ❶ information *f* ❷ *(Mitteilung)* nouvelle *f*
Nachsaison *f* basse saison *f*
nach|schlagen *irr* **I.** *vt* ❶ *(suchen)* chercher ❷ *(überprüfen)* vérifier **II.** *vi* **in einem Lexikon ~** consulter une encyclopédie
nachsichtig I. *adj* indulgent(e) **II.** *adv* avec indulgence
nächste(r, s) *adj* ❶ *(in größter Nähe gelegen)* **die ~ Tankstelle** la station d'essence la plus proche; **am ~n** le plus près ❷ *(bevorstehend)* **in der ~n Woche** la semaine prochaine; **am ~n Tag** le lendemain; **bei der ~n Gelegenheit** à la première occasion [qui se présente] ❸ *(in Bezug auf eine Reihenfolge)* **der Nächste, bitte!** au suivant, s'il vous plaît! ❹ *(sehr vertraut)* **die ~n Verwandten/Angehörigen** les proches *mpl*
Nacht *f* ❶ nuit *f;* **heute ~** cette nuit; **es wird ~** il commence à faire nuit; **bei ~** de nuit; **gute ~!** bonne nuit! ❷ **über ~** du jour au lendemain
Nachteil *m* inconvénient *m;* **im ~ sein** être désavantagé
Nachthemd *nt* chemise *f* de nuit
Nachtigall *f* rossignol *m*
Nachtisch *m* dessert *m*

nachträglich *adj* ultérieur(e)
nachts *adv* la nuit; **spät ~** tard dans la nuit
Nachtschicht *f (Schichtarbeiter)* équipe *f* de nuit
Nachttisch *m* table *f* de chevet
Nacken *m* nuque *f*
nackt *adj* nu(e)
Nadel *f* aiguille *f*
Nagel *m* ❶ *(Metallstift)* clou *m* ❷ *(Finger-, Zehennagel)* ongle *m*
nah **I.** *adj* ❶ *(räumlich/zeitlich)* proche ❷ *(fig)* **den Tränen ~[e]** au bord des larmes; **~[e] daran sein etw zu tun** être sur le point de faire qc **II.** *adv gelegen sein* [tout] près; **von ~em** de près
nahe *präp* près de
Nähe *f* ❶ proximité *f*; **in der ~** à proximité ❷ *(Anwesenheit) einer Person* présence *f*
nähen **I.** *vt* coudre; *Wunde* recoudre **II.** *vi* faire de la couture
näher **I.** *adj* ❶ *(räumlich)* plus près; **in der ~en Umgebung des Bauernhofs** à proximité de la ferme ❷ *(zeitlich)* plus rapproché(e); **in ~er Zukunft** dans un proche avenir ❸ *(detaillierter)* plus précis(e) ❹ *Bekannter* assez proche; *Zusammenarbeit* assez étroit(e) **II.** *adv* ❶ *(räumlich)* plus près; **~ an etw** *akk* **herantreten** se rapprocher [plus] de qc; **treten Sie ~!** veuillez vous approcher! ❷ *(zeitlich)* **~ rücken** approcher ❸ *(detaillierter)* de façon plus précise
nähern *vr* ❶ *(räumlich)* **sich jdm/einer S. ~** [s']approcher de qn/qc ❷ *(zeitlich)* **sich einer S.** *dat* **~** approcher de qc
Nahrungsmittel *nt* produits *mpl* alimentaires
naiv *adj* naïf, -ïve
Name *m* nom *m*
nämlich *adv* ❶ *(und zwar)* et ce; *(genauer gesagt)* à savoir ❷ *(denn)* en effet
Narbe *f* cicatrice *f*
naschen **I.** *vi* grignoter des friandises **II.** *vt* grignoter
Nase *f* ❶ nez *m*; **sich** *dat* **die ~ putzen** se moucher ❷ **die ~ voll haben** *(fam)* en avoir plein le dos; **auf die ~ fallen** *(fam)* se casser le nez; **vor seiner/deiner/... ~** *(fam)* sous son/ton nez
nass *adj* ❶ mouillé(e) ❷ *(regnerisch)* humide
Nation *f* nation *f*; **die Vereinten ~en** les Nations Unies

N

Nationalität *f* nationalité *f*
Natter *f* couleuvre *f*
Natur *f* nature *f*
natürlich **I.** *adj* naturel(le) **II.** *adv* *(selbstverständlich)* naturellement
Nebel *m* ❶ brouillard *m;* *(leicht)* brume *f* ❷ ASTRO nébuleuse *f*
nebelig *adj* brumeux, -euse
neben *präp* à côté de
nebenan *adv* à côté
nebeneinander *adv* ❶ *(räumlich)* côte à côte ❷ *(zeitlich)* parallèlement
Nebenfluss *m* affluent *m*
neblig *s.* **nebelig**
Neffe *m* neveu *m*
negativ *adj* négatif, -ive
Negativ *nt* négatif *m*
nehmen *vt* prendre; **[sich** *dat***] etw ~** prendre qc; **auseinander ~** démonter; **jdm etw übel ~** en vouloir à qn de qc
neidisch **I.** *adj Person* envieux, -euse; **auf jdn ~ sein** envier qn **II.** *adv betrachten* avec envie
neigen **I.** *vi* **zu Übergewicht ~** avoir une tendance à l'embonpoint **II.** *vr* **sich ~** *Person* se pencher; *Hang* être en pente; *Schiff* pencher **III.** *vt Kopf* pencher
nein *adv* non; **leider ~** malheureusement pas
Nektarine *f* nectarine *f*
nennen *vt* ❶ *(anreden)* appeler; **Katharina II., genannt die Große** Catherine II, dite la Grande ❷ *(bezeichnen)* **wie nennt man das?** comment appelle-t-on ça? ❸ *(angeben)* indiquer
Nerv *m* ❶ nerf *m* ❷ *Pl* **gute ~en haben** avoir les nerfs solides; **die ~en verlieren** perdre le contrôle de soi-même
nerven *(fam)* **I.** *vt* énerver **II.** *vi* être énervant
nervös *adj Person* nerveux, -euse; *Stimmung* agité(e)
Nest *nt* ❶ nid *m* ❷ *(fam: Kaff)* patelin *m*
nett *adj* gentil(le); *Abend* sympathique; **~ zu jdm sein** être gentil avec qn
netto *adv* net
Netz *nt* ❶ *a.* SPORT filet *m* ❷ ELEC réseau *m*
neu **I.** *adj* ❶ nouveau, -velle; *(noch nicht gebraucht)* neuf(neuve) ❷ *(aktuell)* récent(e); **die ~esten Nachrichten** les [toutes] dernières nouvelles **II.** *adv* ❶ *(von vorn)* **wieder ganz ~ anfangen** repartir à zéro ❷ *(so-*

N

eben) ~ **eröffnet** qui vient d'ouvrir

neugierig **I.** *adj Person* curieux, -euse; *Frage* indiscret, -ète; ~ **sein, ob/wie ...** être curieux de savoir si/comment ... **II.** *adv* avec curiosité

Neuigkeit *f* nouvelle *f*

Neujahr *nt* ❶ nouvel an *m* ❷ **prost ~!** bonne année!

neulich *adv* récemment; ~ **abends** l'autre soir

neun *num* neuf

neunzehn *num* dix-neuf

neunzig *num* quatre-vingt-dix, nonante BELG, CH

nicht *adv* ❶ ne ... pas; **um sich ~ zu erkälten** pour ne pas attraper froid; ~ **schlecht/möglich** pas mauvais/possible; ~ **sehr** pas très; **warum ~?** pourquoi pas?; **bitte ~!** non, s'il te/vous plaît!; ~ **eine(r)** [ne ...] pas un(e) [seul(e)]; **er ~!** pas lui! ❷ *(stimmt's)* **~?** non?

Nichte *f* nièce *f*

Nichtraucher(in) *m(f)* non-fumeur, -euse *m, f*

nichts *pron* ne ... rien; **gar ~** rien du tout

nicken *vi* hocher la tête; *(Zustimmung signalisieren)* faire un signe d'approbation

nie *adv (zu keinem Zeitpunkt)* ne ... jamais; **er hat ~ davon gesprochen** il n'en a jamais parlé; ~ **wieder** ne ... plus jamais

niedergeschlagen *adj* abattu(e)

Niederlage *f* défaite *f*

niedlich *adj* adorable

niedrig **I.** *adj* ❶ bas(se) ❷ *(gering)* peu élevé(e); *Trinkgeld* maigre; *Geschwindigkeit* réduite **II.** *adv* bas

niemand *pron* ne ... personne

Niere *f* ❶ ANAT rein *m* ❷ GASTR rognon

niesen *vi* éternuer

Nikotin *nt* nicotine *f*

nirgends *adv* ne ... nulle part

Niveau *nt* niveau *m*

noch *adv* ❶ encore; ~ **besser** encore mieux; **er ist immer ~ krank** il est toujours malade; **er hat ~ nicht angerufen** il n'a pas encore téléphoné; **bringen Sie mir ~ ein Bier!** apportez-moi une autre bière! ❷ *(verstärkend)* ~ **heute** aujourd'hui même ❸ *(eigentlich)* **wie war das ~?** comment c'était déjà? ❹ *(knapp)* **den Zug gerade ~ erreichen können** pouvoir tout juste attraper le train

nochmals *adv* encore une fois

N

Nonne *f* religieuse *f*
Norden *m* nord *m*
Nordsee *f* **die ~** la mer du Nord
normal *adj* normal(e); **es ist [ganz] ~, dass** il est [tout à fait] normal que *+subj*
normalerweise *adv* normalement
Not *f* ❶ *(Armut)* misère *f* ❷ *(Bedrängnis)* détresse *f*; **in ~ sein** être dans le besoin ❸ **zur ~** au besoin
Notar(in) *m(f)* notaire *m*
Notarzt, -ärztin *m, f* médecin *mf* d'urgence; *(in Frankreich)* médecin *mf* du SAMU
Note *f* ❶ note *f* ❷ *Pl* MUS partition *f*
Notfall *m* [cas *m* d']urgence *f*
notfalls *adv* au besoin
nötig *adj* nécessaire; **etw ~/nicht ~ haben** avoir besoin de qc/pouvoir se passer de qc
Notiz *f* note *f*
Notizblock *m* bloc-notes *m*
Notruf *m* *(Anruf)* appel *m* d'urgence
notwendig *adj* nécessaire
Nougat *m o nt* praliné *m*
November *m* novembre *m*
nüchtern *adj* ❶ *(mit leerem Magen)* **~ sein** être à jeun ❷ *(nicht betrunken)* sobre ❸ *(realitätsbewusst)* lucide
Nudel *f* pâtes *fpl*
nuklear *adj* nucléaire
null *num* zéro
Null *f* ❶ zéro *m* ❷ *(fam: Versager)* nullard *m*
Nummer *f* numéro *m*
Nummernschild *nt* plaque *f* d'immatriculation
nun *adv* ❶ maintenant; **von ~ an** désormais ❷ *(einlenkend)* **~ gut** eh bien, soit; **~ ja** ma foi ❸ *(auffordernd)* alors; **~ mach schon!** allez, vas-y!
nur *adv* ❶ seulement; **ich wollte ~ fragen, ob ...** je voulais juste demander si ...; **~ Wasser trinken** ne boire que de l'eau ❷ **~ Mut!** [du] courage, voyons!
nutzen *vt Gegenstand* se servir de; *Gelegenheit* profiter de
nützen **I.** *vi* **jdm ~** servir à qn **II.** *vt* **jdm nichts ~** ne servir à rien à qn
nützlich *adj* ❶ utile ❷ **sich ~ machen** se rendre utile
nutzlos *adj* inutile

N

Oo

ob *konj* si

oben *adv* ❶ en haut; **~ auf der Liste** en tête de liste; **dort ~** là-haut; **bis ~ [hin] voll sein** être plein jusqu'à ras bord ❷ *(vorher)* plus haut; **siehe ~** voir ci-dessus ❸ **~ ohne** *(fam)* seins nus; **von ~ herab** de haut

Ober *m (Kellner)* **Herr ~!** garçon *m* [, s'il vous plaît]!

obere(r, s) *adj* supérieur(e)

oberflächlich *adj* superficiel(le)

objektiv *adj* objectif, -ive

Obst *nt* fruits *mpl*

obwohl *konj* bien que *+subj*

Ochse *m* bœuf *m*

oder *konj* ❶ ou; **~ aber** ou alors ❷ *(nicht wahr)* **das schmeckt gut, ~?** c'est bon, n'est-ce pas?

Ofen *m* ❶ *(Heizofen)* poêle *m* ❷ *(Backofen)* four *m*

offen **I.** *adj* ❶ ouvert(e); *Haare* détaché(e); *Flasche* entamé(e); **~ haben** *Geschäft* être ouvert ❷ *(aufgeschlossen)* **jdm gegenüber ~ sein** être ouvert envers qn **II.** *adv* ❶ franchement ❷ **~ gesagt** pour être franc

offenbar **I.** *adj* évident(e) **II.** *adv* manifestement

offensichtlich **I.** *adj* évident(e); **~ sein** sauter aux yeux **II.** *adv* de toute évidence

öffentlich *adj* public, -ique

Öffentlichkeit *f (Allgemeinheit)* public *m;* **in aller ~** devant tout le monde

offiziell *adj* officiel(le)

Offizier(in) *m(f)* officier *m*

öffnen *vt, vi, vr* **[sich] ~** [s']ouvrir

Öffnungszeiten *Pl* heures *fpl* d'ouverture

oft *adv* souvent

ohne **I.** *präp* sans **II.** *konj* **~ zu** sans

ohnmächtig *adj* évanoui(e); **~ werden** s'évanouir

Ohr *nt* oreille *f*

Ohrfeige *f* gifle *f*

Ohrring *m* boucle *f* d'oreille

Oktober *m* octobre *m*

Öl *nt* huile *f*
Olive *f* olive *f*
Oma *f* ❶ *(fam)* mamie *f* ❷ *(pej fam: alte Frau)* mémère *f*
Omelett *nt*, **Omelette** *f* A, CH omelette *f*
Onkel *m* oncle *m*
Opa *m* ❶ *(fam)* papi *m* ❷ *(pej fam: alter Mann)* pépère *m*
Oper *f* opéra *m*
Operation *f* opération *f*
Operette *f* opérette *f*
operieren **I.** *vt* **jdn am Magen ~** opérer qn de l'estomac **II.** *vi* ❶ MED opérer ❷ MIL mener une opération/des opérations
Opfer *nt* ❶ victime *f* ❷ REL sacrifice *m*
opfern *vt, vr* **[sich] ~** [se] sacrifier
Opposition *f* opposition *f*
Optiker(in) *m(f)* opticien(ne) *m(f)*
Orange[1] *f (Frucht)* orange *f*
Orange[2] *nt (Farbe)* orange *m*
Orchester *nt* orchestre *m*
ordentlich **I.** *adj* ❶ *(aufgeräumt)* rangé(e) ❷ *(Ordnung liebend)* ordonné(e) ❸ *Benehmen* correct(e) ❹ *(fam) Portion* bon(ne) **II.** *adv* ❶ *(fam: tüchtig)* bien ❷ *arbeiten* sérieusement
ordinär *adj* ❶ *(vulgär)* vulgaire ❷ *(gewöhnlich)* simple
ordnen *vt* ❶ *(sortieren)* classer ❷ *(in Ordnung bringen)* mettre de l'ordre dans
Ordner *m (Aktenordner)* classeur *m*
Ordnung *f* ❶ *(das Sortieren)* classement *m* ❷ *(Aufgeräumtheit)* ordre *m* ❸ **in ~ sein** [bien] marcher; **[das ist] in ~!** *(fam)* d'accord!
Organ *nt* organe *m*
organisieren *vt, vr* **[sich] ~** [s']organiser
Orgel *f* orgue *m*
Orkan *m* ouragan *m*
Ort *m* ❶ *(Stelle)* lieu *m* ❷ *(Ortschaft)* localité *f*
Orthopäde, Orthopädin *m, f* orthopédiste *mf*
Osten *m* est *m*
Ostern *nt* Pâques *fpl*; **frohe ~!** joyeuses Pâques!
Ostsee *f* **die ~** la [mer] Baltique
oval *adj* ovale
Ozean *m* océan *m*
Ozonloch *nt* trou *m* dans la couche d'ozone

Pp

paar *adj (wenige)* **ein ~ Minuten** quelques minutes
Paar *nt* ❶ *(Menschen)* couple *m* ❷ *(Dinge)* paire *f*
Päckchen *nt* ❶ POST petit paquet *m* ❷ *(Packung)* paquet *m*
packen I. *vt Koffer* faire; *Person* saisir **II.** *vi* faire ses valises
Packung *f (Schachtel)* paquet *m; (Geschenkpackung)* boîte *f*
Paket *nt* ❶ POST colis *m* ❷ *(a. fig)* paquet *m*
P
Palast *m* palais *m*
Palme *f* ❶ palmier *m* ❷ **jdn auf die ~ bringen** *(fam)* hérisser le poil à qn
Panik *f* panique *f*
Panne *f* ❶ *(Defekt)* panne *f* ❷ *(fam: Missgeschick)* boulette *f*
Pantoffel *m* pantoufle *f*
Papagei *m* perroquet *m*
Papier *nt* papier *m*
Papierkorb *m* corbeille *f* [à papier]
Paprika *m* ❶ *(Schote)* poivron *m* ❷ *(Gewürz)* paprika *m*
Papst *m* pape *m*
Paradies *nt* paradis *m*
Parfüm *nt* parfum *m*
Park *m* parc *m*
parken I. *vi* se garer **II.** *vt Fahrzeug* garer
Parkhaus *nt* parking *m* à étages
Parkplatz *m* parking *m; (Parklücke)* place *f* de parking
Parkuhr *f* parcmètre *m*
Parlament *nt* Parlement *m*
Partei *f* ❶ parti *m* ❷ **für jdn ~ ergreifen** prendre parti pour qn
Partner(in) *m(f)* partenaire *mf; (Lebensgefährte)* compagnon *m*/compagne *f*
Party *f* soirée *f; (für Jugendliche)* boum *f*
Pass *m* ❶ *(Reisepass)* passeport *m* ❷ *(Gebirgspass)* col *m* ❸ SPORT passe *f*
Passagier(in) *m(f)* passager, -ère *m, f*
passen *vi Hose* être à la bonne

taille; *Schuhe* être à la bonne pointure
passieren **I.** *vi* ❶ *(sich ereignen)* se passer ❷ *(vorkommen, zustoßen)* arriver **II.** *vt Grenze* passer
passiv *adj* passif, -ive
Passwort *nt* code *m* [d'accès]
Pauschale *f* forfait *m*
Pause *f* ❶ pause *f* ❷ SCHULE récréation *f*
Pazifik *m* **der ~** le Pacifique
Pech *nt (fam: Missgeschick)* poisse *f*
Pedal *nt* pédale *f*
peinlich *adj Frage* gênant(e)
Peitsche *f* fouet *m*
Pendler(in) *m(f) personne qui fait tous les jours la navette entre son domicile et son lieu de travail*
Pension *f* ❶ *(Unterkunft)* pension *f* de famille ❷ *(Ruhegehalt)* pension *f* [de retraite] ❸ *(Ruhestand)* retraite *f*
Peperoni *f* piment *m*
perfekt *adj (vollkommen)* parfait(e)
Periode *f* ❶ période *f* ❷ *(Menstruation)* règles *fpl*
Person *f* personne *f*
Personal *nt* personnel *m*
Personalausweis *m* carte *f* d'identité
Personalien *Pl* identité *f*
persönlich **I.** *adj* personnel(le); *Freiraum* individuel(le) **II.** *adv erscheinen* en personne
Petersilie *f* persil *m*
Petroleum *nt* pétrole *m*
Pfanne *f (Bratpfanne)* poêle *f*
Pfannkuchen *m* crêpe *f* [épaisse]
Pfarrer(in) *m(f) (evangelisch)* pasteur *mf; (katholisch)* curé *m*
Pfau *m* paon *m*
Pfeffer *m* poivre *m*
Pfefferminze *f* menthe *f* [poivrée]
Pfeife *f (Tabakspfeife)* pipe *f*
Pferd *nt* ❶ cheval *m* ❷ *(Turngerät)* cheval *m* d'arçons ❸ SPIEL cavalier *m*
Pfingsten *nt* la Pentecôte
Pfirsich *m* pêche *f*
Pflanze *f* plante *f*
Pflaster *nt (Kopfsteinpflaster)* pavé *m*
Pflaume *f (Frucht)* prune *f*
Pflege *f* ❶ *(Körper-, Krankenpflege)* soins *mpl* ❷ *von Anlagen* entretien *m*
pflegen **I.** *vt* soigner; *Denkmal, Beziehungen* entretenir **II.** *vr (sich schonen)* se ménager
Pfleger(in) *m(f)* infirmier, -ière *m, f*

P

Pflicht *f* devoir *m*
pflücken *vt* cueillir
Pförtner(in) *m(f)* gardien(ne) *m(f)*
Pfote *f* patte *f*
pfui *interj* be[u]rk
Pfund *nt* livre *f*
Pfütze *f* flaque *f*
Physik *f* physique *f*
Pianist(in) *m(f)* pianiste *mf*
Pickel *m* ❶ bouton *m* ❷ *(Eispickel)* piolet *m*
Picknick *nt* pique-nique *m*
pikant *adj* ❶ relevé(e) ❷ *Witz* piquant(e)
Pilger(in) *m(f)* pèlerin(e) *m(f)*
Pille *f* pilule *f*; **die ~ danach** la pilule du lendemain
Pilot(in) *m(f)* pilote *mf*
Pilz *m* champignon *m*
P **pinkeln** *vi (fam)* pisser
Pinsel *m* pinceau *m*
Pistazie *f* pistache *f*
Pistole *f* pistolet *m*
Plage *f* plaie *f*; *(Schädlingsplage)* fléau *m*
Plakat *nt* affiche *f*
Plan *m* ❶ plan *m* ❷ *(Planung)* projet *m*
planen *vt Projekt* planifier
Planet *m* planète *f*
Plastik *f* sculpture *f*
Platte *f* ❶ *(Stein-, Keramikplatte)* carreau *m*; *(groß)* dalle *f* ❷ *(Metallplatte)* plaque *f* ❸ GASTR **kalte ~** assiette *f* anglaise
Platz *m* ❶ place *f* ❷ *(Sportplatz)* terrain *m* ❸ **fehl am ~[e] sein** *Person* n'être pas à sa place; *Sache* être déplacé
Plätzchen *nt* ❶ petite place *f* ❷ *(Gebäck)* ≈ petit gâteau *m* sec
platzen *vi* ❶ éclater; *Naht* craquer; **vor Neugier** *dat* **~** crever de curiosité ❷ *(fam) Termin* foirer
Platzwunde *f* plaie *f* ouverte
plaudern *vi* bavarder
pleite *adj (fam)* fauché(e)
plötzlich **I.** *adj* soudain(e) **II.** *adv* soudain
plündern **I.** *vt* piller **II.** *vi* se livrer au pillage
Plural *m* pluriel *m*
plus *präp, konj, adv* plus
Po *m (fam)* fesses *fpl*
Pokal *m* coupe *f*
Polen *nt* la Pologne
polieren *vt Schuhe* lustrer; *Auto* briquer
Politik *f* politique *f*
Politiker(in) *m(f)* homme *m*/ femme *f* politique
Polizei *f* ❶ police *f* ❷ *(Dienstgebäude)* poste *m* de police
Polizist(in) *m(f)* policier,

-ière *m, f*

Polster *nt o* A *m* ❶ *eines Möbelstücks* coussin *m* ❷ *(Schulterpolster)* épaulette *f* ❸ *(fam: Rücklage)* pécule *m*

Pony[1] *nt* poney *m*

Pony[2] *m* *(Stirnfransen)* frange *f*

Portion *f* portion *f*

Porto *nt* port *m*

Porzellan *nt* porcelaine *f*

Position *f* ❶ position *f* ❷ *(beruflich)* situation *f*

positiv *adj* positif, -ive

Post *f* ❶ *(Unternehmen)* poste *f* ❷ *(Postsendung)* courrier *m*

Postfach *nt* *(bei der Post)* boîte *f* postale; *(im Hotel, Büro)* casier *m* [à courrier]

Postkarte *f* carte *f* postale

Postleitzahl *f* code *m* postal

Prädikat *nt* ❶ LING prédicat *m* ❷ COM label *m* [de qualité]

pragmatisch **I.** *adj* pragmatique **II.** *adv* avec pragmatisme

Praktikant(in) *m(f)* stagiaire *mf*

Praktikum *nt* stage *m*

praktisch **I.** *adj* pratique **II.** *adv (in der Praxis)* dans la pratique

Praline *f* chocolat *m*

Präsident(in) *m(f)* président(e) *m(f)*

Praxis *f* ❶ *(Arztpraxis)* cabinet *m* ❷ *(Anwendung)* pratique *f*

predigen **I.** *vi* prêcher **II.** *vt Toleranz* recommander

Predigt *f* *(Ermahnung)* sermon *m*

Preis *m* prix *m*

Prellung *f* contusion *f*

Presse *f* presse *f*

pressen **I.** *vt* presser **II.** *vi* pousser

Priester(in) *m(f)* prêtre, -esse *m, f*

prima *(fam)* **I.** *adj* super **II.** *adv* super-bien

Primel *f* primevère *f*

primitiv *adj* ❶ *(urtümlich)* primitif, -ive ❷ *(simpel)* rudimentaire

Prinz, **Prinzessin** *m, f* prince *m*/princesse *f*

Prise *f* pincée *f*

privat **I.** *adj* privé(e) **II.** *adv sprechen* en privé

pro *präp* par

Probe *f* ❶ *eines Gesteins* échantillon *m* ❷ MUS, THEAT répétition *f*

probieren *vt* essayer; *Brot* goûter; *Wein* déguster

Problem *nt* problème *m*

Produkt *nt* produit *m*

P

produzieren *vt, vi* produire
Professor, **Professorin** *m, f* professeur *mf*
Profi *m (fam: Sportler)* pro *mf*
Programm *nt* ❶ programme *m* ❷ INFORM logiciel *m*
Programmierer(in) *m(f)* programmeur, -euse *m, f*
Projekt *nt* projet *m*
Promille *nt* ❶ **elf ~** onze pour mille ❷ *(fam: Blutalkohol)* **0,5 ~ haben** avoir 0,5 gramme
prompt **I.** *adj* rapide **II.** *adv (fam: erwartungsgemäß)* aussi sec
Prospekt *m* prospectus *m*
prost *interj* à la tienne/vôtre
Prostituierte(r) *f(m)* prostitué(e) *m(f)*
Protest *m* protestation *f*
Protestant(in) *m(f)* protestant(e) *m(f)*
protestieren *vi* protester
Prothese *f* ❶ *(Ersatzgliedmaße)* prothèse *f* ❷ *(Zahnersatz)* dentier *m*
provozieren *vt* provoquer
Prozent *nt* ❶ **zehn ~** dix pour cent ❷ *(Alkoholgehalt)* degré *m* [d'alcool]
Prozess *m* ❶ procès *m* ❷ *(Vorgang)* processus *m*
prüfen *vt* ❶ **jdn ~** faire passer un examen à qn; **geprüft** *Krankenschwester* diplômé(e) ❷ *Gerät* vérifier; *Antrag* examiner
Prüfung *f* examen *m; (in einem Fach)* épreuve *f*
Prügel *m Pl (Schläge)* coups *mpl*
Prügelei *f (fam)* bagarre *f*
Psychiater(in) *m(f)* psychiatre *mf*
Psychologe, **Psychologin** *m, f* psychologue *mf*
Pubertät *f* puberté *f*
Publikum *nt* ❶ *(Besucher)* public *m* ❷ *(Zuhörerschaft)* auditoire *m*
Pudel *m* caniche *m*
Puder *m o fam nt* poudre *f*
Puderzucker *m* sucre *m* glace
Pullover *m* pull-over *m*
Puls *m* pouls *m*
Pult *nt* pupitre *m*
Pulver *nt* poudre *f*
Pumpe *f* ❶ pompe *f* ❷ *(fam: Herz)* palpitant *m*
pumpen *vt* ❶ pomper ❷ *(fam: leihen)* filer
Punkt *m* ❶ point *m* ❷ *(Tupfen)* pois *m* ❸ *(bei Zeitangaben)* **~ drei [Uhr]** à trois heures précises
pünktlich **I.** *adj* ponctuel(le)

P

II. *adv* à l'heure
Puppe *f (Spielzeug)* poupée *f*
pusten *vi (fam)* souffler
putzen **I.** *vt* nettoyer **II.** *vr* **sich ~** *Tier* faire sa toilette
Putzfrau *f* femme *f* de ménage
Pyrenäen *Pl* **die ~** les Pyrénées *fpl*

Qq

quadratisch *adj* carré(e)
qualifizieren *vt, vr* **[sich] ~** [se] qualifier
Qualität *f* qualité *f*
Qualle *f* méduse *f*
Qualm *m* [épaisse] fumée *f*
Quantität *f* quantité *f*
Quark *m* **1** ≈ fromage *m* blanc **2** *(fam: Unsinn)* conneries *fpl*
Quatsch *m (fam: dummes Gerede)* conneries *fpl;* **[so ein] ~!** n'importe quoi!
Quecksilber *nt* mercure *m*
Quelle *f* source *f*
quer *adv* en travers; ▸ **~ durch** à travers
Quitte *f (Frucht)* coing *m*
Quittung *f (Zahlungsbeleg)* reçu *m*

Rr

Rabatt *m* remise *f*
Rabe *m* corbeau *m*
Rache *f* vengeance *f*
rächen I. *vt Person, Tat* venger **II.** *vr (Rache nehmen)* **sich an jdm für etw ~** se venger de qc sur qn
Rad *nt* ❶ roue *f* ❷ *(Fahrrad)* bicyclette *f*; **~ fahren** aller à vélo; SPORT faire du vélo
Radfahrer(in) *m(f)* cycliste *mf*
Radieschen *nt* radis *m*
radikal *adj* ❶ POL extrémiste ❷ *Bruch* radical(e); *Ablehnung* catégorique
Radio *nt* radio *f*
R **Rahm** *m* crème *f*
Rahmen *m* ❶ cadre *m* ❷ *(Türrahmen)* encadrement *m*
Rakete *f* ❶ *(Flugkörper)* fusée *f* ❷ *(Waffe)* missile *m*
Rand *m* ❶ bord *m*; *einer Stadt* périphérie *f* ❷ *(Stoffrand)* bordure *f* ❸ *(unbeschriebener Teil)* marge *f*
ranzig *adj* rance
rasch I. *adj* rapide **II.** *adv* vite
Rasen *m* ❶ gazon *m* ❷ SPORT pelouse *f*
Rasierapparat *m* rasoir *m*
rasieren *vt, vr* **[sich] ~** [se] raser
Rasse *f* race *f*
rassistisch *adj* raciste
Rastplatz *m* aire *f* de repos équipée
Rat[1] *m* conseil *m*
Rat[2] *m (Institution)* conseil *m* [municipal]
raten *vi, vt* ❶ *(einen Rat geben)* conseiller ❷ *(erraten)* deviner
Rathaus *nt* hôtel *m* de ville; *(in kleineren Orten)* mairie *f*
Rätsel *nt* énigme *f*
Ratte *f* rat *m*
rau *adj* ❶ *Haut, Putz* rugueux, -euse ❷ *Stimme* rauque ❸ *Klima* rigoureux, -euse
Räuber(in) *m(f)* brigand *m*
Raubvogel *m* oiseau *m* de proie
Rauch *m* fumée *f*
rauchen *vt, vi* fumer
Raucher(in) *m(f)* fumeur,

-euse *m, f*

Raum *m* ❶ *(Zimmer)* pièce *f* ❷ *(Platz)* espace *m*

Raumfahrt *f* navigation *f* spatiale

Rauschgift *nt* drogue *f*

Razzia *f* descente *f* [de police]

reagieren *vi* réagir

realistisch **I.** *adj* réaliste **II.** *adv* de manière réaliste

Realschule *f* ≈ collège *m*

rechnen **I.** *vt* ❶ MATH calculer ❷ *(veranschlagen)* compter **II.** *vi* ❶ calculer ❷ *(erwarten)* compter

Rechnung *f* ❶ facture *f*; *(im Restaurant)* addition *f*; *(im Hotel)* note *f* ❷ *(das Rechnen)* calcul *m*

recht **I.** *adj* ❶ bon(ne) ❷ *(richtig)* **ganz ~!** très juste! **II.** *adv* ❶ *(richtig)* bien ❷ *(ziemlich)* assez ❸ **das geschieht ihm ~!** c'est bien fait pour lui/elle!

Recht *nt* droit *m*

rechte(r, s) *adj* ❶ *(opp: linke)* droit(e) *Straßenseite* de droite ❷ POL de droite; *Flügel* droit(e)

rechtfertigen *vt* justifier

rechts *adv* à droite; **~ oben** en haut à droite; **~ von dir** à ta droite

Rechtsanwalt, -anwältin *m, f* avocat(e) *m(f)*

Recycling *nt* recyclage *m*

Rede *f* discours *m*

reden *vi* **über jdn/etw ~** parler de qn/qc

Reform *f* réforme *f*

Regal *nt* étagère *f*

Regel *f* ❶ *(Norm)* règle *f* ❷ *(Menstruation)* règles *f pl*

regelmäßig **I.** *adj* régulier, -ière **II.** *adv* régulièrement

regeln *vt, vr* **[sich] ~** [se] régler

Regen *m* pluie *f*

Regenbogen *m* arc *m* en ciel

Regenmantel *m* imperméable *m*

regieren *vt, vi* gouverner

Regierung *f* *(Kabinett)* gouvernement *m*

regnen *vi* **es regnet** il pleut

Reh *nt* chevreuil *m*

rehabilitieren *vt* *Kranken* rééduquer; *Behinderten* réinsérer

reiben **I.** *vt* frotter; *Möhre, Käse* râper **II.** *vi* frotter

reich **I.** *adj* riche **II.** *adv* *beschenken* richement

Reich *nt* ❶ empire *m*; **das Dritte ~** le IIIe Reich ❷ *(Königreich)* royaume *m*

reichen *vi* ❶ *Vorräte* suffir ❷ **es reicht [mir], wenn ...** ça

R

[me] suffit si …
reichlich **I.** *adj* *Niederschläge* abondant(e) **II.** *adv* *vorhanden sein* en quantité
Reichtum *m* richesse *f*
reif *adj* mûr(e)
Reifen *m* pneu *m*; **den ~ wechseln** changer de roue
Reihe *f* ❶ *von Personen* rang *m*; *von Stühlen* rangée *f*; *von Ziffern* série *f* ❷ *(Sitzreihe)* rang *m*
Reihenfolge *f* ordre *m*
rein **I.** *adj* pur(e) **II.** *adv* purement
rein|fallen *vi (fam: enttäuscht werden)* tomber dans le piège
reinigen *vt* nettoyer
Reinigung *f* ❶ nettoyage *m* ❷ *(Reinigungsbetrieb)* pressing *m*
Reis *m* riz *m*
R **Reise** *f* voyage *m*
Reisebüro *nt* agence *f* de voyages
reisen *vi* voyager
Reisende(r) *f(m)* voyageur, -euse *m, f*
reißen **I.** *vi* *Papier* se déchirer; *Faden* casser **II.** *vt* ❶ *Stoff, Karton* déchirer ❷ *(gewaltsam an sich nehmen)* **jdm etw aus den Händen ~** arracher qc des mains à qn
Reißverschluss *m* fermeture *f* éclair®
reiten *vi* faire du cheval
reizen *vt* ❶ *(verlocken)* attirer ❷ MED irriter ❸ *(provozieren)* provoquer
reizend *adj* charmant(e)
relativ *adj* relatif, -ive
Religion *f* religion *f*
religiös **I.** *adj* *(opp: weltlich)* religieux, -euse **II.** *adv* *prägen* par la religion; *erziehen* religieusement
rennen *vi* courir
Rennfahrer(in) *m(f)* ❶ AUT pilote *mf* de course ❷ *(Fahrradrennfahrer)* coureur, -euse *m, f* cycliste
renovieren *vt* rénover; *Fassade* ravaler
Rente *f* *(Altersruhegeld)* [pension *f* de] retraite *f*; **in ~ gehen** prendre sa retraite
Rentner(in) *m(f)* retraité(e) *m(f)*
Reparatur *f* réparation *f*
reparieren *vt* réparer
Republik *f* république *f*
reservieren *vt* réserver
respektieren *vt* respecter
Restaurant *nt* restaurant *m*
restaurieren *vt* restaurer
retten *vt, vr* **[sich] ~** [se] sauver
Retter(in) *m(f)* sauveur,

-euse *m, f*
Rettung *f* sauvetage *m; des Gebäudes* sauvegarde *f*
Rettungswagen *m* ambulance *f*
Rezept *nt* ❶ recette *f* ❷ MED ordonnance *f*
Rezeption *f* réception *f*
Rhythmus *m* rythme *m*
richten **I.** *vr (sich orientieren)* **sich nach jdm/etw ~** se conformer à qn/qc **II.** *vt* ❶ *Brief* adresser; *Blick* diriger; *Finger* pointer ❷ *Heizung* réparer
Richter(in) *m(f)* juge *mf*
richtig **I.** *adj* ❶ *Antwort* bon(ne); **das ist ~** c'est juste; **zur ~en Zeit** au bon moment ❷ *Idiot* vrai(e) **II.** *adv* ❶ *schreiben* correctement; *verstehen* bien ❷ *stehen* à la bonne place ❸ *(fam) wütend* vraiment
Richtung *f (Himmelsrichtung)* direction *f;* **aus östlicher ~** de l'est; **in ~ Bahnhof** en direction de la gare
riechen **I.** *vi (Geruch verströmen)* **gut/schlecht/nach Parfüm ~** sentir bon/mauvais/le parfum; **es riecht nach Zitrone** ça sent le citron **II.** *vt (als Geruch wahrnehmen)* sentir
Riese, Riesin *m, f* géant(e) *m(f)*
Rindfleisch *nt* [viande *f* de] bœuf *m*
Ring *m* ❶ *(ringförmiger Gegenstand)* anneau *m* ❷ *(Fingerring)* bague *f; (Ehering)* alliance *f* ❸ *(Ringstraße)* périphérique *m* ❹ SPORT ring *m*
Rippe *f* côte *f*
Risiko *nt* risque *m*
riskieren *vt* risquer
Ritter *m* chevalier *m*
Ritual *nt* rituel *m*
Roboter *m* robot *m*
Rock *m* jupe *f*
rodeln *vi* faire de la luge
Roggen *m* seigle *m*
roh *adj Fleisch, Gemüse* cru(e)
Rohkost *f* crudités *fpl*
Rohr *nt* tuyau *m*
Röhre *f* ❶ TECH tuyau *m* ❷ ELEC tube *m*
Rohstoff *m* matière *f* première
Rolle *f* ❶ rouleau *m; (Garnrolle)* bobine *f* ❷ *eines Möbelstücks* roulette *f* ❸ CINE, THEAT, SOZIOL rôle *m* ❹ **es spielt keine ~, ob** ça n'a pas d'importance que *+subj*
rollen **I.** *vi* rouler **II.** *vt* ❶ rouler ❷ *(fortbewegen)* faire rou-

R

ler

Roller *m* ❶ *(Kinderroller)* trottinette *f* ❷ *(Motorroller)* scooter *m*

Rollladen *m* volet *m* roulant

Rollstuhl *m* fauteuil *m* roulant

Roman *m* roman *m*

Röntgenaufnahme *f* radio[graphie] *f*

rosa *adj* rose

Rose *f* ❶ *(Blüte)* rose *f* ❷ *(Strauch)* rosier *m*

Rost *m (Eisenoxyd)* rouille *f*

rot *adj* rouge; *Haare* roux(rousse); ~ **werden** rougir

Rot *nt* rouge *m*

rothaarig *adj* roux(rousse)

Rübe *f* betterave *f*

Rücken *m* dos *m*

Rückenschmerzen *Pl* ~ **haben** avoir mal au dos

R

Rückfahrkarte *f* [billet *m*] aller retour *m*

Rückfahrt *f* [voyage *m*] retour *m*

Rückkehr *f* retour *m*

Rucksack *m* sac *m* à dos

Rückseite *f einer Seite* verso *m*

Rücksicht *f (Schonung)* égard *m;* **auf etw** *akk* ~ **nehmen** tenir compte de qc

rückwärts *adv* en arrière

Rückwärtsgang *m* marche *f* arrière

Rückweg *m* [chemin *m* du] retour *m*

Ruder *nt* ❶ *(Paddel)* rame *f* ❷ *(Steuerruder)* gouvernail *m*

Ruderboot *nt* barque *f;* SPORT canoë *m*

rudern *vi* ramer

rufen I. *vi* appeler; *(laut schreien)* crier **II.** *vt* ❶ *(ausrufen)* crier ❷ *(herbestellen)* appeler

Ruhe *f* ❶ *(Stille)* silence *m* ❷ *(Erholung)* repos *m* ❸ *(Gelassenheit)* calme *m*

Ruhestand *m* retraite *f*

ruhig I. *adj* calme; **Sie können ganz ~ sein** vous pouvez être rassuré **II.** *adv* tranquillement

Ruhm *m* gloire *f*

Rührei *nt* œufs *mpl* brouillés

rühren I. *vt* ❶ *Teig* remuer ❷ *(unterrühren)* mélanger ❸ *(erweichen)* toucher **II.** *vi (umrühren)* remuer

rührend *adj* touchant(e)

rülpsen *vi (fam)* roter

Rum *m* rhum *m*

rund *adj* rond(e)

Runde *f* ❶ *(Gesellschaft)* assemblée *f* ❷ *(Rundgang, -fahrt, -flug)* tour *m* ❸ SPORT round *m* ❹ SPIEL partie *f*

Rundfunk *m* radio *f*

Rundreise *f* circuit *m*
Rutschbahn *f* ❶ *(Rutsche)* toboggan *m* ❷ *(fam: Eisbahn)* patinoire *f*
rutschig *adj* glissant(e)

Ss

Saal *m* salle *f*
Sache *f* ❶ *(Angelegenheit)* chose *f*; **das ist seine ~** c'est son affaire ❷ *(Zweck)* cause *f*
Sackgasse *f* cul-de-sac *m*
Saft *m (Fruchtsaft)* jus *m*
saftig *adj* juteux, -euse
Säge *f* scie *f*
sagen *vt* dire
Sahne *f* crème *f*
Saison *f* saison *f*
Salat *m* salade *f*
Salbe *f* crème *f*; *(fettig)* pommade *f*
Salz *nt* sel *m*
salzen *vt, vi* saler
Salzstreuer *m* salière *f*
Samen *m* ❶ BOT semence *f* ❷ *(Sperma)* sperme *m*
sammeln *vt* ❶ *Beeren* cueillir; *Pilze* ramasser ❷ *Briefmarken* collectionner ❸ *Altkleider* collecter ❹ *Informationen, Eindrücke* recueillir
Sammlung *f* collection *f*
Samstag *m* samedi *m*
Samt *m* velours *m*
Sand *m* sable *m*
sanft **I.** *adj Händedruck, Brise* léger, -ère; *Musik, Person* doux(douce) **II.** *adv* ❶ *(sacht)* doucement ❷ *abfallen* légèrement
Sänger(in) *m(f)* chanteur, -euse *m, f*
Sanitäter(in) *m(f)* MED secouriste *mf*
Sarg *m* cercueil *m*
satt *adj* rassasié(e)
Sattel *m* selle *f*
Saturn *m* **[der] ~** [la planète] Saturne
Satz *m* ❶ phrase *f* ❷ *(festgelegter Betrag)* tarif *m* ❸ SPORT

S

set *m*

Sau *f* truie *f*

sauber I. *adj* propre; *Luft* pur(e); **jdn/etw ~ machen** laver qn/nettoyer qc **II.** *adv* **~ machen** faire le ménage

sauer *adj* ❶ *Frucht* acide; *Wein* aigre; *Drops* acidulé(e) ❷ *Gurke* au vinaigre; *Hering* mariné(e)

Sauerstoff *m* oxygène *m*

saufen I. *vt* boire **II.** *vi (fam: Alkoholiker sein)* picoler

saugen I. *vi* **an der Brust ~** *Baby* téter le sein **II.** *vt Flüssigkeit* aspirer

Säugling *m* nourrisson *m*

Säule *f* colonne *f*

S-Bahn *f* train *m* de banlieue

Schach *nt* échecs *mpl*

Schachbrett *nt* échiquier *m*

Schachtel *f* boîte *f*

schade *adj* dommage

Schädel *m* crâne *m*

S

schaden *vi* nuire

Schaden *m (Sachschaden)* dommage *m; (Verwüstung)* dégâts *mpl*

schädlich *adj* nocif, -ive

Schaf *nt* mouton *m*

Schäfer(in) *m(f)* berger, -ère *m, f*

Schäferhund *m* berger *m* allemand

schaffen[1] *vt* réussir; **es ~** y arriver

schaffen[2] *vt* créer; *Frieden* faire

Schafskäse *m* fromage *m* de brebis

Schal *m* écharpe *f; (aus Seide)* foulard *m*

Schale *f* ❶ *(Eierschale)* coquille *f* ❷ *(Haut von Obst, Gemüse)* peau *f; von Orangen, Zitronen* écorce *f; (abgeschält)* pelure *f* ❸ *(Gefäß)* coupe *f*

schälen I. *vt* éplucher **II.** *vr* **sich ~** *Haut* peler

Schallplatte *f* disque *m*

schalten I. *vt* ELEC, TELEC mettre en service **II.** *vi (Gang einlegen)* changer de vitesse; **in den zweiten Gang ~** passer la seconde

Schalter *m* ❶ *(Theke)* guichet *m* ❷ ELEC, TECH interrupteur *m*

Schaltjahr *nt* année *f* bissextile

schämen *vr* **sich für jdn/wegen etw ~** avoir honte pour qn/de qc

Schande *f* honte *f*

scharf I. *adj* ❶ *Messer* coupant(e) ❷ *(stark gewürzt)* épicé(e) ❸ *Kurve* serré(e) **II.** *adv*

würzen bien
Schatten *m* ombre *f*
Schatz *m (a. fam)* trésor *m*
schätzen *vt* estimer
schauen *vi* regarder
Schaufel *f* pelle *f*
Schaufenster *nt* vitrine *f*
schaukeln *vi* ❶ *(auf einer Schaukel)* faire de la balançoire ❷ *(wippen)* se balancer
Schaum *m* ❶ mousse *f* ❷ *(Wellenschaum, Geifer)* écume *f*
Schauspieler(in) *m(f)* *(Filmschauspieler)* acteur, -trice *m, f*
Scheck *m* chèque *m*
Scheibe *f* ❶ *(Fensterscheibe)* vitre *f*; *(Windschutzscheibe)* parebrise *f* ❷ *(Brotscheibe)* tranche *f*
Scheibenwischer *m* essuie-glace *m*
Scheide *f* ANAT vagin *m*
scheiden *vt Ehe* dissoudre; **sich von jdm ~ lassen** divorcer de qn
Scheidung *f* divorce *m*
Schein *m* ❶ *(Anschein)* apparence *f* ❷ *(Banknote)* billet *m*
scheinen *vi* ❶ *Sonne, Mond* briller ❷ *(den Anschein haben)* sembler
Scheinwerfer *m* projecteur *m*; *(Autoscheinwerfer)* phare *m*
Scheiße *f (fam)* merde *f*
Scheitel *m* raie *f*
Schenkel *m* cuisse *f*
schenken *vt* offrir
Schere *f* [paire *f* de] ciseaux *mpl*
Scherz *m* plaisanterie *f*
scheu *adj* timide
scheußlich *adj Anblick* monstrueux, -euse; *Film* horrible
Schicht *f* couche *f*
schicken *vt* envoyer
Schicksal *nt* destin *m*
schieben *vt* pousser
Schiedsrichter(in) *m(f)* arbitre *mf*
schief I. *adj Wand* penché(e) **II.** *adv aufsetzen* de travers
schielen *vi* loucher
Schienbein *nt* tibia *m*
Schiene *f* rail *m*
schießen *vt, vi* tirer
Schiff *nt* bateau *m*
Schild[1] *nt* *(Verkehrsschild)* panneau *m*
Schild[2] *m (Schutzschild)* bouclier *m*
schildern *vt* décrire
Schildkröte *f* tortue *f*
Schimmel *m* *(Schimmelpilz)* moisissure *f*
schimmeln *vi* moisir
schimpfen *vi* ❶ *(wettern)* **auf**

jdn/etw ~ pester contre qn/qc ❷ *(zurechtweisen)* **mit jdm ~** gronder qn
Schimpfwort *nt* gros mot *m*
Schinken *m* jambon *m*
Schirm *m* parapluie *m*
Schlacht *f* bataille *f*
Schlafanzug *m* pyjama *m*
Schläfe *f* tempe *f*
schlafen *vi* ❶ **~ gehen** aller se coucher ❷ *(fam)* **mit jdm ~** coucher avec qn
Schlafsack *m* sac *m* de couchage
Schlag *m* coup *m*
Schlaganfall *m* attaque *f* [d'apoplexie]
schlagen I. *vt* ❶ **jdn ins Gesicht ~** frapper qn au visage ❷ *(besiegen)* battre ❸ *Nagel* enfoncer **II.** *vi Herz* battre
Schlager *m* tube *m fam*
Schlägerei *f* bagarre *f*
Schlagsahne *f* [crème *f*] chantilly *f*

S

Schlagzeile *f* gros titre *m*
Schlagzeug *nt* batterie *f*
Schlamm *m* boue *f*
Schlange *f* ❶ ZOOL serpent *m* ❷ *(Warteschlange)* queue *f*
schlank *adj* mince
schlau *adj* astucieux, -euse
Schlauch *m* ❶ tuyau *m* ❷ *(Reifenschlauch)* chambre *f* à air
Schlauchboot *nt* bateau *m* pneumatique
schlecht *adj* ❶ *(nicht gut)* mauvais(e) ❷ *(verdorben)* **~ werden/sein** s'abîmer/être avarié ❸ *(übel)* **jdm wird/ist ~** qn se sent mal
schleichen *vi* se déplacer furtivement
Schleier *m* voile *m*
schleudern I. *vt* ❶ lancer ❷ *Wäsche* essorer **II.** *vi Fahrzeug* déraper
Schleuse *f* écluse *f*
schließen I. *vi* ❶ fermer ❷ *(enden)* terminer **II.** *vt* fermer; *Konferenz* clôturer; *Abkommen* conclure
schließlich *adv* ❶ finalement ❷ *(immerhin)* après tout
schlimm I. *adj Nachricht* grave; *Zeit* difficile; **es gibt Schlimmeres** il y a pire **II.** *adv* mal
Schlitten *m* luge *f*; **~ fahren** faire de la luge
Schlittschuh *m* patin *m* à glace
Schloss *nt* ❶ *(Palast)* château *m* ❷ *(Türschloss)* serrure *f*
Schlosser(in) *m(f)* serrurier, -ière *m, f*

Schlucht *f* gorge *f*
Schluck *m* gorgée *f*
Schluckauf *m* hoquet *m*
schlucken *vt (hinunterschlucken)* avaler
Schluss *m (Ende)* fin *f*
Schlüssel *m* clé *f*
Schlüsselbein *nt* clavicule *f*
schmal *adj Hüften, Straße* étroit(e) *Taille* mince
Schmalz *nt* GASTR saindoux *m*
schmecken **I.** *vi* **es schmeckt [ihr]** [elle trouve que] c'est bon **II.** *vt* goûter
schmeicheln *vi* **jdm ~** flatter qn
schmelzen *vi* fondre
Schmerz *m* MED, PSYCH douleur *f*
schmerzen *vi* faire mal
Schmetterling *m* papillon *m*
schminken *vt, vr* **[sich] ~** [se] maquiller
Schmuck *m* bijoux *mpl*
schmusen *vi (fam)* **mit jdm ~** faire des mamours à qn
Schmutz *m* saleté *f*
schmutzig *adj (a. pej)* sale; **sich ~ machen** se salir
Schnabel *m* bec *m*
Schnaps *m* eau-de-vie *f*
schnarchen *vi* ronfler
Schnauze *f* gueule *f*
Schnecke *f* escargot *m*
Schnee *m* neige *f*
schneiden *vt* couper
schneien *vi* **es schneit** il neige
schnell **I.** *adj* rapide **II.** *adv* vite
Schnittlauch *m* ciboulette *f*
Schnitzel *nt* GASTR escalope *f*
Schnorchel *m* tuba *m*
Schnuller *m* sucette *f*
Schnupfen *m* rhume *m*
Schnur *f* ficelle *f*
Schnurrbart *m* moustache *f*
Schnürsenkel *m* lacet *m*
schockieren *vt* choquer
Schokolade *f* chocolat *m*
schon *adv (bereits)* déjà; **~ immer** depuis toujours; **~ wieder?** encore?
schön **I.** *adj* ❶ beau(belle) ❷ *Abend, Urlaub* bon(ne) **II.** *adv (angenehm)* bien
schonen *vt* ménager
Schönheit *f* beauté *f*
Schöpfer(in) *m(f)* créateur, -trice *m, f*
Schrank *m (Wandschrank)* placard *m; (Kleiderschrank)* armoire *f*
Schranke *f* barrière *f*
Schraube *f* TECH vis *f*
Schraubenzieher *m* tournevis *m*
Schreck *m* peur *f*
schrecklich *adj* ❶ terrible ❷ *(pej fam) Mensch* affreux,

S

-euse
Schrei *m* cri *m*
schreiben *vt Text* écrire; *Klassenarbeit* faire
Schreibtisch *m* bureau *m*
schreien *vt, vi* crier
Schrift *f* ❶ *(Handschrift)* écriture *f* ❷ TYP caractères *mpl*
schriftlich *adj* écrit(e)
Schriftsteller(in) *m(f)* écrivain *m*
schrill *adj Ton* strident(e)
Schritt *m* pas *m*
schüchtern *adj* timide
Schuh *m* chaussure *f*
Schuhcreme *f* cirage *m*
Schularbeit *f* ❶ *meist Pl (Hausaufgaben)* devoirs *mpl* [à la maison] ❷ A *(Klassenarbeit)* contrôle *m*
Schuld *f* ❶ *(Verschulden)* culpabilité *f* ❷ *(Verantwortung)* **an etw** *dat* **~ haben** être responsable de qc

S

schuldig *adj* ❶ responsable ❷ JUR coupable
Schule *f* école *f*
Schüler(in) *m(f)* élève *mf*
Schulter *f* épaule *f*
Schuppen *m* hangar *m*
Schürze *f* tablier *m*
Schuss *m* coup *m* de feu
Schüssel *f* plat *m* creux; *(Salatschüssel)* saladier *m o f*
schütteln *vt, vi, vr* **[sich] ~** [se] secouer
Schutz *m* **~ vor/gegen etw** protection *f* contre qc
Schütze, **Schützin** *m, f* ❶ SPORT tireur, -euse *m, f* ❷ ASTRO Sagittaire *m*
schützen *vt, vi, vr* **[sich] ~** [se] protéger
schwach *adj Person, Argument* faible; *Herz* fragile
Schwager, **Schwägerin** *m, f* beau-frère *m*/belle-sœur *f*
Schwalbe *f* hirondelle *f*
Schwamm *m* éponge *f*
Schwan *m* cygne *m*
schwanger *adj* enceinte
Schwangerschaft *f* grossesse *f*
Schwanz *m* queue *f*
schwarz *adj* ❶ noir(e) ❷ *(fam) Benutzung* illégal(e); *Erwerb* au noir
Schwarze(r) *f(m)* noir(e) *m(f)*
Schwefel *m* soufre *m*
schweigen *vi Person* garder le silence
Schwein *nt* cochon *m*
Schweiß *m* sueur *f*
Schweiz *f* **die ~** la Suisse; **die deutschsprachige/französische/italienische ~** la Suisse alémanique/romande/italienne

Schweizer *adj* suisse; *Hauptstadt* de la Suisse
Schweizer(in) *m(f)* Suisse, -esse *m, f*
schwer **I.** *adj* ❶ lourd(e) ❷ *Verletzung, Krankheit* grave ❸ *(hart)* dur(e) ❹ *(schwierig)* difficile **II.** *adv* ❶ lourd ❷ *arbeiten* durement ❸ *enttäuschen* profondément; *treffen* durement
Schwerbehinderte(r) *f(m)* handicapé(e) *m(f)* sévère
Schwester *f* ❶ sœur *f* ❷ *(Krankenschwester)* infirmière *f*
Schwiegereltern *Pl* beaux-parents *mpl*
Schwiegermutter *f* belle-mère *f*
Schwiegersohn *m* gendre *m*
Schwiegertochter *f* belle-fille *f*
Schwiegervater *m* beau-père *m*
schwierig *adj* difficile
Schwierigkeit *f* difficulté *f;* **jdn in ~en bringen** mettre qn en difficulté
Schwimmbad *nt* piscine *f*
schwimmen *vi* ❶ nager ❷ *(treiben)* flotter
schwitzen *vi* suer
schwören *vt, vi* jurer
schwul *adj (fam)* homo
schwül *adj* lourd(e)
sechs *num* six
sechzehn *num* seize
sechzig *num* soixante
See[1] *m* lac *m*
See[2] *f* mer *f*
seekrank *adj* **~ sein** avoir le mal de mer
Seele *f* REL âme *f*
Segel *nt* voile *f*
Segelboot *nt* voilier *m*
segeln *vi* ❶ *(fahren)* naviguer [à la voile] ❷ *(den Segelsport betreiben)* faire de la voile
sehen *vt* ❶ voir ❷ *Fernsehfilm* regarder
Sehenswürdigkeit *f* curiosité *f*
Sehne *f* ANAT tendon *m*
Sehnsucht *f* nostalgie *f*
sehr *adv* beaucoup, très; **~ viel** énormément
Seide *f* soie *f*
Seife *f* savon *m*
Seil *nt* corde *f*
Seilbahn *f (auf Schienen)* funiculaire *m; (Drahtseilbahn)* téléphérique *m*
sein[1] **I.** *vi* ❶ être ❷ *(existieren)* exister ❸ *(ergeben)* **2 und 2 ist 4** 2 et 2 font 4 ❹ *(geschehen)* **was ist?** qu'est-ce qu'il y a? ❺ **das muss ~** c'est indis-

S

pensable ❻ **es ist schön, dass** c'est bien que *+subj;* **ich bin's!** *(fam)* c'est moi!; **es ist Montag** c'est lundi; **es ist Januar** on est en janvier; **es sei denn ...** à moins que ... **II.** *aux* **fotografiert worden ~** avoir été photographié; **gefahren/gesprungen ~** être allé/avoir sauté; **krank gewesen ~** avoir été malade

sein² *pron* son/sa/ses

seit I. *präp +dat* depuis **II.** *konj s.* **seitdem**

seitdem I. *adv* depuis [ce moment-là] **II.** *konj* depuis que

Seite *f* ❶ côté *m* ❷ *(Buchseite)* page *f* ❸ *(beteiligte Partei)* **auf jds ~** *dat* **sein** être du côté de qn ❹ **auf der einen ~ ..., auf der anderen ~ ...** d'un côté ..., de l'autre ...

Sekretär(in) *m(f)* secrétaire *mf*

S

Sekt *m* [vin *m*] mousseux *m*

Sekte *f* secte *f*

Sekunde *f* seconde *f*

selbst I. *pron* ❶ *(an sich)* lui-même/elle-même ❷ *(in eigener Person)* en personne ❸ *(ohne fremde Hilfe)* tout seul **II.** *adv* **~ du ...** même toi, tu ...

selbstständig I. *adj Person, Handeln* autonome; *Tätigkeit* indépendant(e) **II.** *adv handeln* de façon autonome

selbstverständlich I. *adj* tout(e) naturel(le) **II.** *adv* [bien] évidemment

selten *adj* rare

seltsam *adj Person* curieux, -euse; *Aussehen* bizarre

Semester *nt* UNIV semestre *m (unité de temps utilisée pour le décompte des années d'études dans les universités allemandes)*

senden I. *vt Botschaft* envoyer **II.** *vi* émettre

Sender *m* ❶ *(Sendeanstalt)* station *f* ❷ *(Sendegerät)* [poste *m*] émetteur *m*

Sendung *f* émission *f*

Senf *m* moutarde *f*

senkrecht *adj* vertical(e)

separat *adj* séparé(e)

September *m* septembre *m*

servieren *vt* servir

Sessel *m* fauteuil *m*

setzen I. *vt* ❶ mettre ❷ *Pflanze* planter ❸ *Geldsumme* miser **II.** *vr* ❶ **sich ~** *Person, Tier* s'asseoir; **sitz!** assis! ❷ *(sich befassen)* **sich mit jdm/etw auseinander ~** se pencher sur qn/qc

seufzen *vt, vi* soupirer

Sex *m* sexe *m*
Shampoo *nt* shampo[o]ing *m*
sich *pron* se
sicher **I.** *adj* ❶ *(gewiss)* certain(e) ❷ *Arbeitsplatz, Zufluchtsort* sûr(e); **vor jdm/etw ~ sein** *Person* être à l'abri de qn/qc ❸ *Zusage* ferme **II.** *adv* ❶ *(höchstwahrscheinlich)* certainement ❷ *aufbewahren* en sécurité ❸ *fahren* avec sûreté
Sicherheit *f* ❶ sécurité *f* ❷ *(Gewissheit)* certitude *f* ❸ *einer Methode* fiabilité *f* ❹ *(Kaution)* caution *f*; FIN garantie *f*
sicherlich *adv* sûrement
sichern *vt (schützen)* protéger; *Frieden* assurer; *Spuren* relever; *Daten* sauvegarder
Sicherung *f* ELEC fusible *m*
Sicht *f* ❶ vue *f* ❷ *(Betrachtungsweise)* vision *f*
sichtbar *adj* ❶ visible ❷ *Fortschritt* sensible
sie[1] *pron* elle/il, la/le/lui
sie[2] *pron* ils/elles, les/leur
Sie *pron* vous
Sieb *nt (Küchensieb)* passoire *f*; *(für Sand)* tamis *m*
sieben[1] *num* sept
sieben[2] *vt* tamiser
siebzig *num* soixante-dix, septante BELG, CH
Sieg *m* victoire *f*
siegen *vi* ❶ MIL être vainqueur ❷ SPORT gagner
Sieger(in) *m(f)* vainqueur *mf*
Silber *nt (Edelmetall)* argent *m*
Silvester *m o nt* Saint-Sylvestre *f*
singen *vi, vt* chanter
Singular *m* LING singulier *m*
sinken *vi* ❶ *(versinken)* couler ❷ *(niedersinken)* tomber ❸ *Kurs, Fieber* baisser
Sinn *m* sens *m*
sinnlich *adj Wahrnehmung* sensoriel(le); *Begierde* sensuel(le)
Situation *f* situation *f*
Sitz *m* siège *m*
sitzen *vi* être assis
Sitzung *f* ❶ *(Besprechung)* réunion *f* ❷ *(Kabinettssitzung)* session *f*
Ski *m* ski *m*
Sklave, Sklavin *m, f (a. fig)* esclave *mf*
Skorpion *m* ❶ scorpion *m* ❷ ASTRO Scorpion *m*
skrupellos *adj, adv* sans scrupules
Smog *m* smog *m*
so **I.** *adv* ❶ si; **~ groß wie ...** aussi grand(e) que ...; **es war ~ kalt, dass ...** il faisait telle-

S

ment froid que …; ~ **[sehr] lieben** aimer tellement ❷ *(auf diese Weise)* comme ça ❸ *(solch)* ~ **eine Gelegenheit** une occasion comme celle-là ❹ *(solchermaßen)* ~ **genannt** soi-disant; **es ist ~, wie du sagst** c'est comme tu dis ❺ *(gleichsam)* **~, als ob ...** comme si … **II.** *konj* ❶ **~ dass ...** à tel point que … ❷ *(wie ... auch)* même si

sobald *konj* dès que …

Socke *f* chaussette *f*

sodass *konj* à tel point que

Sofa *nt* canapé *m*

sofort *adv* tout de suite

sogar *adv* même

Sohle *f* ❶ *(Schuhsohle)* semelle *f* ❷ *(Fußsohle)* plante *f* du pied

Sohn *m* fils *m*

solch *adj* ~ **eine Frage** une question pareille

S

sollen[1] *aux* ❶ *(müssen)* **er soll zuhören** il doit écouter ❷ *(möglich sein)* **was soll das heißen?** qu'est-ce que ça veut dire? ❸ *(vermuten)* **er soll abgereist sein** il paraît qu'il est parti

sollen[2] *vi (gehen/kommen müssen)* **du solltest besser ins Bett** tu ferais mieux d'aller te coucher

Sommer *m* été *m*

Sonderangebot *nt* offre *f* spéciale

sondern *konj* mais

Sonne *f* ❶ soleil *m* ❷ ASTRO Soleil *m*

Sonnenaufgang *m* lever *m* du soleil

sonnig *adj* ensoleillé(e)

Sonntag *m* dimanche *m*

sonst *adv* ❶ *(andernfalls)* sinon ❷ *(gewöhnlich)* d'habitude ❸ *(außerdem)* à part ça; **[darf es] ~ noch etwas [sein]?** et avec ça? ❹ **~ wohin** quelque part ailleurs

Sorge *f* souci *m*

sorgen *vi* **für jdn ~** s'occuper de qn; **dafür ~, dass** veiller à ce que +*subj*

sorgfältig *adj* soigné(e)

sortieren *vt* trier

Soße *f* sauce *f*

soviel *konj* [pour] autant que +*subj*; **~ ich weiß** à ce que je sais

soweit *konj* pour autant que +*subj*

sowieso *adv* en tout cas

sowohl *konj* **~ ... als auch ...** non seulement …, mais [encore] …

sozial *adj* social(e)

sozusagen *adv* pour ainsi dire
spannend *adj Film* captivant(e)
sparen *vt* ❶ *Betrag* épargner ❷ *Zeit* économiser
Spargel *m* asperge *f*
sparsam **I.** *adj Person* économe; *Motor* économique **II.** *adv verwenden* avec parcimonie
Spaß *m* ❶ *(Vergnügung)* divertissement *m; (Freude)* plaisir *m;* **viel ~!** amuse-toi/amusez-vous bien! ❷ *(Scherz)* plaisanterie *f*
spät **I.** *adj* ❶ **es ist ~** il est tard; **wie ~ ist es?** quelle heure est-il? ❷ *(die Spätphase betreffend)* tardif, -ive **II.** *adv* tard
später **I.** *adj Generation* futur(e) **II.** *adv* plus tard
spätestens *adv* au plus tard
Spatz *m* moineau *m*
spazieren *vi* **~ gehen** aller se promener
Speck *m* lard *m*
speichern *vt, vi* INFORM sauvegarder
Speisekarte *f* carte *f*
spenden **I.** *vt a.* MED donner **II.** *vi* faire un don
Spezialität *f* spécialité *f*
Spiegel *m* miroir *m*
Spiel *nt* ❶ jeu *m* ❷ SPORT match *m*
spielen *vt* jouer; **Fußball/Klavier ~** jouer au football/du piano
Spielzeug *nt* jouet *m*
Spieß *m (Bratenspieß)* broche *f*
Spinat *m* GASTR épinards *mpl*
Spinne *f* araignée *f*
Spion *m* espion *m*
spitz *adj* pointu(e); *Winkel, Schrei* aigu(ë); *Bemerkung* acéré(e)
Splitter *m* éclat *m; (Glassplitter)* éclat de verre
spontan *adj* spontané(e)
Sport *m* sport *m*
Sportart *f* discipline *f* [sportive]
Sportler(in) *m(f)* sportif, -ive *m, f*
sportlich *adj Person* sportif, -ive; *Kleidung* de sport
Sportplatz *m* terrain *m* de sport
spöttisch *adj* moqueur, -euse
Sprache *f* ❶ langue *f* ❷ *(Ausdrucksweise, Sprachfähigkeit)* langage *m*
Sprachkurs *m* cours *m* de langue
Spray *m o nt* aérosol *m*
sprechen **I.** *vi (reden)* parler; **über jdn/etw ~** parler de qn/

qc **II.** *vt Wort* dire; *Nachrichten* présenter
Sprechstunde *f* consultation *f*
Sprichwort *nt* proverbe *m*
Springbrunnen *m* fontaine *f*
springen *vi* ❶ *(hüpfen)* sauter ❷ *Vase* se fendre
Spritze *f* ❶ *(Injektionsspritze)* seringue *f* ❷ *(Injektion)* piqûre *f*
Sprudel *m* eau *f* gazeuse
Sprung *m einer Person* saut *m*
spucken *vi, vt* cracher
Spüle *f* évier *m*
spülen I. *vi Toilette* tirer la chasse [d'eau] **II.** *vt* ❶ *(abspülen)* laver ❷ *Geschirr* rincer
Spülmaschine *f* lave-vaisselle *m*
Spur *f* ❶ trace *f* ❷ *(Fahrbahn)* voie *f*
Staat *m* POL État *m*
S
staatlich I. *adj Förderung* de l'État; *Einrichtung* public, -ique **II.** *adv anerkannt* par l'État
Staatsangehörigkeit *f* nationalité *f*
stabil *adj Möbel* solide; *Wetterlage* stable; *Beziehung* durable
Stachel *m eines Igels* piquant *m*; *eines Insekts* dard *m*; *einer Pflanze* épine *f*
Stadion *nt* stade *m*
Stadt *f* ❶ ville *f* ❷ *(Stadtverwaltung)* municipalité *f*
städtisch *adj* municipal(e)
Stadtplan *m* plan *m* de la ville
Stahl *m* acier *m*
Stamm *m* ❶ *eines Baums* tronc *m* ❷ *(Volksstamm)* tribu *f*
Stand *m* ❶ *eines Zählers* niveau *m* ❷ *(Zustand)* état *m* ❸ *(Verkaufsstand)* étal *m*; *(Messestand)* stand *m* ❹ **zu etw im ~e sein** être capable de qc
ständig I. *adj* ❶ *(dauernd)* permanent(e) ❷ *Wohnsitz* fixe **II.** *adv (dauernd)* continuellement
Standlicht *nt* feux *mpl* de position
Standpunkt *m* point *m* de vue
Stange *f* barre *f*
Stapel *m* pile *f*
stark I. *adj* ❶ fort(e) ❷ *Nerven* solide ❸ *Motor* puissant(e) **II.** *adv* ❶ *(sehr)* très; *beeindruckt* fortement ❷ *(intensiv)* **~ duften** sentir fort
Stärke *f* ❶ force *f* ❷ *(Dicke)* épaisseur *f* ❸ *einer Brille* puissance *f*
starren *vi* avoir le regard fixe;

an die Decke ~ regarder fixement le plafond

Start *m* ❶ SPORT départ *m* ❷ *(Beginn)* démarrage *m*

starten I. *vi* ❶ *Flugzeug* décoller ❷ SPORT prendre le départ ❸ *Tournee* démarrer **II.** *vt* *Auto* mettre en route

Station *f* ❶ *(Haltestelle)* station *f* ❷ MED service *m*

statt I. *präp* à la place de **II.** *konj* **~ zu** au lieu de

stattfinden *vi irr* avoir lieu

Stau *m* bouchon *m*

Staub *m* poussière *f*

staubsaugen *vi* passer l'aspirateur

staunen *vi* **über jdn/etw ~** être étonné par qn/de qc

stechen *vi* ❶ *Insekt, Kaktus* piquer; *Sonne* taper ❷ SPIEL **mit etw ~** couper avec qc

Steckdose *f* prise *f* [de courant]

stecken I. *vi* ❶ **in etw** *dat* **~** *Dorn, Splitter* être enfoncé dans qc; **im Schnee ~** être bloqué dans la neige ❷ *(sich befinden)* **in Schwierigkeiten** *dat* **~** *Person* avoir de gros problèmes ❸ *(verantwortlich sein)* **hinter einer Sache ~** être pour quelque chose dans une affaire **II.** *vt* **etw in eine Schublade ~** mettre qc dans un tiroir

Stecker *m* fiche *f*

Stecknadel *f* épingle *f*

stehen *vi* ❶ *Person* être debout; **am Fenster ~** être à la fenêtre; **auf einer Liste ~** être inscrit sur une liste ❷ *Maschine, Uhr* être arrêté ❸ *(konfrontiert sein)* **vor dem Ruin ~** être au bord de la ruine ❹ *(kleidsam sein)* **jdm [gut] ~** *Frisur* aller [bien] à qn ❺ *(unterstützen)* **zu/hinter jdm ~** soutenir qn

stehlen *vt* voler

steif *adj* ❶ *(starr)* rigide ❷ *Bein* raide; *Gelenk* ankylosé(e)

steigen I. *vi* ❶ monter; **auf einen Berg ~** escalader une montagne ❷ *(sich erhöhen)* **um drei Prozent ~** augmenter de trois pour cent **II.** *vt* *Treppen* monter

steigern *vt* ❶ augmenter; *Spannung* faire monter ❷ *Adjektiv* mettre au comparatif/superlatif

steil I. *adj* *Abhang* escarpé(e); *Straße* raide **II.** *adv* *ansteigen* abruptement; *abfallen* à pic

Stein *m* pierre *f*

Steinbock *m* ❶ bouquetin *m*

S

❷ ASTRO Capricorne *m*
Stelle *f* ❶ endroit *m* ❷ *(Arbeitsplatz)* emploi *m* ❸ *(Abteilung)* service *m* ❹ **an deiner/seiner ~** *dat* à ta/sa place
stellen *vt* ❶ poser ❷ *(aufrecht hinstellen)* mettre debout ❸ *Wecker* régler
Stellenangebot *nt* offre *f* d'emploi
Stellung *f* position *f*
Stempel *m* tampon *m*
sterben *vi* **an Krebs** *dat* **~** mourir d'un cancer
Stereoanlage *f* chaîne *f* stéréo
Stern *m* étoile *f*
Sternschnuppe *f* étoile *f* filante
Steuer[1] *nt* ❶ *(Lenkrad)* volant *m* ❷ *(Ruder)* gouvernail *m*
Steuer[2] *f* impôt *m*
S
steuern *vt* ❶ *Fahrzeug* conduire; *Schiff* piloter ❷ *(regulieren)* régler
Stiefel *m* botte *f*
Stier *m* ❶ taureau *m* ❷ ASTRO Taureau *m*
Stil *m* style *m*
still I. *adj* ❶ calme; **sei ~!** tais-toi! ❷ *Leben* tranquille **II.** *adv* *(lautlos)* silencieusement
Stille *f* calme *m*
stillen *vt* ❶ *Baby* allaiter ❷ *Durst* étancher; *Hunger* calmer
Stimme *f (a. fig)* voix *f*
stimmen I. *vi (zutreffen)* être juste **II.** *vt* MUS accorder
Stimmung *f (Laune)* humeur *f*
stinken *vi* ❶ **nach Schweiß ~** puer la sueur ❷ *(fam) Sache* être louche
Stirn *f* front *m*; **die ~ runzeln** plisser le front
Stock *m* bâton *m*
Stoff *m* ❶ *(Textilmaterial)* tissu *m* ❷ *(Thema)* matière *f*
stöhnen *vi* gémir
stolpern *vi* **über etw** *akk* **~** trébucher sur qc
stolz *adj* fier(fière)
Stolz *m* fierté *f*
stoppen *vt* ❶ *(anhalten)* stopper ❷ *Zeit* chronométrer
Storch *m* cigogne *f*
stören *vt, vi* déranger
stornieren *vt Auftrag* annuler
Stoßdämpfer *m* amortisseur *m*
stoßen I. *vt* ❶ *(schubsen)* pousser ❷ *Kugel* lancer **II.** *vr* *(sich verletzen)* **sich ~** se cogner **III.** *vi* **gegen jdn/etw ~** heurter qn/qc

Stoßstange *f* pare-chocs *m*
stottern I. *vi* bégayer **II.** *vt Antwort* bredouiller
Strafe *f* ❶ *(Bestrafung)* punition *f* ❷ JUR *(Haftstrafe)* peine *f*; *(Geldstrafe)* amende *f*
Strafzettel *m (fam)* P.-V. *m*
Strand *m* plage *f*
Straße *f (in Ortschaften)* rue *f*; *(Landstraße)* route *f*
Straßenbahn *f* tram[way] *m*
Strauch *m* arbuste *m*
Strauß¹ *m* bouquet *m*
Strauß² *m* autruche *f*
Strecke *f* ❶ *(Wegstrecke)* route *f*; **auf halber ~** à mi-chemin ❷ *(Entfernung)* distance *f* ❸ *(Eisenbahnstrecke)* ligne *f* [de chemin de fer] ❹ *(zurückgelegter Weg)* trajet *m*
streicheln *vt* caresser
streichen I. *vt* ❶ *(anstreichen)* peindre ❷ *(schmieren)* **Butter aufs Brötchen ~** tartiner du beurre sur le petit pain ❸ *Namen* rayer; *Wort* barrer **II.** *vi* **mit der Hand über etw** *akk* **~** passer la main sur qc
Streichholz *nt* allumette *f*
Streik *m* grève *f*
streiken *vi* faire grève
Streit *m* dispute *f*
streiten *vi, vr* **sich/mit jdm ~** se disputer/se disputer avec qn
streng I. *adj* ❶ *(unnachsichtig)* sévère ❷ *Anweisung, Winter* rigoureux, -euse; *Diät* draconien(ne); *Bettruhe* absolu(e); *Geruch* pénétrant(e) **II.** *adv* ❶ *bestrafen* sévèrement ❷ *(strikt)* strictement
stressig *adj (fam)* stressant(e)
Strich *m (Linie)* trait *m*; *(schräg, senkrecht)* barre *f*
stricken *vt, vi* tricoter
Stroh *nt* paille *f*
Strom *m* ❶ ELEC courant *m* ❷ *(breiter Fluss)* fleuve *m*
Strumpf *m* ❶ *(Kniestrumpf)* chaussette *f* ❷ *(Damenstrumpf)* bas *m*
Strumpfhose *f* collant *m*
Stück *nt* ❶ morceau *m*; **etw in ~e reißen** déchirer qc en mille morceaux ❷ *einer Schnur, Straße* bout *m* ❸ *eines Textes* partie *f* ❹ *(wertvoller Gegenstand, Theaterstück)* pièce *f*
Student(in) *m(f)* étudiant(e) *m(f)*
studieren I. *vi* faire des études [supérieures] **II.** *vt* étudier
Studio *nt* studio *m*
Studium *nt* études *fpl* [supé-

rieures]
Stufe *f einer Treppe* marche *f; einer Entwicklung* phase *f*
Stuhl *m* chaise *f*
stumm *adj* ❶ muet(te) ❷ *(schweigsam)* ~ **werden/sein** se taire/être silencieux
stumpf *adj* ❶ *Klinge* émoussé(e) ❷ *Bleistift* usé(e) ❸ *Haare* terne
Stunde *f* heure *f*; **bis zur ~** à l'heure qu'il est
Stundenkilometer *Pl* kilomètres-heure *mpl*
stur **I.** *adj (dickköpfig)* entêté(e) **II.** *adv (uneinsichtig)* obstinément
Sturm *m (starker Wind)* tempête *f*
stürmisch *adj Tag* de tempête; *Meer* déchaîné(e); *Begrüßung* frénétique
stürzen **I.** *vi* ❶ *(fallen)* tomber ❷ *(rennen)* bondir **II.** *vt Regierung* renverser **III.** *vr* **sich aus dem Fenster ~** se jeter par la fenêtre
Stute *f* jument *f*
stützen **I.** *vt* soutenir **II.** *vr* **sich auf jdn/etw ~** *(a. fig)* s'appuyer sur qn/qc
subjektiv *adj* subjectif, -ive
Suche *f* **auf der ~ nach etw sein** être à la recherche de qc
suchen **I.** *vt* chercher **II.** *vi* chercher; **nach jdm/etw ~** être à la recherche de qn/qc
Sucht *f* MED dépendance *f*; *(Rauschgiftsucht)* toxicomanie *f*
süchtig *adj* MED dépendant(e); *(rauschgiftsüchtig)* toxicomane
Süden *m* sud *m*
Summe *f* ❶ MATH total *m* ❷ FIN somme *f*
Sumpf *m* marais *m*
Sünde *f* ❶ REL péché *m* ❷ *(Fehltritt)* faute *f*
super *(fam)* **I.** *adj* super **II.** *adv klingen* super bien
Supermarkt *m* supermarché *m*
Suppe *f* soupe *f*
Surfbrett *nt* surf *m*; *(Windsurfbrett)* planche *f* à voile
surfen *vi a.* INFORM surfer; *(windsurfen)* faire de la planche à voile
süß *adj* ❶ sucré(e); *Wein* doux(douce) ❷ *Kind* mignon(ne)
süßen *vt, vi* sucrer
Symbol *nt* symbole *m*
sympathisch *adj* sympathique
Szene *f* ❶ *(Theaterszene)* scène *f* ❷ *(Bereich)* milieux *mpl*

Tt

Tabak *m* tabac *m*
Tabelle *f* tableau *m*
Tablett *nt* plateau *m*
Tablette *f* comprimé *m*
Tafel *f* ❶ *(Wandtafel)* tableau *m* ❷ *(Gedenktafel)* plaque *f* ❸ *(rechteckiges Stück)* **eine ~ Schokolade** une tablette de chocolat
Tag *m* ❶ jour *m;* **der ~ X** le jour J; **guten ~!** bonjour! ❷ *(Tagesverlauf)* journée *f;* **am ~** dans la journée; **den ganzen ~ [lang]** toute la journée
Tagebuch *nt* journal *m* [intime]
Tageskarte *f* GASTR menu *m* du jour
täglich *adj* quotidien(ne)
tagsüber *adv* pendant la journée
Tal *nt* vallée *f*
Tank *m* ❶ *(Benzintank)* réservoir *m* ❷ *(Flüssigkeitsbehälter)* citerne *f*
tanken I. *vi* prendre de l'essence **II.** *vt* **zehn Liter/bleifrei ~** prendre dix litres [d'essence]/du sans plomb; **voll ~** *Auto* faire le plein de
Tankstelle *f* station-service *f*
Tanne *f* sapin *m*
Tante *f* tante *f*
Tanz *m* danse *f*
tanzen *vt, vi* danser
Tänzer(in) *m(f)* danseur, -euse *m, f*
Tapete *f* papier *m* peint
tapfer *adj Verhalten* courageux, -euse
Tasche *f* ❶ *(an der Kleidung)* poche *f* ❷ *(Tragetasche)* sac *m*
Taschenbuch *nt* livre *m* de poche
Tasse *f* tasse *f*
Tastatur *f* clavier *m*
Taste *f* touche *f*
tasten I. *vi* **nach etw ~** chercher qc à tâtons **II.** *vt Schwellung* sentir en palpant
Tat *f* ❶ acte *m* ❷ *(Straftat)* délit *m* ❸ **in der ~!** effectivement!
Täter(in) *m(f)* coupable *mf*

Tätigkeit *f* activité *f*
Tatsache *f* fait *m*
tatsächlich **I.** *adj Ereignis* réel(le); *Grund* véritable **II.** *adv* ❶ *(in Wirklichkeit)* en réalité ❷ *(wirklich)* réellement
taub *adj* ❶ sourd(e) ❷ *Körperteil* insensible
Taube *f* pigeon *m*
taubstumm *adj* sourd(e)-muet(te)
tauchen *vt, vi* plonger
Taucher(in) *m(f)* plongeur, -euse *m, f*
Taufe *f* baptême *m*
tauschen **I.** *vt* échanger **II.** *vi* faire un échange
täuschen *vt, vi, vr* **[sich] täuschen** [se] tromper
tausend *num* ❶ mille ❷ *(fam: viele)* [tout] un tas de
Taxi *nt* taxi *m*
Team *nt* équipe *f*
Technik *f kein Pl* ❶ technique *f* ❷ *einer Maschine* technologie *f*
Techniker(in) *m(f)* technicien(ne) *m(f)*
technisch **I.** *adj* technique **II.** *adv* sur le plan technique
Tee *m* ❶ thé *m* ❷ *(Kräutertee)* tisane *f*
Teebeutel *m* sachet *m* de thé

T

Teich *m* étang *m*
Teig *m* pâte *f*
Teil[1] *m o nt* ❶ partie *f* ❷ *(Anteil)* part *f*
Teil[2] *nt eines Geräts* pièce *f*
teilen **I.** *vt* ❶ *(aufteilen)* partager ❷ MATH **durch vier ~** diviser par quatre **II.** *vr* **sich ~** se séparer **III.** *vi* partager
teil|nehmen *vi* participer
Teilnehmer(in) *m(f)* ❶ participant(e) *m(f)* ❷ TELEC abonné(e) *m(f)*
teilweise **I.** *adv* partiellement **II.** *adj* partiel(le)
Telefon *nt* téléphone *m*
Telefonbuch *nt* annuaire *m* [téléphonique]
telefonieren *vi* **mit jdm ~** téléphoner à qn
Teller *m* assiette *f*
Tempel *m* temple *m*
Temperatur *f a.* MED température *f*
Tempo *nt* ❶ vitesse *f* ❷ MUS tempo *m*
Tennis *nt* tennis *m*
Teppich *m* tapis *m*
Termin *m* ❶ *(Uhrzeit)* rendez-vous *m;* **sich** *dat* **einen ~ geben lassen** prendre rendez-vous ❷ *(Datum)* date *f*
Terminkalender *m* agenda *m*
Terrasse *f* terrasse *f*

Tesafilm® *m* scotch® *m*
testen *vt* tester
Tetanus *m* tétanos *m*
teuer I. *adj* cher(chère) **II.** *adv* cher
Teufel *m* ❶ diable *m* ❷ *(böser Mensch)* démon *m*
Text *m* texte *m*
Theater *nt* théâtre *m*
Theke *f* bar *m; (Ladentisch)* comptoir *m*
Thema *nt* sujet *m*
Theologe, Theologin *m, f* théologien(ne) *m(f)*
theoretisch *adj* théorique
Therapeut(in) *m(f)* thérapeute *mf*
Therapie *f* thérapie *f*
Thermometer *nt* thermomètre *m*
Thermosflasche® *f* [bouteille *f*] thermos® *f*
Ticket *nt* billet *m*
tief I. *adj* ❶ profond(e); *Schnee* épais(se); **hundert Meter ~** de cent mètres de profondeur ❷ *Temperatur* bas(se) ❸ *Stimme* grave **II.** *adv* ❶ profondément ❷ *hängen* bas
Tief *nt* dépression *f*
Tier *nt* animal *m*
Tierarzt, -ärztin *m, f* vétérinaire *mf*
Tiger(in) *m(f)* tigre(sse) *m(f)*
Tinte *f* encre *f*
Tipp *m* *(fam: Hinweis)* tuyau *m*
tippen I. *vi* ❶ *(fam: Schreibmaschine schreiben)* taper [à la machine] ❷ *(fam: vorhersagen)* parier **II.** *vt (fam)* ❶ *Text* taper ❷ *(wetten)* jouer
Tisch *m* table *f*
Tischdecke *f* nappe *f*
Titel *m* titre *m*
Tochter *f* fille *f*
Tod *m* ❶ mort *f* ❷ **sich zu ~e langweilen** s'ennuyer à mourir
Toilette *f* toilettes *fpl*, W.-C. *mpl*
Toilettenpapier *nt* papier *m* hygiénique
toll I. *adj (fam)* extra; *Idee* super **II.** *adv (fam: wild)* de façon débridée
Tomate *f* tomate *f*
Ton¹ *m* argile *f*
Ton² *m* ❶ son *m* ❷ *(fam: Wort)* mot *m*
Tonne *f* ❶ fût *m; (Mülltonne)* poubelle *f* ❷ *(Maßeinheit)* tonne *f*
Topf *m* ❶ *(Kochtopf)* casserole *f* ❷ *(Blumen-, Nachttopf)* pot *m*
Tor *nt* ❶ porte *f* ❷ SPORT

T

buts *mpl*

Torte *f (Obsttorte)* tarte *f*; *(Cremetorte)* gâteau *m*

Torwart, -frau *m, f* gardien(ne) *m(f)* [de but]

tot *adj* mort(e)

total I. *adj* complet, -ète **II.** *adv (fam)* totalement

Tote(r) *f(m)* mort(e) *m(f)*; *(Unfallopfer)* tué(e) *m(f)*

töten *vt* tuer

Tour *f* ❶ *(Reise)* excursion *f* ❷ *(Fahrt)* tournée *f* ❸ *Pl (Umdrehung)* tour *m* ❹ *(fam: Vorgehen)* magouille *f*

Tourist(in) *m(f)* touriste *mf*

Tradition *f* tradition *f*

träge *adj* mou(molle)

tragen I. *vt* ❶ porter ❷ *Früchte* donner **II.** *vi* ❶ *Baum* donner ❷ *(trächtig sein)* être en gestation

tragisch *adj* tragique

Trainer(in) *m(f)* entraîneur, -euse *m, f*

T

trainieren I. *vt* ❶ *Sportler* entraîner ❷ *Sportart* s'entraîner à **II.** *vi* s'entraîner

Training *nt* entraînement *m*

Traktor *m* tracteur *m*

trampen *vi* faire du stop

Träne *f* larme *f*

transportieren *vt* transporter

Traube *f* ❶ *(einzelne Traube)* grain *m* ❷ *Pl (Weintrauben)* raisin *m*

trauen I. *vi* **jdm ~** faire confiance à qn; **einer S.** *dat* **~** croire à qc **II.** *vt Paar* marier **III.** *vr* **sich ~ etw zu tun** oser faire qc

trauern *vi* **um jdn ~** porter le deuil de qn

Traum *m* rêve *m*

Trauma *nt* traumatisme *m*

träumen *vt, vi (a. fig)* rêver; **etwas Schönes ~** faire de beaux rêves

traurig *adj* triste

treffen I. *vt* ❶ *(begegnen)* rencontrer ❷ *Ziel* atteindre ❸ *(innerlich berühren)* toucher ❹ *Maßnahmen* prendre; *Vorbereitungen* faire **II.** *vi (das Ziel treffen) Person* atteindre son objectif; *Schuss* toucher sa cible **III.** *vr* ❶ **sich ~** *Personen* se rencontrer; **sich mit jdm ~** rencontrer qn ❷ *(sich fügen)* **das trifft sich [gut]** ça tombe bien

Treffen *nt* rencontre *f*

Treffpunkt *m* [lieu *m* de] rendez-vous *m*

treiben *irr* **I.** *vt* ❶ *(a. fig)* pousser ❷ *Handel* faire ❸ **es mit jdm ~** *(fam)* baiser avec qn **II.** *vi* ❶ *Boot* dériver ❷ BOT

bourgeonner
Trend *m* tendance *f*
trennen **I.** *vt* ❶ séparer ❷ *Wort* couper **II.** *vr* **sich ~** se séparer **III.** *vi (unterscheiden)* faire la différence
Trennung *f* ❶ séparation *f* ❷ *(Unterscheidung)* distinction *f*
Treppe *f* escalier *m*
Treppenhaus *nt* cage *f* d'escalier
Tresor *m* coffre-fort *m*
treten **I.** *vt* ❶ donner un coup de pied à ❷ *Pedal* appuyer sur **II.** *vi* ❶ *Person* donner des coups de pieds ❷ *(gehen)* **in/auf etw** *akk* **~** *Person* marcher dans/sur qc
treu *adj* fidèle
Trick *m* truc *m*
trinken *vt, vi* boire; **auf jdn ~** boire à la santé de qn
Trinker(in) *m(f)* ivrogne *mf*
Trinkgeld *nt* pourboire *m*
Trinkwasser *nt* eau *f* potable
Triumph *m* triomphe *m*
trocken *adj* sec(sèche); *Sekt* brut(e)
trocknen *vt, vi* sécher
Trommel *f* tambour *m*
Trommelfell *nt* tympan *m*
Trompete *f* trompette *f*
Tropfen *m* goutte *f*
Trost *m* consolation *f*
trösten *vt, vr* **[sich] ~** [se] consoler
trotz *präp* malgré
trotzdem *adv* tout de même
trübe *adj* ❶ *Flüssigkeit* trouble; *Fensterscheibe* terne ❷ *Wetter* maussade ❸ *Stimmung* sombre
Truthahn *m* dindon *m*
Tuch *nt* ❶ COUT foulard *m* ❷ *(Putztuch)* chiffon *m*
Tugend *f* vertu *f*
Tulpe *f* tulipe *f*
Tumor *m* tumeur *f*
tun **I.** *vt* ❶ *(machen)* faire ❷ *(fam: legen, stellen)* mettre **II.** *vr* **es tut sich etwas** il se passe quelque chose **III.** *vi (wirken)* **gut ~** faire du bien
Tür *f* ❶ porte *f* ❷ *(Fahrzeugtür)* portière *f*
Turm *m* ❶ tour *f* ❷ *(Glockenturm)* clocher *m*
Turnschuh *m* chaussure *f* de sport
Tüte *f* sac *m; (klein)* sachet *m*
Typ *m* ❶ individu *m; (Art)* type *m* ❷ *(fam: Kerl)* mec *m*
typisch **I.** *adj* typique **II.** *adv* typiquement
tyrannisieren *vt* tyranniser

Uu

U-Bahn *f* métro *m*

übel I. *adj* ❶ mauvais(e) ❷ *(schlecht)* **jdm ist/wird ~** qn a mal au cœur **II.** *adv* ❶ mal ❷ *riechen, schmecken* mauvais

üben I. *vt* s'exercer à **II.** *vi* travailler; *(trainieren)* s'entraîner

über I. *präp* ❶ au-dessus de ❷ *(zusätzlich zu)* par-dessus **II.** *präp* ❶ au-dessus de ❷ *(quer hinüber)* **~ die Straße gehen** traverser la rue; **~ den Zaun schauen** regarder par-dessus la clôture ❸ *(betreffend)* sur ❹ *(in Höhe von)* **ein Scheck ~ hundert Euro** un chèque de cent euros ❺ *(durch, mittels)* par ❻ *(Dauer)* **~ Ostern verreisen** partir pour Pâques **III.** *adv* de plus de

U

überall *adv* partout

Überdosis *f* surdose *f*; *(bei Drogen)* overdose *f*

überein|stimmen *vi* ❶ convenir ❷ *(sich gleichen)* être conforme

überfahren *vt* ❶ écraser ❷ *Ampel* brûler

überfallen *vt Person* agresser; *Bank* attaquer

überflüssig *adj* superflu

überfordern *vt* **jdn ~** en demander trop à qn; **überfordert sein** être dépassé

überfüllt *adj* surchargé(e); *Gebäude* bondé(e)

übergeben I. *vt (überreichen)* remettre **II.** *vr* **sich ~** vomir

überhaupt *adv* ❶ *(eigentlich)* **was fällt dir ~ ein?** qu'est-ce qui te prend? ❷ *(abgesehen davon, zudem)* vraiment ❸ *(ganz und gar)* **~ nicht** [pas] du tout

überholen *vt, vi* doubler

überleben *vt, vi* survivre

Überlebende(r) *f(m)* survivant(e) *m(f)*

überlegen I. *vi* réfléchir **II.** *vt* [**sich** *dat*] **etw ~** réfléchir à qc

übermäßig I. *adj* extrême **II.** *adv* trop

übermorgen *adv* après-de-

main; ~ **früh/Abend** après-demain matin/soir
übernachten *vi* passer la nuit
Übernachtung *f* ~ **mit Frühstück** nuit[ée] *f* avec petit-déjeuner
übernehmen *irr* **I.** *vt* ❶ reprendre ❷ *Verantwortung* assumer; *Auftrag* accepter **II.** *vr* **sich** ~ vouloir trop en faire **III.** *vi* prendre le relais
überprüfen *vt* ❶ contrôler; *Bewerber* examiner ❷ *Angabe* vérifier l'exactitude de ❸ *Motor* réviser
überqueren *vt* traverser
überraschen *vt* surprendre
Überraschung *f* surprise *f*
überreden *vt* convaincre
überschätzen *vt, vr* **[sich]** ~ [se] surestimer
Überschrift *f* titre *m*
übersehen *vt (nicht sehen)* ne pas voir
übersetzen I. *vt* traduire **II.** *vi* faire une traduction
Übersetzer(in) *m(f)* traducteur, -trice *m, f*
Übersetzung *f* traduction *f*
überstehen *vt Belastung* surmonter
Überstunde *f* heure *f* supplémentaire
Übertragung *f* ❶ *(das Senden)* diffusion *f* ❷ *(Sendung)* retransmission *f*
übertreiben *vt, vi* exagérer
überwältigen *vt* maîtriser
überweisen *vt irr Geld* virer
Überweisung *f* ❶ *(Geldüberweisung)* virement *m* ❷ *eines Patienten* transfert *m*
überwinden I. *vt* ❶ surmonter ❷ *Gegner* vaincre **II.** *vr* **sich** ~ faire un effort sur soi-même
überzeugen I. *vt* convaincre; **jdn davon ~, dass ...** persuader qn que ... **II.** *vi Person* être convaincant **III.** *vr* **sich von etw** ~ s'assurer de qc
Überzeugung *f* conviction *f*
überziehen *vt* ❶ *(bedecken)* recouvrir ❷ *(belasten)* **das Konto um hundert Euro** ~ mettre son compte à découvert de cent euros
üblich *adj* usuel(le); **wie** ~ comme d'habitude
U-Boot *nt* sous-marin *m*
übrig I. *adj* ❶ *(restlich)* **die ~en Teilnehmer** les autres participants ❷ *(übrig bleibend)* ~ **sein** rester ❸ **im Übrigen** du reste **II.** *adv* ~ **bleiben** rester
übrigens *adv* ❶ *(nebenbei bemerkt)* au fait ❷ *(außerdem)* d'ailleurs

U

Übung *f* exercice *m*
Ufer *nt* rive *f*; *(Meeresufer)* côte *f*
Uhr *f* ❶ *(öffentliche Uhr)* horloge *f*; *(Armbanduhr)* montre *f*; *(Wanduhr)* pendule *f* ❷ *(bei Zeitangaben)* **um drei ~** à trois heures; **um zwölf ~ mittags** à midi; **es ist fünf ~ früh** il est cinq heures du matin; **um wie viel ~?** à quelle heure?; **wie viel ~ ist es?** quelle heure est-il?
um **I.** *präp* ❶ *(örtlich)* **~ die Ecke** au coin de la rue; **~ den Park herum** autour du parc ❷ *(ungefähr)* environ ❸ *(Ausmaß)* **~ zehn Zentimeter größer sein** être plus long de dix centimètres **II.** *konj* **~ zu** pour **III.** *adv* **~ sein** être passé
umarmen *vt* serrer dans ses bras
um|buchen *vt, vi* modifier une réservation
umdrehen **I.** *vt* ❶ retourner ❷ *Schlüssel* tourner **II.** *vr* **sich nach jdm/etw ~** se retourner en direction de qn/qc **III.** *vi* faire demi-tour
Umfrage *f* sondage *m*
Umgebung *f* environs *mpl*
umgekehrt **I.** *adj* inverse **II.** *adv* *(andersherum)* dans l'autre sens
um|kehren *vi* faire demi-tour
um|kippen **I.** *vi* ❶ *Person* tomber; *Gegenstand* se renverser ❷ *(fam: bewusstlos werden)* tourner de l'œil ❸ ÖKOL s'asphyxier **II.** *vt* renverser
Umleitung *f* déviation *f*
um|rühren *vt, vi* remuer
Umsatz *m* chiffre *m* d'affaires
Umschlag *m* ❶ *(Briefumschlag)* enveloppe *f* ❷ *eines Buchs* jaquette *f* ❸ MED compresse *f*
um|sehen *vr* *(sich informieren)* **sich ~** regarder
um|steigen *vi* *(den Zug/Bus wechseln)* changer de train/bus
um|tauschen *vt* échanger; *Geld* changer
Umweg *m* détour *m*
Umwelt *f* ❶ ÖKOL environnement *m* ❷ *(Mitmenschen)* entourage *m*
um|ziehen **I.** *vi* déménager **II.** *vr* **sich ~** se changer
unabhängig *adj* indépendant(e)
unangenehm **I.** *adj* désagréable **II.** *adv* *riechen* mauvais
unauffällig **I.** *adj* discret, -ète **II.** *adv* discrètement

U

unbedeutend **I.** *adj* ❶ *Ereignis* insignifiant(e) ❷ *Menge* négligeable **II.** *adv* à peine
unbedingt **I.** *adj* absolu(e) **II.** *adv* absolument; **nicht ~** pas forcément
unbekannt *adj* inconnu(e)
unbeliebt *adj* peu apprécié(e)
unbequem *adj* inconfortable
unbewusst **I.** *adj* inconscient(e) **II.** *adv* inconsciemment
und *konj* et; **du ~ ich** toi et moi
unentschieden **I.** *adj* SPORT nul(le) **II.** *adv* SPORT **~ spielen** faire match nul
unerfahren *adj* inexpérimenté(e)
unerreichbar *adj* inaccessible
unerträglich *adj, adv* insupportable
unfähig *adj* incapable
Unfall *m* accident *m;* **bei einem ~** dans un accident
unfreundlich *adj* ❶ peu aimable; **~ zu jdm sein** ne pas être aimable avec qn ❷ *Klima* désagréable
ungeduldig **I.** *adj* impatient(e); **~ werden** s'impatienter **II.** *adv* impatiemment
ungefähr **I.** *adv* à peu près; **~ ein Pfund Mehl** environ une livre de farine; **das könnte ~ stimmen** c'est à peu près ça **II.** *adj* approximatif, -ive
ungerade *adj* impair(e)
ungerecht *adj* injuste
ungern *adv* ❶ *(nicht gerade gern)* **etw ~ tun** ne pas faire qc volontiers ❷ *(widerwillig)* à contrecœur
ungeschickt *adj* maladroit(e)
ungesund **I.** *adj* malsain(e) **II.** *adv* **~ leben** avoir un mode de vie mauvais pour la santé
ungewöhnlich *adj* ❶ inhabituel(le) ❷ *(außergewöhnlich)* exceptionnel(le)
unglaublich *adj* incroyable
Unglück *nt* ❶ malheur *m; (Zugunglück)* catastrophe *f* ❷ *(Pech)* malchance *f*
unglücklich **I.** *adj* malheureux, -euse **II.** *adv* **~ aussehen** avoir l'air malheureux
ungültig *adj Ausweis* périmé(e); *Eintrittskarte* non valable; **~ werden** *Ausweis* expirer
ungünstig *adj Zeitpunkt* mal choisi(e)
unheilbar *adj* incurable
unheimlich **I.** *adj* ❶ *Geschichte* macabre; *Haus* lugubre ❷ *(fam) Zufall* pas croyable ❸ *(fam) Angst* terrible; **es hat**

U

uns ~en Spaß gemacht cela nous a énormément plu **II.** *adv* ❶ *(grauenerregend)* **~ aussehen** être à faire peur ❷ *(fam: sehr)* vachement

unhöflich *adj* impoli(e)

Universität *f* université *f*

unklar I. *adj* confus(e) **II.** *adv* de manière ambiguë

unlogisch *adj* illogique

unmenschlich *adj* ❶ inhumain(e) ❷ *(fam) Schmerzen* épouvantable

unmöglich I. *adj* impossible; **es ist ihm/ihr ~ das zu tun** il/elle est dans l'impossibilité de faire cela **II.** *adv (pej fam)* **~ aussehen** avoir un air pas possible

unnötig *adj* superflu(e)

unordentlich *adj Person* désordonné(e); *Zimmer* en désordre

Unrecht *nt* tort *m;* **zu ~** à tort

unregelmäßig *adj* irrégulier, -ière

Unruhe *f* ❶ agitation *f; (Sorge)* inquiétude *f* ❷ *Pl (Tumulte)* troubles *mpl*

unruhig *adj* ❶ agité(e) ❷ *(besorgt)* inquiet, -iète

uns *pron* nous

unschuldig I. *adj* innocent(e) **II.** *adv* ❶ à tort ❷ *(arglos)* d'un air innocent

unser *pron* notre/nos

unsicher I. *adj* ❶ peu sûr(e) ❷ *Person* qui manque d'assurance ❸ *Zukunft* incertain(e) **II.** *adv* ❶ *sich bewegen* en chancelant ❷ *fragen* d'une voix hésitante

Unsinn *m* absurdité *f*

unsympathisch *adj* antipathique; *Vorstellung* désagréable

unten *adv* ❶ *(opp: oben)* en bas; **~ im Koffer** au fond de la valise; **weiter ~** plus bas ❷ *(in einem unteren Stockwerk)* **~ im Keller** en bas à la cave; **nach ~ gehen** descendre; **von ~ kommen** venir d'en bas ❸ *(nachher)* **siehe ~** voir ci-dessous

unter I. *präp* sous **II.** *adv* de moins de

unterbrechen *vt* ❶ *Person* couper la parole à; *Arbeit* interrompre ❷ *Leitung* couper

unterdrücken *vt Person* opprimer; *Gefühl, Unruhen* réprimer

untere(r, s) *adj* inférieur(e) *Wohnung* d'en bas

unterhalten I. *vt Publikum* divertir **II.** *vr* **sich ~** ❶ *(sich vergnügen)* s'amuser ❷ *(sprechen)* s'entretenir

Unterhaltung *f* ❶ entretien *m* ❷ *(Zeitvertreib)* distraction *f*
Unterhemd *nt (Herrenunterhemd)* tricot *m* de corps
Unterhose *f* slip *m*
unterirdisch **I.** *adj* souterrain(e) **II.** *adv* sous terre
Unterkunft *f* gîte *m; (für längere Zeit)* logement *m*
unter|legen[1] *vt* mettre dessous
unterlegen[2] *adj* inférieur(e)
unternehmen *vt* entreprendre
Unternehmen *nt* entreprise *f*
Unternehmer(in) *m(f)* entrepreneur, -euse *m, f*
Unterricht *m* cours *m; (in der Grundschule)* classe *f*
unterrichten *vt, vi* enseigner
unterschätzen *vt* sous-estimer
unterscheiden **I.** *vt* ❶ différencier ❷ *(auseinander halten)* distinguer **II.** *vi* faire la différence
Unterschied *m* différence *f*
unterschiedlich *adj* différent(e)
unterschreiben *vt, vi* signer
Unterschrift *f* signature *f*
unterstreichen *vt* souligner
unterstützen *vt* ❶ soutenir ❷ *Projekt* subventionner
untersuchen *vt* examiner; *Blut* analyser
Untersuchung *f* examen *m,* analyse *f*
Untertasse *f* soucoupe *f*
Unterwäsche *f* sous-vêtements *mpl; (Damenunterwäsche)* lingerie *f*
unterwegs *adv (auf, während der Reise)* en cours de route
untreu *adj* infidèle
untypisch *adj* inhabituel(le)
ununterbrochen **I.** *adj* ininterrompu(e) **II.** *adv* sans arrêt
unverantwortlich **I.** *adj* irresponsable **II.** *adv* en personne irresponsable
unvergesslich *adj* inoubliable
unvernünftig *adj* déraisonnable; **es ist ~ etw zu tun** ce n'est pas raisonnable de faire qc
unvorsichtig *adj* imprudent(e)
unvorstellbar *adj* inimaginable
unwahrscheinlich *adj* invraisemblable; **es ist ~, dass** il est peu vraisemblable que *+subj*
Unwetter *nt* tempête *f*
unwichtig *adj* insignifiant(e), sans importance
unwohl *adj* **sich ~ fühlen** *(schlecht)* ne pas se sentir

bien; *(unbehaglich)* être mal à l'aise
unzertrennlich *adj* inséparable
unzufrieden *adj* **mit jdm/etw ~ sein** être mécontent de qn/qc
unzuverlässig *adj* ❶ pas fiable ❷ *Zeuge* peu crédible
uralt *adj* *Baum* très vieux(vieille); *Brauch* très ancien(ne)
Urenkel(in) *m(f)* arrière-petit-fils *m*/arrière-petite-fille *f*
Urin *m* urine *f*
Urkunde *f* document *m*
Urlaub *m* congé *m*; **~ haben** être en congé
Ursache *f* ❶ cause *f* ❷ **keine ~!** [il n'y a] pas de quoi!
ursprünglich I. *adj* *Projekt* initial(e); *Absicht* à l'origine **II.** *adv* au début
Urteil *nt* ❶ jugement *m* ❷ *(Meinung)* opinion *f*
urteilen *vi* **über jdn/etw ~** juger qn/qc

V v

vage *adj* vague
Vase *f* vase *m*
Vater *m* père *m*
Vegetarier(in) *m(f)* végétarien(ne) *m(f)*
V
vegetarisch *adj* végétarien(ne)
Vene *f* veine *f*
verabreden I. *vr* **sich ~** prendre rendez-vous **II.** *vt* *Ort, Termin* fixer
Verabredung *f* rendez-vous *m*
verabschieden *vr* **sich von jdm ~** dire au revoir à qn
verändern *vt, vr* **[sich] ~** changer
Veränderung *f* changement *m*
veranstalten *vt* organiser
Veranstaltung *f* *(Ereignis)* manifestation *f*

verantwortlich *adj* ~ **für etw** responsable de qc
Verantwortung *f* responsabilité *f*
Verb *nt* verbe *m*
Verband *m* ❶ MED bandage *m* ❷ *(Bund)* association *f*
verbessern *vt, vr* **[sich]** ~ [s']améliorer
verbieten *vt* interdire
verbinden *vt* ❶ *Person* faire un bandage à; *Wunde, Arm* bander ❷ TELEC **jdn mit jdm** ~ passer qn à qn; **[Sie sind] falsch verbunden!** vous avez fait un faux numéro!
Verbindung *f* ❶ rapport *m;* **in** ~ **mit etw** associé(e) à qc ❷ *(gedankliche Verknüpfung)* combinaison *f* ❸ *([persönliche] Beziehung)* relation *f* ❹ *(Kontakt)* **sich mit jdm in** ~ **setzen** contacter qn; **mit jdm/etw in** ~ **stehen** être en relation avec qn/qc ❺ TELEC, AUT liaison *f* ❻ *(Telefongespräch)* communication *f*
verboten *adj* interdit(e)
verbrauchen *vt* ❶ *Vorräte* consommer ❷ *Energien, Geld* dépenser
Verbrechen *nt* crime *m*
verbreiten *vt* ❶ *Gerücht, Krankheit* propager ❷ *Entsetzen* semer
verbrennen *vt* brûler
Verbrennung *f* incinération *f*
verbringen *vt irr* **den Tag mit Lesen** ~ passer la journée à lire
Verdacht *m* soupçon *m*
verdächtigen *vt* **jdn einer S.** *gen* ~ soupçonner qn de qc
verdammt I. *adj* REL damné(e) **II.** *adv (fam) ärgerlich* vachement
verdauen *vt, vi (a. fig)* digérer
verderben I. *vt* ❶ *Charakter* corrompre ❷ *(zunichtemachen)* gâcher **II.** *vi Lebensmittel* s'avarier
verdienen *vt* ❶ gagner ❷ *Lob* mériter
verdoppeln *vt* ❶ doubler ❷ *Anstrengungen* redoubler
verdorben *adj* ❶ *Fleisch* avarié(e); *Käse* moisi(e) ❷ *(moralisch)* dépravé(e)
verdursten *vi* mourir de soif
Verein *m* association *f; (Sportverein)* club *m*
vereinbaren *vt* convenir
vereinen *vt* regrouper
vereinfachen *vt* simplifier
verfahren I. *vi* procéder **II.** *vr* **sich** ~ se tromper de route
verfallen *vi* ❶ *Gebäude* se

V

délabrer; *Mensch* décliner ❷ *Fahrkarte* être périmé; *Anspruch* être déchu

Verfasser(in) *m(f)* auteur, -trice *m, f*

Verfassung *f* ❶ *(Befinden)* état *m* ❷ POL constitution *f*

verfaulen *vi* ❶ *Gemüse, Obst* se gâter; *Fleisch* s'avarier ❷ *(verwesen)* pourrir

verfolgen *vt* ❶ *(nachsetzen)* poursuivre ❷ *Spur* suivre

Verfügung *f* **jdm zur ~ stehen** être à la disposition de qn

verführen *vt Mann, Frau* séduire

Vergangenheit *f* passé *m*

vergeben *vi* pardonner

vergeblich I. *adj* vain(e) **II.** *adv* en vain

vergessen *vt* oublier

vergewaltigen *vt* violer

vergiften *vt* empoisonner

Vergleich *m* comparaison *f*

vergleichen *vt* comparer

vergnügen *vr* **sich mit etw ~** s'amuser en faisant qc

V

Vergnügen *nt* plaisir *m*

vergrößern *vt* ❶ agrandir ❷ *Abstand* augmenter

verhaften *vt* arrêter

verhalten *vr* **sich ~** se comporter

Verhältnis *nt* ❶ **im ~ zu jdm/etw** par rapport à qn/qc ❷ *(Beziehung)* **ein gutes ~ zu jdm haben** avoir de bons rapports avec qn

verhandeln *vi* **über etw** *akk* **~** négocier qc

Verhandlung *f* ❶ négociation *f* ❷ JUR audience *f*

verheimlichen *vt* cacher

verheiratet *adj* marié(e)

verhindern *vt* empêcher de

verhungern *vi* **am Verhungern sein** crever de faim

Verhütungsmittel *nt* contraceptif *m*

Verkauf *m* vente *f*

verkaufen *vt* vendre; **zu ~** à vendre

Verkäufer(in) *m(f)* vendeur, -euse *m, f*

Verkehr *m* circulation *f*

Verkehrsmittel *nt* moyen *m* de transport

verkehrt I. *adj* mauvais(e) **II.** *adv* ❶ *erzählen* de travers ❷ *aufmachen* du mauvais côté; **~ herum** à l'envers

verklagen *vt* **jdn ~** porter plainte contre qn

verkraften *vt* supporter

verlangen *vt Geld* réclamer

verlängern *vt* ❶ [r]allonger ❷ *(andauern lassen)* prolonger

verlassen **I.** *vt* quitter **II.** *vr* **sich auf jdn/etw ~** compter sur qn/qc
Verlauf *m* 1 tracé *m; eines Flusses* cours *m* 2 *(Entwicklung)* déroulement *m*
verlegen *vt* 1 *Schlüssel* égarer 2 *(verschieben)* reporter
verlernen *vt* oublier
verletzen *vt, vr* **[sich] ~** [se] blesser
Verletzung *f* blessure *f*
verlieben *vr* **sich in jdn ~** tomber amoureux(-euse) de qn
verlieren *vt* perdre
Verlust *m* perte *f*
vermeiden *vt* éviter
vermieten *vt, vi* louer
vermissen *vt* **ich vermisse dich** tu me manques
vermitteln *vt Stelle* fournir; *Arbeitskräfte* recruter
Vermögen *nt* fortune *f*
vermuten *vt* supposer
vernichten *vt* détruire
vernünftig **I.** *adj* raisonnable **II.** *adv (fam: akzeptabel)* convenablement
veröffentlichen *vt* publier
verpacken *vt* emballer
verpassen *vt Bus* rater; *Chance* laisser passer
verpflichten **I.** *vt* obliger **II.** *vr* **sich zu etw ~** s'engager à qc
verraten *vt* 1 trahir 2 *(iron fam: sagen)* dire
verrechnen *vr* 1 **sich um zehn Euro ~** se tromper de dix euros en comptant 2 *(sich irren)* **sich ~** faire une erreur [dans ses calculs]
verreisen *vi* partir en voyage
verringern *vt* réduire
verrosten *vi* rouiller
verrückt *adj (fam)* fou(folle)
versagen *vi* 1 échouer 2 *Erziehung* être un échec
versammeln *vt, vr* **[sich] ~** [se] rassembler
Versammlung *f* 1 réunion *f* 2 *(die versammelten Menschen)* assemblée *f*
versäumen *vt Termin* manquer
verschicken *vt* envoyer
verschieben *vt (verrücken)* déplacer
verschieden *adj* 1 différent(e) 2 *Leute* plusieurs
verschimmeln *vi* moisir
verschlafen *vi* se réveiller trop tard
verschlechtern *vt, vr* **[sich] ~** [s']aggraver
verschließen *vt* 1 fermer [à clé] 2 *Flasche* boucher
verschlimmern *vt, vr* **[sich] ~** [s']aggraver

Verschluss *m eines Glases* couvercle *m; einer Flasche* bouchon *m*
verschreiben *vt* prescrire
verschwinden *vi* disparaître
Versehen *nt* méprise *f*
versichern *vt* assurer
Versicherung *f* assurance *f*
versinken *vi* ❶ *Schiff* sombrer ❷ *(einsinken)* s'enfoncer
versöhnen *vt, vr* **[sich] ~** [se] réconcilier
verspäten *vr* **sich ~** *Person* se mettre en retard; *Flugzeug* être en retard
Verspätung *f* retard *m*
versprechen **I.** *vt* promettre **II.** *vr (sich beim Sprechen vertun)* **sich ~** faire un lapsus
verständigen **I.** *vt* informer **II.** *vr* **sich ~** ❶ *(sich verständlich machen)* se faire comprendre ❷ *(sich einigen)* s'entendre
verstecken *vt, vr* **[sich] ~** [se] cacher
verstehen **I.** *vt, vi* comprendre **II.** *vr (auskommen)* **sich mit jdm ~** s'entendre avec qn
Versuch *m* essai *m*
versuchen *vt* ❶ essayer ❷ *Kuchen* goûter
verteidigen *vt, vr* **[sich] ~** [se] défendre
verteilen **I.** *vt* ❶ distribuer ❷ *(platzieren)* disposer **II.** *vr* **sich ~** se répartir
Vertrag *m* ❶ JUR contrat *m* ❷ POL traité *m*
vertragen *vt* supporter
vertrauen *vi* ❶ *(glauben)* **jdm ~** faire confiance à qn ❷ *(sich verlassen auf)* **auf etw** *akk* **~** se fier à qc
Vertrauen *nt* confiance *f*
vertreten *vt* ❶ *Kollegen* remplacer ❷ *Angeklagten* défendre [les intérêts de] ❸ *(repräsentieren)* représenter ❹ *(verfechten)* soutenir
Vertreter(in) *m(f)* ❶ *(Stellvertreter)* remplaçant(e) *m(f)* ❷ *(Handelsvertreter)* représentant(e) *m(f)*
verunglücken *vi* **mit dem Auto ~** avoir un accident de voiture
verunsichern *vt* inquiéter
verursachen *vt* provoquer
verurteilen *vt* ❶ JUR condamner ❷ *(bestimmen)* **zum Scheitern verurteilt sein** être voué à l'échec
verwalten *vt* ❶ ADMIN administrer ❷ FIN, INFORM gérer
Verwaltung *f* administration *f*
verwandt *adj* ❶ parent ❷ *(artverwandt)* de la même famille

V

Verwandte(r) *f(m) dekl wie adj* parent(e) *m(f)*
verwechseln *vt* confondre
verweigern *vt* refuser
verwenden *vt* utiliser
verwirren *vt* déconcerter
verwitwet *adj Mann* veuf; *Frau* veuve
verwöhnen *vt* gâter
verzeihen *vt, vi* pardonner
verzichten *vi* **auf etw** *akk* **~** renoncer à qc
verzollen *vt* dédouaner; **haben Sie etwas zu ~?** avez-vous quelque chose à déclarer?
verzweifeln *vi* désespérer
Videokamera *f* caméscope *m*
Vieh *nt (Rinder)* bétail *m*
viel *pron* ❶ **~ Salz** beaucoup de sel; **so/zu ~ Arbeit** tellement/trop de travail ❷ **~es** beaucoup de choses
vielleicht *adv* ❶ *(eventuell)* peut-être ❷ *(ungefähr)* à peu près
vielseitig *adj Interessen* varié(e)
vier *num* quatre
vierte(r, s) *adj* ❶ quatrième ❷ *(bei Datumsangaben)* **der ~ Mai** le quatre mai
vierzehn *num* quatorze
vierzig *num* quarante
Visum *nt* visa *m*
Vitamin *nt* vitamine *f*
Vogel *m* oiseau *m*
Vogelgrippe *f* grippe *f* aviaire
Volk *nt* peuple *m*
Volksschule *f* A *(Grundschule)* ≈ école *f* primaire
voll *adj* ❶ plein(e); **~ werden** se remplir ❷ *Jahr, Monat* entier, -ière
völlig I. *adj* total(e) **II.** *adv* parfaitement
volljährig *adj* majeur(e)
Vollmilch *f* lait *m* entier
Vollmond *m* pleine lune *f*
Vollpension *f* pension *f* complète
vollständig *adj* complet, -ète
von *präp* de
vor *präp* ❶ devant ❷ *(zeitlich)* il y a
voraus *adv* ❶ devant ❷ **jdm ~ sein** avoir de l'avance sur qn; **im Voraus** *bezahlen* d'avance; *wissen* à l'avance
Voraussetzung *f (Vorbedingung)* condition *f* préalable; **unter der ~, dass** à condition que *+subj*
voraussichtlich I. *adj* prévu(e) **II.** *adv* probablement
vorbei *adv* ❶ *(räumlich)* **an jdm/etw ~** à côté de qn/le long de qc ❷ *(zeitlich)* fini

V

vorbei|kommen *vi irr* passer
vor|bereiten *vt, vr* **[sich] ~** [se] préparer
vordere(r, s) *adj* de devant
Vordergrund *m* **im ~** au premier plan
Vorfahrt *f* priorité *f*
vor|führen *vt Film* projeter; *Modell* présenter
vor|gehen *vi* ❶ *(vorausgehen)* partir devant ❷ *(zu schnell gehen)* **fünf Minuten ~** avancer de cinq minutes ❸ *(Priorität haben)* passer avant
Vorgesetzte(r) *f(m)* supérieur(e) *m(f)* [hiérarchique]
vorgestern *adv* avant-hier; **~ Abend** avant-hier soir
vor|haben *vt* **~ zu verreisen** avoir l'intention de partir en voyage; **ich habe morgen Abend schon etwas vor** j'ai déjà prévu quelque chose pour demain soir
Vorhang *m* rideau *m*
vorher *adv* auparavant
vorhin *adv* à l'instant
V **vor|kommen** *vi* ❶ *Fehler* se produire; *Zwischenfall* arriver; **es kommt vor, dass** il arrive que *+subj* ❷ *(erscheinen)* **das kommt mir komisch vor** cela me semble bizarre
vorläufig **I.** *adj* provisoire **II.** *adv ausreichen* pour l'instant
vor|lesen **I.** *vt* lire **II.** *vi* lire à haute voix
vorletzte(r, s) *adj* avant-dernier, -ière
Vorliebe *f* préférence *f*
Vormittag *m* matinée *f*; **am ~** dans la matinée; **heute/Samstag ~** ce/samedi matin
vorn *adv* ❶ *(im vorderen Bereich)* devant; **~ im Bus** à l'avant du bus; **nach ~ gehen** s'avancer ❷ *(auf der Vorderseite)* devant; **etw von ~ betrachten** regarder qc de face
Vorname *m* prénom *m*
Vorrat *m* réserves *fpl*; *(Lebensmittel)* provisions *fpl*
Vorschlag *m* proposition *f*
vor|schlagen *vt* proposer
Vorschrift *f* consigne *f*; **das ist ~** c'est le règlement
Vorsicht *f* prudence *f*; **~!** attention!
Vorspeise *f* *(erster Gang)* hors-d'œuvre *m*; *(Eingangsgericht)* entrée *f*
Vorsprung *m* avance *f*
vor|stellen **I.** *vr* **sich ~** ❶ *(sich bekannt machen)* se présenter ❷ *(vergegenwärtigen)* [s']imaginer **II.** *vt* ❶ présenter ❷ *Uhr* avancer

Vorstellung *f* ❶ *(gedankliches Bild)* idée *f* ❷ *(Theateraufführung)* représentation *f* ❸ *eines Produkts* présentation *f*
Vorstellungsgespräch *nt* entretien *m* [d'embauche]
Vorteil *m* ❶ *(Vorzug)* avantage *m* ❷ *(Nutzen)* intérêt *m*
Vortrag *m (längeres Referat)* conférence *f*
Vorurteil *nt* préjugé *m*
Vorwahl *f (Vorwahlnummer)* indicatif *m*
vorwärts *adv (nach vorn)* en avant
vor|werfen *vt* reprocher
vor|ziehen *vt* ❶ préférer ❷ *(früher erfolgen lassen)* avancer
Vulkan *m* volcan *m*

Ww

Waage *f* balance *f*
wach *adj Person* éveillé(e)
Wachs *nt* cire *f*
wachsen *vi Kind* grandir; *Pflanze, Haare* pousser
Wade *f* mollet *m*
Waffe *f* arme *f*
Waffel *f* gaufre *f*; *(Eistüte)* cornet *f*
wagen *vt* ❶ risquer ❷ *(sich getrauen)* oser
Wagen *m* ❶ voiture *f*; **mit dem ~** en voiture ❷ ASTRO **der Große ~** la Grande Ourse
Wagenheber *m* cric *m*
Waggon, Wagon *m* wagon *m*
Wahl *f* ❶ choix *m* ❷ *(Abstimmung)* élection *f*
wählen I. *vt* ❶ *Partei* voter pour; **jdn zum Kanzler ~** élire qn chancelier ❷ *Telefonnummer* faire ❸ *(aussuchen)* choisir **II.** *vi* ❶ POL voter ❷ *(auswählen)* choisir
wahnsinnig I. *adj* ❶ MED fou, folle ❷ *(fam) Hitze* sacré(e) *Sturm* terrible ❸ *(fam: herrlich)* super **II.** *adv (fam)* va-

chement
wahr *adj* vrai(e)
während **I.** *präp* pendant **II.** *konj* ❶ *(wohingegen)* alors que … ❷ *(in der Zeit als)* pendant que …
Wahrheit *f* vérité *f*
wahrscheinlich *adj* probable
Währung *f* monnaie *f*
Waise *f* orphelin(e) *m(f)*
Wal *m* baleine *f*
Wald *m* forêt *f*; *(kleiner)* bois *m*
Walnuss *f* ❶ noix *f* ❷ *(Baum)* noyer *m*
Walzer *m* valse *f*
Wand *f (Mauer)* mur *m*
wandern *vi* ❶ faire de la randonnée; **das Wandern** la marche ❷ *Gletscher* se déplacer ❸ *Völker* migrer
wann *adv* quand
Ware *f* ❶ marchandise *f* ❷ *(Lebensmittel)* denrées *fpl*
warm *adj* chaud(e); **es ist ~** il fait chaud; **jdm ist ~** qn a chaud
Wärme *f* chaleur *f*
warnen **I.** *vt* prévenir **II.** *vi* mettre en garde
warten **I.** *vi* **auf jdn/etw ~** attendre qn/qc; **auf sich** *akk* **~ lassen** se faire attendre **II.** *vt* TECH réviser
Wartezimmer *nt* salle *f* d'attente
warum *adv* pourquoi; **~ nicht?** pourquoi pas?
Warze *f* verrue *f*
was *pron* ❶ qu'est-ce que ❷ *(fam: wie bitte)* **~?** quoi? ❸ **[das], ~ …** ce que … ❹ *(fam: etwas)* quelque chose
Waschbecken *nt* lavabo *m*
Wäsche *f* ❶ lessive *f* ❷ *(Textilien)* linge *m*
waschen **I.** *vt* ❶ laver ❷ *(fam) Geld* blanchir **II.** *vi* faire une lessive
Waschlappen *m* gant *m* de toilette
Wasser *nt* eau *f*
Wasserfall *m* cascade *f*
Wassermann *m* ASTRO Verseau *m*
Watte *f* coton *m*
WC *nt* W.-C. *mpl*
Wechselgeld *nt* monnaie *f*
wechseln **I.** *vt* ❶ changer ❷ *Briefe, Ringe* échanger **II.** *vi* **jdm ~** faire le change à qn
wecken *vt* ❶ réveiller ❷ *Interesse* susciter
Wecker *m* réveil *m*
weder *konj* **~ … noch …** ni … ni
weg *adv* **~ sein** *(abwesend sein)* ne pas être là; *(wegge-*

W

gangen sein) être parti; *(verschwunden sein)* avoir disparu

Weg *m* ❶ chemin *m; (Route)* itinéraire *m;* **auf dem ~ ins Kino sein** être en route pour le ciné; **sich auf den ~ zu jdm machen** partir chez qn; **das liegt auf dem ~** c'est sur le chemin ❷ *(Methode)* moyen *m* ❸ **jdm/einer S. aus dem ~ gehen** éviter qn/qc; **jdm/einer S. im ~ stehen** faire obstacle à qn/qc

wegen *präp* ❶ à cause de ❷ *(bezüglich)* à propos de

weg|fahren I. *vi* partir **II.** *vt Fahrzeug* déplacer

weg|gehen *vi* partir; **geh weg!** va-t'en!

weg|lassen *vt (fam: auslassen)* laisser tomber; *(versehentlich)* omettre

weg|laufen *vi* ❶ *(fortlaufen)* se sauver ❷ *(fam)* **von zu Hause ~** faire une fugue

weg|nehmen *vt* enlever

weg|schicken *vt Brief* envoyer; *Person* renvoyer

weg|sehen *vi* détourner les yeux

weg|werfen *vt* jeter

weg|ziehen I. *vi* ❶ *(fortziehen)* déménager ❷ *Vögel* migrer **II.** *vt Hand* retirer

wehren *vr* **sich ~** *(sich verteidigen)* se défendre

weh|tun *vi* faire mal; **mir tut der Rücken weh** j'ai mal au dos

weiblich *adj* ❶ *a.* LING féminin(e) ❷ BOT femelle

weich *adj* doux(douce); *Bett* moelleux, -euse

weigern *vr* **sich ~** refuser

Weihnachten *nt* Noël *m;* **fröhliche ~!** joyeux Noël!

weil *konj* ❶ *(da)* parce que ❷ *(da ... nun)* comme

Wein *m (Getränk)* vin *m*

weinen *vt, vi* pleurer

Weise *f* manière *f;* **auf diese ~** de cette manière

weiß *adj* blanc(blanche); **~ werden** *Haare* blanchir; *Gesicht* pâlir

weit I. *adj* ❶ *Schuhe* large ❷ *Strecke* long(longue); **ist es noch ~ bis ...?** c'est encore loin jusque ...? **II.** *adv* ❶ *gehen* loin; **~ offen [stehend]** grand ouvert ❷ *(in zeitlicher Hinsicht)* **so ~ sein** être prêt; **~ zurückliegen** être il y a longtemps ❸ *(fig)* **es ~ gebracht haben** avoir réussi; **das geht [entschieden] zu ~!** c'en est trop!; **wie ~ bist du**

W

[gekommen]? où en es-tu? ❹ *schlechter* bien [plus]; *übertreffen* de beaucoup ❺ **so ~, so gut** bon, jusque là, tout va
weiter *adv* ❶ **~ oben** plus haut; **~!** on continue! ❷ *(sonst)* **und ~?** et après? ❸ **und so ~ [und so fort]** et cætera
weiter|arbeiten *vi* continuer son/le travail
weiter|geben *vt irr (weiterreichen)* faire passer; *(mitteilen)* transmettre
weiter|machen *vi (fam)* continuer
Weizen *m* blé *m*
welche(r, s) **I.** *pron interrog* quel(le) **II.** *pron indef* ❶ en; **brauchst du Streichhölzer? Hier sind ~!** tu as besoin d'allumettes? En voici! ❷ *pl (fam: einige Leute)* **es gibt ~, die ...** il y en a qui ...
Welle *f* ❶ *(a. fig)* vague *f* ❷ PHYS, RADIO onde *f*
Welt *f* ❶ *(die Erde)* **die ~** le monde ❷ **die Dritte ~** le tiers-monde

W

wem *pron* [à] qui, celui à qui
wen *pron* qui, celui que
wenden¹ *vr* **sich ~** ❶ *(sich drehen)* se tourner ❷ *(entgegentreten)* se retourner ❸ *(sich richten an)* **sich an jdn ~** s'adresser à qn
wenden² *vt Blatt* retourner
wenig **I.** *adj, pron* ❶ peu de; **zu/ein ~** trop/un peu ❷ *(nicht viele)* **es kamen nur ~e** peu de gens sont venus **II.** *adv* ❶ *(kaum, nicht sehr)* guère ❷ *(selten)* peu
weniger **I.** *adj, pron* moins de/que; **etwas ~** un peu moins; **~ werden** *Vorräte* diminuer **II.** *adv, konj* moins
wenigste(r, s) **I.** *adj, pron* le moins de **II.** *adv* le moins
wenigstens *adv* ❶ *(mindestens)* au moins ❷ *(zumindest)* du moins
wenn *konj* ❶ *(falls)* si ❷ *(sobald)* dès que
wer *pron* qui [est-ce qui], [celui] qui
Werbung *f* publicité *f*
werden **I.** *vi* ❶ *(seinen Zustand, Status verändern)* devenir; *krank* tomber; **schlimmer ~** empirer ❷ *(seine Befindlichkeit verändern)* **jdm wird besser** qn se sent mieux ❸ *(sich entwickeln)* **aus diesem Jungen wird noch etwas** ce garçon ira loin ❹ *(ein Alter erreichen)* **er wird zehn [Jahre alt]** il va avoir dix ans

II. *aux* ❶ *(Futur)* **sie wird ihm bald schreiben** elle va lui écrire bientôt ❷ *(Passiv)* **gesehen ~** être vu ❸ *(Konjunktiv)* **würdest du mir kurz helfen?** tu pourrais m'aider un instant?

werfen *vt, vi* lancer

Werk *nt* ❶ *(Fabrik)* usine *f* ❷ *eines Künstlers* œuvre *f*

Werkstatt *f (Schreinerwerkstatt)* atelier *m; (Autowerkstatt)* garage *m*

Werkzeug *nt* outil *m*

wert *adj* **viel ~ sein** valoir beaucoup

Wert *m* ❶ valeur *f* ❷ **das hat keinen ~** *(fam)* c'est pas la peine

wertlos *adj* sans valeur

wesentlich I. *adj* essentiel(le) **II.** *adv* bien plus

weshalb I. *adv interrog* pourquoi **II.** *adv rel* **der Grund, ~ ...** la raison pour laquelle ...

Wespe *f* guêpe *f*

Weste *f* gilet *m*

Westen *m* ouest *m*

Wettbewerb *m* ❶ concurrence *f* ❷ *(Veranstaltung)* concours *m*

Wette *f* pari *m*

Wetter *nt* temps *m*

Wetterbericht *m* bulletin *m* météo[rologique], météo *f*

Wettkampf *m* compétition *f*

wichtig *adj* important(e)

Widder *m* ❶ bélier *m* ❷ ASTRO Bélier *m*

widerlich *adj* répugnant(e)

widersprechen *vi irr* contredire

wie I. *adv* ❶ comment; **~ bitte?** comment? ❷ *(welche Menge)* **~ viel** combien; **~ oft ...** combien de fois ... ❸ *(in Ausrufen)* **~ schön!** que c'est beau!; **~ schade!** comme c'est dommage! ❹ **die Art, ~ ...** la façon dont ... **II.** *konj* ❶ *(vergleichend)* comme; **er ist so alt ~ ich** il a le même âge que moi ❷ *(dass)* **er sah, ~ der Krug umkippte** il a vu la cruche basculer

wieder *adv (erneut)* de nouveau; **nie ~** plus jamais

wieder|beleben *vt Person* r[é]animer

wiederholen *vt* ❶ *Satz* répéter ❷ *Film* rediffuser ❸ *Klasse* redoubler ❹ *Lektion* réviser

Wiederholung *f* ❶ *eines Worts* répétition *f* ❷ *eines Films* rediffusion *f*

Wiederhören [auf] ~! au revoir!

wieder|kommen *vi irr* ❶ re-

W

venir ❷ *Gelegenheit* se présenter
wieder|sehen *vt, vr* revoir
Wiedersehen *nt* **[auf] ~!** au revoir!
wiegen[1] *vt, vr* **[sich] ~** [se] peser
wiegen[2] *vt Kind* bercer
Wiese *f* pré *m*
wieso *adv interrog* pourquoi
wild I. *adj* ❶ sauvage ❷ *Spekulation* fou(folle) ❸ *(fam: wütend)* furieux, -euse **II.** *adv* ❶ *(in freier Natur)* à l'état sauvage ❷ *(unkontrolliert)* sauvagement
Wildschwein *nt* sanglier *m*
willkommen *adj* ❶ bienvenu(e) ❷ *Gelegenheit* opportun(e)
Willkommen *nt* bienvenue *f*
Wimper *f* cil *m*
Wind *m* vent *m*
Windel *f* couche *f*
windig *adj* ❶ *(mit viel Wind)* venteux, -euse; **es ist ~** il y a du vent ❷ *(fam) Vertreter* pas sérieux, -euse; *Sache* foireux, -euse
W
Windpocken *Pl* varicelle *f*
winken *vi* faire signe
Winter *m* hiver *m*
winzig *adj* ❶ minuscule ❷ *Menge* infime
wir *pron* nous
Wirbelsäule *f* colonne *f* vertébrale
wirken *vi* ❶ *Substanz* agir; **gut/nicht ~** être efficace/inefficace ❷ *Drohung* faire effet
wirklich I. *adj Begebenheit* véritable; *Name* vrai **II.** *adv* ❶ *(tatsächlich)* réellement; **~ nicht?** vraiment pas? ❷ *(aufrichtig, sehr)* vraiment
Wirklichkeit *f* réalité *f*
Wirkung *f* effet *m*
Wirt(in) *m(f)* patron(ne) *m(f)*
Wirtschaft *f* ❶ économie *f* ❷ *(Gastwirtschaft)* bistro[t] *m*
wischen *vt Fußboden* passer la serpillière sur
wissen I. *vt (als Kenntnisse besitzen)* savoir; *Fakten* connaître; **davon weiß ich nichts** je ne suis pas au courant **II.** *vi (sich erinnern)* **weißt du/Sie noch?** tu te rappelles/vous vous rappelez?
Wissen *nt* connaissances *fpl*
Wissenschaft *f* science *f*
Witwe *f* veuve *f*
Witwer *m* veuf *m*
Witz *m* ❶ plaisanterie *f* ❷ **das soll wohl ein ~ sein!** *(fam)* c'est une blague ou quoi?
witzig *adj* amusant(e)

wo **I.** *adv* où **II.** *konj* ❶ *(zumal)* d'autant que … ❷ *(obwohl)* alors que …
woanders *adv* ailleurs
Woche *f* semaine *f*
Wochenende *nt* week-end *m;* **am ~** le week-end
wöchentlich **I.** *adj* hebdomadaire **II.** *adv* chaque semaine
wodurch **I.** *adv interrog* comment **II.** *adv rel* ce qui explique que +*subj*
wofür **I.** *adv interrog* pour quoi; **~ halten Sie mich eigentlich?** pour qui me prenez-vous?; **~ interessieren Sie sich?** à quoi vous intéressez-vous? **II.** *adv rel* pour lequel/laquelle
woher *adv* d'où
wohin *adv* où
wohl *adv* ❶ *sich fühlen* bien ❷ *(gut)* **jdm ist nicht ~ bei etw** qc met qn mal à l'aise ❸ **leb ~!** adieu!
Wohl *nt* ❶ bien *m* ❷ *(Wohlbefinden)* bien-être *m;* **zum ~!** à ta/votre santé!
wohnen *vi* habiter
Wohnmobil *nt* camping-car *m*
Wohnung *f* appartement *m*
Wohnwagen *m* caravane *f*
Wolf *m* ❶ loup *m* ❷ *(Fleischwolf)* hachoir *m*
Wolke *f* nuage *m*
Wolle *f* laine *f*
wollen *aux, vi, vt* vouloir
Wort *nt* ❶ mot *m* ❷ *(Äußerung)* parole *f;* **jdn beim ~ nehmen** prendre qn au mot ❸ **mit einem ~** en un mot
Wörterbuch *nt* dictionnaire *m*
Wrack *nt* épave *f*
Wunde *f* plaie *f*
Wunder *nt* miracle *m;* **es ist kein ~, dass** *(fam)* c'est pas étonnant que +*subj*
wunderbar *adj* merveilleux, -euse
wundern **I.** *vt* étonner **II.** *vr* **sich über etw** *akk* **~** s'étonner de qc
Wunsch *m* souhait *m;* **haben Sie sonst noch einen ~?** vous désirez autre chose?
wünschen **I.** *vr* **sich** *dat* **etw ~** vouloir qc **II.** *vt* ❶ *Glück* souhaiter ❷ *(erhoffen)* **~, dass** souhaiter que +*subj* ❸ *Erklärung* demander **III.** *vi* **Sie ~?** vous désirez?
Würfel *m* dé *m*
würgen *vt* étrangler
Wurm *m* ver *m*
Wurst *f* ❶ *(Wurstwaren)* charcuterie *f* ❷ *(Würstchen)* saucisse *f;* *(geräuchert)* saucisson *m* ❸ **das ist mir/ihm ~**

(fam) j'en ai/il en a rien à cirer
Wurzel *f* racine *f*
würzen *vt* assaisonner
Wüste *f* désert *m*
Wut *f* rage *f*
wütend *adj* furieux, -euse

Xx

x-mal *adv (fam)* x fois plus une

Yy

Ypsilon *nt* i grec *m*

Zz

zäh **I.** *adj* ❶ *Fleisch* dur(e) ❷ *(zähflüssig)* visqueux, -euse ❸ *(hartnäckig)* obstiné(e) **II.** *adv* ❶ *(schleppend)* péniblement ❷ *(hartnäckig)* obstinément

Zahl *f* ❶ nombre *m* ❷ *(Ziffer)* chiffre *m*

zahlen *vi, vt* payer

zählen **I.** *vi* ❶ compter ❷ *(zugerechnet werden)* **zu etw ~** faire partie de qc **II.** *vt Besucher* compter

zahlreich *adj* de nombreux, -euses

Zahn *m* dent *f*

Zahnarzt, -ärztin *m, f* dentiste *mf*

Zahnbürste *f* brosse *f* à dents

zart **I.** *adj* ❶ doux(douce) ❷ *Gesundheit* délicat(e) ❸ *Fleisch* tendre **II.** *adv* tendrement

zärtlich *adj* tendre

zaubern **I.** *vi Fee* faire de la magie **II.** *vt (fam: kochen)* mitonner

Zaun *m* clôture *f*

Zebra *nt* zèbre *m*

Zebrastreifen *m* passage *m* clouté

Zecke *f* tique *f*

Zeh *m*, **Zehe** *f* ❶ ANAT orteil *m* ❷ BOT gousse *f*

zehn *num* dix

zehnte(r, s) *adj* ❶ dixième ❷ *(bei Datumsangaben)* **der ~ März** le dix mars

Zeichen *nt* ❶ signe *m* ❷ *(Markierung)* marque *f*

Zeichentrickfilm *m* dessin *m* animé

zeichnen *vt* ❶ dessiner ❷ *(erkennbar prägen)* marquer

Zeichnung *f* dessin *m*

Zeigefinger *m* index *m*

zeigen **I.** *vt* ❶ montrer ❷ *(im Fernsehen bringen)* passer **II.** *vi* ❶ *(deuten)* montrer ❷ *(weisen)* **nach Norden ~** *Nadel* indiquer le nord

Zeile *f* ligne *f*

Zeit *f* ❶ temps *m* ❷ *(Uhrzeit)* heure *f* ❸ *(Zeitraum)* **in letzter ~** ces derniers temps; **eine ~ lang** un certain temps

❸ *(Epoche)* époque *f*
Zeitraum *m* période *f*
Zeitschrift *f* magazine *m*
Zeitung *f* journal *m*
Zelle *f* cellule *f*
Zelt *nt* tente *f*
zelten *vi* camper
Zement *m* ciment *m*
Zentimeter *m o nt* centimètre *m*
zentral **I.** *adj* central(e) **II.** *adv* *liegen* au centre
Zentrale *f* ❶ siège *m* ❷ *(Telefonzentrale)* standard *m*
Zentrum *nt* centre *m*
zerbrechen **I.** *vt* casser **II.** *vi* ❶ se casser ❷ *(fig)* se briser
zerbrechlich *adj* fragile
zerstören *vt* détruire
zerstreut *adj* ❶ *(unkonzentriert)* distrait(e) ❷ *(verstreut)* éparpillé(e)
Zettel *m* ❶ [bout *m* de] papier *m*; *(mit einer Notiz)* note *f* ❷ *(Einkaufszettel)* liste *f*
Zeug *nt (fam)* ❶ bazar *m* ❷ *(Nahrungsmittel)* truc *m* ❸ *(Unsinn)* **dummes ~ reden** raconter des conneries
Zeuge, **Zeugin** *m, f* témoin *m*
Zeugnis *nt* ❶ *(Schulzeugnis)* bulletin *m* [scolaire] ❷ *(Arbeitszeugnis)* certificat *m* de travail
Ziege *f* chèvre *f*
Ziegel *m* ❶ *(Ziegelstein)* brique *f* ❷ *(Dachziegel)* tuile *f*
ziehen **I.** *vt* ❶ tirer ❷ *Fäden* retirer; *Zahn* arracher **II.** *vi* ❶ *(zerren, beim Rauchen)* **an etw** *dat* **~** tirer sur qc ❷ *(umziehen)* déménager ❸ **es zieht!** il y a un courant d'air!
Ziel *nt* ❶ *(Reiseziel)* destination *f* ❷ *(opp: Start)* arrivée *f* ❸ *(fig)* but *m*
zielen *vi* viser
ziemlich **I.** *adj (fam)* **eine ~e Entfernung** une bonne petite distance **II.** *adv* assez; **er musste sich ~ beeilen** il a dû pas mal se dépêcher
Zigarette *f* cigarette *f*
Zigarre *f* cigare *m*
Zimmer *nt* ❶ pièce *f* ❷ *(zum Schlafen)* chambre *f*
Zimt *m* cannelle *f*
zirka *adv* environ
Zirkus *m* cirque *m*
Zitrone *f* citron *m*
zittern *vi* ❶ trembler ❷ *(fam: Angst haben)* **vor jdm ~** avoir la frousse de qn
zögern *vi* hésiter
Zoll *m* ❶ *(Einfuhrabgabe)* droits *mpl* de douane ❷ *(Zollverwaltung)* **der ~** la Douane

Zoo *m* zoo *m*
Zopf *m* *(Haarzopf)* natte *f;* *(klein)* tresse *f*
zornig *adj* en colère
zu **I.** *präp* ❶ *(bei Richtungsangaben)* **~m Arzt gehen** aller chez le médecin ❷ *(bei Fristangaben)* **bis ~m 10. März** jusqu'au 10 mars ❸ *(bei Zeitangaben)* **~ Ostern** à Pâques ❹ *(Zweck)* **hast du etwas ~m Schreiben?** tu as quelque chose pour écrire? **II.** *adv* ❶ *(allzu)* trop ❷ *(geschlossen)* **~ sein** *Tür* être fermé ❸ *(fam: betrunken)* **~ sein** être raide **III.** *konj* ❶ **sie hat vor ~ kommen** elle a l'intention de venir ❷ *(als Ausdruck des Könnens)* **er ist nicht ~ sprechen** il ne peut pas recevoir ❸ *(als Ausdruck des Müssens)* **ich habe viel ~ tun** j'ai beaucoup à faire
zu|bereiten *vt* préparer
Zucchini *f* courgette *f*
zucken *vi* tressaillir; *Mundwinkel* frémir
Zucker *m* sucre *m*
zuckerkrank *adj* diabétique
zu|decken *vt* couvrir
zu|drehen *vt* ❶ fermer ❷ *Rücken* tourner
zueinander *adv* **nicht ~ passen** ne pas aller ensemble
zuerst *adv* ❶ *(als Erster)* le premier/la première ❷ *erledigen* en premier ❸ *(anfangs)* d'abord
Zufall *m* hasard *m*
zufällig **I.** *adj* fortuit(e) **II.** *adv* par hasard
zufrieden **I.** *adj* satisfait(e) **II.** *adv lächeln* d'un air satisfait
Zug *m* ❶ train *m* ❷ *(Inhalieren des Rauchs)* bouffée *f* ❸ *(lange Kolonne)* cortège *m*
zu|geben *vt* admettre
zu|gehen *vi* ❶ *(sich schließen lassen)* fermer; *Klappe* se [re]fermer ❷ *(zusteuern)* **auf jdn/etw ~** s'avancer vers qn/qc
Zuhälter(in) *m(f)* proxénète *mf*
Zuhause *nt* maison *f*
zu|hören *vi* **jdm ~** écouter qn
Zuhörer(in) *m(f)* auditeur, -trice *m, f*
zu|kommen *vi* ❶ **auf jdn/etw ~** venir vers qn/qc ❷ *(fig)* **alles auf sich** *akk* **~ lassen** laisser faire les choses ❸ *(bevorstehen)* **auf jdn ~** *Aufgabe* attendre qn
Zukunft *f* ❶ avenir *m;* **in ~** à l'avenir ❷ LING futur *m*

zukünftig I. *adj* futur(e) **II.** *adv* à l'avenir
zu|lassen *vt* ❶ *(dulden)* tolérer ❷ *(ermöglichen)* permettre ❸ *Deutung* autoriser
zuletzt *adv* ❶ *(als Letzter)* le dernier/la dernière ❷ *(zum Schluss)* à la fin ❸ *(fam)* **sehen** pour la dernière fois
zum = *Abk von* **zu dem** ❶ *(bei Richtungsangaben)* **~ Arzt gehen** aller chez le médecin ❷ *(bei Fristangaben)* **bis ~ 10. März** jusqu'au 10 mars ❸ *(Zweck)* **hast du etwas ~ Schreiben?** tu as quelque chose pour écrire?
zu|machen *vt, vi* fermer
zumindest *adv* ❶ du moins; *(wenigstens)* au moins ❷ *(jedenfalls)* en tout cas
Zündkerze *f* bougie *f* [d'allumage]
zu|nehmen I. *vi* ❶ *Person* grossir ❷ *Spannung* grandir; *Umweltverschmutzung* augmenter ❸ *(stärker werden)* gagner en intensité **II.** *vt Kilo* prendre
Zunge *f* langue *f*
zur = *Abk von* **zu der** *s.* **zu**
zurecht|finden *vr* s'y retrouver
zurück *adv* ❶ *(zurückgekehrt)* **~ sein** être de retour ❷ *(in Bezug auf den Rückweg)* **einmal München-Paris und ~, bitte!** un aller et retour Munich-Paris, s'il vous plaît!; **~!** demi-tour!
zurück|bekommen *vt irr* récupérer
zurück|fahren *irr* **I.** *vi* ❶ repartir ❷ *(zurückweichen)* **vor jdm/etw ~** reculer brusquement devant qn/pour éviter qc **II.** *vt* ❶ *Fahrzeug* reculer ❷ *Person* reconduire; *Gegenstand* rapporter
zurück|geben *vt irr* rendre
zurück|kehren *vi* revenir
zurück|kommen *vi* revenir
zusammen *adv* ❶ ensemble; **mit jdm ~ sein** *(befreundet sein)* être avec qn ❷ *(zusammengerechnet)* au total
zusammen|brechen *vi* s'effondrer
zusammen|fassen *vt, vi* résumer
Zusammenfassung *f* résumé *m*
Zusammenhang *m* ❶ *(Verbindung)* rapport *m* ❷ *(Kontext)* contexte *m*
zusammen|stoßen *vi Fahrzeuge* entrer en collision; *Personen* se heurter

zusammen|zählen *vt* additionner
zusätzlich I. *adj Kosten* supplémentaire **II.** *adv* en plus
zu|schauen *s.* **zusehen**
zu|sehen *vi irr* regarder
Zuschauer(in) *m(f)* spectateur, -trice *m, f*
Zustand *m* état *m*
zu|stimmen *vi* ❶ *(gleicher Meinung sein)* être du même avis ❷ *(einverstanden sein)* être d'accord
zu|trauen *vt* **jdm etw ~** croire qn capable de qc
zu|treffen *vi* être juste; **auf jdn/etw ~** *Beschreibung* correspondre à qn/s'appliquer à qc
Zutritt *m* accès *m*
zuverlässig *adj* fiable
zwanzig *num* vingt
zwanzigste(r, s) *adj* vingtième
zwar *adv* ❶ *(einschränkend)* certes ❷ *(präzisierend)* **und ~** à savoir
Zweck *m* ❶ *(Ziel)* objectif *m*, but *m*; *gut* cause *f* ❷ *(Sinn)* raison *f* d'être
zwei *num* deux
Zweibettzimmer *nt* chambre *f* double; *(im Krankenhaus)* chambre à deux lits
Zweifel *m* doute *m*
zweifelhaft *adj (a. pej)* douteux, -euse
zweifeln *vi* douter
Zweig *m* branche *f*
zweihundert *num* deux cents
zweite(r, s) *adj* ❶ deuxième ❷ *(bei Datumsangaben)* **der ~ März** le deux mars
zweitens *adv* deuxièmement
Zwerg(in) *m(f) (a. fig, pej)* nain(e) *m(f)*
Zwiebel *f* oignon *m*
Zwilling *m* ❶ jumeau *m*/jumelle *f* ❷ ASTRO **die ~e** les Gémeaux *mpl*
zwingen *vt, vr* **[sich] ~** [se] forcer
zwischen *präp* entre
zwischendurch *adv* ❶ *(gelegentlich)* de temps en temps; *(inzwischen)* entre-temps ❷ *(örtlich)* au milieu
zwölf *num* douze
zwölfte(r, s) *adj* ❶ douzième ❷ *(bei Datumsangaben)* **der ~ März** le douze mars

Meine Spickzettel

Französische Verben

Bei den Verben mit den Endungen **-er**, **-ir** und **-re** gibt es Besonderheiten, die wir dir nun an 14 Musterverben zeigen. Im Wörterbuchteil werden die Verben mit Zahlen in spitzen Klammern (<1> usw.) versehen; die Ziffern verweisen auf die Musterverben im folgenden Teil.

1 chanter

INDICATIF				SUBJONCTIF
Présent	Imparfait	Futur simple	Passé composé	Présent
je chante	je chantais	je chante-rai	j'ai chanté	que je chante
tu chantes	tu chantais	tu chante-ras	tu as chanté	que tu chan-tes
il chante	il chantait	il chantera	il a chanté	qu'il chante
nous chan-tons	nous chan-tions	nous chan-terons	nous avons chanté	que nous chantions
vous chan-tez	vous chan-tiez	vous chan-terez	vous avez chanté	que vous chantiez
ils chan-tent	ils chan-taient	ils chante-ront	ils ont chanté	qu'ils chan-tent

2 commencer

INDICATIF				SUBJONCTIF
Présent	Imparfait	Futur simple	Passé composé	Présent
je commence	je commençais	je commencerai…	j'ai commencé …	que je commence
tu commences	tu commençais			que tu commences
il commence	il commençait			qu'il commence
nous commençons	nous commencions			que nous commencions
vous commencez	vous commenciez			que vous commenciez
ils commencent	ils commençaient			qu'ils commencent

2a changer

INDICATIF				SUBJONCTIF
Présent	Imparfait	Futur simple	Passé composé	Présent
je change	je changeais	je changerai …	j'ai changé …	que je change
tu changes	tu changeais			que tu changes

INDICATIF				SUBJONCTIF
Présent	Imparfait	Futur simple	Passé composé	Présent
il change	il changeait			qu'il change
nous changeons	nous changions			que nous changions
vous changez	vous changiez			que vous changiez
ils changent	ils changeaient			qu'ils changent

3 rejeter

INDICATIF				SUBJONCTIF
Présent	Imparfait	Futur simple	Passé composé	Présent
je rejette	je rejetais ...	je rejetterai ...	j'ai rejeté ...	que je rejette
tu rejettes				que tu rejettes
il rejette				qu'il rejette
nous rejetons				que nous rejetions
vous rejetez				que vous rejetiez
ils rejettent				qu'ils rejettent

4 peler

INDICATIF				SUBJONCTIF
Présent	Imparfait	Futur simple	Passé composé	Présent
je pèle	je pelais ...	je pèlerai	j'ai pelé ...	que je pèle
tu pèles		tu pèleras		que tu pèles
il pèle		il pèlera		qu'il pèle
nous pe-lons		nous pèle-rons		que nous pe-lions
vous pelez		vous pèle-rez		que vous pe-liez
ils pèlent		ils pèleront		qu'ils pèlent

5 préférer

INDICATIF				SUBJONCTIF
Présent	Imparfait	Futur simple	Passé composé	Présent
je préfère	je préfé-rais ...	je préfére-rai ...	j'ai préféré ...	que je préfère
tu préfères				que tu préfè-res
il préfère				qu'il préfère
nous pré-férons				que nous pré-férions

INDICATIF				SUBJONCTIF
Présent	Imparfait	Futur simple	Passé composé	Présent
vous pré-férez				que vous pré-fériez
ils préfè-rent				qu'ils préfè-rent

6 appuyer

INDICATIF				SUBJONCTIF
Présent	Imparfait	Futur simple	Passé composé	Présent
j'appuie	j'appuyais …	j'appuierai …	j'ai appuyé …	que j'appuie
tu appuies				que tu ap-puies
il appuie				qu'il appuie
nous ap-puyons				que nous ap-puyions
vous ap-puyez				que vous ap-puyiez
ils ap-puient				qu'ils ap-puient

7 essayer

INDICATIF				SUBJONCTIF
Présent	Imparfait	Futur simple	Passé composé	Présent
j'essaie/ essaye	j'essayais …	j'essaie- rai/es- sayerai …	j'ai essayé …	que j'essaie/ essaye
tu essaies/ essayes				que tu es- saies/es- sayes
il essaie/ essaye				qu'il essaie/ essaye
nous es- sayons				que nous es- sayions
vous es- sayez				que vous es- sayiez
ils es- saient/es- sayent				qu'ils es- saient/es- sayent

8 agir

INDICATIF				SUBJONCTIF
Présent	Imparfait	Futur simple	Passé composé	Présent
j'agis	j'agissais	j'agirai	j'ai agi ...	que j'agisse
tu agis	tu agissais	tu agiras		que tu agis- ses
il agit	il agissait	il agira		qu'il agisse
nous agis- sons	nous agis- sions	nous agi- rons		que nous agissions
vous agis- sez	vous agis- siez	vous agi- rez		que vous agissiez
ils agissent	ils agis- saient	ils agiront		qu'ils agis- sent

9 devenir

INDICATIF				SUBJONCTIF
Présent	Imparfait	Futur simple	Passé composé	Présent
je deviens	je devenais ...	je devien- drai	je suis de- venu(e) ...	que je de- vienne
tu deviens		tu devien- dras		que tu de- viennes
il devient		il devien- dra		qu'il devien- ne

INDICATIF				SUBJONCTIF
Présent	Imparfait	Futur simple	Passé composé	Présent
nous devenons		nous deviendrons		que nous devenions
vous devenez		vous deviendrez		que vous deveniez
ils deviennent		ils deviendront		qu'ils deviennent

10 sortir

INDICATIF				SUBJONCTIF
Présent	Imparfait	Futur simple	Passé composé	Présent
je sors	je sortais …	je sortirai …	je suis sorti(e) …	que je sorte
tu sors				que tu sortes
il sort				qu'il sorte
nous sortons				que nous sortions
vous sortez				que vous sortiez
ils sortent				qu'ils sortent

11 ouvrir

INDICATIF				SUBJONCTIF
Présent	Imparfait	Futur simple	Passé composé	Présent
j'ouvre	j'ouvrais ...	j'ouvrirai ...	j'ai ouvert ...	que j'ouvre
tu ouvres				que tu ouvres
il ouvre				qu'il ouvre
nous ouvrons				que nous ouvrions
vous ouvrez				que vous ouvriez
ils ouvrent				qu'ils ouvrent

12 apercevoir

INDICATIF				SUBJONCTIF
Présent	Imparfait	Futur simple	Passé composé	Présent
j'aperçois	j'apercevais ...	j'apercevrai ...	j'ai aperçu ...	que j'aperçoive
tu aperçois				que tu aperçoives
il aperçoit				qu'il aperçoive
nous apercevons				que nous apercevions

INDICATIF				SUBJONCTIF
Présent	Imparfait	Futur simple	Passé composé	Présent
vous aper-cevez				que vous aperceviez
ils aperçoi-vent				qu'ils aper-çoivent

13 comprendre

INDICATIF				SUBJONCTIF
Présent	Imparfait	Futur simple	Passé composé	Présent
je com-prends	je compre-nais	je com-prendrai	j'ai com-pris ...	que je com-prenne
tu com-prends	tu compre-nais	tu com-prendras		que tu com-prennes
il com-prend	il compre-nait	il com-prendra		qu'il com-prenne
nous com-prenons	nous com-prenions	nous com-prendrons		que nous comprenions
vous com-prenez	vous com-preniez	vous com-prendrez		que vous compreniez
ils com-prennent	ils com-prenaient	ils com-prendront		qu'ils com-prennent

14 vendre

INDICATIF				SUBJONCTIF
Présent	Imparfait	Futur simple	Passé composé	Présent
je vends	je vendais	je vendrai …	j'ai vendu …	que je vende
tu vends	tu vendais			que tu vendes
il vend	il vendait			qu'il vende
nous vendons	nous vendions			que nous vendions
vous vendez	vous vendiez			que vous vendiez
ils vendent	ils vendaient			qu'ils vendent

Die wichtigsten unregelmäßigen Verben

Infinitif	Présent	Imparfait	Futur	Participe passé	Subjonctif présent
aller	je vais	j'allais	j'irai	allé, e	que j'aille
	tu vas	tu allais	tu iras		que tu ailles
	il va	il allait	il ira		qu'il aille
	nous allons	nous allions	nous irons		que nous allions
	vous allez	vous alliez	vous irez		que vous alliez
	ils vont	ils allaient	ils iront		qu'ils aillent
avoir	j'ai	j'avais	j'aurai	eu, e	que j'aie
	tu as	tu avais	tu auras		que tu aies
	il a	il avait	il aura		qu'il ait
	nous avons	nous avions	nous aurons		que nous ayons
	vous avez	vous aviez	vous aurez		que vous ayez
	ils ont	ils avaient	ils auront		qu'ils aient

Infinitif	Présent	Imparfait	Futur	Participe passé	Subjonctif présent
boire	je bois	je buvais	je boirai	bu, e	que je boive
	il boit	il buvait	il boira		qu'il boive
	nous buvons	nous buvions	nous boirons		que nous buvions
	ils boivent	ils buvaient	ils boiront		qu'ils boivent
devoir	je dois	je devais	je devrai	dû, due, du(e)s	que je doive
	il doit	il devait	il devra		qu'il doive
	nous devons	nous devions	nous devrons		que nous devions
	ils doivent	ils devaient	ils devront		qu'ils doivent
dire	je dis	je disais	je dirai	dit, e	que je dise
	nous disons	nous disions	nous dirons		que nous disions
	vous dites	vous disiez	vous direz		que vous disiez
	ils disent	ils disaient	ils diront		qu'ils disent

Infinitif	Présent	Imparfait	Futur	Participe passé	Subjonctif présent
écrire	j'écris	j'écrivais	j'écrirai	écrit, e	que j'écrive
	il écrit	il écrivait	il écrira		qu'il écrive
	nous écrivons	nous écrivions	nous écrirons		que nous écrivions
	ils écrivent	ils écrivaient	ils écriront		qu'ils écrivent
être	je suis	j'étais	je serai	été	que je sois
	tu es	tu étais	tu seras		que tu sois
	il est	il était	il sera		qu'il soit
	nous sommes	nous étions	nous serons		que nous soyons
	vous êtes	vous étiez	vous serez		que vous soyez
	Ils sont	ils étaient	ils seront		qu'ils soient

Infinitif	Présent	Imparfait	Futur	Participe passé	Subjonctif présent
faire	je fais	je faisais	je ferai	fait, e	que je fasse
	tu fais	tu faisais	tu feras		que tu fasses
	il fait	il faisait	il fera		qu'il fasse
	nous faisons	nous faisions	nous ferons		que nous fassions
	vous faites	vous faisiez	vous ferez		que vous fassiez
	ils font	ils faisaient	ils feront		qu'ils fassent
falloir	il faut	il fallait	il faudra	fallu	qu'il faille
lire	je lis	je lisais	je lirai	lu, e	que je lise
	il lit	il lisait	il lira		qu'il lise
	nous lisons	nous lisions	nous lirons		que nous lisions
	ils lisent	ils lisaient	ils liront		qu'ils lisent

Infinitif	Présent	Imparfait	Futur	Participe passé	Subjonctif présent
mettre	je mets	je mettais	je mettrai	mis, e	que je mette
	il met	il mettait	il mettra		qu'il mette
	nous mettons	nous mettions	nous mettrons		que nous mettions
	ils mettent	ils mettaient	ils mettront		qu'ils mettent
pouvoir	je peux	je pouvais	je pourrai	pu	que je puisse
	il peut	il pouvait	il pourra		qu'il puisse
	nous pouvons	nous pouvions	nous pourrons		que nous puissions
	ils peuvent	ils pouvaient	ils pourront		qu'ils puissent
savoir	je sais	je savais	je saurai	su, e	que je sache
	il sait	il savait	il saura		qu'il sache
	nous savons	nous savions	nous saurons		que nous sachions
	ils savent	ils savaient	ils sauront		qu'ils sachent

Infinitif	Présent	Imparfait	Futur	Participe passé	Subjonctif présent
voir	je vois	je voyais	je verrai	vu, e	que je voie
	il voit	il voyait	il verra		qu'il voie
	nous voyons	nous voyions	nous verrons		que nous voyions
	ils voient	ils voyaient	ils verront		qu'ils voient
vouloir	je veux	je voulais	je voudrai	voulu, e	que je veuille
	il veut	il voulait	il voudra		qu'il veuille
	nous voulons	nous voulions	nous voudrons		que nous voulions
	ils veulent	ils voulaient	ils voudront		qu'ils veuillent

Wie bilde ich das Perfekt?

Das Perfekt bildet man wie im Deutschen mit dem Präsens der Hilfsverben *avoir* (haben) bzw. *être* (sein) + Partizip Perfekt (Mittelwort der Vergangenheit).

Das Partizip Perfekt leitet sich wie folgt aus dem Infinitiv (Grundform) ab:

parl**er**	fin**ir**	part**ir**	vend**re**
parl**é**	fin**i**	part**i**	vend**u**
gesprochen	*beendet*	*abgereist*	*verkauft*

Unregelmäßige Formen sind z. B.:

avoir	être	recevoir	faire	prendre
eu	été	reçu	fait	pris
gehabt	*gewesen*	*erhalten*	*getan*	*genom-men*

Die meisten Verben bilden parallel zum Deutschen das Perfekt mit *avoir*. Wird das Perfekt mit *être* gebildet, richtet sich das Partizip Perfekt in Geschlecht und Zahl nach dem Subjekt (Satzgegenstand).

Perfekt mit *avoir*			Perfekt mit *être*		
j'	**ai**	été	je	**suis**	parti/partie
tu	**as**	eu	tu	**es**	
il	**a**	parlé	il	**est**	parti
elle	**a**	fini	elle	**est**	partie

Perfekt mit *avoir*			Perfekt mit *être*		
nous	**avons**	vendu	nous	**sommes**	partis/parties
vous	**avez**	reçu	vous	**êtes**	
ils	**ont**	fait	ils	**sont**	partis
elles	**ont**	pris	elles	**sont**	parties

Wie bilde ich das Futur (Zukunft)?

je	parler**ai**	*ich werde sprechen*
tu	parler**as**	*du wirst sprechen*
il	parler**a**	*er wird sprechen*
elle	parler**a**	*sie wird sprechen*
nous	parler**ons**	*wir werden sprechen*
vous	parler**ez**	*ihr werdet/Sie werden sprechen*
ils	parler**ont**	*sie werden sprechen*

Um das Futur auszudrücken, verwendet man oft das unregelmäßige Verb *aller* im Präsens + Infinitivform.

je	vais	partir	*ich werde gehen*
tu	vas	parler	*du wirst sprechen*
il	va	boire	*er wird trinken*
nous	allons	voyager	*wir werden reisen*
vous	allez	sortir	*ihr werdet/Sie werden ausgehen*
ils	vont	payer	*sie werden bezahlen*

Die unregelmäßigen Steigerungsformen

Adjektive

grand groß	→ **plus grand que** größer als	→ **le plus grand** am größten

Sonderformen

bon gut	→ **meilleur** besser	→ **le meilleur** der beste
mauvais schlimm	→ **pire** schlimmer	→ **le pire** der schlimmste
petit gering	→ **moindre** geringer	→ **le moindre** am geringsten

Adverbien

vite schnell	→ **plus vite** schneller	→ **le plus vite** am schnellsten

Sonderformen

bien gut	→ **mieux** besser	→ **le mieux** am besten
beaucoup viel	→ **plus** mehr	→ **le plus** am meisten
peu wenig	→ **moins** weniger	→ **le moins** am wenigsten

Aufsätze schreiben

1. Ziel des Aufsatzes erörtern

In diesem Aufsatz möchte ich	Dans cet essai, je voudrais
informieren über ...	informer sur ...
Interesse wecken für ...	susciter l'intérêt pour ...

2. Ein Argument anführen

Als Erstes	D'abord,
möchte ich herausstellen/ betonen/anführen, dass ...	j'aimerais mettre en évidence / souligner / mentionner que ...
Erstens ..., zweitens ..., drittens ...	Premièrement ..., deuxièmement ..., troisièmement ...

3. Weitere Argumente hinzufügen

Zudem ist wichtig, dass ...	De plus, il est important que ...
Zusätzlich dazu ...	En plus de cela ...
Ein weiterer wichtiger Punkt ist ...	Un autre point important est ...
Zudem ist wichtig, dass ...	De plus, il est important que ...

4. Die andere Seite des Arguments

Einerseits ..., andererseits ...	D'un côté ..., de l'autre ...
Auf der anderen Seite ...	D'un autre côté ...

5. Beispiele anführen

Zum Beispiel ...	Par exemple ...
Das wird deutlich wenn ...	Cela est très clair quand ...

6. Eine persönliche Meinung angeben

Meiner Meinung nach ...	À mon avis ...
Meines Erachtens ...	Selon moi ...
Ich bin der Ansicht, dass ...	Je suis d'avis que ...
Ich vermute ...	Je suppose que ...

7. Zusammenfassen

Alles in allem …	Tout compte fait …
Kurz gesagt …	Bref …
Insgesamt …	Au total …

8. Schlussfolgerungen ziehen

Deswegen / Deshalb …	C'est pourquoi / C'est pour ça que …
Aufgrund dessen …	En raison de cela …
Im Großen und Ganzen …	Dans l'ensemble …
Es kann kein Zweifel bestehen …	Il ne peut y avoir aucun doute …

Meine Spickzettel